BEKOMMEN VON

W0105245

HORSEMAN BIBEL – DRITTE AUSGABE 2022
ISBN: 978-3-948954-62-8   Artikel 1769.62.000

Horseman Bibel entstammt Bible for the Nations e.V.
Die 128 vierfarbigen Seiten sind von Bible for the Nations
sammengestellt worden.
Die Rechte gehören Bible for the Nations e.V.
© Copyright 2019 Bible for the Nations e.V.

BIBLE FOR THE NATIONS E.V.
Aulkestraße 28, D-48734 Reken
www.bible-for-the-nations com
info@bible-for-the-nations com
Tel: 02864-882907, Fax: 02864-882909

BIBELTEXT:
Für diese Ausgabe des Neuen Testamentes mit ausgewählten
Psalmen wurde verwendet: Neues Leben. Die Bibel,
© der deutschen Ausgabe 2002 und 2006
SCM R.Brockhaus in der SCM Verlagsgruppe GmbH, Holzgerlingen
Homepage: www.scm-brockhaus.de; E-Mail: info@scm-verlag.de
Copyright der amerikanischen Originalausgabe:
Holy Bible, New Living Translation,
copyright © 1996, 2004, 2015 by Tyndale House Foundation.
Used by permission of Tyndale House Publishers, Inc.,
Carol Stream, Illinois 60188, USA. All rights reserved.
Satz: Satz & MedienWieser, Aachen
Druck und Bindung: C.H. Beck, Gedruckt in Deutschland
Gestaltung des Einbands und der Farbseiten: Daniel Karlsson
Druck und Verarbeitung: Druckerei C.H.Beck / Deutschland

Horseman Bibel

Ein Begleiter nicht nur für Pferdemenschen

Der Umgang mit Pferden fasziniert die Menschen seit hunderten von Jahren. Ihr wundervolles, sanftmütiges, liebevolles und anmutiges Wesen fasziniert die einen. Die anderen lässt ihre Kraft, ihr Gewicht, ihre Größe und erhabene Erscheinung in respektvoller Distanz verweilen. Nur wenige Mensch-Tier-Beziehungen sind geeignet, die vielen Facetten einer Glaubensbeziehung des Menschen zu „seinem Gott" so eindrucksvoll und anschaulich darzustellen. Vertrauen, Zuneigung und Nachfolge, aber auch Angst, Ablehnung, Verweigerung und Kampf sind nur einige davon. Sie zeigen sich auf dem gemeinsamen Weg von Menschen und Pferden immer wieder. Je nach persönlichem Erleben führen sie bei uns zu Freude, Jubel und Wohlbefinden, aber auch zu Frustration, Resignation und Verzweiflung.

Die HORSEMAN BIBEL will dein Begleiter auf all diesen Wegen und Ratgeber in erfreulichen wie in belastenden Lebenssituationen sein. Hierzu beinhaltet sie Gottes Weisheit des Neuen Testaments, verschiedene Gebete und stärkende Zusagen aus den Psalmen, darüber hinaus aber auch offene und ergreifende Zeugnisse von pferdebegeisterten Christen, die „unter die Haut gehen". Diese zeigen deutlich, dass jeder

Mensch in jeder Situation JESUS CHRISTUS um Hilfe und Weg-weisung bitten kann. JESUS CHRIS-TUS, der dich kennt und liebt. Bei ihm findest du immer Geborgenheit, Ruhe und Frieden – egal wie stürmisch dein Leben gerade ist!!!

Wir wünschen dir viel Segen beim Lesen…

Ines und Stephan Wensing

FRANZ LERMER

Ich habe alles verloren!

Kurz nach dem Mauerfall zog ich, Franz Lermer, geb. 1968, von Bayern in den Osten Deutschlands, aus dem die Eltern meiner damaligen Freundin stammten. Eigentlich hatten wir nur ihre Oma besuchen wollen. Aber da meine Eltern einen Fruchthandel hatten, spürte ich dort gleich die Chance, mich selbst auch mit einem Unternehmen für Obst und Gemüse selbstständig zu machen. Ich lieh mir von meinem Vater einen LKW und transportierte Bananen nach Ostdeutschland.

Innerhalb kürzester Zeit etablierte sich ein Gemüsegroßhandel, der sehr schnell wuchs. Von Anfang an hatte ich auch den Eindruck, dass der geistliche Ruf, den ich schon als Fünfjähriger verspürt hatte, sich hier anscheinend erfüllen sollte. Damals hatte mich eine Nachbarin gefragt, ob ich während eines Beerdigungszuges in unserem Dorf das Kreuz tragen wolle. Das zu tun, hatte mich so fasziniert, dass ich von da an eine tiefe Sehnsucht spürte, Gott zu finden, die nie aufgehört hat.

DU WIRST ALLES VERLIEREN!

Ich wollte daher nicht nur eine Firma aufbauen, sondern auch für Gott etwas Gutes tun. 1992 heirateten meine Frau und ich und wir bekamen zwei Kinder. Die Firma wurde schnell sehr groß. Wir hatten viele Mitarbeiter und LKWs. Ich schien alles erreicht zu haben. Als das Unternehmen richtig boomte, war ich in einem Gottesdienst. Ein älterer Herr kam auf mich zu und meinte: „Ich habe einen Eindruck für dich. Möchtest du ihn hören?" Er sagte mir: „Du wirst alles verlieren, was du hast, aber dann wird Gott dich wieder aufbauen. Dadurch wirst du geistliche Reife erlangen." Ich war geschockt – und stinksauer! Als ich nach Hause fuhr, dachte ich, dass so etwas nie passieren würde. Denn ich hatte doch alles im Griff!

Aber schon bald darauf kam mein Unternehmen in ein sehr ungesundes Wachstum. Da der Handel sich nach der Wende in den neuen Bundesländern stark veränderte, brach die Firma ein. 1997 ging ich total pleite. Da ich der einzige Vollhafter war, verlor ich alles und saß auf einem Berg von 6 Millionen DM Schulden. Das einzige, was mir noch geblieben war, war meine Familie. Ich klagte Gott an: „Herr, wie kannst du sowas mit mir machen?" Aber ich erinnerte mich auch an die Worte des Mannes und sagte

daher zu Gott: „Herr, wenn du mich wieder aufbaust, dann folge ich dir nach. Zu hundert Prozent!"

Ich dachte eine Zeit lang, ich solle etwas Missionarisches machen. Auch spielten wir mit dem Gedanken, nach Neuseeland auszuwandern. Ich war ja eh pleite und hatte hier nichts mehr zu verlieren! Doch immer mehr verdichtete sich in mir der Eindruck, dass Gott mich wieder als Geschäftsmann sehen wollte. Das entsetzte mich, denn ich hatte so viel verbrannte Erde hinterlassen, dass ich diesen Bereich nie mehr betreten wollte. Damals begann ich, ganz ehrliche Gebete zu Gott zu sprechen. So sagte ich trotzig: „Gott, wenn du das wirklich willst, dann mach du das! Ich mache nichts!"

WIEDERAUFBAU

Kurz darauf kam ein Bekannter zu mir, der Hilfe brauchte. Er war selbst von einer Insolvenz bedroht und hatte noch gewisse Restarbeiten zu machen. Ich half ihm. Indem ich eine Rosenhecke pflanzte, verdiente ich damals wieder meine ersten 100 DM. In unser geschäftliches Nichts hinein kam plötzlich eine Anfrage, einen Kunstrasenplatz zu verlegen. Ich nahm dieses Abenteuer an, obwohl ich zunächst gar keine rechte Ahnung hatte. Daraus entstand eine neue, sehr große Firma. Wir bauten bald Fußballplätze in ganz Europa. Dadurch konnte ich mich finanziell wieder freistrampeln. Wenn man eine Privatinsolvenz hatte, bekommt man normalerweise nicht einmal mehr ein Konto. Aber jetzt gingen überall Türen auf, wo keine waren. Es kamen immer wieder Leute auf mich zu, die mir Brücken über die Schluchten meines Lebens schlugen. Wir liefen mit unserem Unternehmen wie auf einem Gnadenpfad.

Ich hatte mich tatsächlich wieder etabliert! 2008, zu meinem 40. Geburtstag, dachte ich erneut, auf dem Zenit zu sein. Ich feierte ein rauschendes Fest! Aber das sollte, wie sich herausstellte, noch nicht ganz das Ende sein. Wenige Wochen später, im Oktober 2008, fuhr meine Frau mit den Kindern nach Bayern, um ihre Mutter zu besuchen, die in den Wochen davor schwere Herzprobleme gehabt hatte. Meine Frau wollte daher die Zeit, die ihnen noch bleiben sollte, mit ihrer Mutter verbringen. Doch plötzlich, ohne jede Vorwarnung, fiel meine Frau tot um! Herzstillstand! Es war so paradox: Meine Frau hatte sich um ihre Mutter kümmern wollen, weil sie fürchtete, sie bald zu verlieren, aber stattdessen verlor ich nun meine Frau – und ihre Mutter überlebte sie noch um einige Jahre!

DIE STUNDE NULL

Das war der absolute Tiefpunkt in meinem Leben, die Stunde Null. An schlechten Tagen fühlte ich mich völlig am Ende. Da war mein Beten ein einziges Jammern: „Herr, ich weiß nicht mehr weiter. Ich bin ratlos. Wie soll es nur weitergehen? Hilf mir doch!", stammelte ich. Mir war schmerzlich bewusst, dass mit dem Tod meiner Frau eingetreten war, was mir Jahre zuvor vorausgesagt worden war. Ich hatte tatsächlich alles verloren. Nicht nur meine erste Firma. Nun auch meine Frau. „Herr, man hat es mir vorausgesagt", betete ich, „aber man hat mir auch gesagt, dass du mich wiederherstellen wirst. Darauf vertraue ich jetzt." So klangen meine Gebete an den nicht ganz so düsteren Tagen. Und ich hatte zu diesem Zeitpunkt schon begriffen, dass es nicht Gott war, der mich alles verlieren ließ, sondern dass er Tiefschläge meines Lebens dazu benutzte, mir zu begegnen. Ich sagte zu Gott: „Ich werde jetzt nicht locker lassen. Ich will jetzt wissen, ob du wirklich existierst." Denn mir war klar, dass, obwohl ich schon so viel mit Gott erlebt hatte, es letztlich immer nur um diese eine Grundfrage ging: ob wir glauben können, dass Gott tatsächlich existiert! Ich merkte, dass ich das für mich selbst klären musste.

Also erneuerte ich mein Angebot an Gott: „Herr, wenn du mir jetzt wirklich begegnest, wenn du mir das so begreiflich machst, dass auch ich, Franz Lermer, es verstehen kann, dann folge ich dir radikal nach. Dann kannst du alles von mir haben."

Meine Trauer ging durch alle Gefühlsschichten. Wie sollte es nur weitergehen? Ich wusste zumindest, dass ich nicht alleine bleiben wollte. Andererseits konnte ich mir gar nicht vorstellen, wieder eine Frau zu finden. Irgendeine Frau zu finden, wäre wahrscheinlich gar nicht so schwer gewesen. Aber eine zu finden, die wirklich in mein Leben passte, erschien mir unmöglich. In der Bibel stellt Jesus einigen Blinden die Frage: „Was wollt ihr, dass ich euch tun soll?" (Matthäus 20,31) Und die Blinden formulieren, dass sie sehen möchten. Da vernahm ich mitten in meiner Dunkelheit eine Stimme: "Schreib eine Liste, damit du weißt, wonach du suchst."

Der Gedanke kam mir seltsam vor. Aber ich setzte mich hin und begann aufzuschreiben. Sehr detailliert. Ich kam auf 28 Punkte. Danach hatte ich noch weniger Hoffnung als vorher: „Gott, wie soll das gehen? Es ist doch aussichtslos, so jemanden zu finden." Ich machte quasi mit Gott einen Deal und bekam den Eindruck, ich solle die Liste um noch 2 weitere Sachen ergänzen: Pferde und Bauernhof. Das war überhaupt nicht mein Thema, aber bitteschön.

Tatsächlich ging es langsam mit mir bergauf und ich lernte Andrea kennen, die genau diese Eigenschaften hat! Und zwar A L L E !

Auch sie hatte gerade ihren Mann verloren. Und sie hatte 2 Pferde. Es schien, dass wir beide – und selbst unsere Kinder – darauf vorbereitet worden waren, einander kennenzulernen. Bereits im Juli 2009 heirateten wir. Nun waren wir eine Familie mit 4 Kindern.

Seit 2012 merkten Andrea und ich, dass Gott uns langsam aus unserem bisherigen Leben herausrief. Das führte dazu, dass ich 2016 meine Firma aufgab, um uns ganz allein von ihm abhängig zu machen.

Mittlerweile haben wir eine Horse4C-Ranch mit Übernachtungsmöglichkeiten und mit Landwirtschaft, wo wir regelmäßig Hei-

lungsgottesdienste veranstalten. Die Pferde sind die Türöffner, die wachsende Landwirtschaft ist unsere Aufgabe, und die Menschen in Berührung mit Jesus zu bringen, das ist unsere Berufung.

Es war genauso gekommen, wie der Mann es prophezeit hatte! Ich hatte alles verloren – meine berufliche und meine familiäre Existenz. Aber Gott hatte Wort gehalten und uns wirtschaftlich und als Familie wiederhergestellt!

All das hat sich so gefügt. Nichts davon war abzusehen oder zu erwarten. So staunen wir, wie präzise sich der Satz, den uns Gott bei unserer Eheschließung als Trauspruch geschenkt hatte, in unserem Leben realisierte: „Er wird keine Scherben zusammenkleben, sondern etwas ganz Neues schaffen."

Ganz ausführlich verarbeitete das Ehepaar ihre Erlebnisse auch in ihrem Buch „Broken Bread: Selbst der Tod war nicht das Ende – Gottes Wunder in unserer Geschichte" (fontis 2017).

www.horse4c-ranch.de/ franz-und-andrea-unterwegs

ALEX SCHLEXU HUBER

Von der krummen Tour über Pferde zu Jesus

ADRENALIN FLIESST

Meine Klau-Karriere fing mit ca. 15 Jahren an. Zuallererst schraubte ich mit meinen Freunden ein Plexiglastürchen von einem Automaten neben unserem Tante-Emma-Laden ab, so dass wir für 1 Franken statt einem, zwei Schokoriegel ergattern konnten. Danach klauten wir Fische aus einem Aquarium hinter dem Restaurant „Löwen", um sie zu grillen.

Zu Beginn fuhren wir immer mit unseren Mofas zum Treffpunkt Eiche an der Schule, später mit unseren Autos, um dann zu unseren Raubzügen loszuziehen. Wir klauten Automaten, Fahrräder und Mofas oder räumten Lagerschuppen aus. Eigentlich nahmen wir alles, was nicht niet- und nagelfest war, und machten es zu Geld.

Am meisten reizte mich der Adrenalin-Kick dabei.

Mein Vater, mit dem ich mich nicht besonders gut verstanden habe, konnte nicht ohne Alkohol, meine Mutter, die ständig eine Krise hatte, nicht ohne Tabletten und ich nicht ohne Adrenalin.

REITEN WURDE ZUR LEIDENSCHAFT

Mit 18 Jahren bekam ich einen Adrenalin-Kick von der besten Sorte: Ich lernte Sybil kennen! Sie war Teilhaberin eines Pferdes und sie war es auch, die mich erstmalig darauf setzte. Großspurig, wie ich war, wollte ich zügig mit Jambo schneller reiten und war dann ziemlich schnell am Boden der Tatsachen angekommen. Ich nahm danach heimlich externen Unterricht, um mich bei ihr in der Reitstunde nicht so zu blamieren.

Als ich es einigermaßen konnte, gingen wir häufig zusammen reiten und unternahmen stundenlange Ausflüge. Wir galoppierten durch Wälder und über Wiesen, als würde uns die ganze Welt gehören. Aber ein Paar waren wir nicht.

SYBIL GIBT IHR LEBEN JESUS

Dann wurde Sybil sehr nachdenklich, und ich wusste nicht, warum.

Sie ging plötzlich sonntags in die Kirche, obwohl sie immer eine Langschläferin war. Irgendwann habe ich sie zur Rede gestellt. Wir sind zusammen ausgeritten und da habe ich schon gemerkt, dass irgendetwas geschehen sein musste, denn Sybil war verdächtig guter Laune. Als wir zurück im Stall waren, die Boxen ausgemistet und die Pferde abgespritzt hatten, erzählte sie mir, dass sie Jesus kennengelernt und sich bekehrt hatte.

Ich verstand nur Bahnhof!

Ungefähr ein halbes Jahr später wollte Sybil für ein paar Monate nach Togo. Auch das verstand ich nicht! Nur so aus Spaß flog ich dorthin, um sie zu besuchen. Nach mehreren Gesprächen sagte sie: „Wenn du auf deinem Gleis weitergehst, wird der Moment in deinem Leben kommen, wo du der Hölle so nahe sein wirst, dass du sie sehen kannst. Und wenn du dann nicht die richtige Entscheidung triffst, gibt es kein Zurück mehr."

Es fröstelte mich, als sie diese Worte sagte.

NUR GOTT KONNTE UNS DORT RAUSHOLEN

Anfang Dezember 1991 brach in Togo der Bürgerkrieg aus. Sybil hatte Malaria und wir konnten nicht nach Hause. Alle beteten. Mit mulmigem Gefühl tat ich es auch. Sybil las mir einen Bibelvers vor: „Du bist meine Zuflucht, bei dir bin ich sicher wie in einer Burg." (Psalm 91, 2 GNB) Auf Umwegen, mit einem Taxi, zu Fuß, mit einer fast toten Sybil, wurden wir gerettet. „Gott hat uns da durchgeschleust!" sagte sie und ich erkannte, dass da etwas dran sein musste.

Es folgten 3 Jahre schrecklichen Hin und Hers. Ich habe geklaut, gelogen, gedealt und gemogelt, dass sich die Balken bogen. Gleichzeitig lernte ich Leute kennen, deren verpfuschtes Leben durch Gott völlig verändert wurde, ich ließ mir viel von Sybil über Jesus erklären und es warfen sich mir immer mehr Fragen auf, was der Sinn meines Lebens wäre.

MEINE PERSÖNLICHE WENDE

Ich fuhr mit meiner Lebenspartnerin Simone nach Neuseeland und wir besichtigten die berühmten Kauri-Trees, die weltgrößten Bäume. Mein Blick blieb an einem Schild haften, worauf stand, wann diese Bäume zu wachsen begonnen hatten: 700 vor Christus. Mann, dachte ich, wenn dieser Jesus so wichtig ist für die Welt, dass wir sogar die Jahreszahlen nach ihm benennen, warum kann er dann mein Problem nicht lösen?

Bis dann 1994, ziemlich am Ende der Reise in einem schäbigen Hotel in Neuseeland, das Entscheidende passierte!

In meinem ganzen Leben habe ich nie so was Schauerliches gesehen wie in jener Nacht in jenem Hotelzimmer. Kein Gruselkabinett der Welt kommt an das heran, was ich dort erlebte. Es war ein Ereignis, das sich kaum beschreiben lässt, eine Begebenheit, die meinem Leben auf unerwartete Weise eine radikale Wende gab. Es war der Beweis, um den ich Jesus gebeten hatte. Gottes Antwort auf ein Gebet, von dem ich nicht mal gewusst hatte, dass es zu ihm durchgedrungen war!

Ich wurde mitten in der Nacht wach und hatte eine sehr reale Vision. Es war der absolute Horror. Die Luft war seltsam stickig und eisig kalt. Ich sah ein schwarzes Loch, aus dem kleine Männchen mit grausigen Fratzen und stechenden, unheimlichen Augen stiegen, die sich mir auf die Brust setzten, so dass ich das Gefühl hatte, keine Luft mehr zu bekommen. Es war, als würde mir jemand einen Vorgeschmack der Hölle geben. Das war genau das, was Sybil mir 3 Jahre zuvor prophezeit hatte, und mir wurde plötzlich klar: „Wenn es diesen Teil der unsichtbaren Welt gibt, den ich gerade sehe, dann gibt es auch Gott! Mein allererstes Gebet war: „Gott, wenn es dich gibt, dann muss sich mein Leben ändern."

Es war ein SOS-Ruf und diesmal wusste ich, dass mein Signal sich nicht im Universum verlieren würde, sondern erhört wurde.

DIE BIBEL, GOTTES WORT

Ich fuhr sofort nach Hause. Sybil half mir, mich in der neuen Welt, deren Spielregeln so total anders sind, als ich es bisher gewohnt war, zurechtzufinden. Gott, Jesus, Bibel, Kirche, das alles war so neu für mich, dass ich oft nur Bahnhof verstand. Aber eines war mir klar: dass die Bibel nicht nur ein Buch ist, sondern Gottes Wort.

Mittlerweile wohnte ich in Kölliken und nachdem ich gefragt wurde, ob ich bei einem Coup mitmachen wolle, tat sich in meinem Schlafzimmer wieder dieses schwarze Loch auf, das ich schon in Neuseeland sah. Es war, als kämpfte die Böse Macht, mich auf ihre Seite zu ziehen. In meiner Not warf ich die Bibel dorthin und augenblicklich war die Präsenz der gesamten finsteren Mächte wie weggeblasen.

MEIN NEUES LEBEN

Als Erstes versuchte ich, alles in Ordnung zu bringen. Alles Gestohlene, was ich noch hatte, zurückzubringen und wo ich nicht mehr wusste, woher es stammte, brachte ich es zum Secondhandladen. Selbst das nutzte Gott, dass ich Zeugnis ablegen durfte.

Ich war auf der Bibelschule und in der Mission und es wurde ein Buch über mein Leben geschrieben. Ich wurde Sanitär, Hauswart, Ofenmeister im Tierkrematorium Seon, Obi-Verkäufer, Internetliquidator und Künstler.

In meinem ganzen Leben hatte ich viele Probleme und Krankheiten, angefangen von Asperger-Syndrom, über Malaria, Pseudo-Krupp, Lungenentzündung, Panikattacken, Parasiten, Depressionen, bis hin zu Suizidgedanken. Auch hatte ich einige lange Krankenhausaufenthalte wie z.B. 3 Monate Schulthess Klinik, davon war ich 2 Tage im Koma und 10 Tage auf der Intensivstation, oder 6

Monate Klinik SGM mit Benzo-Sucht-Problemen.

Aber ich lebe Gott sei Dank immer noch!

Heute lebe ich bewusster und ruhiger als je zuvor in meinem ganzen Leben, ich habe fast alle Verwandten durch Krebs verloren. Ebenso mein geliebtes Pferd Pfüpfi. Aber ich bin nie bitter geworden, habe immer vergeben und hoffe auf weitere interessante Jahre!

Das Beste kommt noch!

Alex Schlexu Huber

Die ganze Geschichte von Alex Huber kann man in dem Buch Alex - Adrenalin pur von Damaris Kofmehl nachlesen.

MAREN BÖCKLE

Gottes Wege...

Ein wunderschöner Morgen. Gemeinsam mit meinem Mann genießen wir die frühe Sommersonne bei einem Ausritt auf unseren beiden Friesenstuten Samira und Loona. Gerade biegen wir fröhlich plaudernd auf einen Feldweg ab, den wir schon hundert Mal geritten sind. Meiner Stute Samira rutscht das linke Hinterbein weg und ich denke noch: „Mensch Mädel, achte doch mal auf deine Füße!", da rutscht auf der gleichen Seite auch das Vorderbein weg und dann liegen wir auch schon im Dreck. Sie hat keine Chance, sich irgendwie abzufangen. Dumm gelaufen. Ich liege da und kann mich erstmal gar nicht rühren. Langsam setze ich mich auf. Mein Mann ist angesichts meines Zustands überrascht. So schlimm hat es doch gar nicht ausgesehen. Ich habe starke Schmerzen im rechten Arm und in der rechten Brustkorbhälfte, links tut mir eine Rippe weh. Mühsam schaffe ich es aufs Pferd und wir reiten nach Hause zurück. „Ich bin in deiner Hand."

Das Absatteln - fast nicht möglich. Meine Stute lässt mich nicht aus den Augen. Sonst nach dem Reiten gleich in Dösestellung, beobachtet sie mich jetzt genau. Nachdem wir bei einem Arzt sind, stellt sich im Laufe der kommenden Tage heraus, dass nichts gebrochen war, ich aber wahrscheinlich eine Rippenprellung habe und enorme Zerrungen rechts. Starke Schmerzmittel sind drei Wochen mein Begleiter. Bei unseren beiden Stuten kommen Stürze nicht oft vor, sie haben einen ehrlichen und wunderbaren Charakter und so war ich einigermaßen erschüttert, zudem sich alles in einem ganz normalen Schritt (kein Galopp, kein Sprung) abgespielt hatte.

Drei Monate später, 17.Oktober 2017. Nachts Schmerzen im Bein. Thrombose? Trotzdem gehe ich zur Arbeit, lasse aber die Sache noch vom Hausarzt abklären, der keine eindeutigen Anzeichen für eine Thrombose feststellt. Da ich aber sowieso eine Venenschwäche habe, solle ich am nächsten Morgen zum Venenarzt. Nachts noch mehr Schmerzen, ich stelle mir die Frage, ob ich nicht doch ins Krankenhaus soll. Nehme Schmerzmittel, kühle und komme so durch die Nacht. Morgens sackt mir einmal fast mein Kreislauf weg. Mit

kaltem Schweiß liege ich im Wohnzimmer, mein Mann neben mir. „In deiner Hand…" Ich entschließe mich, den Weg zum Venenarzt alleine zu fahren, da es mir nach einem Kaffee und Kreislauftropfen besser geht. Unterwegs fahre ich bewusst und ruhig die knappe Stunde nach Pforzheim. Immer wieder spüre ich Gottes Nähe, als ob er neben mir sitzt. Ich singe. „Oh Lord, hear my prayer." Herr, höre mein Gebet…

Dankbar komme ich beim Venenarzt an, mir geht es nicht gut, mein Kreislauf ist wackelig. Diagnose: Muskel-Thrombose in der linken Wade, Heparin-Spritze. Da mein Kreislauf weiter instabil ist, schickt mich der Arzt zum CT /Radiologie im gleichen Gebäude per Rollstuhl, Verdacht auf Lungenembolie. Ich liege im CT, bekomme das Kontrastmittel gespritzt. „Herr, bist du da?" Ich höre eine Stimme in mir: „Ja, ich steh an deiner Seite und ich steh das mit dir durch. Ich verlasse dich nicht."

Der Arzt erscheint, ich darf nicht mehr aufstehen. Ausgereifte Lungenembolie auf beiden Seiten. Direkt ins Krankenhaus. Lungenembolie? Ich? Die sonst so robust ist? Mit 41 Jahren? Da sterben Leute dran! Meine Kinder! Mein Mann! Ich muss doch die Pferde versorgen! Und zudem habe ich ein Daniel Kallauch-Konzert zu

managen, das in zwei Wochen stattfindet! Alles unwichtig, meint der Arzt. Jetzt geht's nur um mich. Ich höre den Krankenwagen und kann es nicht fassen, dass er für mich ist. Die Notfallsanitäter arbeiten schnell, wollen schnell in den Rettungswagen mit mir. Ich werde verkabelt. Einer streichelt mir über den Arm: „Sie waren in Lebensgefahr. Aber jetzt sind sie sicher. Wir sind da." Als er hört, woher ich komme und dass ich die Strecke alleine gefahren bin, werde ich gelobt, das wäre schon eine Leistung, hier überhaupt lebend angekommen zu sein, ich hätte wohl einen guten Schutzengel und sollte nächstes Jahr meinen zweiten Geburtstag feiern, wenn alles gut rumginge. So knapp? Nein, ich hatte nicht nur einen Schutzengel, sondern einen starken Gott!

Sechs Wochen zuvor betete ich: „Herr, ich will dich sehen! Ich will Taten sehen! Meine Tochter (15) wendet sich dem Atheismus zu, weil du ihre Gebete nicht erhörst, bei meinem Mann ändert sich an den enormen Stressbedingungen in der Arbeit nichts und wir finden keine Stelle für ihn. Meine Fragen beantwortest du nicht! Ich bin echt so was von sauer!!!" So schnell wird alles anders. Bei der Ankunft im Krankenhaus ist meine rechte Herzhälfte stark vergrößert, eine Lungenhälfte zu 100% zu, die andere zu 50%. Doch über unser Leben und Sterben entscheiden keine Zufälle/Ärzte oder unser Tun oder Nichtstun. In Gottes Realität gibt es keine „Wenn`s". Und ich danke Gott, dass er mich noch etwas auf dieser Welt bleiben lässt. Dass ich noch weiter für ihn in der Jugendarbeit tätig sein darf, von ihm erzählen, bei meiner Familie sein darf.

„Bei dir finde ich Schutz; du hältst die Not von mir fern, so dass ich über meine Rettung jubeln kann." Psalm 32,7

So viele Fragen hat Gott mir beantwortet, so viele Dinge geordnet.

Ich durfte ihn spüren. Das Geschehene hat Menschen in meinem Umfeld verändert und geprägt, denn sie durften die Erfüllung ihrer Gebete sehen. Ich durfte Wunder sehen. Nach drei Tagen waren Herz und Lunge wieder normal! Natürlich muss ich noch ein halbes Jahr Blutverdünner nehmen und danach muss noch eine Gerinnungsstörung ausgeschlossen werden. Doch Gott hält mich und viele Dinge kann ich nun dankbar sehen und annehmen.

Ich lernte meine Pferde neu schätzen. War ich vorher als ehemaliger Warmblutreiter oft frustriert von dem teilweise zu ruhigen Wesen meiner beiden „Mädels", so bin ich heute dankbar und genieße die totale Stressfreiheit und Ruhe in ihrer Nähe. Die beiden sind echte Charakterpferde und bringen ihre Reiter immer gut nach Hause, soweit es an ihnen liegt. Das ist ihre Stärke. Ich genieße bewusst die Gegenwart meiner Kinder und kann Prioritäten setzen, auch in meinem Beruf. Meinen Mann und mich hat diese Zeit noch mehr verbunden. Die schwere Zeit hat mich unheimlich beschenkt. Es waren so viele helfende Hände da, das Kinder-Mitmachkonzert wurde ein voller Erfolg, an dem ich zwei Wochen nach meiner Lungenembolie als Organisator teilnehmen konnte, an der Seite eines beispiellosen engagierten Teams. Ich habe erfahren dürfen, wie getragen wir durch Brüder und Schwestern im Glauben sind. Das Leben ist zu kurz und zu wundervoll, um es ohne Gott zu leben.

„Heile du mich, so werde ich heil! Hilf mir, so ist mir geholfen!"

Jer. 17,14

Maren Böckle

Gebet bei finanziellen Problemen

Herr Jesus, du siehst, dass meine Finanzen ein einziges Chaos sind.
Angst droht mich zu ersticken. An nichts mehr habe ich Freude.
Von Angst und Unruhe bin ich geplagt. Es ist ein Durcheinander in
meinen Gedanken. Wie wird es weitergehen?
Die Gedanken plagen mich Tag und Nacht.
Jesus, hilf! Lass mich einen Weg aus dieser verkorksten Situation
finden. Mit wem kann ich reden?
Jesus, sende jemanden, der mir Rat geben kann.
Ich will raus aus der Klemme. Gib mir Frieden in dieser schweren Zeit.
Zeige mir Wege zur Veränderung, was zu tun ist. Gib mir Kraft, die
Veränderungen anzugehen. Hilf mir, die Lebensgewohnheiten zu
ändern, die nicht gut sind.
Hilf mir, mit Zigaretten, Alkohol, teuren Zeitschriften, langen Handy-
gesprächen usw., die mir mein Geld rauben, Schluss zu machen.
Zeige mir, wie ich das alles machen kann.
Lass mich Hilfe erfahren bei all meinen Schulden. Führe mich zu
guten Menschen, die mich beraten können. Hilf mir, einen Extrajob zu
finden, damit ich schuldenfrei werden kann.
Jesus, du hast in der Bibel gesagt, dass du dich sogar um die Sperlinge
kümmerst. Wie viel mehr kümmerst du dich dann um mich und meine
Familie! Mit dir, Jesus, schaffe ich es!!
Amen

Matthäus 6 Vers 24 - 26 (S. 18)
Matthäus 19 Vers 26 (S.55)
Phillipper 4 Vers 13 (S.506)
im weißen Teil

Gequält von Selbstmordgedanken

Jesus, ich komme zu dir. Du kennst diese Gedanken, die mich quälen. Immer und immer wieder kommen diese Gedanken, mir das Leben zu nehmen und alles fühlt sich so hoffnungslos an.

Meine ganzen Probleme sind wie riesige Berge und Furcht und Angst hat mich ergriffen.

Ich kann keine Zukunft für mich erkennen.

Aber ich strecke meine Hände zu dir aus und rufe: Mach mich frei von diesen Selbstmordgedanken!

Gib mir eine Leidenschaft zu leben!

Hilf mir mit diesen Problemen, die so unüberwindlich erscheinen. Ich weiß, dass du mir helfen wirst.

Jesus, ich lege mein ganzes Leben in deine Hände.

Ich will leben!!!

Im Namen Jesu Christi.

Johannes 3 Vers 16 (S.236)
Markus 11 Vers 24 (S.121)
Römer 8 Vers 38 (S.393)
Philipper 4 Vers 13 (S. 506)

CORNELIA BAGHERI

Mit Leidenschaft für Pferde und für Gott

KONFIRMATIONSSPRUCH

„Ich habe dich je und je geliebt, darum habe ich dich zu mir gezogen aus lauter Güte." (Jer. 31,3) Das war mein Konfirmationsspruch, mit dem ich ehrlich gesagt zunächst nicht viel anfangen konnte.

Aufgewachsen in einem tief gläubigen Elternhaus, hatte ich nur immer gehört, dass man Gott suchen muss, dass man sich für Gott entscheiden und ihn in sein Leben bitten muss. Eben immer etwas, das man „machen" musste. Das alles hatte ich bereits vor meiner Konfirmation getan. Wieso also „zu mir gezogen aus lauter Güte"? Bis ich das wirklich in ganzer Tiefe verstehen konnte, vergingen fast 40 Jahre.

Zunächst waren damals zwei Dinge in meinem Leben wichtig. Meine Liebe für Pferde, die schon immer da war, und mein Glaube. Gerne wäre ich in die Inlandsmission gegangen. Schon als Teenager fühlte ich mich zu diesem Dienst berufen. Ich konnte gar nicht an-

ders, als von IHM zu erzählen. Aber wie sollte man die Pferdeliebe und die Liebe für Gott vereinen? Fast fühlte ich mich schuldig wegen meiner großen, tiefen Pferdeleidenschaft.

Leider ließ ich mich von beidem abbringen. Von den Pferden, weil ich nach einem schweren Reitunfall das Vertrauen in Reitlehrer verloren hatte und mir trotz meiner Jugend klar war, dass ich ohne Unterricht den Pferden wohl eher schaden würde. Von einem Leben, in dem ich von Gott erzählen wollte, kam ich letztlich durch meinen Vater ab. Als ich ihm von diesem Wunsch erzählte, bekam ich zur Antwort, dass Frauen in der Kirche den Mund zu halten hätten. Punkt! Pferde und Mission kamen also in die Mottenkiste meines Daseins.

ICH KEHRTE DER KIRCHE DEN RÜCKEN

Gott sei Dank jedoch nicht mein Glaube, obwohl sich dieser auch nicht recht weiterentwickelte. Die Entwicklungen in unserer Kirche ließen mich erschaudern. So sehr, dass ich der Kirche den Rücken kehrte. In meinem Umfeld gab es bis auf meine Eltern sehr bald keine Christen mehr. Mein Glaube war da, aber er geriet in den Hintergrund. Mir wurde viel, sehr viel geschenkt. Im Grunde hatten sich irgendwann fast alle Wünsche in meinem Leben erfüllt, aber ich kann nicht sagen, dass mein Leben in dieser Zeit besonders gut war. Von Bekannten hörte ich in dieser Zeit oft: „Bleib wie du bist!" Irgendwie fand ich das von Mal zu Mal empörender. Trauten die mir denn kein inneres Wachstum mehr zu? Rebellisch antwortete ich immer öfter, dass ich nicht bleiben möchte, wie ich bin, sondern so werden wolle, wie Gott mich gewollt hat. Und dann kam ER, der treue Gott, der Vater, der mich schon je und je geliebt hatte, und sagte: „Komm, versuch's noch einmal."

EIGENE PFERDE

Zunächst kam ich an einem neuen Wohnort wieder in eine Gemeinde. Ich wurde vom Pfarrer in die Gemeindearbeit und später ins

Presbyterium geholt. Die Initiative ging nicht von mir aus. Ebenso ohne mein Zutun kamen wieder Pferde in mein Leben. Meine Pferde. Eigene Pferde. So, wie ich es mir immer gewünscht und erträumt, aber nie für möglich gehalten hatte.

Mein erstes Pferd, gefunden auf einer abgelegenen Weide, durfte leider nach wohl vielen schlechten Jahren nur etwa drei Wochen in meinem Schutz leben und hat dann mit seinem Kopf in meinem Schoß den letzten Atemzug gemacht. Und dann kam mein damals 14jähriger wunderschöner und sehr sportlicher Trakehner Wallach, der mich mit seinem Temperament und seinen Stararrülüren bis heute vor große Aufgaben stellt, als unerwartetes Geschenk meines Mannes in mein Leben.

Durch die Probleme mit meinem Pferd, dem geliehenen Buch einer Freundin und einem fast „zufälligen" Treffen, also auch ohne mein Zutun, kam der Kontakt zu Peter Pfister und durch ihn zu SRS zustande. SRS bedeutet „Sportler ruft Sportler" und ist eine 1971 von Helmfried Riecker gegründete Sportmission mit einer großen Abteilung für Pferdesport. Und schon war ich eine von vielen, die Pferde liebten und von Gott reden wollten. Irgendwie war es ein „Reset" – alles auf Anfang.

GOTTES FÜHRUNG UND UNTERSTÜTZUNG

Mein Wissen und Können rund ums Pferd kamen in den nächsten Jahren auf eine ganz andere Ebene.

Gesundheitliche Probleme sowohl bei meinem Pferd als auch bei mir machten das Reiten unmöglich. Wir mussten uns neue Betätigungsfelder suchen und kamen über lange gemeinsame Spaziergänge und Boden-/Gelassenheitsarbeit zur klassischen Pferdeausbildung am langen Zügel und zur Doppellonge. Hierin blühten wir beide ungeahnt auf. Wir kamen auf ein Niveau, das ich im Sattel nie und nimmer erreicht hätte. Auf dem Weg dorthin wollte und musste ich natürlich viel lernen, was mir jedoch nicht nur Freude machte, sondern ich merkte auch überaus deutlich Gottes Führung

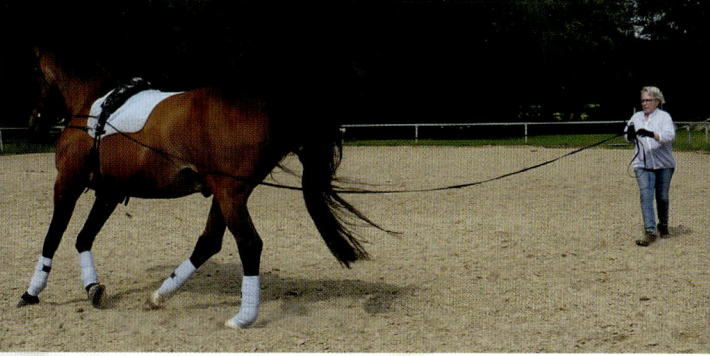

und Unterstützung. Ich war überglücklich. Das schlechte Gewissen wegen meiner Pferdeleidenschaft war einem großen Dank dafür an den Schöpfer gewichen.

UND ES TAT ALLES SO GUT!

Vor allem aber begann ich nach dem Treffen mit Peter Pfister noch einmal sehr, im Glauben zu reifen und ich erkannte nicht nur eine ganz neue Intensität im Glauben, nicht nur tiefgreifende und befreiende Wahrheiten, sondern endlich auch das große Geschenk, dass ER, dass Gott mich zu sich gezogen hat. Es war SEIN „machen", nicht meines. Und es tat alles so gut! Ich war plötzlich ich. Ich fing wirklich an, so zu sein, wie ER mich erdacht hat. Mit der Leidenschaft für Pferde und für Gott ausgestattet, die mich einfach immer wieder von IHM erzählen lässt, und dem unbedingten Willen, beides zu SEINER Ehre zusammenzubringen und auszufüllen – nach SEINEM Willen und mit SEINER Hilfe, denn ohne sie vermag ich nichts. Ich bin angewiesen auf SEINE Güte, auf SEIN Zu-sich-ziehen! Jeden Tag. Das erkennen zu dürfen ist eine Gnade. Es geschieht, weil ER mich geliebt hat. Je und je.

Cornelia Bagheri

Ich kann nicht schlafen

Jesus, ich kann nicht einschlafen.
Ich bin so unruhig, gib mir bitte deinen Frieden.
Ist was zwischen uns?
Habe ich etwas falsch gemacht?
Jesus, wenn da etwas ist, dann zeige mir das.
Vergib mir all meine Sünden.
Lass meine Gedanken zur Ruhe kommen.
Ich befehle aller Unruhe und Schlaflosigkeit,
in Jesu Namen zu gehen.
Jesus, komm mit deinem Frieden, so dass ich
heute Nacht gut schlafen kann.
Auch meine Träume lege ich ganz in deine Hand.
Amen

Danke für unsere Kinder

Jesus, danke für unsere Kinder.
Hilf uns, sie richtig zu erziehen, zu Respekt
und Liebe für alle Menschen.
Gib uns Geduld und Ausdauer mit unseren Kindern.
Lass uns immer eine tiefe Beziehung zu ihnen haben,
dass sie sich immer geliebt wissen.
Hilf uns, unseren Kindern zu vergeben, wo sie sich
gegen uns aufgelehnt haben.
Hilf auch uns, um Vergebung zu bitten, wo es nötig ist.
Zeige uns, wie wir ihnen von Dir erzählen sollen, so dass
sie ein Leben mit Dir, Herr Jesus, führen können.
Danke Jesus.

Matthäus 18 Vers 1 - 6 (S.50)

DORIS EGLI

Ein neues Leben

EINE KINDHEIT VOLLER ANGST UND MISSTRAUEN

Voller Angst und Misstrauen schleiche ich mich an diesem Abend nach Hause. Die Tränen versuche ich zu vertuschen, damit es daheim keine Unannehmlichkeiten gibt. So geht das nun schon seit Monaten. Angst und Beklemmung sind zwei Begriffe, die mich bis in die frühe Kindheit hinein geprägt haben. Als zweitjüngstes von fünf Kindern bin ich am 15.8.1963 in einem kleinen Dorf im Kanton Aargau in der Schweiz geboren. Meine Kindheit wurde sehr stark durch die Wutausbrüche meines jähzornigen Vaters geprägt, der immer wieder unwillkürlich um sich schrie und oft auch dreinschlug. Ich wusste nie, wann ich als Nächste drankam, weil ihm irgend etwas nicht in den Kram passte.

Diese Situation prägte sehr stark das Vaterbild in mir, das ich von Gott hatte. Nachts hatte ich oft Angst und erlebte Schreckensmomente mit Angstträumen vor meinem Vater, oder ich hatte Erscheinungen von soeben verstorbenen Menschen, die ich aus der Nachbarschaft kannte. Meine Mutter erlebte ich als feinfühlige Person, die aber immerzu an Kopfschmerzen litt und sehr oft über die familiäre Lage weinte. Diese unsichere Familiensituation hinterließ in meiner Persönlichkeitsstruktur tiefe Wunden. Ich hatte niemanden, dem ich vertrauen konnte. Umgetrieben von Angstgefühlen entwickelte ich ein starkes Misstrauen gegenüber Menschen. Diese Gefühle trieben mich während meiner Teenagerjahre in die Defensive gegenüber allen Menschen, denen ich begegnete. Ich zog mich immer mehr in mein Schneckenhaus zurück und litt unter mangelndem Selbstwertgefühl.

MEIN HILFERUF ZU GOTT

Mit dreizehn Jahren zog ich mich in ein Waldstück zurück und wollte nicht mehr leben, weil ich mich der ganzen Situation nicht mehr gewachsen fühlte. In meiner Not schrie ich laut zu Gott: Oh Gott, wenn es dich wirklich gibt, so begegne du mir. Denn so kann ich nicht weiterleben. Ich kann nicht an dich glauben, wenn ich all das Schlimme in meinem Leben sehe! Tränen benetzten mein heißes Gesicht und ließen mir keine Ruhe. Immer wieder schrie ich diese Worte zum Himmel! Damals hätte ich nicht im Traum daran gedacht, dass Gott mich wirklich hören oder gar auf meinen Hilferuf antworten würde! Parallel zu diesem Geschehen entdeckte ich, dass es in unserem Dorf inzwischen eine junge Frau gab, die sich ein Pferd gekauft hatte. Ich fühlte mich magisch von diesem stolzen und sanftmütigen braunen Pferd angezogen. Immer wieder zog es mich dorthin und innerlich begann eine Beziehung zu diesem Tier zu entstehen. Nun hatte ich ein Gegenüber gefunden, dem ich all meine Nöte erzählen konnte. Ich durfte dieses Pferd putzen und pflegen, was bei mir die schönsten Gefühle hervorrief. Endlich hatte ich einen Freund gefunden, der mir zuhörte, der mich einfach verstand und jederzeit für mich da war, ohne mich zu beängstigen. Wenn ich von der Schule nach Hause kam, schlich ich mich immer dorthin und kam erst spät abends wieder nach Hause. Es war jedes Mal schrecklich für mich, wieder ins Elternhaus zurückkehren zu müssen und aus meinem Traum zu erwachen. So entwickelte ich in meiner Phantasiewelt ein zweites Leben. Ich träumte davon, irgendwann einmal ein eigenes Pferd zu besitzen und nie mehr in meinen Ängsten leben zu müssen.

EINE WUNDERBARE BEGEGNUNG MIT GOTT

Mit achtzehn Jahren besuchte ich zusammen mit meiner Schwester eine Ausstellung. Dort blickte ich in die Augen eines jungen Mannes und entdeckte darin etwas, was ich in meinem aufgerüttelten Leben noch nie erlebt hatte. Er erzählte mir von seiner Beziehung zu Gott und ich spürte, dass da etwas Echtes, Aufrichtiges und sehr Liebevolles vorhanden war. Ich war von seiner Art und wie offen er über seine Gottesbeziehung redete sogleich angetan. Mein ganzes bisheriges Leben wurde hiermit auf den Kopf gestellt und ich begann meinen eigenen Glauben, meine Gottesbeziehung zu hinterfragen. Am 19. Februar 1983 kniete ich mich dann zusammen mit einem Pastor auf den Boden und ich übergab mein Leben ganz bewusst in die Hand Gottes. Diesen Moment werde ich wohl nie vergessen, denn als ich mein Gebet so formulierte, sah ich in einer Vision ein helles Licht leuchten und in diesem Licht sah ich viele Hände, die zusammengefaltet waren und für mich beteten. Dieses übernatürliche Erlebnis veränderte so schlagartig mein Leben zum Positiven, dass drei Monate später auch meine Schwester ihr Leben Gott anvertraute.

EIN NEUES LEBEN

Von nun an ging alles sehr schnell: Ich heiratete diesen wunderbaren jungen Mann namens Peter, wir schlossen beide unsere Berufsschule ab und absolvierten dann eine theologische Ausbildung mit anschließendem Praktikum in einer christlichen Gemeinde. Daraufhin bauten wir für sieben Jahre eine freie christliche Gemeinde auf und gründeten eine Jungschararbeit für Kinder von acht bis dreizehn Jahren.

In dieser Zeit fing ich durch eine Freundin wieder an zu reiten. Durch die positive Veränderung, die ich selber damals durch das Pferd aus meinem Dorf erlebte, sammelten sich bei mir viele Mädels aus der Jungschar, aber vor allem auch Teenager, die Schwierigkeiten in ihrem Leben hatten. Ich merkte sehr schnell, dass Pferde eine heilsame Wirkung auf zerstörte Seelen haben. Mein Mann und ich fanden dann einen Bauernhof, wo wir ein eigenes Pferd halten konnten. Wir kümmerten uns um Pflegekinder und stiegen nebenbei in eine Arbeit beim Bibellesebund ein, der christliche Reitfreizeiten durchführte. Zwölf Jahre lang investierten wir uns auf unserem Hof und veränderten diesen in ein kleines Paradies für reitbegeisterte Mädels. Unsere inzwischen neun Pferde übten eine so große Faszination auf diese jungen Menschen aus und ich merkte, dass viele Mädels durch das Zusammensein mit den Pferden positiv verändert wurden. In unseren Andachten, die wir gestalteten, konnten wir den Freizeitteilnehmerinnen erklären, dass Gott sich genauso nach der Nähe und Geborgenheit mit uns Menschen sehnt, wie sie sich zu diesen wunderbaren Pferden hingezogen fühlten. Wir durften auf diese Weise erleben, wie manche geschundene Menschenseele eine innige Beziehung zu Gott aufbauen konnte und sich ihr Leben dadurch nachhaltig veränderte.

GOTT BEWIRKTE WUNDERBARES

So kam es dazu, dass unsere Schlossranch bald aus allen Nähten platzte, weil die Arbeit immer mehr wuchs. Peter und ich fühlten uns dazu berufen, uns nach einem größeren Pferdehof umzuschauen. Wie durch ein Wunder stießen wir auf die Curlyranch, nahe am Bodensee gelegen. Auf erstaunliche Weise erlebten wir auch hier Gottes

Führung, damit wir den runtergekommenen Pferdehof wieder zu einem heimeligen Ort der Begegnung für Mensch und Pferd aufbauen konnten. Von überall her erfuhren wir Hilfe und Unterstützung von Christen, die Gott uns über den Weg schickte. Seit 2015 sind wir nun schon dort und unsere Freizeitarbeit ist enorm gewachsen. Niemals hätte ich ängstliches, eingeschüchtertes Mädchen, das damals im Wald zu Gott geschrien hatte, gedacht, dass Gott meine Tränen sehen könnte und mich auf so wundervolle Art in eine so große Arbeit hineinstellen würde. Aus dem sehnlichst gehegten Wunschtraum eines eigenen Pferdes sind jetzt achtzehn Pferde geworden. Ich habe einen wunderbaren Mann, der mir trotz meiner

Krankheit (Fibromyalgie) treu zur Seite steht und der ruhende Pol auf unserer Pferderanch ist, und wir haben dutzende Menschen, die treu mit ihren Gebeten, ihrem persönlichen Einsatz, aber auch ihren finanziellen Mitteln hinter unserer gemeinnützigen Arbeit stehen. Ja, es lohnt sich, sein Leben voll und ganz in die Hände unseres treuen und wunderbaren Gottes zu legen und ihm zu vertrauen. Er kann auch aus Ihrem Leben etwas Wunderbares und Neues schaffen!

Doris Egli

www.curlyranch.horse

ELKE MÜLLER

Nie mehr allein

MEINE OMA LEHRTE MICH BETEN UND KIRCHENLIEDER SINGEN

Als sie 1964 starb – ich war damals 8 Jahre – brach für mich eine Welt zusammen. Sie hatte in unserem Haushalt gewohnt und hinterließ eine große Lücke. Die Angstzustände, mit denen ich damals zu kämpfen hatte, verstärkten sich. Ich bekam Beruhigungsmittel verschrieben und hatte keinen mehr zum Singen und Beten. Mit 13 Jahren wurde ich konfirmiert und war später (fast) die Einzige der Konfirmanden, die aus tiefer Überzeugung, aber immer noch auf der Suche nach dem „richtigen Christsein", weiterhin zur Kirche ging.

Inzwischen hatte ich Gitarrenunterricht bekommen und komponierte Lieder, in denen diese Fragen nach dem Sinn des Lebens deutlich wurden.

Als 1972/73 in den USA die Jesus-People-Bewegung aufbrach, zeigte unser Religionslehrer, ein Pfarrer, in der Berufsschulklasse einen Dia-Vortrag darüber. Alles war sehr emotional, das Einzige, was ich davon noch weiß, ist, dass ein junges Mädchen, offensichtlich sehr bewegt, sagte: „Jesus lebt – Halleluja!"

Ich fand es ein bisschen übertrieben, wie alles dargestellt war, aber die Freude der Leute sprach mich schon an. Am Schluss wurden zwei christliche Lieder gespielt, ich spitzte die Ohren. Ich fragte den Pfarrer nach der Kontaktadresse des Sängers, weil die Lieder sich scheinbar gut auf der Gitarre nachspielen ließen. Um die Noten zu bekommen, schrieb ich dem Sänger.

AUF DEM WEG ZUR JUGENDSTUNDE

Einige Zeit später bekam ich Post von ihm. Er bedauerte, die Lieder nicht aufzeichnen zu können, weil er keine Noten könne, lud mich aber ein, am Samstag zur Bandprobe zu kommen. Es war eine Adresse in unserem Ort.

Als ich kurz vor Mittag dort ankam, war alles abgeschlossen. Dann kam erst ein Eisbecher, dann ein Vollbart, dann der ganze Arno Backhaus um die Hausecke.

In einem kurzen Gespräch erzählte ich ihm von dem Dia-Vortrag und seinen beiden Liedern – und er mir von einer christlichen Jugendgruppe, die immer freitagabends Jugendstunde halten würde. Ich blieb noch zur Probe, durfte sogar ein bisschen mit einem Schellentamburin mitmachen und war mächtig stolz.

Am nächsten Freitagabend machte ich mich mit einem mulmigen Gefühl und weichen Knien auf den Weg zur Jugendstunde. Ein Mädchen, das ich aus meiner Schule kannte, nahm mich „unter ihre Flügel".

Ich bin Andrea heute noch dafür dankbar und möchte alle ermutigen, die „Neuen" lieb zu behandeln und willkommen zu heißen.

So bin ich schließlich unter Christen gelandet, hörte von seltsamen Sachen wie „Stille Zeit", „Gebetsgemeinschaft", in denen man dankte, dass wir „heute hier sein dürfen" … und verliebte mich – natürlich aussichtslos – in den Bassgitarristen.

JESUS HAT MICH NIE VERLASSEN

Noch bevor ich „richtig" Christ wurde, habe ich an einem Jugendgottesdienst mitgewirkt. Ich las den Text aus dem 2. Korintherbrief, Kapitel 6 Verse 3-10 aus der „Guten Nachricht" vor – ein Text, den ich bis heute noch weiß. Ein paar Wochen danach fuhren wir gemeinsam in einen kleinen Nachbarort zur Zeltmission der Freien Evangelischen Gemeinde. Am letzten Abend fragte der Prediger, wer sein Leben Jesus geben wollte, der sollte die Hand heben.

Ich fand es selbstverständlich, das zu tun, denn das war es ja, was ich immer wollte. Ohne zu wissen, welch ein Schritt das war und dass an diesem Abend ein Fest im Himmel gefeiert werden würde, wurde ich so nochmal geboren, um zu leben. Keiner hat mit mir gebetet, kein Gespräch im Seelsorgezelt, kein Nachsorgekärtchen, kein ergriffenes Schluchzen – nur ein unschuldiges, logisches, kindliches Sich-fallen-lassen in eine neue Welt.

Ich habe diesen Schritt nicht den Bruchteil einer Sekunde bereut. Jesus hat mich nie verlassen, nicht in schönen Stunden, wo Er mit mir gelacht hat, nicht in schweren Stunden, wenn ich einfach still in Seiner liebenden Gegenwart sein durfte, nicht in Zeiten, wo ich zu Ihm geschrien habe, weil ich nicht verstand, was passierte. Er hatte immer alles unter Kontrolle.

Und Er, der Schöpfer des Universums, lässt mich rechtzeitig einen Platz für menschliche Bedürfnisse finden, schickt mir genau im richtigen Moment einen Menschen über den Weg oder fügt Situationen nach seinem Plan und vieles mehr... IHM sei die Ehre!

Elke Müller

Horseman4Jesus ist ein junger gemeinnütziger und eingetragener Verein (e.V.) dessen Ziel es ist, den christlichen Glauben „allen Menschen zu verkünden" (Mk. 16,15). Der Name „Horseman4Jesus" soll gleichermaßen die Liebe zu unserem HERRN und Retter, wie auch zu seinem wundervollen Geschöpf Pferd ausdrücken.

Werde ein Multiplikator…

Um die Frohe Botschaft in der Pferdewelt umfassend zu verbreiten, soll deutschlandweit ein Netzwerk von Freunden und Unterstützern der HORSEMAN BIBEL aufgebaut werden, so dass diese möglichst großflächig verbreitet werden kann.

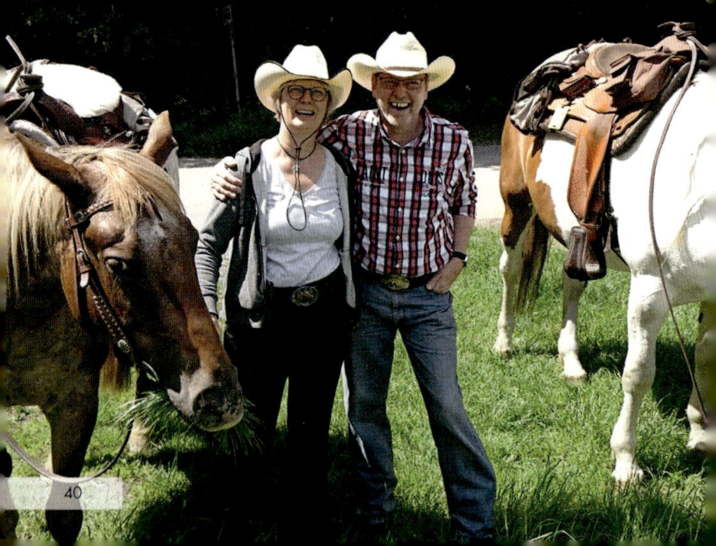

Sei mit dabei…

Die kommenden Arbeiten in GOTTES „Pferde-Weinberg" sind sehr vielfältig und richten sich nach deinen Gaben und Möglichkeiten. Sie beinhalten das begleitende Gebet oder die finanzielle Unterstützung für die Verbreitung der HORSEMAN BIBEL wie auch das aktive Weitersagen und Verschenken im privaten Bereich oder bei eigenen Aktionen. Ebenso den helfenden Dienst beim Aufbau und Betrieb von Messeständen sowie die Durchführung von Andachten oder Frühstücksgottesdiensten („praise&brunch") auf Höfen und Reitställen.

Ein weiteres Anliegen ist die Möglichkeit, deutschlandweit Ansprechpartner für Menschen zu haben, die durch die HORSEMAN BIBEL angerührt und auf der Suche nach JESUS sind. Gerade in diesem Bereich ist eine gesegnete Zusammenarbeit mit anderen Netzwerken und Organisationen zum Wohle der Verbreitung der Guten Botschaft sehr sinnvoll.

Komm ins Team…

Die Zugehörigkeit zum Netzwerk ist freiwillig und kostenlos. Sie sollte dem eigenen Wunsch entspringen, die Verbreitung der HORSEMAN BIBEL aktiv oder passiv zu unterstützen, sich mit gleichgesinnten Menschen auszutauschen, Kraft und Zuversicht durch weitere Berichte, Zeugnisse und Zusammenkünfte gewinnen zu können. Hierzu gibt es eine entsprechende Homepage (www.horseman4jesus.de).

Du bist willkommen!

Ines & Stephan Wensing

ICH WÄRE FAST GESTORBEN

Geboren und aufgewachsen bin ich auf einer Ranch im Südosten von Kansas in den USA. Ich bin das achte von neun Kindern in unserer Familie, sieben Jungen und zwei Mädchen. Meine Eltern waren dafür bekannt, Farm- und Ranch-Arbeiter großzuziehen, anstatt sie einzustellen. Wir alle wuchsen auf, bestens vertraut mit den Besonderheiten harter Arbeit, Tierpflege und Respekt.

ERSTE BEGEGNUNG MIT DEM GLAUBEN

Meine früheste Erinnerung an den Glauben war ungefähr im Alter von vier oder fünf Jahren. Ich tat mich schwer damit, allein zu sein als kleines Kind. Im Haus war immer einer da, den ich kannte. So kam es, dass wir am Sonntag in die Kirche gingen und meine Schwester mich zur Sonntagsschule brachte. Als sie sich umdrehte, um zu gehen, bin ich ausgeflippt. Ich klammerte mich an ihrem Bein fest. Dann kam eine nette, freundliche Frau, die mich bei der Hand nahm und fragte, ob ich malen wolle. Zögernd löste ich meinen Klammergriff, den ich ums Bein meiner Schwester hatte, ging hinüber und setzte mich neben die Lehrerin. Wir haben gemalt und sie hat uns eine Geschichte über Noah erzählt. Tiere waren für mich das Größte, also sprach mich das sehr an. Es war ein großartiger Tag und ich war nicht wirklich bereit zu gehen, als es Zeit war.

MEIN WEGGANG

Als ich jedoch älter wurde, fing ich an, der Kirche fern zu bleiben, besonders in meinen Teenagerjahren. Während der High-School-Zeit fing ich mit dem Bullenreiten und dem Reiten von wilden Pferden an und qualifizierte mich 1991 für das National High School Rodeo Finale im Rahmen des Bareback-Bronc-Events. Mit einem Stipendium ging ich zum College für Viehzucht und fuhr, soweit die Zeit es erlaubte, weiterhin zu Rodeos der Colleges und örtlichen semiprofessionellen Veranstaltungen. Glaube und Gott standen auf meiner Prioritätenliste während der High School-Zeit, des Colleges und gar im jungen Erwachsenenalter nicht ganz oben auf meiner Liste.

BEDINGUNGSLOSE LIEBE

Ganz ehrlich, es war kein langweiliger Pastor am Sonntagmorgen oder ein bibeltreuer Christ, der mich zum Herrn zurückbrachte, nachdem ich in meinen Teenagerjahren von Gott abgefallen war. Es war meine wunderbare Frau, die mich zurück zum Herrn führte. Ich hatte das Glück, im Laufe der Jahre einige wirklich gute Pastoren gehabt zu haben, von denen ich viel gelernt habe, aber Darlinda ist der Grund, warum ich es sogar zurück in die Kirche geschafft habe. Es war ihre bedingungslose Liebe, die mich gerettet hat, auch wenn ich immer wieder dumm war. Aus irgendeinem Grund entschied sie, dass ich die Mühe wert war. Dafür bin ich jeden Tag dankbar.

Nach mehreren Jahren in unserer Kirche kam unser Pastor zu meiner Frau Darlinda und mir, mit dem Angebot, einen Dienst zu übernehmen. Er fragte uns, ob wir daran interessiert wären, eine Cowboy-Church in Hepler, Kansas, zu leiten, in der kleinen Gemeinde, in der wir leben. Wir sagten ihm, dass wir dies sicherlich in Betracht ziehen könnten und darüber beten würden. Das haben wir also getan. Wir haben gebetet! Nach einigen Wochen fiel mir ein, dass Gott dieses Gebet bereits beantwortet hatte. Ich betete für eine Antwort, die ich bereits hatte. Tatsächlich hatte Gott dieses Gebet bereits zwei Jahre zuvor beantwortet, sogar noch bevor unser Pastor Scott uns diese Frage stellte.

GOTTES GROSSE BEWAHRUNG

Ich habe Vermessungen für die Firma durchgeführt, für die ich gearbeitet habe, als ein Auto hinter mir hergefahren ist und auffuhr. Der eigentliche Treffer schleuderte mich auf die Motorhaube, aber ich rutschte dann vorn vom Auto herunter und lag mit dem Gesicht nach unten eingeklemmt vor dem Reifen auf der Fahrerseite. Während ich auf die Straße gedrückt wurde, war das Bedürfnis, mich wegzurollen, überwältigend. Ich hatte die Ellenbogen ausgestreckt und kämpfte darum, nicht überrollt und vom Reifen sicherlich zerquetscht zu werden. Ich weiß, dass das alles nur Sekunden dauerte, es schien mir aber wie eine Ewigkeit.

Ich hatte den Punkt erreicht, an dem meine Ellbogen ganz aufgeschürft waren, und ich nicht mehr die Kraft hatte, weiter zu kämpfen. Genau in diesem Moment, als kein Funken Kraft mehr in mir steckte und ich erschöpft war, genau in der Sekunde, als ich aufgab, stießen wir auf einen geparkten Bronco (amerikanischer Geländewagen) und stoppten sofort. Der Fahrer hat dann den Rückwärtsgang eingelegt und weil sich meine Beine im Motorraum verheddert hatten, wurde ich zurückgezogen, bis meine Beine frei waren. Ich hatte das Glück, dass zufällig eine Krankenschwester vorbeifuhr, als dies geschah. Sie legte mich sofort in die Schocklage und beruhigte mich, bis der Krankenwagen kam.

Selbst in den Augenblicken sofort nach dem Unfall, als ich auf dem Gehsteig lag, wusste ich, dass ich sehr viel Glück gehabt hatte. Ich war weder am Kopf getroffen worden, noch war mein Genick verletzt, ich war bei Bewusstsein und konnte Arme und Beine bewegen. Ich wusste schon damals, dass Gott bei mir war! In den folgenden Wochen und Monaten, während der Genesung, durchlebte ich die Ereignisse immer wieder. Ich habe unzählige Szenarien durchlaufen und mir vorgestellt, „was wäre gewesen, wenn". Und ich habe schnell realisiert, dass es wirklich nur ein Szenario gab, bei dem ich lebend rauskommen konnte und bei dem ich nicht dauerhaft verletzt sein würde, und das war der Ablauf, so wie er sich abgespielt hatte.

Jesaja 41, 10 sagt: „Fürchte dich nicht, denn ich bin bei dir. Sieh dich nicht ängstlich nach Hilfe um, denn ich bin dein Gott: Meine Entscheidung für dich steht fest, ich helfe dir. Ich unterstütze dich, indem ich mit meiner siegreichen Hand Gerechtigkeit übe."

HÖRE GOTT ZU

Es ist interessant zu denken, dass Gott dieses Gebet beantwortet hat, bevor er überhaupt gefragt wurde. Ich denke, dass manchmal, wenn wir um Antworten beten und nichts von Gott hören, es Tatsache sein kann, dass er uns bereits geantwortet hat und wir es einfach nicht genug beachtet haben, um es zu realisieren. Gott beantwortet Gebete auf so viele verschiedene Arten, dass ich denke, dass wir es manchmal als Zufall oder als Glücksfall abtun. Hatte ich an jenem Tag vor Jahren Glück oder Pech? Ich glaube, weder noch. Ich glaube, ich war gesegnet. Ich habe keine Ahnung, warum oder wie der ganze Vorfall in Gang gesetzt wurde, aber ich bin mir sicher, wer ihn gestoppt hat. Und ich bin ebenso sicher, dass das Ergebnis anders gewesen wäre, wenn Gott an diesem Tag nicht da gewesen wäre.

Durch all das wurde mir klar, dass Gott noch nicht mit mir fertig war. Es gab noch etwas, das er von mir wollte. Als mir nun diese Möglichkeit zum Dienst angeboten wurde, waren wir uns sicher, dass wir dies tun sollten. So entstand Cross Trails Cowboy Ministries! War es das, was Gott für Darlindas und mein Leben damals schon voraussah? Ich weiß es nicht. Aber ich weiß, dass Gott in meinem Leben schon genug für mich getan hat, dass ich es ihm schulde, es anzugehen. Wenn es nicht klappt, war es mein Fehler, aber wenn es gelingt, dann weil Gott mit uns ist.

Chuck Harris

Danke für den Tag

Danke für diesen wunderbaren Tag, Jesus.
Danke für alle Bewahrung und für alle Arbeiten,
die ich schaffen durfte.
Danke für deine Kraft, die mich durch
diesen Tag getragen hat.
Danke, dass du immer bei mir warst, auch, wenn ich es
nicht immer gespürt oder daran gedacht habe.
Vergib, wo ich Dir untreu geworden bin, oder wo die Sünde
mich verführt hat.
Danke, dass Du auch für mich am Kreuz gestorben bist und
die Strafe für meine Verfehlungen auf Dich
genommen hast.
Ich bitte Dich nun um eine ruhige Nacht. Schenk mir gute
Träume, sprich durch sie zu mir.
Behüte und bewahre mich in dieser Nacht.
In Jesu Namen. Amen

Matthäus 11 Vers 28 (S.32)

Gott ist gut

NUR PFERDE IM KOPF

Solange ich denken kann, hatte ich nur Pferde im Kopf. Schon sehr früh machte sich die Leidenschaft in mir bemerkbar. In meiner jüngeren Kindheit musste zunächst unser Hausschwein als Reittier herhalten, später waren es dann wirkliche Pferde. Ich war hoffnungslos pferdeverrückt und diese Leidenschaft sollte mein ganzes späteres Leben bestimmen.

Aber neben meiner Pferdeverrücktheit gab es noch etwas, was mein Leben sehr bestimmen sollte. Das war mein Glaube. Als Jugendlicher entschied ich mich für ein aktives Leben mit Jesus Christus und begann, mich in der Kirche und im CVJM zu engagieren. Doch immer waren da die Pferde, die mich in ihren Bann zogen. So konkurrierten diese beiden Leidenschaften eine ganze Weile miteinander. Ich stand oft zwischen ihnen in einer Art Zerrissenheit.

DIE ARBEIT VON SRS

Als ich 1985 die sportmissionarische Arbeit von SRS kennenlernte, war das wie ein Befreiungsschlag. Ich lernte: Glauben und Sport sind absolut nichts Konträres, im Gegenteil, Gott hat uns Begeisterungen und Begabungen gegeben, damit wir sie einsetzen. Denn nur wo wir begeistert sind, machen wir einen guten Job und wo wir einen guten Job machen, geben wir ihm die Ehre.

Das gab mir die Freiheit, meine Leidenschaft für Pferde noch intensiver zu leben, aber auch das Bedürfnis, meinen Glauben mit dieser Leidenschaft praktisch zu verbinden. Und ich wollte zu Gottes Ehre einen guten Job machen. So begann ich, kleine Showvorführungen einzustudieren und diese bei Pferdesportveranstaltungen, Zeltevangelisationen, Jungschartagen usw. zu zeigen.

Ich wollte die Menschen zum Staunen bringen und ihnen gleichzeitig mitteilen, dass Christen keine weltfremden Sektierer, sondern Menschen sind, die mit beiden Beinen im Leben stehen, die Leistung bringen können und Spaß daran haben dürfen.

DIE ARBEIT MIT DEN PFERDEN
WURDE ZU MEINEM HAUPTBERUF

Das begeisterte die Menschen. So kam es, dass ich 1993 gefragt wurde, ob ich mit SRS auf der Equitana, der Weltmesse des Pferdesports, in Essen auftreten wolle, um über meine Vorführungen Messebesucher auf die christliche Botschaft aufmerksam zu machen. Mit meinem Showpony einmal auf dieser Megamesse aufzutreten, hatte ich mir bis dahin nicht vorstellen können, aber es geschah. Dadurch wurde ich bekannt und gefragt. Das war der Einstieg in mein totales Leben mit den Pferden.

Nach und nach reduzierte ich meinen bisherigen Job, bis einige Jahre später die Arbeit mit den Pferden zu meinem Hauptberuf wurde. Ich wurde für Kurse gebucht, für Shows, referierte bei Pferdeseminaren, schrieb Bücher über Pferdeausbildung, drehte Filme und trat regelmäßig auf den großen Pferdemessen und anderen Pferdesportveranstaltungen auf. Ja, sogar ein Kinofilm wurde über mich und mein Leben mit den Pferden gedreht. Ich wurde zu einem der bekanntesten Pferdetrainer im deutschsprachigen Raum. Und immer war es mir wichtig, dass Gott mit dabei war und dass dies in Wort und Tat Ausdruck fand.

ICH HATTE DIESES PFERD FALSCH EINGESCHÄTZT

Eines Tages passierte es dann. Bei einem Kurs kam es durch mein Verschulden zu einem Trainingsunfall, bei dem ein Pferd umkam. Ich hatte dieses Pferd falsch eingeschätzt, ich hätte die Aktion früher abbrechen sollen. Ich war sehr betroffen. Ich versuchte, den Schaden soweit es ging wieder gut zu machen. Ich änderte meine bisherige Vorgehensweise, informierte die Fachpresse über diesen Vorfall, aber auch alle Teilnehmer der nachfolgenden Kurse. Ich regelte den Schaden mit der Besitzerin des Pferdes und stellte mich den Anfragen der Presse. Was ich nicht konnte, war, dieses Pferd wieder lebendig zu machen.

Aber trotz all meiner Bemühungen um Wiedergutmachung kam

es zu einem riesigen Shitstorm in den sozialen Netzwerken. Zwei Kollegen hatten diesen die Monate danach initiiert, wohl mit der Idee, daraus eigene Vorteile zu ziehen. Außerdem hatten sie einen Fernsehsender auf mich angesetzt und mich bei einem Veterinäramt angezeigt. Ein Gericht erkannte in diesem Trainingsunfall daraufhin einen Verstoß gegen das Tierschutzgesetz und weil außerdem inzwischen ein hohes öffentliches Interesse an diesem Fall entstanden war, legte man mir eine Geldstrafe auf. Auch das wurde wiederum von diesen Leuten genutzt, um mich in einer großen Kampagne öffentlich als verurteilten Pferdeschänder darzustellen.

ICH WAR GANZ UNTEN

Ich erlebte schlimme Zeiten. Eine Welle des Hasses schlug mir entgegen. Mir völlig fremde Menschen überschütteten mich mit Hassparolen und verletzenden Aussagen. Damit konnte ich nicht umgehen, solche Dinge hatte ich mir bisher nicht vorstellen können. Ich wurde beschimpft, verletzt, beleidigt und gedemütigt. Ich war ganz unten. Daran konnten auch die vielen ermutigenden, unterstützenden und freundschaftlichen Zuschriften und Anrufe guter Kollegen, ehemaliger Kursteilnehmer und Freunde nichts ändern.

Mir war schon klar, dass Christen auch nicht immer nur Gutes erleben, dennoch stellte ich mich selbst in Frage, wollte meinen Beruf aufgeben, wollte die Pferde abgeben, wollte abtauchen aus der Szene. Das Ganze dauerte über zwei Jahre. Noch heute sitzen mir diese Erlebnisse tief in der Seele und noch immer erlebe ich Auswirkungen aus dieser Zeit. Aber ich habe gelernt, in die Tiefe zu gehen, noch mehr das Gespräch mit Gott zu suchen und manche meiner Sichtweisen zu ändern. Das gibt mir Gelassenheit, mehr Barmherzigkeit im Umgang mit anderen und das Vermögen, mehr die wesentlichen Dinge des Lebens zu sehen und zu beachten. Meinen Kontrahenten gegenüber bemühe ich mich, Vergebung zu zeigen, denn Gott macht mich heil, er hat mich geheiligt. Darum denke ich viel darüber nach, wie wir miteinander umgehen.

ER HEILT AUCH

Ja, Gott ist gut, auch in den Winterzeiten des Lebens. Er lässt manchmal zu, dass Dinge zerschlagen werden, aber er heilt auch.

Denn Gott hat uns nicht den Geist der Verzagtheit gegeben, sondern den Geist der Kraft, der Liebe und der Besonnenheit.

2. Tim. 1,7

Peter Pfister

www.peterpfister-schade.de

SONJA SCHNIETZ

SOS
neues Pferd gesucht – dringend!

DER VERLUST

Gottes Gegenwart und Führung habe ich im Jahr 2018 auf besondere Art und Weise erleben dürfen: In der Nacht des 24. Mai starb mein Westfalenwallach Fiasco ganz unerwartet. Wir mussten ihn aufgrund einer Kolik einschläfern lassen. Nie zuvor hatte Fiasco eine Kolik gehabt und diese erste und letzte kam so plötzlich und heftig, wie ich es noch nie zuvor bei irgendeinem Pferd miterlebt hatte. Trotz der Trauer über Fiascos Tod und dessen Verlust spürte ich ein Gefühl der Dankbarkeit, dass ihm durch diesen schnellen Tod ein längeres Leiden erspart geblieben war. Aber er hinterließ natürlich eine große Lücke. Zwanzig Jahre lang hatte ich ihn gekannt, zwölf Jahre lang war er in meinem Besitz gewesen. Nicht nur ich, auch unsere Kinder hatten ihn sehr geliebt und ihre ersten Reiterfahrungen mit ihm sammeln dürfen. Als ich in dieser Nacht endlich im Bett lag, konnte ich kaum schlafen. Meine Gedanken kreisten um die Frage, was ich jetzt mit meinem Welch Cob Wallach Twain anfangen würde, damit er nicht alleine bleiben musste. Schließlich waren Twain und Fiasco seit zwölf Jahren in einer Zweier-WG bei uns im Offenstall zusammen gewesen und für mich war klar, dass ich den trauernden Twain nicht hätte alleine lassen wollen.

DIE ÜBERGANGSLÖSUNG

Dieses Problem löste am nächsten Morgen meine Freundin Petra für mich, die mir sofort anbot, Twain zu ihr zu bringen und neben ihre Pferde auf ein Stück Weide zu stellen. Ich war unglaublich erleichtert und brachte Twain noch am gleichen Tag zu ihr. Obwohl ich nun keinen Stress mehr hatte, ganz schnell neue Gesellschaft für Twain finden zu müssen, war mir trotzdem klar, dass die Suche nach einem neuen Pferd nicht ewig dauern durfte. Schließlich wollte ich Petras Gastfreundschaft nicht überstrapazieren und außerdem erschien mir die Leere im heimatlichen Offenstall enorm.

DIE SUCHE

Also begab ich mich direkt auf die Suche nach einem neuen Pferd. Ich hatte zwar in den vergangenen Jahren schon ein kleines Budget für diesen Zweck angelegt, doch das hatte eigentlich noch ein paar Jahre anwachsen sollen und hätte noch nicht gereicht, um davon ein gesundes und gerittenes Pferd zu erwerben. Aber auch diese Tatsache wurde gar nicht erst zum Problem, da meine Eltern direkt zusagten, dass sie den Kaufpreis für ein neues Pferd übernehmen würden – ich hatte sie weder um Geld gebeten noch ihnen von meiner Finanzlücke berichtet. Ich war unendlich dankbar und begann nun ernsthaft mit der Suche eines Pferdes im Internet. Doch erst jetzt wurde mir klar, wie schwierig die Suche werden würde. Meine Vorstellungen davon, wie das neue Pferd beschaffen sein sollte, waren ziemlich konkret. Ich machte eine lange Liste von Eigenschaften, die das Wunschpferd haben sollte. Da das neue Pferd dauerhaft auch Reitpferd für unsere Kinder (3 und 5) werden sollte, musste es eine Menge Eigenschaften vereinen: Gehfreudig und gelassen sollte es sein, brav im Umgang, geländeerfahren, sanft, groß genug für mich, handlich genug für die Kinder, Spaß am Springen sollte es haben, gesund sollte es sein und möglichst mit nachvollziehbarer Vergangenheit… Meine Liste wurde immer länger. Ich bat Gott um Hilfe für meine Suche. In den vergangenen Jahren hatte ich immer gedacht, ich würde irgendwann Spaß daran haben, mir noch einmal ein Pferd aussuchen zu dürfen. Mit den fünfzehn Jahren Abstand, die zwischen Twains Kauf und heute liegen, habe ich viele Erfahrungen gemacht und hatte mich darauf gefreut, diese beim Kauf eines neuen Pferdes noch mal anwenden zu können und ein perfekt zu mir passendes Pferd zu kaufen. Soweit die Theorie. Plötzlich hatte ich das Gefühl, dass im Internet zwar viele tausend Pferde angeboten wurden, aber das passende für mich nicht dabei war. Ich schickte eine hilfesuchende Rundmail an meine Pferdbekanntschaften und bekam fortan so manchen Link oder Tipp zugeschickt, aber nichts schien zu passen.

ICH WAR ÜBERFORDERT

Als ich mir nach einer Woche die ersten drei Ponys anguckte, merkte ich, dass es mir keinen Spaß machte. Fiascos Tod war erst eine Woche her und ich fühlte mich überfordert. Für jedes Pferd, das ich angucken wollte, war eine logistische Vorleistung zu bewältigen. Ich musste Termine absagen, die Kinder unterbringen und fühlte mich außerdem ziemlich kraftlos. Eines der Ponys war aufgrund der Beschreibung in der Verkaufsanzeige mein absoluter Favorit gewesen und als es nun vor mir stand, war ich geplättet: Live sah es winzig aus. Ich ritt weder besagtes Pony noch die zwei anderen Kandidaten Probe. Auf dem Weg nach Hause schwirrte mir der Kopf. Mir war bewusst, dass ich nicht nur nach einem passenden vierbeinigen Partner für mich suchte, sondern auch die Verantwortung hatte, dass dieses neue Familienmitglied unsere Kinder sicher von A nach B tragen würde. Und diese Entscheidung traf man im besten Fall für die nächsten zwanzig Jahre! Und das innerhalb von ein oder zwei Besichtigungsterminen!! Mich beschlich die Vorahnung, dass ich Kompromisse würde

machen müssen oder ewig suchen konnte. Ich bat Gott immer wieder im Gebet darum, mir das passende Pony zu zeigen.

WIE GUT, ALLES AN GOTT ABGEBEN ZU DÜRFEN

In der Woche darauf fuhr ich dann aufgrund einer vielversprechenden Verkaufsanzeige bis nach Bayern. Nach mehreren Staus kam ich am frühen Abend bei der angegebenen Adresse an und erlebte beim Probereiten eines fünfjährigen Connemaras einige kleine Abenteuer – unter anderem fuhr die Verkäuferin mit ihrem Pick Up hupend hinter mir her durch's Gelände, um mir zu demonstrieren, wie unerschrocken ihr Pony sei. Das Pony faszinierte mich, aber ich war dennoch unentschlossen. War „Drombane Boy" nun der Kandidat, der zu unserer Familie passen würde oder war er es nicht? Die ganze fünfstündige Rückfahrt war ich in Gedanken und beschloss schließlich, noch ein weiteres Pony zu besichtigen und dann eine Entscheidung zu treffen. Vier Tage Bedenkzeit hatte ich, bis die nächsten Interessenten für Drombane Boy kommen wollten. Zwei Tage nach meinem Trip nach Bayern ritt ich noch ein weiteres Pony Probe. Wieder ein Connemara, wieder ein sympathischer Kerl, der aufgrund einer vielversprechenden Verkaufsanzeige mein Interesse geweckt hatte. Nach diesem Proberitt betete ich um Weisheit. Mir war klar, dass es eines der beiden Ponys werden würde, aber die Entscheidung zwischen den beiden fiel mir schwer. Nach einem Gebet und einem Besuch bei Petra und Twain war mir klar, dass ich mein Herz in Bayern verloren hatte. Ich wollte Drombane Boy kaufen.

DER KAUF

Kurz vor der Unterschrift des Kaufvertrags wurde mir dann doch noch mal mulmig. Der Kaufvertrag war sehr undurchsichtig und mein Mann und ich recherchierten Stunden im Internet, um die Klauseln darin verstehen zu können. Mit einem komischen Gefühl im Bauch unterschrieb ich schließlich. Immerhin hatte ich mündlich bereits zugesagt und das Pony hatte mich beim Proberitt doch voll überzeugt. Daran hielt ich fest. Die Anspannung war auch deshalb so groß, weil ich schließlich das Geld meiner Eltern investierte. Ich war froh, dass ich meine Sorgen und Bedenken bei Gott aussprechen konnte.

GOTT HATTE ALLES GUT GELENKT

Neun Tage nach meinem Proberitt und drei Wochen nach Fiascos Tod zog Drombane Boy bei uns ein. Twain hatte ich kurz vorher abgeholt, so dass sich die Ponys bei der Ankunft unseres Neulings direkt kennenlernen konnten. Schon kurz darauf war klar, dass die beiden sich angefreundet hatten: Bereits am dritten Tag kraulten sie sich gegenseitig Fell und Mähne. Ich war total glücklich. Drombane Boy hat nun den Spitznamen John. Er ist unglaublich freundlich, neugierig, gelassen und hat ein angenehmes Temperament. Die Kinder fühlen sich auf seinem Rücken genauso wohl wie ich. Er erfüllt tatsächlich alle Punkte auf der langen Wunschliste, die ich zu Beginn meiner Pferdesuche geschrieben hatte. Ich bin Gott unglaublich dankbar für all das, was ich in den letzten Monaten erleben durfte.

Sonja
Schnietz

www.reiterdurchblick.de

SABRINA WIELAND

Nach dem Gebet fiel eine Last von mir ab

Meine Eltern waren beide berufstätig, meine zwei Brüder und ich waren nachmittags nach der Schule immer draußen. Was zu Hause eigentlich los war, merkte ich erst im pubertären Alter.

Meine Mutter litt sehr unter dem starken Alkoholkonsum meines Vaters und war mit der Erziehung von uns alleine, was für sie nicht immer einfach war, da wir drei ihr das Leben nicht gerade leicht gemacht haben.

Einmal in der Woche durfte ich zum Reitunterricht gehen. Das war für mich das Größte, bis ich einen schweren Reitunfall hatte. Danach war Schluss mit dem Reiten, das Vertrauen war weg und die Angst zu groß. In der Schule hatte ich mich vom schüchternen, zurückhaltenden Mädchen zum Klassenclown entwickelt, weil ich merkte, so Aufmerksamkeit zu bekommen. Schlechte Noten waren das Resultat.

MICH TRAF ES TIEF IN MEIN HERZ

Als junge Erwachsene machte ich die eine oder andere schlechte Erfahrung mit gewalttätigen Männern. Ich fragte mich schon sehr oft, warum denn immer ich, warum muss ich denn bei allem „hier" schreien. Meine damalige Fernbeziehung gab mir immer das Gefühl, dass ich nichts wert sei. Er machte mich täglich so klein mit Hut, dass ich ihm absolut hörig war und jede Ohrfeige von ihm entschuldigte. Außer meinem heute noch besten Freund wusste keiner aus der Familie, was ich durchmachte.

Als ich den Absprung endlich geschafft hatte, lernte ich äußerst misstrauisch, mit 20 Jahren, meinen über alles geliebten Ehemann kennen. Wir bauten zusammen ein Haus und zogen dort, unterhalb eines Reitstalles auf dem Land, ein. Da ich die Leidenschaft zu den Pferden schon früher hatte, freute ich mich umso mehr, die wundervollen Tiere wieder zu sehen, denn vergessen hatte ich sie nie.

ERNEUTER SCHICKSALSSCHLAG

Nach vielen Reitstunden hatte ich die Angst verloren und das Vertrauen zu den Pferden durch eine tolle Reitlehrerin, Doris, wiedergewonnen. Kurz darauf bekam ich auch von ihr meine lang ersehnte Reitbeteiligung, den Schecken Wallach Little Lord. Er war für mich mein absolutes Traumpferd. Mit ihm ging ich durch dick und dünn. Lordli, wie ich ihn immer liebevoll nannte, hatte immer ein offenes Ohr für mich. Uns gab es nur im Doppelpack.

Eine Reanimation in meinem Umfeld, bei der ich beteiligt war, brachte mich schwer aus der Bahn. Schlafstörungen, Träume und Bilder plagten mich Nacht für Nacht. Dies brachte mich psychisch an meine Grenzen. Nach außen hin machte ich auf stark, niemand sollte etwas merken, denn man zeigt niemals Schwäche. Schlussendlich waren es die regelmäßigen Schlaftabletten, die mir jede Nacht zum Schlaf verholfen haben.

FASZINATION

Es war ein schöner sonniger Tag, aber für mich war er eher düster und genauso wie jeder andere Tag auch. Ich brachte Little Lord auf die Koppel, auf der mittig ein Trampolin stand, worauf ich mich legte, um ihm beim Grasen zuzusehen.

Meine Reitlehrerin Doris kam nach einer Reitstunde zu mir aufs Trampolin und ich erzählte ihr alles unter starken Tränen, ohne Punkt und Komma. Was alles los war, wie fertig mich das machte und dass ich das Gefühl hatte, es würde täglich schlimmer statt besser.

Doris stellte mir nur diese eine Frage! Ich wusste ja, dass sie und ihr Mann von ganzem Herzen überzeugte Christen sind, aber sie wussten auch, dass ich es nicht bin. Doris sagte zu mir: „Sabi, du weißt, dass es hier jemanden gibt, der dich genau so liebt, wie du bist, und dass Gott dir helfen kann, wenn du es nur zulässt!"

Ich dachte nach. Mir war auf einmal so warm ums Herz geworden. Dann lächelte ich. Auf einmal, wie aus dem Nichts, rannte Lordli los, als hätte er Todesangst. Immer wieder die Koppel auf und ab. Er war nicht zu bremsen, obwohl er das liebste Pferd war und wir eine tolle Bindung hatten, ließ er sich einige Minuten lang nicht beruhigen.

Dadurch wurde unser Gespräch beendet. Danach beruhigte Lordli sich und ließ sich von mir anhalftern und in den Offenstall zurückbringen.

GOTT HAT AN MEIN HERZ GEKLOPFT UND IST EINGETRETEN

Nach einigen Tagen suchte ich erneut das Gespräch. Es war der 2. Mai 2018, als ich voller Vertrauen mein Leben in die Hände Jesu gegeben habe. Denn für mich war klar, wenn mir jemand helfen kann, dann nur Er. Nach dem Gebet fiel eine Last von mir ab. Ich hatte einen Zu-

fluchtsort! Da war einer, der dich so nimmt, wie du bist, mit all deinen Fehlern, Sorgen und Ängsten. Ich lernte, in Gebeten neue Kraft und Energie zu tanken. Genau eine Woche nachdem ich mein Leben in Gottes Hände gegeben habe, ist Little Lord an einer Kolik gestorben. Selbst eine Not-OP in der Pferdeklinik konnte ihn nicht mehr retten.

Für mich brach eine Welt zusammen. Meine Gebete und die Kraft, die mir meine Mitmenschen in Gebeten schenkten, halfen mir, das Geschehene zu verarbeiten und loszulassen.

Ich möchte mit meiner Geschichte jedem Menschen Mut machen! Habt Vertrauen, auch wenn die Angst vor dem Ungewissen da ist! Vertraut Gott und seinem Sohn Jesus Christus und es wird alles gut! :-)

Sabrina Wieland

Mach mich frei von Spielsucht

Jesus, du weißt alles und du kennst auch meine
Spielsucht. Du weißt, dass ich damit aus eigener Kraft
nicht aufhören kann.
Du kennst das Verlangen und die Sucht zu spielen.
Du kennst meine ängstliche Seele.
Jesus, mach mich frei von der Macht des Glücksspiels, die
mich festhält. JA, DU KANNST MICH FREI MACHEN!
Vergib mir all die Zeit- und Geldverschwendung.
Es war Zeit, die ich mit dir, meinen Freunden und der
Familie, meiner Frau – meiner Freundin – meinem
Ehemann – meinem Freund – meinen Freunden...
hätte verbringen sollen.
Vergib mir, Jesus.

Das Böse mit Gutem überwinden

Du weißt selber, Jesus, wie hart es ist, gehänselt und verachtet zu sein. Wenn Leute Lügen und Unwahrheiten über einen verbreiten. Es ist, als ob sie auf einen eintreten. Ja, du weißt, wie es war; sogar bei deiner Hinrichtung bist du verachtet und verspottet worden.

Am Kreuz hängend, erlittest du das für mich. Freiwillig gabst du dich hin, bis zum Tod, für alle Krankheit, Bosheit und Sünde dieser Welt. Sie haben dich verhöhnt und dich geschlagen.

Und trotzdem... Du hast für diese Menschen gebetet. Du hast diesen bösen Menschen vergeben. Gib mir diese Kraft und Liebe, für die Menschen, die mir diesen Schmerz zufügen. Hilf mir, ihnen zu vergeben. Du kennst die ganze Situation. Du hast alles gesehen und gehört. Nimm diese Situation in deine Hände. Die Bibel sagt:

Und wir wissen, dass für die, die Gott lieben und nach seinem Willen zu ihm gehören, alles zum Guten führt.

(Römerbrief 8,28)

Danke Jesus, dass du mir helfen wirst. Amen

Gottes Führung in meinem Leben

MEINE KINDHEIT

Geboren bin ich als erstes und einziges Kind 1962 in Gelsenkirchen. Ich wuchs in einer nichtchristlichen Familie auf. Mein Vater war Buchhalter und arbeitete immer, entweder im Büro oder abends oder auch sonntags zu Hause. Wenn er dann allerdings das Stromkabel seiner Rechenmaschine vergessen hatte, sagte er: „Komm, heute machen wir mal was ganz besonderes!" Dann gingen wir schwimmen, reiten oder Fahrrad fahren.

Einmal sind wir auch in die Kirche gegangen. Dorthin gingen wir sonst nur zu Weihnachten.

Ich wuchs mit viel Aberglauben und Angst auf, die meine Mutter aus Kriegszeiten nicht bewältigt hatte und an mich weiterleitete. Das war sehr prägend für mich.

ICH DACHTE, SO SEI GOTT

Am Wochenende war ich oft bei meinen Großeltern väterlicherseits und meine Oma Frieda betete immer abends mit mir. Dort lernte ich das "Vater unser" und so dachte ich, wenn ich die Gebete nur oft genug aufsagte, wird es schon was werden... Ich dachte auch, wenn ich mit gefalteten Händen einschliefe (auf dem Bauch, recht unbequem), so würde das Gott gütlich stimmen.

Ich hatte die eine oder andere Männerbekanntschaft, wobei ich immer fest davon überzeugt war, ich würde den gerade Aktuellen mal heiraten, und dann wäre doch alles wieder in Ordnung, denn tief in mir drinnen wusste ich schon, dass das vor Gott nicht richtig war. Je flügger ich wurde, desto weniger betete ich oder schlief mit gefalteten Händen ein. Der kleine Samen in mir schien zu zerbröseln...

MEINE EIGENE FAMILIE

Dann habe ich Stephan kennengelernt und 1988 geheiratet. Auf unserer Hochzeit gab es Gewitter und schwefelgelben Himmel und ich dachte, das wäre ein Ausdruck des Zorns Gottes. Mit anderen Worten, ich hatte Angst vor einem Gott, der straft und mich das alles so erleben lässt, weil ich so böse war.

Nach kurzer Zeit wünschten wir uns Kinder, aber es klappte nicht. Wir konnten keine Kinder bekommen!

Natürlich habe ich mich damit nicht zufriedengegeben und Gott bestürmt! Mit viel ärztlicher Hilfe klappte es dann doch und ich wurde schwanger. Im März 1990 kam unsere erste Tochter zur Welt und ich hielt es für das Natürlichste von der Welt – und mein Dank blieb aus!!

10 Monate später sind wir wieder zu den Ärzten gefahren, aber ich wurde nicht schwanger. Schließlich gaben wir resigniert auf,

Doch dann passierte plötzlich ein Wunder: Ich wurde doch schwanger, einfach so. Die Freude war groß!

Im April 1993 kam unsere zweite Tochter zur Welt! Und sie schrie alle halbe Stunde, sie schrie und schrie und schrie...

Als sie ein halbes Jahr alt war, hatte sie massive Schlafstörungen, welche ein halbes Jahr andauerten! Sie schrie jede Nacht 2-4 Stunden am Stück. In der restlichen Zeit schlief sie immer nur 1 Stunde, dann schrie sie wieder. Ich rannte von einem Arzt zum anderen, zu Heilpraktikern, zu allen, die mir Hilfe versprachen. Nichts half! Wir ließen sie schreien, wir schleppten sie rum, wir stellten das Kinderbettchen ins Schlafzimmer, wir nahmen sie mit in unser Bett, sie bekam Beruhigungstropfen, ich schnallte sie im Schlafsack in ihrem Bettchen an usw. Ich glaube, wir haben nichts unversucht gelassen!

KANN GOTT HELFEN?

Zu der Zeit wohnten wir in einem Reihenmittelhaus, welches wir eigentlich nur durch einen Fehler der Bank bekommen hatten, und unsere direkten Nachbarn waren entschiedene Christen.

Eines Morgens stand ich weinend und völlig fertig am Gartenzaun und erzählte meinem Nachbarn meine Misere. Stephan war mit unserer Großen unterwegs und die Kleine schlief ausnahmsweise!

Da sagte dieser zu mir: „Hast du Gott das alles einmal erzählt? Sag ihm doch, was du alles schon unternommen hast, und dass nichts wirklich geholfen hat. Frag ihn dann einfach, ob er dir helfen kann!" Ich dachte nur: „Schaden kann es ja nicht!" Und ich setzte mich im oberen Flur auf die Spindeltreppe und betete genau das.

Mein Nachbar traf sich abends mit seinem Hauskreis und sie beteten auch dafür – und die Kleine schlief die erste Nacht durch (!) und das nicht nur diese eine Nacht, nein, jede weitere Nacht. Da wusste ich, das konnte hier kein Zufall sein!

MEIN NEUES LEBEN IN GOTT

Ich wollte mehr wissen. Ich bekam das Buch „Fragen" von Werner Gitt geschenkt, damit viele meiner Fragen schon mal beantwortet werden konnten. Am Ende stand ein Übergabegebet, welches ich voller Inbrunst betete. Es folgte eine Nacht mit Gesprächen und Weinen mit einer guten christlichen Freundin, die ich über eine Babygruppe kennenlernen durfte. Ich fühlte mich auf Wolke sieben! Aber ich bat Gott auch darum, Menschen kennenlernen zu dürfen, die das lebten, was ich hier lernte. Ich wurde in einen Frauenbibelkreis aufgenommen und in den Hauskreis meiner Nachbarn und durfte unendlich viel über einen gütigen Jesus lernen! Durch das Lesen in der Bibel wurde mir die Glaubenstaufe wichtig. Ich hatte das Gefühl, Gott wollte das von mir, so ließ ich mich 1996 taufen.

Wenn jetzt jeder glaubt, alles ginge nur noch glatt, der irrt aber.

MEINE GROSSE BEWAHRUNG

Eigentlich sollte der 27.06.2017 ein toller Tag sein, ich hatte nämlich einen Friseurtermin und da ich dort gerne hingehe, freute ich mich darauf. Nur, morgens wachte ich schon mit Kopfschmerzen auf. Ich nahm etwas dagegen, aber es kam, wie schon vermutet: Nach dem Gefummel auf meinem Kopf wurde das Ganze nur noch schlimmer. So entschloss ich mich, direkt danach zum Arzt zu gehen. Er renkte mich ein und ich schaffte den restlichen Tag so leidlich.

Am nächsten Morgen wachte ich wieder mit Kopfschmerzen auf. Ich ging ins Bad und plötzlich kribbelte meine ganze rechte Gesichtshälfte. Nicht doll, halt gerade so, dass ich es spüren konnte. Aber meine Mimik war nicht verändert und nach ca. 2 Minuten war es auch schon vorbei. Ich nahm wieder eine Tablette und erledigte meine morgendlichen Aufgaben. Um 10 Uhr fing ich an zu arbeiten. Aber die Kopfschmerzen wurden immer schlimmer, bis ich mich übergab, was den Druck im Kopf noch erhöhte. Ich wusste nicht mehr ein noch aus. Dann rief ich Stephan an und bat ihn, nach Hause zu kommen. Mir ging es so elend, dass ich auf jeden Fall ins Krankenhaus wollte. So rief er einen Krankenwagen!

Als die Sanitäter kamen, wussten sie schnell, was Sache war und brachten mich sofort mit Blaulicht ins Krankenhaus nach Borken, wo mich eine sehr sehr nette Ärztin in Empfang nahm.

Ich spürte, der Herr war bei mir, das war wichtig! Und Stephan hat mich immer begleitet! Da das CT an dem Tag defekt war, musste ich in das MRT. Dann kam das Ergebnis: Mir waren 2 Adern im Gehirn geplatzt, eine frontal links, da wo auch mein Schmerz saß, und eine im Stammhirn. Nach dieser Diagnose wurde ich von Borken mit Blaulicht nach Recklinghausen auf die Intensivstation verlegt.

Ich dämmerte so dahin, aber immer, wenn ich aufwachte, war Stephan da, das tat mir sehr gut!! Er hatte sofort von unterwegs viele Freunde angerufen, die von nun an für mich beteten. Das tat unendlich gut!

Nach fast einer Woche Intensivstation, 3 Tagen Stroke Unit und 1 Woche Normalstation durfte ich wieder nach Hause.

So richtig hatte ich gar nicht kapiert, was mit mir geschehen war. Erst in der Reha wurde mir so recht klar, wie sehr Gott mich bewahrt hatte. Mir waren 2 Adern im Kopf geplatzt und ich habe heute so gut wie keine Ausfälle, außer dass mir ab und an (besonders, wenn ich k.o. bin) ein paar Worte fehlen und ich nicht mehr so lange belastbar bin wie früher. Ich muss halt auf mich aufpassen und alles etwas ruhiger angehen lassen.

Danke, Herr Jesus!

SEIN GROSSES GESCHENK

Seit dem Jahr 2011 durften wir uns unseren großen Traum erfüllen und wohnen seither auf einer eigenen Ranch, mit 5 Pferden. In den folgenden Jahren fiel ich jedoch von mehreren Pferden wiederholt runter und wurde immer unsicherer, bis hin zur Angstreiterin. Wie mich Gott da herausgeholt hat, das ist eine andere Geschichte…

Ines Wensing

www.horseman4jesus.de

Arbeitslos

Jesus, ich komme zu dir.
Ich weiß keinen Weg aus der Arbeitslosigkeit heraus.
Ich vertraue dir aber, dass du mir helfen wirst.
Gib mir die richtigen Gedanken für diesen Tag.
Hilf, dass die Hoffnungslosigkeit und Finsternis
in meinem Leben nicht überhand nimmt.
Lass dein starkes Licht und die Hoffnung
über meinem Leben sein.
Du bist meine Hoffnung.
Du bist meine Stärke und Kraft für jeden Tag.
Bringe mich in Kontakt mit Menschen,
die mir helfen können.
Mit dir wird es ein guter Tag.
Amen

Philipper 4 Vers 19 (S.507)

KATHRIN HEINRICH

MIT GOTT KANN ICH ÜBER MAUERN SPRINGEN

Ich habe viele kleine Dinge mit Gott erlebt. Aber ich glaube, diese kleinen Dinge machen das Leben erst richtig lebenswert. Jemand hat mal zu mir gesagt, dass sie es erstaunlich findet, dass ich auch in den schlechtesten Zeiten immer noch das schöne Blümlein am Straßenrand finde, über das ich mich freuen kann.

DER ROTE FADEN

Durch meine Lebensgeschichte führte deutlich ein „roter Faden". Er war geprägt von Fehlentscheidungen und Schicksalsschlägen, von Todesängsten und Kämpfen. Angst vor Menschen, Angst davor, Fehler zu machen, Angst, nicht geliebt zu werden, Angst, nirgendwo zu Hause sein zu dürfen, Angst, dass ich es nicht schaffe, mich zu beweisen. Denn mein Gedanke war und ist manchmal immer noch: Ich habe nur eine Berechtigung zu leben, wenn ich etwas leiste. Ich kann nicht sagen, dass ich viele glückliche Zeiten erlebt habe, aber ich kann sagen, dass Gott mich nie im Stich gelassen hat. Er war immer da, hat mich jedes Mal aus dem Sumpf gezogen und mir einen Weg gezeigt, der für mich gut war und so gab ich nie auf.

HAUSWIRTSCHAFTSPRAKTIKUM

Als ich das erste Mal 2009 zur Equitana kam, gab es diesen „roten Faden" schon sehr sehr lange und ich war gerade auf einem Weg ins Erwachsenenleben. Ich hatte eine Ausbildung und ein Praktikum mit einem Diktator als Chef und anschließendem Burnout hinter mir und war gerade in der Familienkommunität Siloah geistig angekommen. Dort machte ich „ein Jahr für Jesus" in der Küche und Hauswirtschaft. Von der damaligen Hausmutter wurde ich für eine Woche Esther zugeteilt, damit ich alles lernte, was die Hauswirtschaft betraf. Das wollte ich überhaupt nicht. Ich hatte totale Angst und fand dieses Praktikum sinnlos. Die Arbeit machte mir keinen Spaß und zudem ging es mir seelisch alles andere als gut. Ich hatte mich ein halbes Jahr zuvor erst wirklich zu Jesus bekannt und mich auch taufen lassen. Allerdings waren die Wunden in meinem Herzen zu groß. Ich führte einen Kampf der Freude und ich lernte Jesus erst gerade frisch kennen. Ich kannte nur ein Leben aus Zerrissenheit, Angst, Traurigkeit, Verzweiflung, Todesangst und Überforderung. Ich wusste nicht, was die Hausmutter mit diesem Praktikum bezwecken wollte. Resigniert sagte ich damals aber noch zu allem „ja" und blieb also dort. So lernte ich ein Mädchen kennen, die mich toll aufnahm und mit der ich mich super verstand. Und dann war da eben noch Esther, in dieser Woche sozusagen meine Chefin. Sie wies mich ein und nahm sich Zeit für mich.

ICH LIEBE PFERDE

Somit erfuhr sie auch von meiner Pferdeliebe. Wir fachsimpelten viel und ritten auch einmal aus. Ich war schüchtern und bekam meine Zähne kaum auseinander, aber ich verstand mich auf Anhieb gut mit ihr und ich entdeckte etwas in Esther, was ich nicht hatte, gerne aber haben wollte. Außerdem fühlte ich, dass Esther mich mehr verstand als manch anderer. Es interessierte sie nicht, wie ich drauf war, sie ver-

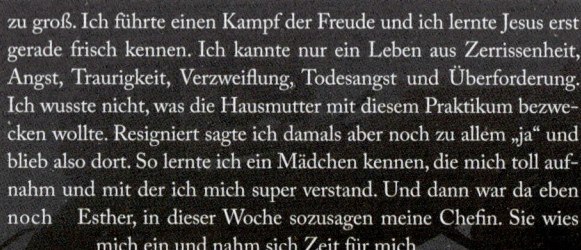

brachte einfach Zeit mit mir. Irgendwann erzählte sie mir dann
von der Equitana. Ich war hin-
und hergerissen. Ich bin zwar im
Ruhrgebiet aufgewachsen, aber
ich war nie wieder dort. Und die
Messe kannte ich nur vom Hö-

rensagen. Wie durch ein Wunder war genau am
Ende meiner Praktikumswoche auch das Profi-Team von SRS dort.
Ich durfte mitmachen, immer an Esthers Seite. Die Leute haben
mich toll aufgenommen, auch wenn ich kaum ein Wort sagte und
immer in Esthers Schatten stand.

DIE GROSSE HERAUSFORDERUNG „EQUITANA"

Ich entschied mich dafür, im März mit auf die Messe zu fahren, obwohl ich nicht wusste, was mich erwartete, und ich ziemliche Angst
hatte. Ich und von Jesus erzählen? Vor und mit anderen Menschen?
Ich hatte so einen Selbsthass zu dem Zeitpunkt, dass ich es mir absolut nicht vorstellen konnte. Aber in mir drin fing es an, sich zu
verändern. Jesus kam in mein Herz. Als ich mich ein halbes Jahr vorher bekehrte, war mein Herz schwarz. Voller Traurigkeit, Wut, Hass
und Verzweiflung. In dem Moment, als ich Jesus dieses schwarze
Herz gab, wurde es rot und es glühte vor Freude und Leichtigkeit.
Ich konnte es richtig spüren. Ich hatte das Gefühl, als laufe ich auf
Wolken. Ich sprudelte über und wollte diese Erfahrung am liebsten
allen erzählen. Zudem hatte ich damals nur ein Ziel: Ich wollte Kindern, die Probleme haben, helfen. Ich wollte für sie da sein, wie ich
es mir für mich selbst immer gewünscht und nie bekommen hatte.
Ich hatte eine Liebe für andere Menschen im Herzen und wollte sie
weitergeben. Also entschied ich mich für die Messe, aber nur mit der
Absicherung, dass Esther da war. Ich fuhr an dem Tag zu ihr nach
Bayern und sie nahm mich mit. Wir schliefen in einem Zimmer und
ich half ihr beim Frühstück zubereiten und beim Kochen. Ich lief wie

ein Schatten hinter ihr her und war froh und dankbar, wenn sie in meiner Nähe war. Ich hatte Standdienst, die restliche Zeit jedoch versteckte ich mich und war froh, keine Verantwortung und keine Aufmerksamkeit zu bekommen.

ICH WURDE IMMER MUTIGER

Im Laufe der Jahre bin ich dann auch immer mehr aus Esthers Schatten herausgetreten und habe mir mehr zugetraut. Außer Standdienst habe ich das eine Jahr spontan die Pferde mitversorgt und im darauffolgenden Jahr sogar spontan die Musik bei den Shows aufgelegt und koordiniert. Ich hatte Esther immer im Rücken und wusste, ich darf sie jederzeit fragen oder mit ihr reden. Aber Gott hat mich durch die Messe und Esther ermutigt, den Glauben in die Welt hinauszutragen, egal auf welche Art und Weise.

JEDER HAT ANDERE STÄRKEN

Meine Stärke ist es nicht, auf Menschen zuzugehen und zu sagen: Hey, darf ich für dich beten? Meine Stärke ist es, die unausgesprochenen Aufgaben zu erledigen und da zu unterstützen, wo Hilfe benötigt wird. Zuzuhören, wenn es jemandem nicht gut geht, und diese Not auch zu sehen. Ich habe ein Herz für Kinder und Tiere. Ich bete im Stillen für sie und bin ansonsten einfach wie ich bin. Ich stehe im Hintergrund, aber helfe dort, wo Hilfe benötigt wird, damit Jesu Licht strahlen kann.

GOTT LIEBT MICH UND GEBRAUCHT MICH

Heute merke ich, dass ich immer noch Sicherheit im Hintergrund benötige. Ich bin froh um die Freundschaft zu Esther, denn sie kennt mich und sie hat ebenso wie ich das Bedürfnis, von Jesus zu erzählen. Durch sie habe ich das Gefühl, dass Gott mich für die bevorstehenden Aufgaben stärkt und mir den nötigen Mut gibt, um das auszuleben, wofür mein Herz schlägt. Durch sie sehe ich, wie Gott mich sieht und dass ich kein schlechtes, ängstliches Nichts bin, sondern dass ich Stärken habe, die Gott gebrauchen möchte. Irgendwann, so weiß ich, werde ich auch ohne Esthers Schatten sein, ganz allein mit Gott zur Messe fahren und evangelisieren können. Ich weiß, ich habe einen Platz im SRS-Team und ich weiß, dass dort jeder einen annimmt wie man ist. Egal mit welchen Geschichten, Stärken oder Schwächen. Und wenn ich denke, dass ich etwas nicht so kann wie XY, ist das kein Grund, warum ich es nicht anders machen kann. Gott gebraucht jeden nach seinen Stärken. Meine Stärke ist das Annehmen der Menschen und ihnen zuzuhören. Ich bin im Hintergrund und nehme Arbeit ab.

MIT GOTT KANN ICH ÜBER MAUERN SPRINGEN

Ebenso ist es meine Stärke, mit Tieren zu arbeiten. In der Arbeit mit Tieren, egal welcher Art, sehe ich Gottes Wirken. Durch die Arbeit im Team und in Esthers Schatten durfte ich erleben, wie es ist, auch mal eine besondere Aufgabe machen zu dürfen und über sich hinaus zu wachsen. Ich hätte vor 10 Jahren nie geglaubt, dass ICH, das schüchterne, ängstliche und ungeliebte Mädchen, mal eine Aufgabe machen darf, die auch andere hätten machen können. Nein, Gott hat mich an diese Stelle gestellt. Ich darf sehen, wie ich wachse und mit Gott etwas meistere, was ich alleine nie hätte meistern können.

Kathrin Heinrich

Mach mich frei von der Macht des Alkohols

Jesus, ich komme zu dir mit meinem Alkoholmissbrauch. Ich fühle mich schrecklich und möchte aus dieser Sucht heraus. Jesus, mach mich frei von der Macht des Alkohols!
Jesus, reinige mich von all meinen Sünden und bösen Dingen, die ich getan habe.
Vergib mir all meine Sünden. Danke, dass du mir hilfst.
Bring mich zu den richtigen Freunden, die nicht trinken; schenke mir einen freien Bereich ohne Alkohol.
Gib mir die Kraft, Schnaps, Bier und Wein jetzt wegzukippen. Ich breche heute mit meiner Abhängigkeit.
Jesus, erfülle mich mit deiner Kraft und fülle mich mit dem Heiligen Geist.
Jesus, ich möchte, dass du mein Chef (Herr) bist.
Ich bete für meine Freunde und meine Familie.
Vergib all den Schmerz, den ich ihnen durch meine Abhängigkeit zugefügt habe.
Heile alle Wunden, die ich bei meiner Familie und meinen Freunden verursacht habe, damit wir wieder gute Freunde werden.
Ich bete für meine Kinder. Hilf ihnen und beschütze sie vor allem Bösen.
Amen

Matthäus 19 Vers 26 (S.55)
Philipper 4 Vers 13 (S.506)

Panische Angst – Gebet

Jesus, du kennst mich.
Die Panik wächst in meiner Brust.
Furcht erfüllt mein Inneres.
Jesus, gib mir deinen Frieden.
Lege deine Hand auf meinen Kopf,
genau so, wie ein guter Vater es tut.
Lass meine verwirrten Gedanken
zur Ruhe kommen.
Gib mir deinen Frieden.
Danke, dass ich nicht alleine bin.
Du bist bei mir.
Jesus, übernimm das Kommando.
Mein Leben ist in deiner Hand.
In Jesu Namen.
Amen

2. Timotheus 1 Vers 7 (S. 539)
Philipper 4 Vers 13 (S.506)

Wunder geschehen

(Carmen, Hans) Es klingt vielleicht für manchen seltsam, aber durch unser ganzes Leben zieht sich die Gegenwart und liebevolle Führung von Jesus wie ein roter Faden. Unser Sport und unser Beruf gehören uneingeschränkt dazu. Es ist, als würde „ER" uns ständig zurufen: „Seid gewiss, ich bin jeden Tag bei euch, bis zum Ende der Zeit." (Matthäus 28,20) Jesus schaut uns nicht nur zu, er handelt, und von diesem Handeln dürfen wir erzählen.

(Carmen) Als ich Teenager war, hörte ich während eines Gottesdienstes den Vers 6 aus Psalm 23: „Gutes und Barmherzigkeit werden mir folgen mein Leben lang und ich werde bleiben im Hause des Herrn immerdar." Als ich diesen Vers hörte, wusste ich, dass Gott mich direkt ansprach. Als Teenager und Heranwachsende geht man durch viele „Up´s and Down´s". Doch immer wieder erinnerte ich mich, dass Gutes und Barmherzigkeit mir folgen werden. Meine Eltern hatten keinen Bezug zu Pferden, erst meine Begeisterung, reiten zu wollen, führte sie zum Reitsport. Bald erkannten sie, wie talentiert ich war und unterstützten mich. Meine Mutter machte mir jedoch bewusst, dass ich mein Talent von Gott geschenkt bekommen habe und dass mein reiterlicher Erfolg nicht auf mein Können gebaut ist.

EUROPAMEISTER DER JUNIOREN

Meine Eltern kauften mir ein gutes Vielseitigkeitspferd, das nicht so einfach zu reiten war. Viele Trainer sagten, dass es für mich zu schwierig sei. Aber ich glaubte an mein Pferd. Anfang 1980 betete ich, dass Gott mir die Gewissheit geben sollte, dass mein Leistungssport in seinem Willen ist. Ich wollte nicht nur Sportler sein, sondern auch meinen Kameraden erzählen, dass einen nicht nur der Sport erfüllt, sondern dass man in der Liebe Gottes getragen wird. Nach dem Gewinn der Dt. Meisterschaft 1980 wurde ich für die Euro nominiert. Sie fand in Achselschwang, in meinem Heimatland Bayern, statt. Das war für mich ein beeindruckendes Gefühl, setzte mich aber auch ziemlich unter Druck. Nach Dressur 5. Platz – fehlerfrei im Gelände – der Parcours, meines Pferdes Wackelpartie. Da merkte ich, dass Gott auch Stangen festhalten kann. Fehlerfreier Parcours: Europameister der Junioren.

(Hans) 1980 beeinflusste ein Ereignis mein Leben wie kein zweites. Als Carmen Europameister wurde, las ich in einem großen Fachmagazin einen Bericht darüber. Am Ende des Berichtes hörte ich Gottes Stimme: „Hans, schau, das ist deine zukünftige Ehefrau!" Etwa vier bis fünf Jahre später traf ich Carmen zum ersten Mal auf einem Turnier. Dort gingen wir den Parcours ab, den wir reiten sollten. Carmen hatte ihren Schäferhund dabei, der mir zwischen die Beine geriet, so dass ich hinfiel. Das fand ich natürlich nicht so prickelnd.

(Carmen) Es war ein ziemlich schlecht organisiertes Turnier und Hans wusste am Abend vorher immer noch nicht, um wieviel Uhr er mit seinen Pferden (er sollte 2 Pferde reiten) dran war. Erst morgens erfuhr er, dass er mit einem Pferd einer der ersten war. Schnell gesattelt und wenig abgeritten ging es los. Sein Glück: Es war recht nebelig und der Richter, der nicht viel sehen konnte, ihn aber gut kannte, war ihm wohlgesonnen. Ich hatte den Ritt auch gesehen und als ich später auf die Ergebnistafel schaute, ärgerte ich mich. Hinter mir stand ein Mann, den ich dann fragte: „Sag mal, kennst du den Idioten, der so schlecht geritten ist und so eine gute Note bekommen hat?" Er: „Ja, das bin ich…"

(Hans) Kurz gesagt, wir konnten uns nicht besonders gut leiden und hatten ziemlich Zoff miteinander.

Weitere zwei Jahre später trafen wir uns erneut auf einem Vielseitigkeitsturnier. Dort haben wir viel Zeit miteinander verbracht.

(Carmen) Am Ende des Turniers hat Hans gesagt, er würde mir gerne einen Brief schreiben, woran ich jedoch nicht geglaubt habe. Allgemein: Reiter schreiben keine Briefe, außerdem wollte ich keine Beziehung mit einem Reiter haben und überhaupt sollte mein Mann Christ sein! Als er dann aber doch schrieb, fingen wir an, uns zu mögen.

(Hans) Ein Jahr darauf feierten wir Hochzeit. Gott hat unsere Ehe mit zwei wunderbaren Kindern gesegnet, Benjamin und Delia. Darüber hinaus mit viel Erfolg, Ereignissen und Gesundheit.

DER 27. AUGUST 2015

(Carmen) Wenn man unsere Geschichte liest, denkt man vielleicht: „Wie im Märchen und sie lebten glücklich bis zum Ende ihrer Tage." Der Psalm 23,6 (Deine Güte und Liebe werden mich begleiten mein Leben lang; in deinem Haus darf ich für immer bleiben.) bewahrheitete sich. Wer mich kennt, weiß, dass ich mutig und angstfrei alle Dinge anpacke. Ich glaubte nicht, dass mir je etwas zustoßen könnte. Auch mein Bestreben, meinen Kindern die reiterliche Laufbahn zu ermöglichen, packte

ich an. Die besten Voraussetzungen gibt es in Warendorf im DOKR. Deshalb machte ich mich am 27. August 2015 mit meiner Tochter Delia im Pferdetransporter und angehängten Wohnwagen auf den Weg dorthin. Alles lief wie geschmiert, bis Delia etwas Merkwürdiges hörte. Ich hielt auf einem Standstreifen der A7 an und Delia schaute nach. Die Gasflasche vom Wohnwagen war auf den Boden gekracht, aber Delia konnte sie nicht lösen. Sie kam zurück und meine Freundin Anna und ich wollten es probieren. Meine Tochter fragte: „Was ist, wenn was passiert?" „Dann passiert es eben, aber so können wir das auch nicht lassen!" Anna und ich lösten die Gasflasche und sie legte sie in die Sattelkammer.

(Hans) Genau als Anna die Gasflasche in die Sattelkammer legte, fuhr ein Schwerlastwagen von hinten in den Wohnwagen und zerquetschte Carmen, die zwischen LKW und Wohnwagen stand. Laut Delia atmete Carmen nicht mehr und hatte auch sonst keine Lebenszeichen. Die beiden Frauen legten sie in die Sattelkammer und sicherten die Unfallstelle. Als sie aber wieder zurückkamen, war Carmen aus der Sattelkammer auf die Deichsel gefallen und atmete wieder. Sie stöhnte ganz fürchterlich, konnte aber den Rettungssanitätern vom Hubschrauber sogar noch etwas sagen. Danach wurde sie im Krankenhaus in ein künstliches Koma versetzt. Ihre Verletzungen machten hoffnungslos. Sieben gebrochene Rippen, die die Lunge durchstoßen hatten, welche daraufhin zusammengefallen war. Schäden an Milz und Leber sowie ein massives Schädel-Hirn-Trauma, das keine Hoffnung auf vollständige Genesung der kognitiven Fähigkeiten ließ.

Einen Tag später sprach Jesus ein weiteres Mal zu mir. „Danke für völlige Heilung und Wiederherstellung." Viele Geschwister von uns be-

kamen auch den Auftrag zu danken, dass Carmen völlig gesund ist. Wir sollten einfach nur danken.

DIE PROGNOSE: MINDESTENS ZWEI JAHRE REHA!

Sieben Wochen nach dem Unfall verließ Carmen ohne eine einzige Operation das Krankenhaus. Nach drei Monaten saß sie wieder auf einem Pferd. Nach knapp sechs Monaten nahm sie wieder an Wettkämpfen teil. Bei Untersuchungen, damals wie heute, können keinerlei Schäden mehr festgestellt werden. Für die Ärzte unerklärlich, halt ein Wunder! Carmen ist völlig geheilt.

(Carmen) An den ganzen Unfall habe ich keinerlei Erinnerung (auch eine Gnade Gottes). Meine erste Erinnerung ist leicht dämmerig, als ich von Kassel nach Regensburg zur Reha gefahren wurde. Ich verstand erst gar nichts, mir tat halt nur meine Schulter weh. Ich sollte ein Schädel-Hirn-Trauma haben und wesensverändert sein? Nein, so bin ich immer! Dies konnten wiederum die Ärzte nicht verstehen. Letztendlich hat Hans mich dann nach Hause geholt. Gott hat ganz gewiss dieses Unglück nicht geschickt, denn so ist ER nicht. Sondern da es passiert ist, hat er es zum Guten gewendet und mich heil da wieder herauskommen lassen!

Unsere Lebensgeschichte, alle Ereignisse darin und unseren Sport, haben wir von Jesus Christus empfangen, um ihm alle Ehre zu geben und Zeugnis für ihn abzulegen.

Carmen und Hans Mangelkramer

www.mangelkramer.net

MARION
BENDER-RETTIG

Denke über
dein Leben nach!

Mein Name ist Mari, ich bin 1966 geboren, reite schon fast mein ganzes Leben, habe eigentlich auch ebenso lange eigene Pferde, die ich immer in Eigenregie gehalten habe und lebe mit meiner Familie auf einem kleinen Hof mit unseren 4 Islandpferden, mit denen ich einen Kinder-Reitbetrieb führe. Außerdem fahre ich seit meiner Jugend leidenschaftlich gerne Motorrad.

DEM TOD VON DER SCHIPPE GESPRUNGEN

Eigentlich muss ich mit meinem „Tod" beginnen.

Vor nunmehr genau 20 Jahren, damals Mutter eines gerade 11 Monate alten Kindes und glückliche Pferdebesitzerin, wurde ich durch einen massiven Herzinfarkt aus dem Leben gerissen. Nichts wies im Vorfeld darauf hin, dass ich in irgendeiner Weise krank sein könnte. Ich war fit, habe gesund gelebt und war viel an der frischen Luft bei meinen Pferden. Nachdem ich erfolgreich wiederbelebt wurde, war ich erstmal fassungslos, was da mit mir passiert war. Damals sagte eine ältere, gläubige Christin zu mir: „Denke über dein Leben nach! Gott hat dir eine zweite Chance gegeben, dein Leben zu ändern!" Peng! Wie, Gott? Die Ärzte, oder? Zweite Chance? Leben ändern? Ich habe doch immer ordentlich gelebt, habe die Schule erfolgreich beendet, eine Ausbildung gemacht, hatte ein gutes Verhältnis zur Familie, einen großen Freundeskreis, keine Drogen oder sonstige Extreme, hatte tolle Hobbys.

Was sollte ich ändern? Wozu? Also, natürlich in tiefer Dankbarkeit, „dem Tod von der Schippe gesprungen" zu sein, lebte ich mein geordnetes Leben weiter. Ich hatte eine gute Partnerschaft mit meinem Mann, ein gesundes Kind, alles was man sich so vorstellt, um glücklich zu sein. Nach einem Jahr bekam ich mein zweites Kind und wir haben kirchlich geheiratet und die Kinder taufen lassen. Eigentlich von außen eine glückliche Bilderbuch-Familie.

EIN LIEBEVOLLES GEFÜHL

Als unser ältestes Kind in die weiterführende Schule kam, änderte

sich irgendetwas in unserem Leben. Wir schickten unser Kind aufgrund eines inneren Gefühls auf eine „Freie Christliche Bekenntnisschule". Dort hatten wir sehr engen Kontakt zu Lehrern und Schulleitung. Mein Mann wurde zum Schulpflegschafts-Vorsitzenden gewählt. Zeitgleich wurden wir von einer Reiterfreundin zu einem Gästegottesdienst in eine freie Gemeinde eingeladen. Ebenfalls in dieser Zeit lernten wir auf einer Motorradmesse den Christlichen Motorradclub „Holy Riders" kennen.

Heute weiß ich, dass Gott damals von allen Seiten auf uns einwirkte und uns zu ihm zog. Ich spürte in allen diesen Bereichen, dass dort eine besondere „Macht", ein liebevolles Gefühl, ein unbeschreiblicher Frieden herrschte. So etwas hatte ich noch nie erlebt. Ich hatte das Gefühl, diese Menschen schon ewig zu kennen und fühlte mich mit ihnen auf eine sonderbare Weise tief verbunden. Als ich dann regelmäßig, zusammen mit meinem Mann, in der Gemeinde einen Glaubens-Bibel-Kurs besuchte, verstand ich plötzlich, dass etwas in meinem Leben fehlte. Ich hatte ein Vakuum im Herzen, das nur Jesus füllen konnte. Es war ein unbeschreibliches Gefühl, als ich im Gebet Jesus mein Leben übergeben konnte und ihn als meinen Retter annehmen durfte. Es ist für mich eine besondere Gnade, dass auch mein Mann diese Erkenntnis erfahren durfte und wir seitdem unser Leben sicher in Gottes Händen wissen.

Nun erlebte ich und verstand, was mir viele Jahre vorher von dieser Christin gesagt wurde. Gott hat einen Plan für mich. ER hat MICH schon lange vorher erwählt.

Mein Leben hat sich seitdem sehr verändert. Ich habe mich taufen lassen, gehe mit Freude in die Gemeinde und ich habe viel erlebt.

ICH WAR VÖLLIG AUSSER MIR VOR ANGST

Vor 7 Jahren ging ich wegen unerträglicher kolikartiger Schmerzen ins Krankenhaus. Da es später Abend war, fuhr mein Mann nach Hause zu den Kindern. Nach vielen Untersuchungen und Stunden bekam ich eine für mich niederschmetternde Diagnose. Ich wurde noch zu einer weiteren Untersuchung gebracht und musste vor dem Zimmer warten. Ich war völlig außer mir vor Angst und saß dort alleine. Dann kam eine freundlich lächelnde Krankenschwester zu mir, legte ihre Hand auf meine Schulter und sagte: „Keine Angst! Gott will dich noch nicht. Alles wird gut!" Ich fühlte mich unglaublich erleichtert und meine Angst ließ nach. Diese liebevolle Frau war auch während der letzten Untersuchung dabei und lächelte mir immer wieder aufmunternd zu. Die Ärztin konnte dann tatsächlich die Schwere der Diagnose mindern und erklärte mir, dass ich nach der erforderlichen OP wieder völlig gesund werden würde. Die Erleichterung war groß.

DAS WAR EIN ENGEL!

Die folgende OP war schwierig, der Erholungsprozess langwierig, aber ich wurde wieder hergestellt.

Nach ein paar Monaten hatte ich dann das starke Bedürfnis, mich bei der liebevollen Krankenschwester zu bedanken, die mir mit ihren Worten die panische Angst genommen hatte. Ich fuhr ins Krankenhaus und ging zur Personalabteilung. Dort erklärte ich mein Anliegen und bat um Kontakt zu dieser Krankenschwester. Die Büroangestellte hörte aufmerksam zu, schaute immer wieder auf ihren Bildschirm, tippte etwas ein und schüttelte dann den Kopf. Sie erklärte mir, dass es hier keine Krankenschwester gäbe, auf die auch nur annähernd meine Beschreibung und der Name, den ich nannte, passte! Ich fragte noch mehrmals nach, aber immer wieder nur Kopfschütteln. Ich konnte mir das lange Zeit nicht erklären und erzählte niemandem davon. Ein paar Jahre später erzählte mir ein erfahrener Christ von einem ähnlichen Erlebnis und so vertraute ich mich ihm mit meinem Erlebten an. Er lächelte und sagte: „Das war ein Engel!"

GOTTES GENIALE SCHÖPFUNG

Ich spüre, Gottes Liebe ist immer da und ich habe das starke Bedürfnis, Menschen davon und von dem Gnadengeschenk Jesu Christi zu erzählen. Auch auf meinem Ponyhof gibt es immer wieder Gelegenheiten, über Jesus zu sprechen. Viele meiner Reitkinder haben bisher nur durch den Religionsunterricht in der Schule etwas von Gott, Jesus und der Bibel gehört. Aber niemand hat ihnen gesagt, dass Jesus sie liebt, egal wer sie sind, was sie sind, was sie können und vor allem, was sie NICHT können. Ich gebe den Kindern die Möglichkeit, Fragen zu stellen und entsprechend kindgerechte Antworten zu bekommen. Viele wurden schon durch ihre Großeltern oder erkrankte Familienmitglieder mit dem Tod konfrontiert und wissen oft nicht, wie sie damit umgehen sollen und wer ihnen Antworten geben kann. Da ich fast immer Einzelbetreuung bei den Reitstunden biete, gibt

es viele Gelegenheiten für Persönliches. Aber auch mit den Reitkinder-Eltern gibt es immer wieder interessante Gespräche. Das ist dann irgendwie Mission „vor der Haustür". Außerdem sind wir durch meinen Mann auch seit Jahren im Motorradclub „Holy Riders" in der Motorradfahrer-Mission tätig und dürfen auch dort vielen Menschen von Gottes Liebe erzählen.

Sollte ich aber auch nur einen Funken von Zweifeln an Gottes Existenz bekommen, so brauche ich nur zu meinen Pferden zu gehen. Diese wunderbaren Geschöpfe mit ihrer traumhaften Schönheit, ihrer unglaublichen Kraft, ihrer bedingungslosen Liebe und ihrer sanften Art, spiegeln für mich persönlich Gottes geniale Schöpfung so eindrücklich, dass einem immer wieder absolut klar wird, dass NICHTS auch nur annähernd ein „Zufall" sein kann, was auf unserer Erde lebt und wächst. Ich danke Gott, dass er uns die Pferde als wunderbares Geschenk gegeben hat.

Gott segne dich, lieber Leser!

Marion Bender-Rettig

Meine chaotische Familie

Jesus, meine Familie kennst du gut.
Es war eine harte Kindheit und du weißt, was ich durchge-
macht habe. Ich sehne mich nach einer normalen Familie.
Mein ganzes Inneres ist wie eine offene Wunde, voll von
dunklen Erinnerungen. Dieses Gebet zu sprechen tut einfach
weh, meine Seele ist wie ein aufgewühltes Meer. Ich habe
Schwierigkeiten, meine Gefühle unter Kontrolle zu halten.
Ich kann nur weinen. Tröste mich!
Ich will vor dir weinen! Du verstehst meinen Schmerz.
Jesus, nimm meine aufgewühlte Seele in deine Hand.
Kein anderer hat Zugang zu meiner Seele.
Aber du kennst mich durch und durch.
Jesus, heile mich. Hilf mir, meiner Mutter und meinem
Vater zu vergeben. Jesus, befreie mich von Hass- und
Rachegefühlen. Gib mir ein neues Herz.
Gib mir eine neue Chance, einen Neubeginn.
Ich will eine gute Mama ein guter Papa werden.
Danke Jesus, dass du alles wieder neu machst,
damit ich eine tiefe Veränderung in meiner Seele erlebe.
In Jesu Namen. Amen

Matthäus 5 Vers 9 (S.13)

Sterben – Gebet

Jesus, ich übergebe nun mein Leben in deine Hände.
Gib mir deinen Frieden.
Vergib mir alle meine Sünden und meine Schuld.
Reinige mein Herz.
Jesus, danke, dass du für meine Sünden am Kreuz
gestorben bist.
Jesus, ich nehme deine Vergebung an.
Jesus, danke, dass ich nun zu dir kommen darf.
Jesus, du bist mein Erretter – ich gehöre dir.
Amen

*(Ein Rat für das Gebet bei einem Sterbenden.
Nimm die Person bei der Hand, die gerade im Sterben liegt. Erzähle,
dass du jetzt mit dieser Person ein Gebet sprechen wirst. Bitte
denjenigen, es nachzusprechen. Lese die Worte zweimal, um der
Person zu helfen, es nachzusprechen. Wenn derjenige nicht
sprechen kann, lese trotzdem, wahrscheinlich kann die
Person das Gebet in Gedanken verfolgen.)*

Johannes 14 Vers 1 - 4 (S. 273)

STEPHAN WENSING

Am Anfang war das Leid

Zu Beginn der 1960er Jahre wurde ich als uneheliches Kind auf dem Lande geboren. Als „Bastard" durfte ich nicht auf den Hof, in dem meine Mutter als Tochter lebte, da dies mit dem religiösen Verständnis der Familie nicht vereinbar war. Also ging es ins Kinderheim. Nach drei Jahren durfte ich auf den Hof einer verheirateten älteren Schwester meiner Mutter. Einige Jahre später heiratete meine Mutter, nahm mich zu sich und ich bekam eine Schwester. Ich wuchs als „Rebell" gegen alles auf, lernte das Gefühl von Liebe, Geborgensein und Hinwendung nur gelegentlich kennen. Erst mit 14 Jahren erfuhr ich durch Zufall von meiner unehelichen Geburt, den Namen meines leiblichen Vaters kenne ich bis heute nicht. Mit 23 Jahren erfuhren meine Schwester und ich, dass wir väterlicherseits noch eine Schwester haben – natürlich nicht von unseren Eltern. Da insbesondere meine Mutter zu jeder Zeit großen Wert auf ihren christlichen Glauben legte, erfuhr ich in frühen Jahren die „erz-konservative religiöse Grunderziehung" jener Zeit, die Religion für mich zu einem „roten Tuch" werden ließ, weil ich sie als unehrlich, nicht authentisch und nur vordergründig erlebte. Probleme mit meinem Vater, in der Schule, mit Autoritäten allgemein und eine gescheiterte Ehe bildeten die traurigen Stationen meiner ersten Lebenshälfte. Einen liebevollen Gott kannte ich zu der damaligen Zeit nicht und suchte ihn daher auch nicht.

...DOCH GOTT ERRETTET!

Dann lernte ich meine heutige Frau kennen, mit der ich seit 1988 glücklich verheiratet bin. Wir lebten zunächst wie viele Ehepaare, die zwar kirchlich getraut, aber ohne besonderen Bezug zur Kirche waren und die lediglich zu Weihnachten und evtl. Ostern ein Gotteshaus von innen sahen. Die zur Trauung erhaltene Bibel hatte ihren festen Stammplatz im Bücherregal, den sie nie verließ. Das erste Kind ließ uns überglücklich zur Familie werden, zur Geburt des zweiten Kindes zogen wir in ein nahes Neubaugebiet. Im Nebenhaus wohnte eine Familie mit vier Kindern, ohne Fernseher und in spürbarer Liebe und Eintracht miteinander. Sie waren irgendwie anders als wir. Als unser zweites Kind mit ca. ½ Jahr für die nächsten sechs Monate nur schrie und selten schlief, waren unsere Nerven am Ende und unsere Verzweiflung groß, da medizinische Ursachen ausgeschlossen waren. Ich konnte schlafen, wenn die ältere Tochter schlief, meine Frau in den wenigen Stunden der Ruhe der jüngeren Tochter. Ich „durfte" zwischendurch zur Arbeit, meine Frau war weitestgehend nur zu Hause.

An einem Tag, ich war mit der älteren Tochter weg, setzte meine Frau sich in den Garten und ließ ihren Tränen und ihrer Verzweiflung freien Lauf. Da ergab sich ein sehr einfühlsames Gespräch mit dem Nachbarn, der sie fragte, „ob sie denn schon Mal zu GOTT gebetet und IHN um Hilfe ersucht hätte". Nach dem Gespräch folgte sie der Empfehlung und betete zu dem GOTT, den wir beide bis dahin noch nicht erkannt hatten. Ab diesem Abend schlief unsere jüngere Tochter durch und meine Frau erkannte das „Wunder" und begab sich auf die Suche nach GOTT. Erst später erfuhren wir, dass unser Nachbar Ältester einer evangelischen Freikirche ist und dass an diesem Abend in seinem Hauskreis ebenfalls für uns und unsere Situation gebetet wurde.

ER ZEIGT NEUE WEGE...

Kurze Zeit später bekehrte meine Frau sich in der Gemeinde unseres Nachbarn und sie besuchte mit den Kindern regelmäßig die Gottesdienste und Gemeinschaften. Ich konnte das „Wunder" zwar nicht leugnen, blieb aber aufgrund meiner Kindheitserfahrungen skeptisch. Da ich in meinem Polizeiberuf auch überwiegend die „Schattenseiten" der Menschen kennen lernte, unterdrückte ich zunächst ein in mir aufkommendes Interesse an diesem GOTT. Obwohl ich immer öfters mit in die Gottesdienste ging und meine Frau inzwischen getauft wurde, sollte es noch acht Jahre dauern, bis auch ich den Weg zu JESUS CHRISTUS als meinem persönlichen HERRN und RETTER fand.

Im Jahr 2000 verspürten wir den Wunsch, aufs Land zu ziehen und dort mit JESUS einen neuen Lebensabschnitt zu beginnen. Wie GOTT uns schon beim ersten Mal in die Neubausiedlung geführt hatte, so führte er uns bei der Suche nach einem Bauplatz in ein 40 km entferntes ländliches Städtchen, in dem sich auch unsere Kinder ein zukünftiges Leben vorstellen konnten. Wir fanden ein ruhiges Grundstück, das einem freundlichen Bauunternehmer gehörte, der uns gerne bei der Verwirklichung unseres Traumhauses helfen wollte. Doch dann sprang unser Käufer für das Reihenhaus ab und die Verträge für den Neubau waren schon geschlossen. Ich war verzweifelt und hatte das Gefühl, meine Familie um eines neuen Hauses willen ins Unglück gestürzt zu haben. Unüberwindbare Probleme und Sorgen raubten mir den Schlaf und schließlich betete ich in meiner Verzweiflung zu GOTT um Hilfe und einen Ausweg. Die kam diesmal aber nicht sofort und so wurden aus einer Gebetsnacht mehrere. Meine Gebete wurden immer intensiver und verzweifelter, aber auch vertrauter und persönlicher. Nach einem Monat schenkte uns GOTT einen neuen Käufer, der nahezu den Kaufpreis zahlte, den wir für den Bau des neuen Hauses unbedingt brauchten. JUHU, wieder gerettet – preist den HERRN! In den nächsten Wochen ergaben sich noch weitere Hürden, die den Bau des Hauses immer wieder in Frage stellten. Nun geriet ich aber nicht mehr in Panik, sondern suchte vertrauensvoll im Gebet die Hilfe und Wegweisung bei meinem GOTT. Auch die größten Hindernisse wurden wundersam ausgeräumt und ich wusste, dass GOTTES unerschöpfliche Kraft und Macht hier am Werke ist.

Nach dem Umzug gingen wir als Familie regelmäßig in eine nahegelegene evangelische Freikirche. Ich war auf dem Weg, hatte aber mein „Damaskus-Erlebnis" noch nicht gehabt, das sollte aber bald folgen.

Völlig unvorhergesehen lud uns 2001 der Pastor Manfred Priebe, der damals meine Frau getauft hatte, zu einem Gottesdienst in einer anderen Gemeinde ein, wo er sich nach einer Eingebung als Gastprediger eingeladen hatte. Er war sehr evangelistisch ausgerichtet und hatte ein besonderes Augenmerk auf Polizisten und Feuerwehrleute, da diese aus seiner Sicht „den Anfeindungen des Teufels besonders ausgesetzt sind". Schon beim Betreten der Kirche spürte ich, dass heute ein besonderer Sonntag war. Die doppelflügelige Kirchentür öffnete sich vor mir und ich verspürte ein nie dagewesenes Gefühl, in GOTTES direkte Gegenwart zu treten.

Der Pastor hielt eine feurige evangelistische Predigt und forderte abschließend dazu auf, nach vorne zu kommen, um sein Leben an JESUS CHRISTUS zu übergeben. Mit hochrotem Kopf und sichtlich angesprochen stand ich in der Bank, konnte oder wollte den Weg nach vorne aber nicht finden. Ich war wie gelähmt und traute mich nicht. Meine „leuchtende Erscheinung" war unserem befreundeten Pastor – Gott sei Dank – nicht entgangen. Nach dem Gottesdienst kam er zu mir, aber ich konnte mich immer noch nicht überwinden. Nach einer unruhigen Nacht und Gesprächen mit meiner Frau Ines riefen wir ihn am nächsten Vormittag an und er besuchte uns mit seiner Frau am gleichen Abend. Noch heute bekomme ich eine

Gänsehaut, wenn ich an den Gottesdienst und den folgenden Abend denke! Wir haben geredet, gemeinsam gebetet, Tränen vergossen und abschließend habe ich, vor ihm kniend und seine warme Hand auf meinem Kopf spürend, mein Leben an JESUS übergeben und ihn als meinen HERRN und RETTER in mein Leben eingeladen.

...UND BEFÄHIGT DICH...

Im Jahre 2002 wurde ich getauft. Es folgten der Besuch einer Bibelschule und eine Evangelisationsausbildung. Ich fühlte mich von GOTT getragen und eine mächtige Kraft wirkte in mir. Der Knoten war geplatzt und der Weg frei für SEINE Aufträge, die noch kommen sollten. Zu Beginn des Jahres 2005 gründeten meine Frau und ich einen Hauskreis, zum Jahresende einen zweiten. GOTT ermutigte und befähigte uns zu immer neuen Diensten, in denen wir unsere Gaben und Talente einbringen durften.

...FÜR SEINE AUFTRÄGE.

Im März 2006 sprach GOTT durch Pastor Horst Stricker auf einem Seminar ganz konkret zu mir. Es ging um das Thema Gemeinde/Gemeindebau. Der Vers 19 aus Jesaja 43 „Siehe, ich will etwas Neues machen, jetzt wächst es auf, erkennt ihr es denn nicht" rührte mich an wie nichts zuvor und ließ mich nicht mehr zur Ruhe kommen. Wollte GOTT, dass Ines und ich eine freikirchliche Gemeinde gründen sollten??? Wir waren uns nicht sicher und beteten um eine Bestätigung unseres Eindrucks. Diese kam bei einem Gottesdienstbesuch in den Niederlanden einer Euregio-Gemeinde. Der niederländische Pastor erklärte, dass er in der vergangenen Nacht zum ersten Mal „auf Deutsch" geträumt habe. Ihm sei aufgetragen worden, einem heutigen Gottesdienstbesucher zu sagen: „Worauf wartest du noch, fang an!!" WOW, deutlicher kann eine Antwort nicht ausfallen! Bei der folgenden Gemeindegründung zum Jahresende stellte GOTT uns noch zwei Ehepaare an die Seite, die schon viele Jahre im Glauben gereift waren. Auch wenn GOTT uns nach sechs Jahren in eine andere Gemeinde führte, um dort mit unseren Gaben zu helfen und zu dienen, existiert die Gemeinde noch heute.

DAS WELTLICHE LEBEN...

Nach meiner Bekehrung bekam ich eine völlig neue Sichtweise für GOTTES Schöpfung, die Natur und die Tiere. Zunächst wurde die Familie um zwei Windhunde erweitert, später kamen noch zwei Pferde hinzu, mit denen wir die neue „Familienleidenschaft Reiten" praktisch ausleben durften. Pferde sind noch heute – nach unserem Glauben an JESUS – unsere zweitgrößte Leidenschaft. Vom klassischen Reiten sind wir Jahre später zum Westernreiten gekommen und GOTT schenkte uns 2011 die große Gnade, mit unseren inzwischen fünf Pferden, zwei Hunden und drei Katzen auf einer Ranch leben zu dürfen. Hier leben wir alle als eine Herde unter GOTTES Schutz zusammen, in gegenseitiger Liebe, Akzeptanz und Respekt. Das wundervolle sanftmütige Wesen der Pferde führt mir immer wieder die Gnade und Langmütigkeit unseres HERRN vor Augen. Bei unseren mehrstündigen Ausritten durch Wälder und Wiesen dürfen wir uns an GOTTES Schöpfung erfreuen und manchmal klingt Lobpreis wie ein leises Säuseln des Windes durch den Wald.

... IST AUCH FÜR CHRISTEN KEIN PONYHOF

Während der ganzen Jahre hat GOTT uns nicht nur unendlich viele Segnungen zuteilwerden lassen, sondern uns auch durch als belastend empfundene Ereignisse geschliffen, geführt und reifen lassen. Ein Kind erkrankte während der Zeit der Gemeindegründung an Borderline, berufliche Misserfolge und Frustrationen kamen dazu. 2013 erlitt ich bei einem simplen Sturz auf Schnee einen Oberschenkelhalsbruch. Trotz drei großer Operationen in fünf Jahren leide ich immer noch unter den Folgen. Ich danke GOTT jedoch unendlich, dass ich mit dem aktuellen Implantat noch reiten kann. 2017 platzten meiner Frau zwei Adern im Hirn. Ich erinnere mich noch genau an das aufgeregte und sorgenvolle Gefühl, als ich hinter dem mit Blaulicht fahrenden Rettungswagen herfuhr. Es wurde aber deutlich von einem Gefühl des Vertrauens in GOTTES souveränes Handeln überlagert. Über die Freisprecheinrichtung habe ich mehrere Geschwister angerufen und um ein unterstützendes Gebet ersucht. Es hat mir unendlich viel Frieden in dieser Situation gegeben, zu wissen, dass nun in mehreren Gemeinden eine Gebetskette initiiert wird und viele Menschen für meine geliebte Frau beten werden. Und wieder schenkte GOTT Gnade und Heilung. Ohne OP konnte meine Frau das Krankenhaus nach zwei Wochen verlassen. Nach einer Reha und viel eigenem Training merkt man ihr heute fast nichts mehr an.

Es gäbe noch viele Geschichten von GOTTES reichem Wirken in meinem Leben zu erzählen. Heute erkenne ich, dass er mich schon seit meiner Geburt bewahrt hat und seinen Plan mit mir kontinuierlich verfolgte. Dazu gehören auch einige von mir selbst gewählte/verschuldete Umwege. Ich sehe mein Leben als ein Zeugnis für Psalm 43,20:

„Der Gerechte muss viel leiden, aber aus alledem hilft ihm der HERR." (LÜ)

Diese Erkenntnis gibt mir Ruhe, Vertrauen und Gelassenheit, Dinge zu ertragen, auch wenn meine Ungeduld etwas anderes möchte!

Liebe Grüße und
GOTTES Segen!

Stephan
Wensing

www.horseman4jesus.de

101

Ich verletze mich selbst

Jesus, du liebst mich!
Du kennst meine tiefen, verwirrten Gedanken.
Befreie mich von diesen Gedanken, die mich antreiben,
mich selber und andere zu verletzen.
Jesus, danke, dass du diesen ganzen Kram am Kreuz für
mich getragen hast, damit ich frei sein kann von diesen
Gedanken-Peinigern,
die mich fast den Verstand kosten.
Jesus, ich gebe mich voll und ganz in deine Hände.
Du gibst mir neue, lebensbejahende Gedanken mit
Lebensmut, Freude, Freiheit und Hoffnung.
Danke Jesus, dass du mich in die Freiheit hineinbringst.

Matthäus 5 Vers 3 - 4 (S. 13)
Matthäus 10 Vers 29 - 31 (S. 29)

Wiederherstellung

Danke Jesus!
Du bist nicht gekommen, um mich zu richten, sondern
um mich zu retten.
Obwohl ich dich verflucht und verspottet habe, liebst du
mich trotzdem. Das kann ich nicht verstehen.
Aber am Kreuz sagtest du: „Vater, vergib ihnen, denn sie
wissen nicht, was sie tun."
Danke Jesus, für deine Liebe, Fürsorge und Gnade für
mich. Vergib mir alle meine Sünden.
Stelle mich wieder her. Lass mich nicht länger ein Sklave
unter Satan und der Sünde sein. Mach mich frei, damit
ich wieder aufrecht im Leben gehen kann. Lass mich
nicht länger geknickt, zerbrochen und bitter sein.
Du erlöst mich zu einem neuen Menschen in dir, Jesus
Christus! Danke Jesus, dass ich frei sein darf von aller
Gebundenheit und jedem Fluch.

Römer 5 Vers 6 - 10 (S. 384)
Römer 8 Vers 32 (S. 392)

TOBIAS LANDMANN

Ein Gott der zweiten Chance

In einem christlichen Elternhaus groß geworden, bekam ich relativ früh Kontakt mit „christlichen Werten". Allerdings war dieser Gott, den ich kennenlernte, eher ein strafender Gott, dessen Gunst ich mir erarbeiten musste, als ein liebevoller Vater. Mein „Christsein" plätscherte so dahin...

Dadurch stark geprägt, konzentrierte ich mich auf Fleiß und Erfolg. Nach meiner Ausbildung zum Landmaschinen-Mechaniker bekam ich eine riesen Chance, für einen namhaften Hersteller von Landmaschinen im Verkauf zu arbeiten. Während dieser Zeit litt meine Ehe sehr, denn ich war mehr darauf bedacht, erfolgreich im Job zu sein als alles andere. Es folgten Partys und Ehebrüche – bis schließlich meine Ehe ganz zerbrach.

Bei meinem wöchentlichen Eishockeytraining erlitt ich eine fast tödliche Herzattacke. Nach einer Nacht in der Intensivstation, in der keine Medikamente anschlugen, um mein Herz wieder in den normalen Rhythmus zu bekommen, musste ich schließlich zweimal „geschockt" werden. Am nächsten Tag ging es in ein Herzzentrum, um einen angeborenen Herzfehler zu beheben. Da die erste OP nicht den gewünschten Erfolg brachte, wurde eine zweite anberaumt. Dazwischen lag ein sehr langes Wochenende voller Angst, Tränen und Nachdenken. Im Krankenbett wurde mir bewusst, wie allein und verloren ich war und dass sich schnellstens etwas ändern musste!!! Ich schrie bewusst zu Gott – und er kam!!! Ganz neu, ganz anders. Ein liebender Vater, den ich zuvor nicht kannte. Es begann ein völlig neuer Lebens- und Lernprozess. Er nahm mich an, so wie ich bin. Ich musste mir seine Liebe nicht mehr verdienen – sie war einfach da!!!

Kurze Zeit später lernte ich meine jetzige Frau kennen. Sie nahm mich mit in die Gemeinde und dort entschied ich mich ganz bewusst für ein neues Leben mit Gott.

Als meine Frau und ich uns kennenlernten, fanden wir schnell heraus, dass wir das Landleben und besonders Pferde sehr lieben. Wir träumten denselben Traum von einem kleinen Hof im Grünen mit Pferden auf der Weide.

Eines Nachts sprach Gott in einem Traum zu mir und gab mir die Vision, eine „Cowboy Church" in Deutschland zu gründen, um besonders die Reiter, „Pferdeleute" und Kinder mit dem Evangelium zu erreichen. Über die Jahre fügten sich immer mehr Puzzleteile zusammen und wir fangen nun als Ehepaar an, das Bild unserer Berufung als Ganzes zu sehen.

Natürlich kommen auch immer wieder Schwierigkeiten und Hindernisse, aber wir spüren darin Gottes Führung und wissen uns von ihm getragen.

Derzeit befinden wir uns im Prozess der Zurüstung für unseren Dienst und wir freuen uns darauf und sind gespannt, was Gott noch alles für uns bereit hält...

Tobias Landmann

INGRID WIMMER

Eine beständige, tiefe, innere Einsamkeit

Was wäre, wenn ich Jesus Christus nicht persönlich kennengelernt hätte? Sicherlich würde ich jetzt nicht an diesem warmen Maisonntag unter unserem Sonnenschirm sitzen, das Hufeklappern und Wiehern unserer Einstellpferde hören und von meinem lieben Ehemann und meinen 4 tollen Kindern umgeben sein.

Sehr wahrscheinlich wäre ich nicht mehr am Leben, auf jeden Fall geschieden und eine 17 Jahre lange Odyssee von Psychiatersitzungen, Tabletten, Klappsmühlen und Seelsorge läge hinter mir.

Ja, ich habe Gott so viel zu verdanken, er hat mir ein neues Leben geschenkt!

WARUM BIN ICH ANDERS ALS DIE ANDEREN?

Ich wuchs katholisch auf, Gott und Jesus waren mir schon von klein auf wichtig. Viele Stunden verbrachte ich als Kind alleine im Wald und in der wunderbaren Natur und es war mir klar, dass es einen Schöpfer geben muss. Aber ich wusste nicht, dass dieser Schöpfer mich persönlich kennt und mich liebt. Er war für mich weit weg, unerreichbar weit oben. Weder ein Pfarrer noch Religionslehrer informierten mich, dass man mit Jesus eine persönliche Beziehung haben kann und dass der entscheidende Schritt die Bekehrung bzw. die bewusste Entscheidung, sein Leben ganz in die Hände Jesu zu legen, ist.

Ab einem Alter von ca. 11 Jahren nahm ich eine beständige, tiefe, innere Einsamkeit, Leere und undefinierbare Traurigkeit in mir wahr. Oft fragte ich mich: Was ist mit mir los, warum empfinde ich so? Warum bin ich anders als die anderen, geht es denen auch so oder bin nur ich komisch? Dieser Seelenzustand begleitete mich weit über die Pubertät hinaus.

13 Jahre später heiratete ich bei meinem Ehemann Herbert in einen wunderschön gelegenen Bauernhof mit Milchviehwirtschaft ein und bekam 4 gesunde Kinder. Sogar alle meine Wunschgeschlechter: zwei Buben und zwei Mädchen! Meine Träume wurden erfüllt! Nach außen hin schien es perfekt, aber ich hatte eine sehr schwierige Beziehung zu meiner Schwiegermutter, wie es nicht selten in Familienbetrieben vorkommt. Auch die innere Leere und Unfrieden waren trotz allem weiterhin präsent und ich fragte mich immer noch, was mit mir los ist. Hatte ich denn nicht genug Grund, dankbar zu sein?!

AUTOGENES TRAINING

Kurz nach dem Kennenlernen begann mein jetziger Ehemann, Kurse in autogenem Training zu belegen, um seine Konzentration im Sportschießen zu fördern. Durch dessen Leiterin bekamen wir auch Kontakt mit einem Schamanen und lernten sehr bald weit mehr als nur Entspannungsübungen. Es folgten Astralreisen, Krafttiersuche, Pendeln, Kartenlegen und vieles mehr. Es war eine spannende Zeit. Wir erlebten, dass es auch eine geistliche, unsichtbare Welt gibt.

Wir wurden immer neugieriger und öffneten uns immer mehr diesen esoterischen und okkulten Angeboten. Zudem hofften wir, darin auch Lebenshilfe zu finden, Antworten, wie die Beziehung besser werden könnte, nach dem Sinn des Lebens und nach der Wahrheit! Über 10 Jahre befassten wir uns damit, aber wir bekamen keine wirklichen Antworten. Der Unfriede, die Ängste, die Verwirrung und Leere in unserem Herzen wurden immer intensiver. Beide hatten wir regelmäßig schwere Alpträume, fühlten uns bedrückt, ich wurde depressiv, konnte ohne Pendeln keine Entscheidungen mehr treffen und im Haus und Hof fing es an zu spuken. Zudem definierte ich mich über Leistung, eine Prägung auch durch mein Elternhaus. Ich arbeitete sehr viel bis zur Überarbeitung und wog nur noch ca. 53 Kilo bei 178 cm Körpergröße. Ich suchte einen Ausweg und war unmittelbar davor, mich hypnotisieren zu lassen, bei jener Frau, bei der alles mit autogenem Training anfing. Über 10 Jahre drehten wir uns im Kreis und gaben leider sehr viel Geld dabei aus.

ICH ERKANNTE: JESUS LEBT WIRKLICH!

Und da war sie, meine Schwester! Sie, die nie etwas mit Glauben am Hut hatte, erzählte mir plötzlich immer wieder von Jesus und der großen Liebe Gottes! Ihre Begeisterung und ihre positive Veränderung machten mich neugierig und irgendwie spürte ich intuitiv, es könnte endlich die Antwort sein für meine Suche und die Erfüllung, die meine innere Leere ausfüllt!

Dann kam der Vormittag des 13. Februars 2002 in meiner Küche! Dort hörte ich neben dem Kochen eine Predigt über „Vergebung", die auf Kassette aufgenommen war. Ich wusste, ich musste manchen Menschen vergeben, aber mein Herz war nicht bereit. Groll und Hass fraßen innerlich viele Jahre an mir. Da hieß es, mit und durch Jesus fällt es leicht zu vergeben. Ah, ok, durch Jesus. „Bitte Jesus, stell dich zwischen mich und die Personen, die mich tief verletzt haben und mir echtes Unrecht angetan haben", sagte ich zu ihm, so habe ich mir das vorgestellt, wie damals beim autogenen Training. Durch den „Körper" Jesus reichte ich den Menschen die Vergebung. Den ganzen Schmerz, die Enttäuschung, den Zorn und die Verletzung ließ ich durch Jesus gehen – und ich weinte und weinte... Endlich spürte ich, wie ich nicht nur mit dem Kopf vergeben konnte, sondern auch mit meinem Herzen! Plötzlich fiel es mir wie Schuppen von den Augen und ich erkannte: Jesus lebt wirklich! Er ist real, er kennt mich und mein jahrelanges Problem, er will mir helfen und er hat die Macht dazu! Mit dem Herz voller Erleichterung und Dankbarkeit sprach ich zu Jesus: „Ich lege mein Leben in deine Hand und bitte dich um

Vergebung meiner Sünden!" In diesem Moment kam in mir eine Art große „Blase" hoch, dort stand das erste Gebot Gottes: „Du sollst keine anderen Götter neben mir haben." Ich bat sogleich um Vergebung, weil ich andere Menschen und deren Meinung über mich, deren Liebe, Anerkennung und Wertschätzung zu meinem Gott machte (gerade diese Menschen

waren es dann, die mich am stärksten verletzt haben). Plötzlich kamen unbändiger, tiefer Friede und Freude über mich, sogar meine Zehen „sprangen" vor Glück. Ein unglaublich tiefes Angenommensein erfüllte mich und ich spürte, ich bin angekommen, innerlich heimgekommen, zur Wahrheit, zum himmlischen Vater! Dieser Vormittag mit der Bekehrung war der Wendepunkt der jahrzehntelangen unerklärlichen Leere, des Unfriedens und der Suche!

Schon als Kind war ich innerlich von dem Leidensweg und der Kreuzigung Jesu betroffen, aber erst jetzt verstand ich es in meinem Herzen, dass Jesus auch ganz persönlich für MICH am Kreuz gestorben ist, um mich von meinen Sünden zu erlösen. Welch eine Liebe! Tief bestürzt über seinen Opfertod für mich weinte ich die drei aufeinanderfolgenden Tage und jubelte zugleich über meine Erlösung! Ein weiteres Bild kam in mir hoch. Ein bodenlanger Kassenzettel mit all meinen Sünden. Nein, ich hatte keinen Menschen umgebracht, beging keinen Ehebruch und raubte keine Bank aus. Es waren alle meine Notlügen, schlechte Gedanken, schlechtes Reden,

Unglaube, übertriebener Ehrgeiz und Selbstüberschätzung usw., die darauf standen. Den restlichen Tag verbrachte ich damit, diese Liste Gott zu bekennen und um Vergebung zu bitten. Gott vergab mir, ich wurde frei! Gott sieht alles – auch die kleinen „Fusseln".

PFERDEHALTUNG, PFERDEPENSION UND FOHLENAUFZUCHT

Fast zur selben Zeit standen wir vor der Entscheidung, unseren Milchviehbetrieb zu erweitern oder einen anderen Betriebszweig zu suchen, damit der Hof erhalten bleibt und wir als Familie weiterhin unseren Lebensunterhalt verdienen können. In der Milchviehwirtschaft sahen wir keine Zukunft mehr, da damals schon die Milchpreise zusehends fielen. Wir beteten immer wieder und baten Gott um Rat, Hilfe und Führung.

Schritt für Schritt tat sich der Weg Richtung Pferdehaltung, Pferdepension und Fohlenaufzucht auf. Wir hatten bis dahin keinerlei Erfahrung mit dem Umgang und der Versorgung von Pferden. Mein Mann begann dann als gelernter Landwirt, Fachkurse für Pferdehaltung zu besuchen. Gott stellte uns immer wieder „Pferdemenschen" in den Weg, die uns unterstützten und von denen wir lernen konnten.

Wir sind Gott dankbar über diese Wegführung, denn die Erweiterung des Milchviehbetriebs mit den hohen Betriebskosten und den geringen Erzeugerpreisen hätte uns in ein elendes Hamsterrad mit Schulden und Arbeit geführt! Und vermutlich letztes Endes den Hof gekostet.

Gott schenkt gerne: meinen Mann, meine Kinder, den Hof, natürlich Jesus – und ein Pferd!

Ohne unser vorheriges Wissen darüber wurde eine hochwertige QH Zuchtstute eines unserer ersten Pensionspferde. Wir bekamen dieses wunderschöne Pferd für ein paar wenige Euro fast geschenkt.

Es war damals eine wichtige, nötige Bestätigung, dass wir auf dem richtigen Weg sind, da uns Zweifel über die Richtigkeit dieser Entscheidung quälten.

Der Teufel nimmt, zerstört, tötet und versucht, Misstrauen gegenüber Gott zu säen, indem er in unsere Gedanken Zweifel an seiner Güte flüstert – so wie er es damals auch in meiner Küche versuchte. Gott aber meint es gut mit mir, mit uns, ER hat gute Gedanken über uns (nach Jeremia 11,28).

Der Spruch vom Kirchenvater Augustinus begleitet mich seit meinem Jungendalter: „Unruhig ist unser Herz, bis es ruht in Gott."

Nein, wir müssen nicht erst sterben. Jetzt, heute kann unser Herz Ruhe finden, dann, wenn wir Jesus unser Herz öffnen, er in unser Herz einzieht und wir ihn dort wohnen lassen.

GOTT IST TREU UND STEHT ZU UNS

Ist jetzt alles gut? Nein, es läuft nicht immer alles glatt. Wir hatten und haben immer wieder Schwierigkeiten, u.a. wurde mein Mann innerhalb kurzer Zeit mehrmals schwer krank und stand mehrmals unmittelbar kurz vor dem Tod. Doch Gott hielt seine Hand über ihn und er ist jetzt wieder fast gesund. Auch wenn es auf dieser Welt Herausforderungen und Rückschläge gibt und wir Fehler machen, Gott ist treu und steht zu uns. Er ist bei uns und geht auch durch schwere Zeiten mit uns!

Nun, ich sitze immer noch unter dem Sonnenschirm, höre das Lachen der Einsteller, die Babykatze auf dem Arm, umgeben von meiner Familie und warte auf eine Kaufinteressentin für den Nachwuchs unserer QH Zuchtstute: Gina Poco for JESUS.

Ingrid Wimmer

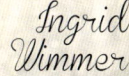

www.niederbayernalm.de

YVONNE SCHMALE

Wir nannten ihn
Trusty

Als ich 17 Jahre alt war, trat ein wunderschöner und besonderer Schecke in mein Leben. Wir nannten ihn „Trusty", was sich aus „Trust him" ableitete. Wir wünschten uns ein Pferd, dem wir vollkommen vertrauen konnten. Der Name wurde Programm; jedoch auf eine andere Weise als es unser Plan war, denn Gott hatte einen anderen Weg mit uns vor!

Schnell wurde in der Zusammenarbeit klar, dass wir beide einige Baustellen hatten. Im Gelände rastete Trusty immer wieder aus und seine Angst vor Unbekanntem war groß. Sein Verhalten war in der Zusammenarbeit zum Teil unvorhersehbar. Ich erkannte Gründe seiner Panik nicht; an einem Tag konnten Umstände für ihn in Ordnung sein und am nächsten nahm er dies zum Anlass, um durchzudrehen. Er setzte seinen Fokus auf seine Umstände, anstatt auf mich zu schauen. Seine Haltung bei der gemeinsamen Arbeit war verweigernd und im nächsten Augenblick explosiv. Lieber nahm er die Führung in seine Hand und setzte sie mit aller Kraft durch. Er traute sich nicht, sich fallen zu lassen und Sorgen abzugeben. Als Einzelkämpfer ging er voller Angst durchs Leben. Für mich wurde er zunehmend unberechenbar und auch meine Angst vor seinen Reaktionen wuchs. Mehrfach versuchte er mich loszuwerden, ob am Strick oder von seinem Rücken. Ich war verzweifelt, doch der Gedanke, ihn zu verkaufen und aufzugeben, brach mir das Herz. Täglich nahm ich mir viele Stunden Zeit, um in seine Versorgung und Beschäftigung zu investieren. Was ich dafür empfing, war meist körperlicher und seelischer Schmerz durch Verletzungen und Ablehnung von ihm. Er schaffte es nicht, mir zu vertrauen!

ICH BIN GENAUSO WIE TRUSTY

An einem unvergesslichen Tag rannte er plötzlich am Seil los und schlug nach mir aus. Dabei traf er mich an Arm und Bauch und ich flog in den Sand. Obwohl ich diese Ablehnung zu spüren bekam, war meine Liebe zu ihm dennoch unfassbar groß. Ich war enttäuscht, aber nicht verärgert. Mein Arm und mein Bauch hatten Schrammen und bleibende Erinnerungen davongetragen. Als ich am nächsten Morgen im Radio ein Lied hörte mit der Textpassage „I can´t believe what I did for love", traf es mich ganz tief im Herzen. Erst musste ich an das Erlebte vom Vortag denken und hatte das Gefühl, ich könnte diese Passage zu Trusty sagen, doch nicht ich war es, die dies sagen konnte.

In dem Augenblick sagte Jesus diese Zeile zu mir!

Denn ich bin genauso wie Trusty. In Situationen, in denen es darauf ankommt zu vertrauen, reiße ich die Führung meines Lebens an mich und baue auf meine eigene Einschätzung. Wenn mich schwierige Umstände umgeben, renne ich los und versuche, in Flucht oder Kampf zu gehen, anstatt zu schauen, was Jesus mit mir vorhat. Wie oft wage ich es nicht, mich bei Ihm fallen zu lassen, sondern reiße mich los und trete ihn mit Füßen. Dabei hat er ALLES für mich gegeben! Seine Schmerzen, die er ertragen hat, sind unvorstellbar und ich kann gar nicht begreifen, was ER aus Liebe zu mir tat! Egal wie häufig ich ihn ablehne, ER gibt mich nicht auf! Im Gegenteil: Er hat sich selbst verkauft und damit den Preis für meine Schuld bezahlt, damit der Weg frei ist, zu ihm zu kommen!

Tag für Tag ist er da, er geht mit mir und lässt mich nicht im Stich, sondern steht offen für mich da mit dem Angebot, ihm zu folgen, genauso wie ich in der Freiarbeit für Trusty da bin und ihm anbiete, mir nachzufolgen. Dabei lade ich ihn ein, seinen panischen Lauf der Angst aufzugeben und stattdessen seine Sorgen bei mir abzulegen und mir nachzufolgen!

SEINE STRATEGIE ZU ÜBERLEBEN WAR FLUCHT UND KAMPF

Erst im Laufe der Jahre verstand ich immer mehr, warum Trusty mir nicht vertrauen konnte. Seine Prägung liegt bereits in früheren Erlebnissen, die er bei den ersten Begegnungen mit Menschen machte. Zu Anfang seines Lebens stand er erst halb vergessen auf der Wiese und kam dann in einen Beritt, der geprägt war von Gewalt. Es wurde versucht, seinen Willen mit Druck zu brechen. Es wurden Forderun-

gen an ihn gestellt, die er körperlich nicht ausführen konnte. Daher bekam er stärkere Konsequenzen zu spüren, die ihn dazu brachten, zu „explodieren". Seine Strategie zu überleben war Flucht und Kampf. Ich bin stolz, dass er kein „gebrochenes" Pferd ist, sondern seinen Charakter behalten hat, jedoch hat dies tiefe Spuren hinterlassen. Seine Grundhaltung den Menschen gegenüber ist Skepsis und die Angst, dass dieser nicht das Beste mit ihm im Sinn hat. Im Laufe der Jahre lernte ich Reize kennen, die ihn an sein Trauma von damals erinnerten und triggerten, auszurasten. Ich lernte mit positiver Energie und viel Liebe, aber auch mit klarer Konsequenz, mit ihm zu arbeiten. Er half mir dabei, mein komplettes Denken auf den Kopf zu stellen und machte mich zu einer besseren Leiterin für ihn.

Dabei erlebte ich nicht selten, dass ich mich in Trusty entdecken konnte und wurde umso faszinierter von Jesu Geduld und Liebe mit mir! Denn Jesus ist es, der der Leiter meines Lebens sein möchte. ER hat den Überblick über Situationen, die ich nicht einschätzen kann.

ER versteht besser, was mir gut tut, auch wenn ich es nicht verstehe. So steht ER mir gegenüber wie ich Trusty, wenn wir gemeinsam frei arbeiten. Jesus lädt mich ein, meinen Fokus weg von Dingen zu nehmen, die mir Angst machen, und meinen Blick auf ihn zu richten. Er lädt mich ein, ihm nachzufolgen und dabei Sorgen los zu lassen und ihm zu vertrauen.

Vertrauen – das Stichwort und Thema in der Beziehung zwischen Trusty und mir und genauso das Ziel in der Beziehung zu Jesus. Ich möchte vertrauen und ihm die Führung überlassen!

Auch heute noch hören Trusty und ich nicht auf, in diesem Bereich gemeinsam zu wachsen. Dabei wird Gottes guter Plan von Anfang an immer wieder deutlich. In den verzweifelten Zeiten habe ich es nicht verstanden, warum Gott uns nicht das Pferd geschenkt hat, wonach wir uns früher sehnten. Gott hat uns stattdessen das Pferd geschenkt, das wir brauchten, um zu wachsen. Doch es kommt noch besser: Heute dürfen wir mit diesem einzigartigen und tollen Pferd einen christlichen Hof aufbauen, auf dem wir weitergeben, was Jesus mich durch ihn gelehrt hat!

Yvonne Schmale

www.place-of-faith.de

Befreie mich von Depressionen

Ich bin in totaler Finsternis und habe furchtbare Ängste.
Danke Jesus, dass du mir hilfst, aus diesem tiefen Tal
der Depression heraus zu kommen.
Befrei mich von meinen schweren Fesseln.
Jesus, ich will leben! Du bist Licht, in dir ist keine
Finsternis. Nimm meine Hand, leite mich aus diesem
finsteren Tal heraus.
Führe mich heraus, hinein in befreites Gebiet.
Stelle meine Füße auf einen Fels.
Reinige mein Herz und meine Gedanken
von aller Sünde und Dunkelheit.
Reinige das Haus meiner Seele.
Danke Jesus – dass du mir hilfst!

Matthäus 10 Vers 29 - 31 (S. 29)
Epheser 6 Vers 10 (S. 497)
Philipper 4 Vers 13 (S. 506)

Unser Vater

Unser Vater im Himmel!
Dein heiliger Name soll geehrt werden.
Richte bald deine Herrschaft bei uns auf.
Lass deinen Willen hier auf der Erde geschehen,
wie er im Himmel geschieht.
Gib uns auch heute wieder,
was wir zum Leben brauchen.
Vergib uns unsere Schuld,
wie wir denen vergeben,
die uns Unrecht getan haben.
Bewahre uns davor, dass wir dir untreu werden,
und befreie uns vom Bösen.
Denn dir gehören Herrschaft,
Macht und Ehre für alle Zeiten.
Amen!

Furchtbare Angstzustände

Jesus, ich habe furchtbare Schmerzen in meiner Seele.
Es tut so weh. Vor lauter Schmerzen möchte ich meinen
Kopf gegen die Wand schlagen.
Ich weiß nicht, wie ich diesen Angstzustand loswerden
kann. Hilf mir, dass ich wieder Frieden in
meinem tiefsten Inneren bekomme.
Gib mir Trost und neuen Mut.
Vergib mir, wenn ich schwach geworden bin.
Zeige mir, ob es Sünde in meinem Leben gibt, die mich
belastet. Vergib mir alle meine Sünden, Fehltritte und
falschen Entscheidungen, die ich gemacht habe.
Setze meine Füße auf festen Boden, auf den Fels.
Du bist mein Fels, Jesus.
Ich will nicht wieder im Sumpf der Angst versinken.
Gib mir Ruhe wie in einem sicheren Hafen.

2. Timotheus 1 Vers 7 (S. 539)
Philipper 4 Vers 13 (S. 506)

Wie kann ich nun zu Gott kommen?

SICH SELBST ERKENNEN

Zuerst einmal müssen wir uns eingestehen, dass wir Sünder sind. In Römer 3,10 heißt es: „Keiner ist gerecht – nicht ein einziger." Und in Vers 23: „Denn alle Menschen haben gesündigt und das Leben in der Herrlichkeit Gottes verloren."

Dieses Wort zeigt uns unsere Verlorenheit vor dem lebendigen Gott; wir haben durch unsere Sünde, die uns von ihm trennt, keinen Zugang zu ihm.

DER EINZIGE AUSWEG

Aus diesem Dilemma gibt es nur den einen von Gott selbst geschenkten Ausweg. Am Kreuz wurde der Sohn Gottes für unsere Sünden gerichtet. Jesus ist in die Welt gekommen, um den Weg zu Gott frei zu machen. Johannes 14, 6: „Ich bin der Weg, die Wahrheit und das Leben. Niemand kommt zum Vater außer durch mich."

KANNST DU DAS GLAUBEN?

1. Johannes 1, 8+9: „Wenn wir sagen, wir seien ohne Schuld, betrügen wir uns selbst und die Wahrheit ist nicht in uns. Doch wenn wir ihm unsere Sünden bekennen, ist er treu und gerecht, dass er uns vergibt und uns von allem Bösen reinigt."

Wenn wir uns auf seine Zusage berufen und ihm unsere Schuld bekennen und um Vergebung bitten, dann können wir uns darauf verlassen, dass er uns wirklich von der Sündenschuld befreit.

MÖCHTEST DU DAS? DANN KÖNNTEST DU SO BETEN:

Herr Jesus, ich komme zu dir, so wie ich bin.

Ich habe verstanden, warum du in diese Welt gekommen bist.

Du siehst all meine Schuld – was mir im Augenblick gegenwärtig ist und auch, was mir jetzt gerade nicht in den Sinn kommt.

Ich bitte dich: Vergib mir all meine Schuld. Komm in mein Leben hinein. Ich gebe mich voll und ganz in Deine Hände. Bestimme Du über mein Leben. Schenke mir neue Gewohnheiten mit Dir, die unter Deinem Segen stehen.

Du sollst mein Herr sein und ich möchte Dir nachfolgen.

Amen

Wenn du dieses Gebet aufrichtig und ehrlich gebetet hast, kannst du sicher sein: Der Herr hat dich angenommen! Er hat dich teuer erkauft, er hat dich errettet. Du bist nun Gottes Kind geworden.

* Ich habe heute Jesus um Vergebung meiner Sünden gebeten und ihn in mein Leben eingeladen.

Datum _____

Uhrzeit _____

Ort _____

Danke, Herr Jesus!

Wie geht es nun weiter?

Es gibt die 5 G's, die dir sehr weiterhelfen
und ein Garant für ein gutes Leben mit Gott sind:

1. GEBET

Rede so oft und so viel du nur willst mit Gott. Erzähl Ihm alles, Freude, Trauer, danke Ihm oder bitte Ihn. Du kannst Ihn um alles bitten!

2. GEMEINSCHAFT

Als Gotteskinder brauchen wir Gemeinschaft mit anderen christlichen Freunden, die einen unterstützen können, eine Gemeinde/Kirche, wo du Gottes Wort hören und wachsen kannst. Gerne helfen wir dir dabei, Christen in deiner Umgebung kennenzulernen.

Name _____

Anschrift _____

_____

Telefonnr. _____

E-Mail-Adresse _____

SENDE DIE NACHRICHT AN: Ines und Stephan Wensing
Voßplacke 2, D-48734 Reken
Deutschland
Email: horsemanbibel@t-online.de
www.horseman4jesus.de

3. GOTTES WORT

Lies so viel wie möglich in der Bibel. Beginne dabei mit dem neuen Testament. Hier in diesem Buch findest du es in der Mitte. So lernst du Jesus immer besser kennen.

4. GLAUBE

Nachdem wir durch Bekehrung und Wiedergeburt im Glauben begonnen haben, kommt es darauf an, dass wir im Glauben wachsen und nicht mehr davon ablassen. Die Bekehrung ist also kein Endpunkt, sondern der Startpunkt des neuen Lebens.

5. GEBEN

Gib es weiter, erzähl anderen von deinem Glauben an Jesus, so oft und so viel du willst.

Und sei gewiss: Jesus ist immer an deiner Seite, du bist nie mehr allein! Jesus verlässt dich nie!

SRS

Im Sport. Für Menschen. Mit Gott.

Sport: Faszinierende Welt der Leistungs-
fähigkeit des Einzelnen, ob im Wettkampf
oder im Spiel, im Team oder allein. Sport
ist begeisternd, motivierend, herausfordernd.
Doch oft rückt über die sportliche Leistung der
Mensch mit seinen Bedürfnissen in den
Hintergrund. Das ist der Grund, warum ehren-
amtliche und hauptamtliche SRS-Mitarbeiter
Athleten fördern, begleiten und zu einem Leben mit
Jesus Christus einladen. Nicht die Leistung, sondern
der Mensch mit Körper, Psyche und Geist steht im
Mittelpunkt ihres Interesses.

Als eingetragener Verein ist SRS über den Sportbund
Rheinland dem DOSB angeschlossen und in 25 Sport-
arten aktiv. Auf internationaler Ebene ist SRS Mitglied in
der European Christian Sports
Union und der International
Sports Coalition. Auf der
Basis der Ev. Allianz arbeitet
SRS mit Kirchen und Werken
überkonfessionell zusammen.

Kontakt:

SRS e.V.,
Im Sportzentrum 2, 57610 Altenkirchen (Deutschland)
Fon 02681 941-150, info@srsonline.de

Wir danken unseren Premium-Partnern:

Interessiert an . . .?

- unserem **Rundbrief**
  Pferdesport
- den **SRS-Reiterfreffs**
- kostenlosen wöchentlichen
  Sport-Andachten per E-Mail
- unserem **Jahresprogramm**
  mit allen Lehrgängen,
  Seminaren und Fortbildungen
- Informationen über
  unsere Arbeit
- Informationen über eine
  ehrenamtliche Mitarbeit

www.srsonline.de

TEAM CHRISTLICHER PFERDESPORTLER

SRS Pferdesport.

Komm ins Team...

Wir sind Christen und lieben Pferde! Egal ob du Freizeitreiter bist, mit Spaß am Wettkampf oder nicht, egal ob du beruflich mit Pferden arbeitest oder sie dein Hobby sind, egal ob du reitest, fährst oder voltigierst – bei uns ist jeder „Pferdefan" herzlich willkommen!

Wir wollen im und durch den Pferdesport Gott von ganzem Herzen ehren und ihm dienen. Davon möchten wir anderen Pferdeleuten erzählen, sie unterstützen und fördern.

Dabei ist die Bibel unsere Grundlage, die uns Orientierung gibt und unsere Beziehung zu Gott stärkt.

Dazu bieten wir Kurse, Reiterferien, Reitertreffs an.

Bei Messen, Turnieren und anderen Veranstaltungen sind wir mit Infoständen und Shows vertreten.

Mit unseren Publikationen ermutigen wir Christsein praktisch zu leben und weiterzugeben.

Du hast Interesse?
Melde dich, wir freuen uns auf DICH!

www.srspferdesport.de

Sie können das Evangelium an Kinder verschenken

Vielleicht kennen Sie Kinder in Ihrer Umgebung, die nicht viel von Jesus wissen.

Dann können Sie jetzt **Das Buch von Jesus** bei Bible for the Nations bestellen, um es diesen Kindern zu schenken.

Das Buch von Jesus ist in folgenden Sprachen sofort erhältlich: Deutsch, Englisch, Französisch, Arabisch, Polnisch, Farsi, Türkisch, Spanisch und Schwedisch. Weitere Sprachen werden demnächst gedruckt.

1 Ex.	€ 8,00
ab 3 Ex. bis 99 Ex.	€ 3,90
ab 100 Ex. bis 249 Ex.	€ 3,40

Bestellungen hierzu im Internetshop unserer Homepage

www.bible-for-the-nations.com/de/shop

Superbuch

SUPERBUCH

Ruths Treue wird belohnt

9.99 €

Superbuch nimmt Chris, Joy und Gizmo mit in die Zeit des alten Bethlehems. Dort treffen sie die junge Witwe Ruth, die ihre Familie und ihr Heimatland verlässt, um ihrer Schwiegermutter Noomi zu helfen und für sie da zu sein.

SUPERBUCH

Gottes Plan mit Gideon

9.99 €

Joys Eltern hatten einen Autounfall. Sie bitten ihre Tochter per Telefon, Hilfe zu schicken. Aber Joy bekommt Panik, weil sie gar nicht genau weiß, wo ihre Eltern sind.

Da nimmt Superbuch Joy, Chris und Gizmo mit in die Zeit von Gideon – einem ungewöhnlichen Helden, der sich vor den Feinden versteckt, die Israel erobert haben.

SUPERBUCH

Das erste Weihnachten

9.99 €

Das erste Weihnachten – Die Geburt Jesu: Chris, Joy und der Roboter Gizmo werden von Superbuch nach Bethlehem geschickt, wo sie Zeugen der Geburt von Jesus werden. Doch vielmehr erkennen sie die wahre Bedeutung von Weihnachten und dass es dabei um viel mehr geht als nur Kekse und Geschenke.

SuperBook

Animationsfilme aus der Bibel mit spannenden Geschichten. Verfügbar in verschiedenen Sprachen. Laden Sie eine kostenlose App in Ihrem Handy herunter, um Superbuch in verschiedenen Sprachen anzuzeigen. Holen Sie sich Superbuch für Ihre Kinder und Enkelkinder. Die Filme sind professionell und in hoher Qualität.

Die Kinder lieben sie!

Weitere Informationen finden Sie unter
https://cbndeutschland.org/en/superbook/about-superbook/

Neues Leben
Die Bibel

Das Neue Testament
in grosser Schrift

NLB.

SCM

R.Brockhaus

Neues Leben. Die Bibel,
© der deutschen Ausgabe 2002 und 2006
SCM R.Brockhaus in der SCM Verlagsgruppe GmbH,
Holzgerlingen
Homepage: www.scm-brockhaus.de; E-Mail: info@scm-verlag.de

Copyright der amerikanischen Originalausgabe:
Holy Bible, New Living Translation,
copyright © 1996, 2004, 2015 by Tyndale House Foundation.
Used by permission of Tyndale House Publishers, Inc.,
Carol Stream, Illinois 60188, USA. All rights reserved.

Satz: Satz & Medien Wieser, Aachen
Druck und Bindung: C.H. Beck
Gedruckt in Deutschland

Inhalt

Das Neue Testament

Das Evangelium von Matthäus

Die Vorfahren von Jesus

1 ¹Dies ist ein Verzeichnis der Vorfahren von Jesus Christus, einem Nachkommen des Königs David und Abrahams: ²Abraham war der Vater von Isaak. Isaak war der Vater von Jakob. Jakob war der Vater von Juda und seinen Brüdern. ³Juda war der Vater von Perez und Serach (ihre Mutter war Tamar). Perez war der Vater von Hezron. Hezron war der Vater von Ram. ⁴Ram war der Vater von Amminadab. Amminadab war der Vater von Nachschon. Nachschon war der Vater von Salmon. ⁵Salmon war der Vater von Boas (seine Mutter war Rahab). Boas war der Vater von Obed (seine Mutter war Rut). Obed war der Vater von Isai. ⁶Isai war der Vater von König David.

David war der Vater von König Salomo (seine Mutter war die Frau von Uria). ⁷Salomo war der Vater von Rehabeam. Rehabeam war der Vater von Abija. Abija war der Vater von Asa. ⁸Asa war der Vater von Joschaphat. Joschaphat war der Vater von Joram. Joram war der Vater von Usija. ⁹Usija war der Vater von Jotam. Jotam war der Vater von Ahas. Ahas war der Vater von Hiskia. ¹⁰Hiskia war der Vater von Manasse. Manasse war der Vater von Amon. Amon war der Vater von Josia. ¹¹Josia war der Vater von Jojachin und seinen Brüdern (die in der Zeit des babylonischen Exils geboren wurden).

¹²Nach dem babylonischen Exil: Jojachin war der Vater von Schealtiël. Schealtiël war der Vater von Serubbabel. ¹³Serubbabel war der Vater von Abihud. Abihud war der Vater von Eljakim. Eljakim war der Vater von Asor. ¹⁴Asor war der Vater von Zadok. Zadok war der Vater von Achim. Achim war der Vater von Eliud. ¹⁵Eliud war der Vater von Eleasar. Eleasar war der Vater von Mattan. Mattan war der Vater von Jakob. ¹⁶Jakob war der Vater von Josef, dem Ehemann Marias. Maria war die Mutter von Jesus, der Christus genannt wird.

¹⁷Von Abraham bis König David sind es insgesamt vierzehn Generationen, von David bis zum babylonischen Exil wieder-

um vierzehn, und noch einmal vierzehn Generationen nach
dem babylonischen Exil bis zu Christus.

Die Geburt von Jesus

[18]Und so wurde Jesus Christus geboren. Maria, seine Mutter,
war mit Josef verlobt. Aber noch vor ihrer Hochzeit wurde sie,
die noch Jungfrau war, schwanger durch den Heiligen Geist.
[19]Josef, ihr Verlobter, war ein aufrechter Mann. Um sie nicht
der öffentlichen Schande preiszugeben, beschloss er, die Ver-
lobung in aller Stille zu lösen. [20]Während er noch darüber
nachdachte, erschien ihm im Traum ein Engel des Herrn. »Josef, Sohn Davids«, sagte der Engel, »zögere nicht, Maria zu
heiraten. Denn das Kind, das sie erwartet, ist vom Heiligen
Geist. [21]Sie wird einen Sohn zur Welt bringen. Du sollst ihm
den Namen Jesus geben, denn er wird sein Volk von allen
Sünden befreien.« [22]All das geschah, damit sich erfüllt, was
Gott durch seinen Propheten angekündigt hat:

[23]»Seht! Die Jungfrau wird ein Kind erwarten! Sie wird einem Sohn das Leben schenken, und er wird Immanuel genannt werden. Das heißt, Gott ist mit uns.«

[24]Als Josef aufwachte, tat er, was der Engel des Herrn ihm
gesagt hatte. Er nahm Maria zur Frau. [25]Josef aber rührte sie
nicht an, bis ihr Sohn geboren war. Und Josef gab ihm den
Namen Jesus.

Der Besuch der Sterndeuter

2 [1]Jesus wurde in der Stadt Bethlehem in Judäa während
der Herrschaft von König Herodes geboren. In dieser
Zeit kamen einige Sterndeuter aus einem Land im Osten
nach Jerusalem und fragten überall: [2]»Wo ist der neugeborene
König der Juden? Wir haben seinen Stern aufgehen sehen und
sind gekommen, um ihn anzubeten.«

[3]Ihre Frage versetzte Herodes in große Unruhe, und alle Einwohner Jerusalems mit ihm. [4]Er berief eine Versammlung der
obersten Priester und Schriftgelehrten ein. »Wo soll denn der
Christus nach Aussage der Propheten zur Welt kommen?«,
fragte er sie.

⁵»In Bethlehem«, sagten sie, »denn der Prophet hat geschrieben:

⁶›O Bethlehem in Judäa, du bist alles andere als ein unbedeutendes Dorf, denn ein Herrscher wird aus dir hervorgehen, der wie ein Hirte mein Volk Israel führen wird.‹«

⁷Daraufhin sandte Herodes eine geheime Botschaft an die Sterndeuter und bat sie zu sich. Bei dieser Zusammenkunft erfuhr er den genauen Zeitpunkt, an dem sie den Stern zum ersten Mal gesehen hatten. ⁸Er sagte zu ihnen: »Geht nach Bethlehem und sucht das Kind. Wenn ihr es gefunden habt, kommt wieder her und erzählt es mir, damit ich auch hingehen kann, um es anzubeten!«

⁹Nach diesem Gespräch machten die Sterndeuter sich auf den Weg. Wieder erschien ihnen der Stern und führte sie nach Bethlehem. Er zog ihnen voran und blieb über dem Ort stehen, wo das Kind war. ¹⁰Als sie den Stern sahen, war ihre Freude groß. ¹¹Sie gingen in das Haus und fanden das Kind mit seiner Mutter Maria, sanken vor ihm auf die Knie und beteten es an. Dann öffneten sie ihre Truhen mit Kostbarkeiten und beschenkten es mit Gold, Weihrauch und Myrrhe. ¹²Als es Zeit war, wieder aufzubrechen, zogen sie jedoch auf einem anderen Weg in ihre Heimat zurück, denn Gott hatte sie in einem Traum davor gewarnt, zu Herodes zurückzukehren.

Die Flucht nach Ägypten

¹³Nachdem die Sterndeuter gegangen waren, erschien Josef im Traum ein Engel des Herrn. »Steh auf und flieh mit dem Kind und seiner Mutter nach Ägypten«, sagte der Engel. »Bleib dort, bis ich dir sage, dass ihr zurückkehren könnt, denn Herodes will das Kind umbringen.« ¹⁴Noch in derselben Nacht machte sich Josef mit dem Kind und dessen Mutter Maria auf den Weg nach Ägypten. ¹⁵Dort blieben sie bis zum Tod des Herodes. Auf diese Weise erfüllte sich, was der Herr durch den Propheten gesagt hatte: »Ich habe meinen Sohn aus Ägypten gerufen.«

¹⁶Herodes war außer sich vor Zorn, als er erfuhr, dass die

Sterndeuter ihn hintergangen hatten. Er schickte Soldaten aus, die in Bethlehem und der ganzen Umgebung alle Jungen im Alter von zwei Jahren und jünger umbringen sollten. Denn die weisen Männer hatten ihm erzählt, dass sie den Stern vor etwa zwei Jahren zum ersten Mal gesehen hatten. [17]Durch diese grausige Tat des Herodes erfüllte sich die Prophezeiung Jeremias:

[18]»Ein Schrei der Angst ertönt in der Stadt Rama – das Klagen und Trauern nimmt kein Ende. Rahel weint um ihre Kinder und lässt sich nicht trösten – denn sie sind tot.«

Die Rückkehr nach Nazareth

[19]Als Herodes gestorben war, erschien Josef wieder ein Engel des Herrn im Traum. Er sagte zu ihm: [20]»Steh auf und bring das Kind und seine Mutter zurück ins Land Israel, denn die, die das Kind umbringen wollten, sind tot.« [21]Daraufhin kehrte Josef mit Jesus und Maria nach Israel zurück. [22]Als er aber erfuhr, dass Archelaus, der Sohn des Herodes, der neue Herrscher war, bekam er Angst. Und wieder erhielt er im Traum Gottes Anweisung: Er sollte nach Galiläa gehen. [23]Die Familie zog in die Stadt Nazareth, um sich dort niederzulassen. Damit erfüllte sich, was die Propheten vorausgesagt hatten: »Man wird ihn den Nazarener nennen.«

Johannes der Täufer, der Wegbereiter

3 [1]Um diese Zeit fing Johannes der Täufer an, in der Wüste von Judäa zu predigen: [2]»Kehrt um und wendet euch Gott zu, denn das Himmelreich ist nahe.« [3]Schon Jesaja hatte auf Johannes hingewiesen, als er verkündete: »Er ist eine Stimme, die in der Wüste ruft: ›Schafft Raum für das Kommen des Herrn! Ebnet ihm den Weg!‹«

[4]Johannes trug Kleider aus gewebtem Kamelhaar und einen Lederriemen um die Hüften; er ernährte sich von Heuschrecken und wildem Honig. [5]Aus Jerusalem, aus allen Teilen Judäas und aus dem ganzen Jordanland strömten die Menschen hinaus in die Wüste, um ihn predigen zu hören. [6]Und wenn sie ihre Sünden bekannt hatten, taufte er sie im Jordan.

⁷Als er aber sah, dass auch viele Pharisäer und Sadduzäer kamen, um sich von ihm taufen zu lassen, fuhr er sie an. »Ihr Schlangenbrut! Wer hat euch eingeredet, ihr könntet dem bevorstehenden Gericht Gottes entkommen? ⁸Beweist durch euren Lebenswandel, dass ihr eure Sünden hinter euch gelassen und euch Gott zugewandt habt. ⁹Es genügt nicht zu sagen: ›Wir sind die Nachkommen Abrahams. Uns kann nichts geschehen.‹ Das beweist gar nichts. Wenn Gott wollte, könnte er aus diesen Steinen Kinder Abrahams machen. ¹⁰Die Axt wird schon durch die Luft geschwungen, bereit, eure Wurzeln abzuhacken; denn jeder Baum, der keine guten Früchte bringt, wird umgehauen und ins Feuer geworfen.

¹¹Ich taufe all diejenigen mit Wasser, die ihren Sünden den Rücken kehren und sich Gott zuwenden. Doch bald kommt einer, der ist viel stärker als ich – so viel gewaltiger, dass ich nicht einmal wert bin, sein Diener zu sein. Er wird euch mit dem Heiligen Geist und mit Feuer taufen.

¹²Er wird mit seiner Schaufel die Spreu vom Weizen trennen, den Dreschplatz aufräumen und den Weizen in die Scheune bringen; die Spreu aber wird er im ewigen Feuer verbrennen.«

Die Taufe von Jesus

¹³Um diese Zeit kam Jesus aus Galiläa an den Jordan, um sich von Johannes taufen zu lassen. ¹⁴Doch Johannes weigerte sich. »Eigentlich müsste ich mich von dir taufen lassen«, sagte er, »warum kommst du zu mir?«

¹⁵Jesus erwiderte: »Es muss sein. Wir müssen alles so halten, wie es von Gott aus sein soll.« Da taufte ihn Johannes.

¹⁶Als Jesus gerade aus dem Wasser stieg, öffnete sich der Himmel, und er sah den Geist Gottes wie eine Taube herabschweben und sich auf ihm niederlassen. ¹⁷Und eine Stimme aus dem Himmel sprach: »Dies ist mein geliebter Sohn, an ihm habe ich große Freude.«

Die Versuchung

4 ¹Danach wurde Jesus vom Heiligen Geist in die Wüste geführt, weil er dort vom Teufel auf die Probe gestellt werden sollte. ²Nachdem er vierzig Tage und vierzig Nächte keine Nahrung zu sich genommen hatte, war er sehr hungrig. ³Da trat der Teufel zu ihm und sagte: »Wenn du der Sohn Gottes bist, dann verwandle diese Steine in Brot.«

⁴Doch Jesus erwiderte: »Nein! Die Schrift sagt: ›Der Mensch braucht mehr als nur Brot zum Leben. Er lebt auch von jedem Wort, das aus dem Mund Gottes kommt.‹«

⁵Darauf nahm ihn der Teufel mit nach Jerusalem, auf den höchsten Punkt der Tempelmauer. ⁶Dort sagte er: »Wenn du der Sohn Gottes bist, dann spring hinunter! Denn die Schrift sagt: ›Er befiehlt seinen Engeln, dich zu beschützen. Sie werden dich auf ihren Händen tragen, damit deine Füße niemals stolpern.‹«

⁷Jesus antwortete: »Die Schrift sagt aber auch: ›Fordere den Herrn, deinen Gott, nicht heraus.‹«

⁸Als Nächstes nahm ihn der Teufel mit auf den Gipfel eines hohen Berges und zeigte ihm alle Länder der Welt mit ihren Reichtümern. ⁹»Das alles schenke ich dir«, sagte er, »wenn du vor mir niederkniest und mich anbetest.«

¹⁰»Scher dich fort von hier, Satan«, sagte Jesus zu ihm. »Denn die Schrift sagt: ›Du sollst den Herrn, deinen Gott, anbeten und nur ihm allein dienen.‹«

¹¹Da verließ ihn der Teufel, und Engel kamen und sorgten für Jesus.

Der Beginn des öffentlichen Wirkens

¹²Als Jesus hörte, dass Johannes verhaftet worden war, verließ er Judäa und kehrte nach Galiläa zurück. ¹³Doch er ging nicht nach Nazareth, sondern nach Kapernaum am See Genezareth, im Gebiet von Sebulon und Naftali. ¹⁴Auf diese Weise erfüllte sich die Prophezeiung Jesajas:

¹⁵»Im Lande Sebulon und Naftali, am See, jenseits des Jordan, in Galiläa, leben so viele Menschen, die Gott nicht kennen. ¹⁶Dort hat das Volk, das im Dunkel lebt, ein helles Licht

gesehen. Und über den Menschen in einem vom Tode überschatteten Land ist ein strahlendes Licht aufgegangen.«

17Von da an begann Jesus zu predigen: »Hört auf zu sündigen und kehrt um zu Gott, denn das Himmelreich ist nahe.«

Die ersten Jünger

18Eines Tages, als Jesus am Ufer des Sees Genezareth entlangging, sah er zwei Brüder, die ihre Netze auswarfen. Simon, der später Petrus genannt wurde, und Andreas waren von Beruf Fischer. 19Jesus rief ihnen zu: »Kommt mit und folgt mir nach. Ich will euch zeigen, wie man Menschen fischt!« 20Sofort ließen sie ihre Netze liegen und gingen mit ihm.

21Etwas weiter am Ufer entlang sah er zwei andere Brüder, Jakobus und Johannes, die mit ihrem Vater Zebedäus in einem Boot saßen und ihre Netze flickten. Auch sie rief er zu sich. 22Ohne Zögern folgten sie ihm und ließen das Boot und ihren Vater zurück.

Das Wirken von Jesus in Galiläa

23Jesus reiste durch ganz Galiläa und sprach in den Synagogen. Überall verkündigte er die Botschaft vom Reich Gottes und heilte die Menschen von ihren Krankheiten und Gebrechen. 24Die Neuigkeiten über ihn verbreiteten sich weit über die Grenzen Galiläas. Bald strömten die Kranken sogar aus Syrien herbei, um sich von ihm gesund machen zu lassen. Und ganz gleich, welche Krankheit und welche Beschwerden sie quälten, ob sie von Dämonen besessen, Epileptiker oder Gelähmte waren – er heilte sie. 25Große Menschenmassen umlagerten ihn, wohin er auch ging – es waren Leute aus Galiläa, aus den Zehn Städten, aus Jerusalem, aus ganz Judäa, selbst aus den Gegenden östlich des Jordan.

Die Bergpredigt

5 1Eines Tages, als sich immer mehr Menschen um Jesus sammelten, stieg er mit seinen Jüngern auf einen Berg und setzte sich dort hin, um sie zu unterrichten.

Die Seligpreisungen

²Und das lehrte er sie:

³»Glücklich sind die, die erkennen, dass sie Gott brauchen, denn ihnen wird das Himmelreich geschenkt.

⁴Glücklich sind die, die traurig sind, denn sie werden getröstet werden.

⁵Glücklich sind die Freundlichen und Bescheidenen, denn ihnen wird die ganze Erde gehören.

⁶Glücklich sind die, die nach Gerechtigkeit hungern und dürsten, denn sie werden sie im Überfluss erhalten.

⁷Glücklich sind die Barmherzigen, denn sie werden Barmherzigkeit erfahren.

⁸Glücklich sind die, die ein reines Herz haben, denn sie werden Gott sehen.

⁹Glücklich sind die, die sich um Frieden bemühen, denn sie werden Kinder Gottes genannt werden.

¹⁰Glücklich sind die, die verfolgt werden, weil sie in Gottes Gerechtigkeit leben, denn das Himmelreich wird ihnen gehören.

¹¹Glücklich seid ihr, wenn ihr verspottet und verfolgt werdet und wenn Lügen über euch verbreitet werden, weil ihr mir nachfolgt. ¹²Freut euch darüber! Jubelt! Denn im Himmel erwartet euch eine große Belohnung. Und denkt daran, auch die Propheten sind einst verfolgt worden.

Von Salz und Licht

¹³Ihr seid das Salz der Erde. Doch wozu ist Salz noch gut, wenn es seinen Geschmack verloren hat? Kann man es etwa wieder brauchbar machen? Es wird weggeworfen und zertreten, wie etwas, das nichts wert ist. ¹⁴Ihr seid das Licht der Welt – wie eine Stadt auf einem Berg, die in der Nacht hell erstrahlt, damit alle es sehen können. ¹⁵Niemand versteckt ein Licht unter einem umgestülpten Gefäß. Er stellt es vielmehr auf einen Lampenständer und lässt es für alle leuchten. ¹⁶Genauso lasst eure guten Taten leuchten vor den Menschen, damit alle sie sehen können und euren Vater im Himmel dafür rühmen.

Über das Gesetz

[17]Versteht nicht falsch, warum ich gekommen bin. Ich bin nicht gekommen, um das Gesetz oder die Schriften der Propheten abzuschaffen. Im Gegenteil, ich bin gekommen, um sie zu erfüllen. [18]Ich versichere euch: Solange der Himmel und die Erde bestehen, wird selbst die kleinste Einzelheit von Gottes Gesetz gültig bleiben, so lange, bis ihr Zweck erfüllt ist. [19]Wenn ihr also das kleinste Gebot brecht und andere dazu ermuntert, dasselbe zu tun, werdet ihr auch die Geringsten im Himmelreich sein. Dagegen wird jeder, der die Gesetze Gottes befolgt und sie anderen erklärt, im Himmelreich groß sein.

[20]Aber ich warne euch – nur wenn eure Gerechtigkeit die der Schriftgelehrten und Pharisäer weit übertrifft, dürft ihr ins Himmelreich hinein.

Vom Zorn

[21]Man hat euch gelehrt, dass unseren Vorfahren geboten wurde: ›Du sollst nicht töten. Wer einen Mord begeht, wird verurteilt.‹ [22]Ich aber sage: Schon der, der nur zornig auf jemanden ist, wird verurteilt! Wer zu seinem Freund sagt: ›Du Dummkopf!‹, den erwartet das Gericht. Und wer jemanden verflucht, dem droht das Feuer der Hölle.

[23]Wenn ihr also vor dem Altar im Tempel steht, um zu opfern, und es fällt euch mit einem Mal ein, dass jemand etwas gegen euch hat, [24]dann lasst euer Opfer vor dem Altar liegen, geht zu dem Betreffenden und versöhnt euch mit ihm. Erst dann kommt zurück und bringt Gott euer Opfer dar. [25]Einigt euch rasch mit eurem Gegner, bevor es zu spät ist und ihr vor Gericht gestellt, einem Gerichtsdiener übergeben und ins Gefängnis geworfen werdet. [26]Ich versichere euch: Ihr kommt erst wieder frei, wenn ihr eure Schuld bis auf den letzten Cent bezahlt habt.

Vom Ehebruch

[27]Man hat euch gelehrt, dass geboten wurde: ›Du sollst nicht die Ehe brechen.‹ [28]Ich aber sage: Wer eine Frau auch nur mit

einem Blick voller Begierde ansieht, hat im Herzen schon mit ihr die Ehe gebrochen. ²⁹Wenn dich also dein Auge – auch wenn es dein gutes Auge ist – zur Begierde verführt, reiß es heraus und wirf es weg! Besser, du verlierst einen Körperteil, als dass dein ganzer Körper in die Hölle geworfen wird. ³⁰Und wenn dich deine Hand – auch wenn es deine kräftigere Hand ist – zum Bösen verführt, hack sie ab und wirf sie weg! Besser, du verlierst einen Körperteil, als dass dein ganzer Körper in die Hölle geworfen wird.

Von der Ehescheidung

³¹Es wurde auch geboten: ›Ein Mann darf sich von seiner Frau scheiden lassen, wenn er ihr einen Scheidungsbrief ausstellt.‹ ³²Ich aber sage: Wenn ein Mann sich von seiner Frau scheiden lässt – es sei denn, sie war untreu –, macht er sie zur Ehebrecherin. Und wer eine geschiedene Frau heiratet, begeht ebenfalls Ehebruch.

Vom Schwören

³³Man hat euch außerdem gelehrt, dass unseren Vorfahren geboten wurde: ›Du sollst einen Schwur nicht brechen; du sollst die Versprechen, die du vor dem Herrn abgelegt hast, halten.‹ ³⁴Ich aber sage: Schwört überhaupt nicht! Wenn ihr sagt: ›Beim Himmel!‹, dann ist das ein heiliger Schwur, denn der Himmel ist Gottes Thron.

³⁵Und wenn ihr sagt: ›Bei der Erde!‹, dann ist auch das ein heiliger Schwur, denn die Erde ist seine Fußbank. Und schwört auch nicht: ›Bei Jerusalem!‹, denn Jerusalem ist die Stadt des großen Königs.

³⁶Schwört nicht einmal: ›Bei meinem Kopf!‹, denn ihr könnt kein einziges Haar auf eurem Kopf weiß oder schwarz machen. ³⁷Sagt einfach ›Ja‹ oder ›Nein‹. Jedes Wort darüber hinaus ist vom Bösen.

Von der Rache

³⁸Man hat euch gelehrt, dass geboten wurde: ›Wer jemand am Auge verletzt, soll selbst am Auge verletzt werden. Und wer

anderen einen Zahn ausschlägt, soll selbst einen Zahn dafür einbüßen.‹ ³⁹Ich aber sage: Wehrt euch nicht, wenn euch jemand Böses tut! Wer euch auf die rechte Wange schlägt, dem haltet auch die andere hin. ⁴⁰Wenn ihr vor Gericht erscheinen müsst und euer Hemd wird euch abgenommen, gebt euren Mantel noch dazu. ⁴¹Wenn jemand von euch verlangt, eine Meile weit mit ihm zu gehen, dann geht zwei Meilen mit ihm. ⁴²Gebt denen, die euch bitten, und kehrt denen nicht den Rücken, die etwas von euch borgen wollen.

Von der Liebe zu den Feinden

⁴³Man hat euch gelehrt, dass geboten wurde: ›Liebe deinen Nächsten‹ und hasse deinen Feind. ⁴⁴Ich aber sage: Liebt eure Feinde! Betet für die, die euch verfolgen! ⁴⁵So handelt ihr wie wahre Kinder eures Vaters im Himmel. Denn er lässt die Sonne für Böse und Gute aufgehen und sendet Regen für die Gerechten wie für die Ungerechten. ⁴⁶Wenn ihr nur die liebt, die euch auch lieben, was ist daran Besonderes? Das tun sogar die bestechlichen Steuereintreiber. ⁴⁷Wenn ihr nur zu euren Freunden freundlich seid, wodurch unterscheidet ihr euch dann von den anderen Menschen? Das tun sogar die, die Gott nicht kennen. ⁴⁸Ihr sollt aber vollkommen sein, so wie euer Vater im Himmel vollkommen ist.

Vom Geben an die Bedürftigen

6 ¹Nehmt euch in Acht! Wenn ihr Gutes tut, dann tut es nicht öffentlich, nur damit ihr bewundert werdet. In diesem Fall dürft ihr nicht erwarten, von eurem Vater im Himmel belohnt zu werden. ²Wenn du einem Bedürftigen etwas gibst, posaune es nicht heraus, wie es die Heuchler tun, die in den Synagogen und auf den Straßen mit ihren Wohltaten angeben, nur um die Aufmerksamkeit auf sich zu ziehen! Ich versichere euch: Das ist der einzige Lohn, den sie jemals dafür erhalten werden. ³Wenn du jemandem etwas gibst, dann sag deiner linken Hand nicht, was deine rechte tut.

⁴Gib in aller Stille, und dein Vater, der alle Geheimnisse kennt, wird dich dafür belohnen.

Vom Beten und Fasten

⁵Und nun zum Beten. Wenn ihr betet, seid nicht wie die
Heuchler, die mit Vorliebe in aller Öffentlichkeit an den Straßenecken und in den Synagogen beten, wo jeder sie sehen
kann. Ich versichere euch: Das ist der einzige Lohn, den sie
jemals erhalten werden. ⁶Wenn du betest, geh an einen Ort,
wo du allein bist, schließ die Tür hinter dir und bete in der
Stille zu deinem Vater. Dann wird dich dein Vater, der alle
Geheimnisse kennt, belohnen.

⁷Plappert nicht vor euch hin, wenn ihr betet, wie es die Menschen tun, die Gott nicht kennen. Sie glauben, dass ihre Gebete erhört werden, wenn sie die Worte nur oft genug wiederholen. ⁸Seid nicht wie sie, denn euer Vater weiß genau, was ihr
braucht, noch bevor ihr ihn darum bittet! ⁹So sollt ihr beten:
›Unser Vater im Himmel, dein Name werde geehrt. ¹⁰Dein
Reich komme bald. Dein Wille erfülle sich hier auf der Erde
genauso wie im Himmel.
¹¹Schenk uns heute unser tägliches Brot
¹²und vergib uns unsere Schuld, wie auch wir denen vergeben haben, die an uns schuldig geworden sind.
¹³Lass nicht zu, dass wir der Versuchung nachgeben, sondern erlöse uns von dem Bösen.‹
¹⁴Wenn ihr denen vergebt, die euch Böses angetan haben,
wird euer himmlischer Vater euch auch vergeben. ¹⁵Wenn ihr
euch aber weigert, anderen zu vergeben, wird euer Vater euch
auch nicht vergeben.

¹⁶Wenn ihr fastet, so tut es nicht öffentlich wie die Heuchler,
die blass und nachlässig gekleidet herumgehen, damit die
Leute sie für ihr Fasten bewundern. Ich versichere euch: Das
ist der einzige Lohn, den sie jemals dafür erhalten werden.
¹⁷Wenn du fastest, dann kämme deine Haare und wasche dir
das Gesicht. ¹⁸Dann wird niemand auf den Gedanken kommen, dass du fastest, außer deinem Vater, der weiß, was du in
aller Stille tust. Und dein Vater, der alle Geheimnisse kennt,
wird dich dafür belohnen.

Von Geld und Besitz

[19]Sammelt keine Reichtümer hier auf der Erde an, wo Motten oder Rost sie zerfressen oder Diebe einbrechen und sie stehlen können. [20]Sammelt eure Reichtümer im Himmel, wo sie weder von Motten noch von Rost zerfressen werden und vor Dieben sicher sind. [21]Denn wo dein Reichtum ist, da ist auch dein Herz.

[22]Dein Auge ist das Fenster deines Körpers. Ein klares Auge lässt das Licht bis in deine Seele dringen. [23]Ein schlechtes Auge dagegen sperrt das Licht aus und stürzt dich in Dunkelheit. Wenn schon das, was du für Licht hältst, in dir Dunkelheit ist, wie dunkel wird dann erst die Dunkelheit sein!

[24]Niemand kann zwei Herren dienen. Immer wird er den einen hassen und den anderen lieben oder dem einen treu ergeben sein und den anderen verabscheuen. Ihr könnt nicht gleichzeitig Gott und dem Geld dienen.

[25]Darum sage ich euch: Sorgt euch nicht um euer tägliches Leben – darum, ob ihr genug zu essen, zu trinken und anzuziehen habt. Besteht das Leben nicht aus mehr als nur aus Essen und Kleidung? [26]Schaut die Vögel an. Sie müssen weder säen noch ernten noch Vorräte ansammeln, denn euer himmlischer Vater sorgt für sie. Und ihr seid ihm doch viel wichtiger als sie. [27]Können all eure Sorgen euer Leben auch nur um einen einzigen Augenblick verlängern? Nein.

[28]Und warum sorgt ihr euch um eure Kleider? Schaut die Lilien an und wie sie wachsen. Sie arbeiten nicht und nähen sich keine Kleider. [29]Trotzdem war selbst König Salomo in seiner ganzen Pracht nicht so herrlich gekleidet wie sie. [30]Wenn sich Gott so wunderbar um die Blumen kümmert, die heute aufblühen und schon morgen wieder verwelkt sind, wie viel mehr kümmert er sich dann um euch? Euer Glaube ist so klein!

[31]Hört auf, euch Sorgen zu machen um euer Essen und Trinken oder um eure Kleidung. [32]Warum wollt ihr leben wie die Menschen, die Gott nicht kennen und diese Dinge so wichtig nehmen? Euer himmlischer Vater kennt eure Bedürfnisse. [33]Macht das Reich Gottes zu eurem wichtigsten Anliegen,

lebt in Gottes Gerechtigkeit, und er wird euch all das geben, was ihr braucht.

³⁴Deshalb sorgt euch nicht um morgen, denn jeder Tag bringt seine eigenen Belastungen. Die Sorgen von heute sind für heute genug.

Verurteilt niemanden

7 ¹Hört auf, andere zu verurteilen, dann werdet auch ihr nicht verurteilt. ²Denn wie ihr über andere urteilt, wird man über euch urteilen. Nach dem Maß, nach dem ihr anderen gebt, wird man auch euch geben. ³Warum regst du dich über einen Splitter im Auge deines Nächsten auf, wenn du selbst einen Balken im Auge hast? ⁴Mit welchem Recht sagst du: ›Mein Freund, komm, ich helfe dir, den Splitter aus deinem Auge zu ziehen‹, wenn du doch nicht über den Balken in deinem eigenen Auge hinaussehen kannst? ⁵Du Heuchler! Zieh erst den Balken aus deinem eigenen Auge; dann siehst du vielleicht genug, um dich mit dem Splitter im Auge deines Freundes zu befassen.

⁶Gebt das, was heilig ist, nicht Menschen, denen nichts heilig ist. Werft keine Perlen vor die Säue! Sie zertrampeln die Perlen, drehen sich um und stürzen sich auf euch.

Wirksames Beten

⁷Bittet, und ihr werdet erhalten. Sucht, und ihr werdet finden. Klopft an, und die Tür wird euch geöffnet werden. ⁸Denn wer bittet, wird erhalten. Wer sucht, wird finden. Und die Tür wird jedem geöffnet, der anklopft. ⁹Ihr Eltern – wenn euch eure Kinder um ein Stück Brot bitten, gebt ihr ihnen dann stattdessen einen Stein? ¹⁰Oder wenn sie euch um einen Fisch bitten, gebt ihr ihnen eine Schlange? Natürlich nicht! ¹¹Wenn ihr, die ihr Sünder seid, wisst, wie man seinen Kindern Gutes tut, wie viel mehr wird euer Vater im Himmel denen, die ihn darum bitten, Gutes tun.

Die Goldene Regel

¹²Geht so mit anderen um, wie die anderen mit euch umgehen sollen. In diesem Satz sind das Gesetz und die Propheten zusammengefasst.

Das enge Tor

¹³Ihr könnt das Reich Gottes nur durch das enge Tor betreten. Die Straße zur Hölle ist breit und ihre Tür steht für die vielen weit offen, die sich für den bequemen Weg entscheiden. ¹⁴Das Tor zum Leben dagegen ist eng und der Weg dorthin ist schmal, deshalb finden ihn nur wenige.

Der Baum und seine Früchte

¹⁵Nehmt euch vor falschen Propheten in Acht. Sie kommen daher wie harmlose Schafe, aber in Wirklichkeit sind sie gefährliche Wölfe, die euch in Stücke reißen wollen. ¹⁶Ihr erkennt sie an ihrem Verhalten, so wie ihr einen Baum an seinen Früchten erkennt. An Dornbüschen wachsen keine Trauben und an Disteln keine Feigen. ¹⁷Ein gesunder Baum trägt gute Früchte, ein kranker Baum dagegen schlechte.

¹⁸An einem guten Baum wachsen keine schlechten Früchte, ebenso wenig wie ein kranker Baum gesunde Früchte hervorbringt. ¹⁹Deshalb wird jeder Baum, der keine guten Früchte bringt, umgehauen und ins Feuer geworfen. ²⁰Ihr seht, man erkennt sie an ihren Früchten.

Echte Jünger

²¹Nicht alle Menschen, die sich fromm gebärden, glauben an Gott. Auch wenn sie ›Herr‹ zu mir sagen, heißt das noch lange nicht, dass sie ins Himmelreich kommen. Entscheidend ist, ob sie meinem Vater im Himmel gehorchen. ²²Am Tag des Gerichts werden viele zu mir kommen und sagen: ›Herr, Herr, wir haben in deinem Namen prophezeit und in deinem Namen Dämonen ausgetrieben und viele Wunder vollbracht.‹ ²³Doch ich werde ihnen antworten: ›Ich habe euch nie gekannt. Fort mit euch. Ihr lebt nicht nach Gottes Gebot.‹

Ein festes Fundament

²⁴Wer auf mich hört und danach handelt, ist klug und handelt wie ein Mann, der ein Haus auf massiven Fels baut. ²⁵Auch wenn der Regen in Sturzbächen vom Himmel rauscht, das Wasser über die Ufer tritt und die Stürme an diesem Haus rütteln, wird es nicht einstürzen, weil es auf Fels gebaut ist. ²⁶Doch wer auf mich hört und nicht danach handelt, ist ein Dummkopf; er ist wie ein Mann, der ein Haus auf Sand baut. ²⁷Wenn der Regen und das Hochwasser kommen und die Stürme an diesem Haus rütteln, wird es mit Getöse einstürzen.«

²⁸Als Jesus seine Rede beendet hatte, waren die Menschen überwältigt von seiner Lehre, ²⁹denn er sprach mit Vollmacht – anders als die Schriftgelehrten.

Jesus heilt einen Aussätzigen

8 ¹Viele Menschen folgten Jesus, als er den Berg hinuntergestiegen war. ²Da trat ihm ein Aussätziger in den Weg. Er fiel vor ihm nieder und sagte: »Herr, wenn du willst, kannst du mich gesund machen.«

³Jesus berührte ihn. »Ich will es tun«, sagte er. »Sei gesund!« Und im selben Augenblick war der Mann von seiner Krankheit geheilt. ⁴Daraufhin sagte Jesus zu ihm: »Geh zum Priester und lass dich von ihm untersuchen. Sprich unterwegs mit niemandem darüber. Aber nimm das Opfer mit, das Mose für die Heilung von Aussatz vorgeschrieben hat. Das soll für alle ein Beweis deiner Heilung sein.«

Der Glaube des römischen Offiziers

⁵Als Jesus in Kapernaum eintraf, kam ein römischer Offizier zu ihm und bat ihn um Hilfe: ⁶Er sagte: »Herr, mein junger Diener liegt im Bett, er ist gelähmt und hat große Schmerzen.«

⁷Jesus antwortete: »Ich werde kommen und ihn heilen.«

⁸Da sagte der Offizier: »Ach Herr, ich bin es nicht wert, dass du in mein Haus kommst. Sprich nur einfach ein Wort, und mein Diener wird gesund! ⁹Ich weiß das, weil ich selbst vor-

gesetzte Offiziere habe und auch mir Soldaten unterstellt sind. Ich brauche nur zu sagen: ›Geht‹, und sie gehen, oder ›Kommt‹, und sie kommen. Und wenn ich zu meinem Sklaven sage: ›Tu dies oder tu das‹, dann tut er es.«

[10]Als Jesus das hörte, war er tief beeindruckt. Er wandte sich an die Menge und sagte: »Ich versichere euch: Einen solchen Glauben habe ich bisher in ganz Israel noch nicht erlebt! [11]Und ich sage euch: Viele Menschen werden aus der ganzen Welt herbeiströmen und mit Abraham, Isaak und Jakob im Himmelreich zu Tisch sitzen. [12]Viele Israeliten dagegen – für die das Reich Gottes eigentlich bestimmt war – werden in die tiefste Dunkelheit hinausgestoßen, wo sie weinen und mit den Zähnen knirschen werden.«

[13]Dann sagte Jesus zu dem römischen Offizier: »Geh wieder nach Hause. Was du geglaubt hast, ist eingetroffen.« Und der junge Diener wurde noch in derselben Stunde wieder gesund.

Jesus heilt viele Menschen
[14]Als Jesus in das Haus von Petrus kam, lag dessen Schwiegermutter mit hohem Fieber im Bett. [15]Doch als Jesus ihre Hand nahm, verschwand das Fieber. Da stand sie auf und machte ihm etwas zu essen.

[16]An diesem Abend wurden viele Menschen zu Jesus gebracht, die von Dämonen besessen waren. Auf sein Wort hin verschwanden alle Geister, und er heilte auch alle Kranken. [17]Damit erfüllte sich das Wort Gottes, das der Prophet Jesaja gesprochen hatte: »Er nahm unsere Leiden auf sich und trug unsere Krankheiten.«

Der Preis für die Nachfolge
[18]Als Jesus sah, dass die Menschenmenge immer größer wurde, wies er seine Jünger an, ans andere Ufer des Sees hinüberzufahren.

[19]Da sagte einer der Schriftgelehrten zu ihm: »Meister, ich will dir nachfolgen, wohin du auch gehst!«

²⁰Doch Jesus entgegnete ihm: »Füchse haben ihren Bau, und Vögel haben ihre Nester, aber der Menschensohn hat keinen Ort, wo er sich hinlegen kann.«

²¹Ein anderer seiner Jünger sagte: »Herr, lass mich erst noch nach Hause gehen und meinen Vater begraben.«

²²Doch Jesus sagte zu ihm: »Komm jetzt gleich mit mir! Die nicht nach Gott fragen, sollen selbst für ihre Toten sorgen.«

Jesus stillt den Sturm

²³Dann stieg Jesus ins Boot und fuhr mit seinen Jüngern über den See. ²⁴Plötzlich kam ein schrecklicher Sturm auf und die gewaltigen Wellen schlugen ins Boot. Doch Jesus schlief. ²⁵Schließlich weckten ihn die Jünger. »Herr, rette uns!«, riefen sie aufgeregt. »Wir sinken!«

²⁶Doch Jesus antwortete: »Warum habt ihr Angst? Ist euer Glaube denn so klein?« Und er stand auf und drohte dem Wind und den Wellen, und augenblicklich war alles wieder ruhig. ²⁷Die Jünger saßen voller Ehrfurcht und Bewunderung da und fragten sich: »Wer ist dieser Mann? Sogar Wind und Wellen gehorchen ihm!«

Jesus heilt zwei Besessene

²⁸Als Jesus am anderen Ufer des Sees in dem Gebiet der Gadarener ankam, begegnete er zwei Männern, die von Dämonen besessen waren. Sie lebten in Grabhöhlen und waren so gefährlich, dass niemand es wagte, durch dieses Gebiet zu reisen. ²⁹Als sie ihn sahen, fingen die beiden an zu schreien: »Was haben wir mit dir zu tun, Sohn Gottes? Du hast kein Recht, uns jetzt schon, vor dem von Gott festgesetzten Zeitpunkt, zu quälen!« ³⁰In einiger Entfernung weidete eine große Schweineherde, ³¹und die Dämonen baten ihn: »Wenn du uns austreibst, dann schick uns in diese Schweineherde.«

³²»So geht!«, befahl Jesus ihnen. Da fuhren die Dämonen aus den Männern in die Schweine, und die ganze riesige Herde stürzte die steile Böschung hinunter in den See, wo alle Tiere ertranken. ³³Die Hirten aber flohen in die Stadt und erzählten allen, was mit den Besessenen geschehen war. ³⁴Da kam die

ganze Stadt zu Jesus hinaus. Und alle baten ihn, fortzugehen und sie unbehelligt zu lassen.

Jesus heilt einen Gelähmten

9 ¹Jesus stieg in ein Boot und fuhr über den See zurück in die Stadt, in der er wohnte. ²Ein paar Leute brachten einen Gelähmten auf einer Trage zu ihm. Als er ihren Glauben sah, sagte Jesus zu dem Gelähmten: »Nur Mut, mein Sohn! Deine Sünden sind dir vergeben.«

³»Das ist Gotteslästerung!«, entrüsteten sich einige der Schriftgelehrten im Stillen.

⁴Jesus wusste, was sie dachten, und fragte sie: »Warum habt ihr so böse Gedanken? ⁵Ist es leichter zu sagen: ›Deine Sünden sind dir vergeben‹ oder ›Steh auf und geh‹? ⁶Ich werde euch beweisen, dass der Menschensohn hier auf der Erde die Vollmacht hat, Sünden zu vergeben.« Und er wandte sich zu dem Gelähmten und sagte: »Steh auf und nimm deine Trage und geh nach Hause, denn du bist geheilt!«

⁷Da sprang der Mann auf und ging nach Hause! ⁸In den Menschen, die Zeugen dieses Vorfalls geworden waren, stiegen Angst und Ehrfurcht auf. Sie rühmten Gott, dass er ihnen einen Mann mit so großer Vollmacht gesandt hatte.

Jesus beruft Matthäus

⁹Als Jesus die Straße entlangging, sah er Matthäus in seiner Zollstation sitzen. »Komm mit und folge mir nach«, sagte er zu ihm. Und Matthäus stand auf und folgte ihm nach.

¹⁰Am selben Abend lud Matthäus Jesus und seine Jünger zum Abendessen ein. Einige andere Steuereintreiber und viele stadtbekannte Sünder waren ebenfalls eingeladen. ¹¹Die Pharisäer waren empört. »Wie kommt euer Meister dazu, mit solchem Abschaum zu essen?«, fragten sie seine Jünger.

¹²Als Jesus es hörte, antwortete er: »Die Gesunden brauchen keinen Arzt – wohl aber die Kranken.« ¹³Und er fügte hinzu: »Nun geht und denkt einmal darüber nach, was mit dem Wort in der Schrift gemeint ist: ›Ich will, dass ihr barmherzig seid; eure Opfer will ich nicht.‹ Denn ich bin für die Sünder

gekommen und nicht für die, die meinen, sie seien schon gut
genug.«

Gespräch über das Fasten

[14]Eines Tages kamen die Jünger von Johannes dem Täufer zu
Jesus und fragten ihn: »Warum fasten wir und die Pharisäer,
aber deine Jünger fasten nicht?«

[15]Jesus antwortete: »Sollen etwa die Hochzeitsgäste trauern,
solange sie mit dem Bräutigam feiern? Eines Tages wird er
ihnen weggenommen werden, und dann werden sie fasten.
[16]Wer würde ein altes Kleidungsstück mit neuem Stoff flicken? Der Flicken läuft ein und reißt ein noch größeres Loch
in den alten Stoff. [17]Genauso wenig würde jemand neuen
Wein in alte Schläuche füllen. Die alten Schläuche würden
unter dem Druck platzen, der Wein würde auslaufen und die
Schläuche wären nicht mehr zu gebrauchen. Neuer Wein gehört in neue Schläuche. Auf diese Weise bleibt der Wein erhalten und die Schläuche werden geschont.«

Jesus heilt durch Glauben

[18]Noch während Jesus sprach, trat der Vorsteher einer Synagoge zu ihm, kniete vor ihm nieder und sagte: »Meine Tochter ist gerade gestorben, aber du kannst sie wieder lebendig
machen, wenn du nur kommst und ihr die Hände auflegst.«

[19]Auf dem Weg zum Haus des Vorstehers folgte Jesus und
den Jüngern [20]eine Frau, die schon seit zwölf Jahren starke
Blutungen hatte. Sie berührte heimlich den Saum seines Man-
tels, [21]denn sie dachte: »Wenn ich nur seinen Mantel berühre,
werde ich wieder gesund.«

[22]Da drehte Jesus sich um und sagte zu ihr: »Meine Tochter,
hab keine Angst! Dein Glaube hat dich geheilt.« Und im selben Augenblick war die Frau wieder gesund.

[23]Als Jesus ins Haus des Vorstehers kam, fand er laut weinende Menschen vor und hörte Trauermusik. [24]Da sagte er:
»Geht hinaus, das Mädchen ist nicht tot; es schläft nur.« Aber
die Menge lachte ihn aus. [25]Als die Leute endlich alle draußen
waren, ging Jesus zum Mädchen hinein, nahm es bei der

Hand, und es stand auf. ²⁶Die Nachricht von diesem Wunder verbreitete sich wie ein Lauffeuer in der ganzen Gegend.

Jesus heilt Blinde und Stumme

²⁷Nachdem Jesus das Haus des Mädchens verlassen hatte, liefen ihm zwei Blinde nach und riefen: »Sohn Davids, hab Erbarmen mit uns!«

²⁸Sie folgten ihm bis in das Haus, wo er wohnte, und Jesus fragte sie: »Glaubt ihr, dass ich euch das Augenlicht wiedergeben kann?« Sie antworteten: »Ja, Herr.«

²⁹Da berührte er ihre Augen und sagte: »Weil ihr glaubt, wird es geschehen.« ³⁰Und auf einmal konnten sie sehen! Jesus ermahnte sie eindringlich: »Erzählt niemandem davon.« ³¹Doch stattdessen erzählten sie in der ganzen Gegend von seinen wunderbaren Taten.

³²Als sie fort waren, brachten einige Leute einen Mann zu ihm, der nicht sprechen konnte, weil er von einem bösen Geist besessen war. ³³Jesus trieb den Dämon aus, und sofort konnte der Mann wieder sprechen. Die Menschen waren voller Bewunderung für Jesus. »So etwas ist in Israel noch niemals geschehen!«, riefen sie.

³⁴Die Pharisäer aber meinten: »Er kann nur deshalb Dämonen austreiben, weil er seine Macht vom Obersten der Dämonen bekommen hat.«

Arbeiter werden gesucht

³⁵Jesus zog durch die Städte und Dörfer der Umgebung. Er lehrte in den Synagogen und verkündete die Botschaft vom Reich Gottes. Und überall, wo er hinkam, heilte er Menschen von ihren Krankheiten und Leiden. ³⁶Als er die vielen Menschen sah, hatte er tiefes Mitleid mit ihnen, denn sie hatten große Sorgen und wussten nicht, wen sie um Hilfe bitten konnten. Sie waren wie Schafe ohne Hirten. ³⁷Deshalb sagte er zu seinen Jüngern: »Die Ernte ist groß, aber es sind nicht genügend Arbeiter da. ³⁸Betet zum Herrn der Ernte und bittet ihn, mehr Arbeiter zu schicken, um die Ernte einzubringen.«

Jesus sendet die zwölf Apostel aus

10 ¹Jesus rief seine zwölf Jünger zu sich und gab ihnen die Vollmacht, böse Geister auszutreiben und alle Arten von Krankheiten und Leiden zu heilen. ²Dies sind die Namen der zwölf Apostel: der erste war Simon (der auch Petrus genannt wurde), dann kamen Andreas (der Bruder von Petrus), Jakobus (der Sohn des Zebedäus), Johannes (der Bruder von Jakobus), ³Philippus, Bartholomäus, Thomas, Matthäus (der Steuereintreiber), Jakobus (der Sohn des Alphäus), Thaddäus, ⁴Simon (der Zelot) und Judas Iskariot (der ihn später verriet).

⁵Jesus sandte die zwölf Jünger aus und gab ihnen folgenden Auftrag: »Geht nicht zu den Menschen, die Gott nicht kennen, oder zu den Samaritanern. ⁶Geht nur zu den Menschen aus dem Volk Israel – sie sind Gottes verlorene Schafe. ⁷Geht und verkündet ihnen, dass das Himmelreich unmittelbar bevorsteht. ⁸Macht die Kranken gesund, erweckt die Toten zum Leben, heilt die Aussätzigen und treibt böse Geister aus. Teilt eure Gaben genauso großzügig aus, wie ihr sie geschenkt bekommen habt!

⁹Tragt kein Geld bei euch. ¹⁰Und nehmt auch keine Tasche mit, kein zweites Hemd und Sandalen und auch keinen Wanderstab. Zögert nicht, Gastfreundschaft anzunehmen, denn wer arbeitet, verdient auch, dass man ihm zu essen gibt. ¹¹Wenn ihr in eine Stadt oder in ein Dorf kommt, sucht nach einem würdigen Mann und bleibt bei ihm, bis ihr wieder weiterzieht. ¹²Wenn ihr in ein Haus eingeladen werdet, dann segnet dieses Haus. ¹³Wenn sich das Haus als würdig erweist, dann ruht euer Segen weiterhin darauf; andernfalls kehrt der Segen wieder zu euch zurück. ¹⁴Wenn ihr in einem Dorf nicht willkommen seid und man euch nicht zuhören will, dann geht fort und schüttelt den Staub von euren Füßen. ¹⁵Ich versichere euch: Die gottlosen Städte Sodom und Gomorra werden am Tag des Gerichts besser dastehen als ein solcher Ort.

¹⁶Seht, ich sende euch aus wie Schafe unter die Wölfe. Seid vorsichtig wie die Schlangen und sanft wie die Tauben. ¹⁷Aber hütet euch vor den Menschen! Denn ihr werdet vor die Richter gezerrt und in den Synagogen geschlagen werden.

¹⁸Um meinetwillen müsst ihr Statthaltern und Königen Rede und Antwort stehen. Das wird euch Gelegenheit geben, ihnen von mir zu erzählen und so vor der Welt als Zeugen für mich aufzutreten. ¹⁹Wenn ihr verhaftet werdet, macht euch keine Sorgen, was ihr zu eurer Verteidigung sagen sollt, denn Gott wird euch zur rechten Zeit die rechten Worte in den Mund legen. ²⁰Nicht ihr seid es, die dann reden – nein, der Geist eures Vaters wird durch euch reden.

²¹Der Bruder wird seinen Bruder verraten, Väter werden ihre Kinder verraten, und Kinder werden sich gegen ihre Eltern auflehnen und sie dem Tod ausliefern. ²²Ja, alle werden euch hassen, weil ihr euch zu mir bekennt. Aber wer bis zum Ende durchhält, wird gerettet werden. ²³Wenn ihr in einer Stadt verfolgt werdet, dann flieht in die nächste. Ich versichere euch: Der Menschensohn wird wiederkommen, noch bevor ihr in allen Städten Israels gewesen seid.

²⁴Ein Schüler steht nicht über seinem Lehrer. Ein Diener steht nicht über seinem Herrn. ²⁵Der Schüler teilt das Schicksal seines Lehrers und der Diener das seines Herrn. Und wenn schon der Hausherr als Herr der Dämonen bezeichnet wird, wie viel mehr wird das denen geschehen, die zu seinem Haushalt gehören! ²⁶Doch fürchtet euch nicht vor denen, die euch bedrohen. Denn die Zeit kommt, in der die Wahrheit ans Licht kommt und alle Geheimnisse bekannt werden. ²⁷Wenn der Tag anbricht, dann schreit hinaus, was ich euch heute in der Dunkelheit sage. Ruft von allen Dächern, was ich euch in die Ohren flüstere, damit jeder es hören kann!

²⁸Habt keine Angst vor denen, die euch umbringen wollen. Sie können nur euren Körper töten; eure Seele ist für sie unerreichbar. Fürchtet allein Gott, der Leib und Seele in der Hölle vernichten kann. ²⁹Nicht einmal ein Spatz, der doch kaum etwas wert ist, kann tot zu Boden fallen, ohne dass euer Vater es weiß. ³⁰Selbst die Haare auf eurem Kopf sind alle gezählt. ³¹Deshalb habt keine Angst; ihr seid Gott kostbarer als ein ganzer Schwarm Spatzen.

³²Wer sich hier auf der Erde öffentlich zu mir bekennt, den werde ich auch vor meinem Vater im Himmel bekennen.

³³Aber wer mich hier auf der Erde verleugnet, den werde ich auch vor meinem Vater im Himmel verleugnen.

³⁴Glaubt nicht, dass ich gekommen bin, um der Welt Frieden zu bringen! Nein, sondern das Schwert. ³⁵Ich bin gekommen, um den Sohn gegen seinen Vater aufzubringen, die Tochter gegen ihre Mutter und die Schwiegertochter gegen ihre Schwiegermutter. ³⁶Eure erbittertsten Feinde werdet ihr in der eigenen Familie finden. ³⁷Wer Vater oder Mutter mehr liebt als mich, ist es nicht wert, zu mir zu gehören; und wer seinen Sohn oder seine Tochter mehr liebt als mich, der ist es nicht wert, zu mir zu gehören. ³⁸Wer sich weigert, sein Kreuz auf sich zu nehmen und mir nachzufolgen, ist es nicht wert, zu mir zu gehören. ³⁹Wer an seinem Leben hängt, wird es verlieren; aber wer es für mich aufgibt, wird es finden.

⁴⁰Wer euch in sein Haus aufnimmt, der nimmt mich auf, und wer mich aufnimmt, nimmt den Vater auf, der mich gesandt hat. ⁴¹Wer einen Propheten aufnimmt als einen, der für Gott spricht, wird den gleichen Lohn erhalten wie der Prophet. Und wer gute und gottesfürchtige Menschen aufnimmt, weil sie an Gott glauben, wird den gleichen Lohn erhalten wie sie. ⁴²Und wer dem geringsten meiner Nachfolger auch nur ein Glas kaltes Wasser reicht, darf sicher sein, dafür belohnt zu werden.«

Jesus und Johannes der Täufer

11 ¹Nachdem Jesus seinen zwölf Jüngern diese Anweisungen gegeben hatte, zog er weiter, um in den Städten des ganzen Landes zu lehren und zu predigen.

²Johannes der Täufer, der damals im Gefängnis war, hörte von den Taten des Christus. Er schickte seine Jünger zu Jesus mit der Frage: ³»Bist du wirklich der, der kommen soll, oder sollen wir auf einen anderen warten?«

⁴Jesus antwortete ihnen: »Geht zurück zu Johannes und berichtet ihm, was ihr gesehen und gehört habt: ⁵Blinde sehen, Gelähmte gehen, Aussätzige werden gesund, Taube hören, Tote werden zum Leben erweckt und den Armen wird die

gute Botschaft verkündet. ⁶Und sagt ihm weiter: ›Glücklich sind die, die keinen Anstoß an mir nehmen.‹«

⁷Als die Jünger des Johannes wieder gegangen waren, erzählte Jesus den Menschen von ihm. »Wer ist dieser Mann in der Wüste, den ihr unbedingt sehen wolltet? Kam er euch schwach vor wie ein Schilfrohr, das im Windhauch hin und her schwankt? ⁸Oder habt ihr einen Mann erwartet, der in kostbare Gewänder gehüllt ist? Wer solche Kleidung trägt, wohnt in einem Palast und sicher nicht in der Wüste. ⁹Oder habt ihr in ihm einen Propheten vermutet? Ja, das ist er, er ist sogar noch mehr als das. ¹⁰Johannes ist der Mann, von dem die Schrift sagt: ›Ich sende meinen Boten vor dir her, er wird deine Ankunft vorbereiten.‹

¹¹Ich versichere euch: Von allen Menschen, die jemals gelebt haben, war keiner größer als Johannes der Täufer. Und doch ist noch der Geringste im Himmelreich größer als er! ¹²Seit Johannes der Täufer predigt und tauft, ist das Himmelreich mit Macht näher gerückt, und es gibt genügend Menschen, die versuchen, gewaltsam hineinzudrängen. ¹³Denn alle Propheten und das Gesetz haben diese Zeit angekündigt, bis Johannes kam. ¹⁴Und wenn ihr bereit seid, meinen Worten zu glauben: Er ist Elia, von dem die Propheten sagten, dass er kommen würde. ¹⁵Wer bereit ist zu hören, soll zuhören und begreifen!

¹⁶Wie soll ich die Menschen von heute am besten beschreiben? Sie sind wie Kinder, die auf der Straße spielen. Sie beklagen sich bei ihren Freunden: ¹⁷›Wir haben lustige Lieder gespielt, und ihr wart nicht fröhlich. Dann haben wir Klagelieder gespielt, aber ihr wart nicht traurig.‹ ¹⁸Johannes der Täufer trank keinen Wein und fastete oft, und nun sagt ihr von ihm, er sei von einem Dämon besessen. ¹⁹Der Menschensohn trinkt und feiert, und von ihm sagt ihr: ›Er ist ein Schlemmer und Säufer, und die schlimmsten Leute sind seine Freunde!‹ Doch die Weisheit erweist sich als richtig, und zwar durch das, was sie bewirkt.«

Gericht über galiläische Städte

²⁰Danach begann Jesus die Städte anzuklagen, in denen er die meisten seiner Wunder vollbracht hatte. Ihre Einwohner waren dennoch nicht zu Gott umgekehrt. ²¹»Welche Schrecken erwarten euch, Chorazin und Betsaida! Denn wenn ich die Wunder, die ich bei euch getan habe, in den gottlosen Städten Tyrus und Sidon getan hätte, hätten ihre Einwohner schon längst ihre Schuld bekannt und sich zum Zeichen ihrer Reue in Säcke gehüllt und Asche auf ihre Häupter gestreut. ²²Ich versichere euch: Am Tag des Gerichts werden Tyrus und Sidon besser dastehen als ihr! ²³Und ihr Bewohner von Kapernaum, ob ihr wohl einst in den Himmel gehoben werdet? Ganz sicher nicht. Ihr werdet vielmehr hinunter ins Reich der Toten geworfen. Denn wenn ich die Wunder, die ich bei euch getan habe, in Sodom getan hätte, würde die Stadt heute noch stehen. ²⁴Seid versichert: Sodom wird am Tag des Gerichts besser dastehen als ihr!«

Jesus spricht ein Dankgebet

²⁵Danach sprach Jesus das folgende Gebet: »O Vater, Herr des Himmels und der Erde, ich danke dir, dass du die Wahrheit vor denen verbirgst, die sich selbst für so klug und weise halten. Ich danke dir, dass du sie stattdessen denen enthüllst, die ein kindliches Gemüt haben. ²⁶Ja, Vater, so wolltest du es!

²⁷Mein Vater hat mir Vollmacht über alles gegeben. Niemand außer dem Vater kennt den Sohn wirklich, und niemand kennt den Vater außer dem Sohn und jenen, denen der Sohn den Vater offenbaren will.«

²⁸Dann sagte Jesus: »Kommt alle her zu mir, die ihr müde seid und schwere Lasten tragt, ich will euch Ruhe schenken. ²⁹Nehmt mein Joch auf euch. Ich will euch lehren, denn ich bin demütig und freundlich, und eure Seele wird bei mir zur Ruhe kommen. ³⁰Denn mein Joch passt euch genau, und die Last, die ich euch auflege, ist leicht.«

Unterschiedliche Meinungen zum Sabbat

12 ¹Etwa um diese Zeit ging Jesus am Sabbat durch die Kornfelder. Seine Jünger hatten Hunger; sie rissen sich unterwegs ein paar Weizenähren ab und aßen die Körner. ²Einige Pharisäer sahen es und empörten sich: »Deine Jünger dürfen das nicht! Es ist nicht erlaubt, am Sabbat Korn zu ernten.«

³Doch Jesus hielt ihnen entgegen: »Habt ihr schon einmal in der Schrift gelesen, was König David tat, als er und seine Begleiter Hunger hatten? ⁴Er ging in das Haus Gottes, und sie aßen die Brote, die allein den Priestern vorbehalten waren. ⁵Und habt ihr noch nie im Gesetz von Mose gelesen, dass die diensthabenden Priester am Sabbat im Tempel arbeiten dürfen, ohne dabei schuldig zu werden? ⁶Das sage ich euch: Hier ist einer, der größer ist als der Tempel. ⁷Ihr hättet nicht Unschuldige verurteilt, wenn ihr den Sinn des Schriftwortes verstanden hättet: ›Ich will, dass ihr barmherzig seid; eure Opfer will ich nicht.‹ ⁸Denn der Menschensohn herrscht auch über den Sabbat.«

⁹Damit ging er hinüber in die Synagoge, ¹⁰wo er einen Mann mit einer verkrüppelten Hand bemerkte. Die Pharisäer fragten Jesus: »Ist es nach dem Gesetz erlaubt, am Sabbat Kranke zu heilen?« Sie hofften natürlich, dass er Ja sagen würde, damit sie einen Grund hatten, ihn anzuzeigen.

¹¹Er antwortete: »Wenn ihr nur ein einziges Schaf hättet und es fiele am Sabbat in einen Brunnen, würdet ihr nicht alles daransetzen, es herauszuziehen? Ganz bestimmt. ¹²Wie viel mehr ist ein Mensch wert als ein Schaf! Daher ist es erlaubt, am Sabbat Gutes zu tun!« ¹³Dann sagte er zu dem Mann: »Streck deine Hand aus.« Der Mann streckte seine Hand aus, und sie wurde wieder so gesund wie die andere Hand. ¹⁴Daraufhin gingen die Pharisäer nach draußen und schmiedeten einen Plan, wie sie Jesus umbringen könnten.

Jesus, Gottes auserwählter Diener

¹⁵Jesus erkannte, was sie vorhatten. Er ging fort, und viele Menschen folgten ihm. Er heilte alle Kranken unter ihnen,

¹⁶aber er verbot ihnen zu sagen, wer er war. ¹⁷Damit erfüllte sich die Prophezeiung Jesajas über Jesus:

¹⁸»Dies ist mein Diener, den ich auserwählt habe. Ich liebe ihn und habe meine Freude an ihm. Ich werde meinen Geist auf ihn legen, und er wird den Völkern Gerechtigkeit verkünden. ¹⁹Er wird weder kämpfen noch schreien; er wird seine Stimme nicht in der Öffentlichkeit erheben. ²⁰Er wird das geknickte Rohr nicht zerbrechen und den glimmenden Docht nicht auslöschen. Durch seine Treue wird er die vollkommene Gerechtigkeit durchsetzen. ²¹Und auf seinem Namen wird die Hoffnung der ganzen Welt ruhen.«

Jesus und der Oberste der Dämonen

²²Ein Besessener, der blind und stumm war, wurde zu Jesus gebracht. Jesus heilte ihn, sodass er wieder sehen und sprechen konnte. ²³Die Menschen waren sehr verwundert. »Könnte es sein, dass dieser Jesus der Sohn Davids ist?«, fragten sie sich.

²⁴Als das jedoch den Pharisäern zu Ohren kam, sagten sie: »Kein Wunder, dass er böse Geister austreiben kann. Er hat seine Macht vom Satan, dem Herrscher über die Dämonen.«

²⁵Doch Jesus kannte ihre Gedanken und antwortete: »Ein Königreich, das gegen sich selbst kämpft, ist dem Untergang geweiht. Eine Stadt oder eine Hausgemeinschaft, in der man sich streitet, ist verloren. ²⁶Wenn der Satan den Satan austreiben würde, würde er gegen sich selbst kämpfen. Sein Reich könnte nicht bestehen. ²⁷Wenn ich meine Macht vom Herrscher über alle Dämonen habe, was ist dann mit euren eigenen Leuten? Sie treiben doch auch böse Geister aus. Sie werden nach euren eigenen Worten richten. ²⁸Wenn ich aber die Dämonen mit dem Geist Gottes austreibe, dann ist das Reich Gottes zu euch gekommen. ²⁹Niemand kann in das Haus eines starken Mannes eindringen und ihn ausrauben, ohne ihn zuvor zu fesseln. Erst dann kann man sein Haus ausplündern! ³⁰Wer mich nicht unterstützt, ist gegen mich, und wer nicht Seite an Seite mit mir arbeitet, arbeitet im Grunde gegen mich.

³¹Jede Sünde oder Gotteslästerung kann vergeben werden – bis auf die Lästerung gegen den Heiligen Geist. Dafür gibt es keine Vergebung. ³²Wer gegen den Menschensohn lästert, dem kann vergeben werden. Wer aber gegen den Heiligen Geist lästert, dem wird niemals vergeben werden – nicht in dieser Welt und auch nicht in der zukünftigen.

³³Einen Baum erkennt man an seinen Früchten. Ist ein Baum gut, so wird er auch gute Früchte tragen. Ist ein Baum schlecht, so wird er schlechte Früchte tragen. ³⁴Ihr Schlangenbrut! Wie können böse und hinterhältige Menschen wie ihr reden, was gut und richtig ist? Denn immer bestimmt ja euer Herz, was ihr sagt. ³⁵Ein guter Mensch spricht gute Worte aus einem guten Herzen, und ein böser Mensch spricht böse Worte aus einem bösen Herzen. ³⁶Ich sage euch: Am Tag des Gerichts müsst ihr euch für jedes böse Wort, das ihr sagt, verantworten. ³⁷Was ihr heute sagt, entscheidet über euer Schicksal; entweder werdet ihr gerettet oder gerichtet.«

Das Zeichen des Propheten Jona

³⁸Eines Tages kamen einige Schriftgelehrte und Pharisäer zu Jesus und sagten: »Meister, bitte zeige uns ein Wunder, als Beweis dafür, dass du von Gott kommst.«

³⁹Doch Jesus erwiderte: »Nur schlechte, treulose Menschen würden ein Wunder verlangen. Das einzige Zeichen, das ich ihnen geben will, ist das, was mit dem Propheten Jona geschah. ⁴⁰So wie Jona drei Tage und drei Nächte im Bauch des großen Fisches verbracht hat, so wird der Menschensohn drei Tage und drei Nächte im Herzen der Erde sein. ⁴¹Die Einwohner Ninives werden sich am Tag des Gerichts gegen euch erheben und euch verurteilen, denn sie haben Reue gezeigt, nachdem sie Jonas Predigt gehört hatten. Und nun ist einer bei euch, der weit größer ist als Jona – aber ihr weigert euch zu bereuen. ⁴²Auch die Königin von Saba wird sich am Tag des Gerichts gegen euch erheben und euch verurteilen, denn sie kam aus einem fremden Land, um die Weisheiten König Salomos zu hören. Und nun ist einer bei euch, der weit größer ist als Salomo – und ihr wollt ihm nicht zuhören.

⁴³Wenn ein böser Geist einen Menschen verlässt, geht er in die Wüste und sucht Ruhe, aber er findet keine. ⁴⁴Da sagt er sich: ›Ich will lieber wieder in den Menschen fahren, aus dem ich gekommen bin.‹ Und er kehrt zurück und findet sein früheres Heim leer, gefegt und sauber vor. ⁴⁵Danach findet der Dämon noch sieben weitere Dämonen, die noch schlimmer sind als er selbst, und sie alle ergreifen Besitz von dem Menschen und nisten sich in ihm ein. Genauso wird es euch ergehen.«

Die wahre Familie von Jesus

⁴⁶Während Jesus noch zu den Leuten redete, kamen seine Mutter und seine Brüder zu ihm und wollten ihn sprechen. ⁴⁷Jemand sagte zu Jesus: »Deine Mutter und deine Brüder stehen draußen, sie möchten dich sprechen.«

⁴⁸Jesus fragte: »Wer ist meine Mutter? Und wer sind meine Brüder?« ⁴⁹Und er zeigte auf seine Jünger und sagte: »Diese Leute sind meine Mutter und meine Brüder. ⁵⁰Wer den Willen meines Vaters im Himmel erfüllt, ist mein Bruder und meine Schwester und meine Mutter!«

Das Gleichnis vom Bauern, der die Saat ausbringt

13 ¹Später am gleichen Tag verließ Jesus das Haus und ging hinunter an den See, ²wo sich bald eine riesige Menschenmenge um ihn sammelte. Da stieg er in ein Boot, setzte sich und sprach zu den Menschen, die ihm vom Ufer aus zuhörten. ³Er erzählte ihnen viele Gleichnisse, so wie dieses: »Ein Bauer ging aufs Feld, um zu säen. ⁴Als er die Saat über das Feld ausstreute, fielen einige Körner auf einen Weg, und die Vögel kamen und pickten sie auf. ⁵Andere Körner fielen auf eine dünne Erdschicht mit felsigem Untergrund. Die Saat ging schnell auf, ⁶aber schon bald vertrockneten die Pflänzchen unter der heißen Sonne, weil die Wurzeln in der dünnen Erdschicht keine Nahrung fanden. ⁷Andere Samenkörner fielen in die Dornen, die schnell wuchsen und die zarten Pflänzchen erstickten. ⁸Einige Samen aber fielen auf fruchtbaren Boden, und der Bauer erntete dreißig-, sechzig-, ja hundertmal so viel, wie er gesät hatte. ⁹Wer hören will, der soll zuhören und begreifen!«

¹⁰Seine Jünger kamen zu ihm und fragten: »Warum erzählst du immer Gleichnisse, wenn du zu den Leuten sprichst?«

¹¹Da erklärte er ihnen: »Euch war erlaubt, die Geheimnisse vom Himmelreich zu verstehen, aber andere können das nicht. ¹²Wer sich meinen Lehren öffnet, wird noch mehr begreifen, und er wird eine Fülle von Wissen haben. Aber wer nicht zuhört, dem wird sogar das genommen, was er hat. ¹³Ich erzähle diese Gleichnisse, weil die Menschen zwar sehen, was ich tue, es aber dennoch nicht richtig begreifen. Sie hören, was ich sage, aber sie verstehen es nicht richtig. ¹⁴Damit erfüllt sich die Prophezeiung Jesajas:

›Du wirst meine Worte hören, sie aber nicht verstehen; du wirst sehen, was ich tue, aber du wirst nicht begreifen, was es bedeutet.

¹⁵Denn die Herzen dieser Menschen sind verhärtet, ihre Ohren können nicht hören und sie haben ihre Augen geschlossen. Ihre Augen sehen nicht, ihre Ohren hören nicht und ihr Herz versteht nicht, und sie kehren nicht zu mir um, damit ich sie heil mache.‹

¹⁶Aber wie gut, dass eure Augen sehen und eure Ohren hören! ¹⁷Ich versichere euch: Viele Propheten und gottesfürchtige Menschen haben sich danach gesehnt, das zu sehen und zu hören, was ihr gesehen und gehört habt, aber sie konnten es nicht.

¹⁸Doch ich will euch das Gleichnis vom Bauern, der seine Saat ausstreute, erklären: ¹⁹Die Saat, die auf den harten Weg fiel, steht für die Menschen, die die Botschaft vom Reich Gottes hören, sie aber nicht verstehen. Dann kommt der Teufel und reißt ihnen die Saat aus dem Herzen. ²⁰Der felsige Boden steht für jene, die die Botschaft hören und sie freudig annehmen. ²¹Aber wie bei jungen Pflänzchen in einem solchen Boden reichen ihre Wurzeln nicht sehr tief. Zuerst kommen sie gut zurecht, doch sobald sie Schwierigkeiten haben oder wegen ihres Glaubens verfolgt werden, verdorren sie. ²²Die Dornen stehen für jene, die das Wort Gottes hören und es anneh-

men. Doch viel zu schnell wird es erstickt durch die alltäglichen Sorgen und Verlockungen des Reichtums, und die Ernte bleibt aus. ²³Der gute Boden steht für die Herzen derer, die die Botschaft Gottes annehmen und eine große Ernte einfahren – dreißig-, sechzig-, ja hundertmal so viel, wie gesät wurde.«

Das Gleichnis vom Unkraut im Weizenfeld

²⁴Jesus erzählte noch ein anderes Gleichnis: »Das Himmelreich ist vergleichbar mit einem Bauern, der gutes Saatgut auf sein Feld säte. ²⁵Doch in der Nacht, als alles schlief, kam sein Feind und säte Unkraut zwischen den Weizen und ging wieder weg. ²⁶Als das Korn zu wachsen begann und Ähren ausbildete, kam auch das Unkraut zum Vorschein. ²⁷Da kamen die Arbeiter des Bauern und sagten: ›Herr, das Feld, auf dem du gutes Saatgut gesät hast, ist voller Unkraut!‹

²⁸›Das hat mein Feind getan!‹, rief der Bauer aus. ›Sollen wir das Unkraut ausreißen?‹, fragten die Arbeiter.

²⁹Er antwortete: ›Nein, wenn ihr das tut, schadet ihr dem Weizen. ³⁰Lasst beides bis zur Zeit der Ernte wachsen. Dann will ich den Erntehelfern sagen, dass sie das Unkraut heraussammeln und verbrennen sollen. Den Weizen aber sollen sie in die Scheune bringen.‹«

Das Bild vom Senfkorn

³¹Jesus benutzte noch ein anderes Gleichnis: »Das Himmelreich ist wie ein Senfkorn, das auf ein Feld gesät wird. ³²Es ist das kleinste von allen Samenkörnern, aber es wächst zur größten Pflanze heran und wird so groß wie ein Baum, sodass die Vögel in seinen Ästen Schutz finden.«

Das Gleichnis vom Sauerteig

³³Auch das folgende Gleichnis erzählte Jesus: »Das Himmelreich ist wie Sauerteig, den eine Frau zum Brotbacken gebrauchte. Obwohl sie eine große Menge Mehl nahm, durchdrang der Sauerteig doch den ganzen Teig.«

³⁴Jesus benutzte stets Gleichnisse und Bilder, wenn er zu den Menschen sprach, er sprach nie zu ihnen, ohne solche Vergleiche zu verwenden. ³⁵So erfüllte sich die Prophezeiung: »Ich werde zu euch in Gleichnissen sprechen. Ich werde die Geheimnisse erklären, die seit der Erschaffung der Welt verborgen waren.«

Die Erklärung des Gleichnisses vom Unkraut im Weizenfeld

³⁶Danach ging Jesus ins Haus und ließ die Menschenmenge draußen stehen. Seine Jünger baten ihn: »Erkläre uns das Gleichnis vom Unkraut auf dem Feld.«

³⁷Jesus sagte: »Der Bauer, der den guten Samen aussät, ist der Menschensohn. ³⁸Das Feld ist die Welt, und der gute Same steht für die Kinder des Himmelreiches. Das Unkraut sind die Menschen, die zum Satan gehören. ³⁹Der Feind, der das Unkraut zwischen den Weizen ausgesät hat, ist der Teufel. Die Ernte ist das Ende der Welt, und die Erntehelfer sind die Engel.

⁴⁰Genauso, wie das Unkraut aussortiert und verbrannt wird, so wird es auch am Ende der Welt sein. ⁴¹Der Menschensohn wird seine Engel schicken, und sie werden aus seinem Reich alles entfernen, was zur Sünde verleitet, und alle Menschen, die Böses tun. ⁴²Und sie werden sie in den Ofen werfen und verbrennen. Dort werden sie schreien und mit den Zähnen knirschen. ⁴³Dann werden alle, die zu Gott gehören, im Reich ihres Vaters leuchten wie die Sonne. Wer bereit ist zu hören, soll zuhören und verstehen!

Das Bild vom verborgenen Schatz

⁴⁴Das Himmelreich ist wie ein Schatz, den ein Mann in einem Feld verborgen fand. In seiner Aufregung versteckte er ihn wieder und verkaufte alles, was er besaß, um genug Geld zu beschaffen, damit er das Feld kaufen konnte – und mit ihm den Schatz zu erwerben!

Das Bild vom Perlenhändler

⁴⁵Das Himmelreich ist auch vergleichbar mit einem Perlen-händler, der nach kostbaren Perlen Ausschau hielt. ⁴⁶Als er eine Perle von großem Wert entdeckte, verkaufte er alles, was er besaß, und kaufte die Perle!

Das Bild vom Fischernetz

⁴⁷Das Himmelreich kann man auch vergleichen mit einem Fi-schernetz, das ins Wasser geworfen wird und in dem viele verschiedene Fische gefangen werden. ⁴⁸Wenn das Netz voll ist, wird es ans Land gezogen, und die Fischer sammeln die guten Fische heraus und legen sie in Kisten, und die schlech-ten werfen sie weg. ⁴⁹Genauso wird es auch am Ende der Welt sein. Die Engel werden kommen und die gottlosen Menschen von den Gläubigen trennen. ⁵⁰Die Gottlosen werden ins Feuer geworfen. Dort werden sie weinen und mit den Zähnen knir-schen. ⁵¹Versteht ihr das alles?« Sie antworteten: »Ja.«

⁵²Dann fügte er noch hinzu: »Jeder Schriftgelehrte, der ein Jünger im Himmelreich geworden ist, ist wie ein Hausherr, der aus seinem reichen Vorrat Neues ebenso hervorholt wie Altes.«

Jesus wird in Nazareth abgelehnt

⁵³Nachdem Jesus diese Gleichnisse erzählt hatte, verließ er diese Gegend. ⁵⁴Er kehrte in seine Heimatstadt Nazareth zu-rück. Als er dort in der Synagoge lehrte, staunten die Men-schen und fragten: »Woher hat er diese Weisheit und weshalb kann er solche Wunder tun? ⁵⁵Er ist doch nur der Sohn eines Zimmermanns, und wir kennen doch alle Maria, seine Mut-ter, und seine Brüder – Jakobus, Josef, Simon und Judas. ⁵⁶Alle seine Schwestern leben hier unter uns. Was macht ihn zu so etwas Besonderem?« ⁵⁷Und sie ärgerten sich über ihn und wollten nicht an ihn glauben. Da sagte Jesus: »Ein Prophet wird überall verehrt, außer in seiner Heimatstadt und in sei-ner eigenen Familie.« ⁵⁸Und er tat dort nur wenige Wunder, weil sie nicht glaubten.

Der Tod Johannes des Täufers

14 [1]Als Herodes Antipas von Jesus hörte, [2]sagte er zu seinen Ratgebern: »Das muss Johannes der Täufer sein, der von den Toten auferstanden ist! Darum kann er solche Wunder tun.« [3]Denn Herodes hatte Johannes auf Bitten seiner Frau Herodias (der früheren Frau von Philippus, dem Bruder von Herodes) ins Gefängnis werfen lassen. [4]Johannes hatte Herodes immer wieder ins Gewissen geredet: »Es ist gegen das Gesetz, dass du sie geheiratet hast.« [5]Herodes hätte Johannes gern endgültig aus dem Weg geschafft, aber er hatte Angst vor einem Aufstand, weil die Bevölkerung Johannes für einen Propheten hielt.

[6]Doch auf einer Geburtstagsfeier für Herodes tanzte die Tochter von Herodias vor den Gästen, und sie gefiel Herodes sehr. [7]Er tat einen Schwur, ihr jeden Wunsch zu erfüllen. [8]Auf Drängen ihrer Mutter bat das Mädchen: »Schenk mir den Kopf von Johannes dem Täufer auf einer Schale!« [9]Nun tat es dem König leid, aber weil er es ihr versprochen hatte und sich vor seinen Gästen keine Blöße geben wollte, erteilte er die notwendigen Befehle. [10]So wurde Johannes im Gefängnis enthauptet. [11]Sein Kopf wurde dem Mädchen auf einer Schale übergeben, die sie ihrer Mutter brachte. [12]Die Jünger des Johannes holten seinen Leichnam und begruben ihn. Dann erzählten sie Jesus, was geschehen war.

Mehr als fünftausend Menschen werden satt

[13]Als Jesus die Nachricht erhalten hatte, fuhr er mit dem Boot in eine entfernte Gegend, denn er wollte allein sein. Aber die Menschen hatten erfahren, wohin er fuhr, und aus zahlreichen Dörfern folgten sie ihm über Land. [14]Als er aus dem Boot stieg, erwartete ihn bereits eine große Menschenmenge. Er hatte Mitleid mit ihnen und heilte die Kranken.

[15]Am Abend kamen die Jünger zu ihm und sagten: »Es ist einsam hier und schon spät. Schick die Leute weg, dann können sie in die Dörfer gehen, um sich etwas zu essen zu kaufen.«

¹⁶Doch Jesus antwortete: »Das ist nicht nötig – gebt ihr ihnen zu essen.«

¹⁷»Unmöglich!«, riefen sie aus. »Wir haben nur fünf Brote und zwei Fische!«

¹⁸»Bringt sie her!«, befahl er. ¹⁹Dann wies er die Leute an, sich ins Gras zu setzen. Und er nahm die fünf Brote und zwei Fische, blickte hinauf zum Himmel und bat Gott um seinen Segen für das Essen. Dann brach er das Brot in Stücke und gab jedem der Jünger davon, und diese verteilten es an die Menschen. ²⁰Alle aßen, so viel sie wollten, und anschließend sammelten sie noch zwölf Körbe mit Resten ein. ²¹Etwa fünftausend Menschen hatten zu essen bekommen, Frauen und Kinder nicht mitgerechnet!

Jesus geht auf dem Wasser

²²Sofort danach schickte Jesus seine Jünger zum Boot zurück und befahl ihnen, ans andere Ufer überzusetzen, während er die Menschen nach Hause entließ. ²³Dann stieg er allein in die Berge hinauf, um dort zu beten. Als es dunkel wurde, war er immer noch allein dort oben. ²⁴Währenddessen hatte sich das Boot weit vom Ufer entfernt und war in schweren Seegang geraten, denn ein starker Wind war aufgekommen.

²⁵Gegen drei Uhr morgens kam Jesus über das Wasser zu ihnen. ²⁶Als ihn die Jünger sahen, schrien sie entsetzt auf, denn sie hielten ihn für einen Geist. ²⁷Doch Jesus sprach sie sogleich an: »Es ist gut«, sagte er. »Ich bin es! Habt keine Angst.«

²⁸Da rief Petrus ihm zu: »Herr, wenn du es wirklich bist, befiehl mir, auf dem Wasser zu dir zu kommen.«

²⁹»Dann komm«, sagte Jesus. Und Petrus stieg aus dem Boot und ging über das Wasser, Jesus entgegen. ³⁰Als er sich aber umsah und die hohen Wellen erblickte, bekam er Angst und begann zu versinken. »Herr, rette mich!«, schrie er.

³¹Sofort streckte Jesus ihm die Hand hin und hielt ihn fest. »Du hast nicht viel Glauben«, sagte Jesus. »Warum hast du gezweifelt?« ³²Als sie schließlich zurück ins Boot stiegen, legte sich der Wind.

³³Da beteten ihn die Jünger an. »Du bist wirklich der Sohn Gottes!«, riefen sie.

³⁴Auf der anderen Seite des Sees gingen sie in Genezareth an Land. ³⁵Als die Menschen dieser Gegend Jesus erkannten, verbreitete sich dies sofort in der ganzen Umgebung. Schon bald brachten die Leute alle ihre Kranken zu ihm, damit er sie heilte. ³⁶Die Kranken baten ihn, auch nur den Saum seiner Kleidung berühren zu dürfen. Und alle, die ihn berührten, wurden gesund.

Jesus spricht über innere Reinheit

15 ¹Einige Pharisäer und Schriftgelehrte kamen aus Jerusalem, um Jesus zur Rede zu stellen. ²»Warum halten deine Jünger sich nicht an unsere uralten Überlieferungen?«, fragten sie. »Sie missachten unsere Vorschrift, sich vor dem Essen die Hände zu waschen.«

³Jesus erwiderte: »Und warum verstoßt ihr mit euren Überlieferungen gegen Gottes Gebote? ⁴Gott sagt zum Beispiel: ›Ehre Vater und Mutter‹ und ›Wer Vater oder Mutter verflucht, soll mit dem Tod bestraft werden.‹ ⁵Ihr sagt jedoch: ›Man muss seine Eltern nicht dadurch ehren, dass man für sie sorgt, wenn man stattdessen Gott das Geld gibt.‹ ⁶So setzt ihr durch eure eigene Überlieferung das Gebot Gottes außer Kraft. ⁷Ihr Heuchler! Jesaja hat euch gemeint, als er sagte:

⁸›Diese Menschen ehren mich mit ihren Worten, aber nicht mit ihrem Herzen. ⁹Ihre Anbetung ist nutzlos, denn sie ersetzen die Gebote Gottes durch ihre eigenen Lehren.‹«

¹⁰Danach rief Jesus die Menschen zu sich und sagte: »Hört gut zu, was ich euch jetzt sage, und versucht, es zu verstehen. ¹¹Ihr werdet nicht durch das unrein, was ihr esst; ihr werdet unrein durch das, was ihr sagt und tut.«

¹²Da kamen die Jünger zu ihm und fragten ihn: »Weißt du, dass du mit deinen Worten die Pharisäer gegen dich aufgebracht hast?«

¹³Jesus antwortete: »Jede Pflanze, die nicht von meinem Vater im Himmel gepflanzt worden ist, wird ausgerissen. ¹⁴Beachtet sie deshalb gar nicht. Sie sind nur blinde Blindenführer,

und wenn ein Blinder einen anderen führt, werden beide in den Graben fallen.«

¹⁵Da sagte Petrus: »Erkläre uns doch, was du damit meinst, dass man nicht durch das unrein wird, was man isst.«

¹⁶»Habt ihr es denn immer noch nicht begriffen?«, fragte Jesus ihn. ¹⁷»Alles, was ihr esst, geht durch den Magen und verlässt dann wieder den Körper. ¹⁸Böse Worte aber kommen aus einem bösen Herzen und machen den Menschen, aus dessen Mund sie kommen, unrein. ¹⁹Aus dem Herzen kommen böse Gedanken wie zum Beispiel Mord, Ehebruch, Unzucht, Diebstahl, Lüge und Verleumdung. ²⁰Das macht unrein. Wer aber mit ungewaschenen Händen isst, wird davon nicht unrein!«

Der Glaube der kanaanäischen Frau

²¹Jesus verließ Galiläa und zog nach Norden in die Gegend von Tyrus und Sidon. ²²Eine kanaanäische Frau, die dort lebte, kam zu ihm und bat ihn inständig: »Hab Mitleid mit mir, o Herr, Sohn Davids! Meine Tochter hat einen bösen Geist in sich, der ihr schlimme Qualen bereitet.«

²³Jesus antwortete ihr nicht – er sagte kein Wort. Doch seine Jünger drängten ihn, ihre Bitte zu erfüllen. »Sie belästigt uns sonst weiter mit ihrer Bettelei«, sagten sie.

²⁴Da sagte er zu der Frau: »Ich bin gesandt worden, um dem Volk Israel zu helfen – Gottes verlorenen Schafen – und nicht denen, die keine Juden sind.«

²⁵Sie lief jedoch hinter ihm her, warf sich vor ihm nieder und bat ihn wieder: »Herr, hilf mir doch!«

²⁶»Es ist nicht recht, den Kindern das Essen wegzunehmen und es stattdessen den Hunden vorzuwerfen«, sagte er.

²⁷»Du hast recht, Herr«, antwortete sie, »aber selbst Hunde dürfen die Krümel fressen, die vom Tisch ihres Herrn fallen.«

²⁸Da sagte Jesus zu ihr: »Frau, dein Glaube ist groß. Deine Bitte soll erfüllt werden.« Und im gleichen Augenblick war ihre Tochter gesund.

Jesus heilt viele Menschen

[29]Jesus ging zum See Genezareth zurück. Er stieg auf einen Berg und setzte sich. [30]Eine große Menschenmenge kam zu ihm und brachte ihm Gelähmte, Blinde, Krüppel, Stumme und viele Menschen mit anderen Gebrechen. Sie legten sie vor ihn hin, und er heilte sie alle. [31]Die Menschen kamen nicht aus dem Staunen heraus. Stumme konnten wieder sprechen, Krüppel wurden wieder gesund, Gelähmte konnten wieder gehen und Blinde wieder sehen! Und alle lobten den Gott Israels.

Mehr als viertausend Menschen werden satt

[32]Da rief Jesus seine Jünger zu sich und sagte: »Mir tun diese Menschen leid. Sie waren nun drei Tage lang bei mir, und jetzt haben sie nichts mehr zu essen. Ich will sie nicht hungrig wegschicken, sonst könnten sie unterwegs zusammenbrechen.«

[33]Die Jünger erwiderten: »Wo sollen wir hier in dieser verlassenen Gegend genügend zu essen für alle hernehmen?«

[34]Jesus fragte: »Wie viele Brote habt ihr dabei?« Sie antworteten: »Sieben, und ein paar kleine Fische.« [35]Da wies Jesus die Menschen an, sich hinzusetzen. [36]Er nahm die sieben Brote und die Fische, dankte Gott, zerteilte sie und gab sie den Jüngern, die das Essen an die Menge weitergaben.

[37]Alle aßen, bis sie satt waren, und als am Ende die Reste eingesammelt wurden, waren sogar sieben große Körbe voll übrig! [38]An diesem Tage wurden viertausend Menschen satt, Frauen und Kinder nicht mitgerechnet. [39]Danach entließ Jesus die Leute wieder nach Hause. Er selbst stieg in ein Boot und fuhr hinüber in die Gegend von Magadan.

Die Pharisäer und Sadduzäer fordern ein Wunder

16 [1]Eines Tages suchten die Pharisäer und Sadduzäer Jesus auf, um ihn herauszufordern. Dazu baten sie ihn um ein Zeichen vom Himmel.

[2]Er erwiderte: »Abendrot verheißt gutes Wetter für den nächsten Tag, [3]Morgenrot bedeutet für den ganzen Tag schlechtes Wetter. Das Wetter könnt ihr anhand der Zeichen

am Himmel gut deuten, aber die ganz offensichtlichen Zeichen der Zeit begreift ihr nicht! [4]Nur böse, treulose Menschen verlangen nach einem Wunder. Doch das einzige Zeichen, das ich ihnen geben werde, ist das Zeichen des Propheten Jona.« Damit ließ er sie stehen und ging.

Der Sauerteig der Pharisäer und Sadduzäer

[5]Später, nach der Überfahrt über den See, bemerkten die Jünger, dass sie vergessen hatten, Brot mitzunehmen. [6]»Seht euch vor!«, warnte Jesus sie. »Nehmt euch in Acht vor dem Sauerteig der Pharisäer und der Sadduzäer.«

[7]Sie meinten, er hätte das gesagt, weil sie kein Brot mitgenommen hatten. [8]Jesus wusste, was sie dachten, deshalb sagte er: »Euer Glaube ist so klein! Warum sorgt ihr euch ums Essen? [9]Werdet ihr es denn nie begreifen? Denkt doch an die fünftausend Menschen, die ich mit fünf Broten satt gemacht habe, und an die Körbe voller Brot, die danach noch übrig blieben! [10]Und denkt an die viertausend, die ich mit sieben Broten satt gemacht habe. Auch da blieb so viel übrig! [11]Wie könnt ihr nur auf den Gedanken kommen, dass ich vom Essen gesprochen habe? Ich sage es noch einmal: ›Nehmt euch in Acht vor dem Sauerteig der Pharisäer und der Sadduzäer.‹«

[12]Da begriffen sie endlich, dass er nicht von Sauerteig oder Brot gesprochen, sondern die falschen Lehren der Pharisäer und Sadduzäer gemeint hatte.

Petrus legt sein Bekenntnis ab – Jesus kündigt seinen Tod an

[13]Als Jesus in die Gegend von Cäsarea Philippi kam, fragte er seine Jünger: »Für wen halten die Leute den Menschensohn?«

[14]»Nun«, erwiderten sie, »manche sagen, er ist Johannes der Täufer, andere sagen, Elia, und wieder andere halten ihn für Jeremia oder einen der anderen Propheten.«

[15]Daraufhin fragte er sie: »Und was meint ihr, wer ich bin?«

[16]Simon Petrus antwortete: »Du bist der Christus, der Sohn des lebendigen Gottes.«

¹⁷Da erwiderte Jesus: »Glücklich bist du, Simon, Sohn des Johannes. Denn das hat dir mein Vater im Himmel offenbart. Von einem Menschen konntest du das nicht haben. ¹⁸Von nun an sollst du Petrus heißen. Auf diesen Felsen will ich meine Gemeinde bauen, und alle Mächte der Hölle können ihr nichts anhaben. ¹⁹Ich werde dir die Schlüssel zum Himmelreich geben. Was du auf der Erde bindest, wird auch im Himmel gebunden sein, und was du auf der Erde öffnest, wird auch im Himmel offen sein.« ²⁰Danach wies er sie streng an, niemandem zu sagen, dass er der Christus sei. ²¹Von da an sprach Jesus ganz offen mit seinen Jüngern darüber, dass er nach Jerusalem gehen müsse und was ihn dort erwarten werde. Er werde durch die Hand der Ältesten, der obersten Priester und Schriftgelehrten vieles erleiden müssen. Er werde getötet werden und am dritten Tage von den Toten auferstehen.

²²Doch Petrus nahm ihn beiseite und bedrängte ihn: »Das darf nicht sein, Herr«, sagte er. »Das darf auf keinen Fall geschehen!«

²³Jesus drehte sich zu Petrus um und sagte: »Geh weg von mir, Satan! Du willst mich in die Falle locken. Du siehst die Dinge nur mit den Augen der Menschen und nicht, wie Gott sie sieht.«

²⁴Dann sagte Jesus zu den Jüngern: »Wer von euch mir nachfolgen will, muss sich selbst verleugnen und sein Kreuz auf sich nehmen und mir nachfolgen. ²⁵Wer versucht, sein Leben zu behalten, wird es verlieren. Doch wer sein Leben für mich aufgibt, wird das wahre Leben finden. ²⁶Was nützt es, die ganze Welt zu gewinnen und dabei seine Seele zu verlieren? Gibt es etwas Kostbareres als die Seele? ²⁷Denn der Menschensohn wird mit seinen Engeln in der Herrlichkeit seines Vaters kommen und die Menschen nach ihrem Tun richten. ²⁸Und ich versichere euch: Einige von euch, die jetzt hier stehen, werden nicht sterben, bevor sie den Menschensohn in seinem Reich kommen sehen.«

Jesus wird verklärt

17 ¹Sechs Tage später nahm Jesus Petrus und die beiden Brüder Jakobus und Johannes mit auf einen hohen Berg. ²Plötzlich veränderte sich sein Aussehen. Sein Gesicht leuchtete wie die Sonne und seine Kleidung wurde strahlend weiß. ³Auf einmal erschienen Mose und Elia und begannen mit Jesus zu sprechen. ⁴Petrus rief aus: »Herr, wie wunderbar ist das! Wenn du willst, baue ich drei Hütten, eine für dich, eine für Mose und eine für Elia.«

⁵Doch noch während er das sagte, glitt eine helle Wolke über sie, aus der eine Stimme zu ihnen sprach: »Dies ist mein geliebter Sohn, an dem ich meine Freude habe. Hört auf ihn.« ⁶Die Jünger erschraken zu Tode und fielen mit dem Gesicht voran auf die Erde.

⁷Da kam Jesus zu ihnen und berührte sie. »Steht auf«, sagte er, »ihr braucht keine Angst zu haben.« ⁸Und als sie aufblickten, sahen sie niemanden mehr außer Jesus. ⁹Als sie den Berg wieder hinunterstiegen, befahl Jesus ihnen: »Erzählt niemandem, was ihr gesehen habt, bis der Menschensohn von den Toten auferstanden ist.«

¹⁰Die Jünger fragten: »Warum behaupten die Schriftgelehrten, dass zuerst Elia wiederkommen muss?«

¹¹Jesus erwiderte: »Elia kommt tatsächlich zuerst, um alles vorzubereiten. ¹²Aber ich sage euch, er ist bereits gekommen. Doch niemand hat ihn erkannt, und er wurde schwer misshandelt. Und bald wird auch der Menschensohn durch ihre Hand leiden.« ¹³Da wurde den Jüngern klar, dass er von Johannes dem Täufer gesprochen hatte.

Jesus heilt einen besessenen Jungen

¹⁴Als sie am Fuß des Berges ankamen, wurden sie bereits von einer großen Menschenmenge erwartet. Ein Mann trat zu Jesus und kniete vor ihm nieder. Er sagte: ¹⁵»Herr, hab Mitleid mit meinem Sohn. Er hat schwere Anfälle und leidet fürchterlich. Immer wieder fällt er ins Feuer oder ins Wasser. ¹⁶Ich habe ihn zu deinen Jüngern gebracht, aber sie konnten ihm nicht helfen.«

¹⁷Jesus antwortete: »Ihr uneinsichtigen, ungläubigen Menschen! Wie lange muss ich noch bei euch sein, bis ihr endlich glaubt? Wie lange muss ich euch noch ertragen? Bringt den Jungen zu mir.« ¹⁸Jesus bedrohte den bösen Geist im Körper des Jungen, und der Geist fuhr aus ihm heraus. Im selben Augenblick war der Junge wieder gesund.

¹⁹Als sie später wieder unter sich waren, fragten die Jünger Jesus: »Warum konnten wir diesen Dämon nicht austreiben?«

²⁰»Weil euer Glaube so gering ist«, sagte Jesus. »Ich versichere euch: Wenn euer Glaube auch nur so groß wäre wie ein Senfkorn, könntet ihr zu diesem Berg sagen: ›Rücke dich von hier nach da‹, und er würde sich bewegen. Nichts wäre euch unmöglich.«

Jesus kündigt erneut seinen Tod an

²²Eines Tages, als sie nach Galiläa zurückkamen, sagte Jesus zu ihnen: »Der Menschensohn wird verraten werden. ²³Man wird ihn umbringen, doch drei Tage später wird er von den Toten auferweckt werden.« Als die Jünger das hörten, wurden sie sehr traurig.

Die Bezahlung der Tempelsteuer

²⁴Als sie nach Kapernaum kamen, traten die Einnehmer der Tempelsteuer auf Petrus zu und fragten ihn: »Zahlt euer Meister keine Tempelsteuer?«

²⁵»Doch«, antwortete Petrus. Dann ging er nach Hause, um es Jesus zu erzählen. Aber noch bevor er ansetzen konnte zu sprechen, fragte Jesus ihn: »Was meinst du, Petrus? Von wem fordern die irdischen Könige Steuern und Abgaben? Von ihren eigenen Kindern oder von den anderen Leuten?«

²⁶Petrus erwiderte: »Von den anderen.« Darauf sagte Jesus: »Dann sind also die Kinder frei! ²⁷Wir wollen sie jedoch nicht vor den Kopf stoßen. Geh hinunter zum See und wirf eine Angelschnur aus. Dem ersten Fisch, den du fängst, öffne das Maul. Du wirst darin eine Münze finden. Nimm diese Münze und bezahle damit für uns beide die Steuer.«

Der Größte im Reich Gottes

18 ¹Etwa zu dieser Zeit kamen die Jünger zu Jesus und fragten ihn: »Wer ist der Größte im Himmelreich?« ²Da rief Jesus ein kleines Kind zu sich und stellte es vor sie hin. ³Dann sagte er: »Ich versichere euch: Wenn ihr nicht umkehrt und werdet wie die Kinder, werdet ihr nie ins Himmelreich kommen. ⁴Deshalb: Wer so gering wird wie dieses Kind, der ist der Größte im Himmelreich. ⁵Und wer ein solches Kind in meinem Namen aufnimmt, der nimmt mich auf. ⁶Wer aber eines dieser Kinder, die mir vertrauen, vom rechten Glauben abbringt, für den wäre es besser, er würde mit einem schweren Mühlstein um den Hals ins Meer geworfen werden.

⁷Schreckliches erwartet die, die andere zur Sünde verführen. Die Versuchung, Böses zu tun, wird es immer geben, doch dem, der andere in diese Versuchung bringt, wird es schlimm ergehen. ⁸Wenn dich also deine Hand oder dein Fuß zum Bösen verführen will, hack sie ab und wirf sie weg. Besser du kommst als Krüppel oder Gelähmter in den Himmel, als dass du mit allen deinen Gliedmaßen ins ewige Höllenfeuer geworfen wirst. ⁹Und wenn dich dein Auge zum Bösen verführen will, stich es aus und wirf es weg. Besser du kommst halb blind in den Himmel, als zwei Augen zu haben und ins ewige Höllenfeuer geworfen zu werden.

¹⁰Hütet euch davor, auf ein einziges dieser Kinder herabzusehen. Denn ich sage euch, dass ihre Engel im Himmel meinem himmlischen Vater stets besonders nahe sind.

Das Gleichnis vom verlorenen Schaf

¹²Wenn ein Hirte hundert Schafe hat, und eines läuft weg und verirrt sich, was wird er wohl tun? Wird er nicht die neunundneunzig anderen stehen lassen und in die Berge gehen, um das verirrte Schaf zu suchen? ¹³Und wenn er es findet, wird er sich ganz sicher mehr darüber freuen als über die neunundneunzig, die nicht fortgelaufen sind. ¹⁴Genauso ist es nicht der Wille meines Vaters, dass auch nur eines von diesen Kindern verloren geht.

Zurechtweisung des Bruders

¹⁵Wenn dir ein Bruder unrecht getan hat, geh zu ihm und weise ihn auf seinen Fehler hin. Wenn er auf dich hört und seine Schuld zugibt, hast du ihn zurückgewonnen. ¹⁶Wenn es dir nicht gelingt, nimm einen oder zwei andere und geht noch einmal gemeinsam zu ihm, sodass alles, was du sagst, von zwei oder drei Zeugen bestätigt werden kann. ¹⁷Wenn er auch dann nicht zuhören will, trage den Fall deiner Gemeinde vor. Wenn die Gemeinde dir Recht gibt, aber der andere auch dieses Urteil nicht anerkennt, dann behandelt ihn wie einen, der Gott nicht kennt, oder wie einen bestechlichen Steuereinnehmer. ¹⁸Ich sage euch: Was ihr auf der Erde verbietet, ist auch im Himmel verboten, und was ihr auf der Erde erlaubt, ist auch im Himmel erlaubt.

¹⁹Und ich sage euch auch: Wenn zwei von euch hier auf der Erde darin eins werden, eine Bitte an Gott zu richten, dann wird mein Vater im Himmel diese Bitte erfüllen. ²⁰Denn wo zwei oder drei zusammenkommen, die zu mir gehören, bin ich mitten unter ihnen.«

Das Gleichnis vom uneinsichtigen Schuldner

²¹Dann kam Petrus zu ihm und fragte: »Herr, wie oft soll ich jemandem vergeben, der mir unrecht tut? Sieben Mal?«

²²»Nein!«, antwortete Jesus, »siebzigmal sieben Mal!

²³Deshalb kann man das Himmelreich mit einem König vergleichen, der beschlossen hatte, mit seinen Bediensteten, die von ihm Geld geliehen hatten, abzurechnen. ²⁴Unter ihnen war auch einer, der ihm sehr viel Geld schuldete. ²⁵Da er nicht bezahlen konnte, befahl der König das Folgende: Er, seine Frau, seine Kinder, und alles, was er besaß, sollten verkauft werden, um damit seine Schuld zu begleichen. ²⁶Doch der Mann fiel vor ihm nieder und bat ihn: ›Herr, hab doch Geduld mit mir, ich werde auch alles bezahlen.‹ ²⁷Da hatte der König Mitleid mit ihm, ließ ihn frei und erließ ihm seine Schulden.

²⁸Doch sobald der Mann frei war, ging er zu einem anderen Diener, der ihm eine kleine Summe schuldete, packte ihn am Kragen und verlangte, dass er auf der Stelle alles bezahlen

sollte. ²⁹Der Diener fiel vor ihm nieder und bat ihn um einen kurzen Aufschub: ›Hab doch Geduld mit mir, ich werde auch alles bezahlen.‹ ³⁰Doch der Mann war nicht bereit zu warten. Er ließ ihn verhaften und einsperren, so lange, bis dieser seine ganze Schuld bezahlt hätte.

³¹Als die anderen Diener das sahen, waren sie empört. Sie gingen zum König und erzählten ihm, was vorgefallen war. ³²Da ließ der König den Mann rufen, dem er zuvor seine Schulden erlassen hatte, und sagte zu ihm: ›Du herzloser Diener! Ich habe dir deine großen Schulden erlassen, weil du mich darum gebeten hast. ³³Müsstest du da nicht auch mit diesem Diener Mitleid haben, so wie ich Mitleid mit dir hatte?‹ ³⁴Der König war so zornig, dass er den Mann ins Gefängnis werfen ließ, bis er seine Schulden bis auf den letzten Cent bezahlt hatte.

³⁵Genauso wird mein Vater im Himmel mit euch verfahren, wenn ihr euch weigert, euren Brüdern und Schwestern zu vergeben.«

Über Ehe und Ehescheidung

19 ¹Nachdem Jesus zu Ende gesprochen hatte, verließ er Galiläa und ging nach Süden in die Gegend von Judäa, östlich des Jordan. ²Eine große Menschenmenge folgte ihm dorthin, und er heilte ihre Kranken.

³Da kamen einige Pharisäer zu ihm und versuchten, ihm eine Falle zu stellen. Sie fragten ihn: »Darf sich ein Mann aus jedem beliebigen Grund von seiner Frau trennen?«

⁴»Wisst ihr nicht, was in der Schrift steht?«, erwiderte Jesus. »Dort steht, dass ›der Schöpfer die Menschen als Mann und Frau schuf‹. ⁵Und es heißt weiter: ›Deshalb wird ein Mann Vater und Mutter verlassen und sich an seine Frau binden und die beiden werden zu einer Einheit.‹ ⁶Dann sind sie also nicht mehr zwei, sondern eins, und niemand soll sie mehr trennen, denn Gott hat sie zusammengebracht.«

⁷»Und warum hat dann Mose gesagt, dass ein Mann seiner Frau einen offiziellen Scheidungsbrief ausstellen und sie dann fortschicken darf?«, fragten sie.

⁸Jesus antwortete: »Mose erlaubte die Ehescheidung, weil eure Herzen hart sind, aber ursprünglich war sie nicht Gottes Wille. ⁹Und ich sage euch: Ein Mann, der sich von seiner Frau scheiden lässt und eine andere heiratet, begeht Ehebruch – es sei denn, seine Frau war untreu.«

¹⁰Da sagten die Jünger zu Jesus: »Dann wäre es ja besser, gar nicht zu heiraten!«

¹¹»Nicht jeder kann dies verstehen«, sagte Jesus. »Das können nur die, denen Gott dabei hilft. ¹²Manche werden unfähig zur Ehe geboren, andere werden von Menschen dazu unfähig gemacht, und wieder andere haben sich dafür entschieden, um des Himmelreiches willen nicht zu heiraten. Wer dies begreifen kann, der handle danach.«

Jesus segnet die Kinder

¹³Einige Kinder wurden zu Jesus gebracht. Er sollte ihnen die Hand auflegen und für sie beten. Doch die Jünger fuhren die Leute an, ihn nicht zu stören. ¹⁴Aber Jesus sagte: »Lasst die Kinder zu mir kommen. Haltet sie nicht zurück! Denn Menschen wie ihnen gehört das Himmelreich.« ¹⁵Und er legte ihnen die Hände auf und segnete sie, bevor er weiterzog.

Der reiche Jüngling

¹⁶Einmal kam ein Mann zu Jesus und fragte ihn: »Meister, was muss ich Gutes tun, um das ewige Leben zu bekommen?«

¹⁷»Warum fragst du mich, was gut ist?«, erwiderte Jesus. »Nur Gott ist gut. Du kannst das ewige Leben nur erlangen, wenn du dich an die Gebote hältst.«

¹⁸»Welche Gebote?«, fragte der Mann. Und Jesus antwortete: »Du sollst nicht töten. Du sollst nicht die Ehe brechen. Du sollst nicht stehlen. Du sollst keine Falschaussage machen. ¹⁹Ehre deinen Vater und deine Mutter. Liebe deinen Nächsten wie dich selbst.«

²⁰»Alle diese Gebote habe ich gehalten«, sagte der junge Mann. »Was muss ich noch tun?«

²¹Jesus sagte zu ihm: »Wenn du vollkommen sein willst, dann geh und verkaufe alles, was du hast, und gib das Geld

den Armen, und du wirst einen Schatz im Himmel haben. Dann komm und folge mir nach.« ²²Doch als der junge Mann das hörte, ging er traurig fort, denn er war sehr reich.

²³Da sagte Jesus zu seinen Jüngern: »Ich will euch die Wahrheit sagen: Es ist sehr schwer für einen Reichen, ins Himmelreich zu gelangen. ²⁴Ich sage es noch einmal: Eher geht ein Kamel durch ein Nadelöhr, als dass ein Reicher in das Reich Gottes kommt!«

²⁵Die Jünger waren sehr betroffen. »Wer kann denn dann überhaupt gerettet werden?«, fragten sie.

²⁶Jesus sah sie eindringlich an und sagte: »Menschlich gesehen ist es unmöglich. Aber bei Gott ist alles möglich.«

²⁷Da sagte Petrus zu ihm: »Wir haben alles aufgegeben, um dir nachzufolgen. Was werden wir dafür bekommen?«

²⁸Jesus antwortete: »Ich versichere euch: Wenn der Menschensohn im Reich Gottes auf seinem Thron der Herrlichkeit sitzt, dann werdet ihr, die ihr mir nachgefolgt seid, ebenfalls auf zwölf Thronen sitzen und über die zwölf Stämme Israels richten. ²⁹Und jeder, der um meines Namens willen sein Haus, seine Geschwister, seine Eltern, seine Kinder oder seinen Besitz aufgegeben hat, wird hundertmal so viel wiederbekommen und das ewige Leben erlangen. ³⁰Doch viele, die heute wichtig erscheinen, werden dann die Geringsten sein, und die, die hier ganz unbedeutend sind, werden dort die Größten sein.

Das Gleichnis von den Arbeitern im Weinberg

20 ¹Denn das Himmelreich ist vergleichbar mit dem Besitzer eines großen Gutes, der früh am Morgen hinausging, um Arbeiter für seinen Weinberg einzustellen. ²Er vereinbarte mit ihnen den üblichen Tagelohn und schickte sie an die Arbeit.

³Um neun Uhr morgens ging er über den Marktplatz und sah einige Leute herumstehen, die keine Arbeit hatten. ⁴Er stellte auch sie ein und sagte ihnen, sie würden am Abend den ihnen zustehenden Lohn erhalten. ⁵Am Mittag und dann noch einmal nachmittags gegen drei Uhr tat er dasselbe. ⁶Um

fünf Uhr abends ging er noch einmal in die Stadt und sah immer noch ein paar Leute herumstehen. Er fragte sie: ›Warum habt ihr heute nicht gearbeitet?‹

⁷Sie antworteten: ›Weil uns niemand angestellt hat.‹ Da sagte der Gutsbesitzer zu ihnen: ›Dann geht zu den anderen Arbeitern in meinem Weinberg.‹

⁸Am Abend schließlich beauftragte er seinen Verwalter, die Leute zu rufen und sie zu entlohnen. Er sollte mit den Arbeitern beginnen, die als Letzte eingestellt worden waren. ⁹Als die, die erst um fünf Uhr eingestellt worden waren, bezahlt wurden, erhielten sie alle einen vollen Tagelohn. ¹⁰Als die, die früher eingestellt worden waren, an der Reihe waren, dachten sie, dass sie mehr bekommen würden. Aber auch sie erhielten einen Tagelohn. ¹¹Als sie ihr Geld bekamen, beschwerten sie sich. ¹²›Diese Leute haben nur eine Stunde gearbeitet und doch bekommen sie genauso viel wie wir, die wir den ganzen Tag in der sengenden Hitze schwer gearbeitet haben.‹

¹³Einem von ihnen antwortete er: ›Mein Freund, ich war nicht ungerecht! Warst du nicht damit einverstanden, dass du den ganzen Tag für den üblichen Lohn arbeitest? ¹⁴Nimm dein Geld und gib dich zufrieden. Ich will aber diesem letzten Arbeiter genauso viel geben wie dir. ¹⁵Oder ist es mir nicht erlaubt, mit meinem Geld zu machen, was ich will? Willst du dich etwa darüber beklagen, dass ich gütig bin?‹

¹⁶Genauso ist es bei Gott: Viele, die jetzt die Ersten sind, werden die Letzten sein, und die, die jetzt die Letzten sind, werden dann die Ersten sein.«

Jesus kündigt nochmals seinen Tod an

¹⁷Auf dem Weg nach Jerusalem nahm Jesus die zwölf Jünger beiseite und sagte ihnen, was mit ihm geschehen würde.

¹⁸»Wenn wir nach Jerusalem kommen«, sagte er, »wird der Menschensohn an die obersten Priester und Schriftgelehrten verraten werden. Sie werden ihn zum Tode verurteilen. ¹⁹Dann werden sie ihn den Römern ausliefern, und die werden ihn verspotten, auspeitschen und kreuzigen. Doch

am dritten Tag wird er von den Toten auferweckt werden.«

Vom Dienen

[20]Später kam die Mutter von Jakobus und Johannes, den Söhnen des Zebedäus, mit ihren Söhnen zu Jesus. Sie kniete respektvoll vor ihm nieder, denn sie wollte ihn um einen Gefallen bitten.

[21]»Was möchtest du?«, fragte er sie. Sie antwortete: »Wirst du meinen Söhnen in deinem Reich die Ehrenplätze neben dir geben, den einen rechts und den anderen links von dir?«

[22]Doch Jesus sagte zu ihnen: »Ihr wisst ja nicht, worum ihr bittet! Könnt ihr auch aus dem bitteren Leidenskelch trinken, den ich trinken werde?« Sie antworteten: »Oh ja, das können wir!«

[23]Da sagte er zu ihnen: »Ihr werdet tatsächlich daraus trinken müssen. Aber ich habe nicht das Recht zu bestimmen, wer einmal neben mir sitzen wird. Mein Vater hat diese Plätze für die bestimmt, die er ausgewählt hat.«

[24]Als die anderen zehn Jünger hörten, worum Jakobus und Johannes gebeten hatten, ärgerten sie sich. [25]Doch Jesus rief sie zu sich und sagte: »Ihr wisst, dass in dieser Welt die Könige Tyrannen sind und die Herrschenden die Menschen oft ungerecht behandeln. [26]Bei euch soll es anders sein. Wer euch anführen will, soll euch dienen, [27]und wer unter euch der Erste sein will, soll euer Sklave werden. [28]Der Menschensohn ist nicht gekommen, um sich bedienen zu lassen, sondern um anderen zu dienen und sein Leben als Lösegeld für viele hinzugeben.«

Jesus heilt zwei Blinde

[29]Als Jesus und die Jünger die Stadt Jericho verließen, folgte ihnen eine große Menschenmenge. [30]An der Straße saßen zwei Blinde. Als sie hörten, dass Jesus kam, begannen sie zu rufen: »Herr, Sohn Davids, hab Erbarmen mit uns!« [31]Die Leute ermahnten sie, doch still zu sein, aber sie schrien nur noch lauter: »Herr, Sohn Davids, hab Erbarmen mit uns!«

³²Jesus blieb stehen und fragte sie: »Was soll ich für euch tun?«

³³»Herr«, sagten sie, »wir möchten sehen können!« ³⁴Da hatte Jesus Mitleid mit ihnen und er berührte ihre Augen. Im gleichen Augenblick konnten sie sehen. Und sie folgten ihm nach.

Der triumphale Einzug

21 ¹Kurz vor Jerusalem kamen Jesus und die Jünger durch das Städtchen Betfage am Ölberg. Jesus schickte zwei der Jünger voraus. ²»Geht in das Dorf dort«, sagte er, »dort werdet ihr eine Eselin angebunden sehen und bei ihr ein Fohlen. Bindet die beiden los und bringt sie her. ³Wenn jemand fragt, was ihr da tut, dann sagt nur: ›Der Herr braucht sie‹, und man wird sie euch mitgeben.« ⁴Auf diese Weise wurde die Prophezeiung erfüllt:

⁵»Sagt dem Volk Israel: ›Seht, euer König kommt zu euch. Er ist sanftmütig und reitet auf einem Esel – ja auf dem Fohlen eines Esels, dem Jungen eines Lasttieres.‹«

⁶Die beiden Jünger taten, was Jesus ihnen aufgetragen hatte. ⁷Sie brachten die Tiere zu ihm, warfen ihre Mäntel über das Fohlen, und er setzte sich darauf.

⁸Viele Menschen breiteten ihre Mäntel vor Jesus auf der Straße aus. Andere schnitten Zweige von den Bäumen und bestreuten den Weg damit. ⁹Er befand sich in der Mitte des Zuges, und die Menge um ihn herum jubelte: »Gelobt sei Gott für den Sohn Davids! Gepriesen sei, der im Namen des Herrn kommt! Lobt Gott im höchsten Himmel!«

¹⁰Die ganze Stadt Jerusalem war in Aufruhr, als er einzog. »Wer ist das?«, fragten die Leute.

¹¹Und die Menschen in der Menge antworteten: »Das ist Jesus, der Prophet aus Nazareth in Galiläa.«

Jesus reinigt den Tempel

¹²Jesus ging in den Tempel und fing an, die Händler und jene, die bei ihnen kauften, hinauszutreiben. Er stieß die Tische der Geldwechsler und die Stände der Taubenverkäufer um. ¹³Da-

bei sagte er: »In der Schrift steht: ›Mein Haus soll ein Ort des Gebets sein‹, aber ihr habt eine Räuberhöhle daraus gemacht!«

¹⁴Blinde und Gelähmte kamen zu ihm, und er heilte sie im Tempel. ¹⁵Die obersten Priester und die Schriftgelehrten sahen diese Wunder und hörten, wie die kleinen Kinder im Tempel riefen: »Lobt Gott für den Sohn Davids!« Das erregte ihren Unwillen ¹⁶und sie fragten Jesus: »Hörst du, was die Kinder da rufen?« Jesus erwiderte: »Ja. Habt ihr noch nie in der Schrift gelesen? Dort steht geschrieben: ›Kinder und Säuglinge hast du gelehrt, dich zu loben.‹« ¹⁷Dann ließ er sie stehen und kehrte nach Betanien zurück, wo er die Nacht verbrachte.

Jesus verflucht den Feigenbaum

¹⁸Als Jesus am nächsten Morgen nach Jerusalem zurückging, bekam er Hunger. ¹⁹Er entdeckte einen Feigenbaum an der Straße und ging hinüber, um zu sehen, ob Feigen daran waren, aber es waren nur Blätter daran. Da sagte er zu dem Baum: »Du sollst nie wieder Früchte tragen!« Und der Feigenbaum verdorrte im selben Augenblick.

²⁰Die Jünger waren sehr erstaunt, als sie das sahen, und fragten: »Wie kommt es, dass der Feigenbaum so schnell verdorrt ist?«

²¹Da sagte Jesus zu ihnen: »Ich versichere euch: Wenn ihr fest glaubt und nicht zweifelt, könnt ihr auch solche Dinge tun und noch viel mehr als das. Ihr könnt sogar zu diesem Berg sagen: ›Hebe dich empor und wirf dich ins Meer‹, und es wird geschehen. ²²Wenn ihr glaubt, werdet ihr alles bekommen, worum ihr im Gebet bittet.«

Die Frage nach der Vollmacht von Jesus

²³Als Jesus in den Tempel zurückkehrte und dort zu lehren begann, kamen die obersten Priester und einige der Ältesten auf ihn zu. Sie fragten ihn: »Mit welchem Recht hast du die Händler aus dem Tempel gejagt? Wer hat dich dazu ermächtigt?«

²⁴»Ich sage euch, wer mir die Vollmacht dazu gegeben hat,

wenn ihr mir auch eine Frage beantwortet«, antwortete Jesus.
²⁵»War die Taufe des Johannes eine Handlung im Auftrag
Gottes oder war es nur die Tat eines Menschen?« Sie besprachen sich miteinander. »Wenn wir sagen, es war eine Handlung im Auftrag Gottes, dann wird er uns fragen, warum wir
Johannes nicht geglaubt haben. ²⁶Wenn wir aber sagen, dass
es nur die Handlung eines Menschen war, wird das Volk über
uns herfallen, weil sie ihn für einen Propheten halten.« ²⁷Also
sagten sie schließlich: »Wir wissen es nicht.« Und Jesus erwiderte:»Dann beantworte ich eure Frage auch nicht.

Das Gleichnis von den zwei Söhnen

²⁸Doch was haltet ihr von Folgendem? Ein Mann hatte zwei
Söhne und sagte zu dem älteren: ›Mein Sohn, geh und arbeite
heute im Weinberg.‹ ²⁹Der Sohn antwortete: ›Nein, ich will
nicht.‹ Doch später änderte er seine Meinung und ging doch.
³⁰Dann sagte der Vater zu dem anderen Sohn: ›Dann geh du‹,
und der sagte: ›Ja, Vater, ich gehe‹, aber er ging nicht. ³¹Wel-
cher von den beiden Söhnen hat nun seinem Vater gehorcht?«
Sie antworteten: »Der erste natürlich.« Da erklärte ihnen Jesus, was er damit sagen wollte. »Ich versichere euch: Bestech-
liche Steuereinnehmer und Huren kommen eher ins Reich
Gottes als ihr. ³²Denn Johannes der Täufer kam und zeigte
euch den Weg der Gerechtigkeit, und ihr habt ihm nicht geglaubt. Die Steuereinnehmer und Huren dagegen haben ihm
geglaubt. Obwohl ihr das alles gesehen habt, wolltet ihr nicht
umkehren und ihm glauben.

Das Gleichnis von den bösen Bauern

³³Hört auch folgendes Gleichnis. Ein Grundbesitzer legte einen Weinberg an, baute eine Mauer darum, hob eine Grube
aus, um darin den Traubensaft zu keltern, und baute einen
Wachturm. Dann verpachtete er den Weinberg an Bauern
und zog in ein anderes Land. ³⁴Zur Zeit der Traubenernte
schickte er seine Diener, um seinen Anteil an der Ernte einzufordern. ³⁵Doch die Pächter überfielen die Diener. Den einen schlugen sie halb tot, den anderen brachten sie um, ein

weiterer wurde gesteinigt. ³⁶Da schickte der Grundbesitzer
noch weitere Diener, doch sie erlitten dasselbe Schicksal.
³⁷Schließlich schickte er seinen Sohn, weil er dachte: ›Ihn
werden sie sicher respektieren.‹
³⁸Doch als die Bauern seinen Sohn kommen sahen, sagten
sie zueinander: ›Da kommt der Erbe des Anwesens. Lasst
uns ihn umbringen, dann können wir das Land für uns behalten!‹ ³⁹Also überfielen sie ihn, schleppten ihn vor den Weinberg und ermordeten ihn.

⁴⁰Wenn nun der Eigentümer des Weinbergs wiederkommt«,
sagte Jesus, »was meint ihr, wird er mit diesen Bauern machen?«

⁴¹Sie antworteten: »Er wird diese heimtückischen Mörder
einen schrecklichen Tod sterben lassen und den Weinberg an
andere Bauern verpachten, die ihm nach jeder Ernte seinen
Anteil geben.«

⁴²Da fragte Jesus sie: »Habt ihr das nicht schon einmal in der
Schrift gelesen? ›Der Stein, den die Bauleute verworfen haben,
ist zum Eckstein geworden. Das ist das Werk des Herrn, und
es ist wunderbar anzusehen.‹ ⁴³Ich will damit sagen, dass das
Reich Gottes euch weggenommen wird und ein anderes Volk
es bekommt, das gute Früchte bringt. ⁴⁴Wer über diesen Stein
stolpert, wird in tausend Stücke zerbrechen, und der Stein
wird jeden zermalmen, auf den er fällt.«

⁴⁵Als die obersten Priester und Pharisäer Jesus sprechen hörten, merkten sie, dass mit den Bauern in seinem Gleichnis sie
gemeint waren. ⁴⁶Sie hätten ihn gern verhaften lassen, doch
sie wagten es nicht, weil das Volk Jesus für einen Propheten
hielt.

Das Gleichnis vom großen Festmahl

22 ¹Jesus erzählte ihnen noch viele andere Gleichnisse,
um ihnen das Reich Gottes begreiflich zu machen. Er
sagte: ²»Man kann sich das Himmelreich auch am Beispiel
eines Königs vorstellen, der ein großes Hochzeitsfest für seinen Sohn vorbereitete. ³Viele Gäste waren eingeladen, und als
alles fertig war, schickte er seine Diener, um ihnen zu sagen,

dass es Zeit wäre zu kommen. Doch keiner wollte kommen! 4Also schickte er andere Diener, die ihnen sagen sollten: ›Das Festmahl ist angerichtet, und das beste Fleisch wurde dafür gebraten. Alles ist bereit, beeilt euch!‹ 5Doch die Gäste, die er eingeladen hatte, beachteten die Abgesandten gar nicht und gingen ihrer Arbeit nach. Der eine ging auf seinen Acker, ein anderer kümmerte sich um seine Geschäfte. 6Wieder andere packten die Boten und misshandelten sie, einige von ihnen töteten sie sogar.

7Da wurde der König zornig. Er schickte seine Soldaten aus. Sie sollten die Mörder umbringen und ihre Stadt in Brand setzen. 8Und zu seinen Dienern sagte er: ›Das Hochzeitsmahl ist bereit, und die Gäste, die ich eingeladen hatte, sind es nicht wert, dass ihnen diese Ehre zuteilwird. 9Deshalb geht hinaus an die Straßenecken und ladet jeden ein, dem ihr begegnet.‹

10Also brachten die Diener alle, die sie finden konnten, gute und schlechte Menschen, und der Festsaal war voller Gäste. 11Aber als der König hereinkam, um seine Gäste zu begrüßen, bemerkte er einen Mann, der nicht für eine Hochzeit gekleidet war. 12›Mein Freund‹, fragte er ihn, ›wie kommt es, dass du hier bist, ohne feierlich gekleidet zu sein, wie es sich für eine Hochzeit gehört?‹ Der Mann wusste keine Antwort darauf. 13Da sagte der König zu seinen Dienern: ›Fesselt ihn an Händen und Füßen und werft ihn hinaus in die Dunkelheit, wo Weinen und Zähneknirschen herrschen.‹ 14Denn viele sind eingeladen, aber nur wenige sind auserwählt.«

Steuern für den Kaiser
15Da kamen die Pharisäer zusammen, um ein Komplott zu schmieden. Sie wollten Jesus zu einer Äußerung verleiten, die ihnen einen Vorwand liefern würde, ihn unter Anklage zu stellen. 16Sie beschlossen, einige ihrer Schüler zusammen mit Anhängern des Herodes zu ihm zu schicken und ihm folgende Frage zu stellen: »Meister, wir wissen, wie ehrlich und wahrhaftig du bist. Du lehrst Gottes Weg ohne jede Furcht – auch nicht vor Menschen. Du lässt dich von niemandem beeinflussen und bevorzugst niemanden. 17Nun sage uns, was

du darüber denkst: Ist es richtig, an den Kaiser Steuern zu zahlen?«

[18]Doch Jesus durchschaute ihre böse Absicht und sagte: »Ihr Heuchler! Warum versucht ihr, mich mit euren Fangfragen in eine Falle zu locken? [19]Zeigt mir eine römische Münze, mit der die Steuern zu bezahlen sind.« Als sie ihm die Münze reichten, fragte er sie: [20]»Wessen Bild und Titel sind hier eingeprägt?«

[21]»Das Bild und der Titel des Kaisers«, antworteten sie. »Nun«, sagte er, »dann gebt dem Kaiser, was ihm gehört. Und gebt Gott, was Gott gehört.« [22]Seine Antwort machte sie sprachlos, und sie gingen weg.

Gespräch über die Auferstehung

[23]Am selben Tag meldeten sich einige Sadduzäer zu Wort. Diese jüdische Gruppierung vertritt die Auffassung, dass es keine Auferstehung nach dem Tod gibt. Sie stellten ihm folgende Frage: [24]»Meister, Mose hat gesagt: ›Wenn ein Mann kinderlos stirbt, soll sein Bruder die Witwe heiraten und ein Kind mit ihr haben. Dieses Kind soll dann der Erbe des verstorbenen Bruders sein.‹ [25]Nun waren da sieben Brüder. Der älteste heiratete und starb kinderlos. Also heiratete der zweite Bruder die Witwe. [26]Auch dieser Bruder starb kinderlos, und der nächste Bruder heiratete die Frau. So ging es immer weiter, bis sie mit allen sieben Brüdern verheiratet gewesen war. [27]Schließlich starb auch sie. [28]Nun sage uns: Wessen Frau wird sie nach der Auferstehung sein? Denn sie war ja mit allen sieben verheiratet!«

[29]Jesus erwiderte: »Ihr irrt euch, weil ihr die Schrift nicht kennt und auch nicht die Macht Gottes! [30]Denn wenn die Toten auferstehen, werden sie nicht verheiratet sein. Sie werden sein wie die Engel im Himmel. [31]Doch nun zu der Frage, ob es überhaupt eine Auferstehung der Toten gibt: Habt ihr nie in der Schrift davon gelesen? Lange nachdem Abraham, Isaak und Jakob gestorben waren, sagte Gott: [32]›Ich bin der Gott Abrahams, der Gott Isaaks und der Gott Jakobs.‹ Also ist er der Gott der Lebenden und nicht der Toten.«

[33]Als die Menschen das hörten, waren sie tief beeindruckt von seinen Worten.

Das wichtigste Gebot

[34]Als die Pharisäer hörten, dass er den Sadduzäern mit seiner Antwort den Mund gestopft hatte, dachten sie sich eine neue Frage aus, die sie ihm stellen wollten. [35]Einer von ihnen, der sich im Gesetz Moses besonders gut auskannte, versuchte, ihm mit der folgenden Frage eine Falle zu stellen: [36]»Meister, welches ist das wichtigste Gebot im Gesetz von Mose?«

[37]Jesus antwortete: »›Du sollst den Herrn, deinen Gott, lieben, von ganzem Herzen, mit ganzer Seele und mit all deinen Gedanken!‹ [38]Das ist das erste und wichtigste Gebot. [39]Ein weiteres ist genauso wichtig: ›Liebe deinen Nächsten wie dich selbst.‹ [40]Alle anderen Gebote und alle Forderungen der Propheten gründen sich auf diese beiden Gebote.«

Wessen Sohn ist der Christus?

[41]Jesus stand mitten unter den Pharisäern. Er richtete eine Frage an sie: [42]»Was denkt ihr über den Christus? Wessen Sohn ist er?« Sie antworteten: »Er ist der Sohn Davids.«

[43]Jesus erwiderte: »Warum hat ihn David, geleitet vom Heiligen Geist, dann Herr genannt? Denn David sagte:

[44]›Der Herr sprach zu meinem Herrn: Setze dich auf den Ehrenplatz zu meiner Rechten, bis ich deine Feinde demütige und sie zum Schemel unter deinen Füßen mache.‹ [45]Wenn David ihn Herr nannte, wie kann er dann gleichzeitig sein Sohn sein?«

[46]Niemand konnte seine Frage beantworten. Danach wagte niemand mehr, ihm weitere Fragen zu stellen.

Jesus warnt die Schriftgelehrten

23 [1]Dann sprach Jesus zu der Menschenmenge und zu seinen Jüngern: [2]»Die Schriftgelehrten und Pharisäer sitzen als Ausleger der Schrift auf dem Stuhl von Mose. [3]Deshalb haltet euch an das, was sie euch sagen, aber folgt nicht ihrem Beispiel. Denn sie handeln nicht nach dem, was sie euch lehren. [4]Sie knebeln euch mit unerfüllbaren religiösen Forderungen und tun nicht das Geringste, um euch die Last zu erleichtern.

[5]Alles, was sie tun, tun sie nur nach außen hin. Am Arm tragen sie besonders große Gebetsriemen, und sie haben extra lange Fransen an ihren Gewändern. [6]Und wie sie es lieben, bei Festessen am Kopfende des Tisches auf dem Ehrenplatz zu sitzen und in der Synagoge auf den besten Plätzen! [7]Sie genießen die Beachtung, die ihnen auf der Straße zuteilwird. Besonders gern mögen sie es, wenn man sie mit ›Rabbi‹ anredet. [8]Lasst euch niemals ›Rabbi‹ nennen. Ihr habt nur einen Meister, und ihr alle seid gleich, wie Brüder und Schwestern. [9]Und bezeichnet niemanden hier auf der Erde als ›Vater‹, denn nur Gott im Himmel ist euer geistlicher Vater. [10]Lasst euch auch nicht ›Lehrer‹ nennen, denn es gibt nur einen Lehrer, und das ist der Christus. [11]Der Größte unter euch muss den anderen dienen. [12]Diejenigen jedoch, die sich über die anderen stellen, werden gedemütigt werden, und die, die demütig sind, werden erhöht.

[13]Euch Schriftgelehrten und Pharisäern wird es schlimm ergehen. Ihr Heuchler! Denn wenn ihr andere nicht ins Himmelreich hineinlasst, werdet auch ihr nicht hineingelassen. [15]Ja, euch Schriftgelehrten und Pharisäern wird es schlimm ergehen. Ihr reist über Land und Meer, um einen Menschen zu bekehren, und dann macht ihr aus ihm einen Sohn der Hölle, der doppelt so schlimm ist wie ihr selbst.

[16]Ihr blinden Anführer! Schlimm wird es euch ergehen! Ihr behauptet, es habe keine Bedeutung, ›beim Tempel Gottes‹ zu schwören – einen solchen Eid könne man ruhig brechen. Und im selben Atemzug behauptet ihr, wenn man aber ›beim Gold im Tempel‹ schwört, müsse man sich daran halten. [17]Ihr verbohrten Dummköpfe! Was ist wichtiger, das Gold oder der Tempel, durch den das Gold erst heilig wird? [18]Ihr sagt, ein Schwur ›beim Altar‹ dürfte ruhig gebrochen werden, ein Eid ›bei den Opfergaben auf dem Altar‹ aber sei bindend! [19]Ihr seid blind! Was ist wichtiger, die Opfergabe auf dem Altar oder der Altar, durch den die Opfergabe erst heilig wird?

²⁰Wenn ihr ›beim Altar‹ schwört, dann schwört ihr bei dem Altar und allem, was darauf ist. ²¹Und wenn ihr ›beim Tempel‹ schwört, schwört ihr beim Tempel und bei Gott, der im Tempel wohnt. ²²Und wenn ihr ›beim Himmel‹ schwört, schwört ihr bei dem Thron Gottes und bei Gott selbst, der auf diesem Thron sitzt.

²³Euch Schriftgelehrten und Pharisäern wird es schlimm ergehen. Ihr Heuchler! Sorgfältig achtet ihr darauf, auch noch vom geringsten Teil eures Einkommens den zehnten Teil abzugeben, doch um die wahrhaft wichtigen Dinge des Gesetzes wie Gerechtigkeit, Barmherzigkeit und Glauben kümmert ihr euch nicht. Ihr sollt den Zehnten geben, gewiss, aber ihr dürft die viel wichtigeren Dinge darüber nicht vernachlässigen. ²⁴Ihr blinden Anführer! Ihr siebt euer Wasser durch, damit ihr nicht aus Versehen eine Mücke verschluckt, und dann verschluckt ihr ein Kamel!

²⁵Euch Schriftgelehrten und Pharisäern wird es schlimm ergehen. Ihr Heuchler! Sorgfältig achtet ihr darauf, dass eure Tassen und Teller nach außen sauber sind, doch innerlich seid ihr durch und durch verdorben – voller Missgunst und Maßlosigkeit! ²⁶Ihr blinden Pharisäer! Wascht erst einmal die Tasse von innen aus; das Äußere wird dann von selbst sauber.

²⁷Euch Schriftgelehrten und Pharisäern wird es schlimm ergehen. Ihr Heuchler! Ihr seid wie weiß getünchte Gräber – mit einer sauberen, ordentlichen Außenseite, doch innen voller Gebeine und Schmutz. ²⁸Ihr gebt euch den Anschein rechtschaffener Leute, doch euer Herz ist voller Heuchelei und Gesetzesverachtung.

²⁹Euch Schriftgelehrten und Pharisäern wird es schlimm ergehen. Ihr Heuchler! Ihr baut Grabmäler für die Propheten, die von euren Vorfahren ermordet wurden, und schmückt die Gräber der gottesfürchtigen und gerechten Menschen, die von euren Vorfahren umgebracht wurden. ³⁰Und dann behauptet ihr dreist: ›Wir hätten niemals mitgemacht, als sie die Propheten ermordeten.‹

³¹Damit bestätigt ihr selbst, dass ihr die Nachkommen der Prophetenmörder seid. ³²Macht weiter so! Bringt zu Ende,

was sie angefangen haben. ³³Ihr Schlangen! Ihr Söhne von Vipern! Wie wollt ihr der Verurteilung zur ewigen Verdammnis entgehen? ³⁴Ich werde euch Propheten und weise Männer und Schriftgelehrte schicken. Einige von ihnen werdet ihr kreuzigen, andere werdet ihr in euren Synagogen auspeitschen und sie von Stadt zu Stadt hetzen. ³⁵Und deshalb werdet ihr schuldig gesprochen werden für die Ermordung aller gottesfürchtigen Menschen, angefangen mit dem gerechten Abel, bis zu Secharja, dem Sohn des Berechja, den ihr im Tempel zwischen Altar und Heiligtum ermordet habt. ³⁶Ich versichere euch: Die Strafe für all das wird über diese Generation hereinbrechen.

Jesus trauert um Jerusalem

³⁷O Jerusalem, Jerusalem, du Stadt, die Propheten ermordet und Gottes Boten steinigt! Wie oft wollte ich deine Kinder zusammenrufen, wie eine Henne, die ihre Küken unter ihren Flügeln birgt, doch ihr habt es nicht zugelassen. ³⁸Und nun seht, euer Haus ist euch überlassen, leer und verödet. ³⁹Denn ich sage euch, ihr werdet mich nicht wieder sehen, ehe ihr nicht sagt: ›Gelobt sei, der da kommt im Namen des Herrn.‹«

Jesus spricht über die Zukunft der Welt

24 ¹Als Jesus das Tempelgelände verließ, zeigten seine Jünger ihm die verschiedenen Gebäude, die zum Tempel gehörten. ²Doch er sagte zu ihnen: »Seht ihr diese Gebäude? Ich versichere euch: Sie werden alle zerstört werden, sodass kein Stein auf dem anderen bleibt.«

³Später saß Jesus am Hang des Ölbergs. Seine Jünger kamen zu ihm und fragten: »Wann wird all das geschehen? Und wird es vorher ein Zeichen geben, das deine Wiederkehr und das Ende der Welt ankündigt?«

⁴Jesus antwortete ihnen: »Lasst euch von niemandem etwas weismachen. ⁵Viele werden in meinem Namen auftreten und behaupten: ›Ich bin der Christus‹, und sie werden viele irreführen. ⁶Überall werden Kriege ausbrechen. Aber habt keine Angst – diese Dinge müssen geschehen, doch das Ende wird

noch nicht unmittelbar darauf folgen. [7]Völker und Königreiche werden sich den Krieg erklären. In vielen Teilen der Welt wird es Erdbeben geben, und es wird zu Hungersnöten kommen. [8]Doch all das wird erst der Anfang der Schrecken sein, die auf euch zukommen.

[9]Ihr werdet verhaftet, verfolgt und umgebracht werden. Auf der ganzen Welt wird man euch hassen, weil ihr euch zu meinem Namen bekennt. [10]Viele werden sich von mir abwenden und einander verraten und hassen. [11]Viele falsche Propheten werden auftreten und die Menschen täuschen. [12]Die Gesetzlosigkeit wird immer mehr überhandnehmen und die Liebe wird bei vielen erkalten. [13]Doch wer bis zum Ende durchhält, wird gerettet werden. [14]Die Botschaft vom Reich Gottes wird auf der ganzen Welt gepredigt werden, damit alle Völker sie hören, und dann erst wird das Ende kommen.

[15]Es wird eine Zeit kommen, da werdet ihr sehen, wovon der Prophet Daniel gesprochen hat: das abscheuliche Götzenbild, das den heiligen Ort, an dem es steht, entweiht. Wer dies liest, der horche auf! [16]Dann müssen alle Menschen in Judäa in die Berge fliehen. [17]Wer sich vor seinem Haus befindet, darf nicht mehr hineingehen, um zu packen. [18]Wer draußen auf dem Feld ist, darf nicht erst nach Hause gehen, um sich einen Mantel zu holen. [19]Besonders schlimm wird diese Zeit für schwangere Frauen sein und für Mütter, die ihre Kinder stillen. [20]Betet darum, dass ihr nicht im Winter oder an einem Sabbat fliehen müsst. [21]Denn es wird eine Schreckenszeit sein, wie die Welt sie noch nie erlebt hat und auch nie wieder erleben wird. [22]Wenn diese Zeit der Not nicht abgekürzt würde, würde die gesamte Menschheit umkommen. Doch wegen der Auserwählten Gottes wird sie abgekürzt werden.

[23]Wenn irgendjemand zu euch sagt: ›Schaut her, hier ist der Christus‹ oder ›Da ist er‹, beachtet ihn nicht. [24]Denn falsche Erlöser und falsche Propheten werden überall auftauchen und große Zeichen und Wunder vollbringen, um selbst die von Gott Auserwählten zu verführen. [25]Ich habe euch gewarnt!

[26]Wenn euch also jemand erzählt: ›Der Christus ist draußen

in der Wüste‹, macht euch nicht die Mühe hinzugehen und nachzusehen. Oder wenn einer sagt: ›Da und da hält er sich verborgen‹ – glaubt es nicht! 27Denn wenn der Menschensohn kommt, wird es sein wie ein Blitz, der den ganzen Himmel erhellt. 28So wie ein Schwarm Geier ein Hinweis darauf ist, dass in der Nähe ein Tierkadaver liegt, sind diese Zeichen der Beweis, dass das Ende nahe ist.

29Unmittelbar nachdem diese schreckliche Zeit zu Ende ist, wird sich die Sonne verfinstern, der Mond wird nicht mehr leuchten, die Sterne werden vom Himmel stürzen und die Kräfte des Himmels werden erschüttert. 30Und schließlich wird das Zeichen für das Kommen des Menschensohns am Himmel erscheinen, und unter den Völkern der Erde wird tiefe Trauer herrschen. Sie werden sehen, wie der Menschensohn mit großer Macht und Herrlichkeit auf den Wolken des Himmels kommt. 31Er wird seine Engel mit lautem Posaunenschall vorausschicken, und sie werden seine Auserwählten von den Enden der Welt sammeln.

32Lernt vom Feigenbaum: Wenn seine Knospen weich werden und die Blätter zu sprießen beginnen, wisst ihr, dass der Sommer kommt, ohne dass es euch jemand sagt. 33Wenn ihr also seht, wie alle diese Dinge passieren, dann wisst ihr, dass die Wiederkunft des Menschensohnes vor der Tür steht. 34Ich versichere euch: Diese Generation wird nicht von der Erde verschwinden, bevor all das geschehen ist. 35Himmel und Erde werden vergehen, doch meine Worte bleiben ewig.

36Niemand kennt den Tag oder die Stunde, in der diese Dinge geschehen werden, nicht einmal die Engel im Himmel, und auch nicht der Sohn. Nur der Vater weiß es.

37Wenn der Menschensohn wiederkommt, wird es sein wie zur Zeit Noahs. 38In den Tagen vor der Sintflut feierten die Menschen rauschende Feste, Orgien und Hochzeiten, bis Noah in seine Arche stieg. 39Sie merkten nicht, was geschah, bis die Flut kam und sie alle hinwegschwemmte. Genauso wird es sein, wenn der Menschensohn kommt.

40Zwei Männer werden zusammen auf dem Feld arbeiten; einer wird mitgenommen, der andere zurückgelassen. 41Zwei

Frauen werden in der Mühle Mehl mahlen; eine wird mitgenommen, die andere zurückgelassen. [42]Deshalb haltet euch bereit, denn ihr wisst nicht, wann euer Herr wiederkommt.

[43]Macht euch eines klar: Ein Hausbesitzer, der weiß, wann der Dieb kommt, ist wachsam und lässt es nicht zu, dass in sein Haus eingebrochen wird. [44]Ihr müsst jederzeit bereit sein. Denn der Menschensohn wird kommen, wenn ihr es am wenigsten erwartet.

[45]Wer ist also ein vertrauenswürdiger und kluger Diener, dem der Herr sein Haus und die Versorgung seiner Familie anvertrauen kann? [46]Wenn der Herr zurückkommt und feststellt, dass der Diener seine Aufgabe zu seiner Zufriedenheit erfüllt, ist der Diener glücklich zu schätzen. [47]Ich versichere euch: Der Herr wird diesem Diener die Verantwortung für seinen gesamten Besitz übertragen. [48]Doch wenn der Diener böse ist und glaubt, ›Mein Herr wird ja erst einmal eine Weile fort sein‹, [49]wenn er anfängt, die anderen Diener schlecht zu behandeln, und Trinkgelage veranstaltet – [50]dann wird sein Herr unangemeldet und völlig überraschend zurückkehren. [51]Und er wird diesen Diener davonjagen und dorthin schicken, wo auch die Heuchler sind. Und an jenem Ort werden sie weinen und mit den Zähnen knirschen.

Das Gleichnis von den zehn Brautjungfern

25 [1]Man kann das Himmelreich auch am Beispiel der zehn Brautjungfern erklären, die ihre Lampen nahmen und dem Bräutigam entgegengingen. [2]Fünf von ihnen waren töricht, und fünf waren klug. [3]Die fünf törichten nahmen kein Öl für ihre Lampen mit, [4]doch die fünf anderen waren so umsichtig, zusätzliches Öl mitzunehmen. [5]Als sich der Bräutigam verspätete, legten sie sich alle hin und schliefen. [6]Um Mitternacht wurden sie von dem Ruf aus dem Schlaf gerissen: ›Seht, da kommt der Bräutigam! Geht und begrüßt ihn!‹

[7]Rasch standen alle Brautjungfern auf und machten ihre Lampen zurecht. [8]Da baten die fünf törichten die anderen: ›Gebt uns doch ein wenig von eurem Öl ab, sonst erlöschen

unsere Lampen.‹ ⁹Doch diese erwiderten: ›Wir haben nicht
genügend Öl für uns alle. Geht und kauft euch welches.‹

¹⁰Aber während sie noch unterwegs waren, um Öl zu kaufen, traf der Bräutigam ein. Die, die zu seinem Empfang bereit
waren, gingen mit ihm zur Hochzeitsfeier, und die Tür wurde
zugeschlossen. ¹¹Als die anderen fünf Brautjungfern schließlich kamen, standen sie draußen und riefen: ›Herr, mach uns
auf!‹ ¹²Aber er antwortete: ›Ich kenne euch nicht!‹

¹³Deshalb seid wachsam, denn ihr kennt weder den Tag
noch die Stunde meiner Wiederkehr.

Das Gleichnis von den drei Dienern

¹⁴Man kann das Himmelreich auch am Beispiel von dem
Mann erklären, der auf eine Reise ging. Er rief alle seine Diener zusammen und gab ihnen Geld, das sie während seiner
Abwesenheit für ihn anlegen sollten. ¹⁵Einem gab er fünf
Beutel Gold, einem anderen gab er zwei Beutel und dem
dritten gab er einen Beutel – jeweils ihren Fähigkeiten entsprechend. Dann reiste er ab. ¹⁶Der Diener, der die fünf Beutel erhalten hatte, ging sofort daran, das Geld anzulegen,
und konnte es schließlich verdoppeln. ¹⁷Der Diener mit den
zwei Beuteln machte sich ebenfalls sogleich an die Arbeit
und verdoppelte das Geld. ¹⁸Der Dritte jedoch, der den einen
Beutel Gold bekommen hatte, grub einfach ein Loch in die
Erde und versteckte das Geld seines Herrn, um es sicher zu
verwahren.

¹⁹Nach langer Zeit kehrte ihr Herr von seiner Reise zurück
und rief sie zu sich. Sie sollten ihm berichten, was sie mit seinem Geld gemacht hatten. ²⁰Der Diener, dem er fünf Beutel
Gold anvertraut hatte, sagte: ›Herr, du gabst mir fünf Beutel
Gold, und ich habe sie verdoppelt.‹ ²¹Der Herr freute sich
sehr. ›Gut gemacht, mein guter und treuer Diener. Du bist
mit diesem kleinen Betrag zuverlässig umgegangen, deshalb
will ich dir größere Verantwortung übertragen. Lass uns miteinander feiern!‹

²²Als Nächstes kam der Diener an die Reihe, der die zwei
Beutel Gold bekommen hatte. ›Herr, du hast mir zwei Beutel

Gold gegeben, und ich habe sie verdoppelt.‹ ²³Der Herr sagte: ›Gut gemacht, mein guter und treuer Diener. Du bist mit diesem kleinen Betrag zuverlässig umgegangen, deshalb will ich dir größere Verantwortung übertragen. Lass uns miteinander feiern!‹

²⁴Dann kam der Diener mit dem einen Beutel Gold und sagte: ›Herr, ich weiß, du bist ein strenger Mann, der erntet, was er nicht gepflanzt hat, und sammelt, was er nicht angebaut hat. ²⁵Ich hatte Angst, dein Geld zu verlieren, also vergrub ich es in der Erde. Hier ist es.‹

²⁶Aber der Herr erwiderte: ›Du böser, fauler Diener! Du hältst mich für einen strengen Mann, der erntet, was er nicht gepflanzt hat, und der sammelt, was er nicht angebaut hat? ²⁷Du hättest wenigstens mein Geld zur Bank bringen können, dann hätte ich immerhin noch Zinsen dafür bekommen. ²⁸Nehmt diesem Diener das Geld weg und gebt es dem mit den zehn Beuteln Gold. ²⁹Wer das, was ihm anvertraut ist, gut verwendet, dem wird noch mehr gegeben, und er wird im Überfluss haben. Wer aber untreu ist, dem wird noch das wenige, das er besitzt, genommen. ³⁰Und nun werft diesen nutzlosen Diener hinaus in die Dunkelheit, wo Weinen und Zähneknirschen herrschen.‹

Das Weltgericht

³¹Doch wenn der Menschensohn in Herrlichkeit wiederkommt, und alle Engel mit ihm, wird er auf seinem Thron der Herrlichkeit sitzen. ³²Alle Völker werden vor ihm zusammengerufen, und er wird sie trennen, so wie ein Hirte die Schafe von den Ziegen trennt. ³³Die Schafe wird er zu seiner Rechten hinstellen, die Ziegen zu seiner Linken. ³⁴Dann wird der König zu denen auf seiner rechten Seite sagen: ›Kommt, ihr seid von meinem Vater gesegnet, ihr sollt das Reich Gottes erben, das seit der Erschaffung der Welt auf euch wartet. ³⁵Denn ich war hungrig, und ihr habt mir zu essen gegeben. Ich war durstig, und ihr gabt mir zu trinken. Ich war ein Fremder, und ihr habt mich in euer Haus eingeladen. ³⁶Ich war nackt, und ihr habt mich gekleidet. Ich war krank, und ihr

habt mich gepflegt. Ich war im Gefängnis, und ihr habt mich besucht.‹

[37]Dann werden diese Gerechten fragen: ›Herr, wann haben wir dich jemals hungrig gesehen und dir zu essen gegeben? Wann sahen wir dich durstig und haben dir zu trinken gegeben? [38]Wann warst du ein Fremder und wir haben dir Gastfreundschaft erwiesen? Oder wann warst du nackt und wir haben dich gekleidet? [39]Wann haben wir dich je krank oder im Gefängnis gesehen und haben dich besucht?‹ [40]Und der König wird ihnen entgegnen: ›Ich versichere euch: Was ihr für einen der Geringsten meiner Brüder und Schwestern getan habt, das habt ihr für mich getan!‹

[41]Und dann wird sich der König denen auf seiner linken Seite zuwenden und sagen: ›Fort mit euch, ihr Verfluchten, ins ewige Feuer, das für den Teufel und seine bösen Geister bestimmt ist! [42]Denn ich war hungrig, und ihr habt mir nichts zu essen gegeben. Ich war durstig, und ihr gabt mir nichts zu trinken. Ich war ein Fremder, und ihr habt mich nicht in euer Haus eingeladen. [43]Ich war nackt, und ihr habt mich nicht gekleidet. Ich war krank, und ihr habt mich nicht gepflegt. Ich war im Gefängnis, und ihr habt mich nicht besucht.‹

[44]Dann werden sie fragen: ›Herr, wann haben wir dich jemals hungrig oder durstig oder als Fremden, nackt, krank oder im Gefängnis gesehen und dir nicht geholfen?‹ [45]Und er wird ihnen erwidern: ›Ich versichere euch: Was ihr bei einem der Geringsten meiner Brüder und Schwestern unterlassen habt, das habt ihr an mir unterlassen!‹ [46]Und sie werden der ewigen Verdammnis übergeben werden, den Gerechten aber wird das ewige Leben geschenkt.«

Das Mordkomplott gegen Jesus

26 [1]Als Jesus zu Ende gesprochen hatte, sagte er zu seinen Jüngern: [2]»Wie ihr wisst, beginnen in zwei Tagen die Feierlichkeiten zum Passahfest. Dann wird der Menschensohn verraten und gekreuzigt werden.«

[3]Zur selben Zeit trafen sich die obersten Priester und die Ältesten des jüdischen Volkes im Haus von Kaiphas, dem Ho-

hen Priester, ⁴um zu beraten, wie sie Jesus heimlich verhaften und töten könnten. ⁵»Aber es darf nicht während des Passahfestes geschehen«, hatten sie beschlossen, »sonst gibt es einen Aufruhr.«

Jesus wird in Betanien gesalbt

⁶In der Zwischenzeit war Jesus zu Gast im Haus von Simon, einem Mann, der früher einmal Aussatz gehabt hatte. ⁷Während des Abendessens kam eine Frau mit einem wunderschönen Gefäß mit teurem Parfümöl herein, das sie ihm über den Kopf goss. ⁸Die Jünger waren sehr aufgebracht, als sie das sahen. »Was für eine Geldverschwendung«, ärgerten sie sich. ⁹»Sie hätte es lieber für viel Geld verkaufen und den Erlös den Armen geben sollen.«

¹⁰Doch Jesus erwiderte: »Warum fallt ihr über sie her? Sie tut mir etwas Gutes. ¹¹Die Armen werdet ihr immer bei euch haben, aber ich werde nicht mehr lange bei euch sein. ¹²Sie hat dieses Parfümöl über mir ausgegossen, um meinen Körper zum Begräbnis vorzubereiten. ¹³Ich versichere euch: Überall auf der Welt, wo man die gute Botschaft verbreiten wird, wird man auch davon sprechen, was diese Frau getan hat.«

Der Verrat

¹⁴Dann ging Judas Iskariot, einer der zwölf Jünger, zu den obersten Priestern ¹⁵und fragte sie: »Wie viel bezahlt ihr mir, wenn ich Jesus an euch verrate?« Und sie gaben ihm dreißig Silberstücke.

¹⁶Von da an hielt Judas Ausschau nach dem geeigneten Ort und dem richtigen Zeitpunkt, Jesus zu verraten.

Das letzte Abendmahl

¹⁷Am ersten Tag des Festes der ungesäuerten Brote kamen die Jünger zu Jesus und fragten ihn: »Wo sollen wir das Passahmahl vorbereiten?«

¹⁸Er antwortete ihnen: »Wenn ihr in die Stadt geht, werdet ihr dort einen Mann sehen. Sagt ihm: ›Der Meister lässt dir sagen: Meine Zeit ist gekommen. Ich möchte das Passahmahl

mit meinen Jüngern in deinem Haus feiern.‹« ¹⁹Die Jünger taten, was Jesus ihnen gesagt hatte, und bereiteten dort das Passahmahl vor.

²⁰Als es Abend war, setzte sich Jesus mit den zwölf Jüngern an den Tisch. ²¹Während sie aßen, sagte er: »Ich sage euch: Einer von euch wird mich verraten.«

²²Zutiefst erschrocken begannen sie, ihn nacheinander zu fragen: »Doch nicht ich, Herr, oder?«

²³Er antwortete: »Einer von euch, der jetzt mit mir isst, wird mich verraten. ²⁴Der Menschensohn muss sterben, wie es die Schrift vor langer Zeit vorausgesagt hat. Doch wie schrecklich wird es erst seinem Verräter ergehen! Es wäre besser für ihn, er wäre nie geboren worden!«

²⁵Auch Judas, der ihn verraten sollte, fragte: »Rabbi, ich bin es doch nicht etwa, oder?« Und Jesus entgegnete ihm: »Du hast es selbst gesagt.«

²⁶Während sie aßen, nahm Jesus einen Laib Brot, dankte und bat Gott um seinen Segen. Dann brach er ihn in Stücke und gab sie den Jüngern mit den Worten: »Nehmt und esst, denn das ist mein Leib.« ²⁷Und dann nahm er einen Becher mit Wein und dankte Gott dafür. Er gab ihn seinen Jüngern und sagte: »Jeder von euch soll davon trinken, ²⁸denn das ist mein Blut, das den Bund zwischen Gott und den Menschen besiegelt. Es wird vergossen, um die Sünden vieler Menschen zu vergeben. ²⁹Merkt euch meine Worte – ich werde keinen Wein mehr trinken bis zu dem Tag, an dem ich ihn wieder mit euch im Reich meines Vaters trinken werde.« ³⁰Dann sangen sie ein Loblied und gingen hinaus auf den Ölberg.

Jesus sagt voraus, dass Petrus ihn verleugnen wird

³¹»Heute Nacht werdet ihr mich alle verlassen«, sagte Jesus zu ihnen. »Denn in der Schrift steht: ›Gott wird den Hirten schlagen, und die Schafe der Herde werden zerstreut werden.‹

³²Doch wenn ich von den Toten auferstanden bin, werde ich euch nach Galiläa vorausgehen und euch dort treffen.«

³³Petrus behauptete: »Selbst wenn dich alle verlassen, ich werde bei dir bleiben.«

³⁴»Petrus«, erwiderte Jesus, »ich versichere dir, noch in dieser Nacht wirst du mich drei Mal verleugnen, ehe der Hahn kräht.«

³⁵»Nein!«, beharrte Petrus. »Nicht einmal, wenn ich mit dir sterben müsste! Ich werde dich niemals verleugnen!« Und alle anderen Jünger beteuerten dasselbe.

Jesus betet in Gethsemane

³⁶Dann nahm Jesus sie mit in einen Olivenhain mit dem Namen Gethsemane. Dort sagte er zu ihnen: »Bleibt hier sitzen, während ich ein Stück weitergehe, um zu beten.« ³⁷Petrus und die beiden Söhne des Zebedäus, Jakobus und Johannes, nahm er mit. Er war sehr traurig, und schreckliche Angst quälte ihn. ³⁸Er sagte zu ihnen: »Meine Seele ist zu Tode betrübt. Bleibt hier und wacht mit mir.«

³⁹Er ging noch ein bisschen weiter, sank zu Boden und betete: »Mein Vater! Wenn es möglich ist, lass den Kelch des Leides an mir vorübergehen. Doch ich will deinen Willen tun, nicht meinen.« ⁴⁰Dann kehrte er zu den Jüngern zurück und sah, dass sie eingeschlafen waren. Er sagte zu Petrus: »Konntet ihr nicht wenigstens eine Stunde mit mir wach bleiben? ⁴¹Bleibt wach und betet. Sonst wird euch die Versuchung überwältigen. Denn der Geist ist zwar willig, aber der Körper ist schwach!«

⁴²Und wieder ließ er sie zurück und betete: »Mein Vater! Wenn dieser Kelch nicht an mir vorübergehen kann, dann geschehe dein Wille.« ⁴³Wieder ging er zu den Jüngern zurück und sah, dass sie schliefen, denn sie konnten ihre Augen nicht offen halten.

⁴⁴Da ging er ein drittes Mal fort, um zu beten, und sprach die gleichen Worte. ⁴⁵Dann kehrte er zu den Jüngern zurück und sagte: »Schlaft ihr immer noch? Ruht ihr euch immer noch aus? Nun ist es so weit. Der Menschensohn wird in die Hände der Verbrecher ausgeliefert. ⁴⁶Kommt, lasst uns gehen. Seht, mein Verräter ist schon da!«

Jesus wird verhaftet

[47]Noch während er das sagte, kam Judas, einer der zwölf Jünger, inmitten einer mit Schwertern und Knüppeln bewaffneten Menge auf ihn zu. Sie waren von den obersten Priestern und den Ältesten des Volkes geschickt worden. [48]Judas hatte vorher mit ihnen ein Zeichen vereinbart: »Ihr sollt den festnehmen, den ich zur Begrüßung küsse.« [49]Also ging Judas direkt auf Jesus zu. »Ich grüße dich, Rabbi!«, rief er und gab ihm einen Kuss.

[50]Jesus sagte: »Mein Freund, tu, wozu du gekommen bist.« Da packten die anderen Männer Jesus und nahmen ihn fest. [51]Einer der Männer um Jesus zog ein Schwert und schlug einem Diener des Hohen Priesters ein Ohr ab.

[52]»Steck dein Schwert weg«, befahl ihm Jesus. »Wer das Schwert benutzt, wird durchs Schwert umkommen. [53]Wisst ihr denn nicht, dass ich meinen Vater um Tausende von Engeln bitten könnte, um uns zu beschützen, und er würde sie sofort schicken? [54]Doch wenn ich das täte, wie sollte sich dann erfüllen, was in der Schrift vorausgesagt wird und nun eintreten muss?«

[55]Dann sagte Jesus zu den Männern: »Bin ich ein gefährlicher Verbrecher, dass ihr mit Schwertern und Knüppeln bewaffnet ausgerückt seid, um mich festzunehmen? Warum habt ihr mich nicht im Tempel verhaftet? Ich habe doch jeden Tag dort gepredigt. [56]Doch all das geschieht, um die Worte der Propheten zu erfüllen, wie sie in der Schrift aufgeschrieben sind.« Da verließen ihn alle Jünger und flohen.

Jesus vor dem Hohen Rat

[57]Dann brachten die Leute, die Jesus verhaftet hatten, ihn in das Haus von Kaiphas, dem Hohen Priester. Dort hatten sich die Schriftgelehrten und die Ältesten bereits versammelt. [58]Petrus folgte ihnen in einiger Entfernung bis in den Innenhof des hohepriesterlichen Hauses. Er ging hinein und setzte sich so zu den Wachen, dass er sehen konnte, was mit Jesus geschehen würde.

[59]Im Haus suchten die obersten Priester und der gesamte

Hohe Rat nach Zeugen, die zu einer Falschaussage gegen Jesus bereit wären, sodass sie ihn zum Tode verurteilen konnten. ⁶⁰Aber obwohl sie viele fanden, die sich zu falschen Aussagen bereit erklärten, war keine Aussage darunter, die sie gegen ihn verwenden konnten. Schließlich fanden sie zwei Männer, ⁶¹die behaupteten: »Dieser Mann hat gesagt: ›Ich kann den Tempel Gottes zerstören und ihn in drei Tagen wieder aufbauen.‹«

⁶²Da stand der Hohe Priester auf und fragte Jesus: »Hast du zu diesen Anschuldigungen nichts zu sagen? Was hast du zu deiner Verteidigung vorzubringen?« ⁶³Doch Jesus schwieg. Da sagte der Hohe Priester zu ihm: »Im Namen des lebendigen Gottes, sage uns, ob du der Christus bist, der Sohn Gottes.«

⁶⁴Jesus erwiderte: »Es ist, wie du sagst. Von nun an werdet ihr den Menschensohn zur Rechten Gottes sehen, auf dem Platz der Macht, und ihr werdet sehen, wie er auf den Wolken des Himmels wiederkommen wird.«

⁶⁵Da zerriss der Hohe Priester zum Zeichen seines Abscheus sein Gewand und rief aus: »Gotteslästerung! Wozu brauchen wir noch weitere Zeugen? Ihr alle habt seine Gotteslästerung gehört! ⁶⁶Was ist euer Urteil?« Sie riefen: »Schuldig! Er muss sterben!«

⁶⁷Dann spuckten sie Jesus ins Gesicht und schlugen ihn mit den Fäusten. Und einige prügelten auf ihn ein ⁶⁸mit den Worten: »Prophezeie uns, du Christus! Wer hat dich gerade geschlagen?«

Petrus verleugnet Jesus

⁶⁹Während Petrus draußen im Hof saß, ging eine junge Dienerin vorüber und sagte zu ihm: »Du bist doch auch einer von denen, die zu Jesus, dem Galiläer, gehören.«

⁷⁰Doch Petrus leugnete laut, sodass es alle hören konnten. »Ich weiß nicht, wovon du sprichst«, sagte er.

⁷¹Später, als er draußen am Tor war, bemerkte ihn eine andere Dienerin, und auch sie sagte zu den Umstehenden: »Dieser Mann war bei Jesus von Nazareth.«

⁷²Und wieder leugnete Petrus, diesmal schwor er sogar: »Ich kenne den Mann noch nicht einmal.«

⁷³Ein wenig später kamen andere Umstehende und sagten zu ihm: »Du musst einer von ihnen sein; wir erkennen dich an deinem galiläischen Akzent.«

⁷⁴Wieder sagte Petrus: »Ich schwöre bei Gott, ich kenne diesen Mann nicht.« Und in diesem Augenblick krähte der Hahn. ⁷⁵Plötzlich fielen Petrus die Worte von Jesus wieder ein: »Ehe der Hahn kräht, wirst du mich drei Mal verleugnen.« Und er ging fort und weinte bitterlich.

Judas erhängt sich

27 ¹Früh am nächsten Morgen versammelten sich die obersten Priester und die Ältesten des jüdischen Volkes noch einmal. Sie berieten, wie sie die römische Regierung dazu bringen konnten, Jesus zum Tode zu verurteilen. ²Sie fesselten ihn und brachten ihn zu Pilatus, dem römischen Statthalter.

³Als seinem Verräter Judas klar wurde, dass Jesus zum Tode verurteilt war, überfiel ihn tiefe Reue. Er wollte den obersten Priestern und Ältesten die dreißig Silberstücke zurückgeben. ⁴»Ich habe gesündigt«, gestand er, »ich habe einen Unschuldigen verraten.« Sie fuhren ihn an: »Was geht uns das an? Das ist deine Sache.« ⁵Da warf Judas das Geld auf den Boden des Tempels, ging hinaus und erhängte sich. ⁶Die obersten Priester hoben das Geld auf. »Wir können es nicht zum Tempelschatz legen«, sagten sie, »denn es ist todbringendes Geld.« ⁷Und nachdem sie eine Weile beraten hatten, beschlossen sie, den Acker des Töpfers davon zu kaufen und daraus einen Friedhof für Fremde zu machen. ⁸Deshalb heißt dieses Stück Land heute noch Blutacker. ⁹So erfüllte sich die Prophezeiung Jeremias: »Sie nahmen die dreißig Silberstücke – die Summe, die er dem Volk Israel wert war – ¹⁰und kauften damit den Acker des Töpfers, so wie es der Herr befahl.«

Jesus vor Pilatus

[11]Nun stand Jesus vor Pilatus, dem römischen Statthalter. »Bist du der König der Juden?«, fragte dieser ihn. Jesus antwortete: »Ja, es ist, wie du sagst.«

[12]Doch als die obersten Priester und die Ältesten ihre Anklagen vorbrachten, schwieg Jesus. [13]»Hörst du nicht die Anschuldigungen gegen dich?«, fragte Pilatus. [14]Doch sehr zum Erstaunen des Statthalters sagte Jesus nichts.

[15]Es war Brauch, dass der Statthalter jedes Jahr anlässlich des Passahfestes einen Gefangenen freiließ, den das Volk bestimmen durfte. [16]In diesem Jahr saß ein berüchtigter Verbrecher namens Barabbas im Gefängnis. [17]Als die Menge sich an diesem Morgen vor dem Haus von Pilatus versammelt hatte, fragte er sie: »Welchen soll ich für euch freilassen – Barabbas oder Jesus, den man den Christus nennt?« [18]Denn er wusste sehr wohl, dass sie Jesus nur aus Neid verhaftet hatten.

[19]Während Pilatus auf dem Richterstuhl saß, schickte ihm seine Frau eine Nachricht: »Lass diesen unschuldigen Mann in Ruhe; ich hatte letzte Nacht seinetwegen einen schrecklichen Traum.«

[20]In der Zwischenzeit hatten die obersten Priester und die Ältesten das Volk aufgehetzt: Es sollte die Freilassung von Barabbas und die Hinrichtung von Jesus fordern. [21]Als der Statthalter noch einmal fragte: »Wen von diesen beiden soll ich freilassen?«, rief die Menge: »Barabbas!«

[22]»Aber wenn ich Barabbas freilasse«, fragte Pilatus, »was soll ich dann mit Jesus machen, der Christus genannt wird?« Und alle schrien: »Kreuzige ihn!« [23]»Warum?«, wollte Pilatus wissen. »Was hat er denn verbrochen?« Aber die Menge schrie nur noch lauter: »Kreuzige ihn!«

[24]Pilatus sah, dass er so nicht weiterkam und dass sich ein Tumult anbahnte. Da ließ er sich eine Schüssel mit Wasser bringen und wusch sich vor den Augen der Menge die Hände mit den Worten: »Ich bin unschuldig am Blut dieses Mannes. Die Verantwortung liegt bei euch!«

[25]Und die Menge schrie zurück: »Wir übernehmen die Verantwortung für seinen Tod – wir und unsere Kinder!«

²⁶Also ließ Pilatus Barabbas frei. Jesus aber ließ er auspeitschen und lieferte ihn dann den römischen Soldaten aus, die ihn kreuzigen sollten.

Die Soldaten verspotten Jesus

²⁷Einige der Soldaten des Statthalters brachten Jesus in das Prätorium und riefen alle anderen Soldaten zusammen. ²⁸Sie zogen ihn aus und legten ihm ein purpurrotes Gewand an. ²⁹Dann machten sie eine Krone aus langen, spitzen Dornen, setzten sie ihm auf den Kopf und gaben ihm einen Stock in die rechte Hand als Zepter. Daraufhin knieten sie vor ihm nieder, verhöhnten ihn und grölten: »Sei gegrüßt, König der Juden!« ³⁰Und sie spuckten ihn an, nahmen ihm den Stock weg und schlugen ihn damit auf den Kopf. ³¹Nachdem sie ihn verspottet hatten, nahmen sie ihm das Gewand ab und zogen ihm seine eigenen Kleider wieder an. Dann führten sie ihn zur Kreuzigungsstätte.

Die Kreuzigung

³²Auf dem Weg begegnete ihnen ein Mann namens Simon, der aus Kyrene stammte. Den zwangen sie, das Kreuz für Jesus zu tragen. ³³Dann zogen sie hinaus zu einem Ort namens Golgatha, das heißt Schädelstätte. ³⁴Die Soldaten gaben ihm Wein, der mit bitterer Galle vermischt war, doch als er ihn schmeckte, weigerte er sich, ihn zu trinken.

³⁵Nachdem sie ihn ans Kreuz genagelt hatten, würfelten die Soldaten um seine Kleider. ³⁶Dann setzten sie sich um das Kreuz und hielten Wache. ³⁷Über seinem Kopf wurde eine Tafel angebracht, auf der stand, was ihm vorgeworfen wurde: »Dies ist Jesus, der König der Juden.«

³⁸Zusammen mit ihm wurden zwei Verbrecher gekreuzigt, einer auf jeder Seite von ihm. ³⁹Die Leute, die vorübergingen, beschimpften und verhöhnten ihn: ⁴⁰»So! Du kannst also den Tempel zerstören und in drei Tagen wieder aufbauen? Nun, wenn du der Sohn Gottes bist, dann rette dich doch selbst und steig vom Kreuz herab!«

⁴¹Die obersten Priester, Schriftgelehrten und Ältesten ver-

spotteten Jesus ebenfalls. [42]»Anderen hat er geholfen«, höhnten sie, »aber sich selbst kann er nicht helfen! Wenn er wirklich der König Israels ist, dann soll er doch vom Kreuz herabsteigen. Dann werden wir an ihn glauben! [43]Er hat Gott vertraut – nun soll Gott zeigen, dass er zu ihm steht, indem er ihn verschont! Er hat ja behauptet: ›Ich bin der Sohn Gottes.‹« [44]Und auch die Verbrecher, die mit ihm gekreuzigt worden waren, verhöhnten ihn.

Der Tod von Jesus

[45]Um die Mittagszeit wurde es plötzlich im ganzen Land dunkel – bis drei Uhr. [46]Gegen drei Uhr rief Jesus mit lauter Stimme: »Eli, Eli, lama asabtani?«, das bedeutet: »Mein Gott, mein Gott, warum hast du mich verlassen?«

[47]Einige der Vorübergehenden hatten ihn falsch verstanden und dachten, er riefe nach dem Propheten Elia. [48]Einer lief und tauchte einen Schwamm in Weinessig und hielt ihn auf einem Stab hoch, damit er trinken konnte.

[49]Aber die anderen sagten: »Lass ihn in Ruhe. Wir wollen sehen, ob Elia kommt und ihn rettet.«

[50]Da schrie Jesus noch einmal und starb. [51]In diesem Augenblick zerriss der Vorhang im Tempel von oben bis unten in zwei Teile. [52]Die Erde bebte, Felsen zerbarsten, Gräber öffneten sich und die Leiber vieler gottesfürchtiger Männer und Frauen, die schon längst verstorben waren, wurden von den Toten auferweckt. [53]Nachdem Jesus auferstanden war, verließen sie die Gräber, gingen in die heilige Stadt Jerusalem und erschienen dort vielen Menschen.

[54]Den römischen Offizier und die anderen Soldaten, die ihn gekreuzigt hatten, überkam Todesangst bei dem Erdbeben und den anderen Ereignissen. Sie sagten: »Es stimmt, das war wirklich der Sohn Gottes!«

[55]Viele Frauen, die mit Jesus aus Galiläa gekommen waren, um für ihn zu sorgen, sahen aus einiger Entfernung zu. [56]Unter ihnen waren auch Maria von Magdala, Maria, die Mutter von Jakobus und Josef, und die Frau des Zebedäus, die Mutter von Jakobus und Johannes.

Das Begräbnis

⁵⁷Als es Abend wurde, ging Josef, ein reicher Mann aus Arimathäa, ebenfalls ein Anhänger von Jesus, ⁵⁸zu Pilatus und bat ihn um den Leichnam von Jesus. Pilatus erließ Befehl, Jesus vom Kreuz abzunehmen. ⁵⁹Josef nahm den Leichnam und wickelte ihn in ein langes Leinentuch. ⁶⁰Dann legte er ihn in sein eigenes neues Grab, das in den Felsen gehauen worden war. Schließlich rollte er einen großen Stein vor den Eingang und ging. ⁶¹Maria von Magdala und die andere Maria aber blieben in der Nähe sitzen und beobachteten alles.

Die Wache am Grab

⁶²Am nächsten Tag – dem ersten Tag des Passahfestes – gingen die obersten Priester und Pharisäer zu Pilatus. ⁶³Sie sagten zu ihm: »Herr, uns ist eingefallen, dass dieser Verführer, als er noch lebte, einmal gesagt hat: ›Nach drei Tagen werde ich von den Toten auferweckt.‹ ⁶⁴Wir möchten dich deshalb bitten, das Grab bis zum dritten Tag versiegeln zu lassen. Das wird seine Jünger daran hindern, zurückzugehen und seinen Leichnam zu stehlen, um dann allen zu sagen, er sei wieder lebendig! Denn wenn das geschieht, wird der Betrug noch schlimmer sein als vorher.«

⁶⁵Pilatus erwiderte: »Nehmt Wachen mit und sichert das Grab, so gut ihr könnt.« ⁶⁶Also versiegelten sie das Grab und stellten Wachen auf, die es schützen sollten.

Die Auferstehung

28 ¹Am Sonntagmorgen in aller Frühe gingen Maria von Magdala und die andere Maria hinaus zum Grab. ²Plötzlich gab es ein starkes Erdbeben, weil ein Engel des Herrn vom Himmel herabkam, den Stein beiseiterollte und sich darauf niederließ. ³Sein Gesicht leuchtete wie ein Blitz, und sein Gewand war weiß wie Schnee. ⁴Die Wachen zitterten vor Angst, als sie ihn sahen, fielen zu Boden und blieben wie tot liegen.

⁵Der Engel sprach die Frauen an. »Habt keine Angst!«, sagte er. »Ich weiß, ihr sucht Jesus, der gekreuzigt wurde. ⁶Er ist

nicht hier! Er ist von den Toten auferstanden, wie er gesagt hat. Kommt und seht, wo sein Leichnam gelegen hat. [7]Und nun geht und sagt seinen Jüngern, dass er von den Toten auferstanden ist und ihnen nach Galiläa vorausgeht. Dort werdet ihr ihn sehen. Merkt euch, was ich euch gesagt habe.«

[8]Die Frauen liefen schnell vom Grab fort. Sie waren zu Tode erschrocken und doch zugleich außer sich vor Freude. So schnell sie konnten, liefen sie zu den Jüngern, um ihnen auszurichten, was der Engel gesagt hatte. [9]Unterwegs begegneten sie Jesus. »Seid gegrüßt!«, sagte er. Und sie liefen zu ihm hin, umklammerten seine Füße und beteten ihn an. [10]Jesus sagte zu ihnen: »Habt keine Angst! Geht und sagt meinen Brüdern, sie sollen nach Galiläa kommen, dort werden sie mich sehen.«

Der Bericht der Wache

[11]Während die Frauen auf dem Weg in die Stadt waren, gingen einige der Männer, die das Grab bewacht hatten, zu den obersten Priestern und berichteten ihnen, was geschehen war. [12]Sofort wurde eine Versammlung aller Ältesten einberufen. Sie beschlossen, die Soldaten zu bestechen, und [13]gaben ihnen die folgende Anweisung: »Ihr müsst sagen: ›Die Jünger von Jesus kamen in der Nacht, während wir schliefen, und haben seinen Leichnam gestohlen.‹ [14]Wenn der Statthalter davon erfährt, werden wir euch beistehen. Ihr braucht nichts Schlimmes zu befürchten.« [15]Die Soldaten nahmen das Bestechungsgeld an und sagten, was ihnen aufgetragen worden war. Ihre Geschichte verbreitete sich unter den Juden, und sie erzählen sie noch bis zum heutigen Tag.

Der große Auftrag

[16]Dann gingen die elf Jünger nach Galiläa zu dem Berg, den Jesus ihnen genannt hatte. [17]Als sie ihn sahen, beteten sie ihn an – aber einige zweifelten immer noch.

[18]Jesus kam und sagte zu seinen Jüngern: »Mir ist alle Macht im Himmel und auf der Erde gegeben. [19]Darum geht zu allen Völkern und macht sie zu Jüngern. Tauft sie im Namen des

Vaters und des Sohnes und des Heiligen Geistes und [20]lehrt sie, alles zu befolgen, was ich euch aufgetragen habe. Und ich versichere euch: Ich bin immer bei euch bis ans Ende der Zeit.«

Das Evangelium von Markus

Johannes der Täufer kündigt Jesus an

1 ¹So beginnt die gute Botschaft von Jesus Christus, dem Sohn Gottes.

²Im Buch des Propheten Jesaja steht:

»Siehe, ich sende meinen Boten vor dir her. Er wird dir den Weg bereiten.

³Er ist eine Stimme, die in der Wüste ruft: ›Schafft Raum für das Kommen des Herrn! Ebnet ihm den Weg!‹«

⁴Dieser Bote war Johannes der Täufer. Er lebte in der Wüste und forderte die Menschen auf, sich taufen zu lassen als Zeichen dafür, dass sie sich von ihren Sünden abgekehrt und Gott zugewandt hatten, um Vergebung ihrer Sünden zu erhalten. ⁵Aus ganz Jerusalem und Judäa strömten die Menschen in die Wüste hinaus, um Johannes zu sehen und zu hören. Und wenn sie ihre Sünden bekannten, taufte er sie im Jordan. ⁶Seine Kleider waren aus Kamelhaar gewebt, und er trug einen Ledergürtel; seine Nahrung bestand aus Heuschrecken und wildem Honig. ⁷Er verkündete: »Bald wird einer kommen, der stärker ist als ich; ich bin nicht einmal wert, sein Diener zu sein. ⁸Ich habe euch nur mit Wasser getauft, aber er wird euch mit dem Heiligen Geist taufen!«

Jesus lässt sich taufen

⁹Eines Tages kam Jesus aus Nazareth in Galiläa und ließ sich von Johannes im Jordan taufen. ¹⁰Als er aus dem Wasser stieg, sah er, wie der Himmel sich öffnete und der Heilige Geist wie eine Taube auf ihn herabkam. ¹¹Und aus dem Himmel sprach eine Stimme: »Du bist mein geliebter Sohn, an dir habe ich große Freude.«

Jesus wird in Versuchung geführt

¹²Gleich darauf drängte der Heilige Geist Jesus, in die Wüste zu gehen. ¹³Vierzig Tage lang wurde er dort vom Satan ver-

sucht. Er lebte mitten unter den wilden Tieren, und Engel sorgten für ihn.

Die ersten Jünger

¹⁴Nachdem Johannes durch Herodes Antipas verhaftet worden war, ging Jesus nach Galiläa, um dort die Botschaft Gottes zu predigen. ¹⁵»Jetzt ist die Zeit gekommen«, verkündete er. »Das Reich Gottes ist nahe! Kehrt euch ab von euren Sünden und glaubt an diese gute Botschaft!«

¹⁶Eines Tages, als Jesus am Ufer des Sees Genezareth entlangging, sah er Simon und seinen Bruder Andreas. Sie warfen gerade ihr Netz aus, denn sie waren Fischer. ¹⁷Jesus rief ihnen zu: »Kommt mit und folgt mir nach. Ich will euch zeigen, wie man Menschen fischt!« ¹⁸Sofort ließen sie ihre Netze liegen und folgten ihm nach.

¹⁹Nicht weit davon entfernt sah Jesus die Söhne des Zebedäus, Jakobus und Johannes. Sie saßen in einem Boot und flickten ihre Netze. ²⁰Auch sie forderte er auf, mit ihm zu kommen. Und ohne zu zögern ließen sie ihren Vater Zebedäus bei den Tagelöhnern im Boot zurück und gingen mit ihm.

Jesus treibt einen bösen Geist aus

²¹Sie kamen in die Stadt Kapernaum. Am Sabbat ging Jesus in die Synagoge und lehrte dort die Menschen. ²²Sie waren von seiner Lehre überwältigt, denn er sprach – anders als die Schriftgelehrten – mit Vollmacht.

²³In der Synagoge war ein Mann, der von einem bösen Geist besessen war. ²⁴Er fing an zu rufen: »Was willst du von uns, Jesus von Nazareth? Bist du gekommen, um uns zu vernichten? Ich weiß, wer du bist – der Heilige Gottes, den er gesandt hat!«

²⁵»Schweig!«, herrschte Jesus ihn an. »Verlass diesen Mann.« ²⁶Da schüttelte der böse Geist den Mann hin und her, schrie auf und verließ ihn.

²⁷Staunen erfasste die Zuschauer, und sie redeten untereinander darüber. »Was ist das für eine neue Lehre, die so viel Vollmacht hat?«, fragten sie einander aufgeregt. »Sogar

böse Geister gehorchen seinem Befehl!« ²⁸Und die Nachricht von dem, was Jesus getan hatte, verbreitete sich rasch in ganz Galiläa.

Jesus heilt viele Menschen

²⁹Nachdem Jesus und seine Jünger die Synagoge verlassen hatten, gingen sie zum Haus von Simon und Andreas; auch Jakobus und Johannes kamen mit. ³⁰Simons Schwiegermutter war krank und lag mit hohem Fieber im Bett. Sofort erzählten sie Jesus von ihr. ³¹Er trat an ihr Bett, nahm ihre Hand und half ihr, sich aufzusetzen. Da verschwand das Fieber, und sie stand auf und machte ihnen etwas zu essen.

³²Am Abend nach Sonnenuntergang brachte man alle Kranken und von Dämonen besessenen Menschen zu Jesus. ³³Vor dem Haus versammelte sich eine große Menschenmenge, Leute aus ganz Kapernaum waren gekommen. ³⁴Jesus heilte viele Menschen, die an den verschiedensten Krankheiten litten, und befahl vielen Dämonen, ihre Opfer zu verlassen. Den Dämonen verbot er zu sprechen, denn sie wussten, wer er war.

Jesus predigt in Galiläa

³⁵Ganz früh, es war noch Nacht, ging Jesus allein an einen einsamen Ort, um zu beten. ³⁶Später suchten ihn Simon und die anderen. ³⁷Als sie ihn gefunden hatten, sagten sie zu ihm: »Alle fragen nach dir.«

³⁸Doch er entgegnete: »Wir müssen auch in die anderen Städte gehen, damit ich auch dort predige; denn dazu bin ich gekommen.« ³⁹Und so zog er durch das ganze Gebiet von Galiläa, predigte in den Synagogen und trieb bei vielen Menschen Dämonen aus.

Jesus heilt einen Aussätzigen

⁴⁰Ein Aussätziger kam zu Jesus, kniete vor ihm nieder und bat ihn, ihn zu heilen. »Wenn du willst, kannst du mich gesund machen«, sagte er.

⁴¹Jesus hatte Mitleid mit ihm und berührte ihn. »Ich will es

tun«, sagte er. »Sei gesund!« ⁴²Im selben Augenblick verschwand der Aussatz und der Mann war geheilt. ⁴³Daraufhin schickte Jesus ihn sofort weg und befahl ihm: ⁴⁴»Geh zum Priester und lass dich von ihm untersuchen. Sprich unterwegs mit niemandem. Nimm das Opfer mit, das Mose für die Heilung von Aussatz vorgeschrieben hat. Das soll für alle ein Beweis deiner Heilung sein.«

⁴⁵Doch als der Mann wegging, fing er sofort an, überall zu erzählen, was ihm widerfahren war, sodass Jesus sich bald in keiner Stadt mehr öffentlich zeigen konnte und sich nur noch an abgeschiedenen Orten aufhielt. Aber auch dort strömten die Menschen von überall her zu ihm.

Jesus heilt einen Gelähmten

2 ¹Einige Tage später kehrte Jesus nach Kapernaum zurück. Die Nachricht von seiner Ankunft verbreitete sich schnell in der ganzen Stadt. ²Es dauerte nicht lange, da war das Haus, in dem er wohnte, von Besuchern überfüllt, sodass kein Einziger mehr Platz hatte, nicht einmal draußen vor der Tür. Und er verkündete ihnen Gottes Wort. ³Da kamen vier Männer, die einen Gelähmten auf einer Matte trugen. ⁴Es gelang ihnen nicht, durch die Menge zu Jesus vorzudringen, deshalb deckten sie das Dach über ihm ab. Dann ließen sie durch die Öffnung den Kranken auf seiner Matte hinunter. ⁵Als Jesus ihren Glauben sah, sagte er zu dem Gelähmten: »Mein Sohn, deine Sünden sind dir vergeben.«

⁶Doch einige Schriftgelehrte, die dabeisaßen, dachten: ⁷»Wie kann er so etwas sagen? Das ist doch Gotteslästerung! Nur Gott allein kann Sünden vergeben!«

⁸Jesus wusste, was in ihnen vorging, und sagte: »Warum macht ihr euch in euren Herzen solche Gedanken? ⁹Ist es leichter, zu dem Gelähmten zu sagen: ›Deine Sünden sind dir vergeben‹ oder: ›Steh auf, nimm deine Matte und geh‹? ¹⁰Ich werde euch beweisen, dass der Menschensohn auf der Erde die Vollmacht besitzt, Sünden zu vergeben.« Und er wandte sich dem Gelähmten zu und sagte zu ihm: ¹¹»Steh auf, nimm deine Matte und geh nach Hause, denn du bist geheilt!«

¹²Der Mann sprang auf, nahm die Matte und bahnte sich einen Weg durch die staunende Menge. Da lobten sie alle Gott. »So etwas haben wir noch nie gesehen!«, riefen sie.

Jesus beruft Levi (Matthäus)

¹³Danach kehrte Jesus zurück ans Ufer des Sees und lehrte die Menschen, die sich um ihn versammelten. ¹⁴Als er weiterging, sah er Levi, den Sohn des Alphäus, am Zollhaus sitzen. »Komm, folge mir nach«, sagte Jesus zu ihm. Da stand Levi auf und folgte ihm nach.

¹⁵Danach lud Levi Jesus und seine Jünger zum Essen ein. Er bat auch viele Steuereintreiber und andere Menschen, die als Sünder galten, dazu. Viele von ihnen gehörten zu der Menge, die Jesus folgte. ¹⁶Als nun aber einige der Schriftgelehrten, die zu den Pharisäern gehörten, sahen, dass Jesus mit diesen Leuten aß, sagten sie zu seinen Jüngern: »Warum isst er mit diesem Abschaum?«

¹⁷Als Jesus das hörte, sagte er zu ihnen: »Die Gesunden brauchen keinen Arzt – wohl aber die Kranken. Ich bin gekommen, um Sünder zu rufen, nicht Menschen, die sich schon für gut genug halten.«

Ein Gespräch über das Fasten

¹⁸Die Jünger des Johannes und die Pharisäer fasteten regelmäßig. Eines Tages kamen einige Leute zu Jesus und fragten: »Warum fasten die Jünger von Johannes und die Pharisäer, deine Jünger aber nicht?«

¹⁹Jesus erwiderte: »Fasten denn die Hochzeitsgäste, während sie mit dem Bräutigam feiern? Natürlich nicht. Sie können nicht fasten, solange sie mit dem Bräutigam zusammen sind. ²⁰Doch eines Tages wird er ihnen genommen werden, und dann werden sie fasten. ²¹Niemand flickt ein altes Kleidungsstück mit neuem Stoff. Der neue Flicken würde einreißen und schließlich wäre das Loch im alten Kleidungsstück größer als zuvor. ²²Es füllt auch niemand neuen Wein in alte Weinschläuche. Sie würden platzen, der Wein würde auslau-

fen und die Schläuche wären verdorben. Neuer Wein gehört in neue Weinschläuche.«

Ein Gespräch über den Sabbat

[23] Als Jesus an einem Sabbat durch die Kornfelder ging, fingen seine Jünger an, Weizenähren abzureißen. [24] Da sagten die Pharisäer zu Jesus: »Das dürfen sie nicht! Es ist nicht erlaubt, am Sabbat zu arbeiten und Getreide zu ernten.«

[25] Doch Jesus entgegnete: »Habt ihr nie in der Schrift gelesen, was David tat, als er und seine Begleiter hungrig waren? [26] Er ging in das Haus Gottes (zu der Zeit, als Abjatar Hoher Priester war), aß das besondere Brot, das nur den Priestern vorbehalten ist, und gab auch seinen Begleitern davon.« [27] Und er fuhr fort: »Der Sabbat wurde zum Wohl des Menschen gemacht und nicht der Mensch für den Sabbat. [28] Und deshalb ist der Menschensohn auch Herr über den Sabbat!«

Jesus heilt am Sabbat

3 [1] Wieder ging Jesus in die Synagoge. Dort bemerkte er einen Mann mit einer verkrüppelten Hand. [2] Seine Gegner beobachteten ihn ganz genau. Wenn er am Sabbat die Hand des Mannes heilen würde, dann könnten sie ihn anklagen. [3] Jesus sagte zu dem Mann: »Komm her und tritt in die Mitte.« [4] Dann wandte er sich an seine Gegner und fragte: »Ist es nach dem Gesetz erlaubt, am Sabbat Gutes zu tun, oder ist es ein Tag, um Böses zu tun? Ist dies ein Tag, um Leben zu retten oder zu vernichten?« Doch sie schwiegen. [5] Zornig und erschüttert über ihre Hartherzigkeit sah er sie an. Dann forderte er den Mann auf: »Streck deine Hand aus.« Der Mann streckte seine Hand aus und sie wurde wieder gesund! [6] Daraufhin zogen sich die Pharisäer zurück und trafen sich heimlich mit den Anhängern des Herodes, um zu planen, wie sie Jesus töten könnten.

Eine große Menschenmenge folgt Jesus

[7] Jesus zog sich mit seinen Jüngern an den See zurück. Eine riesige Menschenmenge aus ganz Galiläa, Judäa, [8] Jerusalem,

Idumäa, aus dem Gebiet östlich des Jordan und sogar aus den fernen Städten Tyrus und Sidon folgte ihm. Die Nachricht von seinen Wundern hatte sich überall verbreitet, und die Menschen kamen scharenweise zu ihm.

[9]Jesus beauftragte seine Jünger, ein Boot bereitzuhalten, falls die Menge der Menschen ihn zu erdrücken drohte. [10]Weil Jesus so viele Menschen heilte, drängten sich viele Kranke um ihn und versuchten, ihn zu berühren. [11]Und alle, die von bösen Geistern besessen waren, fielen vor ihm nieder und schrien: »Du bist der Sohn Gottes!« [12]Aber Jesus verbot ihnen streng zu sagen, wer er war.

Jesus wählt die zwölf Apostel aus

[13]Später stieg Jesus auf einen Berg und rief die zu sich, die er bei sich haben wollte. Sie traten zu ihm. [14]Er wählte zwölf von ihnen aus, die ihn ständig begleiten sollten, und nannte sie Apostel. Er wollte sie aussenden, damit sie predigen und [15]mit Vollmacht Dämonen austreiben. [16]Und das sind die Namen der zwölf, die er wählte:

Simon (dem er den Namen Petrus gab), [17]Jakobus und Johannes (die Söhne des Zebedäus; ihnen gab er den Beinamen »Donnersöhne«), [18]Andreas, Philippus, Bartholomäus, Matthäus, Thomas, Jakobus (der Sohn des Alphäus), Thaddäus, Simon (der Zelot) [19]und Judas Iskariot (der ihn später verriet).

Jesus und der Oberste der Dämonen

[20]Als Jesus in das Haus zurückkehrte, in dem er wohnte, kamen wieder so viele Menschen zu ihm, dass er und seine Jünger nicht einmal Zeit fanden zu essen. [21]Als seine Familie davon hörte, wollten sie ihn zu sich nach Hause holen. »Er hat den Verstand verloren«, meinten sie.

[22]Doch die Schriftgelehrten, die aus Jerusalem gekommen waren, erklärten: »Er ist vom Satan, dem Obersten der Dämonen, besessen. Daher hat er die Macht, Dämonen auszutreiben.«

[23]Jesus aber rief sie zu sich und erzählte ihnen folgendes Gleichnis: »Wie kann denn der Satan den Satan austreiben?«,

fragte er. ²⁴»Ein Königreich, das mit sich selbst im Krieg liegt, wird fallen. ²⁵Ein Haus, das in sich selbst zerstritten ist, wird untergehen. ²⁶Und wenn der Satan gegen sich selbst kämpft, wie kann er dann bestehen? Er würde niemals überleben? ²⁷Lasst es mich euch so erklären: Man kann nicht in das Haus eines starken Mannes eindringen und ihn berauben, ohne ihn zuerst zu fesseln. Erst dann kann man sein Haus ausrauben!

²⁸Ich versichere euch: Jede Sünde kann den Menschen vergeben werden und auch jede Gotteslästerung. ²⁹Wer aber gegen den Heiligen Geist lästert, dem wird niemals vergeben werden. Diese Sünde währt ewig.« ³⁰Das sagte er zu ihnen, weil sie behaupteten, er habe einen bösen Geist.

Die wahre Familie von Jesus

³¹Seine Mutter und seine Brüder kamen zu dem Haus, in dem Jesus lehrte. Sie blieben draußen stehen und schickten jemand zu ihm, um ihn zu rufen. ³²Viele Menschen saßen dicht gedrängt um Jesus herum, als ihm ausgerichtet wurde: »Deine Mutter und deine Brüder und Schwestern stehen draußen und fragen nach dir.«

³³Da erwiderte Jesus: »Wer ist meine Mutter? Wer sind meine Brüder?« ³⁴Dann sah er die an, die rings um ihn herum saßen, und sagte: »Diese Leute hier sind meine Mutter und meine Brüder. ³⁵Wer den Willen Gottes tut, ist mein Bruder und meine Schwester und meine Mutter.«

Das Gleichnis vom Bauern, der die Saat ausstreute

4 ¹Wieder einmal fing Jesus an, am Ufer des Sees zu lehren. Die Menschenmenge, die ihn umdrängte, war jedoch so groß, dass er in ein Boot stieg, sich setzte und von dort aus zu ihnen sprach. ²Er brachte den Menschen seine Lehre nahe, indem er ihnen viele Gleichnisse wie das folgende erzählte:

³»Hört zu! Ein Bauer ging hinaus, um zu säen. ⁴Manche der Samenkörner, die er auf dem Feld ausstreute, fielen auf den Weg, und die Vögel kamen und fraßen sie. ⁵Andere fielen auf eine dünne Erdschicht mit felsigem Untergrund. Die Pflanzen keimten, ⁶doch unter der heißen Sonne verdorrten sie rasch

und starben ab, weil die Wurzeln in der dünnen Erdkruste keine Nahrung fanden. [7]Andere fielen unter die Dornen, die rasch in die Höhe schossen und die zarten Halme erstickten, sodass sie keine Ähren trugen. [8]Wieder andere fielen auf fruchtbaren Boden und brachten eine Getreideernte mit dem dreißig-, sechzig-, ja hundertfachen Ertrag ein.« [9]Und er schloss mit den Worten: »Wer hören will, der soll zuhören und begreifen!«

[10]Als Jesus später mit den zwölf Jüngern und den anderen, die sich um ihn versammelt hatten, allein war, fragten sie ihn: »Was bedeuten deine Gleichnisse?«

[11]Er erwiderte: »Euch ist es von Gott gegeben, die Geheimnisse des Reiches Gottes zu verstehen. Allen anderen aber werden sie in Gleichnissen verborgen erzählt, [12]damit sich das Schriftwort erfüllt:

›Sie sehen, was ich tue, aber sie begreifen nicht, was es bedeutet. Sie hören meine Worte, aber sie verstehen sie nicht. Deshalb werden sie sich nicht von ihren Sünden abkehren und keine Vergebung empfangen.‹

[13]Aber wenn auch ihr dieses Gleichnis nicht versteht, wie wollt ihr dann die anderen Gleichnisse verstehen, die ich noch erzählen werde? [14]Der Bauer, von dem ich sprach, ist derjenige, der anderen Menschen Gottes Botschaft bringt. [15]Der Same, der auf den harten Weg fällt, meint die Menschen, die die Botschaft hören; doch gleich kommt der Satan und nimmt ihnen alles weg. [16]Die dünne Erdschicht mit dem felsigen Untergrund ist ein Beispiel für die Menschen, die die Botschaft hören und mit Freude aufnehmen. [17]Aber wie bei jungen Pflanzen in einem solchen Boden reichen ihre Wurzeln nicht sehr tief; wenn sie wegen ihres Glaubens auf Schwierigkeiten stoßen oder verfolgt werden, geben sie wieder auf. [18]Der mit Dornen bewachsene Boden verweist auf die Menschen, die die gute Botschaft hören und annehmen, [19]doch sie wird von Alltagssorgen, den Verlockungen des Reichtums und dem Verlangen nach schönen Dingen übertönt, sodass keine Frucht daraus entstehen kann. [20]Der gute Boden aber meint schließlich die Menschen, die Gottes Botschaft hören

und annehmen und reiche Frucht bringen – dreißig-, sechzig-, ja hundertmal so viel, wie gesät wurde.«

Das Gleichnis von der Lampe

²¹Dann fragte Jesus sie: »Würde etwa jemand eine Lampe anzünden und sie dann unter ein Gefäß oder ein Bett stellen, um das Licht zu verbergen? Natürlich nicht! Eine Lampe wird auf einen Ständer gestellt, wo ihr Licht leuchten kann.

²²Alles, was jetzt noch verborgen ist, wird ans Licht kommen, und was jetzt noch geheim ist, wird aufgedeckt werden. ²³Wer hören will, soll zuhören und begreifen! ²⁴Und hört genau hin! Nach dem Maß, nach dem ihr anderen gebt, wird man euch geben – und es wird euch noch mehr hinzugefügt werden. ²⁵Dem, der für meine Lehre offen ist, wird immer tiefere Erkenntnis geschenkt werden. Dem aber, der nicht zuhören will, wird selbst das genommen werden, was er hat.«

Das Gleichnis von der heranwachsenden Saat

²⁶Jesus fuhr fort: »Ich erzähle euch noch ein Gleichnis für das Reich Gottes: Ein Bauer streute Saatgut auf einem Feld aus. ²⁷Ob er nun schlief oder aufstand – die Tage vergingen, die Saat keimte und wuchs ohne das Zutun des Bauern heran, ²⁸denn die Erde bringt das Getreide ganz von selbst hervor. Zuerst sprießt ein Halm, dann bilden sich die Ähren und zum Schluss reift das Korn heran. ²⁹Und sobald das Korn reif ist, kommt der Bauer und erntet es mit der Sichel.«

Das Gleichnis vom Senfkorn

³⁰Jesus fragte: »Wie kann ich das Reich Gottes noch beschreiben? Womit könnte ich es vergleichen? ³¹Es ist wie ein winziges Senfkorn. Obwohl das Senfkorn zu den kleinsten Samenkörnern gehört, ³²wächst es doch zu einer der größten Pflanzen heran, mit langen Zweigen, in denen die Vögel Zuflucht finden.«

³³Jesus verwendete viele solcher Gleichnisse, um die Menschen so zu lehren, dass sie es begreifen konnten. ³⁴In der Öffentlichkeit lehrte er ausschließlich durch Gleichnisse. Wenn

er aber später mit seinen Jüngern allein war, erklärte er ihnen ihre Bedeutung.

Jesus stillt den Sturm

35Als es Abend wurde, sagte Jesus zu seinen Jüngern: »Wir wollen auf die andere Seite des Sees fahren.« 36Jesus war schon im Boot. So entließen die Jünger die Menge, stiegen zu ihm ins Boot und fuhren los. Einige andere Boote fuhren mit ihnen. 37Doch bald darauf erhob sich ein heftiger Sturm, und hohe Wellen schlugen ins Boot, bis es fast ganz voll Wasser gelaufen war.

38Währenddessen schlief Jesus hinten im Boot mit dem Kopf auf einem Kissen. In ihrer Verzweiflung weckten sie ihn schließlich und riefen: »Lehrer, macht es dir denn gar nichts aus, dass wir umkommen?«

39Jesus erwachte, bedrohte den Wind und befahl dem Wasser: »Schweig! Sei still!« Sogleich legte sich der Wind, und es herrschte tiefe Stille. 40Und er fragte die Jünger: »Warum seid ihr so ängstlich? Habt ihr immer noch keinen Glauben?« 41Voll Furcht sagten sie zueinander: »Wer ist dieser Mann, dass ihm sogar Wind und Wellen gehorchen?«

Jesus heilt einen Besessenen

5 1So gelangten sie an die andere Seite des Sees ins Gebiet der Gerasener. 2Jesus war kaum aus dem Boot gestiegen, als ihm von den Grabhöhlen her ein Mann entgegenlief, der von einem bösen Geist besessen war. 3Dieser Mann lebte in den Höhlen und war selbst mit einer Kette von niemandem mehr zu halten. 4Jedes Mal, wenn man ihn in Fesseln legte – was oft geschah –, streifte er die Ketten von den Handgelenken und zerriss die Fußfesseln. Niemand war stark genug, ihn zu bändigen. 5Tag und Nacht war er in den Grabhöhlen und wanderte durch die umliegenden Hügel, schrie und schlug sich selbst mit Steinen.

6Der Mann entdeckte Jesus schon von Weitem. Er lief auf ihn zu, warf sich vor ihm nieder, 7stieß einen schrecklichen Schrei aus und rief: »Was willst du von mir, Jesus, Sohn des höchsten

Gottes? Ich beschwöre dich bei Gott: Quäle mich nicht!«
[8]Denn Jesus hatte schon dem Geist befohlen: »Verlass diesen
Mann, du böser Geist!«

[9]Dann fragte Jesus: »Wie heißt du?«

Der Geist erwiderte: »Legion, denn in diesem Mann sind
viele von uns.« [10]Wieder und wieder flehte er ihn an, sie nicht
aus dieser Gegend fortzuschicken. [11]In der Nähe weidete gerade eine große Schweineherde an einem Abhang. [12]»Lass uns
in diese Schweine fahren«, flehten die Geister. [13]Jesus erlaubte
es ihnen. Da fuhren die bösen Geister aus dem Mann in die
Schweine, und die ganze Herde von zweitausend Tieren
stürzte sich den steilen Abhang hinunter in den See und ertrank.

[14]Die Hirten flohen und erzählten in der Stadt und in der
ganzen Gegend, was geschehen war. Da kamen die Menschen
von überall herbeigelaufen, um es mit eigenen Augen zu sehen. [15]Schon bald hatte sich eine große Menge um Jesus versammelt. Der Mann, der von Dämonen besessen gewesen
war, saß ordentlich gekleidet da und war bei klarem Verstand.
Als das die Leute sahen, bekamen sie Angst. [16]Diejenigen, die
miterlebt hatten, was mit dem Mann und den Schweinen geschehen war, erzählten es den anderen. [17]Da baten sie Jesus
fortzugehen und sie in Ruhe zu lassen.

[18]Als Jesus wieder ins Boot stieg, bat ihn der Mann, der von
Dämonen besessen gewesen war, mit ihm gehen zu dürfen.
[19]Doch Jesus sagte zu ihm: »Nein. Geh nach Hause zu deiner
Familie und erzähle ihnen, was der Herr für dich getan hat
und wie gnädig er gewesen ist.« [20]Da wanderte der Mann
durch das Gebiet der Zehn Städte und erzählte allen Menschen von dem, was Jesus für ihn getan hatte; und alle staunten über das, was er ihnen berichtete.

Heilung durch Glauben

[21]Als Jesus auf die andere Seite des Sees zurückkehrte, versammelte sich eine große Menge am Ufer um ihn. [22]Einer der
Vorsteher der örtlichen Synagoge, ein Mann namens Jaïrus,
kam zu ihm, fiel vor ihm nieder [23]und bat ihn inständig, seine

kleine Tochter zu heilen. »Sie liegt im Sterben«, sagte er verzweifelt. »Bitte, komm und lege ihr deine Hände auf; mach sie gesund, damit sie am Leben bleibt.«

²⁴Jesus ging mit ihm, gefolgt von einer dichten Menschenmenge. ²⁵In der Menge war auch eine Frau, die seit zwölf Jahren an Blutungen litt. ²⁶Sie hatte in dieser Zeit bei vielen Ärzten Schlimmes durchgemacht. Ihr ganzes Vermögen hatte sie eingebüßt, um sie zu bezahlen, ohne dass es ihr besser ging. Es war sogar schlimmer geworden. ²⁷Diese Frau hatte von Jesus gehört. Sie kämpfte sich durch die Menge in seine Nähe und berührte den Saum seines Gewandes. ²⁸Denn sie sagte sich: »Wenn ich nur seine Kleider berühre, werde ich gesund.« ²⁹Und im selben Augenblick hörte die Blutung auf, und sie spürte, dass sie geheilt war!

³⁰Jesus merkte sofort, dass eine heilende Kraft von ihm ausgegangen war. Er wandte sich um und fragte: »Wer hat meine Kleider berührt?«

³¹Seine Jünger sagten zu ihm: »Die Menschen umdrängen dich von allen Seiten, wie kannst du da fragen: ›Wer hat mich berührt?‹«

³²Aber er schaute weiter umher, um festzustellen, wer es gewesen war. ³³Zitternd vor Angst trat die Frau auf ihn zu, denn sie wusste, was mit ihr geschehen war. Sie warf sich ihm zu Füßen und sagte ihm, was sie getan hatte. ³⁴Und er sagte zu ihr: »Tochter, dein Glaube hat dich gesund gemacht. Geh in Frieden. Du bist geheilt.«

³⁵Während Jesus noch mit ihr sprach, trafen Boten vom Haus des Jaïrus ein mit der Nachricht: »Deine Tochter ist tot. Du brauchst den Lehrer nicht mehr zu bemühen.«

³⁶Doch Jesus ging über ihre Worte hinweg und sagte zu Jaïrus: »Hab keine Angst. Glaube nur.« ³⁷Er wies die Menge an zurückzubleiben und nahm nur Petrus, Jakobus und Johannes, den Bruder des Jakobus, mit. ³⁸Als sie zum Haus des Synagogenvorstehers kamen, sah Jesus die aufgeregte Menge und die vielen weinenden und klagenden Menschen. ³⁹Er ging hinein und sagte zu ihnen: »Warum sind alle so aufgeregt und weinen? Das Kind ist nicht tot; es schläft nur.«

⁴⁰Da lachten sie ihn aus, aber er schickte sie alle hinaus. Zusammen mit dem Vater und der Mutter des Mädchens und seinen drei Jüngern ging er in das Zimmer, in dem das Kind lag. ⁴¹Er nahm seine Hand und sagte zu ihm: »Mädchen, ich befehle dir, steh auf!« ⁴²Sofort stand das Mädchen auf und ging umher; es war zwölf Jahre alt! Und alle waren sehr darüber erstaunt. ⁴³Jesus befahl ihnen, niemandem zu erzählen, was geschehen war, und sagte, sie sollten ihr etwas zu essen geben.

Jesus wird in Nazareth abgelehnt

6 ¹Jesus verließ diesen Teil des Landes und kehrte mit seinen Jüngern in seine Heimatstadt Nazareth zurück. ²Am folgenden Sabbat begann er in der Synagoge zu lehren. Viele der Zuhörer waren sehr erstaunt. Sie fragten: »Wo hat er nur diese Weisheit her und die Macht, solche Wunder zu tun? ³Er ist doch nur ein Zimmermann, der Sohn Marias und der Bruder von Jakobus, Josef, Judas und Simon. Auch seine Schwestern leben hier unter uns.« Und sie ärgerten sich über ihn.

⁴Da sagte Jesus zu ihnen: »Ein Prophet wird überall verehrt, nur nicht in seiner eigenen Heimatstadt, von seinen Verwandten und von seiner eigenen Familie.« ⁵Weil sie nicht an ihn glaubten, konnte er keine Wunder bei ihnen tun und er legte nur einigen Kranken die Hände auf und heilte sie. ⁶Und er wunderte sich über ihren Unglauben.

Jesus sendet die zwölf Apostel aus

Danach zog Jesus von Dorf zu Dorf und lehrte die Menschen. ⁷Er rief seine zwölf Jünger zu sich, sandte sie jeweils zu zweit aus und gab ihnen die Vollmacht, böse Geister auszutreiben. ⁸Er befahl ihnen, nichts mitzunehmen außer einem Wanderstab – keine Nahrung, keine Tasche, kein Geld. ⁹Sie sollten Sandalen anziehen, aber kein zweites Hemd bei sich tragen. ¹⁰»Wenn ihr in ein Dorf kommt, seid immer nur in einem Haus zu Gast«, sagte er. ¹¹»Und wenn ihr in einem Dorf nicht willkommen seid oder man nicht auf euch hören will, dann schüttelt den Staub von euren Füßen, wenn ihr geht. Das ist das Zeichen, dass ihr dieses Dorf sich selbst überlasst.«

¹²Dann zogen die Jünger los und forderten die Menschen auf, sich von ihren Sünden abzukehren. ¹³Sie trieben viele Dämonen aus und salbten viele Kranke mit Öl und heilten sie.

Der Tod von Johannes dem Täufer

¹⁴König Herodes Antipas erfuhr schon bald von Jesus, weil die Leute überall von ihm sprachen. Manche sagten: »Er muss Johannes der Täufer sein, der wieder lebendig geworden ist. Deshalb kann er solche Wunder tun.« ¹⁵Andere hielten Jesus für den Propheten Elia. Wieder andere glaubten, er wäre ein Prophet wie die anderen großen Propheten der Vergangenheit. ¹⁶Als Herodes von Jesus hörte, sagte er: »Johannes, der Mann, den ich enthaupten ließ, ist von den Toten auferstanden.« ¹⁷Denn Herodes hatte Soldaten ausgesandt und Johannes verhaften und einsperren lassen, um Herodias einen Gefallen zu tun. Sie war die Frau seines Bruders Philippus gewesen, aber Herodes hatte sie geheiratet. ¹⁸Johannes hatte Herodes immer wieder gemahnt: »Du hattest nicht das Recht, die Frau deines Bruders zu heiraten.« ¹⁹Herodias hasste Johannes und hätte ihn am liebsten umgebracht, doch ohne die Zustimmung des Herodes war sie machtlos. ²⁰Herodes dagegen achtete Johannes, den er als guten und heiligen Mann kannte, und er sorgte für seinen Schutz. Auch wenn ihn dessen Worte jedes Mal beunruhigten, hörte er ihm trotzdem gern zu.

²¹Endlich bot sich für Herodias eine günstige Gelegenheit. Herodes gab an seinem Geburtstag ein großes Fest für seine Beamten, Offiziere und die führenden Bürger Galiläas. ²²Seine Tochter, die ebenfalls Herodias hieß, kam herein und führte einen Tanz auf, der allen sehr gefiel. »Bitte mich um was immer du willst«, sagte der König zu dem Mädchen, »ich werde es dir schenken.« ²³Und er schwor: »Ich gebe dir alles, was du willst, und wenn es die Hälfte meines Königreiches wäre!«

²⁴Sie ging hinaus und fragte ihre Mutter: »Was soll ich mir wünschen?«

Ihre Mutter sagte: »Bitte um den Kopf von Johannes dem Täufer!«

²⁵Das Mädchen lief zum König zurück und sagte zu ihm: »Ich will den Kopf von Johannes dem Täufer, jetzt gleich, serviert auf einer Schale!«

²⁶Da wurde der König sehr traurig, aber er wollte vor seinen Gästen seinen Schwur nicht brechen. ²⁷Also schickte er einen Henker ins Gefängnis, der Johannes den Kopf abschlagen und ihm bringen sollte. Der Soldat enthauptete Johannes im Gefängnis, ²⁸brachte seinen Kopf auf einer Schale herein und überreichte ihn dem Mädchen, und sie gab ihn ihrer Mutter. ²⁹Als die Jünger des Johannes hörten, was geschehen war, kamen sie, holten seinen Leichnam und legten ihn in ein Grab.

Mehr als fünftausend Menschen werden satt

³⁰Die Apostel kehrten zu Jesus zurück und berichteten, was sie getan und gelehrt hatten. ³¹Darauf sagte Jesus: »Kommt, wir ziehen uns an einen einsamen Ort zurück, wo ihr euch ausruhen könnt.« Denn ständig waren so viele Menschen um sie, dass Jesus und seine Apostel nicht einmal Zeit fanden zu essen. ³²So fuhren sie mit dem Boot an einen ruhigeren Ort. ³³Aber die Leute bemerkten ihre Abfahrt. Da liefen sie aus den umliegenden Städten am Ufer entlang voraus und waren bereits da, als sie anlegten. ³⁴Als Jesus aus dem Boot stieg, erwartete ihn eine riesige Menschenmenge. Er hatte Mitleid mit ihnen, denn sie waren wie Schafe ohne Hirten. Deshalb nahm er sich Zeit, sie vieles zu lehren.

³⁵Spät am Nachmittag traten seine Jünger zu ihm und sagten: »Dies ist eine einsame Gegend und es wird langsam spät. ³⁶Schick die Leute fort, damit sie auf die umliegenden Gehöfte und in die Dörfer gehen können und sich etwas zu essen kaufen.«

³⁷Doch Jesus meinte: »Gebt ihr ihnen zu essen.«

Sie erwiderten: »Wie denn? Es würde ein kleines Vermögen kosten, für so viele Menschen Essen zu kaufen!«

³⁸Er fragte: »Wie viele Brote habt ihr? Geht und stellt es fest.«

Sie kamen zurück und berichteten: »Wir haben fünf Brote

und zwei Fische.« ³⁹Da forderte Jesus die Menge auf, sich in Gruppen ins grüne Gras zu setzen. ⁴⁰Sie setzten sich zu je fünfzig oder hundert zusammen.

⁴¹Jesus nahm die fünf Brote und zwei Fische, blickte zum Himmel und bat um Gottes Segen für das Essen. Dann brach er das Brot in Stücke und reichte den Jüngern Brot und Fisch, damit diese alles an die Leute verteilten. ⁴²Alle aßen, so viel sie wollten. ⁴³Danach sammelten sie ein, was von den Broten und Fischen übrig geblieben war: es waren noch zwölf Körbe voll. ⁴⁴Fünftausend Männer waren von diesen fünf Broten satt geworden!

Jesus geht auf dem Wasser

⁴⁵Gleich danach befahl Jesus seinen Jüngern, wieder ins Boot zu steigen und über den See nach Betsaida zu fahren, während er inzwischen die Menschen nach Hause entließ. ⁴⁶Dann ging er allein auf einen Berg, um zu beten.

⁴⁷In der Nacht befanden sich die Jünger in ihrem Boot mitten auf dem See, und Jesus war allein an Land. ⁴⁸Er sah, dass sie mühsam gegen den Wind und die Wellen ankämpften. Gegen drei Uhr morgens ging er über das Wasser zu ihnen. Er wollte an ihnen vorübergehen. ⁴⁹Doch als sie ihn auf dem Wasser gehen sahen, schrien sie vor Entsetzen, denn sie hielten ihn für ein Gespenst. ⁵⁰Sie waren zu Tode erschrocken, als sie ihn sahen. Doch Jesus sprach sie sofort an. »Erschreckt nicht«, sagte er. »Ich bin es. Habt keine Angst.« ⁵¹Dann stieg er ins Boot, und der Wind legte sich. Sie staunten über das, was vor ihren Augen geschah. ⁵²Sie hatten immer noch nicht begriffen, was das Wunder der Brotvermehrung bedeutete, denn ihre Herzen waren verhärtet, und sie glaubten nicht.

⁵³Als sie auf der anderen Seite des Sees in Genezareth ankamen, machten sie das Boot fest ⁵⁴und stiegen aus. Sofort erkannten die Menschen Jesus. ⁵⁵Sie liefen und holten die Kranken aus der ganzen Gegend und trugen sie auf Matten zu ihm. ⁵⁶Überall, wo er hinkam – in Dörfern, Städten und draußen auf den Gehöften –, brachten sie die Kranken auf die Marktplätze und baten ihn, sie nur den Saum seines

Gewandes berühren zu lassen. Und alle, die ihn berührten, wurden geheilt.

Jesus sagt, was den Menschen wirklich unrein macht

7 ¹Eines Tages kamen einige Pharisäer und Schriftgelehrte aus Jerusalem zu Jesus. ²Sie sahen, dass einige seiner Jünger den jüdischen Brauch, sich vor dem Essen die Hände zu waschen, nicht befolgten. ³Die Juden, besonders die Pharisäer, essen nicht, bevor sie sich nicht Wasser über die Hände gegossen haben, wie ihre überlieferten Satzungen es vorschreiben. ⁴Auch essen sie nichts von dem, was sie auf dem Markt gekauft haben, bevor sie nicht ihre Hände in Wasser getaucht haben. Das ist nur eine von zahlreichen Satzungen, an denen sie festhalten – wie zum Beispiel an dem Brauch, Becher, Krüge und Kupferkessel auszuspülen. ⁵Deshalb fragten nun die Pharisäer und Schriftgelehrten Jesus: »Warum befolgen deine Jünger unsere überlieferten Vorschriften nicht? Denn sie essen mit ungewaschenen Händen.«

⁶Jesus erwiderte: »Ihr Heuchler! Jesaja hat euch gemeint, als er sagte:

›Diese Menschen ehren mich mit ihren Worten, aber nicht mit ihrem Herzen. ⁷Ihre Anbetung ist nutzlos, denn sie ersetzen die Gebote Gottes durch ihre eigenen Lehren.‹

⁸Ihr missachtet die Gebote Gottes und setzt an ihre Stelle eure eigenen Vorschriften.«

⁹Und er fuhr fort: »Geschickt setzt ihr Gottes Gebote außer Kraft, um euren eigenen Vorschriften festzuhalten. ¹⁰Mose gab euch das Gebot von Gott: ›Ehre deinen Vater und deine Mutter‹, und: ›Wer Vater oder Mutter verflucht, soll mit dem Tod bestraft werden.‹ ¹¹Ihr dagegen behauptet, es sei durchaus richtig, wenn jemand zu seinen Eltern sagt: ›Es tut mir leid, ich kann euch nicht helfen. Ich habe gelobt, Gott alles zu geben, was ich euch hätte geben können.‹ ¹²Ihr lasst zu, dass er seine eigenen Eltern, die Not leiden, vernachlässigt. ¹³Auf diese Weise brecht ihr das Gebot Gottes, um eure eigenen Vorschriften zu halten. Und das ist nur ein Beispiel von vielen.«

¹⁴Dann rief Jesus die Menge zu sich. »Hört alle genau zu«, sagte er, »und versucht es zu verstehen. ¹⁵Der Mensch wird nicht durch das unrein, was er isst; er wird unrein durch das, was er sagt und tut.«

¹⁷Als Jesus sich von der Menge zurückzog und in ein Haus ging, fragten ihn seine Jünger, was er denn mit dieser Aussage gemeint habe. ¹⁸»Versteht ihr es denn auch nicht?«, fragte er. »Begreift ihr nicht, dass nichts, was der Mensch isst, ihn verunreinigen kann? ¹⁹Die Nahrung kommt nicht mit seinem Herzen in Berührung, sondern geht nur durch den Magen und wird dann wieder ausgeschieden.« Damit erklärte Jesus alle Speisen für erlaubt. ²⁰Und er fuhr fort: »Es sind seine Gedanken, die den Menschen verunreinigen. ²¹Denn von innen, aus dem Herzen eines Menschen, kommen böse Gedanken wie Unzucht, Diebstahl, Mord, ²²Ehebruch, Habgier, Bosheit, Hinterlist, Vergnügungssucht, Neid, Verleumdung, Stolz und Unvernunft. ²³Alle diese üblen Dinge kommen von innen heraus; sie sind es, die den Menschen unrein machen.«

Der Glaube einer griechischen Frau

²⁴Danach verließ Jesus Galiläa und ging nach Norden in das Gebiet von Tyrus. Er versuchte zu verbergen, dass er sich dort aufhielt, aber es gelang ihm nicht. Die Nachricht von seiner Ankunft verbreitete sich schnell. ²⁵Sofort kam eine Frau zu ihm, deren kleine Tochter von einem bösen Geist besessen war. Sie hatte von Jesus gehört, und nun kam sie, warf sich ihm zu Füßen ²⁶und bat ihn inständig, ihr Kind von dem Dämon zu befreien.

Da sie eine Griechin war, die aus Syrophönizien stammte, ²⁷sagte Jesus zu ihr: »Ich muss zuerst meiner eigenen Familie, den Juden, helfen. Es ist nicht recht, den Kindern das Essen wegzunehmen und es den Hunden vorzuwerfen.«

²⁸Sie erwiderte: »Das ist wahr, Herr, aber selbst den Hunden unter dem Tisch gibt man die Krümel von den Tellern der Kinder.«

²⁹»Damit hast du recht!«, sagte er. »Nun geh nach Hause. Der böse Geist ist aus deiner Tochter ausgefahren.« ³⁰Und als

die Frau nach Hause kam, lag ihre kleine Tochter ruhig im
Bett, und der Dämon war fort.

Jesus heilt einen taubstummen Mann

[31]Jesus verließ Tyrus und ging nach Sidon; dann kehrte er zurück an den See von Galiläa und in das Gebiet der Zehn Städte. [32]Ein Mann, der taub war und kaum sprechen konnte, wurde zu ihm gebracht. Die Leute baten Jesus, dem Mann die
Hände aufzulegen und ihn zu heilen. [33]Jesus führte ihn an
einen ruhigen Ort, fort von der Menge. Er legte seine Finger
in die Ohren des Mannes. Dann benetzte er die Fingerspitzen
mit seinem Speichel und berührte damit die Zunge des Mannes. [34]Schließlich blickte er zum Himmel auf, seufzte und befahl: »Öffne dich!« [35]Und im selben Augenblick konnte der
Mann hören und normal sprechen!

[36]Jesus ermahnte die Menge, niemandem davon zu erzählen. Doch je mehr er es ihnen verbot, desto rascher verbreiteten sie die Nachricht, [37]weil sie vor Staunen völlig außer sich
waren. Wieder und wieder sagten sie: »Es ist alles wunderbar,
was er tut. Er heilt sogar die Tauben und Stummen.«

Viertausend Menschen werden satt

8 [1]In diesen Tagen hatte sich erneut eine große Menschenmenge versammelt. Da die Menschen nichts zu essen
hatten, rief Jesus seine Jünger zu sich und sagte zu ihnen:
[2]»Die Menschen tun mir leid. Sie waren drei Tage hier bei
mir, und nun haben sie nichts mehr zu essen. [3]Wenn ich sie
ohne Essen heimschicke, könnten sie unterwegs zusammenbrechen, denn einige von ihnen sind von weit her gekommen.«

[4]»Wie sollen wir denn hier in dieser einsamen Gegend genug zu essen für sie finden?«, fragten seine Jünger.

[5]»Wie viele Brote habt ihr?«, fragte er sie.

»Sieben«, antworteten sie. [6]Da forderte Jesus die Menschen
auf, sich auf die Erde zu setzen. Dann nahm er die sieben Brote, dankte Gott dafür, brach sie in Stücke und gab sie seinen
Jüngern, damit sie das Brot an die Menge austeilten. [7]Sie hat-

ten auch noch einige kleine Fische, und Jesus segnete sie und ließ sie durch seine Jünger verteilen.

⁸Alle aßen, bis sie satt waren, und als die Reste eingesammelt wurden, füllten sie sieben große Körbe voll! ⁹An diesem Tag waren viertausend Menschen beisammen. Nachdem sie gegessen hatten, entließ er sie nach Hause. ¹⁰Gleich darauf stieg er mit seinen Jüngern in ein Boot und fuhr hinüber ins Gebiet von Dalmanuta.

Die Pharisäer fordern ein Zeichen

¹¹Als die Pharisäer hörten, dass Jesus in der Gegend war, kamen sie, um ihn zur Rede zu stellen. Sie wollten prüfen, ob er von Gott kam, und forderten: »Gib uns als Beweis ein Zeichen vom Himmel.«

¹²Als Jesus das hörte, seufzte er und sagte: »Warum verlangt ihr unentwegt Zeichen? Ich versichere euch: Niemals wird dieser Generation ein Zeichen gegeben werden.« ¹³Und er stieg wieder ins Boot, verließ sie und fuhr über den See zum anderen Ufer.

Der Sauerteig der Pharisäer und der Sauerteig des Herodes

¹⁴Die Jünger hatten vergessen, etwas zu essen mitzunehmen. Ihr gesamter Proviant bestand nur aus einem einzigen Brot. ¹⁵Während sie über den See fuhren, warnte Jesus sie: »Nehmt euch in Acht vor dem Sauerteig der Pharisäer und dem Sauerteig des Herodes.«

¹⁶Sie glaubten, er sage das, weil sie kein Brot mitgenommen hatten. ¹⁷Jesus wusste, was sie dachten; deshalb sagte er: »Warum macht ihr euch Sorgen darüber, dass ihr nichts zu essen habt? Werdet ihr denn nie lernen oder begreifen? Sind eure Herzen zu verhärtet, um das zu verstehen? ¹⁸›Ihr habt doch Augen – könnt ihr nicht sehen? Ihr habt doch Ohren – könnt ihr nicht hören?‹ Erinnert ihr euch denn nicht? ¹⁹Was ist mit den fünftausend Männern, die ich mit fünf Broten satt gemacht habe? Wie viele Körbe voller Reste habt ihr anschließend gesammelt?«

»Zwölf«, sagten sie.

²⁰»Und als ich den Hunger der viertausend Menschen mit sieben Broten gestillt habe, wie viele Körbe mit Resten habt ihr da eingesammelt?«

Sie antworteten: »Sieben.«

²¹Da fragte er sie: »Begreift ihr denn immer noch nicht?«

Jesus heilt einen Blinden

²²In Betsaida brachten einige Leute einen Blinden zu Jesus und baten ihn, den Mann zu berühren und zu heilen. ²³Jesus nahm den Blinden an der Hand und führte ihn aus dem Dorf hinaus. Dann spuckte er dem Mann auf die Augen, legte ihm die Hände auf und fragte: »Siehst du etwas?«

²⁴Der Mann sah sich um. »Ja«, sagte er. »Ich sehe Menschen, aber nicht sehr deutlich. Sie sehen aus wie umhergehende Bäume.«

²⁵Da legte Jesus seine Hände wieder auf die Augen des Mannes. Und als sich der Mann erneut umschaute, war er völlig geheilt und konnte alles deutlich erkennen. ²⁶Jesus schickte ihn nach Hause und sagte: »Geh auf dem Weg nach Hause nicht durch das Dorf.«

Petrus legt sein Bekenntnis ab – Jesus kündigt seinen Tod an

²⁷Jesus und seine Jünger verließen Galiläa und zogen hinauf in die Dörfer um Cäsarea Philippi. Unterwegs fragte er sie: »Für wen halten mich die Leute?«

²⁸»Einige halten dich für Johannes den Täufer«, erwiderten sie, »andere für Elia, und wieder andere sagen, du bist einer der anderen Propheten.«

²⁹Da fragte Jesus: »Und für wen haltet ihr mich?«

Petrus antwortete: »Du bist der Christus.«

³⁰Doch Jesus befahl ihnen, niemand von ihm zu erzählen.

³¹Dann sprach Jesus mit ihnen zum ersten Mal darüber, dass der Menschensohn viel Schlimmes erleiden müsse und von den führenden Männern des Volkes, den obersten Priestern und den Schriftgelehrten verworfen werde; er werde getötet werden und drei Tage später wieder auferstehen.

³²Als er jedoch so offen mit seinen Jüngern darüber sprach, nahm Petrus ihn beiseite und bedrängte ihn, doch nicht so zu sprechen.

³³Jesus wandte sich um, sah seine Jünger an und wies Petrus scharf zurecht: »Fort von mir, Satan! Du betrachtest alles nur aus menschlicher Sicht und nicht aus der Sicht Gottes.«

³⁴Dann rief er seine Jünger und die Menge zu sich. »Wenn jemand mir nachfolgen will«, sagte er, »muss er sich selbst verleugnen, sein Kreuz auf sich nehmen und mir nachfolgen. ³⁵Denn wer versucht, sein Leben zu bewahren, wird es verlieren. Wer aber sein Leben um meinetwillen und um der guten Botschaft willen verliert, wird es retten. ³⁶Was nützt es einem Menschen, wenn er die ganze Welt gewinnt, dabei aber seine Seele verliert? ³⁷Gibt es etwas Wertvolleres als die Seele? ³⁸Wenn sich ein Mensch in dieser treulosen und sündigen Zeit für mich oder meine Botschaft schämt, für den wird sich auch der Menschensohn schämen, wenn er mit den heiligen Engeln in der Herrlichkeit seines Vaters kommt.«

9 ¹Und er fuhr fort: »Ich versichere euch: Einige von euch, die jetzt hier stehen, werden nicht sterben, ehe sie das Reich Gottes in seiner Macht kommen sehen!«

Die Jünger sehen, wie Jesus verherrlicht wird

²Sechs Tage später nahm Jesus Petrus, Jakobus und Johannes mit auf den Gipfel eines Berges. Außer ihnen war niemand dort. Plötzlich veränderte sich vor ihren Augen das Aussehen von Jesus. ³Seine Kleider wurden strahlend weiß, weißer, als es auf Erden möglich war. ⁴Dann erschienen Elia und Mose und fingen an, mit Jesus zu sprechen.

⁵»Rabbi, wie wundervoll ist es hier!«, rief Petrus aus. »Wir wollen drei Hütten bauen – eine für dich, eine für Mose und eine für Elia.« ⁶Aber er wusste nicht, was er redete, denn er und die beiden anderen Jünger fürchteten sich sehr.

⁷Da fiel der Schatten einer Wolke auf sie, und aus der Wolke sprach eine Stimme: »Dies ist mein geliebter Sohn. Auf ihn sollt ihr hören.« ⁸Als sie sich umschauten, waren Mose und Elia verschwunden, und nur Jesus war noch bei ihnen. ⁹Wäh-

rend sie den Berg hinabstiegen, wies er sie an, niemandem zu erzählen, was sie gesehen hatten, bis der Menschensohn von den Toten auferstanden sei. ¹⁰Sie behielten es für sich, sprachen aber untereinander noch oft darüber, was er wohl mit der Auferstehung von den Toten gemeint hatte.

¹¹Schließlich fragten sie Jesus: »Warum behaupten die Schriftgelehrten, dass Elia wiederkommen muss, bevor der Messias kommt?«

¹²Jesus erwiderte: »Das stimmt, zuerst kommt Elia, um alles vorzubereiten. Aber warum heißt es in der Schrift, dass der Menschensohn viel Leid und Verachtung erdulden muss? ¹³Doch ich sage euch, Elia ist schon gekommen, und sie haben mit ihm gemacht, was sie wollten, wie es in der Schrift prophezeit ist.«

Jesus heilt einen besessenen Jungen

¹⁴Am Fuße des Berges fanden sie eine große Menge vor, die sich um die übrigen Jünger versammelt hatte, während einige Schriftgelehrte ein Streitgespräch mit ihnen führten. ¹⁵Die Menschen waren in großer Aufregung, als Jesus auf sie zukam. Dann liefen sie ihm entgegen, um ihn zu begrüßen. ¹⁶»Worüber streitet ihr euch?«, fragte er.

¹⁷Ein Mann aus der Menge ergriff das Wort und sagte: »Lehrer, ich habe meinen Sohn hergebracht, damit du ihn heilst. Er kann nicht sprechen, weil er von einem bösen Geist besessen ist, der ihn nicht reden lässt. ¹⁸Immer wenn dieser böse Geist ihn packt, wirft er ihn gewaltsam zu Boden; er hat Schaum vor dem Mund, knirscht mit den Zähnen und wird ganz starr. Ich habe deine Jünger gebeten, den Dämon auszutreiben, aber sie konnten es nicht.«

¹⁹Jesus sagte zu ihnen: »Ihr Ungläubigen! Wie lange muss ich noch bei euch sein, bis ihr endlich glaubt? Wie lange muss ich euch noch ertragen? Bringt den Jungen zu mir.« ²⁰Sie brachten ihm das Kind. Als der böse Geist Jesus sah, schüttelte er den Jungen in heftigen Krämpfen. Er fiel zu Boden und krümmte und wälzte sich mit Schaum vor dem Mund. ²¹»Wie lange geht das schon so?«, fragte Jesus den Vater des Jungen.

Er antwortete: »Seit er ganz klein ist. ²²Der böse Geist wirft ihn oft ins Feuer oder ins Wasser, um ihn umzubringen. Hab Erbarmen mit uns und hilf uns. Tu etwas, wenn du kannst.«

²³»Was soll das heißen, ›Wenn ich kann‹?«, fragte Jesus. »Alles ist möglich für den, der glaubt.«

²⁴Der Vater rief: »Ich glaube! Aber hilf mir, dass ich nicht zweifle!«

²⁵Als Jesus sah, dass die Menge der Zuschauer ständig größer wurde, bedrohte er den bösen Geist: »Du tauber und stummer Geist, ich befehle dir, fahre aus diesem Kind aus und kehre nie wieder zurück!« ²⁶Da schrie der Geist auf, packte den Jungen noch einmal, warf ihn hin und her und verließ ihn. Der Junge lag reglos da, sodass die Menge dachte, er sei tot. ²⁷Doch Jesus nahm die Hand des Jungen und half ihm aufzustehen, und er stand auf.

²⁸Als Jesus später mit seinen Jüngern allein im Haus war, fragten sie ihn: »Warum konnten wir diesen bösen Geist nicht austreiben?«

²⁹Jesus antwortete: »Diese Art kann nur durch Gebet ausgetrieben werden.«

Jesus kündigt erneut seinen Tod an

³⁰Sie verließen diese Gegend und zogen durch Galiläa. Jesus wollte nicht, dass die Leute davon erfuhren, ³¹um mehr Zeit mit seinen Jüngern verbringen und sie unterweisen zu können. Er sagte zu ihnen: »Der Menschensohn wird verraten werden. Man wird ihn töten, aber drei Tage später wird er von den Toten auferstehen.« ³²Doch sie verstanden ihn nicht und wagten ihn nicht zu fragen, was er damit meinte.

Der Größte im Reich Gottes

³³In Kapernaum angekommen, gingen Jesus und seine Jünger in das Haus, in dem sie wohnen wollten. Jesus fragte sie: »Worüber habt ihr unterwegs gesprochen?« ³⁴Sie schwiegen, denn sie hatten darüber geredet, wer von ihnen wohl der Wichtigste sei. ³⁵Da setzte er sich hin, rief die zwölf Jünger zu sich und

sagte zu ihnen: »Wenn jemand der Erste sein will, muss er den letzten Platz einnehmen und allen dienen.«

³⁶Dann stellte er ein kleines Kind in ihre Mitte, nahm es in die Arme und sagte zu ihnen: ³⁷»Wer solch ein kleines Kind um meinetwillen aufnimmt, nimmt mich auf, und wer mich aufnimmt, nimmt meinen Vater auf, der mich gesandt hat.«

Im Namen von Jesus Wunder tun

³⁸Johannes sagte zu Jesus: »Lehrer, wir haben einen Mann gesehen, der in deinem Namen Dämonen austrieb. Wir haben versucht, ihn davon abzubringen, weil er nicht zu uns gehört.«

³⁹»Hindert ihn nicht!«, sagte Jesus. »Wer in meinem Namen Wunder tut, wird nicht bald darauf schlecht von mir reden. ⁴⁰Wer nicht gegen uns ist, ist für uns. ⁴¹Wenn jemand euch auch nur einen Becher Wasser gibt, weil ihr zu Christus gehört, wird er belohnt werden.

⁴²Doch wer Schuld daran ist, dass diese Kleinen, die an mich glauben, diesen Glauben verlieren, der wäre besser daran, mit einem Mühlstein um den Hals ins Meer geworfen zu werden. ⁴³Wenn deine Hand dich zum Bösen verführt, dann hack sie ab. Es ist besser, mit nur einer Hand in den Himmel einzugehen, als mit zwei Händen ins ewige Feuer der Hölle zu kommen. ⁴⁵Wenn dein Fuß dich zum Bösen verführt, dann hack ihn ab. Es ist besser, mit nur einem Fuß in den Himmel einzugehen, als mit zwei Füßen in die Hölle geworfen zu werden. ⁴⁷Und wenn dein Auge dich zum Bösen verführt, reiß es aus. Es ist besser, halb blind in das Reich Gottes einzugehen, als zwei Augen zu haben und in die Hölle geworfen zu werden, ⁴⁸›wo der Wurm nicht stirbt und das Feuer nicht erlischt‹.

⁴⁹Denn jeder wird mit Feuer gesalzen werden. ⁵⁰Salz ist gut, um zu würzen. Aber wenn es seinen Geschmack verliert, wie soll man es wieder salzig machen? Ihr müsst die Eigenschaft des Salzes in euch tragen und in Frieden miteinander leben.«

Über Ehe und Ehescheidung

10 ¹Dann verließ Jesus Kapernaum und ging nach Süden in das Gebiet von Judäa und in die Gegend östlich des Jordan. Wieder versammelten sich die Menschen um ihn, und wie immer lehrte er sie.

²Einige Pharisäer kamen und fragten, um ihn damit auf die Probe zu stellen: »Darf ein Mann sich von seiner Frau scheiden lassen?«

³»Was hat Mose über die Scheidung gesagt?«, fragte sie Jesus.

⁴»Er hat sie erlaubt«, erwiderten sie. »Er hat gesagt, ein Mann brauche seiner Frau nur einen offiziellen Scheidungsbrief auszustellen und dürfe sie dann fortschicken.«

⁵Da entgegnete Jesus: »Nur weil euer Herz so hart ist, gab euch Mose diese Anweisung. ⁶Doch der Wille Gottes wird schon mit Beginn der Schöpfung deutlich, als er sie als Mann und Frau schuf. ⁷›Deshalb wird ein Mann Vater und Mutter verlassen und sich an seine Frau binden ⁸und die beiden werden zu einer Einheit.‹ Dann sind sie nicht mehr zwei, sondern eins, ⁹und niemand darf sie trennen, denn Gott hat sie zusammengebracht.«

¹⁰Als er später mit seinen Jüngern allein im Haus war, fragten sie ihn erneut danach. ¹¹Er sagte ihnen: »Wer sich von seiner Frau scheiden lässt und eine andere heiratet, begeht Ehebruch. ¹²Und wenn eine Frau sich von ihrem Mann scheiden lässt und wieder heiratet, begeht sie ebenfalls Ehebruch.«

Jesus segnet die Kinder

¹³Eines Tages brachten einige Eltern ihre Kinder zu Jesus, damit er sie berühren und segnen sollte. Doch die Jünger wiesen sie ab. ¹⁴Als Jesus das sah, war er sehr verärgert über seine Jünger und sagte zu ihnen: »Lasst die Kinder zu mir kommen. Hindert sie nicht daran! Denn das Reich Gottes gehört Menschen wie ihnen. ¹⁵Ich versichere euch: Wer nicht solchen Glauben hat wie sie, kommt nicht ins Reich Gottes.« ¹⁶Dann nahm er die Kinder in die Arme, legte ihnen die Hände auf den Kopf und segnete sie.

Der reiche Mann

¹⁷Als er weiterziehen wollte, lief ein Mann auf Jesus zu, kniete vor ihm nieder und fragte: »Guter Lehrer, was soll ich tun, um das ewige Leben zu bekommen?«

¹⁸»Warum nennst du mich gut?«, fragte Jesus. »Nur Gott allein ist gut. ¹⁹Aber du kennst doch die Gebote. ›Du sollst nicht töten. Du sollst nicht die Ehe brechen. Du sollst nicht stehlen. Du sollst keine Falschaussage machen. Du sollst nicht betrügen. Ehre deinen Vater und deine Mutter.‹«

²⁰»Lehrer«, erwiderte der Mann, »alle diese Gebote habe ich seit meiner Kindheit gehalten.«

²¹Da sah Jesus den Mann voller Liebe an. »Eins fehlt dir noch«, sagte er zu ihm. »Geh und verkaufe alles, was du hast, und gib das Geld den Armen, dann wirst du einen Schatz im Himmel haben. Danach komm und folge mir nach.« ²²Als er das hörte, verdüsterte sich das Gesicht des Mannes, und er ging traurig fort, denn er war sehr reich.

²³Jesus sah alle, die dabeistanden, an und sagte dann zu seinen Jüngern: »Wie schwer ist es doch für Menschen, die reich sind, ins Reich Gottes zu kommen!« ²⁴Darüber waren sie erstaunt. Aber Jesus wiederholte: »Meine lieben Kinder, es ist sehr schwer, ins Reich Gottes zu kommen. ²⁵Eher geht ein Kamel durch ein Nadelöhr, als dass ein Reicher ins Reich Gottes kommt!«

²⁶Die Jünger waren bestürzt. »Wer kann dann überhaupt gerettet werden?«, fragten sie.

²⁷Jesus sah sie aufmerksam an und sagte: »Menschlich gesehen ist es unmöglich, aber nicht für Gott. Bei Gott ist alles möglich.«

²⁸Da erwiderte Petrus: »Wir haben alles aufgegeben, um dir nachzufolgen.«

²⁹Jesus erwiderte: »Ich versichere euch: Jeder, der Haus oder Brüder oder Schwestern oder Mutter oder Vater oder Kinder oder Besitz um meinetwillen und um der guten Botschaft willen aufgegeben hat, ³⁰wird jetzt, in dieser Zeit, alles hundertfach zurückerhalten: Häuser, Brüder, Schwestern, Mütter, Kinder und Besitz – wenn auch mitten unter Verfolgungen.

Und in der künftigen Welt wird er das ewige Leben haben. ³¹Doch viele, die jetzt wichtig zu sein scheinen, werden dann die Geringsten sein, und die, die hier ganz unbedeutend sind, werden dort die Wichtigsten sein.«

Jesus kündigt zum dritten Mal seinen Tod an

³²Sie waren auf dem Weg hinauf nach Jerusalem. Jesus ging ihnen voraus. Angst erfasste die Jünger, und auch die anderen Menschen, die ihm folgten, fürchteten sich. Wieder nahm Jesus die zwölf beiseite und begann ihnen noch einmal zu schildern, was ihn in Jerusalem erwartete. ³³»Wenn wir nach Jerusalem kommen«, sagte er, »wird der Menschensohn an die obersten Priester und die Schriftgelehrten verraten werden. Sie werden ihn zum Tod verurteilen und an die Römer ausliefern. ³⁴Die werden ihn verspotten, anspucken, auspeitschen und ihn schließlich töten, doch nach drei Tagen wird er auferstehen.«

Jesus lehrt, anderen zu dienen

³⁵Da kamen Jakobus und Johannes, die Söhne des Zebedäus, auf ihn zu und sprachen ihn an. »Lehrer«, sagten sie, »wir möchten dich um einen Gefallen bitten.«

³⁶»Was soll ich für euch tun?«, fragte er.

³⁷»Wir möchten in deinem herrlichen Reich neben dir auf den Ehrenplätzen sitzen«, sagten sie, »einer zu deiner Rechten und einer zu deiner Linken.«

³⁸Doch Jesus antwortete ihnen: »Ihr wisst nicht, um was ihr da bittet! Könnt ihr den bitteren Kelch des Leidens trinken, den ich trinken werde? Könnt ihr mit der Taufe getauft werden, mit der ich getauft werden muss?«

³⁹»Ja«, sagten sie, »das können wir!«

Und Jesus sagte: »Ihr werdet tatsächlich aus meinem Kelch trinken und mit meiner Taufe getauft werden. ⁴⁰Doch ich kann nicht bestimmen, wer auf den Plätzen rechts und links neben mir sitzen wird. Gott hat diese Plätze denen vorbehalten, die er erwählt hat.«

⁴¹Als die anderen zehn Jünger merkten, worum Jakobus und

Johannes gebeten hatten, waren sie empört. [42]Da rief Jesus sie
zusammen und sagte: »Ihr habt erfahren, dass in dieser Welt
die Könige Tyrannen sind und die Herrschenden die Menschen oft ungerecht behandeln. [43]Bei euch sollte es anders
sein. Wer euch anführen will, der soll euch dienen, [44]wer unter
euch der Erste sein will, soll der Sklave aller sein. [45]Selbst der
Menschensohn ist nicht gekommen, um sich dienen zu lassen,
sondern um anderen zu dienen und sein Leben als Lösegeld
für viele Menschen hinzugeben.«

Jesus heilt den blinden Bartimäus

[46]So erreichten sie Jericho. Als Jesus und seine Jünger die Stadt
wieder verließen, folgte ihnen eine große Menschenmenge.
Ein blinder Bettler namens Bartimäus (der Sohn des Timäus)
saß am Straßenrand, als Jesus vorüberging. [47]Als Bartimäus
hörte, dass Jesus von Nazareth in der Nähe war, begann er
zu schreien: »Jesus, Sohn Davids, hab Erbarmen mit mir!«

[48]»Sei still!«, fuhren die Leute ihn an.

Aber er schrie nur noch lauter: »Sohn Davids, hab Erbarmen
mit mir!«

[49]Als Jesus ihn hörte, blieb er stehen und sagte: »Sagt ihm, er
soll herkommen.«

Da riefen sie den blinden Mann. »Nur Mut«, sagten sie.
»Komm, er ruft dich!«

[50]Bartimäus warf seinen Mantel ab, sprang auf und kam zu
Jesus.

[51]»Was soll ich für dich tun?«, fragte Jesus.

»Rabbuni«, sagte der blinde Mann, »ich möchte sehen!«

[52]Da sagte Jesus zu ihm: »Geh nur. Dein Glaube hat dich
geheilt.« Und im selben Augenblick konnte der Blinde sehen!
Dann folgte er Jesus auf seinem Weg.

Der triumphale Einzug

11 [1]Kurz vor Jerusalem kamen Jesus und die Jünger zu
den Ortschaften Betfage und Betanien am Ölberg. Jesus schickte zwei der Jünger voraus. [2]»Geht in das Dorf vor
euch«, wies er sie an. »Wenn ihr hinkommt, werdet ihr ein

Fohlen angebunden finden, auf dem noch niemand geritten ist. Bindet es los und bringt es her. ³Wenn jemand fragt, was ihr da tut, dann sagt einfach: ›Der Herr braucht es und wird es bald wieder zurückgeben.‹«

⁴Die zwei Jünger machten sich auf den Weg und fanden das Fohlen an der Straße. Es stand angebunden vor einem Haus. ⁵Als sie es losbanden, fragten einige, die dort standen: »Was macht ihr da? Warum bindet ihr das Fohlen los?« ⁶Sie sagten, was Jesus ihnen aufgetragen hatte, und man ließ sie gehen. ⁷Dann brachten sie das Fohlen zu Jesus, warfen ihre Mäntel darüber, und er setzte sich darauf.

⁸Viele Menschen aus der Menge breiteten ihre Mäntel vor Jesus auf dem Weg aus, andere schnitten auf den Feldern grüne Zweige ab und legten sie auf den Weg. ⁹Vor und hinter Jesus drängten sich die Menschen und riefen:

»Gelobt sei Gott!

Gepriesen sei, der im Namen des Herrn kommt!

¹⁰Segen für das künftige Reich unseres Vaters David! Lobt Gott im höchsten Himmel!«

¹¹So kam Jesus nach Jerusalem und ging in den Tempel. Als er sich alles genau angesehen hatte, kehrte er, da es schon spät geworden war, mit den zwölf Jüngern nach Betanien zurück.

Der Feigenbaum

¹²Als sie am nächsten Morgen Betanien verließen, hatte Jesus Hunger. ¹³Von Weitem bemerkte er einen Feigenbaum mit vielen Blättern. Er ging hin, um zu sehen, ob auch Feigen daran waren. Aber der Baum trug nur Blätter, denn es war nicht die Jahreszeit, in der es Feigen gab. ¹⁴Da sagte Jesus zu dem Baum: »Nie wieder soll jemand von deinen Früchten essen!« Und die Jünger hörten seine Worte.

Jesus jagt die Händler aus dem Tempel

¹⁵Als sie wieder nach Jerusalem kamen, ging Jesus in den Tempel und fing an, die Händler und die Leute, die bei ihnen kauften, hinauszutreiben. Er stieß die Tische der Geldwechsler und die Stände der Taubenverkäufer um ¹⁶und ließ nicht

zu, dass weitere Waren durch den Tempelhof getragen wurden. ¹⁷Er fuhr sie an: »In der Schrift heißt es: ›Mein Haus soll ein Ort des Gebets für alle Völker sein‹, aber ihr habt eine Räuberhöhle daraus gemacht.«

¹⁸Als die obersten Priester und die Schriftgelehrten hörten, was Jesus getan hatte, überlegten sie, wie sie Jesus umbringen könnten. Sie hatten jedoch Angst vor ihm, weil die Menschen von seiner Lehre so beeindruckt waren. ¹⁹Am Abend verließen Jesus und die Jünger die Stadt.

²⁰Als sie am nächsten Morgen an dem Feigenbaum vorüberkamen, den Jesus verflucht hatte, sahen die Jünger, dass er bis zu den Wurzeln verdorrt war. ²¹Petrus erinnerte sich an das, was Jesus am Vortag zu dem Feigenbaum gesagt hatte, und rief aus: »Sieh doch, Rabbi! Der Feigenbaum, den du verflucht hast, ist vertrocknet!«

²²Da sagte Jesus zu den Jüngern: »Habt den Glauben Gottes. ²³Ich versichere euch: Wenn ihr zu diesem Berg sagt: ›Hebe dich in die Höhe und wirf dich ins Meer‹, wird es geschehen. Entscheidend ist, dass ihr glaubt und in euren Herzen nicht daran zweifelt. ²⁴Hört auf meine Worte! Alles, was ihr im Gebet erbittet – glaubt, dass ihr es bekommen habt, und ihr werdet es erhalten. ²⁵Doch wenn ihr betet, dann vergebt zuerst allen, gegen die ihr einen Groll hegt, damit euer Vater im Himmel euch eure Sünden auch vergeben kann.«

Die Frage nach der Autorität von Jesus

²⁷Inzwischen waren sie wieder in Jerusalem angelangt. Als Jesus im Tempel umherging, traten die obersten Priester, die Schriftgelehrten und die anderen führenden Männer des Volkes auf ihn zu und fragten ihn: ²⁸»Wer gibt dir das Recht, die Händler aus dem Tempel zu vertreiben? Wer hat dir dazu die Vollmacht gegeben?«

²⁹»Ich sage euch, wer mir die Vollmacht dazu gegeben hat, wenn ihr mir eine einzige Frage beantwortet«, erwiderte Jesus. ³⁰»Geschah die Taufe des Johannes im Auftrag Gottes oder war es nur die Tat eines Menschen? Antwortet mir!«

³¹Sie besprachen sich miteinander. »Wenn wir sagen, sie geschah im Auftrag Gottes, wird er fragen, warum wir ihm nicht geglaubt haben. ³²Aber können wir es wagen zu sagen: ›Es war nur die Tat eines Menschen‹?« Denn sie hatten Angst vor dem Volk, weil es Johannes für einen Propheten hielt. ³³So antworteten sie schließlich: »Wir wissen es nicht.«

Da entgegnete Jesus: »Dann sage ich euch auch nicht, woher ich die Vollmacht habe, so zu handeln.«

Die Geschichte von den betrügerischen Weinbauern

12 ¹Dann fing Jesus an, ihnen Gleichnisse zu erzählen: »Ein Mann legte einen Weinberg an, baute eine Mauer darum, hob eine Grube aus, um den Wein darin zu keltern, und baute einen Wachtturm. Dann verpachtete er den Weinberg an Bauern und zog in ein anderes Land. ²Zur Zeit der Weinlese schickte er einen seiner Knechte, um seinen Anteil an der Ernte einzufordern. ³Doch die Bauern packten den Knecht, schlugen ihn halb tot und schickten ihn mit leeren Händen zurück.

⁴Da sandte der Besitzer einen anderen Knecht, doch dem schlugen sie mit Fäusten ins Gesicht und beschimpften ihn. ⁵Den nächsten Knecht, den er schickte, brachten sie sogar um. Andere Boten, die kamen, wurden entweder halb tot geschlagen oder ermordet, ⁶bis nur noch einer übrig blieb – sein Sohn, den er über alles liebte. Den schickte der Besitzer schließlich als Letzten, weil er dachte: ›Meinen Sohn werden sie sicher nicht antasten.‹

⁷Doch die Weinbauern sagten sich: ›Da kommt der Erbe des Gutes. Kommt, wir bringen ihn um und behalten das Land für uns!‹ ⁸Und sie fielen über ihn her, ermordeten ihn und warfen ihn zum Weinberg hinaus.

⁹Was, glaubt ihr, wird der Besitzer des Weinbergs tun?«, fragte Jesus. »Ich sage es euch – er wird kommen, sie alle töten und den Weinberg an andere verpachten. ¹⁰Habt ihr das nicht schon einmal in der Schrift gelesen?

›Der Stein, den die Bauleute verworfen haben, ist zum Eckstein geworden.

¹¹Das ist das Werk des Herrn, und es ist wunderbar anzusehen.‹«

¹²Daraufhin wollten ihn die führenden Männer des jüdischen Volkes verhaften, denn sie merkten, dass sie mit den
bösen Weinbauern in diesem Gleichnis gemeint waren. Doch
aus Angst vor dem Volk wagten sie es nicht, Hand an ihn zu
legen. So ließen sie ihn in Ruhe und gingen weg.

Steuern für den Kaiser

¹³Danach schickten sie einige Pharisäer und Anhänger des
Herodes zu Jesus. Sie hofften, Jesus mit seinen eigenen Worten in eine Falle locken zu können, damit sie ihn verhaften
konnten. ¹⁴»Lehrer«, sagten sie, »wir wissen, wie ehrlich und
wahrhaftig du bist. Du lässt dich nicht beeinflussen und bevorzugst niemanden. Du lehrst die Wege Gottes und was du
sagst, ist wahr. Nun sage uns: Ist es richtig, an den Kaiser
Steuern zu zahlen? ¹⁵Sollen wir sie bezahlen oder nicht?«

Jesus durchschaute ihre Scheinheiligkeit und sagte: »Wen
wollt ihr mit euren Fangfragen überlisten? Zeigt mir eine römische Münze, und ich werde es euch sagen.« ¹⁶Als sie ihm
eine reichten, fragte er: »Wessen Bild und Titel ist hier eingeprägt?«

»Bild und Titel des Kaisers«, antworteten sie.

¹⁷»Nun«, sagte Jesus, »dann gebt dem Kaiser, was dem Kaiser gehört, und gebt Gott, was Gott gehört.« Diese Antwort
verwunderte sie sehr.

Diskussion über die Auferstehung

¹⁸Dann kamen einige Sadduzäer zu Jesus. Diese jüdische
Gruppierung vertritt die Auffassung, dass es keine Auferstehung nach dem Tod gibt. Sie stellten ihm folgende Frage:
¹⁹»Lehrer, Mose hat uns ein Gesetz gegeben, das besagt:
Wenn ein Mann stirbt und eine Frau hinterlässt, aber keine
Kinder, dann soll sein Bruder die Witwe heiraten und ihm
auf diese Weise zu einem Erben verhelfen. ²⁰Nun waren da
sieben Brüder. Der älteste von ihnen heiratete und starb kinderlos. ²¹Daraufhin heiratete der zweite Bruder die Witwe,

doch auch er starb bald und hinterließ keine Kinder. Dann heiratete sie der nächste Bruder und starb kinderlos. ²²So ging es weiter, bis alle Brüder sie geheiratet hatten und gestorben waren, und es waren immer noch keine Kinder da. Schließlich starb auch die Frau. ²³Nun sage uns: wessen Frau wird sie nach der Auferstehung sein? Denn alle sieben waren ja mit ihr verheiratet.«

²⁴Jesus erwiderte: »Ihr irrt euch, weil ihr weder die Schrift noch die Macht Gottes kennt. ²⁵Denn wenn die Toten auferstehen, werden sie nicht verheiratet sein. Sie werden sein wie die Engel im Himmel. ²⁶Doch nun zu der Frage, ob die Toten auferweckt werden – habt ihr nie bei Mose die Geschichte vom brennenden Dornbusch gelesen? Lange nachdem Abraham, Isaak und Jakob gestorben waren, sagte Gott zu Mose: ›Ich bin der Gott Abrahams, der Gott Isaaks und der Gott Jakobs.‹ ²⁷Er ist doch der Gott der Lebenden und nicht der Toten. Ihr seid völlig im Irrtum.«

Das wichtigste Gebot
²⁸Einer der Schriftgelehrten stand dabei und hörte dem Gespräch zu. Er merkte, wie gut Jesus geantwortet hatte; deshalb fragte er ihn: »Welches von allen Geboten ist das wichtigste?«

²⁹Jesus antwortete: »Das wichtigste Gebot ist dies: ›Höre, o Israel! Der Herr, unser Gott, ist der einzige Herr. ³⁰Und du sollst den Herrn, deinen Gott, von ganzem Herzen, von ganzer Seele, mit all deinen Gedanken und all deiner Kraft lieben.‹ ³¹Das zweite ist ebenso wichtig: ›Liebe deinen Nächsten wie dich selbst.‹ Kein anderes Gebot ist wichtiger als diese beiden.«

³²Der Schriftgelehrte erwiderte: »Das hast du sehr gut gesagt, Lehrer. Du hast die Wahrheit gesprochen, als du sagtest, dass es nur einen einzigen Gott gibt und keinen außer ihm. ³³Und ich weiß auch, dass es wichtig ist, ihn von ganzem Herzen, mit all meinen Gedanken und all meiner Kraft zu lieben und meinen Nächsten zu lieben wie mich selbst. Das ist weit wichtiger, als all die Brandopfer und Opfergaben darzubringen, die vom Gesetz vorgeschrieben werden.«

³⁴Als Jesus sah, welche Einsicht dieser Mann besaß, sagte er zu ihm: »Du bist nicht weit vom Reich Gottes entfernt.« Danach wagte niemand mehr, ihm weitere Fragen zu stellen.

Wessen Sohn ist der Christus?

³⁵Als Jesus später die Menschen im Tempel lehrte, fragte er: »Warum behaupten die Schriftgelehrten, dass der Christus der Sohn Davids sei? ³⁶David selbst hat doch, geleitet vom Heiligen Geist, gesagt:

›Der Herr sagte zu meinem Herrn: Setze dich auf den Ehrenplatz zu meiner Rechten, bis ich deine Feinde demütige und sie zum Schemel unter deinen Füßen mache.‹

³⁷Wenn selbst David ihn also Herr nannte, wie kann er da gleichzeitig sein Sohn sein?« Und die Menge hörte ihm gebannt zu.

³⁸Und er lehrte sie noch Weiteres: »Hütet euch vor den Schriftgelehrten! Sie lieben es, sich in wehenden Gewändern zu präsentieren und zu sehen, wie sich alle tief vor ihnen verneigen, wenn sie über die Marktplätze flanieren. ³⁹Und sie beanspruchen, in den Synagogen und bei Festen auf den Ehrenplätzen zu sitzen! ⁴⁰Doch gleichzeitig betrügen sie Witwen schamlos um ihren Besitz. Und um zu verbergen, wie sie wirklich sind, sprechen sie in der Öffentlichkeit lange Gebete. Deshalb wird ihre Strafe umso härter sein.«

Die Spende der Witwe

⁴¹Jesus setzte sich in die Nähe des Opferkastens im Tempel und beobachtete, wie die Menschen Geld hineinwarfen. Viele reiche Leute legten große Beträge hinein. ⁴²Dann kam eine arme Witwe und warf zwei kleine Münzen hinein. ⁴³Da rief er seine Jünger zu sich und sagte: »Ich versichere euch: Diese arme Witwe hat mehr gegeben als alle anderen. ⁴⁴Denn sie alle haben nur einen winzigen Bruchteil von ihrem Überfluss abgegeben, während diese Frau, so arm sie ist, alles gegeben hat, was sie besaß.«

Jesus spricht über die Zukunft der Welt

13 ¹Als Jesus an jenem Tag den Tempel verließ, sagte einer seiner Jünger zu ihm: »Lehrer, sieh nur diese herrlichen Bauten! Welch gewaltige Steine sind in diesen Mauern!«

²Jesus antwortete: »Diese prachtvollen Bauten werden so vollständig zerstört werden, dass nicht ein Stein auf dem anderen bleibt.«

³Später ließ Jesus sich an den Hängen des Ölbergs nieder, die gegenüber dem Tempel lagen. Da kamen Petrus, Jakobus, Johannes und Andreas zu ihm und fragten: ⁴»Wann wird das alles geschehen? Wird es vorher ein Zeichen dafür geben, wann sich das alles erfüllen wird?«

⁵Jesus erwiderte: »Lasst euch von niemandem irremachen. ⁶Viele Leute werden in meinem Namen auftreten und behaupten, der Christus zu sein. Sie werden viele Menschen in die Irre führen. ⁷Ihr werdet von Kriegen und Kriegsgerüchten hören, aber habt keine Angst. Dies alles muss geschehen, aber das Ende ist noch nicht da. ⁸Völker und Königreiche werden einander den Krieg erklären, und in vielen Teilen der Welt wird es Erdbeben und Hungersnöte geben. Doch das alles wird nur der Anfang der künftigen Schrecken sein. ⁹Seid jedoch wachsam, wenn dies alles geschieht! Man wird euch vor Gericht zerren und in den Synagogen auspeitschen. Um meinetwillen werdet ihr euch vor Machthabern und Königen verantworten müssen. Das wird euch Gelegenheit geben, ihnen von mir zu erzählen. ¹⁰Die gute Botschaft muss zuerst allen Völkern verkündet werden. ¹¹Doch wenn ihr verhaftet werdet und vor Gericht steht, macht euch keine Sorgen, was ihr zu eurer Verteidigung vorbringen sollt. Sagt einfach, was Gott euch in den Mund legt. Nicht ihr seid es, die dann reden, sondern der Heilige Geist.

¹²Ein Bruder wird den anderen verraten und dem Tod ausliefern, Väter werden ihre Kinder verraten und Kinder werden sich gegen ihre Eltern auflehnen und schuld an ihrem Tod sein. ¹³Und alle werden euch um meines Namens willen hassen. Doch diejenigen, die bis zum Ende durchhalten, werden gerettet werden.

¹⁴Es wird die Zeit kommen, da werdet ihr das abscheuliche Götzenbild, das den heiligen Ort entweiht, an dem Platz stehen sehen, an dem es nicht stehen darf. – Wer dies liest, der horche auf! – Dann müssen alle, die in Judäa leben, in die Berge fliehen. ¹⁵Wer draußen vor dem Haus ist, darf nicht ins Haus zurückgehen, um etwas mitzunehmen. ¹⁶Wer auf dem Feld ist, darf nicht mehr heimgehen, und sei es nur, um einen Mantel zu holen. ¹⁷Am schlimmsten wird es für die schwangeren Frauen und stillenden Mütter sein. ¹⁸Und betet, dass eure Flucht nicht im Winter geschieht. ¹⁹Denn das werden schrecklichere Tage sein, als es je gab, seit Gott die Welt erschuf, und wie es sie danach auch nicht mehr geben wird. ²⁰Hätte der Herr diese grauenvolle Zeit nicht verkürzt, dann würde die gesamte Menschheit zugrunde gehen. Doch um seiner Auserwählten willen hat er sie verkürzt.

²¹Und wenn jemand zu euch sagt: ›Schaut her, da ist der Christus‹ oder: ›Dort ist er‹, dann achtet nicht auf ihn. ²²Denn mancher falsche Christus und falsche Prophet wird auftreten und Zeichen und Wunder vollbringen, um, wenn möglich, sogar die Auserwählten Gottes in die Irre zu führen. ²³Seht euch vor! Ich habe euch gewarnt!

²⁴Wenn diese schrecklichen Tage endlich vorüber sind, wird sich die Sonne verfinstern, der Mond wird nicht mehr leuchten, ²⁵die Sterne werden vom Himmel stürzen und die Kräfte des Himmels werden aus dem Gleichgewicht geraten.

²⁶Dann werden alle den Menschensohn mit großer Macht und Herrlichkeit in den Wolken kommen sehen. ²⁷Und er wird seine Engel aussenden, um seine Auserwählten aus der ganzen Welt zu sammeln – von den äußersten Enden der Erde und des Himmels.

²⁸Lernt nun etwas vom Feigenbaum: Wenn seine Knospen weich werden und seine Blätter zu sprießen beginnen, wisst ihr, dass der Sommer vor der Tür steht, auch ohne dass man es euch sagt. ²⁹Genauso ist es, wenn ihr seht, dass diese Ereignisse geschehen. Dann könnt ihr sicher sein, dass seine Wiederkunft vor der Tür steht. ³⁰Ich versichere euch: Diese Generation wird nicht untergehen, bevor all das eingetreten ist.

³¹Himmel und Erde werden vergehen, aber meine Worte werden ewig bleiben.

³²Niemand kennt jedoch den Tag oder die Stunde, zu der all diese Dinge geschehen werden, nicht einmal die Engel im Himmel oder der Sohn selbst. Nur der Vater weiß es. ³³Und weil ihr nicht wisst, wann dies alles geschieht, bleibt wachsam und seht euch vor.

³⁴Das Kommen des Menschensohnes lässt sich mit der Rückkehr eines Mannes vergleichen, der sein Haus verließ, um auf Reisen zu gehen. Er gab allen seinen Bediensteten Anweisungen, was sie arbeiten sollten, und wies den Türhüter an, in der Zwischenzeit nach ihm Ausschau zu halten. ³⁵Genauso sollt auch ihr wachsam sein! Denn ihr wisst nicht, wann der Herr des Hauses wiederkommt – ob am Abend, mitten in der Nacht, in der frühen Morgendämmerung oder bei Tagesanbruch. ³⁶Sorgt dafür, dass er euch nicht schlafend findet, wenn er ohne Vorwarnung kommt. ³⁷Was ich euch hier sage, das sage ich allen: Seid bis zu seiner Rückkehr wachsam!«

Jesus wird in Betanien gesalbt

14 ¹Es waren nun noch zwei Tage bis zum Passahfest und dem Fest der ungesäuerten Brote. Die obersten Priester und Schriftgelehrten suchten noch immer nach einer Gelegenheit, Jesus heimlich zu ergreifen und zu töten. ²»Auf keinen Fall während des Passahfestes«, hatten sie beschlossen, »sonst gibt es einen Aufruhr.«

³Jesus hielt sich inzwischen in Betanien im Haus Simons auf, eines Mannes, der an Aussatz erkrankt war. Als sie beim Essen saßen, kam eine Frau mit einem wunderschönen Gefäß voll kostbaren Öls. Sie zerbrach das Gefäß und goss Jesus das Öl über den Kopf. ⁴Einige am Tisch waren darüber entrüstet: »Warum wurde dieses kostbare Öl so verschwendet?«, fragten sie. ⁵»Sie hätte es für ein kleines Vermögen verkaufen und das Geld den Armen geben können!« Und sie wiesen sie scharf zurecht.

⁶Doch Jesus hielt ihnen entgegen: »Lasst sie in Ruhe. Warum bringt ihr sie in Verlegenheit? Sie hat mir doch etwas Gutes

getan. ⁷Die Armen werdet ihr immer bei euch haben. Ihr könnt ihnen helfen, wann immer ihr wollt. Aber ich werde nicht mehr lange bei euch sein. ⁸Sie hat getan, was in ihrer Macht stand, und meinen Körper im Voraus zum Begräbnis gesalbt. ⁹Ich versichere euch: Überall in der Welt, wo die gute Botschaft gepredigt wird, wird man sich auch an die Tat dieser Frau erinnern.«

Judas plant, Jesus zu verraten

¹⁰Danach ging Judas Iskariot, einer der zwölf Jünger, zu den obersten Priestern, um Jesus an sie zu verraten. ¹¹Die Priester waren hocherfreut, als sie hörten, warum er gekommen war, und versprachen ihm eine Belohnung. Von da an suchte er nach einer günstigen Gelegenheit, um Jesus zu verraten.

Das letzte Abendmahl

¹²Am ersten Tag des Festes der ungesäuerten Brote, dem Tag, an dem die Passahlämmer geopfert wurden, fragten die Jünger Jesus: »Wo sollen wir hingehen und das Passahmahl vorbereiten?«

¹³Jesus schickte zwei von ihnen nach Jerusalem, um die nötigen Vorbereitungen zu treffen. »Wenn ihr in die Stadt kommt«, sagte er zu ihnen, »wird euch ein Mann begegnen, der einen Krug Wasser trägt. Folgt ihm. ¹⁴Geht in das Haus, das er betritt, und sagt zu dem Besitzer des Hauses: ›Unser Lehrer lässt fragen: Wo ist der Raum, in dem ich mit meinen Jüngern das Passahmahl feiern kann?‹ ¹⁵Er wird euch nach oben in einen großen Raum führen, der für das Festmahl schon hergerichtet ist. Das ist der Ort. Dahin geht und bereitet unser Mahl vor.« ¹⁶Die beiden Jünger machten sich auf den Weg in die Stadt und fanden alles genauso, wie Jesus es gesagt hatte; und sie bereiteten dort das Passahmahl vor.

¹⁷Am Abend kam Jesus mit den zwölf Jüngern. ¹⁸Als sie um den Tisch saßen und aßen, sagte Jesus: »Ich sage euch aber: Einer von euch wird mich verraten, einer, der hier mit mir isst.« ¹⁹Erschrocken fragte ihn einer nach dem anderen: »Das bin doch nicht ich, oder?«

²⁰Er erwiderte: »Es ist einer von euch zwölf, einer, der jetzt mit mir isst. ²¹Denn der Menschensohn muss sterben, wie es in der Schrift schon seit langer Zeit vorausgesagt ist. Für seinen Verräter aber wird es furchtbar sein. Für ihn wäre es besser, wenn er nie geboren worden wäre!«

²²Während sie aßen, nahm Jesus einen Laib Brot und bat Gott um seinen Segen. Dann brach er es in Stücke und gab es den Jüngern mit den Worten: »Nehmt, denn das ist mein Leib.«

²³Dann nahm er einen Becher mit Wein und dankte Gott. Er reichte ihn den Jüngern, und sie tranken alle daraus. ²⁴Und er sagte zu ihnen: »Das ist mein Blut, das für viele vergossen wird und den Bund zwischen Gott und den Menschen besiegelt. ²⁵Ich sage euch: Von jetzt an werde ich keinen Wein mehr trinken bis zu dem Tag, an dem ich ihn wieder neu im Reich Gottes trinken werde.« ²⁶Nachdem sie ein Loblied gesungen hatten, gingen sie hinaus zum Ölberg.

Jesus sagt die Verleugnung durch Petrus voraus

²⁷»Ihr werdet mich alle verlassen«, sagte Jesus zu ihnen. »Denn in der Schrift heißt es:

›Gott wird den Hirten schlagen, und die Schafe werden zerstreut werden.‹

²⁸Doch wenn ich von den Toten auferstanden bin, werde ich euch nach Galiläa vorausgehen und dort auf euch warten.«

²⁹Da sagte Petrus zu ihm: »Auch wenn alle anderen sich von dir abwenden, ich werde es nicht tun.«

³⁰»Petrus«, entgegnete Jesus, »ich sage dir: Noch heute Nacht, bevor der Hahn zwei Mal kräht, wirst du mich drei Mal verleugnen.«

³¹»Nein!«, beharrte Petrus. »Und wenn ich mit dir sterben müsste! Niemals werde ich dich verleugnen!« Und auch die anderen Jünger beteuerten dies.

Jesus betet in Gethsemane

³²Sie kamen zu einem Olivenhain, der Gethsemane heißt, und Jesus sagte: »Setzt euch hierher, bis ich gebetet habe.«

³³Petrus, Jakobus und Johannes aber nahm er mit. Schreckliche Furcht und Angst ergriff ihn und ³⁴er sagte zu ihnen: »Meine Seele ist zu Tode betrübt. Bleibt hier und wacht mit mir.«

³⁵Er ging ein Stück weiter und warf sich zu Boden. Dann betete er darum, dass das Schreckliche, das ihn erwartete, wenn es möglich wäre, an ihm vorübergehe. ³⁶»Abba, Vater«, sagte er, »dir ist alles möglich. Lass diesen Leidenskelch an mir vorübergehen. Doch dein Wille geschehe, nicht meiner.«

³⁷Als er zurückging, fand er die Jünger schlafend. »Simon!«, sagte er zu Petrus. »Schläfst du etwa? Konntest du nicht eine einzige Stunde mit mir wachen? ³⁸Seid wachsam und betet, sonst wird euch die Versuchung überwältigen. Denn der Geist ist zwar willig, aber der Körper ist schwach.«

³⁹Danach ging er wieder weg und betete noch einmal und wiederholte seine Bitte. ⁴⁰Als er wieder zu ihnen zurückkehrte, waren die Jünger wieder eingeschlafen, denn sie konnten ihre Augen nicht mehr offen halten. Und sie wussten nicht, was sie ihm antworten sollten.

⁴¹Als er das dritte Mal zu ihnen zurückkam, sagte er: »Schlaft ihr noch immer? Ruht ihr euch immer noch aus? Genug damit! Es ist so weit. Der Menschensohn wird in die Hände der Sünder ausgeliefert. ⁴²Kommt, lasst uns gehen. Der Verräter ist da!«

Jesus wird verraten und verhaftet

⁴³Kaum hatte er das gesagt, da kam Judas, einer von den zwölf Jüngern, mit vielen Männern, die mit Schwertern und Knüppeln bewaffnet waren. Sie waren von den obersten Priestern, den Schriftgelehrten und führenden Männern des Volkes geschickt worden. ⁴⁴Judas hatte mit ihnen ein Zeichen vereinbart: »Ihr werdet wissen, wer es ist, wenn ich auf ihn zugehe und ihn mit einem Kuss begrüße. Den könnt ihr festnehmen und abführen.«

⁴⁵Sobald sie angekommen waren, ging Judas auf Jesus zu. »Rabbi!«, rief er und küsste ihn. ⁴⁶Da packten die anderen Jesus und verhafteten ihn. ⁴⁷Aber einer von den Männern, die

bei Jesus waren, zog ein Schwert und schlug dem Knecht des Hohen Priesters ein Ohr ab.

[48]Jesus fragte sie: »Bin ich ein Schwerverbrecher, dass ihr mit Schwertern und Knüppeln bewaffnet kommt, um mich zu verhaften? [49]Warum habt ihr mich nicht im Tempel festgenommen? Ich war doch jeden Tag dort und habe gelehrt. Aber dies alles geschieht, damit erfüllt wird, was die Schrift über mich sagt.«

[50]Da ließen ihn alle seine Jünger im Stich und flohen. [51]Ein junger Mann, nur mit einem Leinenhemd bekleidet, schlich hinterher. Als die Männer auch ihn zu fassen versuchten, [52]rissen sie ihm das Hemd vom Leib, doch er entkam ihnen und lief nackt davon.

Jesus vor dem Hohen Rat

[53]Jesus wurde zum Haus des Hohen Priesters gebracht, wo die obersten Priester, die anderen führenden Männer des Volkes und die Schriftgelehrten sich versammelt hatten. [54]Petrus folgte ihnen in weitem Abstand und schlich sich durch das Tor in den Hof des hohepriesterlichen Palastes. Eine Weile saß er bei den Wachen und wärmte sich am Feuer.

[55]Währenddessen versuchten die obersten Priester und der gesamte Hohe Rat Zeugen zu finden, die gegen Jesus aussagten, damit sie ihn zum Tod verurteilen konnten. Doch alle ihre Bemühungen waren vergebens. [56]Zwar sagten viele falsche Zeugen gegen ihn aus, aber sie widersprachen einander. [57]Schließlich standen ein paar Männer auf und behaupteten: [58]»Wir haben gehört, wie er sagte: ›Ich werde diesen Tempel, der von Menschen errichtet wurde, zerstören und in drei Tagen einen neuen bauen, der nicht von Menschen erbaut ist.‹« [59]Doch auch ihre Aussagen stimmten nicht überein.

[60]Da stellte sich der Hohe Priester vor die anderen hin und fragte Jesus: »Willst du denn überhaupt nicht reden? Was hast du zu diesen Anklagen zu sagen?« [61]Jesus gab keine Antwort. Der Hohe Priester fragte ihn: »Bist du der Christus, der Sohn Gottes, des Hochgelobten?«

⁶²Jesus antwortete: »Ich bin es. Ihr werdet den Menschensohn zur Rechten Gottes, des Allmächtigen, sitzen und auf den Wolken des Himmels wiederkommen sehen.«

⁶³Da zerriss der Hohe Priester sein Gewand und sagte: »Wozu brauchen wir noch weitere Zeugen? ⁶⁴Ihr habt alle seine Gotteslästerung gehört. Wie lautet euer Urteil?« Und sie verurteilten ihn zum Tod.

⁶⁵Einige begannen, Jesus anzuspucken; sie verbanden ihm die Augen und schlugen ihm mit den Fäusten ins Gesicht. »Du Prophet, sag uns, wer hat dich gerade geschlagen?«, höhnten sie. Und selbst die Wachen prügelten auf ihn ein, als sie ihn abführten.

Petrus verleugnet Jesus

⁶⁶In der Zwischenzeit hielt sich Petrus unten im Hof auf. Eine von den Dienerinnen des Hohen Priesters ⁶⁷bemerkte ihn, als er sich am Feuer wärmte. Sie sah ihn näher an und sagte dann: »Du warst doch auch einer von denen, die mit Jesus von Nazareth zusammen waren.«

⁶⁸Petrus stritt es ab. »Ich weiß nicht, wovon du redest«, sagte er und ging hinaus in den Vorhof. In diesem Augenblick krähte ein Hahn.

⁶⁹Die Dienerin sah ihn dort stehen und sagte zu den anderen: »Dieser Mann da ist auch einer von ihnen!« ⁷⁰Und wieder bestritt es Petrus.

Kurz darauf sagten auch die Umstehenden zu Petrus: »Du musst auch einer von ihnen sein, du kommst doch auch aus Galiläa.«

⁷¹Und Petrus erwiderte: »Ich schwöre bei Gott, ich kenne den Mann nicht, von dem ihr redet.« ⁷²In diesem Augenblick krähte der Hahn zum zweiten Mal. Da erinnerte sich Petrus daran, was Jesus zu ihm gesagt hatte: »Bevor der Hahn zwei Mal kräht, wirst du mich drei Mal verleugnen.« Und er brach zusammen und weinte.

Jesus wird von Pilatus verhört

15 ¹Früh am nächsten Morgen traten die obersten Priester, führende Männer des Volkes und Schriftgelehrte – der gesamte Hohe Rat – zusammen, um über das weitere Vorgehen zu beraten. Sie fesselten Jesus und brachten ihn zu Pilatus, dem römischen Statthalter.

²Pilatus fragte Jesus: »Bist du der König der Juden?«

Jesus erwiderte: »Ja, es ist, wie du sagst.«

³Daraufhin legten die obersten Priester Jesus zahlreiche Verbrechen zur Last. ⁴Pilatus fragte ihn: »Hast du nichts dazu zu sagen? Siehst du nicht, was sie alles gegen dich vorbringen?« ⁵Doch zum großen Erstaunen von Pilatus schwieg Jesus.

⁶Nun war es Brauch, dass der Statthalter jedes Jahr zum Passahfest einen Gefangenen freiließ, den das Volk selbst bestimmen durfte. ⁷Einer der Gefangenen zu dieser Zeit war Barabbas, der bei einem Aufstand zusammen mit anderen des Mordes überführt worden war. ⁸Eine große Menschenmenge bedrängte nun Pilatus und bat ihn, wie üblich einen Gefangenen freizulassen. ⁹»Soll ich euch den König der Juden freilassen?«, fragte Pilatus. ¹⁰Denn Pilatus erkannte, dass die obersten Priester Jesus nur aus Neid verhaftet hatten. ¹¹Doch nun hetzten die obersten Priester das Volk dazu auf, die Freilassung von Barabbas statt von Jesus zu fordern. ¹²»Wenn ich Barabbas freilasse«, fragte Pilatus die, »was soll ich dann mit diesem Mann tun, den ihr den König der Juden nennt?«

¹³Sie schrien: »Kreuzige ihn!«

¹⁴»Warum?«, fragte Pilatus. »Was hat er denn verbrochen?« Aber die Menge schrie nur noch lauter: »Kreuzige ihn!«

¹⁵Da ließ Pilatus, weil er dem Volk gefallen wollte, Barabbas frei. Er ließ Jesus auspeitschen und übergab ihn dann den römischen Soldaten zur Kreuzigung.

Die Soldaten verspotten Jesus

¹⁶Die Soldaten brachten Jesus in das Prätorium, den Palast des römischen Statthalters, und riefen alle anderen Soldaten zusammen. ¹⁷Sie zogen ihm ein purpurfarbenes Gewand an und setzten ihm eine geflochtene Dornenkrone auf den Kopf.

¹⁸Dann salutierten sie und riefen: »Sei gegrüßt, König der Juden!« ¹⁹Und sie schlugen ihn mit einem Stock auf den Kopf, spuckten ihn an und knieten nieder und huldigten ihm. ²⁰Als sie genug davon hatten, ihn zu verspotten, zogen sie ihm das Purpurgewand wieder aus und zogen ihm seine eigenen Kleider an. Dann führten sie ihn ab, um ihn zu kreuzigen.

Die Kreuzigung

²¹Ein Mann – er hieß Simon und stammte aus Kyrene –, kam gerade von den Feldern zurück. Ihn zwangen sie, für Jesus das Kreuz zu tragen. (Simon ist der Vater von Alexander und Rufus.) ²²Sie brachten Jesus an einen Ort, der Golgatha heißt, das bedeutet »Schädelstätte«. ²³Dort wollten sie ihm Wein geben, der mit Myrrhe vermischt war, aber er nahm ihn nicht. ²⁴Dann nagelten sie ihn ans Kreuz. Sie verlosten seine Kleider, indem sie darum würfelten, was jeder bekommen sollte.

²⁵Es war neun Uhr morgens, als sie ihn kreuzigten. ²⁶Über seinem Kopf wurde ein Schild am Kreuz befestigt, auf dem stand, wofür er angeklagt worden war. Die Aufschrift lautete: »König der Juden«. ²⁷Zusammen mit ihm wurden zwei Verbrecher gekreuzigt; ihre Kreuze standen rechts und links von ihm. ²⁹Die Leute, die vorbeigingen, schüttelten den Kopf und verspotteten ihn: »Ha! Du kannst doch den Tempel zerstören und in drei Tagen wieder aufbauen, oder? ³⁰Nun, dann rette dich doch selbst und steig vom Kreuz herab!«

³¹Auch die obersten Priester und Schriftgelehrten machten sich über Jesus lustig. »Andere hat er gerettet«, lästerten sie, »aber sich selbst kann er nicht helfen! ³²Dieser Christus, dieser König Israels, soll er doch vom Kreuz heruntersteigen, sodass wir es sehen und ihm glauben können!« Selbst die beiden Verbrecher, die mit Jesus zusammen gekreuzigt wurden, verhöhnten ihn.

Jesus stirbt

³³Gegen Mittag legte sich eine Finsternis über das ganze Land, die drei Stunden anhielt. ³⁴Dann, um drei Uhr, rief Jesus mit

lauter Stimme: »Eli, Eli, lama asabtani?«, das bedeutet: »Mein Gott, mein Gott, warum hast du mich verlassen?«

³⁵Einige von den Leuten, die dabeistanden, verstanden ihn falsch und dachten, er rufe den Propheten Elia. ³⁶Einer von ihnen aber lief, tränkte einen Schwamm mit Weinessig, steckte ihn auf einen Stab und hielt ihn Jesus hin, damit er davon trinken konnte. »Wartet. Wir wollen sehen, ob Elia wirklich kommt und ihn herunterholt!«, sagte er.

³⁷Da schrie Jesus laut auf und starb. ³⁸In diesem Augenblick riss der Vorhang im Tempel von oben nach unten entzwei. ³⁹Der römische Hauptmann, der dem Kreuz gegenüberstand und mit angesehen hatte, wie Jesus gestorben war, rief aus: »Ja, dieser Mann war wirklich Gottes Sohn!«

⁴⁰Es waren auch einige Frauen da, die aus einiger Entfernung zusahen, unter ihnen waren Maria von Magdala, Maria (die Mutter von Jakobus dem Jüngeren und von Josef) und Salome. ⁴¹Sie waren schon in Galiläa bei Jesus gewesen und hatten für ihn gesorgt. Danach waren sie und viele andere Frauen zusammen mit ihm nach Jerusalem gegangen.

Jesus wird begraben

⁴²Dies ereignete sich alles an einem Freitag, dem Rüsttag, das ist der Tag vor dem Sabbat. Als es Abend wurde, ⁴³fasste Josef von Arimathäa, ein angesehenes Mitglied des Hohen Rates, Mut und ging zu Pilatus, um ihn um den Leichnam von Jesus zu bitten. Josef war einer von denen, die auf das Kommen des Reiches Gottes warteten. ⁴⁴Pilatus konnte nicht glauben, dass Jesus schon tot war, deshalb ließ er den verantwortlichen römischen Hauptmann rufen und fragte ihn. ⁴⁵Der Hauptmann bestätigte den Tod, und Pilatus überließ Josef den Leichnam. ⁴⁶Josef kaufte ein langes Leinentuch, nahm den Leichnam vom Kreuz, wickelte ihn in das Tuch und legte ihn in ein Grab, das aus dem Felsen gehauen war. Dann wälzte er einen Stein vor den Eingang. ⁴⁷Maria von Magdala und Maria, die Mutter von Josef, beobachteten, wohin der Leichnam von Jesus gelegt wurde.

Die Auferstehung

16 ¹Am nächsten Abend, als der Sabbat vorüber war, kauften Maria von Magdala, Salome und Maria, die Mutter von Jakobus, wohlriechende Öle, um den Leichnam einzubalsamieren. ²Früh am Sonntagmorgen, gerade als die Sonne aufging, machten sie sich auf den Weg zum Grab. ³Unterwegs überlegten sie, wer ihnen den Stein vom Eingang des Grabes wegwälzen könnte. ⁴Als sie jedoch hinkamen, sahen sie, dass der Stein – ein massiver Felsblock – bereits zur Seite gewälzt war. ⁵Sie betraten die Grabhöhle und bemerkten dort auf der rechten Seite einen jungen Mann in einem strahlend weißen Gewand. Die Frauen erschraken sehr, ⁶aber der Engel sagte: »Habt keine Angst. Ihr sucht Jesus von Nazareth, der gekreuzigt wurde. Er ist nicht hier! Er ist von den Toten auferstanden! Seht, das ist die Stelle, an der sie ihn hingelegt haben. ⁷Geht jetzt zu seinen Jüngern und sagt ihnen, auch Petrus: Jesus geht euch nach Galiläa voraus. Dort werdet ihr ihn sehen, wie er es euch gesagt hat, bevor er starb!« ⁸Zitternd vor Angst und Bestürzung flohen die Frauen aus dem Grab. Sie redeten mit niemandem darüber, so sehr fürchteten sie sich.

⁹Jesus war am frühen Sonntagmorgen von den Toten auferstanden und erschien zuerst Maria von Magdala, die er von sieben Dämonen befreit hatte. ¹⁰Sie ging zu den Jüngern, die um ihn trauerten und weinten, ¹¹und berichtete ihnen, dass Jesus lebe und dass sie ihn gesehen habe. Doch sie glaubten ihr nicht.

¹²Danach erschien er in veränderter Gestalt zwei Jüngern, die von Jerusalem unterwegs aufs Land gingen. ¹³Sie liefen zurück, um es den anderen zu erzählen, aber keiner glaubte ihnen.

¹⁴Später erschien er den elf Jüngern, während sie gemeinsam aßen. Er rügte ihren Unglauben, ihre hartnäckige Weigerung, denen zu glauben, die ihn nach seiner Auferstehung gesehen hatten.

¹⁵Und er sagte zu ihnen: »Geht in die ganze Welt und verkündet allen Menschen die gute Botschaft. ¹⁶Wer glaubt und getauft wird, wird gerettet werden. Wer aber nicht glaubt,

wird verurteilt werden. [17]Und diese Zeichen werden die begleiten, die glauben: Sie werden in meinem Namen Dämonen austreiben und sie werden neue Sprachen sprechen. [18]Sie werden Schlangen anfassen oder etwas Tödliches trinken können, und es wird ihnen nicht schaden. Sie werden Kranken die Hände auflegen und sie heilen.«

[19]Nachdem Jesus, der Herr, zu ihnen gesprochen hatte, wurde er in den Himmel hinaufgehoben und setzte sich auf den Ehrenplatz an die rechte Seite Gottes. [20]Die Jünger aber gingen überall hin und predigten die gute Botschaft. Der Herr wirkte durch sie und bestätigte alles, was sie sagten, durch viele wunderbare Zeichen.

Das Evangelium von Lukas

Einleitung

1 ¹Verehrter Theophilus, viele haben schon über die Ereignisse geschrieben, die bei uns geschehen sind. ²Dabei haben sie die Berichte der ersten Jünger zugrunde gelegt, die mit eigenen Augen gesehen haben, wie Gott seine Verheißungen erfüllt hat. ³Ich habe alle diese Berichte von Anfang an sorgfältig studiert und beschlossen, alles in geordneter Folge für dich aufzuzeichnen. ⁴Auf diese Weise kannst du dich von der Zuverlässigkeit der Lehre überzeugen, in der du unterrichtet wurdest.

Die Geburt von Johannes dem Täufer wird vorausgesagt

⁵Zu der Zeit, als Herodes König von Judäa war, lebte ein jüdischer Priester namens Zacharias. Er war Priester von der Ordnung des Abija, und auch seine Frau Elisabeth stammte aus dem Priestergeschlecht Aarons. ⁶Zacharias und seine Frau führten ein gottesfürchtiges Leben und befolgten alle Gebote und Vorschriften des Herrn. ⁷Sie hatten keine Kinder, weil Elisabeth unfruchtbar war, und jetzt waren sie beide schon sehr alt.

⁸Eines Tages, als Zacharias seinen Dienst im Tempel verrichtete, weil in dieser Woche seine Ordnung an der Reihe war, ⁹wurde er nach priesterlichem Brauch durch das Los dazu ausgewählt, das Heiligtum zu betreten, um das Rauchopfer darzubringen. ¹⁰Währenddessen stand draußen eine große Menschenmenge und betete.

¹¹Als Zacharias im Heiligtum war, erschien ihm ein Engel des Herrn. Dieser stand rechts neben dem Altar für das Rauchopfer. ¹²Zacharias erschrak bis ins Herz, ¹³doch der Engel sagte: »Hab keine Angst, Zacharias! Gott hat dein Gebet erhört. Deine Frau Elisabeth wird dir einen Sohn schenken, und du sollst ihn Johannes nennen. ¹⁴Du wirst überglücklich sein bei seiner Geburt, und viele Menschen werden sich mit dir freuen, ¹⁵denn er wird in den Augen des Herrn groß sein.

Er wird keinen Wein oder andere berauschenden Getränke anrühren und schon vor seiner Geburt mit dem Heiligen Geist erfüllt werden. ¹⁶Und er wird viele Israeliten dazu bringen, sich wieder dem Herrn, ihrem Gott, zuzuwenden. ¹⁷Er wird ein Mann mit dem Geist und der Kraft des Propheten Elia sein, der dem Herrn vorausgeht und das Volk auf seine Ankunft vorbereitet. Er wird die Herzen der Väter ihren Kindern zuwenden und die Ungehorsamen dazu bewegen, sich der göttlichen Weisheit zu öffnen.«

¹⁸Zacharias fragte den Engel: »Wie kann ich sicher sein, dass das wirklich geschehen wird? Ich bin jetzt ein alter Mann, und auch meine Frau ist schon in fortgeschrittenem Alter.«

¹⁹Da sagte der Engel: »Ich bin Gabriel. Ich habe meinen Platz in der Gegenwart Gottes. Er hat mich mit dieser frohen Botschaft zu dir gesandt! ²⁰Weil du meinen Worten nicht geglaubt hast, wirst du nicht mehr sprechen können, bis das Kind geboren ist. Denn meine Worte werden sich erfüllen, wenn die Zeit gekommen ist.«

²¹Mittlerweile warteten die Menschen draußen auf Zacharias und wunderten sich, wo er so lang blieb. ²²Als er endlich heraustrat, konnte er nicht zu ihnen sprechen. An seinen Gesten erkannten sie jedoch, dass er im Heiligtum des Tempels eine Vision gehabt hatte.

²³Er blieb im Tempel, bis die Zeit seines Dienstes vorüber war, und ging nach Hause. ²⁴Kurze Zeit später wurde seine Frau Elisabeth schwanger. Sie zog sich fünf Monate lang zurück. ²⁵»Wie gütig doch der Herr ist!«, rief sie. »Er hat mich von der Schande der Kinderlosigkeit befreit!«

Die Geburt von Jesus wird vorausgesagt

²⁶Als Elisabeth im sechsten Monat schwanger war, sandte Gott den Engel Gabriel nach Nazareth, in eine Stadt in Galiläa, ²⁷zu einem Mädchen, das noch Jungfrau war. Sie hieß Maria und war mit einem Mann namens Josef verlobt, einem Nachfahren von David. ²⁸Gabriel erschien ihr und sagte: »Sei gegrüßt! Du bist beschenkt mit großer Gnade! Der Herr ist mit dir!«

²⁹Erschrocken überlegte Maria, was der Engel damit wohl meinte. ³⁰Da erklärte er ihr: »Hab keine Angst, Maria, denn du hast Gnade bei Gott gefunden. ³¹Du wirst schwanger werden und einen Sohn zur Welt bringen, den du Jesus nennen sollst. ³²Er wird groß sein und Sohn des Allerhöchsten genannt werden. Gott, der Herr, wird ihn auf den Thron seines Vaters David setzen. ³³Er wird für immer über Israel herrschen, und sein Reich wird niemals untergehen!«

³⁴Maria fragte den Engel: »Aber wie kann ich ein Kind bekommen? Ich bin noch Jungfrau.«

³⁵Der Engel antwortete: »Der Heilige Geist wird über dich kommen, und die Macht des Allerhöchsten wird dich überschatten. Deshalb wird das Kind, das du gebären wirst, heilig und Sohn Gottes genannt werden. ³⁶Sieh doch: Deine Verwandte Elisabeth ist in ihrem hohen Alter noch schwanger geworden! Die Leute haben immer gesagt, sie sei unfruchtbar, und nun ist sie bereits im sechsten Monat. ³⁷Denn bei Gott ist nichts unmöglich.«

³⁸Maria antwortete: »Ich bin die Dienerin des Herrn und beuge mich seinem Willen. Möge alles, was du gesagt hast, wahr werden und mir geschehen.« Darauf verließ der Engel sie.

Maria besucht Elisabeth

³⁹Einige Tage später beeilte sich Maria, ins Bergland von Judäa zu kommen, in die Stadt, ⁴⁰in der Zacharias lebte. Als sie das Haus betrat und Elisabeth begrüßte, ⁴¹hüpfte Elisabeths Kind im Bauch seiner Mutter, und Elisabeth wurde vom Heiligen Geist erfüllt.

⁴²Sie rief Maria laut entgegen: »Du bist von Gott gesegnet vor allen anderen Frauen, und gesegnet ist auch dein Kind. ⁴³Welche Ehre, dass die Mutter meines Herrn mich besucht! ⁴⁴Als du das Haus betreten und mich begrüßt hast, hüpfte mein Kind beim Klang deiner Stimme vor Freude! ⁴⁵Gesegnet bist du, weil du geglaubt hast, dass der Herr tun wird, was er gesagt hat.«

Marias Loblied

⁴⁶Maria erwiderte:
»Gelobt sei der Herr!
⁴⁷Wie freue ich mich an Gott, meinem Retter!
⁴⁸Er hat seiner unbedeutenden Magd Beachtung geschenkt,
darum werden mich die Menschen in alle Ewigkeit glücklich
  preisen.
⁴⁹Denn er, der Mächtige, ist heilig,
und er hat Großes für mich getan.
⁵⁰Seine Barmherzigkeit gilt von Generation zu Generation
allen, die ihn ehren.
⁵¹Sein mächtiger Arm vollbringt Wunder!
Wie er die Stolzen und Hochmütigen zerstreut!
⁵²Er hat Fürsten vom Thron gestürzt
und niedrig Stehende erhöht.
⁵³Die Hungrigen hat er mit Gutem gesättigt
und die Reichen mit leeren Händen fortgeschickt.
⁵⁴Und nun hat er seinem Diener Israel geholfen!
Er hat seine Verheißung nicht vergessen, barmherzig zu sein,
⁵⁵wie er es unseren Vorfahren verheißen hat,
Abraham und seinen Kindern – für immer.«

⁵⁶Etwa drei Monate blieb Maria bei Elisabeth und kehrte dann
nach Hause zurück.

Johannes der Täufer wird geboren

⁵⁷Als für Elisabeth die Zeit der Geburt kam, brachte sie einen
Jungen zur Welt. ⁵⁸Schon bald hörten die Nachbarn und
Freunde von der großen Barmherzigkeit, die der Herr ihr er-
wiesen hatte, und alle freuten sich von Herzen mit ihr.

⁵⁹Als das Kind acht Tage alt war, kamen die Verwandten
und Freunde zur Beschneidungszeremonie. Sie wollten den
Jungen nach seinem Vater Zacharias nennen. ⁶⁰Aber Elisabeth
sagte: »Nein! Sein Name lautet Johannes!«

⁶¹»Was?«, riefen sie aus. »In deiner ganzen Familie gibt es
niemand, der diesen Namen trägt.« ⁶²Und sie wandten sich
an den Vater des Kindes und befragten ihn mit Gesten. ⁶³Er

ließ sich eine Schreibtafel bringen und schrieb zur Überraschung aller: »Sein Name ist Johannes!« ⁶⁴Im gleichen Augenblick konnte Zacharias wieder sprechen, und er fing an, Gott zu loben.

⁶⁵Ehrfürchtiges Staunen erfasste die Menschen in der ganzen Gegend. Die Nachricht von diesen Ereignissen verbreitete sich überall im Bergland von Judäa. ⁶⁶Alle, die davon erfuhren, dachten darüber nach und fragten sich: »Was wohl aus diesem Kind werden wird?« Denn es war offensichtlich, dass die Hand des Herrn mit ihm war.

Die Prophezeiung des Zacharias

⁶⁷Sein Vater Zacharias wurde mit dem Heiligen Geist erfüllt und weissagte:
⁶⁸»Gelobt sei der Herr, der Gott Israels,
denn er ist zu seinem Volk gekommen und hat es erlöst.
⁶⁹Einen mächtigen Retter aus dem königlichen Geschlecht
    seines Knechtes David
hat er uns gesandt,
⁷⁰wie er es vor langer Zeit
durch seine heiligen Propheten versprochen hat.
⁷¹Nun werden wir vor unseren Feinden
und vor allen, die uns hassen, gerettet werden.
⁷²Er hat unseren Vorfahren Barmherzigkeit erwiesen,
indem er seinen heiligen Bund mit ihnen nicht vergisst,
⁷³den Bund, den er mit unserem Stammvater Abraham
    schloss.
⁷⁴Wir wurden vor unseren Feinden gerettet,
⁷⁵damit wir Gott alle Tage unseres Lebens dienen können
in Heiligkeit und Gerechtigkeit – ohne Furcht.
⁷⁶Und du, mein Kind, wirst Prophet des Allerhöchsten
    genannt werden,
weil du dem Herrn den Weg ebnen wirst.
⁷⁷Du wirst seinem Volk verkünden, wie es Rettung finden
    kann
durch die Vergebung seiner Sünden.
⁷⁸Durch die Güte und Barmherzigkeit Gottes

wird nun das Licht des Himmels uns besuchen,
⁷⁹um die zu erleuchten, die in der Dunkelheit und im Schatten
   des Todes sitzen,
und um uns auf den Weg des Friedens zu leiten.«

⁸⁰Johannes wuchs heran und wurde stark im Geist. Später lebte er draußen in der Wildnis, bis die Zeit seines öffentlichen Wirkens in Israel begann.

Jesus wird geboren

2 ¹Zu jener Zeit ordnete der römische Kaiser Augustus an, dass alle Bewohner des Römischen Reiches behördlich erfasst werden sollten. ²Diese Erhebung geschah zum ersten Mal, und zwar, als Quirinius Statthalter von Syrien war. ³Alle Menschen reisten in ihre betreffende Stadt, um sich für die Zählung eintragen zu lassen. ⁴Weil Josef ein Nachkomme Davids war, musste er nach Bethlehem in Judäa, in die Stadt Davids, reisen. Von Nazareth in Galiläa aus machte er sich auf den Weg ⁵und nahm seine Verlobte Maria mit, die schwanger war.

⁶Als sie in Bethlehem waren, kam die Zeit der Geburt heran. ⁷Maria gebar ihr erstes Kind, einen Sohn. Sie wickelte ihn in Windeln und legte ihn in eine Futterkrippe, weil es im Zimmer keinen Platz für sie gab.

Die Hirten und Engel

⁸In jener Nacht hatten ein paar Hirten auf den Feldern vor dem Dorf ihr Lager aufgeschlagen, um ihre Schafe zu hüten. ⁹Plötzlich trat ein Engel des Herrn in ihre Mitte. Der Glanz des Herrn umstrahlte sie. Die Hirten erschraken heftig, ¹⁰aber der Engel beruhigte sie. »Habt keine Angst!«, sagte er. »Ich bringe euch eine gute Botschaft, die das ganze Volk in große Freude versetzen wird: ¹¹Der Retter – ja, Christus, der Herr – ist heute für euch in Bethlehem, der Stadt Davids, geboren worden! ¹²Und daran könnt ihr ihn erkennen: Ihr werdet ein Kind finden, das in Windeln gewickelt in einer Futterkrippe liegt!«

¹³Auf einmal war der Engel von einem großen himmlischen Heer umgeben, und sie alle priesen Gott mit den Worten: ¹⁴»Ehre sei Gott im höchsten Himmel und Frieden auf Erden für alle Menschen, an denen Gott Gefallen hat.«

¹⁵Als die Engel in den Himmel zurückgekehrt waren, sagten die Hirten zueinander: »Kommt, gehen wir nach Bethlehem! Wir wollen diese Sache, die der Herr uns hat wissen lassen, mit eigenen Augen sehen.«

¹⁶Sie liefen, so schnell sie konnten, ins Dorf und fanden Maria und Josef und das Kind, das in der Futterkrippe lag. ¹⁷Da erzählten die Hirten allen, was geschehen war und was der Engel ihnen über dieses Kind gesagt hatte. ¹⁸Alle Leute, die den Bericht der Hirten hörten, waren voller Staunen. ¹⁹Maria aber bewahrte alle diese Dinge in ihrem Herzen und dachte oft darüber nach. ²⁰Die Hirten kehrten zu ihren Herden auf den Feldern zurück; sie priesen und lobten Gott für das, was der Engel ihnen gesagt hatte und was sie gesehen hatten. Alles war so, wie es ihnen angekündigt worden war.

Jesus wird im Tempel geweiht

²¹Als das Kind acht Tage später beschnitten wurde, gab man ihm den Namen Jesus – so wie der Engel ihn schon genannt hatte, bevor Maria schwanger wurde.

²²Dann kam die Zeit des Reinigungsopfers, das im Gesetz Moses nach der Geburt eines Kindes vorgeschrieben ist. Maria und Josef gingen mit ihm nach Jerusalem, um ihn dem Herrn zu weihen. ²³Denn im Gesetz des Herrn steht: »Alle erstgeborenen Söhne müssen dem Herrn geweiht werden.« ²⁴Sie brachten das Reinigungsopfer dar, wie es das Gesetz vorschrieb: »Ein Paar Turteltauben oder zwei junge Tauben.«

Die Prophezeiung Simeons

²⁵In Jerusalem lebte ein Mann namens Simeon. Er war gerecht und gottesfürchtig. Simeon war vom Heiligen Geist erfüllt und wartete sehnsüchtig auf die Ankunft des Christus, der Israel Trost und Rettung bringen sollte. ²⁶Der Heilige Geist hatte ihm offenbart, dass er nicht sterben würde, bevor er

den vom Herrn gesandten Christus gesehen hätte. ²⁷An diesem Tag führte der Heilige Geist ihn in den Tempel. Als Maria und Josef kamen, um das Kind dem Herrn zu weihen, wie es im Gesetz vorgeschrieben ist, ²⁸war Simeon dort. Er nahm das Kind auf seine Arme und lobte Gott und sagte:

²⁹»Herr, nun kann ich in Frieden sterben!
Wie du es mir versprochen hast,
³⁰habe ich den Retter gesehen,
³¹den du allen Menschen geschenkt hast.
³²Er ist ein Licht, das den Völkern Gott offenbaren wird,
und er ist die Herrlichkeit deines Volkes Israel!«

³³Josef und Maria staunten, als sie hörten, was Simeon über Jesus sagte. ³⁴Simeon aber segnete sie und sagte zu Maria: »Dieses Kind wird von vielen in Israel abgelehnt werden, und das wird ihren Untergang bedeuten. Für viele andere Menschen aber wird er die höchste Freude sein. ³⁵Auf diese Weise wird an den Tag kommen, was viele im Innersten bewegt. Doch auch durch deine Seele wird ein Schwert dringen.«

Die Prophezeiung Hannas

³⁶Im Tempel befand sich auch Hanna, eine Prophetin. Sie war eine Tochter Phanuëls aus dem Stamm Asser und schon sehr alt. Hanna war Witwe. Ihr Mann war nach nur sieben Jahren Ehe gestorben. ³⁷Jetzt war sie vierundachtzig Jahre alt und verließ den Tempel nie mehr, sondern diente Gott dort Tag und Nacht mit Fasten und Beten. ³⁸Als Simeon mit Maria und Josef sprach, ging sie vorbei und begann, Gott zu loben. Allen, die auf die verheißene Erlösung Israels warteten, erzählte sie von Jesus.

³⁹Als Maria und Josef alles erfüllt hatten, was nach dem Gesetz des Herrn vorgeschrieben ist, kehrten sie nach Nazareth in Galiläa zurück. ⁴⁰Dort wuchs Jesus heran und wurde groß und kräftig. Er war mit Weisheit erfüllt, und Gottes besondere Gnade ruhte auf ihm.

Der zwölfjährige Jesus spricht mit den Gelehrten

[41]Jedes Jahr zum Passahfest zogen seine Eltern nach Jerusalem hinauf. [42]Als Jesus zwölf Jahre alt war, nahmen sie auch wieder am Fest teil. [43]Nach den Feierlichkeiten machten sie sich auf den Heimweg nach Nazareth, doch Jesus blieb in Jerusalem zurück. Zuerst vermissten seine Eltern ihn nicht, [44]weil sie annahmen, dass er sich bei Freunden unter den anderen Reisenden befand. Doch als er am Abend immer noch nicht erschien, begannen sie, bei ihren Verwandten und Freunden nach ihm zu fragen. [45]Da sie ihn nirgends finden konnten, kehrten sie nach Jerusalem zurück, um dort nach ihm zu suchen. [46]Nach drei Tagen endlich entdeckten sie ihn. Er saß im Tempel inmitten der Lehrer, hörte ihnen zu und stellte Fragen. [47]Alle, die ihn hörten, staunten über sein Verständnis und seine klugen Antworten.

[48]Seine Eltern wussten nicht, was sie davon halten sollten. »Kind!«, sagte seine Mutter zu ihm. »Wie konntest du uns das antun? Dein Vater und ich waren in schrecklicher Sorge. Wir haben dich überall gesucht.«

[49]»Warum habt ihr mich gesucht?«, fragte er. »Ihr hättet doch wissen müssen, dass ich im Haus meines Vaters bin.« [50]Doch sie verstanden nicht, was er damit meinte.

[51]Daraufhin kehrte er mit ihnen nach Nazareth zurück und war ihnen ein gehorsamer Sohn. Seine Mutter bewahrte all diese Dinge in ihrem Herzen. [52]So wuchs Jesus heran und gewann an Weisheit. Gott liebte ihn, und alle, die ihn kannten, schätzten ihn sehr.

Johannes der Täufer

3 [1]Es war im fünfzehnten Regierungsjahr des römischen Kaisers Tiberius. Pilatus war Statthalter in Judäa; Herodes Antipas herrschte über Galiläa, sein Bruder Philippus regierte in Ituräa und Trachonitis, und Lysanias war Herrscher in Abilene. [2]Hannas und Kaiphas waren Hohe Priester. In dieser Zeit erhielt Johannes, der Sohn des Zacharias, draußen in der Wildnis eine Botschaft von Gott. [3]Daraufhin zog Johannes in der Gegend des Jordan von Ort zu Ort und predigte den Men-

schen: Sie sollten sich taufen lassen als Zeichen dafür, dass sie sich von ihren Sünden abgekehrt und Gott zugewandt hatten, um Vergebung zu erhalten. [4]So erfüllte sich, was im Propheten Jesaja steht: »Er ist eine Stimme, die in der Wüste ruft:

›Schafft Raum für das Kommen des Herrn! Ebnet ihm den Weg! [5]Die Täler sollen aufgeschüttet, die Berge und Hügel eingeebnet werden! Das Krumme soll gerade und das Raue glatt werden! [6]Dann werden alle Menschen Gottes Heil sehen.‹«

[7]Und so sprach Johannes zu den Menschen, die zahlreich zu ihm kamen, um sich taufen zu lassen: »Ihr Schlangenbrut! Wer hat euch eingeredet, ihr könntet dem bevorstehenden Gericht Gottes entgehen? [8]Beweist durch euren Lebenswandel, dass ihr euch wirklich von euren Sünden abgekehrt und Gott zugewandt habt. Es genügt nicht zu sagen: ›Wir sind die Nachkommen Abrahams. Uns kann nichts geschehen.‹ Das beweist gar nichts. Wenn Gott wollte, könnte er aus diesen Steinen Kinder Abrahams machen. [9]Die Axt wird schon durch die Luft geschwungen, bereit, eure Wurzeln abzuhacken; denn jeder Baum, der keine guten Früchte bringt, wird umgehauen und ins Feuer geworfen.«

[10]Die Menge fragte: »Und was sollen wir tun?«

[11]Johannes erwiderte: »Wenn ihr zwei Mäntel habt, gebt einen den Armen. Wenn ihr zu essen habt, teilt es mit denen, die hungrig sind.«

[12]Auch Steuereinnehmer kamen zu ihm, um sich taufen zu lassen. Und auch sie fragten: »Meister, was sollen wir tun?«

[13]»Beweist, dass ihr ehrlich seid«, erwiderte er, »treibt nicht mehr Steuern ein, als die römische Regierung euch vorschreibt.«

[14]»Und was sollen wir tun?«, fragten einige Soldaten.

Johannes antwortete: »Seid keine Räuber und Erpresser. Gebt euch mit eurem Sold zufrieden.«

[15]Alle warteten sehr auf das Kommen des Christus und wollten unbedingt wissen, ob Johannes der Christus sei. [16]Auf diese Frage antwortete Johannes: »Ich taufe mit Wasser, aber bald kommt einer, der stärker ist als ich – so viel gewalti-

ger, dass ich nicht einmal wert bin, sein Diener zu sein. Er wird euch mit dem Heiligen Geist und mit Feuer taufen. [17]Er wird mit seiner Schaufel die Spreu vom Weizen trennen, den Dreschplatz aufräumen und den Weizen in die Scheune bringen; die Spreu aber wird er im ewigen Feuer verbrennen.« [18]Und noch viele solche Warnungen sprach Johannes aus, als er dem Volk die Botschaft Gottes verkündete.

[19]Selbst den Fürsten Herodes Antipas wies Johannes offen zurecht, weil er Herodias, die Frau seines Bruders, geheiratet und noch viel anderes Unrecht begangen hatte. [20]Und die Schuld des Herodes wurde noch größer, als er Johannes ins Gefängnis werfen ließ.

Jesus lässt sich taufen

[21]Als Johannes wieder einmal viele Menschen taufte, ließ sich auch Jesus taufen. Als er betete, öffnete sich der Himmel, [22]und der Heilige Geist kam in Gestalt einer Taube auf ihn herab. Und eine Stimme vom Himmel sprach: »Du bist mein geliebter Sohn, an dir habe ich große Freude.«

Die Ahnentafel von Jesus

[23]Jesus war etwa dreißig Jahre alt, als er öffentlich zu wirken begann.

Jesus war bekannt als der Sohn Josefs. Josef war der Sohn von Eli. [24]Eli war der Sohn von Mattat. Mattat war der Sohn von Levi. Levi war der Sohn von Melchi. Melchi war der Sohn von Jannai. Jannai war der Sohn von Josef. [25]Josef war der Sohn von Mattitja. Mattitja war der Sohn von Amos. Amos war der Sohn von Nahum. Nahum war der Sohn von Hesli. Hesli war der Sohn von Naggai. [26]Naggai war der Sohn von Mahat. Mahat war der Sohn von Mattitja. Mattitja war der Sohn von Schimi. Schimi war der Sohn von Josech. Josech war der Sohn von Joda. [27]Joda war der Sohn von Johanan. Johanan war der Sohn von Resa. Resa war der Sohn von Serubbabel. Serubbabel war der Sohn von Schealtiël. Schealtiël war der Sohn von Neri. [28]Neri war der Sohn von Melchi. Melchi war der Sohn von Addi. Addi war ein Sohn von Kosam.

Kosam war der Sohn von Elmadam. Elmadam war der Sohn von Er. ²⁹Er war der Sohn von Joschua. Joschua war der Sohn von Eliëser. Eliëser war der Sohn von Jorim. Jorim war der Sohn von Mattat. Mattat war der Sohn von Levi. ³⁰Levi war der Sohn von Simeon. Simeon war der Sohn von Juda. Juda war der Sohn von Josef. Josef war der Sohn von Jonam. Jonam war der Sohn von Eljakim. ³¹Eljakim war der Sohn von Melea. Melea war der Sohn von Menna. Menna war der Sohn von Mattata. Mattata war der Sohn von Nathan. Nathan war der Sohn von David. ³²David war der Sohn von Isai. Isai war der Sohn von Obed. Obed war der Sohn von Boas. Boas war der Sohn von Salmon. Salmon war der Sohn von Nachschon. ³³Nachschon war der Sohn von Amminadab. Amminadab war der Sohn von Admin. Admin war der Sohn von Arni. Arni war der Sohn von Hezron. Hezron war der Sohn von Perez. Perez war der Sohn von Juda. ³⁴Juda war der Sohn von Jakob. Jakob war der Sohn von Isaak. Isaak war der Sohn von Abraham. Abraham war der Sohn von Terach. Terach war der Sohn von Nahor. ³⁵Nahor war der Sohn von Serug. Serug war der Sohn von Regu. Regu war der Sohn von Peleg. Peleg war der Sohn von Eber. Eber war der Sohn von Schelach. ³⁶Schelach war der Sohn von Kenan. Kenan war der Sohn von Arpachschad. Arpachschad war der Sohn von Sem. Sem war der Sohn von Noah. Noah war der Sohn von Lamech. ³⁷Lamech war der Sohn von Metuschelach. Metuschelach war der Sohn von Henoch. Henoch war der Sohn von Jered. Jered war der Sohn von Mahalalel. Mahalalel war der Sohn von Kenan. ³⁸Kenan war der Sohn von Enosch. Enosch war der Sohn von Set. Set war der Sohn von Adam. Adam kam von Gott.

Die Versuchung

4 ¹Vom Heiligen Geist erfüllt, verließ Jesus den Jordan. Der Geist brachte ihn in die Wüste, ²wo der Teufel ihn vierzig Tage lang in Versuchung führte. Während dieser ganzen Zeit aß er nichts, sodass er schließlich sehr hungrig war.

³Da sagte der Teufel zu ihm: »Wenn du der Sohn Gottes bist, verwandle doch diesen Stein in Brot.«

⁴Aber Jesus erwiderte: »Nein! In der Schrift steht: ›Der Mensch braucht mehr als nur Brot zum Leben.‹«

⁵Da führte der Teufel ihn auf die Höhe und zeigte ihm alle Königreiche der Welt in einem Augenblick. ⁶Und er sagte zu ihm: »Ich will dir Macht über diese Länder und all ihre Reichtümer geben, denn ich verfüge über sie und kann sie geben, wem ich will. ⁷Das alles werde ich dir schenken, wenn du niederkniest und mich anbetest.«

⁸Jesus erwiderte: »In der Schrift steht:
›Du sollst den Herrn, deinen Gott, anbeten und nur ihm allein dienen.‹«

⁹Da versetzte der Teufel ihn nach Jerusalem auf den höchsten Punkt des Tempels und sagte: »Wenn du der Sohn Gottes bist, spring hier hinunter! ¹⁰Denn in der Schrift steht:
›Er befiehlt seinen Engeln, dich zu beschützen und zu bewahren. ¹¹Sie werden dich auf ihren Händen tragen, damit deine Füße niemals stolpern.‹«

¹²Jesus erwiderte: »In der Schrift steht auch: ›Fordere den Herrn, deinen Gott, nicht heraus.‹«

¹³Als der Teufel aufgehört hatte, Jesus zu versuchen, verließ er ihn für einige Zeit.

Jesus wird in Nazareth abgelehnt

¹⁴Danach kehrte Jesus, von der Kraft des Heiligen Geistes erfüllt, nach Galiläa zurück. Schnell wurde er in der ganzen Gegend bekannt. ¹⁵Er lehrte in ihren Synagogen und wurde von allen verehrt.

¹⁶Als er nach Nazareth kam, wo er seine Kindheit verbracht hatte, ging er wie gewohnt am Sabbat in die Synagoge und stand auf, um aus der Schrift vorzulesen. ¹⁷Man reichte ihm die Schriftrolle des Propheten Jesaja, und als er sie aufrollte, fand er die Stelle, an der steht:

¹⁸»Der Geist des Herrn ruht auf mir, denn er hat mich gesalbt, um den Armen die gute Botschaft zu verkünden.
Er hat mich gesandt, Gefangenen zu verkünden, dass sie freigelassen werden, Blinden, dass sie sehen werden, Unterdrückten, dass sie befreit werden

¹⁹und dass die Zeit der Gnade des Herrn gekommen ist.«

²⁰Er rollte die Schriftrolle zusammen, gab sie dem Synagogendiener zurück und setzte sich. Alle in der Synagoge sahen ihn an. ²¹Und er sagte: »Heute ist dieses Wort vor euren Augen und Ohren Wirklichkeit geworden!«

²²Alle Anwesenden äußerten sich anerkennend über ihn und wunderten sich zugleich über seine Botschaft von der Gnade. »Wie kann das sein?«, fragten sie. »Ist das nicht Josefs Sohn?«

²³Da sagte er: »Bestimmt werdet ihr mir das Sprichwort vorhalten: ›Arzt, hilf dir selbst‹ – und damit meinen: ›Warum tust du hier in deiner Heimatstadt keine Wunder wie in Kapernaum?‹ ²⁴Wahrhaftig, kein Prophet gilt etwas in seiner Heimatstadt.

²⁵Zur Zeit Elias gab es in Israel bestimmt viele hilfsbedürftige Witwen, als es dreieinhalb Jahre lang nicht regnete und Hunger im Land herrschte. ²⁶Dennoch wurde Elia zu keiner von ihnen geschickt, sondern nur zu einer Witwe aus Sarepta – einer Fremden im Gebiet von Sidon. ²⁷Oder denkt an den Propheten Elisa, der den Syrer Naaman heilte und nicht die vielen Aussätzigen in Israel.«

²⁸Als die Leute in der Synagoge das hörten, wurden sie zornig. ²⁹Sie sprangen auf und trieben ihn hinaus an einen steilen Abhang des Berges, auf dem die Stadt erbaut war. Sie wollten ihn hinunterstürzen, ³⁰doch er schritt mitten durch sie hindurch und ging fort.

Jesus treibt einen Dämon aus

³¹Danach zog Jesus nach Kapernaum in Galiläa und lehrte dort jeden Sabbat in der Synagoge. ³²Auch hier waren die Leute von seiner Lehre überwältigt, denn er sprach mit Vollmacht.

³³Einmal, als er in der Synagoge war, fing ein Mann, der von einem Dämon besessen war, an zu schreien: ³⁴»Was willst du von uns, Jesus von Nazareth? Bist du gekommen, um uns zu vernichten? Ich weiß, wer du bist – der Heilige Gottes, den er gesandt hat.«

³⁵»Sei still!«, gebot Jesus dem Dämon. »Fahre aus dem Mann aus!« Der Dämon warf den Mann vor den Augen der Menge zu Boden; dann fuhr er aus ihm aus, ohne ihn weiter zu verletzen.

³⁶Voll Staunen riefen die Leute: »Welche Vollmacht und Kraft in den Worten dieses Mannes liegen! Selbst böse Geister gehorchen ihm und weichen, wenn er es befiehlt!« ³⁷Diese Geschichte von Jesus sprach sich in kürzester Zeit in der ganzen Gegend herum.

Jesus heilt viele Menschen

³⁸Nachdem Jesus die Synagoge an jenem Tag verlassen hatte, ging er zum Haus Simons und fand dort Simons Schwiegermutter mit hohem Fieber vor. Da bat man Jesus, ihr zu helfen. ³⁹Er stellte sich neben ihr Bett, befahl dem Fieber zu weichen, und augenblicklich fiel das Fieber. Sofort stand sie auf und machte ihnen etwas zu essen.

⁴⁰Als die Sonne an diesem Abend unterging, brachten die Dorfbewohner ihre kranken Angehörigen zu Jesus. Welche Krankheiten sie auch hatten: Er legte jedem Einzelnen die Hände auf und heilte sie alle. ⁴¹Viele waren auch von Dämonen besessen; diese fuhren aus den Menschen aus und schrien dabei: »Du bist der Sohn Gottes.« Doch weil sie wussten, dass er der Christus war, verbot Jesus ihnen zu reden.

Jesus predigt weiter

⁴²Früh am nächsten Morgen ging Jesus an einen einsamen Ort. Die Menschen suchten ihn überall. Als sie ihn schließlich fanden, baten sie ihn, sie nicht zu verlassen. ⁴³Doch er erwiderte: »Ich muss die Botschaft vom Reich Gottes auch an anderen Orten verkünden, denn dazu bin ich gesandt worden.« ⁴⁴Und so zog er weiter umher und predigte überall in Judäa in den Synagogen.

Die ersten Jünger

5 ¹Als Jesus eines Tages am See Genezareth predigte, drängten sich viele Menschen um ihn, die alle das Wort Gottes

hören wollten. ²Er bemerkte zwei leere Boote am Ufer. Die Fischer hatten sie liegen lassen und reinigten gerade ihre Netze. ³Jesus stieg in eines der Boote und bat den Besitzer des Boots, Simon, vom Ufer abzustoßen. Dann lehrte er die Menge vom Boot aus.

⁴Als er mit seiner Predigt fertig war, sagte er zu Simon: »Nun fahr weiter hinaus und wirf dort deine Netze aus, dann wirst du viele Fische fangen.«

⁵»Meister«, entgegnete Simon, »wir haben die ganze letzte Nacht hart gearbeitet und gar nichts gefangen. Aber wenn du es sagst, werde ich es noch einmal versuchen.« ⁶Diesmal waren ihre Netze so voll, dass sie zu reißen begannen! ⁷Sie riefen nach ihren Gefährten in dem anderen Boot, und bald darauf waren beide Boote so voller Fische, dass sie unterzugehen drohten.

⁸Als Simon Petrus begriff, was da geschehen war, fiel er vor Jesus auf die Knie und sagte: »Herr, kümmere dich nicht weiter um mich – ich bin ein zu großer Sünder, um bei dir zu sein.« ⁹Denn beim Anblick des überreichen Fangs hatte ihn Ehrfurcht erfasst, und den anderen ging es genauso. ¹⁰Auch Jakobus und Johannes, die Söhne des Zebedäus, waren voller Staunen.

Jesus sagte zu Simon: »Hab keine Angst! Von jetzt an wirst du Menschen fischen!« ¹¹Und sobald sie am Ufer angelegt hatten, ließen sie alles zurück und folgten Jesus nach.

Jesus heilt einen Aussätzigen

¹²In einem der Dörfer begegnete Jesus einem Aussätzigen, dessen Krankheit schon weit fortgeschritten war. Als der Mann Jesus sah, warf er sich mit dem Gesicht vor ihm in den Staub und flehte ihn an, ihn zu heilen. »Herr«, sagte er, »wenn du willst, kannst du mich gesund machen.«

¹³Da streckte Jesus die Hand aus und berührte den Mann. »Ich will es tun«, sagte er, »sei gesund!« Und im gleichen Augenblick verschwand der Aussatz. ¹⁴Jesus wies ihn an, niemandem zu erzählen, was geschehen war. Er sagte: »Geh zum Priester und lass dich von ihm untersuchen. Nimm das

Opfer mit, das im Gesetz Moses für diejenigen vorgeschrieben wird, die von Aussatz geheilt sind. Das wird für alle ein Beweis deiner Heilung sein.« ¹⁵Doch trotzdem verbreitete sich das, was er tat, noch schneller, und die Menschen strömten herbei, um ihn predigen zu hören und von ihren Krankheiten geheilt zu werden. ¹⁶Jesus zog sich jedoch immer wieder zum Gebet in die Wüste zurück.

Jesus heilt einen Gelähmten

¹⁷Eines Tages saßen einige Pharisäer und Schriftgelehrte dabei, als Jesus lehrte. Die Männer waren aus den Dörfern von ganz Galiläa und Judäa und sogar aus Jerusalem hergekommen. Und die heilende Kraft des Herrn ging von Jesus aus. ¹⁸Da trugen ein paar Männer auf einer Matte einen Gelähmten herbei. Sie versuchten, durch die Menge zu Jesus vorzudringen, ¹⁹doch es gelang ihnen nicht. Schließlich stiegen sie auf das Dach, nahmen ein paar Ziegel weg und ließen den Kranken auf der Matte mitten unter die Zuhörer hinab, Jesus direkt vor die Füße. ²⁰Als Jesus ihren Glauben sah, sagte er zu dem Mann: »Sohn, deine Sünden sind dir vergeben.«

²¹»Für wen hält dieser Mann sich?«, sagten die Pharisäer und die Schriftgelehrten zueinander. »Das ist doch Gotteslästerung! Wer außer Gott kann Sünden vergeben?«

²²Jesus wusste, was sie dachten, und fragte sie: »Was macht ihr euch für Gedanken in euren Herzen? ²³Ist es leichter zu sagen: ›Deine Sünden sind dir vergeben‹ oder: ›Steh auf und geh‹? ²⁴Ich werde euch beweisen, dass der Menschensohn auf Erden die Vollmacht hat, Sünden zu vergeben.« Und er wandte sich an den Gelähmten und sagte: »Steh auf, nimm deine Matte und geh nach Hause!«

²⁵Da sprang der Mann vor den Augen aller Anwesenden auf die Füße, hob seine Matte auf und ging nach Hause und lobte Gott aus vollem Herzen. ²⁶Ehrfürchtiges Staunen erfasste die Zuschauer. Sie priesen Gott und sagten immer wieder: »Heute haben wir wirklich Unglaubliches gesehen.«

Jesus beruft Levi (Matthäus)

27Später, als Jesus die Stadt verließ, sah er einen Steuereintreiber namens Levi vor seinem Zollhäuschen sitzen. »Komm, folge mir nach!«, sagte Jesus zu ihm. 28Da stand Levi auf, ließ alles liegen und folgte ihm nach.

29Kurz darauf lud Levi Jesus als Ehrengast zu einem Festessen in sein Haus ein. Viele mit Levi befreundete Steuereinnehmer und andere Gäste waren anwesend. 30Da machten die Pharisäer und Schriftgelehrten den Jüngern von Jesus heftige Vorhaltungen: »Wie könnt ihr nur mit diesem Abschaum essen und trinken?«

31Jesus antwortete ihnen: »Nicht die Gesunden brauchen den Arzt, sondern die Kranken. 32Ich bin gekommen, um Sünder zur Umkehr von ihren Sünden zu rufen, und nicht, um meine Zeit mit denen zu verbringen, die sich schon für gut genug halten.«

Über das Fasten

33Die führenden Männer des Judentums kritisierten Jesus, weil seine Jünger aßen und tranken statt zu fasten. »Die Jünger von Johannes dem Täufer fasten und beten häufig«, erklärten sie, »und die Jünger der Pharisäer genauso. Wie kommt es, dass deine Jünger nicht fasten, sondern essen und trinken?«

34Jesus fragte zurück: »Fasten etwa die Hochzeitsgäste, während sie mit dem Bräutigam feiern? 35Eines Tages wird er ihnen weggenommen werden, und dann werden sie fasten.«

36Und er gab ihnen folgendes Gleichnis: »Niemand reißt ein Stück Stoff aus einem neuen Kleid, um damit ein altes zu flicken. Denn das neue Kleid wäre zerrissen und der Flicken würde nicht zu dem alten passen. 37Und niemand füllt neuen Wein in alte Weinschläuche. Der neue Wein würde die alten Weinschläuche platzen lassen, der Wein würde verschüttet und die Schläuche waren verdorben. 38Neuer Wein gehört in neue Weinschläuche. 39Aber keiner, der alten Wein trinkt, scheint neuen Wein zu wollen, denn er sagt: ›Der alte ist besser.‹«

Über den Sabbat

6 ¹Als Jesus an einem Sabbat durch die Kornfelder ging, rissen seine Jünger ein paar Ähren aus, zerrieben sie mit den Händen und aßen die Körner. ²Da sagten ein paar Pharisäer zu ihnen: »Das dürft ihr nicht! Es ist nicht erlaubt, am Sabbat zu arbeiten, indem man Getreide erntet.«

³Jesus erwiderte ihnen: »Habt ihr nie in der Schrift gelesen, was David tat, als er und seine Begleiter hungrig waren? ⁴Er ging in das Haus Gottes, aß von den Broten, die den Priestern vorbehalten sind, und gab auch seinen Freunden davon zu essen.« ⁵Und Jesus fügte hinzu: »Der Menschensohn ist auch Herr über den Sabbat.«

Jesus heilt am Sabbat

⁶An einem anderen Sabbat befand sich ein Mann mit einer verkrüppelten Hand in der Synagoge, während Jesus lehrte. ⁷Die Schriftgelehrten und Pharisäer passten genau auf, ob Jesus den Mann am Sabbat heilen würde, denn sie suchten nach einem Vorwand, Anklage gegen ihn zu erheben. ⁸Doch Jesus wusste sehr wohl, was sie dachten. Er sagte zu dem Mann mit der verkrüppelten Hand: »Komm her und stell dich hier in die Mitte.« Da stand der Mann auf. ⁹Dann sagte Jesus zu ihnen: »Ich habe eine Frage an euch. Entspricht es dem Gesetz, am Sabbat Gutes zu tun, oder ist der Sabbat ein Tag, um Schaden zuzufügen? Ist er ein Tag, um Leben zu retten oder zu vernichten?« ¹⁰Er sah einen nach dem anderen an und sagte dann zu dem Mann: »Streck deine Hand aus.« Der Mann streckte seine Hand aus, und sie wurde wieder gesund! ¹¹Darüber gerieten die Gegner von Jesus außer sich vor Zorn und sie begannen, Pläne zu schmieden, was sie gegen ihn unternehmen könnten.

Jesus wählt die zwölf Apostel

¹²Nicht lange danach stieg Jesus auf einen Berg, um zu beten. Er betete die ganze Nacht hindurch zu Gott. ¹³Bei Tagesanbruch rief er alle seine Jünger zusammen und wählte zwölf von ihnen aus, die er Apostel nannte. Dies sind ihre Namen:

¹⁴Simon (den er auch Petrus nannte), Andreas (der Bruder von Petrus), Jakobus, Johannes, Philippus, Bartholomäus, ¹⁵Matthäus, Thomas, Jakobus (der Sohn des Alphäus), Simon (der Zelot), ¹⁶Judas (der Sohn des Jakobus) und Judas Iskariot (der ihn später verriet).

Viele Menschen folgen Jesus

¹⁷Als Jesus und die Jünger wieder von dem Berg herunterkamen, befanden sie sich in einer weiten Ebene, umringt von den Anhängern von Jesus und vielen anderen Menschen. Es waren Leute aus ganz Judäa und Jerusalem und von weit her aus den nördlichen Küstengebieten von Tyrus und Sidon. ¹⁸Sie waren gekommen, um ihn predigen zu hören und geheilt zu werden, und Jesus trieb viele böse Geister aus. ¹⁹Alle wollten ihn berühren, weil eine heilende Kraft von ihm ausging, und alle wurden geheilt.

Die Seligpreisungen

²⁰Dann wandte Jesus sich an seine Jünger und sagte: »Glücklich seid ihr, die ihr in Armut lebt, denn euch wird das Reich Gottes geschenkt.

²¹Glücklich seid ihr, die ihr jetzt hungert, denn ihr werdet satt werden. Glücklich seid ihr, die ihr jetzt weint, denn die Zeit wird kommen, in der ihr vor Freude lachen werdet.

²²Glücklich seid ihr, die ihr gehasst und ausgeschlossen und verspottet und verflucht werdet, weil ihr zum Menschensohn gehört.

²³Wenn das geschieht, dann freut euch, springt vor Freude! Denn im Himmel erwartet euch eine große Belohnung. Und denkt daran, dass die Propheten früher von euren Vorfahren genauso behandelt wurden.

Ankündigung künftigen Leids

²⁴Euch wird es schlimm ergehen, die ihr reich seid, denn ihr habt euren Trost jetzt schon erhalten.

²⁵Euch wird es schlimm ergehen, die ihr jetzt satt seid, denn ein nagender Hunger steht euch bevor.

Euch wird es schlimm ergehen, die ihr unbekümmert lacht, denn euer Lachen wird sich in Traurigkeit und Weinen verwandeln.

²⁶Euch wird es schlimm ergehen, die ihr von der Menge gerühmt werdet, denn ihre Vorfahren haben auch den falschen Propheten zugejubelt.

Über die Feindesliebe

²⁷Doch wenn ihr bereit seid, wirklich zu hören, dann sage ich euch: Liebt eure Feinde. Tut denen Gutes, die euch hassen. ²⁸Betet für das Glück derer, die euch verfluchen. Betet für die, die euch verletzen. ²⁹Wenn jemand dich auf die eine Wange schlägt, dann halte ihm auch die andere hin. Wenn jemand deinen Mantel will, biete ihm auch dein Hemd an. ³⁰Wer dich bittet, dem gib, was du hast; und wenn dir etwas weggenommen wird, versuche nicht, es wiederzubekommen. ³¹Behandle andere so, wie du von ihnen behandelt werden möchtest.

³²Glaubt ihr, ihr hättet dafür Anerkennung verdient, dass ihr die liebt, die euch auch lieben? Das tun sogar die Sünder! ³³Und wenn ihr nur denen Gutes erweist, die euch Gutes tun, was ist daran so anerkennenswert? Selbst Sünder verhalten sich so! ³⁴Oder wenn ihr nur denen Geld leiht, die es euch zurückzahlen können, was ist daran außergewöhnlich? Selbst Sünder leihen ihresgleichen Geld in der Hoffnung, die volle Summe zurückzuerhalten.

³⁵Liebt eure Feinde! Erweist ihnen Gutes! Leiht ihnen Geld! Und macht euch keine Sorgen, weil sie es euch vielleicht nicht wiedergeben werden. Dann wird euer Lohn im Himmel groß sein und ihr handelt wirklich wie Kinder des Allerhöchsten, denn er erweist auch den Undankbaren und den Bösen Gutes. ³⁶Ihr sollt gütig sein, wie euer Vater gütig ist.

Andere nicht verurteilen

³⁷Hört auf, andere zu verurteilen, und ihr werdet auch nicht verurteilt werden. Hört auf, andere zu tadeln, oder es wird euch ebenso ergehen. Vergebt, und euch wird auch vergeben werden. ³⁸Gebt, und ihr werdet bekommen. Was ihr

verschenkt, wird anständig, ja großzügig bemessen, mit beträchtlicher Zugabe zu euch zurückfließen. Nach dem Maß, mit dem ihr gebt, werdet ihr zurückbekommen.«

[39]Er gab ihnen auch folgendes Gleichnis: »Was nützt es, wenn ein Blinder den anderen führt? Er wird in eine Grube fallen und den anderen mitreißen. [40]Ein Schüler ist nicht besser als sein Lehrer. Aber der Schüler, der hart arbeitet, kann werden wie sein Lehrer.

[41]Was hältst du dich mit dem Splitter im Auge deines Freundes auf, wenn du einen Balken im eigenen Auge hast? [42]Wie kommst du auf den Gedanken zu sagen: ›Freund, lass mich dir helfen, diesen Splitter aus deinem Auge zu ziehen‹, wenn du nicht über den Balken in deinem eigenen Auge hinausschauen kannst? Du Heuchler! Entferne zuerst einmal den Balken aus deinem eigenen Auge; dann wirst du vielleicht gut genug sehen, um den Splitter aus dem Auge deines Freundes zu ziehen.

Der Baum und seine Früchte

[43]Ein guter Baum kann keine schlechten Früchte tragen und ein schlechter Baum keine guten. [44]Man erkennt einen Baum an seiner Frucht. Feigen wachsen nicht an Dornensträuchern und Weintrauben nicht an Brombeerbüschen. [45]Ein guter Mensch bringt aus einem guten Herzen gute Taten hervor, und ein böser Mensch bringt aus einem bösen Herzen böse Taten hervor. Was immer in deinem Herzen ist, das bestimmt auch dein Reden.

Auf ein festes Fundament bauen

[46]Warum nennt ihr mich also ›Herr‹, wenn ihr nicht tut, was ich sage? [47]Ich sage euch, wie es ist, wenn jemand zu mir kommt, auf meine Worte hört und danach handelt. [48]Das ist wie bei einem Menschen, der ein Haus mit festem Fundament auf einen Felsen baut. Wenn es dann zu einer Überschwemmung kommt und die Wellen gegen das Haus schlagen, steht das Haus fest, weil es solide gebaut wurde. [49]Wer aber hört und nicht danach handelt, gleicht einem Menschen, der ein

Haus ohne Fundament baut. Wenn dann die Flut kommt, stürzt das Haus ein, und es bleibt nichts als ein Trümmerhaufen.«

Der Glaube des römischen Hauptmanns

7 ¹Nachdem Jesus das alles gesagt hatte, ging er wieder nach Kapernaum. ²Dort lebte ein römischer Hauptmann, der einen Diener hatte, den er sehr schätzte. Nun war dieser Diener schwer erkrankt und lag im Sterben. ³Als der Hauptmann von Jesus hörte, schickte er einige angesehene Männer aus dem jüdischen Volk zu ihm und bat ihn, zu kommen und seinen Sklaven zu heilen. ⁴Diese baten Jesus inständig, mitzukommen und dem Hauptmann zu helfen. »Wenn jemand deine Hilfe verdient, dann er«, sagten sie, ⁵»denn er liebt die Juden und hat uns sogar die Synagoge gebaut.«

⁶Da ging Jesus mit ihnen. Doch kurz bevor sie das Haus erreichten, schickte der Hauptmann ihm ein paar Freunde entgegen und ließ ihm ausrichten: »Herr, mach dir nicht die Mühe, in mein Haus zu kommen, denn eine solche Ehre verdiene ich nicht. ⁷Ich bin nicht einmal würdig genug, selbst zu dir zu kommen. Sprich einfach ein Wort, und mein Diener wird gesund werden. ⁸Ich weiß das, weil ich dem Befehl von Vorgesetzten unterstehe und auch selbst Soldaten befehlige. Ich brauche nur zu einem von ihnen zu sagen: ›Geh‹, dann geht er, oder: ›Komm‹, dann kommt er. Und wenn ich zu meinem Diener sage: ›Tu dies‹, dann tut er es.«

⁹Als Jesus das hörte, staunte er. Er wandte sich zu der Menge und sagte: »Ich sage euch, einen solchen Glauben habe ich in ganz Israel nicht erlebt!« ¹⁰Und als die Freunde des Hauptmanns in sein Haus zurückkehrten, fanden sie den Diener gesund.

Auferweckung eines jungen Mannes

¹¹Bald darauf zog Jesus mit seinen Jüngern weiter zur Stadt Nain. Eine große Menschenmenge folgte ihnen. ¹²Als er sich der Stadt näherte, kam ihm ein Trauerzug entgegen. Der Tote war der einzige Sohn einer Witwe gewesen, und viele trauer-

ten mit ihr. ¹³Als der Herr sie sah, empfand er großes Mitleid
mit ihr. »Weine nicht!«, sagte er. ¹⁴Und er ging hinüber zur
Bahre und berührte sie. Die Träger blieben stehen. »Ich sage
dir«, sprach Jesus, »steh auf!« ¹⁵Da setzte sich der Verstorbene
auf und fing an zu sprechen! So gab Jesus ihn seiner Mutter
zurück.

¹⁶Angst und Ehrfurcht erfassten die ganze Menge. Sie lobten
Gott und sagten: »Ein mächtiger Prophet ist zu uns gekommen. Heute hat Gott sein Volk besucht.« ¹⁷Berichte über diese
Tat verbreiteten sich in ganz Judäa und bis über die Grenzen
des Landes hinaus.

Jesus und Johannes der Täufer

¹⁸Johannes der Täufer erfuhr von seinen Jüngern alles, was
Jesus tat. Er rief zwei seiner Jünger zu sich ¹⁹und schickte sie
zum Herrn, um ihn zu fragen: »Bist du wirklich der, der kommen soll, oder sollen wir auf einen anderen warten?«

²⁰Die beiden Jünger von Johannes fanden Jesus und sagten
zu ihm: »Johannes der Täufer schickt uns, um zu fragen: ›Bist
du wirklich der, der kommen soll, oder sollen wir auf einen
anderen warten?‹«

²¹Während sie bei ihm waren, heilte er viele Menschen von
ihren Krankheiten, trieb böse Geister aus und gab Blinden ihr
Augenlicht zurück. ²²Er gab den Jüngern des Johannes zur
Antwort: »Kehrt zu Johannes zurück und berichtet ihm, was
ihr gesehen und gehört habt: Blinde sehen, Gelähmte gehen,
Aussätzige werden geheilt, Taube hören, Tote werden auferweckt und den Armen wird die gute Botschaft verkündet.
²³Und sagt ihm auch: ›Glücklich sind die, die keinen Anstoß
an mir nehmen.‹«

²⁴Als sie gegangen waren, wandte Jesus sich an die Menge
und sagte über Johannes: »Wer ist dieser Mann in der Wüste,
den ihr unbedingt sehen wolltet? Kam er euch schwach vor
wie ein Schilfrohr, das im Windhauch hin- und herschwankt?
²⁵Oder habt ihr einen Mann erwartet, der in kostbare Gewänder gehüllt ist? Nein, Leute mit kostbaren Kleidern und ver-
schwenderischer Lebensart wohnen in Palästen, nicht in der

Wüste. 26Oder habt ihr in ihm einen Propheten vermutet? Ja, das ist er, und er ist sogar noch mehr als das. 27Johannes ist der Mann, von dem die Schrift sagt:

›Ich sende meinen Boten vor dir her, er wird deine Ankunft vorbereiten.‹

28Ich sage euch: Von allen Menschen, die jemals gelebt haben, ist keiner größer als Johannes. Und doch ist noch der Geringste im Reich Gottes größer als er!

29Und alle, die ihn gehört haben – selbst die Steuereinnehmer –, gaben Gott recht, als sie sich von Johannes taufen ließen. 30Die Pharisäer und die Schriftgelehrten dagegen lehnten den Plan, den Gott für sie hatte, ab, denn sie ließen sich nicht von Johannes taufen.

31Wie soll ich die Menschen dieser Generation beschreiben?«, fragte Jesus. »Womit soll ich sie vergleichen? 32Sie sind wie Kinder, die auf der Straße spielen und sich bei ihren Freunden beklagen: ›Wir haben lustige Lieder gespielt, und ihr wart nicht fröhlich; dann haben wir Klagelieder gespielt, aber ihr wart nicht traurig.‹ 33Denn Johannes der Täufer trank keinen Wein und fastete oft, und von ihm sagt ihr: ›Er ist von einem Dämon besessen.‹ 34Der Menschensohn feiert und trinkt, und von ihm sagt ihr: ›Er ist ein Schlemmer und Säufer, und die schlimmsten Leute sind seine Freunde!‹ 35Doch die Weisheit erweist sich als richtig im Leben derer, die sie befolgen.«

Jesus wird von einer Sünderin gesalbt

36Einer der Pharisäer lud Jesus zum Essen in sein Haus ein. Jesus nahm die Einladung an und setzte sich zu Tisch. 37In dem Ort gab es eine Frau, die ihr Leben – wie man wusste – nicht nach Gottes Willen führte. Als sie erfuhr, dass er da war, brachte sie ein Gefäß mit kostbarem Salböl. 38Sie kniete vor Jesus nieder und weinte. Ihre Tränen fielen auf seine Füße, und sie trocknete sie mit ihren Haaren. Dann küsste sie ihm wieder und wieder die Füße und salbte sie mit dem Öl.

39Als der Gastgeber sah, was da vorging und wer die Frau war, sagte er sich: »Das beweist, dass Jesus kein Prophet ist.

Wäre er wirklich von Gott gesandt, dann wüsste er, was für eine Frau ihn da berührt. Eine Sünderin!«

⁴⁰Jesus wusste, was er dachte, und sagte zu dem Pharisäer: »Simon, ich habe dir etwas zu sagen.«

Simon nickte: »Ja, Meister, sprich nur.«

⁴¹Darauf erzählte Jesus: »Ein Mann lieh zwei Leuten Geld – dem einen fünfhundert Denare und dem anderen fünfzig. ⁴²Als keiner der beiden ihm das Geld zurückzahlen konnte, erließ er ihnen ihre Schulden. Wer von den beiden liebte ihn danach wohl mehr?«

⁴³Simon antwortete: »Ich nehme an, derjenige, dem er die größere Schuld erließ.«

Jesus sagte ihm: »Das stimmt.« ⁴⁴Dann wandte er sich der Frau zu und sagte zu Simon: »Schau dir die Frau an, die da kniet. Als ich dein Haus betrat, hast du mir kein Wasser angeboten, um mir den Staub von den Füßen zu waschen; sie hat meine Füße mit ihren Tränen gewaschen und mit ihrem Haar getrocknet. ⁴⁵Du hast mir keinen Begrüßungskuss gegeben; sie hat mir unaufhörlich die Füße geküsst, seit ich hereingekommen bin. ⁴⁶Du hast es versäumt, mir Gastfreundschaft zu erweisen und mir den Kopf mit Olivenöl zu salben; sie hat meine Füße mit kostbarem Salböl gesalbt. ⁴⁷Ich sage dir, ihre Sünden – und es sind viele – sind ihr vergeben; also hat sie mir viel Liebe erwiesen. Ein Mensch jedoch, dem nur wenig vergeben wurde, zeigt nur wenig Liebe.« ⁴⁸Dann sagte Jesus zu der Frau: »Deine Sünden sind dir vergeben.«

⁴⁹Die anderen Männer am Tisch sagten zueinander: »Für wen hält sich dieser Mann, dass er Sünden vergibt?«

⁵⁰Und Jesus sagte zu der Frau: »Dein Glaube hat dich gerettet; geh in Frieden.«

Frauen, die Jesus nachfolgten

8 ¹Nicht lange danach zog Jesus durch die nahe gelegenen Orte und Dörfer, um die Botschaft vom Reich Gottes zu verkünden. Er nahm seine zwölf Jünger mit, ²und einige Frauen, die er geheilt und von bösen Geistern befreit hatte. Dazu gehörten Maria von Magdala, aus der er sieben Dämonen

ausgetrieben hatte, ³Johanna, die Frau von Chuza, dem Verwalter von Herodes, Susanna und viele andere, die Jesus und seine Jünger durch das, was sie hatten, unterstützten.

Das Gleichnis vom Bauern, der die Saat ausbringt

⁴Eines Tages kam eine große Menschenmenge aus vielen Städten zusammen, um Jesus zu hören. Er erzählte ihnen folgendes Gleichnis: ⁵»Ein Bauer ging aufs Feld, um zu säen. Als er die Saat auf seinem Feld ausstreute, fielen einige Samenkörner auf einen Weg, wo sie zertreten wurden, und die Vögel kamen und pickten sie auf. ⁶Andere Körner fielen auf eine dünne Erdkruste mit felsigem Untergrund. Diese Saat ging zwar auf, verdorrte aber, weil Feuchtigkeit fehlte. ⁷Andere Samenkörner fielen in die Dornen, die schnell wuchsen und die zarten Halme erstickten. ⁸Wieder andere fielen auf fruchtbaren Boden. Diese Samenkörner wuchsen heran und brachten eine hundertfache Ernte.« Nach diesen Worten rief er: »Wer hören will, der soll zuhören und begreifen!«

⁹Seine Jünger fragten ihn, was das Gleichnis zu bedeuten habe. ¹⁰Er entgegnete: »Euch ist es erlaubt, die Geheimnisse des Reiches Gottes zu wissen. Allen anderen aber werden sie in Gleichnissen verborgen erzählt, damit sich erfüllt, was in der Schrift steht:

›Sie sehen, was ich tue, aber sie nehmen es nicht wirklich wahr; sie hören, was ich sage, aber sie verstehen es nicht.‹

¹¹Das Gleichnis hat folgende Bedeutung: Die Samenkörner sind Gottes Botschaft. ¹²Der Same, der auf den festgetretenen Weg fiel, steht für Menschen, die die Botschaft zwar hören, aber dann kommt der Teufel, raubt sie ihnen wieder und verhindert, dass sie glauben und gerettet werden. ¹³Mit dem felsigen Boden sind jene gemeint, die die Botschaft freudig aufnehmen. Aber wie bei jungen Pflanzen in einem solchen Boden reichen ihre Wurzeln nicht sehr tief. Eine Weile glauben sie zwar, aber wenn Schwierigkeiten kommen, wenden sie sich ab. ¹⁴Der von Dornen bewachsene Boden meint Menschen, die Gottes Wort zwar hören und annehmen, sich aber durch die Verpflichtungen, den Reichtum und die Zerstreu-

ungen des Lebens schon bald wieder davon ablenken lassen. Auf diese Weise gelangt nichts zur Reife. [15]Der gute Boden dagegen steht für verlässliche, aufrichtige Menschen, die Gottes Botschaft hören, an ihr festhalten und durch ihre Beständigkeit viel Frucht hervorbringen.

Das Gleichnis von der Lampe

[16]Niemand würde eine Lampe anzünden und dann etwas darüberstülpen oder sie unters Bett stellen. Nein, Lampen werden da aufgestellt, wo jeder, der hereinkommt, sie sehen kann. [17]Denn alles, was verborgen oder geheim ist, wird irgendwann ans Licht gebracht werden, sodass alle es sehen können. [18]Deshalb achtet auf das, was ihr hört. Dem Menschen, der für meine Worte offen ist, wird eine noch tiefere Einsicht geschenkt werden. Doch dem, der nicht zuhört, wird auch das genommen werden, was er zu haben glaubt.«

Die wahre Familie von Jesus

[19]Einmal wollten die Mutter von Jesus und seine Brüder ihn besuchen, doch sie konnten wegen der vielen Menschen nicht zu ihm durchdringen. [20]Jemand sagte zu Jesus: »Deine Mutter und deine Brüder sind draußen und möchten dich sehen.«

[21]Jesus erwiderte: »Alle, die die Botschaft Gottes hören und sich nach ihr richten, sind meine Mutter und meine Brüder.«

Jesus stillt den Sturm

[22]Eines Tages sagte Jesus zu seinen Jüngern: »Lasst uns auf die andere Seite des Sees fahren.« Sie stiegen also in ein Boot und stießen vom Ufer ab. [23]Unterwegs legte Jesus sich schlafen, doch während er schlief, kam Wind auf. Der Wind steigerte sich zum Sturm, sodass ihr Boot voll Wasser zu laufen drohte und sie ernsthaft in Gefahr gerieten.

[24]Schließlich weckten die Jünger Jesus und riefen: »Meister, Meister, wir kommen um!«

Jesus stand auf und drohte dem Wind und den stürmischen Wellen. Plötzlich legte sich der Sturm, und alles war still! [25]Und er fragte sie: »Wo ist euer Glaube?«

Voll Furcht und Staunen sagten sie zueinander: »Wer ist dieser Mann, dass ihm sogar Wind und Wellen gehorchen?«

Jesus heilt einen von Dämonen besessenen Mann

[26]So kamen sie ins Gebiet der Gerasener auf der anderen Seite vom See Genezareth. [27]Als Jesus aus dem Boot stieg, lief ihm ein Mann entgegen, der von Dämonen besessen war. Nackt und ohne Obdach fristete er sein Dasein schon seit langer Zeit in den Grabhöhlen. [28]Als er Jesus sah, warf er sich mit einem schrillen Schrei vor ihm auf den Boden und rief laut: »Warum bedrängst du mich, Jesus, Sohn des höchsten Gottes? Ich flehe dich an, quäle mich nicht!« [29]Denn Jesus hatte dem bösen Geist schon geboten, aus dem Mann auszufahren. Schon seit langem hatte der Dämon den Mann völlig in seiner Gewalt. Auch wenn man ihn in Ketten legte, riss er sich los und wurde von dem bösen Geist in die Wildnis gehetzt.

[30]»Wie heißt du?«, fragte Jesus.

»Legion«, antwortete er – denn der Mann war von zahlreichen Dämonen besessen. [31]Diese flehten Jesus an, sie nicht in den Abgrund zu schicken. [32]Auf den umliegenden Hügeln weidete eine riesige Schweineherde. Die Dämonen baten Jesus, sie in die Schweine fahren zu lassen. Jesus gestattete es ihnen. [33]Da fuhren die Dämonen aus dem Mann in die Schweine, und die ganze Herde stürzte den Abhang hinunter in den See und ertrank.

[34]Als die Hirten das sahen, flohen sie in den nahe gelegenen Ort und in das Hügelland der Umgebung und verbreiteten die Neuigkeit überall. [35]Bald war Jesus von Menschen umringt, die selbst sehen wollten, was geschehen war. Als sie den Mann, der von Dämonen besessen gewesen war, bekleidet und völlig bei Verstand friedlich zu Füßen von Jesus sitzen sahen, überkam sie Furcht. [36]Diejenigen, die alles mit eigenen Augen gesehen hatten, erzählten ihnen, wie der Besessene geheilt worden war. [37]Da drängten sie Jesus, zu gehen und sie in Ruhe zu lassen, so groß war ihre Angst.

Jesus stieg daraufhin wieder in das Boot und fuhr zurück auf die andere Seite des Sees. [38]Der Mann, der von Dämonen besessen gewesen war, wollte unbedingt mit ihm gehen, doch Jesus sagte zu ihm: ³⁹»Nein, geh zu deiner Familie zurück und erzähle ihnen von dem Wunderbaren, das Gott für dich getan hat.« Da ging er durch die ganze Stadt und erzählte, was Jesus für ihn getan hatte.

Jesus heilt aufgrund Glaubens

⁴⁰Am anderen Ufer hatten die Menschen schon auf Jesus gewartet und empfingen ihn begeistert. ⁴¹Ein Mann namens Jaïrus, einer der Vorsteher der örtlichen Synagoge, kam zu Jesus, warf sich ihm zu Füßen und bat ihn, mit in sein Haus zu kommen. ⁴²Sein einziges Kind, ein zwölfjähriges Mädchen, lag im Sterben.

Jesus machte sich mit ihm auf den Weg, umringt von einer großen Menschenmenge. ⁴³Inmitten der dicht gedrängten Menge befand sich auch eine Frau, die seit zwölf Jahren an Blutungen litt. Sie hatte ihr ganzes Vermögen für Ärzte ausgegeben und war dennoch nicht geheilt worden. ⁴⁴Nun näherte sie sich Jesus von hinten und berührte den Saum seines Gewandes. Augenblicklich hörte die Blutung auf.

⁴⁵»Wer hat mich berührt?«, fragte Jesus.

Alle stritten ab, ihn berührt zu haben, und Petrus meinte: »Meister, hier sind doch so viele Menschen!«

⁴⁶Doch Jesus sagte: »Nein, jemand hat mich absichtlich berührt. Ich habe gespürt, dass eine heilende Kraft von mir ausging.« ⁴⁷Als die Frau sah, dass Jesus etwas gemerkt hatte, warf sie sich zitternd vor Angst vor ihm auf die Knie. Alle hörten zu, als sie erklärte, warum sie ihn berührt hatte und dass sie augenblicklich gesund geworden war. ⁴⁸»Tochter«, sagte Jesus zu ihr, »dein Glaube hat dich gesund gemacht. Geh in Frieden.«

⁴⁹Noch während er mit ihr sprach, kam ein Bote aus dem Haus des Jaïrus mit der Nachricht: »Deine Tochter ist gestorben. Du brauchst den Meister nicht mehr zu bemühen.«

⁵⁰Doch als Jesus das hörte, sagte er zu Jaïrus: »Hab keine Angst. Vertrau mir, und sie wird gerettet werden.«

⁵¹Als sie zum Haus des Vorstehers kamen, nahm Jesus nur

Petrus, Jakobus, Johannes, den Vater und die Mutter des Mädchens mit hinein. ⁵²Das ganze Haus war voller Leute, die
weinten und klagten, aber er sagte: »Hört auf zu weinen! Sie
ist nicht tot; sie schläft nur.«

⁵³Doch die Menge lachte ihn aus, denn alle wussten, dass sie
gestorben war. ⁵⁴Da nahm Jesus das Mädchen bei der Hand
und sagte mit lauter Stimme: »Steh auf, mein Kind!« ⁵⁵Im gleichen Augenblick kehrte das Leben in sie zurück, und sie stand
auf! Jesus wies die anderen an, ihr etwas zu essen zu geben.
⁵⁶Ihre Eltern waren außer sich vor Freude, doch Jesus gebot
ihnen, niemandem zu erzählen, was geschehen war.

Die Aussendung der zwölf Apostel

9 ¹Eines Tages rief Jesus seine zwölf Apostel zu sich und gab
ihnen Vollmacht, Dämonen auszutreiben und Krankheiten zu heilen. ²Dann sandte er sie mit dem Auftrag aus, allen
Menschen vom Kommen des Reiches Gottes zu erzählen und
die Kranken gesund zu machen. ³»Nehmt für unterwegs
nichts mit«, wies er sie an, »keinen Wanderstab, kein Gepäck,
keine Verpflegung und kein Geld, kein zweites Hemd. ⁴Wenn
ihr in eine Ortschaft kommt, seid nur in einem einzigen Haus
zu Gast. ⁵Wenn die Einwohner eure Botschaft nicht hören
wollen, dann schüttelt beim Fortgehen den Staub von euren
Füßen als Zeichen, dass ihr diesen Ort dem Gericht überlasst.«

⁶So begannen sie durch die Dörfer in der Umgebung zu ziehen, verkündeten die gute Botschaft und heilten die Kranken.

Herodes fragt nach Jesus

⁷Als Herodes Antipas von den Wundern hörte, die Jesus vollbrachte, war er beunruhigt und verunsichert zugleich, denn
manche Leute meinten: »Er ist Johannes der Täufer, der von
den Toten auferstanden ist.« ⁸Andere sagten: »Es ist Elia oder
ein anderer Prophet, der von den Toten auferstanden ist.«

⁹»Ich selbst habe Johannes enthaupten lassen«, sagte Herodes. »Wer ist dann dieser Mann, von dem ich all diese selt-

samen Geschichten höre?« Und er wollte ihn gern kennenlernen.

Mehr als fünftausend Menschen werden satt

[10]Als die Apostel zurückkehrten, berichteten sie Jesus über alles, was er getan hatte. Danach zog er sich mit ihnen in die Nähe der Stadt Betsaida zurück. [11]Doch die Leute fanden heraus, wohin er gegangen war, und folgten ihm. Da wandte er sich ihnen zu, erzählte ihnen vom Reich Gottes und heilte die Kranken unter ihnen. [12]Am späten Nachmittag kamen die zwölf Jünger zu ihm und sagten: »Schick die Leute fort in die nahe gelegenen Dörfer und Höfe, dann können sie etwas zu essen und eine Unterkunft für die Nacht finden. Denn hier, in dieser verlassenen Gegend, gibt es nichts zu essen.«

[13]Doch Jesus sagte: »Gebt ihr ihnen zu essen.«

Sie protestierten: »Unmöglich! Wir haben nur fünf Brote und zwei Fische. Oder erwartest du von uns, dass wir gehen und für diese vielen Menschen Essen kaufen?« [14]Es waren etwa fünftausend Männer.

»Sie sollen sich in Gruppen zu je fünfzig niederlassen«, erwiderte Jesus. [15]Da setzten sie sich alle hin. [16]Jesus nahm die fünf Brote und die beiden Fische, blickte zum Himmel auf und erbat Gottes Segen für das Essen. Dann brach er die Brote in Stücke und reichte sie den Jüngern, damit sie alles an die Leute austeilten. [17]Alle aßen, so viel sie wollten, und am Schluss sammelten sie noch zwölf Körbe mit Resten ein!

Petrus legt sein Bekenntnis ab – Jesus kündigt seinen Tod an

[18]Als Jesus eines Tages allein war, fragte er sie: »Für wen halten die Leute mich?«

[19]»Nun«, erwiderten sie, »manche sagen, du seist Johannes der Täufer, andere halten dich für Elia und wieder andere behaupten, du seist einer der alten Propheten, der von den Toten auferstanden ist.«

[20]Da fragte er sie: »Und für wen haltet ihr mich?«

Petrus erwiderte: »Du bist der von Gott gesandte Christus!« ²¹Jesus schärfte ihnen ein, es niemandem zu sagen. ²²»Denn der Menschensohn muss viel Schlimmes erleiden«, sagte er. »Er wird von den führenden Männern des jüdischen Volkes, den obersten Priestern und den Schriftgelehrten verurteilt werden. Sie werden ihn töten, doch drei Tage später wird er von den Toten auferstehen.«

²³Dann sagte er zu der Menge: »Wenn einer von euch mit mir gehen will, muss er sich selbst verleugnen, jeden Tag aufs Neue sein Kreuz auf sich nehmen und mir nachfolgen. ²⁴Wer versucht, sein Leben zu retten, wird es verlieren. Aber wer sein Leben für mich aufgibt, wird es retten. ²⁵Was nützt es, die ganze Welt zu gewinnen, aber dabei an der eigenen Seele Schaden zu nehmen oder sie zu verlieren? ²⁶Wer sich meiner oder meiner Botschaft schämt, dessen wird sich der Menschensohn auch schämen, wenn er in seiner Herrlichkeit und in der Herrlichkeit seines Vaters und der heiligen Engel wiederkommt. ²⁷Und ich sage euch: Einige von denen, die jetzt hier stehen, werden nicht sterben, ehe sie das Reich Gottes gesehen haben.«

Die Verklärung

²⁸Etwa acht Tage später nahm Jesus Petrus, Jakobus und Johannes mit auf einen Berg, um zu beten. ²⁹Während er betete, veränderte sich das Aussehen seines Gesichts, und seine Kleider wurden strahlend weiß. ³⁰Dann erschienen zwei Männer, Mose und Elia, und begannen mit Jesus zu sprechen. ³¹Auch sie waren von herrlichem Glanz umgeben. Sie sprachen darüber, wie er bald in Jerusalem sterben würde, um damit seinen Auftrag zu erfüllen.

³²Petrus und die anderen Jünger waren sehr müde gewesen und eingeschlafen. Nun wachten sie auf und sahen den strahlenden Anblick von Jesus und den beiden Männern, die neben ihm standen. ³³Als Mose und Elia sie verlassen wollten, rief Petrus schnell – und ohne zu wissen, was er sagte: »Meister, wie wunderbar ist das! Lass uns drei Hütten bauen – eine für dich, eine für Mose und eine für Elia.« ³⁴Doch er hatte kaum

ausgeredet, da zog eine Wolke auf; und als die Wolke sie ein-
hüllte, hatten sie große Angst.

[35]Aus der Wolke drang eine Stimme: »Dies ist mein Sohn,
mein Auserwählter. Hört auf ihn.« [36]Als die Stimme verhallt
war, stand Jesus wieder allein da. Lange Zeit erzählten sie
niemandem, was sie gesehen hatten.

Jesus heilt einen besessenen Jungen

[37]Am nächsten Tag, als sie wieder vom Berg herabgestiegen
waren, strömten die Menschen zu Jesus. [38]Ein Mann in der
Menge rief ihm zu: »Meister, sieh meinen Sohn an, mein einziges Kind. [39]Ein böser Geist ergreift immer wieder von ihm
Besitz. Dann schreit er, stürzt zu Boden, windet sich und hat
Schaum vor dem Mund. Ständig schlägt und verletzt er ihn
und lässt ihm keine Ruhe. [40]Ich habe deine Jünger gebeten,
den Geist auszutreiben, aber sie konnten es nicht.«

[41]»Ihr uneinsichtigen, ungläubigen Menschen«, sagte Jesus,
»wie lange muss ich denn noch bei euch sein und euch ertragen? Bringt ihn her.« [42]Als der Junge nach vorn kam, warf der
Dämon ihn zu Boden, sodass er sich heftig wand und krümmte. Aber Jesus bedrohte den bösen Geist und heilte den Jungen. Dann schickte er ihn zu seinem Vater zurück. [43]Die Leute
wurden von Angst und Ehrfurcht ergriffen, als sie dieses
sichtbare Wirken der Macht Gottes sahen.

Jesus kündigt erneut seinen Tod an

Während die Menschen noch über die Wunder staunten, die
er tat, sagte Jesus zu seinen Jüngern: [44]»Hört mir zu und denkt
an das, was ich euch jetzt sage. Der Menschensohn wird in die
Hände der Menschen gegeben und verraten werden.« [45]Doch
sie begriffen nicht, was er damit meinte. Die Bedeutung seiner
Worte blieb ihnen verborgen, sodass sie sie nicht verstehen
konnten, und sie wagten nicht, ihn danach zu fragen.

Der Größte im Reich Gottes

[46]Einmal kam es unter den Jüngern zu einem Streit darüber,
wer von ihnen der Größte sei. [47]Jesus wusste, was sie dachten.

Er stellte ein kleines Kind neben sich [48]und sagte zu ihnen: »Jeder, der ein solches Kind um meinetwillen aufnimmt, der nimmt mich auf, und wer mich aufnimmt, nimmt meinen Vater auf, der mich gesandt hat. Wer der Geringste unter euch ist, der ist der Größte.«

Im Namen von Jesus Wunder tun

[49]Johannes sagte zu Jesus: »Meister, wir haben gesehen, wie einer in deinem Namen Dämonen austrieb, und haben versucht, ihn daran zu hindern, weil er nicht zu uns gehört.«

[50]Doch Jesus entgegnete ihm: »Hindert ihn nicht! Wer nicht gegen euch ist, ist für euch.«

Widerstand von den Samaritanern

[51]Als die Zeit seiner Rückkehr in den Himmel näher kam, machte Jesus sich auf den Weg nach Jerusalem. [52]Er schickte Boten voraus in ein Dorf in Samarien, um seine Ankunft vorzubereiten. [53]Doch sie wurden abgewiesen. Weil Jesus auf dem Weg nach Jerusalem war, wollten sie ihn nicht aufnehmen. [54]Als Jakobus und Johannes das hörten, sagten sie zu Jesus: »Herr, sollen wir Feuer vom Himmel regnen lassen und sie verbrennen?« [55]Doch Jesus drehte sich um und wies sie zurecht. [56]Dann zogen sie weiter in ein anderes Dorf.

Der Preis der Nachfolge

[57]Unterwegs sagte einer der Jünger zu Jesus: »Ich will mit dir gehen, wohin du auch gehst.«

[58]Aber Jesus hielt ihm entgegen: »Füchse haben ihren Bau und Vögel haben Nester, doch der Menschensohn hat keinen Ort, an dem er sich ausruhen kann.«

[59]Zu einem anderen sagte er: »Komm, folge mir nach.«

Dieser jedoch antwortete: »Herr, lass mich zuerst noch nach Hause gehen und meinen Vater begraben.«

[60]Jesus erwiderte: »Lass die Menschen, die nicht nach Gott fragen, für ihre Toten sorgen. Deine Aufgabe ist es hinzugehen und das Kommen des Reiches Gottes zu verkündigen.«

⁶¹Ein anderer sagte: »Ja, Herr, ich will mit dir gehen, aber lass mich zuerst noch von meiner Familie Abschied nehmen.«

⁶²Doch Jesus sagte: »Wer eine Hand an den Pflug legt und dann zurückschaut, ist nicht geeignet für das Reich Gottes.«

Jesus sendet seine Jünger aus

10 ¹Daraufhin wählte der Herr zweiundsiebzig andere Jünger aus und schickte sie zu zweit voraus in alle Städte und Dörfer, die er aufsuchen wollte. ²Er gab ihnen folgende Anweisungen: »Die Ernte ist groß, doch die Zahl der Arbeiter ist klein. Betet zum Herrn, der für die Ernte zuständig ist, und bittet ihn, mehr Arbeiter auf seine Felder zu schicken. ³Nun geht und denkt daran, dass ich euch wie Lämmer unter die Wölfe schicke. ⁴Nehmt kein Geld mit, kein Gepäck, keine Sandalen. Und haltet euch unterwegs nicht auf, um jemanden zu grüßen.

⁵Wann immer ihr ein Haus betretet, segnet es. ⁶Wenn seine Bewohner des Segens würdig sind, wird er bei ihnen bleiben; wenn sie es nicht sind, wird der Segen zu euch zurückkehren. ⁷Wenn ihr in eine Stadt kommt, zieht nicht von Haus zu Haus. Bleibt an einem Ort und esst und trinkt, was man euch anbietet. Zögert nicht, Gastfreundschaft anzunehmen, denn wer arbeitet, hat auch Lohn verdient.

⁸Wenn eine Stadt euch willkommen heißt, dann esst, was euch vorgesetzt wird, ⁹heilt die Kranken und sagt dabei: ›Das Reich Gottes ist nahe bei euch.‹ ¹⁰Doch wenn eine Stadt euch nicht willkommen heißen will, dann geht hinaus auf die Straße und sagt: ¹¹›Wir schütteln als Zeichen eures Verderbens den Staub eurer Stadt von unseren Füßen. Vergesst nicht, dass das Reich Gottes nahe ist!‹ ¹²Ich sage euch, selbst der Stadt Sodom wird es am Tag des Gerichts noch besser ergehen als einer solchen Stadt.

¹³Welche Schrecken erwarten euch, Chorazin und Betsaida! Denn wenn die Wunder, die ich bei euch getan habe, in Tyrus und Sidon geschehen wären, hätten ihre Einwohner schon längst ihre Schuld bekannt und sich zum Zeichen ihrer Reue

in Säcke gehüllt und Asche auf ihre Häupter gestreut. [14]Ja, Tyrus und Sidon werden am Tag des Gerichts immer noch besser dastehen als ihr. [15]Und ihr Bewohner von Kapernaum, ob ihr wohl an diesem Tag in den Himmel gehoben werdet? Ganz sicher nicht. Ihr werdet vielmehr hinunter ins Reich der Toten geworfen.«

[16]Dann sagte er zu den Jüngern: »Wer eure Botschaft annimmt, nimmt auch mich an. Wer euch jedoch ablehnt, lehnt auch mich ab. Und wer mich ablehnt, lehnt Gott ab, der mich gesandt hat.«

[17]Als die zweiundsiebzig Jünger zurückkehrten, berichteten sie ihm voller Freude: »Herr, sogar die Dämonen gehorchen uns, wenn wir sie in deinem Namen austreiben!«

[18]»Ja«, erklärte er ihnen, »ich sah den Satan wie einen Blitz vom Himmel fallen! [19]Ich habe euch Vollmacht über den Feind gegeben; ihr könnt unter Schlangen und Skorpionen umhergehen und sie zertreten. Nichts und niemand wird euch etwas anhaben können. [20]Aber freut euch nicht darüber, dass böse Geister euch gehorchen, sondern freut euch, dass eure Namen im Himmel aufgeschrieben sind.«

Jesus spricht ein Dankgebet

[21]Dann wurde Jesus von der Freude des Heiligen Geistes erfüllt und sagte: »Vater, Herr des Himmels und der Erde, ich danke dir, dass du die Wahrheit vor denen verbirgst, die sich selbst für so klug und weise halten. Ich danke dir, dass du sie stattdessen denen enthüllst, die ein kindliches Gemüt haben. Ja, Vater, so wolltest du es.

[22]Mein Vater hat mir Vollmacht über alles gegeben. Niemand außer dem Vater kennt den Sohn wirklich, und niemand kennt den Vater außer dem Sohn und jenen, denen der Sohn den Vater offenbaren will.«

[23]Als sie allein waren, wandte er sich an die Jünger und sagte: »Glücklich zu schätzen sind die, deren Augen sehen, was ihr seht. [24]Ich sage euch: Propheten und Könige haben sich danach gesehnt, zu sehen und zu hören, was ihr gesehen und gehört habt, aber sie konnten es nicht.«

Das wichtigste Gebot

²⁵Ein Mann, der sich im Gesetz Moses besonders gut auskannte, stand eines Tages auf, um Jesus mit folgender Frage auf die Probe zu stellen: »Meister, was muss ich tun, um das ewige Leben zu bekommen?«

²⁶Jesus erwiderte: »Was steht darüber im Gesetz Moses? Was liest du dort?«

²⁷Der Mann antwortete: »›Du sollst den Herrn, deinen Gott, von ganzem Herzen, von ganzer Seele, mit deiner ganzen Kraft und all deinen Gedanken lieben.‹ Und: ›Liebe deinen Nächsten wie dich selbst.‹«

²⁸»Richtig!«, bestätigte Jesus. »Tu das, und du wirst leben!«

²⁹Der Mann wollte sich rechtfertigen; deshalb fragte er Jesus: »Und wer ist mein Nächster?«

Das Gleichnis vom barmherzigen Samaritaner

³⁰Jesus antwortete: »Ein Mann befand sich auf der Straße von Jerusalem nach Jericho, als er von Räubern überfallen wurde. Sie raubten ihm seine Kleider und sein Geld, verprügelten ihn und ließen ihn halb tot am Straßenrand liegen.

³¹Zufällig kam ein jüdischer Priester vorbei. Doch als er den Mann dort liegen sah, wechselte er auf die andere Straßenseite und ging vorüber. ³²Dann kam ein Tempeldiener und sah ihn ebenfalls dort liegen; doch auch er ging auf der anderen Straßenseite vorüber.

³³Schließlich näherte sich ein Samaritaner. Als er den Mann sah, empfand er tiefes Mitleid mit ihm. ³⁴Er kniete sich neben ihn, behandelte seine Wunden mit Öl und Wein und verband sie. Dann hob er den Mann auf seinen eigenen Esel und brachte ihn zu einem Gasthaus, wo er ihn versorgte. ³⁵Am nächsten Tag gab er dem Wirt zwei Denare und bat ihn, gut für den Mann zu sorgen. ›Sollte das Geld nicht ausreichen‹, sagte er, ›dann werde ich dir den Rest bezahlen, wenn ich das nächste Mal herkomme.‹

³⁶Wer von den dreien war nun deiner Meinung nach der Nächste für den Mann, der von Räubern überfallen wurde?«, fragte Jesus.

³⁷Der Mann erwiderte: »Der, der Mitleid hatte und ihm half.«

Jesus antwortete: »Ja. Nun geh und mach es genauso.«

Jesus besucht Marta und Maria

³⁸Auf ihrem Weg nach Jerusalem kamen Jesus und die Jünger auch in ein Dorf, in dem eine Frau mit Namen Marta sie in ihr Haus einlud. ³⁹Ihre Schwester Maria saß Jesus zu Füßen und hörte ihm aufmerksam zu. ⁴⁰Marta dagegen mühte sich mit der Bewirtung der Gäste. Sie kam zu Jesus und sagte: »Herr, ist es nicht ungerecht, dass meine Schwester hier sitzt, während ich die ganze Arbeit tue? Sag ihr, sie soll kommen und mir helfen.«

⁴¹Doch der Herr sagte zu ihr: »Meine liebe Marta, du sorgst dich um so viele Kleinigkeiten! ⁴²Im Grunde ist doch nur eines wirklich wichtig. Maria hat erkannt, was das ist – und ich werde es ihr nicht nehmen.«

Jesus lehrt beten

11 ¹Einmal hatte Jesus Halt gemacht, um zu beten. Als er aufgehört hatte zu beten, kam einer seiner Jünger zu ihm und bat: »Herr, lehre uns beten, so wie Johannes es seine Jünger gelehrt hat.«

²Jesus antwortete: »Wenn ihr betet, dann sprecht:

›Vater, dein Name werde geehrt. Dein Reich komme bald.

³Gib uns jeden Tag die Nahrung, die wir brauchen.

⁴Und vergib uns unsere Schuld – so wie auch wir denen vergeben, die an uns schuldig geworden sind.

Und lass nicht zu, dass wir der Versuchung nachgeben.‹«

⁵Er sagte ihnen noch mehr über das Beten und erzählte ihnen folgendes Beispiel: »Angenommen, ihr geht um Mitternacht zum Haus eines Freundes, um ihn um drei Brote zu bitten. Ihr erklärt ihm: ⁶›Ein Freund von mir ist unerwartet zu Besuch gekommen, und ich habe nichts zu essen im Haus.‹ ⁷Doch er ruft euch aus dem Schlafzimmer zu: ›Lass mich in Ruhe. Die Tür ist schon für die Nacht verriegelt, und wir liegen alle im Bett. Um diese Zeit kann ich dir nicht mehr helfen.‹

⁸Ich sage euch eins: Wenn er euch auch nicht aus Freundschaft helfen will, wird er doch am Ende aufstehen und euch geben, was ihr braucht, um seinem guten Ruf nicht zu schaden – wenn ihr nur beharrlich genug klopft.

⁹Deshalb sage ich euch: Bittet, und ihr werdet erhalten. Sucht, und ihr werdet finden. Klopft an, und die Tür wird euch geöffnet werden. ¹⁰Denn wer bittet, wird erhalten. Wer sucht, wird finden. Und die Tür wird jedem geöffnet, der anklopft.

¹¹Gibt es einen Vater, der seinem Kind eine Schlange hinhält, wenn es um einen Fisch bittet? ¹²Oder wenn es um ein Ei bittet, reicht er ihm dann einen Skorpion? Natürlich nicht! ¹³Wenn aber selbst ihr sündigen Menschen wisst, wie ihr euren Kindern Gutes tun könnt, wie viel eher wird euer Vater im Himmel denen, die ihn bitten, den Heiligen Geist schenken.«

Jesus und der Oberste der Dämonen

¹⁴Eines Tages trieb Jesus einen Dämon aus einem Mann aus, der stumm war, und der Mann konnte daraufhin wieder sprechen. Die Menschen staunten, ¹⁵doch ein paar von ihnen sagten: »Kein Wunder, dass er Dämonen austreiben kann. Er hat seine Macht vom Satan, dem Obersten der Dämonen!« ¹⁶Andere wollten Jesus auf die Probe stellen, indem sie ein Zeichen vom Himmel verlangten, um zu sehen, ob er wirklich von Gott kam.

¹⁷Er wusste jedoch genau, was sie dachten, und sagte deshalb: »Ein Königreich, das gegen sich selbst kämpft, ist dem Untergang geweiht. Auch ein Haus, in dem Streit herrscht, hat keinen Bestand. ¹⁸Ihr behauptet, ich hätte meine Macht vom Obersten der Dämonen. Doch wenn der Satan gegen sich selbst kämpft, indem er mir die Vollmacht verleiht, seine Dämonen auszutreiben, wie kann seine Herrschaft dann von Dauer sein? ¹⁹Und wenn ich meine Macht vom Herrscher der Dämonen habe, was ist dann mit euren eigenen Leuten? Auch sie treiben Dämonen aus – sie werden euch nach euren eigenen Worten richten. ²⁰Wenn ich aber Dämonen austrei-

be durch die Macht Gottes, dann ist das Reich Gottes zu euch gekommen. ²¹Denn solange ein starker Mann bewaffnet seinen Palast bewacht, ist sein Besitz sicher – ²²bis ein Stärkerer angreift und ihn besiegt. Und der Stärkere nimmt ihm seine Waffen, auf die er vertraute, und verteilt seinen Besitz.

²³Wer nicht für mich ist, ist gegen mich, und wer nicht Hand in Hand mit mir arbeitet, arbeitet gegen mich.

²⁴Wenn ein böser Geist einen Menschen verlässt, geht er in die Wüste und sucht Ruhe. Wenn er sie jedoch nicht findet, sagt er sich: ›Ich will zu dem Menschen zurückkehren, aus dem ich ausgefahren bin.‹ ²⁵Und so kommt der Geist zurück und stellt fest, dass seine frühere Wohnung sorgfältig gefegt und gesäubert wurde. ²⁶Dann holt er sieben andere Geister, die noch schlimmer sind als er selbst, und sie alle ziehen dort ein. Dann ergeht es diesem Menschen noch schlimmer als zuvor.«

²⁷Während er noch sprach, rief eine Frau in der Menge: »Glücklich ist deine Mutter, die dich zur Welt brachte und an ihren Brüsten nährte!«

²⁸Er aber erwiderte: »Ja, aber glücklich sind alle, die das Wort Gottes hören und danach leben.«

Das Zeichen Jonas

²⁹Die Menge drängte sich um Jesus, und er sagte: »Es sind böse Zeiten, und diese verdorbene Generation verlangt ständig Wunder von mir. Doch das einzige Zeichen, das ihnen gegeben wird, ist das Zeichen des Propheten Jona. ³⁰Was mit ihm geschah, war für die Einwohner Ninives ein Zeichen. Was mit dem Menschensohn geschehen wird, wird das Zeichen für diese Generation sein.

³¹Die Königin von Saba wird sich am Tag des Gerichts gegen euch erheben und euch verurteilen, denn sie kam aus einem fremden Land, um die Weisheiten König Salomos zu hören. Und nun ist einer bei euch, der weit größer ist als Salomo – doch ihr weigert euch, auf ihn zu hören. ³²Und auch die Einwohner Ninives werden sich am Tag des Gerichts gegen euch erheben und euch verurteilen, denn sie haben auf Jonas Pre-

digt hin Reue gezeigt. Und nun ist einer bei euch, der weit größer ist als Jona – doch ihr weigert euch zu bereuen.

Das Licht annehmen

³³Niemand zündet eine Lampe an und versteckt sie dann in einem verborgenen Winkel oder stellt sie unter ein umgestülptes Gefäß. Sie wird vielmehr auf einen Ständer gestellt, damit sie allen Licht gibt, die das Zimmer betreten. ³⁴Dein Auge ist das Fenster deines Körpers. Ein klares Auge lässt das Licht bis in deine Seele dringen, doch ein schlechtes Auge sperrt das Licht aus und stürzt dich in Dunkelheit. ³⁵Achte darauf, dass das Licht, das du hast, nicht Dunkelheit ist. ³⁶Wenn du vom Licht erfüllt bist und keine Bereiche mehr dunkel in dir sind, dann wird dein ganzes Leben leuchten, als würde ein strahlendes Licht auf dich scheinen.«

Jesus kritisiert die jüdischen Religionsführer

³⁷Während Jesus noch sprach, lud einer der Pharisäer ihn zu sich zum Essen ein. Er ging mit ihm und ließ sich zum Essen nieder. ³⁸Sein Gastgeber wunderte sich, dass er die übliche Waschung vor der Mahlzeit ausgelassen hatte. ³⁹Daraufhin sagte Jesus zu ihm: »Ihr Pharisäer achtet peinlich genau darauf, Becher und Teller äußerlich zu säubern, doch innerlich seid ihr alles andere als rein, sondern voller Habgier und Bosheit! ⁴⁰Wie dumm von euch! Hat Gott nicht das Äußere und das Innere geschaffen? ⁴¹Deshalb gebt den Bedürftigen, was ihr in eurer Habgier zusammenrafft, und ihr werdet in allem rein sein.

⁴²Doch es wird euch Pharisäern schlimm ergehen! Denn ihr gebt zwar den vorgeschriebenen zehnten Teil noch vom kleinsten Anteil eurer Einkünfte, doch die Gerechtigkeit und die Liebe Gottes vergesst ihr. Ihr sollt den zehnten Teil geben, das ist richtig, aber ihr dürft die wichtigeren Dinge dabei nicht außer Acht lassen.

⁴³Schlimm wird es euch Pharisäern ergehen! Denn ihr liebt die Ehrenplätze in den Synagogen und die Ehrerbietung der Menschen, wenn ihr über den Markt spaziert! ⁴⁴Ja, es wird

euch schlimm ergehen. Denn ihr seid wie verborgene Gräber auf einem Feld. Die Menschen gehen darüber und ahnen nicht, welche Verwesung unter ihren Füßen begraben liegt.«

[45]»Meister«, sagte ein Mann, der sich besonders gut im Gesetz Moses auskannte, »damit beleidigst du auch uns.«

[46]»Ja«, sagte Jesus, »auch euch, die ihr das Gesetz so gut kennt, wird es schlimm ergehen! Denn ihr ladet den Menschen unerfüllbare religiöse Forderungen auf, tut aber nicht das Geringste, um ihnen diese Last zu erleichtern. [47]Schlimm wird es euch ergehen! Ihr errichtet Grabmäler für die Propheten, die eure Vorfahren vor langer Zeit umgebracht haben. [48]Ihr Mörder! Ihr bestätigt und erklärt für richtig, was eure Vorfahren getan haben, ja ihr hättet genauso gehandelt. [49]Über euch hat Gott in seiner Weisheit gesagt: ›Ich werde ihnen Propheten und Apostel schicken, und sie werden einige töten und die anderen verfolgen.‹

[50]Ihr, die Angehörigen dieser Generation, werdet für die Ermordung aller Propheten Gottes seit der Erschaffung der Welt zur Rechenschaft gezogen werden – [51]angefangen von der Ermordung Abels bis zur Ermordung Secharjas, der zwischen dem Altar und dem Heiligtum getötet wurde. Ja, das alles wird euch zur Last gelegt werden.

[52]Wie schlimm wird es euch, die ihr das Gesetz kennt, ergehen! Denn ihr versteckt den Schlüssel der Erkenntnis vor den Menschen. Ihr kommt selbst nicht ins Reich Gottes und hindert andere daran, hineinzukommen.«

[53]Danach verließ Jesus das Haus. Aber von da an setzten ihm die Pharisäer und Schriftgelehrten mit vielen Fragen zu [54]und versuchten, ihn zu einer Äußerung zu verleiten, die sie gegen ihn verwenden konnten.

Warnung vor Heuchelei

12 [1]Inzwischen drängten und schoben sich die Menschen zu Tausenden. Jesus wandte sich an seine Jünger und warnte sie: »Hütet euch vor dem Sauerteig der Pharisäer – hütet euch vor ihrer Heuchelei. [2]Es kommt die Zeit, da wird alles offenbar werden; alles, was jetzt noch geheim ist, wird dann öffentlich bekannt gemacht werden. ³Alles, was ihr im Dunkeln gesagt habt, wird im Hellen zu hören sein, und was ihr hinter verschlossenen Türen geflüstert habt, wird man von den Dächern rufen, sodass alle es hören!

⁴Meine Freunde, habt keine Angst vor denen, die euch töten wollen. Sie können nur den Körper töten; mehr können sie euch nicht antun. ⁵Aber ich sage euch, wen ihr wirklich fürchten sollt: Fürchtet Gott, der die Macht hat, Menschen zu töten und sie danach in die Hölle zu werfen.

⁶Was kosten fünf Spatzen? Vielleicht ein paar Cent? Und doch vergisst Gott nicht einen Einzigen von ihnen. ⁷Und auch die Haare auf eurem Kopf sind alle gezählt. Habt deshalb keine Angst, denn ihr seid ihm wertvoller als ein ganzer Schwarm Spatzen.

⁸Und ich versichere euch: Wer sich hier auf der Erde zu mir bekennt, zu dem wird sich der Menschensohn auch in der Gegenwart der Engel Gottes bekennen. ⁹Aber wer mich hier auf der Erde verleugnet, der wird auch vor den Engeln Gottes verleugnet werden. ¹⁰Dennoch kann dem, der schlecht über den Menschensohn spricht, vergeben werden; aber dem, der gegen den Heiligen Geist lästert, wird niemals vergeben werden.

¹¹Und wenn man euch in den Synagogen und vor Herrschern und Beamten den Prozess machen wird, dann macht euch keine Sorgen darüber, was ihr zu eurer Verteidigung vorbringen sollt. ¹²Denn in diesem Moment wird der Heilige Geist euch lehren, was ihr sagen sollt.«

Das Gleichnis vom reichen Bauern

¹³Da rief einer aus der Menge: »Meister, sag doch meinem Bruder, dass er das väterliche Erbe mit mir teilen soll.«

¹⁴Jesus erwiderte: »Wer hat mich zum Richter über euch gemacht, um in solchen Dingen zu entscheiden?« ¹⁵Und er fuhr fort: »Nehmt euch in Acht! Begehrt nicht das, was ihr nicht habt. Das wahre Leben wird nicht daran gemessen, wie viel wir besitzen.«

¹⁶Und er gab ihnen folgendes Gleichnis: »Ein wohlhabender

Mann besaß einen großen Hof mit Äckern, die reiche Ernten brachten, ¹⁷so viel, dass seine Scheunen die Erträge nicht fassen konnten. ¹⁸Da sagte er sich: ›Ich weiß, was ich mache! Ich werde meine Scheunen abreißen und größere bauen. Auf diese Weise habe ich genug Platz, um alles zu lagern. ¹⁹Und dann werde ich mich zurücklehnen und mir sagen: Mein Freund, du hast für Jahre genug eingelagert. Genieße das Leben. Iss, trink und sei fröhlich!‹

²⁰Aber Gott sagte zu ihm: ›Wie dumm von dir! Du wirst noch heute Nacht sterben. Und wer wird dann das alles bekommen?‹

²¹Ihr seht, wie dumm es ist, auf der Erde Reichtümer anzuhäufen und dabei nicht nach Reichtum bei Gott zu fragen.«

Lehre über Geld und Besitz

²²Darauf wandte Jesus sich wieder an seine Jünger: »Deshalb sage ich euch: Sorgt euch nicht um Alltägliches – ob ihr genug zu essen oder anzuziehen habt, ²³denn das Leben besteht aus weit mehr als Nahrung und Kleidung. ²⁴Seht die Raben an. Sie brauchen nicht zu säen, zu ernten oder Vorratsscheunen zu bauen, denn Gott ernährt sie. Und ihr seid ihm doch weit wichtiger als irgendwelche Vögel! ²⁵Können all eure Sorgen euer Leben auch nur um einen einzigen Augenblick verlängern? Natürlich nicht! ²⁶Und wenn euer Sorgen schon in so geringen Dingen nichts bewirkt, was nützt es da, sich um größere Dinge zu sorgen?

²⁷Seht doch die Lilien, wie sie wachsen. Sie arbeiten nicht und nähen sich keine Kleider, und doch war Salomo in all seiner Pracht nicht so schön gekleidet wie eine von ihnen. ²⁸Wenn Gott schon für die Blumen so wunderbar sorgt, die heute blühen und morgen bereits verwelkt sind, wie viel mehr wird er da für euch sorgen? Euer Glaube ist so klein! ²⁹Macht euch keine Gedanken über eure Nahrung – was ihr essen oder trinken sollt. Macht euch keine Gedanken darüber, ob Gott euch damit versorgen wird. ³⁰Diese Dinge beherrschen das Denken der meisten Menschen, doch euer Vater weiß, was ihr braucht. ³¹Er wird euch jeden Tag alles

Nötige geben, wenn das Reich Gottes für euch das Wichtigste ist. ³²Hab also keine Angst, kleine Herde. Denn es macht eurem Vater große Freude, euch das Reich Gottes zu schenken.

³³Verkauft, was ihr habt, und gebt es den Bedürftigen. Auf diese Weise sammelt ihr euch Schätze im Himmel! Und die Geldbörsen des Himmels haben keine Löcher. Dort ist euer Schatz sicher – kein Dieb kann ihn stehlen und keine Motte ihn zerfressen. ³⁴Wo immer euer Reichtum ist, da wird auch euer Herz sein.

Seid bereit für das Kommen des Herrn

³⁵Haltet euch bereit und seid wach ³⁶wie jemand, der auf die Rückkehr seines Herrn vom Hochzeitsfest wartet. Dann werdet ihr die Tür öffnen und ihn sofort hereinlassen können, wenn er kommt und anklopft. ³⁷Glücklich sind diejenigen, die vorbereitet sind und seine Rückkehr erwarten. Ich verspreche euch, er wird sie Platz nehmen lassen, sich eine Schürze umbinden und sie bedienen, während sie sitzen und essen! ³⁸Vielleicht kommt er mitten in der Nacht oder kurz vor der Morgendämmerung. Doch wann er auch kommt: Glücklich sind all diejenigen von seinen Dienern, die dann bereit sind! ³⁹Eines solltet ihr wissen: Wenn ein Hausbesitzer wüsste, wann der Einbrecher kommt, würde er nicht zulassen, dass er einbricht. ⁴⁰Deshalb müsst ihr jederzeit bereit sein, denn der Menschensohn wird dann kommen, wenn ihr es am wenigsten erwartet.«

⁴¹Petrus fragte: »Herr, meinst du damit nur uns oder alle Menschen?«

⁴²Da erwiderte der Herr: »Ich spreche von jedem treuen, umsichtigen Diener, dem der Herr die Verantwortung überträgt, sein Haus zu verwalten und seine Familie zu versorgen. ⁴³Glücklich dran ist der Diener, wenn der Herr zurückkommt und feststellt, dass er seine Sache gut gemacht hat. ⁴⁴Ich versichere euch: Der Herr wird diesem Diener die Verantwortung über seinen gesamten Besitz übertragen. ⁴⁵Wenn der Diener jedoch denkt: ›Mein Herr wird noch lange nicht

zurückkommen‹ und anfängt, die anderen Diener herum-
zukommandieren, Feste zu feiern und sich zu betrinken –
⁴⁶nun, dann wird der Herr eines Tages unangekündigt und
zu unerwarteter Stunde zurückkehren. Dann wird er den Diener davonjagen und ihn zu den Ungläubigen verbannen.
⁴⁷Der Diener wird hart bestraft werden, denn er hat seine
Pflichten nicht erfüllt, obwohl er den Willen seines Herrn
kannte.

⁴⁸Menschen, die diesen Willen nicht kennen und unrecht
tun, werden nur leicht bestraft werden. Von den Menschen
jedoch, denen viel anvertraut wurde, wird viel verlangt, und
von denjenigen, denen noch mehr anvertraut wurde, wird
auch noch viel mehr verlangt werden.

Rechtzeitig Entscheidungen treffen

⁴⁹Ich bin gekommen, um Feuer auf der Erde zu entzünden,
und ich wünschte, meine Aufgabe wäre schon erfüllt! ⁵⁰Eine
schreckliche Taufe steht mir bevor, und der Gedanke daran
lastet schwer auf mir, bis sie vollzogen ist. ⁵¹Glaubt ihr, ich
bin gekommen, um der Welt Frieden zu bringen? Nein, ich
bin gekommen, um Zwietracht zu säen! ⁵²Von nun an werden
ganze Familien auseinanderbrechen, weil drei für mich und
zwei gegen mich sind – oder umgekehrt. ⁵³Es wird zu Streit
zwischen Vater und Sohn, Mutter und Tochter, Schwiegermutter und Schwiegertochter kommen.«

⁵⁴Daraufhin wandte Jesus sich an die Menge und sagte:
»Wenn ihr seht, wie sich im Westen Wolken bilden, sagt ihr:
›Es wird Regen geben.‹ Und ihr habt recht. ⁵⁵Wenn ein Südwind weht, sagt ihr: ›Heute wird es heiß werden.‹ Und genau
so ist es. ⁵⁶Ihr Heuchler! Die Erscheinungen der Erde und des
Himmels versteht ihr zu deuten, aber die Zeichen dieser Zeit
könnt ihr nicht deuten.

⁵⁷Warum könnt ihr nicht selbst entscheiden, was richtig ist?
⁵⁸Wenn du auf dem Weg zum Gericht bist und deinen Ankläger triffst, versuche doch, die Angelegenheit zu bereinigen,
bevor sie vor den Richter kommt, sonst wirst du womöglich
verurteilt, dem Gerichtsdiener übergeben und ins Gefängnis

geworfen. [59]Und wenn das geschieht, wirst du nicht eher frei-
kommen, bis du auch den letzten Cent bezahlt hast.«

Ein Aufruf zur Umkehr

13 [1]Zu dieser Zeit erfuhr Jesus, dass Pilatus einige Leute aus Galiläa hatte ermorden lassen, während sie in Jerusalem im Tempel Opfer darbrachten. [2]»Meint ihr, diese
Galiläer seien größere Sünder gewesen als andere Menschen
in Galiläa?«, fragte er. »Glaubt ihr, dass sie deshalb leiden
mussten? [3]Ganz und gar nicht! Ihr werdet genauso umkommen, wenn ihr euch nicht von euren bösen Wegen abkehrt
und euch Gott zuwendet. [4]Und was ist mit den achtzehn
Männern, die starben, als der Turm von Siloah auf sie herab-
stürzte? Waren sie etwa die größten Sünder in Jerusalem?
[5]Nein. Ich sage euch noch einmal: Wenn ihr nicht Reue zeigt
und auf eurem Weg umkehrt, werdet ihr genauso umkommen.«

Gleichnis vom Feigenbaum

[6]Dann erzählte Jesus folgendes Gleichnis: »Ein Mann pflanzte
in seinem Garten einen Feigenbaum und kam von Zeit zu Zeit
nachsehen, ob er schon Früchte trug, aber er wurde jedes Mal
enttäuscht. [7]Schließlich sagte er zu seinem Gärtner: ›Ich habe
jetzt drei Jahre gewartet und noch keine einzige Feige gesehen! Fälle den Baum. Er beansprucht nur noch unnötig den
Boden.‹

[8]Der Gärtner erwiderte: ›Gib ihm noch ein Jahr Zeit. Ich werde ihn besonders pflegen und kräftig düngen. [9]Wenn wir
dann im nächsten Jahr Feigen ernten, gut. Wenn nicht, kannst
du ihn fällen.‹«

Jesus heilt am Sabbat

[10]Als Jesus einmal an einem Sabbat in der Synagoge lehrte,
[11]sah er eine Frau, die durch einen bösen Geist verkrüppelt
war. Seit achtzehn Jahren war sie verkrümmt und konnte
nicht gerade stehen. [12]Als Jesus sie sah, rief er sie zu sich und
sagte: »Frau, du bist von deiner Krankheit erlöst!« [13]Dann be-

rührte er sie, und sofort konnte sie sich aufrichten. Da lobte sie Gott und dankte ihm!

[14]Der Synagogenvorsteher war jedoch empört darüber, dass Jesus die Frau an einem Sabbat geheilt hatte. »Die Woche hat sechs Tage, an denen man arbeiten kann«, sagte er zu den Versammelten: »Kommt an diesen Tagen, um euch heilen zu lassen, aber nicht am Sabbat.«

[15]Doch der Herr sagte: »Ihr Heuchler! Arbeitet ihr nicht auch am Sabbat, wenn ihr euren Ochsen oder Esel im Stall losbindet und zur Tränke hinausführt? [16]War es denn nicht genauso dringend, dass ich diese Frau – sie ist ja eine Tochter Abrahams – von der Fessel befreite, in der der Satan sie seit achtzehn Jahren gefangen hielt? Und das, auch wenn gerade Sabbat ist?« [17]Damit beschämte er seine Feinde. Und alle anderen freuten sich über die wunderbaren Dinge, die er tat.

Das Gleichnis vom Senfkorn

[18]Dann sagte Jesus: »Wie ist das Reich Gottes? Wie kann ich es beschreiben? [19]Es gleicht einem winzigen Senfkorn, das in einem Garten gepflanzt wird. Es wächst zu einem Baum heran, und die Vögel kommen und finden Schutz in seinen Zweigen.«

Das Gleichnis vom Sauerteig

[20]Er fragte weiter: »Wie kann ich das Reich Gottes noch beschreiben? [21]Es ist wie Sauerteig, den eine Frau zum Brotbacken verwendet. Auch wenn sie eine große Menge Mehl benutzt, durchdringt der Sauerteig den ganzen Teig.«

Die enge Tür

[22]Jesus zog auf dem Weg nach Jerusalem durch die Städte und Dörfer und lehrte. [23]Jemand fragte ihn: »Herr, werden nur wenige errettet werden?«

Er erwiderte: [24]»Die Tür zum Himmel ist eng. Bemüht euch hineinzukommen, denn viele werden es versuchen, [25]doch wenn der Hausherr die Tür verschlossen hat, wird es zu spät sein. Dann werdet ihr draußen stehen, klopfen und bitten:

›Herr, öffne uns!‹ Doch er wird entgegnen: ›Ich kenne euch nicht.‹ ²⁶Ihr werdet sagen: ›Aber wir haben doch mit dir gegessen und getrunken, und du hast in unseren Straßen gelehrt.‹ ²⁷Da wird er entgegnen: ›Ich sage euch: Ich kenne euch nicht. Fort mit euch, die ihr böse und ungerechte Dinge tut.‹

²⁸Dann wird lautes Weinen und Zähneknirschen ertönen, denn ihr werdet Abraham, Isaak, Jakob und die Propheten im Reich Gottes sehen, ihr aber werdet hinausgeworfen. ²⁹Dann werden Menschen aus der ganzen Welt kommen und ihre Plätze im Reich Gottes einnehmen. ³⁰Und macht euch eines klar: Manche, die jetzt gering geachtet sind, werden dann geehrt sein; und andere, die jetzt geehrt werden, werden dann gering geachtet sein.«

Jesus trauert über Jerusalem

³¹Etwas später sagten ein paar Pharisäer zu ihm: »Geh lieber fort von hier, wenn du am Leben bleiben willst. Herodes Antipas will dich umbringen!«

³²Jesus erwiderte: »Geht und sagt diesem Fuchs, dass ich heute und morgen weiter Dämonen austreiben und Menschen gesund machen werde; und am dritten Tag wird mein Werk vollendet. ³³Ja, heute, morgen und auch am Tag darauf muss ich meinen Weg gehen. Denn es ist nicht möglich, dass ein Prophet Gottes woanders als in Jerusalem getötet wird!

³⁴Jerusalem, Jerusalem, du Stadt, die Propheten tötet und die Boten Gottes steinigt! Wie oft wollte ich deine Kinder sammeln, wie eine Henne ihre Küken unter ihren Flügeln birgt, aber du wolltest es nicht zulassen. ³⁵Und nun sieh doch: Dein Haus wird veröden. Und du wirst mich nicht wieder sehen, bis du selbst rufst: ›Gepriesen sei, der da kommt im Namen des Herrn!‹«

Jesus heilt am Sabbat

14 ¹An einem Sabbat war Jesus im Haus eines hochrangigen Pharisäers. Die Leute beobachteten ihn genau. ²Es befand sich dort ein Mann, dessen Gliedmaßen geschwollen waren. ³Jesus fragte die Pharisäer und Gesetzeskenner: »Ist es nun nach dem Gesetz erlaubt, Menschen am Sabbat zu heilen, oder nicht?« [4]Als sie nicht antworten wollten, berührte Jesus den kranken Mann, heilte ihn und schickte ihn fort. [5]Dann wandte er sich an sie und fragte: »Wer von euch würde am Sabbat nicht arbeiten, wenn es nötig ist? Wenn euer Sohn oder euer Ochse in einen Graben fällt, geht ihr dann nicht sofort hin und zieht ihn heraus?« [6]Und wieder wussten sie keine Antwort.

Von der Demut

[7]Als Jesus sah, dass alle, die zum Essen gekommen waren, sich einen Platz am oberen Ende des Tischs aussuchten, sagte er zu ihnen: [8]»Wenn du zu einem Hochzeitsfest eingeladen bist, strebe nicht nach dem besten Platz. Denn was ist, wenn jemand eingeladen wurde, der angesehener ist als du? [9]Der Gastgeber wird sagen: ›Lass diesen Mann hier Platz nehmen.‹ Und dann musst du beschämt aufstehen und zum letzten Platz gehen, der übrig geblieben ist!

[10]Setz dich stattdessen zunächst ans untere Tischende. Wenn dein Gastgeber dich dann sieht, wird er kommen und sagen: ›Freund, wir haben aber einen besseren Platz für dich!‹ So wirst du vor allen anderen Gästen geehrt werden.

[11]Denn die Stolzen werden gedemütigt, die Demütigen aber geehrt werden.«

[12]Dann wandte er sich an seinen Gastgeber: »Wenn du mittags oder abends Gäste zum Essen einlädst, dann lade nicht deine Freunde, Brüder, Verwandten oder reichen Nachbarn ein. Denn sie werden es dir vergelten, indem sie dich ebenfalls einladen. [13]Lade vielmehr die Armen, die Krüppel, die Gelähmten und die Blinden ein. [14]Bei der Auferstehung der Gottesfürchtigen bist du glücklich dran, denn Gott wird dich belohnen, weil du Menschen eingeladen hast, die es dir nicht vergelten konnten.«

Das Gleichnis vom großen Fest

¹⁵Als ein Mann, der mit Jesus am Tisch saß, das hörte, rief er aus: »Glücklich sind die dran, die am Festessen im Reich Gottes teilnehmen!«

¹⁶Jesus antwortete ihm mit folgendem Gleichnis: »Ein Mann bereitete ein großes Fest vor und verschickte viele Einladungen. ¹⁷Als alles vorbereitet war, sandte er seinen Diener aus, der den Gästen sagen sollte, dass es Zeit war, zum Fest zu kommen. ¹⁸Aber sie fingen alle an, Entschuldigungen vorzubringen. Einer sagte, er habe gerade ein Feld gekauft und wolle es nun begutachten; er bat, ihn deshalb zu entschuldigen. ¹⁹Ein anderer erklärte, dass er gerade fünf Paar Ochsen gekauft habe und sie prüfen wolle. ²⁰Wieder ein anderer hatte gerade geheiratet und meinte, er könne deshalb nicht kommen.

²¹Der Diener kam zurück und berichtete seinem Herrn, was sie gesagt hatten. Da wurde der Herr zornig und sagte: ›Geh hinaus auf die Straßen und Wege der Stadt und lade die Armen, die Krüppel, die Lahmen und die Blinden ein.‹ ²²Der Diener tat, was ihm aufgetragen worden war, und berichtete dann: ›Wir haben noch Platz für weitere Gäste.‹ ²³Da sagte sein Herr: ›Geh hinaus auf die Landstraßen und hinter die Hecken und dränge darauf, dass alle kommen, damit mein Haus voll wird. ²⁴Denn keiner von denen, die ich zuerst eingeladen habe, soll auch nur das Geringste von dem bekommen, was ich für sie vorbereitet hatte.‹«

Der Preis der Nachfolge

²⁵Eine große Menschenmenge begleitete Jesus. Er wandte sich um und sagte zu ihnen: ²⁶»Wer mir nachfolgen will, muss mich mehr lieben als Vater und Mutter, Frau und Kinder, Brüder und Schwestern – ja, mehr als sein Leben. Sonst kann er nicht mein Jünger sein. ²⁷Und ihr könnt auch nicht meine Jünger sein, wenn ihr nicht euer Kreuz auf euch nehmt und mir nachfolgt.

²⁸Aber kommt nicht, ehe ihr nicht die Kosten berechnet habt. Denn wer würde mit dem Bau eines Hauses beginnen, ohne

zuvor die Kosten zu überschlagen und zu prüfen, ob das Geld reicht, um alle Rechnungen zu bezahlen? [29]Sonst stellt er vielleicht das Fundament fertig, und dann geht ihm das Geld aus. Wie würden ihn da alle auslachen! [30]Sie würden sagen: ›Das ist der, der mit dem Bau eines Hauses angefangen hat und dann nicht genug Geld hatte, es fertigzustellen!‹

[31]Oder welcher König käme je auf den Gedanken, in den Krieg zu ziehen, ohne sich zuvor mit seinen Beratern zusammenzusetzen und zu erörtern, ob seine Armee von zehntausend Soldaten stark genug ist, die zwanzigtausend Soldaten zu besiegen, die gegen ihn aufmarschieren? [32]Wenn er dazu nicht in der Lage ist, wird er dem Feind, wenn dieser noch weit weg ist, Unterhändler entgegenschicken und versuchen, einen Frieden auszuhandeln. [33]Genauso kann auch niemand mein Jünger sein, ohne alles für mich aufzugeben.

[34]Salz ist gut zum Würzen. Aber wie macht man es wieder salzig, wenn es seine Würzkraft verliert? [35]Es eignet sich weder für den Boden noch als Dünger. Vielmehr wird es weggeworfen. Wer bereit ist zu hören, soll zuhören und begreifen!«

Das Gleichnis vom verlorenen Schaf

15 [1]Oft kamen Steuereintreiber und andere, die als Sünder galten, um Jesus lehren zu hören. [2]Die Pharisäer und Schriftgelehrten nahmen Anstoß daran, dass er sich mit so verrufenen Leuten abgab und sogar mit ihnen aß!

[3]Deshalb erzählte Jesus ihnen folgendes Gleichnis: [4]»Wenn jemand hundert Schafe hätte, und eines würde weglaufen und sich in der Wüste verirren, würde er dann nicht die neunundneunzig Schafe zurücklassen, um das verlorene zu suchen, bis er es wiedergefunden hätte? [5]Und dann würde er es voller Freude auf seinen Schultern nach Hause tragen. [6]Wieder daheim, würde er alle Freunde und Nachbarn zusammenrufen, damit sie sich mit ihm darüber freuen, dass er sein verlorenes Schaf wiedergefunden hat. [7]Genauso ist im Himmel die Freude über einen verlorenen Sünder, der zu Gott zurückkehrt, größer als über neunundneunzig andere, die gerecht sind und gar nicht erst vom Weg abirrten!

Das Gleichnis von der verlorenen Münze

[8]Oder nehmt einmal an, eine Frau hätte zehn Drachmen und würde eine verlieren. Würde sie nicht eine Lampe anzünden und das ganze Haus auf den Kopf stellen, bis sie sie gefunden hätte? [9]Und wenn sie sie gefunden hätte, würde sie nicht ihre Freundinnen und Nachbarinnen rufen, damit sie sich mit ihr freuen, dass sie ihre verlorene Münze wiedergefunden hat? [10]Genauso herrscht Freude bei den Engeln Gottes, wenn auch nur ein einziger Sünder bereut und auf seinem Weg umkehrt.«

Das Gleichnis vom verlorenen Sohn

[11]Und Jesus erzählte ihnen auch folgendes Gleichnis: »Ein Mann hatte zwei Söhne. [12]Der jüngere Sohn sagte zu seinem Vater: ›Ich möchte mein Erbteil von deinem Besitz schon jetzt haben.‹ Da erklärte der Vater sich bereit, seinen Besitz zwischen seinen Söhnen aufzuteilen.

[13]Einige Tage später packte der jüngere Sohn seine Sachen und ging auf Reisen in ein fernes Land, wo er sein ganzes Geld verprasste. [14]Etwa um die Zeit, als ihm das Geld ausging, brach in jenem Land eine große Hungersnot aus, und er hatte nicht genug zu essen. [15]Da überredete er einen Bauern, ihm Arbeit zu geben, und er durfte seine Schweine hüten. [16]Der junge Mann war so hungrig, dass er die Schoten, die er an die Schweine verfütterte, am liebsten selbst gegessen hätte. Aber niemand gab ihm etwas.

[17]Schließlich überlegte er und sagte sich: ›Daheim haben die Tagelöhner mehr als genug zu essen, und ich sterbe hier vor Hunger! [18]Ich will zu meinem Vater nach Hause gehen und sagen: Vater, ich habe gesündigt, gegen den Himmel und auch gegen dich, [19]und ich bin es nicht mehr wert, dein Sohn zu heißen. Bitte stell mich als einen deiner Tagelöhner ein.‹

[20]So kehrte er zu seinem Vater nach Hause zurück. Er war noch weit entfernt, als sein Vater ihn kommen sah. Voller Liebe und Mitleid lief er seinem Sohn entgegen, schloss ihn in die Arme und küsste ihn. [21]Sein Sohn sagte zu ihm: ›Vater, ich

habe gesündigt, gegen den Himmel und auch gegen dich, und bin es nicht mehr wert, dein Sohn zu heißen.‹

²²Aber sein Vater sagte zu den Dienern: ›Schnell! Bringt die besten Kleider im Haus und zieht sie ihm an. Holt einen Ring für seinen Finger und Sandalen für seine Füße. ²³Und schlachtet das Kalb, das wir im Stall gemästet haben, ²⁴denn mein Sohn hier war tot und ist ins Leben zurückgekehrt. Er war verloren, aber nun ist er wiedergefunden.‹ Und ein Freudenfest begann.

²⁵Währenddessen war der ältere Sohn draußen auf den Feldern und arbeitete. Als er heimkam, hörte er Musik und Tanz im Haus ²⁶und fragte einen der Diener, was da los sei. ²⁷›Dein Bruder ist wieder da‹, erfuhr er, ›und dein Vater hat das Kalb geschlachtet, das wir gemästet hatten, und gibt nun ein großes Fest. Wir feiern, dass er wohlbehalten zurückgekehrt ist.‹

²⁸Da wurde der ältere Bruder zornig und wollte nicht ins Haus gehen. Sein Vater kam heraus und redete ihm zu, ²⁹aber er sagte: ›All die Jahre habe ich schwer für dich gearbeitet und dir nicht ein einziges Mal widersprochen, wenn du mir etwas aufgetragen hast. Und in dieser ganzen Zeit hast du mir nicht einmal eine junge Ziege gegeben, um mit meinen Freunden ein Fest zu feiern. ³⁰Doch jetzt, wenn dein Sohn daherkommt, nachdem er dein Geld mit Huren durchgebracht hat, feierst du und schlachtest unser bestes Kalb.‹

³¹Sein Vater sagte zu ihm: ›Sieh, mein lieber Sohn, du und ich, wir stehen uns sehr nahe, und alles, was ich habe, gehört dir. ³²Wir mussten diesen Freudentag feiern, denn dein Bruder war tot und ist ins Leben zurückgekehrt! Er war verloren, aber jetzt ist er wiedergefunden!‹«

Das Gleichnis vom unehrlichen Verwalter

16 ¹Jesus erzählte seinen Jüngern folgendes Gleichnis: »Ein reicher Mann stellte einen Verwalter ein, der ihm die Geschäfte führen sollte, aber schon bald kam ihm zu Ohren, dass der Verwalter ein Betrüger war. ²Da rief er ihn zu sich und sagte zu ihm: ›Was höre ich da? Du hast mich bestohlen? Mach deinen Bericht fertig, denn ich werde dich entlassen.‹

³Der Verwalter dachte sich: ›Was soll ich nun tun? Hier kann ich nicht mehr arbeiten. Um Gräben zu schaufeln fehlt mir die Kraft. Und zum Betteln bin ich zu stolz. ⁴Ich weiß, was ich tun muss, damit ich viele Freunde haben werde, die sich um mich kümmern, wenn ich hier fort muss!‹

⁵Und er rief alle zu sich, die seinem Herrn Geld schuldeten, um ihre Lage mit ihm zu besprechen. Den Ersten fragte er: ›Wie viel schuldest du ihm?‹ ⁶Der Mann antwortete: ›Ich schulde ihm hundert Fässer Olivenöl.‹ Da sagte der Verwalter: ›Zerreiß den Schuldschein und schreibe einen neuen über fünfzig Fässer.‹

⁷Und wie viel schuldest du meinem Herrn?‹, fragte er den Nächsten. ›Hundert Sack Weizen‹, lautete die Antwort. ›Hier‹, sagte der Verwalter, ›nimm deine Rechnung und ersetze sie durch eine andere über achtzig Sack.‹

⁸Der reiche Mann konnte den unehrlichen Verwalter für seine Klugheit nur bewundern; denn die Menschen dieser Welt sind tatsächlich klüger als die Gottesfürchtigen. ⁹Ich sage euch: Nutzt euren weltlichen Besitz zum Wohl anderer und macht euch damit Freunde. Auf diese Weise sammelt ihr euch mit eurer Großzügigkeit Lohn im Himmel an.

¹⁰Wer in kleinen Dingen treu ist, wird auch in großen treu sein. Und wer schon in geringen Angelegenheiten betrügt, wird auch bei größerer Verantwortung nicht ehrlich sein. ¹¹Wenn ihr bei weltlichem Besitz nicht vertrauenswürdig seid, wer wird euch die wahren Reichtümer des Himmels verwalten lassen? ¹²Und wenn ihr mit dem Geld anderer Leute nicht treu seid, warum sollte man euch eigenes Geld anvertrauen?

¹³Niemand kann zwei Herren dienen. Denn man wird immer den einen hassen und den anderen lieben oder dem einen gehorchen, den anderen aber verachten. Ihr könnt nicht Gott und dem Geld zugleich dienen.«

¹⁴Die Pharisäer, die sehr an ihrem Geld hingen, spotteten über Jesus, als sie das hörten. ¹⁵Da sagte er zu ihnen: »In der Öffentlichkeit wollt ihr gut dastehen, aber Gott kennt eure

bösen Herzen. Was in dieser Welt hoch angesehen wird, ist in Gottes Augen ein Gräuel.

¹⁶Bis Johannes der Täufer zu predigen begann, hörtet ihr auf das Gesetz Moses und die Propheten. Nun wird die Botschaft vom Reich Gottes verkündet, und die Menschen drängen sich mit Gewalt hinein. ¹⁷Doch das bedeutet nicht, dass das Gesetz seine Gültigkeit auch nur im geringsten verloren hätte. Es ist stärker und dauerhafter als Himmel und Erde.

¹⁸Wer sich von seiner Frau scheiden lässt und eine andere heiratet, begeht Ehebruch, und wer eine geschiedene Frau heiratet, begeht ebenfalls Ehebruch.«

Der reiche Mann und Lazarus

¹⁹Jesus sagte: »Es war einmal ein reicher Mann, der prachtvoll gekleidet war und jeden Tag im Luxus lebte. ²⁰Vor seiner Tür lag ein kranker Bettler namens Lazarus, ²¹der sich nach den Abfällen vom Tisch des Reichen sehnte. Um ihn herum strichen die Hunde und leckten seine Geschwüre. ²²Schließlich starb der Bettler und wurde von den Engeln zu Abraham getragen. Auch der reiche Mann starb und wurde begraben, ²³und seine Seele kam ins Totenreich. Während er dort Qualen litt, sah er in großer Entfernung Lazarus bei Abraham.

²⁴Der reiche Mann rief: ›Vater Abraham, hab Mitleid mit mir! Schicke mir Lazarus, damit er seine Fingerspitze in Wasser taucht und mir die Zunge kühlt, denn ich leide entsetzliche Qualen in diesen Flammen.‹

²⁵Doch Abraham sagte zu ihm: ›Sohn, erinnere dich, dass du in deinem Leben alles hattest, was du wolltest, während Lazarus nichts hatte. So wird er jetzt hier getröstet, und du leidest. ²⁶Außerdem trennt uns eine tiefe Kluft voneinander. Wer von hier zu euch gelangen will, wird durch diesen Abgrund daran gehindert, und ebenso kann von euch niemand hier herüberkommen.‹

²⁷Daraufhin sagte der reiche Mann: ›Bitte, Vater Abraham, schicke Lazarus zum Haus meines Vaters. ²⁸Denn ich habe

fünf Brüder und möchte sie vor diesem Ort der Qual warnen, damit sie nicht hierher kommen müssen, wenn sie sterben.‹

²⁹Doch Abraham sagte: ›Mose und die Propheten haben sie gewarnt. Deine Brüder können jederzeit auf sie hören, wenn sie es wollen.‹

³⁰Der reiche Mann erwiderte: ›Nein, Vater Abraham! Wenn aber einer von den Toten zu ihnen geschickt wird, dann werden sie umkehren und sich von ihren Sünden abwenden.‹

³¹Doch Abraham sagte: ›Wenn sie nicht auf Mose und die Propheten hören, dann werden sie sich auch nicht überzeugen lassen, wenn einer von den Toten aufersteht.‹«

Lehren über Vergebung und Glauben

17 ¹Eines Tages sagte Jesus zu seinen Jüngern: »Es wird immer Versuchungen geben, die zum Bösen verführen, doch wie schlimm wird es erst dem Menschen ergehen, der andere zur Sünde verleitet. ²Es wäre besser, mit einem großen Mühlstein um den Hals ins Meer geworfen zu werden, als die Strafe dafür erleiden zu müssen, dass man einem dieser Kleinen Schaden zugefügt hat. ³Ich warne euch! Wenn dein Bruder sündigt, dann ermahne ihn, und wenn er Reue zeigt und von seinem Weg umkehrt, vergib ihm. ⁴Und wenn er dir sieben Mal am Tag unrecht tut und jedes Mal umkehrt und um Vergebung bittet, vergib ihm.«

⁵Eines Tages sagten die Apostel zum Herrn: »Stärke unseren Glauben.«

⁶»Wenn euer Glaube nur so klein wäre wie ein Senfkorn«, antwortete der Herr, »könntet ihr zu diesem Maulbeerfeigenbaum sagen: ›Du sollst dich entwurzeln und ins Meer werfen‹, und er würde euch gehorchen!

⁷Wenn ein Knecht vom Pflügen oder Schafehüten zurückkommt, setzt er sich nicht einfach hin und isst. ⁸Zuerst muss er seinem Herrn das Abendessen zubereiten und ihn bedienen, bevor er sein eigenes Abendbrot verzehrt. ⁹Und der Knecht hat dafür noch nicht einmal Dank zu erwarten, denn er tut nur seine Pflicht. ¹⁰Wenn ihr mir gehorcht, sollt auch ihr

sagen: ›Wir haben keine besondere Anerkennung verdient. Wir sind Diener und haben nur unsere Pflicht getan.‹«

Zehn Aussätzige werden geheilt

[11]Auf seinem Weg nach Jerusalem gelangte Jesus an die Grenze zwischen Galiläa und Samarien. [12]Als er dort in ein Dorf kam, standen in einiger Entfernung zehn Aussätzige [13]und riefen: »Jesus, Meister, hab Mitleid mit uns!«

[14]Er sah sie an und sagte: »Geht und zeigt euch den Priestern.« Und während sie gingen, verschwand ihr Aussatz.

[15]Einer von ihnen kam, als er es merkte, zu Jesus zurück und rief: »Dank sei Gott, ich bin geheilt!« [16]Und er fiel vor Jesus nieder und dankte ihm. Dieser Mann war ein Samaritaner.

[17]Jesus fragte: »Sind nicht zehn Menschen geheilt worden? Wo sind die anderen neun? [18]Kehrt nur dieser Fremde zurück, um Gott die Ehre zu geben?« [19]Und er sagte zu dem Mann: »Steh auf und geh. Dein Glaube hat dich gerettet.«

Das Kommen des Reiches Gottes

[20]Eines Tages fragten die Pharisäer Jesus: »Wann wird das Reich Gottes kommen?«

Jesus erwiderte: »Das Reich Gottes wird nicht durch sichtbare Zeichen angekündigt. [21]Ihr werdet nicht sagen können: ›Hier ist es!‹, oder: ›Es ist dort drüben!‹ Denn das Reich Gottes ist mitten unter euch.«

[22]Später sprach er mit seinen Jüngern noch einmal darüber. »Es kommt die Zeit, da werdet ihr euch danach sehnen, den Menschensohn auch nur einen Tag bei euch zu haben, aber es wird euch nicht möglich sein. [23]Man wird euch berichten, der Menschensohn sei zurückgekehrt und halte sich hier oder dort auf. Glaubt solchen Berichten nicht und sucht auch nicht nach ihm. [24]Denn wenn der Menschensohn wiederkommt, wird es so offensichtlich sein wie ein Blitz, der den Himmel von einem Ende bis zum anderen erhellt. [25]Doch zuerst muss der Menschensohn vieles erleiden und von dieser Generation abgelehnt werden.

²⁶Wenn der Menschensohn wiederkommt, wird es in der Welt zugehen wie zur Zeit Noahs. ²⁷In jener Zeit vor der Flut feierten die Menschen Feste und Hochzeiten bis zu dem Augenblick, als Noah in sein Schiff stieg und die Flut kam und sie alle verschlang.

²⁸Und es wird in der Welt zugehen wie zur Zeit Lots. Die Menschen gingen alltäglichen Dingen nach – sie aßen und tranken, kauften und verkauften, pflanzten und bauten –, ²⁹bis zu dem Morgen, an dem Lot Sodom verließ. Da regnete es Feuer und Schwefel vom Himmel, und alle in der Stadt kamen um. ³⁰Genauso wird es sein an dem Tag, an dem der Menschensohn wiederkommt. ³¹Wer sich an diesem Tag außerhalb des Hauses befindet, darf nicht mehr ins Haus gehen, um zu packen. Wer auf dem Feld ist, darf nicht in die Stadt zurückkehren. ³²Denkt daran, was mit Lots Frau geschah! ³³Wer sich an dieses Leben klammert, wird es verlieren, und wer dieses Leben verliert, wird sein Leben retten. ³⁴In jener Nacht werden zwei Menschen in einem Bett schlafen; der eine wird weggenommen, der andere wird zurückbleiben. ³⁵Zwei Frauen werden in der Mühle zusammen mahlen; die eine wird weggenommen, die andere wird zurückbleiben.«

³⁷»Herr, wo wird das geschehen?«, fragten die Jünger.

Jesus erwiderte: »Wenn die Geier sich sammeln, weiß man, dass dort ein verendetes Tier in der Nähe liegt. Also: Man wird sehen.«

Das Gleichnis von der hartnäckigen Witwe

18 ¹Eines Tages zeigte Jesus seinen Jüngern durch ein Gleichnis, wie wichtig es ist, beständig zu beten und nicht aufzugeben. ²»In einer Stadt lebte ein Richter«, sagte er. »Es war ein harter, gottloser Mann, der den Menschen mit Verachtung begegnete. ³Eine Witwe aus der Stadt sprach immer wieder bei ihm vor und forderte ihr Recht gegenüber jemandem, der ihr unrecht getan hatte. ⁴Der Richter ging eine Weile über ihre Klagen hinweg, doch irgendwann wurde er ihrer müde. ›Ich fürchte weder Gott noch Menschen‹, dachte er, 5›aber diese Frau raubt mir den Verstand. Ich will zusehen, dass sie ihr Recht bekommt, damit sie mich mit ihren ständigen Anträgen verschont.‹«

6Und der Herr sagte: »Aus dem Handeln dieses ungerechten Richters sollt ihr etwas lernen: 7Wenn selbst er schließlich ein gerechtes Urteil fällte – wird Gott da nicht seinen Auserwählten, die ihn Tag und Nacht anflehen, ihr Recht verschaffen? Wird er sie vertrösten? 8Ich sage euch, er wird ihnen Recht verschaffen, und zwar schnell! Doch wenn der Menschensohn wiederkommt, wie viele wird er dann vorfinden, die solch einen Glauben haben?«

Das Gleichnis vom Pharisäer und dem Steuereintreiber

9Dann erzählte Jesus ein paar Leuten, die sehr selbstgerecht waren und alle anderen mit Geringschätzung behandelten, folgendes Gleichnis: 10»Zwei Männer gingen in den Tempel, um zu beten. Der eine war ein Pharisäer, der andere ein Steuereintreiber. 11Der stolze Pharisäer stand da und betete: ›Ich danke dir, Gott, dass ich kein Sünder bin wie die anderen Menschen, wie die Räuber und die Ungerechten, die Ehebrecher oder besonders wie dieser Steuereintreiber da! Denn ich betrüge niemanden, ich begehe keinen Ehebruch, 12ich faste zweimal in der Woche und gebe dir regelmäßig den zehnten Teil von meinem Einkommen.‹

13Der Steuereintreiber dagegen blieb in einigem Abstand stehen und wagte nicht einmal den Blick zu heben, während er betete: ›O Gott, sei mir gnädig, denn ich bin ein Sünder.‹ 14Ich sage euch, dieser Sünder – und nicht der Pharisäer – kehrte heim als ein vor Gott Gerechtfertigter. Denn die Stolzen werden gedemütigt, die Demütigen aber werden geehrt werden.«

Jesus segnet die Kinder

15Eines Tages brachten Eltern ihre kleinen Kinder zu Jesus. Er sollte ihnen die Hand auflegen und für sie beten. Doch die Jünger fuhren die Leute an, ihn nicht zu belästigen. 16Da rief Jesus die Kinder zu sich und sagte zu den Jüngern: »Lasst die

Kinder doch zu mir kommen. Hindert sie nicht daran! Denn solchen gehört das Reich Gottes. [17]Ich versichere euch: Wer nicht wie ein Kind glaubt, wird nicht ins Reich Gottes kommen.«

Der reiche Mann

[18]Ein führender Mann des jüdischen Volkes stellte Jesus einmal folgende Frage: »Guter Meister, was muss ich tun, um das ewige Leben zu bekommen?«

[19]»Warum nennst du mich gut?«, fragte Jesus ihn. »Nur Gott ist wirklich gut. [20]Doch du kennst die Gebote: ›Du sollst nicht die Ehe brechen. Du sollst nicht töten. Du sollst nicht stehlen. Du sollst keine Falschaussage machen. Ehre deinen Vater und deine Mutter.‹«

[21]Der Mann erwiderte: »Seit meiner Kindheit habe ich diese Gebote alle befolgt.«

[22]»Es gibt noch eines, das dir fehlt«, sagte daraufhin Jesus. »Verkaufe alles, was du hast, und gib das Geld den Armen, und du wirst einen Schatz im Himmel haben. Dann komm und folge mir nach.« [23]Als der Mann das hörte, wurde er traurig, denn er war sehr reich.

[24]Jesus sah ihm nach, als er wegging, und sagte dann zu seinen Jüngern: »Wie schwer ist es doch für die Reichen, ins Reich Gottes zu kommen! [25]Eher geht ein Kamel durch ein Nadelöhr, als dass ein Reicher ins Reich Gottes kommt!«

[26]Als die Umstehenden das hörten, sagten sie: »Wer kann denn dann überhaupt gerettet werden?«

[27]Er antwortete: »Was menschlich gesehen unmöglich ist, ist bei Gott möglich.«

[28]Da sagte Petrus: »Wir haben unser Zuhause verlassen und sind dir nachgefolgt.«

[29]»Ja«, erwiderte Jesus, »und ich versichere euch: Wer Haus oder Frau oder Geschwister oder Eltern oder Kinder für das Reich Gottes aufgegeben hat, [30]wird es in diesem Leben vielfältig zurückbekommen und in der zukünftigen Welt das ewige Leben erhalten.«

Jesus kündigt erneut seinen Tod an

³¹Jesus versammelte die zwölf Jünger um sich und erklärte ihnen: »Wie ihr wisst, werden wir nach Jerusalem gehen. Dort wird sich erfüllen, was die Propheten über den Menschensohn gesagt haben. ³²Man wird ihn an die Römer ausliefern, und er wird verspottet, gedemütigt und angespuckt werden. ³³Sie werden ihn auspeitschen und töten, doch am dritten Tag wird er wieder auferstehen.«

³⁴Doch sie verstanden kein Wort. Die Bedeutung blieb ihnen verborgen, und sie begriffen nicht, wovon er sprach.

Jesus heilt einen blinden Bettler

³⁵Kurz vor Jericho saß ein blinder Bettler am Wegrand. ³⁶Er hörte die große Menschenmenge vorüberziehen und fragte, was da los sei. ³⁷Man sagte ihm, dass Jesus von Nazareth vorübergehe. ³⁸Da fing er an zu rufen: »Jesus, Sohn Davids, hab Mitleid mit mir!« ³⁹Die Leute, die vor Jesus gingen, versuchten den Mann zum Schweigen zu bringen, aber er schrie nur noch lauter: »Sohn Davids, hab Mitleid mit mir!«

⁴⁰Als Jesus ihn hörte, blieb er stehen und befahl, den Mann zu ihm zu bringen. Als er sich ihm näherte, ⁴¹fragte er ihn: »Was soll ich für dich tun?«

Er bat: »Herr, ich möchte sehen können!«

⁴²Da sagte Jesus: »Du sollst wieder sehen können. Dein Glaube hat dich gerettet.« ⁴³Und augenblicklich konnte der Mann sehen. Er folgte Jesus und lobte Gott. Und auch alle anderen, die es miterlebt hatten, rühmten Gott.

Jesus und Zachäus

19 ¹Jesus kam nach Jericho und ging durch die Stadt. ²Dort lebte ein Mann namens Zachäus. Als einer der mächtigsten Steuereintreiber war er sehr reich. ³Zachäus hatte versucht, einen Blick auf Jesus zu werfen, aber er war zu klein, um über die Menge hinwegschauen zu können. ⁴Deshalb lief er voraus und kletterte auf einen Maulbeerfeigenbaum am Wegrand, um Jesus von dort aus vorübergehen zu sehen.

⁵Als Jesus kam, blickte er zu Zachäus hinauf und rief ihn

beim Namen: »Zachäus!«, sagte er, »komm schnell herunter! Denn ich muss heute Gast in deinem Haus sein.«

⁶Zachäus kletterte, so schnell er konnte, hinunter und geleitete Jesus voller Aufregung und Freude in sein Haus. ⁷Doch den Leuten in der Menge gefiel das nicht. »Bei einem berüchtigten Sünder kehrt er als Gast ein«, murrten sie.

⁸Währenddessen stellte Zachäus sich vor den Herrn hin und sagte: »Herr, ich werde die Hälfte meines Reichtums den Armen geben, und wenn ich die Leute bei der Steuer betrogen habe, werde ich es ihnen vierfach erstatten!«

⁹Jesus erwiderte: »Heute hat dieses Haus Rettung erfahren, denn auch dieser Mann ist Abrahams Sohn. ¹⁰Der Menschensohn ist nämlich gekommen, um Verlorene zu suchen und zu retten.«

Das Gleichnis von den zehn Dienern

¹¹Die Menge hörte Jesus zu. Und er erzählte ihnen ein Gleichnis; denn da er nahe bei Jerusalem war, glaubten sie, dass das Reich Gottes nun anbrechen würde. ¹²Er sagte: »Ein vornehmer Mann wurde in ein fernes Land gerufen, um dort zum König gekrönt zu werden. Danach wollte er wieder zurückkehren. ¹³Vor seiner Abreise rief er zehn Diener zu sich und gab ihnen zehn Pfund Silber, mit denen sie in seiner Abwesenheit handeln sollten. ¹⁴Aber sein Volk hasste ihn und sandte ihm eine Abordnung nach, um ihm sagen zu lassen, dass sie ihn nicht zum König haben wollten.

¹⁵Als er zurückkam, ließ der König die Diener kommen, denen er das Geld gegeben hatte. Er wollte erfahren, was sie mit dem Geld angefangen und welche Erträge sie erzielt hatten. ¹⁶Der erste Diener berichtete: ›Herr, ich habe die ursprüngliche Summe verzehnfacht!‹ ¹⁷›Gut gemacht‹, rief der König. ›Du bist ein vertrauenswürdiger Diener. Du warst mit dem wenigen treu, das ich dir anvertraut habe; deshalb werde ich dich zur Belohnung als Statthalter über zehn Städte setzen.‹

¹⁸Der nächste Diener meldete: ›Herr, ich habe das Fünffache des ursprünglichen Betrags erwirtschaftet.‹ ¹⁹›Gut gemacht‹, sagte der König. ›Du kannst Statthalter über fünf Städte sein.‹

²⁰Der dritte Diener aber übergab ihm nur die ursprüngliche Summe und erklärte: ›Ich habe es versteckt und sicher aufbewahrt. ²¹Ich hatte Angst, weil du ein so strenger Mann bist; du nimmst, was dir nicht gehört, und erntest, was du nicht gesät hast.‹

²²›Du schlechter Diener!‹, fuhr der König ihn an. ›Streng soll ich sein? Wenn du mich so gut kanntest und wusstest, wie streng ich bin, ²³warum hast du das Geld dann nicht auf eine Bank gebracht, damit ich wenigstens Zinsen erhalten hätte?‹ ²⁴Darauf wandte der König sich an die Umstehenden und befahl: ›Nehmt diesem Diener das Geld ab und gebt es dem, der seinen Anteil verzehnfacht hat.‹

²⁵›Aber, Herr‹, wandten sie ein, ›dieser Diener hat doch schon genug!‹

²⁶›Ja‹, entgegnete der König, ›aber denen, die ihren Anteil gut nutzen, wird noch mehr gegeben werden. Denen jedoch, die nicht treu damit umgehen, wird auch das wenige, das sie haben, noch genommen werden. ²⁷Und nun zu meinen Widersachern, die mich nicht zum König haben wollten – führt sie herein und tötet sie vor meinen Augen.‹«

Der triumphale Einzug

²⁸Nachdem er dieses Gleichnis erzählt hatte, setzte Jesus seinen Weg nach Jerusalem fort. Er ging vor seinen Jüngern her. ²⁹Als sie die Orte Betfage und Betanien erreichten, die in der Nähe des Ölbergs liegen, schickte er zwei Jünger voraus. ³⁰»Geht in den Ort vor euch«, sagte er. »Wenn ihr hineinkommt, werdet ihr ein Eselsfohlen angebunden sehen, das noch nie geritten wurde. Bindet es los und bringt es mir. ³¹Wenn euch jemand fragt, was ihr da tut, dann sagt einfach: ›Der Herr braucht es.‹«

³²Sie gingen und fanden das Eselsfohlen genau so, wie Jesus es gesagt hatte. ³³Und als sie es losbanden, fragten die Besitzer tatsächlich: »Warum bindet ihr unser Eselsfohlen los?«

³⁴Die Jünger antworteten: »Der Herr braucht es.« ³⁵So brachten sie Jesus das Fohlen und warfen ihre Mäntel darüber, damit er darauf reiten konnte.

³⁶Die Menschen breiteten ihre Mäntel vor Jesus auf der Straße aus. ³⁷Als sie die Stelle erreichten, an der der Weg den Ölberg hinabführte, fingen alle seine Anhänger an, Gott mit lautem Jubel für die großen Wunder zu loben, die sie gesehen hatten.

³⁸»Gepriesen sei der König, der im Namen des Herrn kommt!

Friede in der Höhe und Ehre im höchsten Himmel!«

³⁹Einige der Pharisäer in der Menge forderten ihn auf: »Meister, rufe deine Jünger zur Vernunft!«

⁴⁰Doch er entgegnete ihnen: »Würden sie schweigen, dann würden die Steine schreien!«

Jesus weint über Jerusalem

⁴¹Als sie sich jedoch Jerusalem näherten und Jesus die Stadt vor sich liegen sah, begann er zu weinen. ⁴²»Wie sehr wünschte ich, du würdest noch heute den Weg des Friedens finden. Doch nun ist es zu spät, und der Friede bleibt dir fremd. ⁴³Nicht mehr lange, und deine Feinde werden einen Wall rings um dich aufschütten, dich einkreisen und gegen dich vorrücken. ⁴⁴Sie werden dich und deine Kinder dem Erdboden gleichmachen und keinen Stein auf dem anderen lassen, weil du die Gelegenheit, die Gott dir geboten hat, nicht ergriffen hast.«

Die Tempelreinigung

⁴⁵Dann ging Jesus in den Tempel und fing an, die Händler von ihren Ständen zu vertreiben. ⁴⁶Er sagte zu ihnen: »In der Schrift steht: ›Mein Haus soll ein Ort des Gebets sein‹, aber ihr habt eine Räuberhöhle daraus gemacht.«

⁴⁷Danach lehrte er täglich im Tempel, doch die obersten Priester, die Schriftgelehrten und die anderen führenden Männer des Volkes fingen an, nach einem Vorwand zu suchen, ihn umzubringen. ⁴⁸Aber ihnen fiel nichts ein, weil das Volk an seinen Lippen hing und auf ihn hörte.

Die Frage nach der Vollmacht von Jesus

20 ¹Eines Tages, als Jesus gerade im Tempel die Botschaft Gottes verkündete, traten die obersten Priester, die Schriftgelehrten und die übrigen führenden Männer des Volkes auf ihn zu ²und fragten: »In wessen Vollmacht hast du die Händler aus dem Tempel vertrieben? Wer hat dir diese Vollmacht erteilt?«

³»Lasst mich euch erst eine Frage stellen«, entgegnete er. ⁴»War die Taufe des Johannes eine Handlung im Auftrag Gottes oder war es nur die Tat eines Menschen?«

⁵Sie besprachen eine Weile, was sie antworten sollten. »Wenn wir sagen, dass es eine Handlung im Auftrag Gottes war, wird er fragen, warum wir ihm dann nicht geglaubt haben. ⁶Sagen wir jedoch, dass sie nur die Tat eines Menschen war, wird das Volk uns steinigen, denn die Leute sind überzeugt, dass er ein Prophet war.« ⁷Schließlich antworteten sie: »Wir wissen es nicht.«

⁸Da entgegnete Jesus: »Dann beantworte ich eure Frage auch nicht.«

Das Gleichnis von den bösen Bauern

⁹Danach erzählte Jesus dem Volk folgendes Gleichnis: »Ein Mann pflanzte einen Weinberg, verpachtete ihn an einige Bauern und zog für mehrere Jahre in ein anderes Land. ¹⁰Zur Zeit der Weinlese schickte er einen seiner Diener, um seinen Anteil an der Ernte einzufordern. Doch die Bauern überfielen den Diener, verprügelten ihn und schickten ihn mit leeren Händen zurück. ¹¹Darauf sandte der Besitzer einen anderen Diener, doch dem erging es genauso: Er wurde geschlagen, verspottet und musste mit leeren Händen wieder umkehren. ¹²Ein dritter Mann wurde geschickt und wieder geschah das Gleiche; auch er wurde verwundet und fortgejagt.

¹³›Was mache ich jetzt?‹, überlegte der Besitzer. ›Ich weiß! Ich werde meinen geliebten Sohn schicken. Vor ihm werden sie Respekt haben.‹

¹⁴Doch als die Bauern seinen Sohn sahen, sagten sie sich: ›Da kommt der Erbe dieses Weinguts. Lasst uns ihn umbringen;

dann gehört alles uns!‹ ¹⁵Und sie warfen ihn aus dem Weinberg hinaus und töteten ihn.

Was, glaubt ihr, wird der Besitzer des Weinbergs mit diesen Bauern machen?«, fragte Jesus. ¹⁶»Ich sage euch: Er wird kommen, sie alle töten und den Weinberg an andere verpachten.«

Seine Zuhörer erwiderten entsetzt: »Das soll niemals geschehen!«

¹⁷Jesus sah sie an und sagte: »Was hat dann die Schriftstelle zu bedeuten:

›Der Stein, den die Bauleute verworfen haben, ist zum Eckstein geworden.‹?

¹⁸Wer über diesen Stein stolpert, wird daran zerbrechen, und auf wen er fällt, den wird er zerschmettern.«

¹⁹Als die Schriftgelehrten und obersten Priester dies hörten, hätten sie Jesus am liebsten sofort verhaftet. Sie merkten, dass mit den Bauern in dieser Geschichte sie gemeint waren. Doch sie fürchteten sich vor der Reaktion des Volkes, wenn sie ihn gefangen nehmen ließen.

Steuern für den Kaiser

²⁰Deshalb suchten sie nach einer günstigen Gelegenheit und beauftragten Männer, die sich als ehrliche Zuhörer ausgaben, um Jesus auszuhorchen. Sie brauchten einen Vorwand, unter dem sie Jesus durch den römischen Statthalter verhaften lassen konnten. ²¹Sie sprachen zu Jesus: »Meister, wir wissen, dass das, was du sagst und lehrst, richtig ist, und du dich nicht von der Meinung anderer beeinflussen lässt. Du lehrst die Wege Gottes, und was du sagst, ist wahr. ²²Sage uns nun: Ist es richtig, dem Kaiser Steuern zu zahlen, oder nicht?«

²³Jesus durchschaute aber ihre List und sagte: ²⁴»Zeigt mir eine römische Münze. Wessen Bild und Titel ist darauf eingeprägt?«

Sie antworteten: »Bild und Titel des Kaisers.«

²⁵Da sagte er: »Dann gebt dem Kaiser, was dem Kaiser gehört. Und gebt Gott, was Gott gehört.« ²⁶So gelang es ihnen nicht, Jesus vor dem Volk eine Falle zu stellen. Stattdessen waren sie erstaunt über seine Antwort und schwiegen.

Gespräch über die Auferstehung

²⁷Nun traten einige Sadduzäer vor – eine jüdische Gruppierung, die nicht an die Auferstehung nach dem Tod glaubt. ²⁸Sie stellten ihm eine Frage: »Meister, Mose hat uns folgendes Gesetz gegeben: Wenn ein Mann stirbt und zwar eine Frau, aber keine Kinder hinterlässt, soll sein Bruder die Witwe heiraten und ihm auf diese Weise zu einem Erben verhelfen. ²⁹Nun waren einmal sieben Brüder. Der älteste heiratete und starb kinderlos. ³⁰Sein Bruder nahm die Witwe zur Frau, aber auch er starb. ³¹Das Gleiche wiederholte sich mit den anderen Brüdern, bis alle sieben sie geheiratet hatten, gestorben waren und keine Kinder hinterlassen hatten. ³²Schließlich starb auch die Frau. ³³Sage uns nun: Wessen Frau wird sie bei der Auferstehung sein? Denn alle sieben waren mit ihr verheiratet!«

³⁴Jesus erwiderte: »Hier auf der Erde heiraten die Menschen und werden geheiratet, ³⁵doch in der zukünftigen Welt wird es anders sein. Die Menschen, die der Auferstehung für würdig befunden werden, werden nicht mehr verheiratet sein, ³⁶und sie werden auch nicht mehr sterben. In dieser Hinsicht werden sie den Engeln gleichen. Sie werden Kinder Gottes sein, die zu neuem Leben auferweckt wurden. ³⁷Die Auferstehung der Toten hat Mose schon am brennenden Dornbusch angedeutet, als er vom Herrn als ›dem Gott Abrahams, dem Gott Isaaks und dem Gott Jakobs‹ sprach, obwohl Abraham, Isaak und Jakob längst gestorben waren. ³⁸So ist Gott also der Gott der Lebenden und nicht der Toten. Denn für ihn sind sie alle am Leben.«

³⁹»Du hast gut geantwortet, Meister!«, bemerkten einige Schriftgelehrte, die dabeistanden. ⁴⁰Und keiner wagte mehr, ihn noch etwas zu fragen.

Wessen Sohn ist der Christus?

⁴¹Dann stellte Jesus ihnen eine Frage. »Warum wird der Christus als Sohn Davids bezeichnet?«, fragte er. ⁴²»David selbst schrieb doch in den Psalmen:

›Der Herr sprach zu meinem Herrn:
  Setz dich auf den Ehrenplatz zu meiner Rechten, ⁴³bis ich

deine Feinde demütige und sie zum Schemel unter deinen
Füßen mache.‹

⁴⁴Wenn David ihn Herr nannte, wie kann er dann gleichzeitig sein Sohn sein?«

⁴⁵Und er wandte sich seinen Jüngern zu und sagte vor den
Ohren der Menge zu ihnen: ⁴⁶»Nehmt euch in Acht vor den
Schriftgelehrten! Sie lieben es, in wehenden Gewändern über
die Marktplätze zu flanieren und die Ehrenbezeugungen der
Leute entgegenzunehmen. Und sie beanspruchen, in den Synagogen und bei Festen auf den Ehrenplätzen zu sitzen! ⁴⁷Doch
gleichzeitig betrügen sie Witwen schamlos um ihren Besitz,
und um zu verbergen, wie sie wirklich sind, sprechen sie in
der Öffentlichkeit lange Gebete. Deshalb wird ihre Strafe
umso härter ausfallen.«

Das Opfer der Witwe

21 ¹Während Jesus im Tempel war, sah er zu, wie die reichen Leute ihre Spenden in den Opferkasten legten.
²Da kam eine arme Witwe und warf zwei kleine Münzen ein.
³»Ich versichere euch«, sagte er, »diese arme Witwe hat mehr
gegeben als alle anderen. ⁴Denn jene gaben nur einen Bruchteil von ihrem Überfluss, sie aber, arm wie sie ist, gab alles,
was sie besaß.«

Jesus spricht über die Zukunft

⁵Einige seiner Jünger lobten die schönen Steine und die mit
Weihgeschenken geschmückten Mauern des Tempels. Doch
Jesus sagte: ⁶»Es kommt die Zeit, da wird all dies so vollständig zerstört werden, dass nicht ein Stein auf dem anderen
bleibt.«

⁷»Meister«, fragten sie, »wann wird das geschehen? Und
wird es vorher irgendein Zeichen geben?«

⁸Er erwiderte: »Lasst euch nicht täuschen. Viele werden in
meinem Namen auftreten, sich als Christus ausgeben und sagen: ›Die Zeit ist gekommen!‹ Glaubt ihnen nicht! ⁹Und wenn
ihr von Kriegen und Unruhen hört, geratet nicht in Panik. All
diese Dinge müssen kommen, doch das ist noch nicht das En-

de.« ¹⁰Und er fügte hinzu: »Völker und Königreiche werden einander den Krieg erklären. ¹¹Es wird Erdbeben geben, in vielen Ländern werden Hungersnöte und Seuchen auftreten, und am Himmel werden schreckliche Dinge und gewaltige Zeichen erscheinen.

¹²Doch noch bevor all das geschieht, wird eine Zeit schlimmer Verfolgungen kommen. Um meines Namens willen wird man euch in Synagogen und Gefängnisse schleppen und vor Königen und Regierungen anklagen. ¹³Das wird euch Gelegenheit geben, ihnen von mir zu erzählen. ¹⁴Macht euch keine Sorgen, wie ihr euch verteidigen sollt. ¹⁵Ich werde euch die richtigen Worte eingeben und die nötige Weisheit verleihen, sodass keiner eurer Gegner euch wird widerlegen können! ¹⁶Selbst die Menschen, die euch am nächsten stehen – eure Eltern, Geschwister, Verwandten und Freunde –, werden euch verraten. Einige von euch werden sogar umgebracht werden. ¹⁷Und um meines Namens willen werden euch alle hassen. ¹⁸Aber nicht ein einziges Haar auf eurem Kopf soll verloren gehen! ¹⁹Wenn ihr standhaft bleibt, werdet ihr eure Seelen retten.

²⁰Wenn ihr Jerusalem von Feinden umringt seht, dann wisst ihr, dass der Zeitpunkt seiner Zerstörung gekommen ist. ²¹Dann müssen die, die in Judäa sind, in die Berge fliehen. Wer in Jerusalem ist, soll flüchten, und wer sich außerhalb der Stadt befindet, soll nicht in ihr Schutz suchen. ²²Denn das werden die Tage der Vergeltung Gottes sein, und die Weissagungen der Schrift werden sich erfüllen. ²³Schwangeren und Stillenden wird es schlimm ergehen! Denn im Land wird große Not herrschen, und Unheil wird über dieses Volk kommen. ²⁴Die Menschen werden mit dem Schwert getötet oder als Gefangene in die ganze Welt verschleppt werden. Und Jerusalem wird erobert und dem Erdboden gleichgemacht werden von den fremden Völkern, bis ihre Zeit zu Ende ist.

²⁵An Sonne, Mond und Sternen werden Zeichen erscheinen. Und auf der Erde werden die Völker in Aufruhr und Entsetzen sein, den wilden Wellen der Meere hilflos ausgeliefert. ²⁶Viele Menschen werden den Mut verlieren, wenn sie diese

Schrecken über die Erde hereinbrechen sehen, denn selbst die Kräfte des Himmels werden aus dem Gleichgewicht geraten. ²⁷Und dann werden alle den Menschensohn mit Macht und großer Herrlichkeit in den Wolken des Himmels kommen sehen. ²⁸Wenn all das anfängt, dann richtet euch auf und hebt den Blick, denn eure Erlösung ist ganz nahe!«

²⁹Und er gab ihnen folgenden Vergleich: »Seht euch einen Feigenbaum oder einen anderen Baum an. ³⁰Wenn die Blätter sprießen, wisst ihr, dass der Sommer kommt. ³¹Genauso könnt ihr, wenn ihr all dies geschehen seht, sicher sein, dass das Reich Gottes nahe ist. ³²Ich versichere euch: Diese Generation wird nicht von der Erde verschwinden, bis alle diese Ereignisse eingetreten sind. ³³Himmel und Erde werden vergehen, aber meine Worte werden für immer bleiben.

³⁴Seid wachsam! Lasst euch nicht von zu viel Essen und Trinken und den Sorgen des Alltags gefangen nehmen, damit euch dieser Tag nicht unvorbereitet trifft, ³⁵so wie man unverhofft in eine Falle stolpert. Denn dieser Tag wird über alle hereinbrechen, die auf der Erde leben. ³⁶Seid wachsam! Und betet darum, dass ihr, wenn es möglich ist, diesen Schrecken entkommen und vor dem Menschensohn stehen könnt.«

³⁷Jeden Tag ging Jesus in den Tempel, um zu lehren, und abends kehrte er zurück, um die Nacht auf dem Ölberg zu verbringen. ³⁸Jeden Morgen strömten die Menschen scharenweise herbei, um ihn zu hören.

Der Verrat des Judas

22 ¹Das Fest der ungesäuerten Brote, das Passahfest, rückte näher. ²Die obersten Priester und Schriftgelehrten planten, Jesus umzubringen. Sie fürchteten sich allerdings vor der Reaktion des Volkes.

³Da fuhr Satan in Judas Iskariot, der einer der zwölf Jünger war. ⁴Er ging zu den obersten Priestern und den Befehlshabern der Tempelwache, um mit ihnen zu beraten, wie er Jesus am besten an sie verraten könnte. ⁵Sie freuten sich, dass er bereit war, ihnen zu helfen, und versprachen ihm eine Belohnung. ⁶Von da an begann er nach einer passenden Gele-

genheit Ausschau zu halten, bei der sie Jesus ohne Aufsehen verhaften konnten, wenn das Volk nicht in der Nähe war.

Das letzte Abendmahl

[7]Das Fest der ungesäuerten Brote rückte heran, an dem die Passahlämmer geschlachtet wurden. [8]Jesus schickte Petrus und Johannes voraus und sagte: »Geht und bereitet das Passahmahl vor, damit wir es gemeinsam essen können.«

[9]»Wo sollen wir denn hingehen?«, fragten sie ihn.

[10]Er erwiderte: »Wenn ihr nach Jerusalem kommt, wird euch ein Mann begegnen, der einen Wasserkrug trägt. Folgt ihm bis zu dem Haus, in das er eintritt, [11]und sagt zu dem Besitzer: ›Der Meister fragt dich: Wo ist der Raum für Gäste, in dem ich mit meinen Jüngern das Passahmahl feiern kann?‹ [12]Er wird euch die Treppe hinauf zu einem Saal führen, in dem schon alles vorbereitet ist. Geht voraus und richtet dort alles her.« [13]Sie machten sich auf den Weg in die Stadt und fanden alles genau so vor, wie Jesus gesagt hatte, und bereiteten dort das Passahmahl vor.

[14]Als es so weit war, nahmen Jesus und die Jünger miteinander am Tisch Platz. [15]Jesus sagte: »Ich habe mich sehr danach gesehnt, dieses Passahmahl mit euch zu feiern, bevor mein Leiden beginnt. [16]Denn ich sage euch jetzt, ich werde es nicht wieder essen, bis es sich im Reich Gottes erfüllt.«

[17]Dann nahm er einen Becher mit Wein, und nachdem er Gott dafür gedankt hatte, sagte er: »Nehmt ihn und teilt ihn unter euch. [18]Denn ich werde keinen Wein mehr trinken, bis das Reich Gottes gekommen ist.«

[19]Dann nahm er ein Brot, und nachdem er Gott dafür gedankt hatte, brach er es in Stücke und reichte es den Jüngern mit den Worten: »Dies ist mein Leib, der für euch gegeben wird. Tut das zur Erinnerung an mich.« [20]Nach dem Essen nahm er einen weiteren Becher mit Wein und sagte: »Dieser Wein ist das Zeichen des neuen Bundes – ein Bund, der mit dem Blut besiegelt wird, das ich für euch vergießen werde.

[21]Doch hier an diesem Tisch sitzt schon der Mann, der mich verraten wird. Er sitzt unter uns wie ein Freund. [22]Der Men-

schensohn muss zwar sterben, weil es Gott so bestimmt hat. Doch wie schlimm wird es erst für den sein, der ihn verraten wird!« ²³Da begannen die Jünger einander zu fragen, wer von ihnen denn so etwas je tun würde.

²⁴Und sie fingen an zu streiten, wer von ihnen im kommenden Reich Gottes der Größte sein würde. ²⁵Jesus sagte zu ihnen: »In dieser Welt beherrschen die Könige und Großen ihre Untertanen und werden doch als ›Wohltäter‹ bezeichnet. ²⁶Unter euch aber soll der Größte den niedrigsten Platz einnehmen und der Leiter soll wie ein Diener sein. ²⁷Normalerweise sitzt der Meister am Tisch und wird von seinen Dienern bedient. Hier ist es anders! Denn ich bin euer Diener. ²⁸Ihr seid mir in der Zeit meiner Versuchung treu geblieben. ²⁹Und so wie mein Vater mir ein Königreich gegeben hat, gebe ich euch das Recht, ³⁰in diesem Reich an meinem Tisch zu essen und zu trinken. Ihr werdet auf Thronen sitzen und die zwölf Stämme Israels richten.

Jesus sagt voraus, dass Petrus ihn verleugnen wird

³¹Simon, Simon, der Satan hat euch alle haben wollen. Er wollte euch durchsieben wie Weizen. ³²Doch ich habe für dich gebetet, dass dein Glaube nicht aufhöre. Wenn du also später umgekehrt und zu mir zurückgekommen bist, dann stärke deine Brüder.«

³³Petrus sagte: »Herr, ich bin bereit, mit dir ins Gefängnis zu gehen und sogar mit dir zu sterben.«

³⁴Doch Jesus entgegnete: »Petrus, lass mich dir etwas sagen. Noch bevor morgen früh der Hahn kräht, wirst du drei Mal geleugnet haben, mich überhaupt zu kennen.«

³⁵Dann fragte Jesus sie alle: »Als ich euch ausschickte, die gute Botschaft zu verkünden, und ihr hattet weder Geld noch Tasche noch Sandalen, hat es euch da an irgendetwas gefehlt?«

Sie gaben zur Antwort: »Nein.«

³⁶»Aber jetzt«, sagte er, »nehmt euer Geld und eure Tasche. Und wenn ihr kein Schwert habt, verkauft eure Kleidung, um eines zu kaufen! ³⁷Denn die Zeit ist gekommen, in der sich

erfüllt, was in der Schrift über mich steht: ›Er wurde zu den Aufrührern gerechnet.‹ Ja, alles, was die Propheten über mich geschrieben haben, wird sich erfüllen.«

³⁸»Herr«, erwiderten sie, »wir haben zwei Schwerter.«
Er aber sagte: »Das genügt.«

Jesus betet am Ölberg

³⁹Dann verließ Jesus zusammen mit seinen Jüngern den Raum und sie gingen wie gewohnt zum Ölberg. ⁴⁰Dort forderte er sie auf: »Betet, damit ihr der Versuchung nicht erliegt.«

⁴¹Er entfernte sich etwa einen Steinwurf weit, kniete nieder und betete: ⁴²»Vater, wenn du willst, dann lass diesen Kelch des Leides an mir vorübergehen. Doch ich will deinen Willen tun, nicht meinen.« ⁴³Da erschien ein Engel vom Himmel und stärkte ihn. ⁴⁴Aber er war von Angst erfüllt und betete noch heftiger und kämpfte so sehr, dass sein Schweiß wie Blut auf die Erde tropfte. ⁴⁵Schließlich stand er auf und ging zu den Jüngern zurück, die, erschöpft vor Kummer, eingeschlafen waren. ⁴⁶»Warum schlaft ihr?«, fragte er. »Steht auf und betet. Sonst wird die Versuchung euch überwältigen.«

Jesus wird verraten und verhaftet

⁴⁷Er hatte noch nicht ausgeredet, da näherte sich eine Menschenmenge, angeführt von Judas, einem der zwölf Jünger. Judas ging auf Jesus zu und begrüßte ihn mit einem Kuss. ⁴⁸Aber Jesus sagte: »Judas, wie kannst du den Menschensohn mit einem Kuss verraten?«

⁴⁹Als die anderen Jünger begriffen, was die Menge vorhatte, riefen sie: »Herr, sollen wir kämpfen? Wir haben die Schwerter mitgebracht!« ⁵⁰Und einer von ihnen griff den Diener des Hohen Priesters an und schlug ihm das rechte Ohr ab.

⁵¹Doch Jesus sagte: »Leistet keinen Widerstand mehr.« Und er berührte das Ohr des Mannes und heilte ihn. ⁵²Dann wandte er sich an die obersten Priester, die Befehlshaber der Tempelwache und die Anführer der Gruppe. »Bin ich ein Schwerverbrecher«, fragte er, »dass ihr mit Schwertern und Knüppeln bewaffnet anrückt, um mich zu verhaften? ⁵³Warum

habt ihr mich nicht im Tempel verhaftet? Ich war doch jeden Tag dort. Aber dies ist eure Stunde, die Zeit, in der die Macht der Finsternis die Oberhand hat.«

Petrus verleugnet Jesus

⁵⁴Da verhafteten sie ihn und brachten ihn zum Haus des Hohen Priesters. Petrus folgte in großem Abstand. ⁵⁵Als die Wächter im Hof ein Feuer machten und sich ringsherum lagerten, setzte sich Petrus zu ihnen. ⁵⁶Eine Dienerin bemerkte ihn im Schein des Feuers und beobachtete ihn. Schließlich sagte sie: »Dieser Mann war auch bei Jesus!«

⁵⁷Petrus leugnete es. »Frau«, sagte er, »ich kenne den Mann überhaupt nicht!«

⁵⁸Nach einer Weile schaute ein anderer ihn an und meinte: »Du musst auch einer von ihnen sein!«

Petrus erwiderte: »Nein, Mann, das bin ich nicht!«

⁵⁹Etwa eine Stunde später bekräftigte ein anderer: »Das muss einer der Jünger von Jesus sein, er ist auch Galiläer.«

⁶⁰Aber Petrus entgegnete: »Ich weiß nicht, wovon du redest.« Und sobald er das gesagt hatte, krähte ein Hahn. ⁶¹In diesem Augenblick drehte der Herr sich um und sah Petrus an. Da erinnerte dieser sich an die Worte des Herrn: »Bevor morgen früh der Hahn kräht, wirst du mich drei Mal verleugnen.« ⁶²Und Petrus ging hinaus und weinte bitterlich.

⁶³Dann fingen die Wächter, die Jesus gefangen hielten, an, ihn zu verspotten und zu schlagen. ⁶⁴Sie verbanden ihm die Augen, dann schlugen sie ihn und fragten: »Nun, du Prophet, wer hat dich wohl gerade geschlagen?« ⁶⁵Und sie beschimpften ihn.

Jesus vor dem Hohen Rat

⁶⁶Gegen Tagesanbruch versammelten sich die führenden Männer des Volkes sowie die obersten Priester und Schriftgelehrten. Jesus wurde diesem Hohen Rat vorgeführt, ⁶⁷und sie fragten ihn: »Sage uns, ob du der Christus bist.«

Doch er erwiderte: »Wenn ich es euch sagte, würdet ihr mir doch nicht glauben. ⁶⁸Und wenn ich euch eine Frage stellte, würdet ihr mir nicht antworten. ⁶⁹Aber bald kommt die Zeit, in der der Menschensohn zur Rechten des allmächtigen Gottes sitzen wird.«

⁷⁰Da riefen alle: »Dann behauptest du also, Gottes Sohn zu sein?«

Und er erwiderte: »Ihr sagt es selbst; ich bin es.«

⁷¹»Wozu brauchen wir da noch Zeugen?«, schrien sie. »Wir haben es ihn selbst sagen hören.«

Das Verhör vor Pilatus

23 ¹Daraufhin führte der gesamte Hohe Rat Jesus zu Pilatus, dem römischen Statthalter, ²und sie trugen ihm die Anklage vor: »Dieser Mann verführt unser Volk. Er fordert es auf, dem Kaiser keine Steuern zu zahlen, und er behauptet, der Christus, ein König zu sein.«

³Pilatus fragte ihn: »Bist du der König der Juden?«

Jesus erwiderte: »Ja, du sagst es selbst.«

⁴Pilatus wandte sich an die obersten Priester und an die Menge und sagte: »Ich finde keine Schuld an diesem Mann!«

⁵Doch sie bestanden darauf: »Wo er auch hinkommt, verursacht er Unruhe im Volk – in ganz Judäa, von Galiläa bis nach Jerusalem!«

⁶»Der Mann ist also ein Galiläer?«, fragte Pilatus. ⁷Als sie das bestätigten, ließ Pilatus Jesus zu Herodes Antipas bringen, denn Galiläa unterstand seiner Rechtsprechung und Herodes hielt sich gerade in Jerusalem auf.

⁸Herodes freute sich sehr, Jesus kennenzulernen. Er hatte schon viel von ihm gehört und immer gehofft, einmal Zeuge eines seiner Wunder zu werden. ⁹Er stellte Jesus eine Frage nach der anderen, aber Jesus gab keine Antwort. ¹⁰Währenddessen standen die obersten Priester und Schriftgelehrten dabei und brachten mit lauter Stimme ihre Anklagen vor. ¹¹Da begannen Herodes und seine Soldaten Jesus zu verhöhnen und zu verspotten. Sie legten ihm ein prächtiges Gewand an und schickten ihn zu Pilatus zurück. ¹²An diesem Tag wurden Herodes und Pilatus, die bis dahin verfeindet gewesen waren, Freunde.

¹³Pilatus berief die obersten Priester und Schriftgelehrten und das Volk ein ¹⁴und gab sein Urteil bekannt. »Ihr habt mir diesen Mann vorgeführt und ihn beschuldigt, das Volk aufzuhetzen. Ich habe ihn in eurer Anwesenheit gründlich befragt und habe keine Schuld an ihm gefunden. ¹⁵Herodes ist zum gleichen Schluss gelangt und hat ihn zu uns zurückbringen lassen. Dieser Mann hat nichts getan, wofür er den Tod verdient. ¹⁶Ich werde ihn auspeitschen lassen und danach lasse ich ihn frei.«

¹⁸Da ging ein Aufschrei durch die Menge, und die Leute riefen wie aus einem Mund: »Töte ihn und gib Barabbas frei!« ¹⁹Barabbas war verhaftet worden, weil er einen Mord begangen hatte und an einem Volksaufstand in Jerusalem beteiligt gewesen war. ²⁰Pilatus redete ihnen zu, denn er wollte lieber Jesus freilassen. ²¹Aber sie schrien nur: »Kreuzige ihn! Kreuzige ihn!«

²²Zum dritten Mal wandte er ein: »Warum? Welches Verbrechen hat er begangen? Ich habe keinen Grund gefunden, ihn zum Tod zu verurteilen. Ich werde ihn auspeitschen lassen und dann freigeben.«

²³Aber die Menge schrie noch lauter und verlangte seine Kreuzigung. Sie übertönten Pilatus mit ihrem Geschrei. ²⁴Da verurteilte Pilatus Jesus zum Tod, wie sie es verlangten. ²⁵Auf ihren Wunsch ließ er Barabbas frei, den Mann, der wegen Aufruhr und Mord im Gefängnis saß. Jesus dagegen lieferte er ihnen aus, wie sie es gefordert hatten.

Die Kreuzigung
²⁶Als sie Jesus abführten, kam Simon aus Kyrene gerade vom Feld zurück. Sie zwangen ihn, hinter Jesus herzugehen und ihm sein Kreuz zu tragen. ²⁷Ihnen schloss sich eine große Menschenmenge an, darunter viele trauernde, wehklagende Frauen. ²⁸Doch Jesus wandte sich um und sagte zu ihnen: »Töchter Jerusalems, weint nicht um mich, sondern klagt über euch selbst und eure Kinder. ²⁹Denn es kommt die Zeit, da werden sie sagen: ›Glücklich sind die Frauen, die kinderlos geblieben sind, deren Körper nie ein Kind geboren und deren

Brüste keinen Säugling gestillt haben.‹ [30]Die Menschen werden die Berge anflehen, auf sie zu fallen, und die Hügel, sie unter sich zu begraben. [31]Denn wenn dies schon mit dem grünen Holz geschieht, wie wird es dann erst dem toten Holz ergehen?«

[32]Auch zwei andere Männer, beides Verbrecher, wurden abgeführt, um mit ihm hingerichtet zu werden. [33]Schließlich kamen sie an einen Ort, der Schädelstätte heißt. Dort wurden alle drei gekreuzigt – Jesus in der Mitte und die zwei Verbrecher rechts und links von ihm.

[34]Jesus sagte: »Vater, vergib diesen Menschen, denn sie wissen nicht, was sie tun.« Und die Soldaten würfelten um seine Kleider.

[35]Das Volk schaute zu, während die führenden Männer lachten und spotteten. »Er hat andere gerettet«, sagten sie. »Soll er sich jetzt doch selbst retten, wenn er wirklich Gottes Auserwählter, der Christus, ist.« [36]Auch die Soldaten verhöhnten ihn. Sie gaben ihm Weinessig zu trinken und [37]riefen ihm zu: »Wenn du der König der Juden bist, rette dich doch selbst!« [38]Über ihm am Kreuz wurde eine Inschrift mit den Worten angebracht: »Dies ist der König der Juden.«

[39]Einer der Verbrecher, die neben ihm hingen, spottete: »Du bist also der Christus? Beweise es, indem du dich rettest – und uns mit!«

[40]Doch der andere mahnte: »Hast du nicht einmal jetzt Ehrfurcht vor Gott, da du den Tod vor Augen hast? [41]Wir haben für unsere Vergehen den Tod verdient, aber dieser Mann hat nichts Unrechtes getan.« [42]Dann sagte er: »Jesus, denk an mich, wenn du in dein Reich kommst.«

[43]Da antwortete Jesus: »Ich versichere dir: Heute noch wirst du mit mir im Paradies sein.«

Jesus stirbt
[44]Inzwischen war es Mittag geworden, und Dunkelheit legte sich über das ganze Land bis um drei Uhr nachmittags. [45]Die Sonne hatte sich verfinstert. Plötzlich zerriss der Vorhang im

Tempel. ⁴⁶Jesus rief: »Vater, ich lege meinen Geist in deine Hände!« Und mit diesen Worten starb er.

⁴⁷Der Hauptmann der römischen Soldaten, der die Hinrichtung überwachte, sah, was geschehen war, lobte Gott und sagte: »Dieser Mann war wirklich unschuldig.« ⁴⁸Und die vielen Zuschauer, die zur Kreuzigung gekommen waren und alles miterlebt hatten, was geschehen war, gingen voll Reue wieder nach Hause. ⁴⁹Aber die Freunde von Jesus, unter ihnen die Frauen, die ihm aus Galiläa gefolgt waren, schauten aus einiger Entfernung zu.

Das Begräbnis

⁵⁰Nun lebte dort ein gütiger und gerechter Mann mit Namen Josef. Er war ein Mitglied des Hohen Rats, ⁵¹doch er war mit der Entscheidung und dem Vorgehen der anderen Ratsmitglieder nicht einverstanden gewesen. Er stammte aus der Stadt Arimathäa in Judäa und wartete auf das Kommen des Reiches Gottes. ⁵²Dieser Josef ging zu Pilatus und bat um den Leichnam von Jesus. ⁵³Dann nahm er ihn vom Kreuz, hüllte ihn in ein langes Leinentuch und legte ihn in ein neues Grab, das in einen Felsen gehauen war. ⁵⁴Dies geschah am späten Freitagnachmittag, dem Rüsttag für den Sabbat.

⁵⁵Als sein Leichnam fortgebracht wurde, folgten die Frauen aus Galiläa und sahen das Grab, in das sie ihn legten. ⁵⁶Dann gingen sie nach Hause und bereiteten Kräuter und Öle vor, um ihn damit einzubalsamieren. Doch als sie mit den Vorbereitungen fertig waren, war der Sabbat angebrochen, und sie ruhten den ganzen Tag, wie es im Gesetz vorgeschrieben ist.

Die Auferstehung

24 ¹Früh am Sonntagmorgen gingen die Frauen zum Grab und brachten die Öle mit, die sie vorbereitet hatten. ²Sie sahen, dass der Stein, der den Eingang verschlossen hatte, weggerollt war. ³So gingen sie in die Grabhöhle hinein, konnten aber den Leichnam von Jesus, dem Herrn, nicht finden. ⁴Sie waren ratlos und überlegten, was geschehen sein konnte. Plötzlich standen zwei Männer in strahlenden Gewändern neben ihnen. ⁵Die Frauen erschraken und verneigten sich vor ihnen. Da fragten die Männer: »Warum sucht ihr den Lebenden bei den Toten? ⁶Er ist nicht hier! Er ist auferstanden! Erinnert ihr euch nicht, wie er euch in Galiläa sagte, ⁷dass der Menschensohn in die Hände sündiger Menschen übergeben und gekreuzigt werden muss und dass er am dritten Tag wieder auferstehen wird?«

⁸Da erinnerten sie sich, dass er das gesagt hatte. ⁹Sie liefen schnell zurück, um den elf Jüngern – und allen anderen – zu berichten, was geschehen war. ¹⁰Die Frauen, die zum Grab gegangen waren, waren Maria von Magdala, Johanna und Maria, die Mutter von Jakobus und mehrere andere. Sie erzählten den Aposteln, was geschehen war, ¹¹doch für diese klang die Geschichte völlig unsinnig, deshalb glaubten sie ihnen nicht. ¹²Nur Petrus lief trotzdem zum Grab, um nachzusehen. Dort angekommen, beugte er sich vor, um einen Blick hineinzuwerfen, und sah die losen Leinentücher; dann ging er weg und fragte sich verwundert, was geschehen war.

Auf dem Weg nach Emmaus

¹³Am gleichen Tag waren zwei Jünger von Jesus unterwegs nach Emmaus, einem Dorf, das etwa elf Kilometer von Jerusalem entfernt lag. ¹⁴Auf dem Weg sprachen sie über alles, was geschehen war. ¹⁵Plötzlich kam Jesus selbst, schloss sich ihnen an und ging mit ihnen. ¹⁶Aber sie wussten nicht, wer er war, weil Gott verhinderte, dass sie ihn erkannten.

¹⁷»Worüber redet ihr?«, fragte Jesus. »Was beschäftigt euch denn so?«

Da blieben sie voller Traurigkeit stehen. ¹⁸Einer von ihnen, Kleopas, sagte: »Du bist wohl der einzige Mensch in Jerusalem, der nicht gehört hat, was sich dort in den letzten Tagen ereignet hat.«

¹⁹»Was waren das für Ereignisse?«, fragte Jesus.

»Das, was mit Jesus von Nazareth geschehen ist«, sagten sie. »Er war ein Prophet, der vor Gott und dem ganzen Volk er-

staunliche Wunder tat und mit großer Vollmacht lehrte.
²⁰Doch unsere obersten Priester und die anderen Ältesten haben ihn verhaftet, den Römern ausgeliefert und zum Tod verurteilen lassen, und er wurde gekreuzigt. ²¹Wir hatten gehofft, er sei der Christus, der Israel retten und erlösen wird. Das alles geschah vor drei Tagen. ²²Aber heute Morgen waren einige Frauen aus unserer Gemeinschaft schon früh an seinem Grab und kamen mit einem erstaunlichen Bericht zurück. ²³Sie sagten, sein Leichnam sei nicht mehr da und sie hätten Engel gesehen, die ihnen sagten, dass Jesus lebt! ²⁴Einige von uns liefen hin, um nachzuschauen, und tatsächlich war der Leichnam von Jesus verschwunden, wie die Frauen gesagt hatten.«

²⁵Darauf sagte Jesus zu ihnen: »Was seid ihr doch für unverständige Leute! Es fällt euch so schwer zu glauben, was die Propheten in der Schrift gesagt haben. ²⁶Haben sie nicht angekündigt, dass der Christus alle diese Dinge erleiden muss, bevor er verherrlicht wird?« ²⁷Und er begann bei Mose und den Propheten und erklärte ihnen alles, was in der Schrift über ihn geschrieben stand.

²⁸Mittlerweile näherten sie sich ihrem Ziel, dem Dorf Emmaus. Es schien so, als ob Jesus weitergehen wollte, ²⁹doch sie baten ihn inständig, über Nacht bei ihnen zu bleiben, da es schon dunkel wurde. Da trat er mit ihnen ins Haus. ³⁰Als sie sich hinsetzten, um zu essen, nahm er das Brot, segnete es, brach es und gab es ihnen. ³¹Da gingen ihnen die Augen auf und sie erkannten ihn. Doch im selben Augenblick verschwand er!

³²Sie sagten zueinander: »War es uns nicht seltsam warm ums Herz, als er unterwegs mit uns sprach und uns die Schrift auslegte?« ³³Und sofort brachen sie auf und gingen nach Jerusalem zurück, wo die elf Jünger und die, die bei ihnen waren, sich versammelt hatten. Als sie ankamen, wurden sie mit der Nachricht empfangen: ³⁴»Der Herr ist tatsächlich auferstanden! Er ist Petrus erschienen!«

Jesus erscheint den Jüngern

³⁵Da erzählten auch die beiden Jünger aus Emmaus ihre Geschichte, wie Jesus unterwegs mit ihnen gesprochen hatte und wie sie ihn erkannt hatten, als er das Brot brach. ³⁶Und während sie noch sprachen, stand Jesus plötzlich selbst mitten unter ihnen und sagte: »Friede sei mit euch!« ³⁷Doch sie hatten alle schreckliche Angst, weil sie dachten, sie sähen einen Geist! ³⁸»Warum fürchtet ihr euch so?«, fragte er. »Warum zweifelt ihr, wer ich bin? ³⁹Seht euch meine Hände an. Seht euch meine Füße an. Ihr könnt doch sehen, dass ich es wirklich bin. Berührt mich und vergewissert euch, dass ich kein Geist bin; denn ein Geist hat keinen Körper, und ich habe einen, wie ihr seht!« ⁴⁰Bei diesen Worten hielt er ihnen seine Hände hin und zeigte ihnen seine Füße.

⁴¹Noch immer standen sie voller Zweifel und Freude da. Er fragte sie: »Habt ihr etwas zu essen da?« ⁴²Sie reichten ihm ein Stück gebratenen Fisch, ⁴³und er aß ihn vor ihren Augen.

⁴⁴Dann sagte er: »Als ich bei euch war, habe ich euch erklärt, dass alles, was bei Mose, bei den Propheten und in den Psalmen über mich geschrieben steht, in Erfüllung gehen muss.« ⁴⁵Nun öffnete er ihnen den Blick für das Verständnis dieser Schriften. ⁴⁶Er sagte: »Es wurde vor langer Zeit aufgeschrieben, dass der Christus leiden und sterben und am dritten Tag auferstehen muss. ⁴⁷Geht in seinem Namen zu allen Völkern, angefangen in Jerusalem, ruft sie zur Umkehr auf, damit sie Vergebung der Sünden erhalten. ⁴⁸Für all dies seid ihr meine Zeugen.

⁴⁹Und nun werde ich euch den Heiligen Geist senden, wie mein Vater es versprochen hat. Ihr aber bleibt hier in der Stadt, bis der Heilige Geist kommen und euch mit Kraft aus dem Himmel erfüllen wird.«

Die Himmelfahrt

⁵⁰Dann führte Jesus sie nach Betanien. Dort hob er die Hände zum Himmel und segnete sie. ⁵¹Noch während er sie segnete, verließ er sie und wurde in den Himmel hinaufgehoben. ⁵²Sie

beteten ihn an und kehrten danach voll großer Freude nach Jerusalem zurück. [53]Und sie hielten sich die ganze Zeit über im Tempel auf und priesen Gott.

Das Evangelium von Johannes

Christus, das ewige Wort

1 [1]Am Anfang war das Wort. Das Wort war bei Gott und das Wort war Gott. [2]Er war am Anfang bei Gott. [3]Durch ihn wurde alles geschaffen, was ist. Es gibt nichts, was er, das Wort, nicht geschaffen hat. [4]Das Leben selbst war in ihm, und dieses Leben schenkt allen Menschen Licht. [5]Das Licht scheint in der Dunkelheit, und die Dunkelheit konnte es nicht auslöschen.

[6]Gott sandte Johannes den Täufer, [7]um allen Menschen von dem Licht zu erzählen, damit durch ihn alle daran glauben. [8]Johannes selbst war nicht das Licht; er war nur ein Zeuge für das Licht. [9]Der, der das wahre Licht ist, das alle Menschen erleuchtet, sollte erst noch in die Welt kommen.

[10]Doch obwohl die Welt durch ihn geschaffen wurde, erkannte die Welt ihn nicht, als er kam. [11]Er kam in die Welt, die ihm gehört, und sein eigenes Volk nahm ihn nicht auf. [12]All denen aber, die ihn aufnahmen und an seinen Namen glaubten, gab er das Recht, Gottes Kinder zu werden. [13]Sie wurden dies weder durch ihre Abstammung noch durch menschliches Bemühen oder Absicht, sondern dieses neue Leben kommt von Gott.

[14]Er, der das Wort ist, wurde Mensch und lebte unter uns. Er war voll Gnade und Wahrheit und wir wurden Zeugen seiner Herrlichkeit, der Herrlichkeit, die der Vater ihm, seinem einzigen Sohn, gegeben hat.

[15]Auf ihn wies Johannes die Menschen hin. Er rief ihnen zu: »Das ist der, von dem ich gesagt habe: ›Es kommt einer nach mir, der ist größer als ich, denn er war da, lange bevor es mich gab.‹«

[16]Aus seiner Fülle haben wir ja alle geschöpft: Eine Gnade folgte auf die andere. [17]Denn das Gesetz wurde durch Mose gegeben; Gottes Gnade und Wahrheit kamen durch Jesus Christus. [18]Niemand hat Gott je gesehen. Doch sein einziger

Sohn, der selbst Gott ist, ist dem Herzen des Vaters ganz nahe; er hat uns von ihm erzählt.

Das Zeugnis Johannes des Täufers

[19]Die führenden Männer des jüdischen Volkes schickten Priester und Leviten aus Jerusalem zu Johannes, um ihn zu fragen: »Wer bist du eigentlich?« [20]Johannes schwieg nicht, sondern bekannte klar und deutlich: »Ich bin nicht der Christus.«

[21]»Wer bist du dann?«, fragten sie. »Bist du Elia?«

»Nein«, erwiderte er.

»Bist du der Prophet?«

»Nein.«

[22]»Wer bist du dann? Sag es uns, damit wir die Antwort denen überbringen können, die uns geschickt haben. Was sagst du selbst, wer du bist?«

[23]Johannes antwortete mit den Worten des Propheten Jesaja: »Ich bin eine Stimme, die in der Wüste ruft: ›Ebnet den Weg für das Kommen des Herrn!‹«

[24]Darauf fragten ihn die Abgesandten der Pharisäer: [25]»Wenn du weder der Christus noch Elia oder der Prophet bist, mit welchem Recht taufst du dann?«

[26]Johannes antwortete ihnen: »Ich taufe nur mit Wasser, doch hier mitten unter euch steht einer, den ihr noch nicht kennt. [27]Er wird aber schon bald nach mir kommen. Ich bin nicht einmal wert, sein Diener zu sein.« [28]Diese Begebenheit ereignete sich in Betanien, einem Dorf am Ostufer des Jordan, wo Johannes taufte.

Jesus, das Lamm Gottes

[29]Am nächsten Tag, als Johannes Jesus auf sich zukommen sah, sagte er: »Seht her! Da ist das Lamm Gottes, das die Sünde der Welt wegnimmt! [30]Er ist es, von dem ich sagte: ›Bald nach mir kommt ein Mann, der größer ist als ich, denn er war da, lange bevor es mich gab.‹ [31]Ich kannte ihn nicht. Aber um Israel die Augen für ihn zu öffnen, bin ich gekommen und habe mit Wasser getauft.«

³²Und er fuhr fort: »Ich sah den Heiligen Geist wie eine Taube vom Himmel herabkommen und sich auf ihm niederlassen. ³³Ich kannte ihn nicht, doch Gott, der mir den Auftrag gegeben hat, mit Wasser zu taufen, sagte zu mir: ›Der, auf den du den Heiligen Geist herabkommen und sich niederlassen siehst, ist der, den du suchst. Er ist es, der mit dem Heiligen Geist tauft.‹ ³⁴Das habe ich nun gesehen und deshalb bezeuge ich, dass dieser Mann der Sohn Gottes ist.«

Die ersten Jünger

³⁵Am nächsten Tag stand Johannes an der gleichen Stelle und zwei seiner Jünger waren bei ihm. ³⁶Als Jesus vorüberging, blickte Johannes ihn an und rief aus: »Seht hin! Dieser ist das Lamm Gottes!« ³⁷Da wandten sich seine beiden Jünger um und folgten Jesus.

³⁸Jesus schaute sich um und sah, dass sie ihm folgten. »Was wollt ihr?«, fragte er sie.

Sie antworteten: »Rabbi« (das bedeutet: Meister), »wo wohnst du?«

³⁹»Kommt mit, dann werdet ihr es sehen«, sagte er. Es war etwa vier Uhr nachmittags, als sie mit ihm dorthin gingen, und sie blieben für den Rest des Tages dort.

⁴⁰Andreas, der Bruder von Simon Petrus, war einer der beiden Männer, die Jesus gefolgt waren, weil sie gehört hatten, was Johannes über ihn sagte. ⁴¹Sofort suchte er seinen Bruder Simon auf und erzählte ihm: »Wir haben den Messias gefunden« (das bedeutet: den Christus).

⁴²Dann nahm Andreas Simon mit zu Jesus. Jesus sah ihn aufmerksam an und sagte: »Du bist Simon, der Sohn des Johannes – doch du wirst Kephas genannt werden« (das bedeutet: Petrus).

⁴³Als Jesus am nächsten Tag beschloss, nach Galiläa zu gehen, begegnete er Philippus und sagte zu ihm: »Komm mit und folge mir nach.« ⁴⁴Philippus stammte aus Betsaida, der Heimatstadt von Andreas und Petrus.

⁴⁵Philippus machte sich auf die Suche nach Nathanael und erzählte ihm: »Wir haben den gefunden, von dem Mose und

die Propheten geschrieben haben! Es ist Jesus, der Sohn von Josef aus Nazareth.«

⁴⁶»Aus Nazareth!«, rief Nathanael aus. »Kann denn aus Nazareth etwas Gutes kommen?«

Philippus antwortete: »Komm mit und überzeuge dich selbst.«

⁴⁷Als Jesus Nathanael auf sich zukommen sah, sagte er: »Da kommt ein aufrechter Mann – ein wahrer Sohn Israels.«

⁴⁸Nathanael fragte: »Woher kennst du mich?«

Jesus antwortete: »Ich sah dich unter dem Feigenbaum, noch bevor Philippus dich rief.«

⁴⁹Da antwortete Nathanael: »Rabbi, du bist der Sohn Gottes – du bist der König Israels!«

⁵⁰Jesus entgegnete: »Glaubst du das jetzt nur, weil ich dir gesagt habe, dass ich dich unter dem Feigenbaum sah? Du wirst viel Größeres sehen.« ⁵¹Und er fuhr fort: »Ich versichere euch: Ihr werdet sehen, dass der Himmel offen steht und die Engel Gottes über dem Menschensohn hinauf- und herabsteigen.«

Die Hochzeit in Kana

2 ¹Am übernächsten Tag war die Mutter von Jesus bei einer Hochzeitsfeier in Kana, einem Dorf in Galiläa. ²Auch Jesus und seine Jünger waren zu der Feier eingeladen. ³Während des Festes ging der Wein aus, und die Mutter von Jesus machte ihn darauf aufmerksam. »Sie haben keinen Wein mehr«, sagte sie zu ihm.

⁴»Was hat das mit mir und dir zu tun?«, fragte Jesus. »Meine Zeit ist noch nicht gekommen.«

⁵Doch seine Mutter wies die Diener an: »Tut, was immer er euch befiehlt.«

⁶Im Haus gab es sechs steinerne Wasserbehälter, die für die vorgeschriebenen Reinigungshandlungen der Juden verwendet wurden und jeweils rund hundert Liter fassten. ⁷Jesus sprach zu den Dienern: »Füllt die Krüge mit Wasser.« Als sie die Krüge bis zum Rand gefüllt hatten, ⁸sagte er: »Schöpft daraus und bringt es dem Zeremonienmeister.« Sie folgten seiner Anweisung.

⁹Der Zeremonienmeister kostete von dem Wasser, das nun Wein war. Da er nicht wusste, woher der Wein kam – denn nur die Diener, die ihn geschöpft hatten, wussten es –, ließ er den Bräutigam holen. ¹⁰»Eigentlich schenkt ein Gastgeber den besseren Wein zuerst aus«, sagte er. »Später, wenn alle betrunken sind und es ihnen nichts mehr ausmacht, holt er den weniger guten. Du dagegen hast den besten Wein bis jetzt zurückbehalten!«

¹¹Durch dieses Wunder in Kana in Galiläa zeigte Jesus zum ersten Mal seine Herrlichkeit. Und seine Jünger glaubten an ihn.

¹²Nach der Hochzeit ging er nach Kapernaum, wo er einige Tage mit seiner Mutter, seinen Brüdern und seinen Jüngern verbrachte.

Jesus reinigt den Tempel

¹³Das alljährliche Passahfest stand bevor, und Jesus ging nach Jerusalem. ¹⁴Im Hof des Tempels sah er Händler, die Rinder, Schafe und Tauben als Opfertiere zum Verkauf anboten; und er sah Geldwechsler hinter ihren Tischen sitzen. ¹⁵Da machte Jesus aus Stricken eine Peitsche und jagte sie alle aus dem Tempel. Er trieb die Schafe und Rinder hinaus, warf die Münzen der Geldwechsler auf den Boden und stieß ihre Tische um. ¹⁶Dann ging er zu den Taubenverkäufern und befahl ihnen: »Schafft das alles fort. Macht aus dem Haus meines Vaters keinen Marktplatz!«

¹⁷Da erinnerten sich die Jünger an die Prophezeiung aus der Schrift: »Die Leidenschaft für dein Haus brennt in mir.«

¹⁸»Woher nimmst du das Recht, so etwas zu tun?«, fragten die Juden. »Wenn du diese Vollmacht von Gott hast, dann beweise es uns durch ein Wunder.«

¹⁹»Nun gut«, erwiderte Jesus. »Zerstört diesen Tempel, und in drei Tagen werde ich ihn wieder aufbauen.«

²⁰»Was?«, riefen sie aus. »Es hat sechsundvierzig Jahre gedauert, diesen Tempel zu bauen, und du willst ihn in drei Tagen wieder aufbauen?« ²¹Doch Jesus hatte mit »diesem Tempel« seinen eigenen Körper gemeint. ²²Später, als er von

den Toten auferstanden war, erinnerten sich die Jünger an das, was Jesus gesagt hatte. Und sie glaubten der Schrift und den Worten von Jesus.

²³Durch die Wunder, die er während des Passahfestes in Jerusalem tat, glaubten viele Menschen an seinen Namen. ²⁴Aber Jesus vertraute sich ihnen nicht an, denn er kannte sie und wusste, wie es in den Menschen wirklich aussieht. ²⁵Ihm brauchte über die menschliche Natur niemand etwas zu sagen.

Jesus und Nikodemus

3 ¹Eines Nachts kam ein Pharisäer mit Namen Nikodemus, der zu den führenden Juden zählte, ²zu Jesus. »Meister«, sagte er, »wir alle wissen, dass Gott dich gesandt hat, um uns zu lehren. Die Wunder, die du tust, beweisen, dass Gott mit dir ist.«

³Jesus erwiderte: »Ich versichere dir: Wenn jemand nicht von Neuem geboren wird, kann er das Reich Gottes nicht sehen.«

⁴»Was meinst du damit?«, rief Nikodemus aus. »Wie kann denn ein alter Mensch wieder in den Leib seiner Mutter zurückkehren und zum zweiten Mal geboren werden?«

⁵Jesus erwiderte: »Ich sage dir: Niemand kommt in das Reich Gottes, der nicht aus Wasser und Geist geboren wird. ⁶Menschen können nur menschliches Leben hervorbringen, der Heilige Geist jedoch schenkt neues Leben von Gott her. ⁷Darum wundere dich nicht, wenn ich sage, dass ihr von Neuem geboren werden müsst. ⁸Der Wind weht, wo er will. Du hörst ihn zwar, aber du kannst nicht sagen, woher er kommt oder wohin er geht. So kannst du auch nicht erklären, wie die Menschen aus dem Geist geboren werden.«

⁹»Aber wie geschieht so etwas?«, fragte Nikodemus.

¹⁰Jesus antwortete: »Du bist ein angesehener Lehrer Israels, und trotzdem weißt du das nicht? ¹¹Ich versichere dir: Wir reden nur von dem, was wir wissen und gesehen haben, und erzählen es weiter. Doch ihr wollt unseren Worten nicht glauben. ¹²Aber wenn ihr mir nicht einmal glaubt, wenn ich euch von Dingen erzähle, die hier auf Erden geschehen, wie

werdet ihr mir dann glauben können, wenn ich euch sage, was im Himmel geschieht? [13]Es ist noch nie jemand in den Himmel hinaufgestiegen, bis auf den Menschensohn, der vom Himmel herab auf die Erde gekommen ist. [14]Und wie Mose in der Wüste die Bronzeschlange auf einem Pfahl aufgerichtet hat, so muss auch der Menschensohn an einem Pfahl aufgerichtet werden, [15]damit jeder, der glaubt, das ewige Leben hat.

[16]Denn Gott hat die Welt so sehr geliebt, dass er seinen einzigen Sohn hingab, damit jeder, der an ihn glaubt, nicht verloren geht, sondern das ewige Leben hat. [17]Gott sandte seinen Sohn nicht in die Welt, um sie zu verurteilen, sondern um sie durch seinen Sohn zu retten.

[18]Wer an ihn glaubt, wird nicht verurteilt. Wer aber nicht an ihn glaubt, ist schon verurteilt, weil er nicht an den Namen des einzigen Sohnes Gottes geglaubt hat. [19]Und so vollzieht sich das Gericht: Das Licht ist vom Himmel in die Welt gekommen, aber sie liebten die Dunkelheit mehr als das Licht, weil ihre Taten böse waren. [20]Sie hassen das Licht, weil sie im Dunkeln Böses tun. Sie bleiben dem Licht fern, weil sie Angst haben, dass ihre Taten aufgedeckt werden. [21]Wer sich aber nach der Wahrheit ausrichtet, tritt ans Licht und jeder kann sehen, dass er in Verantwortung vor Gott handelt.«

Johannes der Täufer bezeugt Jesus

[22]Danach verließen Jesus und seine Jünger Jerusalem. Sie blieben aber noch eine Zeit lang in Judäa und tauften dort.

[23]Zu dieser Zeit taufte Johannes der Täufer in Änon, in der Nähe von Salim, weil es dort reichlich Wasser gab. Und viele Leute kamen zu ihm, um sich taufen zu lassen. [24]Das war, bevor Johannes ins Gefängnis geworfen wurde. [25]Eines Tages fingen die Jünger des Johannes ein Streitgespräch mit einem Juden über die Reinigungsvorschriften an. [26]Daraufhin kamen sie zu Johannes und sagten: »Meister, der Mann, dem du auf der anderen Seite des Jordan begegnet bist und auf den du hingewiesen hast – der tauft auch Menschen. Und anstatt zu uns kommen nun alle zu ihm.«

²⁷Johannes erwiderte: »Ein Mensch kann sich nichts nehmen, wenn es ihm nicht vom Himmel her gegeben wird. ²⁸Ihr wisst selbst, dass ich euch ganz offen gesagt habe: ›Ich bin nicht der Christus. Ich bin von Gott beauftragt, ihm den Weg zu bereiten – mehr nicht.‹ ²⁹Wo die Braut hingeht, da ist der Bräutigam. Und der Freund des Bräutigams, der dasteht und ihm zuhört, freut sich an der Stimme des Bräutigams. Darüber freue auch ich mich – und meine Freude ist nun vollkommen. ³⁰Er muss immer größer werden und ich immer geringer.

³¹Er ist von oben gekommen und ist größer als jeder andere. Ich bin von der Erde, und mein Verständnis beschränkt sich auf die irdischen Dinge. Davon kann ich sprechen. Er aber ist vom Himmel gekommen. ³²Er sagt, was er gesehen und gehört hat, doch niemand glaubt, was er ihnen sagt! ³³Wer ihm glaubt, bestätigt damit, dass Gott wahrhaftig ist. ³⁴Denn er ist von Gott gesandt. Und er spricht Gottes Worte, denn Gott gibt ihm seinen Geist ohne jede Einschränkung. ³⁵Der Vater liebt seinen Sohn und hat ihm Macht über alles gegeben. ³⁶Und alle, die an den Sohn Gottes glauben, haben das ewige Leben. Doch die, die dem Sohn nicht gehorchen, werden das ewige Leben nie erfahren, sondern der Zorn Gottes liegt weiterhin auf ihnen.«

Jesus und die Samaritanerin

4 ¹Jesus hörte, was den Pharisäern berichtet wurde: »Jesus macht mehr Menschen zu Jüngern und tauft mehr als Johannes.« ²Allerdings taufte Jesus nicht selbst, sondern seine Jünger. ³Da verließ er Judäa und ging wieder zurück nach Galiläa.

⁴Sein Weg führte ihn durch Samarien. ⁵Er kam zu der samaritanischen Stadt Sychar, in der Nähe des Feldes, das Jakob seinem Sohn Josef gegeben hatte. ⁶Dort befand sich der Jakobsbrunnen. Erschöpft von der langen Wanderung setzte Jesus sich um die Mittagszeit an den Brunnen. ⁷Kurz darauf kam eine Samaritanerin, um Wasser zu schöpfen. Jesus sagte zu ihr: »Bitte, gib mir zu trinken.« ⁸Er war zu diesem Zeit-

punkt allein, denn seine Jünger waren ins Dorf gegangen, um etwas zu essen zu kaufen.

⁹Die Frau war überrascht, denn sonst wollen die Juden nichts mit den Samaritanern zu tun haben. Sie erwiderte: »Du bist ein Jude und ich bin eine Samaritanerin. Warum bittest du mich, dir zu trinken zu geben?«

¹⁰Jesus antwortete: »Wenn du wüsstest, welche Gabe Gott für dich bereithält und wer der ist, der zu dir sagt: ›Gib mir zu trinken‹, dann wärst du diejenige, die ihn bittet, und er würde dir lebendiges Wasser geben.«

¹¹»Aber, Herr, du hast weder ein Seil noch einen Eimer«, entgegnete sie, »und dieser Brunnen ist sehr tief. Woher willst du denn dieses lebendige Wasser nehmen? ¹²Bist du etwa größer als unser Vater Jakob, der uns diesen Brunnen hinterließ? Wie kannst du besseres Wasser versprechen, als er und seine Söhne und sein Vieh hatten?«

¹³Jesus erwiderte: »Wenn die Menschen dieses Wasser getrunken haben, werden sie schon nach kurzer Zeit wieder durstig. ¹⁴Wer aber von dem Wasser trinkt, das ich ihm geben werde, der wird niemals mehr Durst haben. Das Wasser, das ich ihm gebe, wird in ihm zu einer nie versiegenden Quelle, die unaufhörlich bis ins ewige Leben fließt.«

¹⁵»Bitte, Herr«, sagte die Frau, »gib mir von diesem Wasser! Dann werde ich nie wieder durstig und brauche nicht mehr herzukommen, um Wasser zu schöpfen.«

¹⁶»Geh, rufe deinen Mann und komm mit ihm hierher«, sagte Jesus zu ihr.

¹⁷»Ich habe keinen Mann«, entgegnete die Frau.

Jesus sagte: »Das stimmt! Du hast keinen Mann. ¹⁸Du hattest fünf Ehemänner, und mit dem Mann, mit dem du jetzt zusammenlebst, bist du nicht verheiratet. Das hast du richtig gesagt.«

¹⁹»Herr«, sagte die Frau, »ich sehe, dass du ein Prophet bist. ²⁰Sage mir doch, warum ihr Juden darauf besteht, dass Jerusalem der einzige Ort ist, um Gott anzubeten. Wir Samaritaner dagegen behaupten, dass es dieser Berg hier ist, wo unsere Vorfahren gebetet haben.«

²¹Jesus erwiderte: »Glaube mir, es kommt die Zeit, in der es keine Rolle mehr spielt, ob ihr den Vater hier oder in Jerusalem anbetet. ²²Ihr Samaritaner wisst wenig über den, den ihr anbetet – wir Juden dagegen kennen ihn, denn die Erlösung kommt durch die Juden. ²³Aber die Zeit kommt, ja sie ist schon da, in der die wahren Anbeter den Vater im Geist und in der Wahrheit anbeten. Der Vater sucht Menschen, die ihn so anbeten. ²⁴Denn Gott ist Geist; deshalb müssen die, die ihn anbeten wollen, ihn im Geist und in der Wahrheit anbeten.«

²⁵Die Frau sagte: »Ich weiß, dass der Messias kommen wird – der, den man den Christus nennt. Wenn er kommt, wird er uns alle diese Dinge erklären.«

²⁶Da sagte Jesus zu ihr: »Ich bin es, der mit dir spricht!«

²⁷In diesem Augenblick kehrten seine Jünger zurück. Sie waren erstaunt, ihn im Gespräch mit einer Frau zu sehen, aber keiner fragte ihn, warum er das tat oder worüber sie gesprochen hatten. ²⁸Die Frau ließ ihren Krug neben dem Brunnen stehen, lief ins Dorf zurück und erzählte allen: ²⁹»Kommt mit und lernt einen Mann kennen, der mir alles ins Gesicht gesagt hat, was ich jemals getan habe! Könnte das vielleicht der Christus sein?« ³⁰Da strömten die Leute aus dem Dorf herbei, um ihn zu sehen.

³¹Inzwischen drängten die Jünger Jesus, etwas zu essen. ³²»Nein«, sagte er, »ich lebe von einer Nahrung, von der ihr nichts wisst.«

³³»Wer sie ihm wohl gebracht hat?«, fragten die Jünger einander.

³⁴Da erklärte Jesus: »Meine Nahrung ist, dass ich den Willen Gottes tue, der mich gesandt hat, und sein Werk vollende. ³⁵Meint ihr etwa, dass erst in vier Monaten zum Ende des Sommers die Zeit der Ernte beginnen wird? Schaut euch doch um! Überall reifen die Felder heran und sind schon jetzt bereit zur Ernte. ³⁶Der Erntearbeiter erhält guten Lohn, und die Früchte, die er einsammelt, sind Menschen, die zum ewigen Leben geführt werden. Welche Freude erwartet beide zugleich: den, der pflanzt, und den, der erntet! ³⁷Ihr kennt den Spruch: ›Der eine pflanzt und ein anderer erntet.‹ Das ist

wahr. ³⁸Ich habe euch ausgesandt zu ernten, was ihr vorher nicht selbst erarbeitet habt; andere hatten diese Arbeit schon getan, und ihr werdet nun die Ernte einbringen.«

Viele Samaritaner glauben

³⁹Viele Samaritaner aus dem Dorf glaubten nun an Jesus, weil die Frau ihnen erzählt hatte: »Er hat mir alles ins Gesicht gesagt, was ich jemals getan habe!« ⁴⁰Als sie dann mit Jesus zusammentrafen, baten sie ihn, bei ihnen zu bleiben. Deshalb blieb er noch zwei Tage ⁴¹und noch viel mehr Menschen hörten seine Botschaft und glaubten an ihn. ⁴²Zu der Frau sagten sie: »Nun glauben wir, weil wir ihn selbst gehört haben, und nicht nur aufgrund deiner Worte. Jetzt wissen wir, dass er wirklich der Retter der Welt ist.«

Jesus heilt den Sohn eines Beamten

⁴³Nach diesen zwei Tagen setzte Jesus seine Reise nach Galiläa fort. ⁴⁴Jesus hatte selbst einmal gesagt: »Ein Prophet wird überall geehrt, nur nicht in seiner eigenen Heimat.« ⁴⁵Doch als er dort ankam, nahmen ihn die Galiläer herzlich auf. Denn sie waren beim Passahfest in Jerusalem gewesen und hatten gesehen, was er dort getan hatte.

⁴⁶Seine Reise durch Galiläa führte ihn auch wieder in die Stadt Kana, wo er das Wasser in Wein verwandelt hatte. In Kapernaum lebte ein königlicher Beamter, dessen Sohn krank war. ⁴⁷Als er hörte, dass Jesus aus Judäa gekommen war und durch Galiläa reiste, brach er nach Kana auf. Er suchte Jesus und bat ihn, mit ihm nach Kapernaum herabzukommen und seinen Sohn zu heilen, der im Sterben lag.

⁴⁸Jesus sagte: »Wenn ihr nicht Zeichen und Wunder seht, glaubt ihr nicht an mich.«

⁴⁹Doch der Beamte sagte zu ihm: »Herr, bitte komm zu mir herab nach Kapernaum, ehe mein kleiner Junge stirbt.«

⁵⁰Da sagte Jesus zu ihm: »Geh zurück nach Hause! Dein Sohn lebt.« Der Mann glaubte dem Wort, das Jesus zu ihm gesagt hatte, und machte sich auf den Heimweg.

⁵¹Unterwegs kamen ihm einige seiner Knechte mit der

Nachricht entgegen, dass sein Sohn lebte und gesund war. [52]Er fragte sie, seit wann genau es dem Jungen wieder besser gehe, und sie erwiderten: »Gestern Mittag um ein Uhr verschwand das Fieber!« [53]Da erkannte der Vater, dass es genau der Zeitpunkt gewesen war, an dem Jesus ihm gesagt hatte: »Dein Sohn lebt.« Und der Beamte und sein ganzes Haus glaubten an Jesus. [54]Das war das zweite Wunder von Jesus in Galiläa, nachdem er aus Judäa gekommen war.

Jesus heilt einen Gelähmten

5 [1]Danach ging Jesus zu einem der jüdischen Feste nach Jerusalem hinauf. [2]Innerhalb der Stadtmauern, in der Nähe des Schaftores, befindet sich ein Teich mit fünf Säulenhallen, der auf Hebräisch Bethesda genannt wird. [3]Scharen von kranken Menschen – Blinde, Gelähmte oder Verkrüppelte – lagen in den Hallen. [5]Einer der Männer, die dort lagen, war seit achtunddreißig Jahren krank. [6]Als Jesus ihn sah und erfuhr, wie lange er schon krank war, fragte er ihn: »Willst du gesund werden?«

[7]»Herr, ich kann nicht«, sagte der Kranke, »denn ich habe niemanden, der mich in den Teich trägt, wenn sich das Wasser bewegt. Während ich noch versuche hinzugelangen, steigt immer schon ein anderer vor mir hinein.«

[8]Jesus sagte zu ihm: »Steh auf, nimm deine Matte und geh!«

[9]Im selben Augenblick war der Mann geheilt! Er rollte die Matte zusammen und begann umherzugehen. Doch dies geschah an einem Sabbat, [10]und das wollten die führenden Männer des jüdischen Volkes nicht dulden. Sie sagten zu dem Mann, der geheilt worden war: »Du darfst am Sabbat nicht arbeiten! Es ist gegen das Gesetz, diese Matte herumzutragen!«

[11]Er entgegnete: »Der Mann, der mich geheilt hat, sagte zu mir: ›Nimm deine Matte und geh!‹«

[12]»Wer ist dieser Mann, der das zu dir gesagt hat?«, fragten sie.

[13]Der geheilte Mann wusste es aber nicht, denn Jesus war in der Menge verschwunden. [14]Später traf Jesus den Mann im

Tempel wieder und sagte zu ihm: »Du bist jetzt gesund. Nun höre auf zu sündigen, damit dir nicht noch etwas Schlimmeres widerfährt.« [15]Danach suchte der Mann die führenden Juden wieder auf und berichtete ihnen, dass es Jesus war, der ihn geheilt hatte.

Jesus sagt, dass er Gottes Sohn ist

[16]Von da an verfolgten die führenden Juden Jesus, weil er dies an einem Sabbat getan hatte. [17]Doch Jesus entgegnete ihnen: »Mein Vater hat bis heute nicht aufgehört zu wirken und deshalb wirke ich auch.« [18]Danach versuchten sie erst recht, ihn zu töten, hatte er doch nicht nur den Sabbat aufgehoben, sondern auch Gott als seinen Vater bezeichnet und sich damit Gott gleichgestellt.

[19]Daraufhin erwiderte Jesus: »Ich versichere euch: Der Sohn kann nichts aus sich heraus tun. Er tut nur, was er den Vater tun sieht. Was immer der Vater tut, das tut auch der Sohn. [20]Denn der Vater liebt den Sohn und zeigt ihm alles, was er selbst tut; und der Sohn wird noch weit Größeres tun. Ihr werdet staunen über das, was er tun wird. [21]Er wird von den Toten auferwecken und lebendig machen, wen er will, genau wie der Vater. [22]Und der Vater richtet niemanden, sondern das Gericht hat er ganz in die Hände seines Sohnes gegeben, [23]damit alle den Sohn ebenso ehren, wie sie den Vater ehren. Doch wer den Sohn nicht ehrt, ehrt auch den Vater nicht, der ihn gesandt hat.

[24]Ich versichere euch: Wer meine Botschaft hört und an Gott glaubt, der mich gesandt hat, der hat das ewige Leben. Er wird nicht für seine Sünden verurteilt werden, sondern ist bereits den Schritt vom Tod ins Leben gegangen.

[25]Und ich versichere euch: Die Zeit kommt, ja sie ist bereits da, in der die Toten die Stimme des Sohnes Gottes hören werden. Und wer sie hört, wird leben. [26]Der Vater hat Leben aus sich selbst heraus, und er hat auch seinem Sohn die Vollmacht gegeben, aus sich selbst heraus Leben zu haben. [27]Und er verlieh ihm die Vollmacht, die ganze Menschheit zu richten, weil er der Menschensohn ist. [28]Wundert euch nicht! Die Zeit wird

kommen, in der die Toten in ihren Gräbern die Stimme des Sohnes Gottes hören [29]und auferstehen werden. Diejenigen, die Gutes getan haben, werden zum ewigen Leben auferstehen, und diejenigen, die Schlechtes getan haben, werden zum Gericht auferstehen. [30]Doch ich tue nichts, ohne den Vater zu fragen, sondern richte, wie er mir rät. Und mein Urteil ist vollkommen gerecht, weil es nicht meinem, sondern dem Willen des Vaters entspricht, der mich gesandt hat; ich richte nicht aus mir selbst heraus.

Zeugen für Jesus

[31]Wenn ich als Zeuge für mich selbst auftreten würde, wäre mein Zeugnis nicht glaubwürdig. [32]Doch es gibt noch einen anderen Zeugen für mich, und ich weiß, dass alles, was er über mich sagt, wahr ist. [33]Ihr habt Boten zu Johannes dem Täufer geschickt, um ihn zu hören, und er hat die Wahrheit gesagt. [34]Das beste Zeugnis für mich stammt jedoch nicht von einem Menschen; ich habe euch nur an das Zeugnis von Johannes erinnert, damit ihr gerettet werdet. [35]Johannes leuchtete eine Weile als helles Licht und ihr habt euch eine Zeit lang an seinem Licht erfreut. [36]Doch ich habe ein größeres Zeugnis als das von Johannes: meine Taten. Sie sind mir vom Vater gegeben, damit ich sie ausführe und vollende, und sie bezeugen, dass der Vater mich gesandt hat. [37]Aber auch der Vater selbst hat für mich Zeugnis abgelegt. Ihr habt seine Stimme nie gehört, ihr habt ihn nie von Angesicht zu Angesicht gesehen, [38]und ihr tragt seine Botschaft nicht in euren Herzen, weil ihr mir – dem, den er gesandt hat – nicht glaubt.

[39]Ihr forscht in der Schrift, weil ihr glaubt, dass sie euch das ewige Leben geben kann. Und gerade sie verweist auf mich! [40]Dennoch weigert ihr euch, zu mir zu kommen, damit ich euch das ewige Leben schenken kann.

[41]Eure Zustimmung oder Ablehnung kümmert mich nicht, [42]weil ich weiß, dass ihr Gottes Liebe nicht in euch habt. [43]Ich bin im Namen meines Vaters gekommen, aber ihr wollt mich nicht akzeptieren, obwohl ihr andere, die nur in ihrem eigenen Namen auftreten, bereitwillig akzeptieren werdet. [44]Kein

Wunder, dass ihr nicht glauben könnt! Denn ihr seid stets bereit, euch gegenseitig zu ehren, die Ehre aber, die nur von Gott kommen kann, bedeutet euch nichts.

⁴⁵Meint nicht, dass ich es bin, der euch beim Vater anklagen wird. Mose wird euch anklagen! Ja, Mose, auf den ihr eure Hoffnungen gesetzt habt. ⁴⁶Wenn ihr Mose geglaubt hättet, dann hättet ihr mir geglaubt, denn er hat über mich geschrieben. ⁴⁷Und wenn ihr schon nicht glaubt, was er aufgeschrieben hat, wie werdet ihr da glauben, was ich sage?«

Mehr als fünftausend Menschen werden satt

6 ¹Danach ging Jesus auf die andere Seite des galiläischen Meeres, das auch als See von Tiberias bekannt ist. ²Eine große Menschenmenge folgte ihm, weil sie seine Wunder sahen, mit denen er die Kranken heilte. ³Jesus stieg in die Berge hinauf und lagerte dort mit seinen Jüngern. ⁴Es war kurz vor dem jährlichen Passahfest, das die Juden feiern. ⁵Als Jesus seinen Blick hob, sah er eine große Menschenmenge auf der Suche nach ihm die Berge heraufkommen. Er wandte sich an Philippus und fragte: »Philippus, wo können wir so viel Brot kaufen, dass all diese Menschen zu essen bekommen?« ⁶Er stellte Philippus jedoch nur auf die Probe, denn er wusste schon, was er tun würde.

⁷Philippus antwortete: »Es würde ein kleines Vermögen kosten, sie mit Nahrung zu versorgen!«

⁸Ein anderer Jünger, Andreas, der Bruder von Simon Petrus, meldete sich zu Wort: ⁹»Hier ist ein kleiner Junge mit fünf Gerstenbroten und zwei Fischen. Doch was nützt uns das bei so vielen Menschen?«

¹⁰»Sagt den Leuten, sie sollen sich hinsetzen«, befahl Jesus. Da ließen sich alle – allein die Männer zählten schon fünftausend – auf den grasbewachsenen Hängen nieder. ¹¹Dann nahm Jesus die Brote, dankte Gott und reichte sie den Menschen, wie viel sie auch wollten. Ebenso machte er es mit den Fischen. ¹²Und alle aßen, bis sie satt waren. »Sammelt die Reste wieder ein«, wies Jesus seine Jünger an, »damit nichts umkommt.« ¹³Am Anfang waren es nur fünf Gerstenbrote gewe-

sen, doch nach dem Essen wurden zwölf Körbe mit den Brot-
resten gefüllt, die übrig geblieben waren!

¹⁴Als die Leute dieses Wunder sahen, riefen sie aus: »Dieser
ist wirklich der Prophet, den wir erwartet haben. Er ist es, der
in die Welt kommen soll.« ¹⁵Jesus merkte, dass sie im Begriff
waren, ihn mit Gewalt aufzuhalten und zum König zu machen. Da zog er sich wieder auf den Berg zurück und blieb
dort für sich allein.

Jesus geht auf dem Wasser

¹⁶Am Abend gingen seine Jünger zum Ufer hinunter, um dort
auf ihn zu warten. ¹⁷Doch als es dunkel wurde und Jesus noch
immer nicht kam, stiegen sie ins Boot, um über den See nach
Kapernaum zu fahren. ¹⁸Da überraschte sie auf dem See ein
Sturm, der das Wasser aufpeitschte. ¹⁹Sie waren etwa fünf Kilometer weit gekommen, als sie plötzlich Jesus übers Wasser
auf ihr Boot zukommen sahen. Sie erschraken fürchterlich,
²⁰doch er rief ihnen zu: »Ich bin es! Habt keine Angst.« ²¹Sie
beeilten sich, ihn ins Boot zu holen, und schon war das Boot
am Ufer angekommen!

Jesus, das Brot des Lebens

²²Am nächsten Tag versammelten sich die Menschen wieder
auf der anderen Seite des Sees und warteten auf Jesus. Sie
wussten, dass er mit seinen Jüngern zusammen herüberge-
kommen war, die Jünger dann jedoch allein im Boot fort-
gefahren waren und ihn zurückgelassen hatten. ²³Mehrere
Boote aus Tiberias legten in der Nähe der Stelle an, wo sie
nach einem Dankgebet des Herrn das Brot gegessen hatten.
²⁴Als die Menge sah, dass weder Jesus noch die Jünger da
waren, stiegen sie in die Boote und fuhren nach Kapernaum
hinüber, um ihn zu suchen. ²⁵Als sie dort ankamen und ihn
fanden, fragten sie: »Rabbi, wie bist du hierher gekommen?«

²⁶Jesus erwiderte: »Ich sage euch. Ihr wollt bei mir sein, weil
ich euch satt gemacht habe, und nicht weil ihr das Wunder
gesehen habt. ²⁷Ihr solltet euch um vergängliche Dinge wie
Nahrung nicht solche Sorgen machen. Sucht stattdessen, was

euch in das ewige Leben führt, das der Menschensohn euch schenken kann. Denn dazu hat Gott, der Vater, ihn gesandt.«

²⁸Sie erwiderten: »Was sollen wir denn nach dem Willen Gottes tun?«

²⁹Jesus erklärte: »Dies ist der Wille Gottes, dass ihr an den glaubt, den er gesandt hat.«

³⁰Sie entgegneten: »Wenn du willst, dass wir an dich glauben, dann zeige uns ein Wunder. Was wirst du für uns tun? ³¹Immerhin haben unsere Vorfahren auf ihrer Wüstenwanderung Manna gegessen! In der Schrift heißt es: ›Mose gab ihnen Brot vom Himmel zu essen.‹«

³²Jesus sagte: »Ich versichere euch: Nicht Mose hat euch das Brot vom Himmel gegeben, sondern mein Vater gibt euch das wahre Brot vom Himmel. ³³Das Brot, das Gott gibt, ist der, der vom Himmel herabkommt und der Welt das Leben gibt.«

³⁴»Herr«, sagten sie, »gib uns dieses Brot an jedem Tag unseres Lebens.«

³⁵Jesus erwiderte: »Ich bin das Brot des Lebens. Wer zu mir kommt, wird nie wieder hungern. Wer an mich glaubt, wird nie wieder Durst haben. ³⁶Doch ihr habt nicht an mich geglaubt, obwohl ihr mich gesehen habt. ³⁷Alle aber, die der Vater mir gegeben hat, werden zu mir kommen, und ich werde sie nicht zurückweisen oder hinausstoßen. ³⁸Denn ich bin vom Himmel herabgekommen, um den Willen Gottes zu tun, der mich gesandt hat, und nicht, um zu tun, was ich selbst will. ³⁹Und es ist der Wille Gottes, dass ich von allen, die er mir gegeben hat, auch nicht einen einzigen verliere, sondern sie am letzten Tag zum ewigen Leben auferwecke. ⁴⁰Denn mein Vater will, dass alle, die seinen Sohn sehen und an ihn glauben, das ewige Leben haben – und dass ich sie am letzten Tag auferwecke.«

⁴¹Da fingen die Leute an aufzubegehren, weil er gesagt hatte: »Ich bin das Brot, das vom Himmel herabgekommen ist.« ⁴²Sie sagten: »Das ist doch Jesus, der Sohn Josefs. Wir kennen seinen Vater und seine Mutter. Wie kann er jetzt sagen: ›Ich bin vom Himmel herabgekommen‹?«

⁴³Aber Jesus erwiderte: »Empört euch nicht über das, was

ich gesagt habe. ⁴⁴Niemand kann zu mir kommen, wenn der Vater, der mich gesandt hat, ihn nicht zu mir zieht; und am letzten Tag werde ich ihn von den Toten auferwecken. ⁴⁵In den Propheten steht geschrieben: ›Sie werden alle von Gott unterwiesen sein.‹ Wer aber den Vater hört und von ihm lernt, der kommt zu mir. ⁴⁶Nicht, dass irgendjemand den Vater je gesehen hat. Nur der eine, der von Gott kommt, hat den Vater gesehen.

⁴⁷Ich versichere euch: Wer an mich glaubt, hat schon das ewige Leben. ⁴⁸Ja, ich bin das Brot des Lebens! ⁴⁹Eure Vorfahren aßen Manna in der Wüste, doch sie sind alle gestorben. ⁵⁰Dieses aber ist das Brot, das vom Himmel herabkommt. Wer davon isst, wird nicht sterben. ⁵¹Ich bin das lebendige Brot, das vom Himmel herabgekommen ist. Wer dieses Brot isst, wird ewig leben; dieses Brot ist mein Fleisch, ich gebe es, damit die Welt leben kann.«

⁵²Da fingen die Leute an zu streiten. »Wie kann dieser Mann uns sein Fleisch zu essen geben?«, fragten sie.

⁵³Deshalb sagte Jesus noch einmal: »Ich sage euch: Wenn ihr das Fleisch des Menschensohnes nicht esst und sein Blut nicht trinkt, könnt ihr das ewige Leben nicht in euch haben. ⁵⁴Wer aber mein Fleisch isst und mein Blut trinkt, hat das ewige Leben, und ich werde ihn am letzten Tag auferwecken. ⁵⁵Denn mein Fleisch ist die wahre Nahrung und mein Blut der wahre Trank. ⁵⁶Wer mein Fleisch isst und mein Blut trinkt, bleibt in mir und ich in ihm. ⁵⁷Ich lebe durch die Macht des lebendigen Vaters, der mich gesandt hat, und ebenso werden alle, die an mir teilhaben, durch mich leben. ⁵⁸Dies ist das Brot, das vom Himmel herabkommt. Wer dieses Brot isst, wird ewig leben und nicht sterben wie eure Vorfahren, die das Manna aßen.«

⁵⁹Dies alles sagte er, als er in der Synagoge von Kapernaum lehrte.

Viele Jünger verlassen Jesus

⁶⁰Daraufhin sagten selbst einige seiner Jünger: »Das ist ungeheuerlich. Wie kann man das glauben?«

⁶¹Jesus wusste, dass seine Jünger sich über seine Worte auf-

regten; deshalb sagte er zu ihnen: »Nehmt ihr daran Anstoß?
[62]Was werdet ihr dann erst denken, wenn ihr den Menschensohn wieder in den Himmel zurückkehren seht? [63]Es ist der Geist, der lebendig macht. Das Fleisch hat keine Macht. Die Worte aber, die ich euch gesagt habe, sind Geist und Leben. [64]Doch einige von euch glauben mir nicht.« Denn Jesus wusste von Anfang an, wer die waren, die nicht glaubten, und er wusste auch, wer ihn verraten würde. [65]Er fuhr fort: »Deshalb habe ich gesagt: Niemand kann zu mir kommen, wenn der Vater ihn nicht zu mir zieht.«

[66]Von da an wandten sich viele seiner Jünger von ihm ab und folgten ihm nicht mehr nach. [67]Da fragte Jesus die zwölf: »Werdet ihr auch weggehen?«

[68]Simon Petrus antwortete: »Herr, zu wem sollten wir gehen? Nur du hast Worte, die ewiges Leben schenken. [69]Wir glauben und haben erkannt, dass du der Heilige Gottes bist.«

[70]Da sagte Jesus: »Ich habe euch zwölf auserwählt, aber einer von euch ist ein Teufel.« [71]Er sprach von Judas, dem Sohn des Simon Iskariot, einem der zwölf, der ihn später verriet.

Jesus und seine Brüder

7 [1]Jesus blieb noch eine Weile in Galiläa und zog von Dorf zu Dorf. Er mied Judäa, denn dort schmiedeten die führenden Männer des jüdischen Volkes Mordpläne gegen ihn. [2]Doch die Zeit des Laubhüttenfestes rückte näher, [3]und seine Brüder drängten ihn, zum Fest nach Judäa mitzugehen. »Geh doch nach Judäa, damit deine Jünger deine Wunder sehen können, die du tust!«, spotteten sie. [4]»Wenn du dich so versteckst, wirst du nie bekannt werden! Falls du wirklich so wunderbare Dinge tun kannst, dann beweise es vor aller Welt!« [5]Denn selbst seine Brüder glaubten nicht an ihn.

[6]Jesus erwiderte: »Für mich ist der richtige Zeitpunkt noch nicht da; aber ihr könnt jederzeit gehen. [7]Euch kann die Welt nicht hassen. Mich dagegen hasst sie, weil ich sage, dass ihre Taten böse sind. [8]Geht ihr nur hinauf zum Fest. Ich bin noch nicht so weit, zu diesem Fest zu gehen, weil meine Zeit noch nicht gekommen ist.« [9]Und Jesus blieb in Galiläa.

Jesus lehrt öffentlich im Tempel

¹⁰Doch nachdem seine Brüder zum Fest aufgebrochen waren, folgte ihnen Jesus, allerdings heimlich und ohne öffentliches Aufsehen zu erregen. ¹¹Die führenden Männer des jüdischen Volkes ließen ihn suchen und fragten überall nach ihm. ¹²Die Menschen sprachen untereinander heimlich über ihn. Ein paar sagten: »Er ist ein guter Mensch«, andere meinten: »Er ist nichts als ein Betrüger, der die Leute verführt.« ¹³Aber keiner hatte den Mut, in aller Öffentlichkeit für ihn einzutreten, weil sie den Konflikt mit den führenden Juden scheuten.

¹⁴Als das Fest zur Hälfte vorüber war, ging Jesus zum Tempel hinauf und begann zu lehren. ¹⁵Die Juden waren zutiefst erstaunt, als sie ihn hörten. »Woher weiß er das alles, ohne dass er die Schrift studiert hat?«, fragten sie.

¹⁶Da sagte Jesus zu ihnen: »Ich lehre nicht meine eigenen Gedanken, sondern die Gedanken Gottes, der mich gesandt hat. ¹⁷Wer den Willen Gottes tun will, wird erkennen, ob meine Lehre von Gott kommt oder ob ich aus mir selbst heraus rede. ¹⁸Wer nur seine eigenen Anschauungen vertritt, sucht Anerkennung für sich selbst. Wer aber den ehren will, der ihn gesandt hat, der ist glaubwürdig und ohne falsche Absichten. ¹⁹Keiner von euch gehorcht dem Gesetz, das Mose euch gab, ja ihr versucht sogar, mich zu töten! Mit welchem Recht?«

²⁰Die Menge erwiderte: »Du bist ja von einem Dämon besessen! Wer will dich töten?«

²¹Jesus erwiderte: »Eine einzige Tat habe ich am Sabbat getan, an der ihr Anstoß nehmt. ²²Aber auch ihr arbeitet am Sabbat, wenn ihr einen Menschen an diesem Tag beschneidet, weil Mose euch das Gesetz der Beschneidung gab. Dabei ist der Brauch der Beschneidung älter als das mosaische Gesetz; er geht auf die Stammväter zurück. ²³Denn wenn der vorgeschriebene Zeitpunkt für die Beschneidung eurer Söhne auf einen Sabbat fällt, dann vollzieht ihr die Beschneidung, um das mosaische Gesetz nicht zu brechen. Warum also empört ihr euch und verurteilt mich? Weil ich einen Menschen am Sabbat geheilt habe? ²⁴Denkt darüber nach

und richtet nicht nach dem äußeren Schein, sondern richtet gerecht!«

Ist Jesus der Messias?

[25]Einige Leute aus Jerusalem sagten zueinander: »Ist das nicht der Mann, den sie umbringen wollen? [26]Da lehrt er hier in aller Öffentlichkeit, und sie schweigen dazu. Haben sie etwa erkannt, dass er wirklich der Christus ist? [27]Aber wie könnte das sein? Wir wissen doch, woher dieser Mann stammt. Wenn der Christus kommt, wird er einfach da sein, ohne dass jemand weiß, woher er kommt.«

[28]Während Jesus im Tempel lehrte, rief er: »Ja, ihr denkt, ihr kennt mich und wisst, woher ich komme. Doch ich komme nicht in meinem eigenen Auftrag, sondern im Namen dessen, der mich gesandt hat. Doch den kennt ihr nicht. [29]Ich aber kenne ihn, denn ich komme von ihm, und er hat mich gesandt.« [30]Da wollten sie ihn verhaften lassen, aber niemand legte Hand an ihn, denn seine Zeit war noch nicht gekommen.

[31]Viele von den Menschen im Tempel glaubten an ihn. »Denn«, so sagten sie, »würde man von Christus mehr Wunder erwarten, als dieser Mann sie getan hat?«

[32]Als die Pharisäer diese und ähnliche Äußerungen der Leute hörten, schickten sie und die obersten Priester Männer der Tempelwache aus, um Jesus verhaften zu lassen. [33]Doch Jesus sagte zu ihnen: »Ich werde nur noch kurze Zeit hier sein. Dann werde ich zu dem zurückkehren, der mich gesandt hat. [34]Ihr werdet nach mir suchen, doch ihr werdet mich nicht finden. Und ihr werdet nicht dorthin kommen können, wo ich dann bin.«

[35]Diese Aussage irritierte die Juden. »Wo will er hingehen, sodass wir ihn nicht finden können?«, fragten sie. »Will er etwa das Land verlassen und zu den Juden in anderen Ländern gehen, ja vielleicht sogar zu den Heiden? [36]Was meint er mit den Worten: ›Ihr werdet nach mir suchen, doch ihr werdet mich nicht finden‹, oder ›Ihr werdet nicht dorthin kommen können, wo ich dann bin‹?«

Jesus verspricht lebendiges Wasser

[37]Am letzten Tag, dem Höhepunkt des Festes, stellte Jesus sich hin und rief der Menge zu: »Wenn jemand Durst hat, soll er zu mir kommen und trinken! [38]Wer an mich glaubt, aus dessen Innerem werden Ströme lebendigen Wassers fließen, wie es in der Schrift heißt.« [39]Mit dem »lebendigen Wasser« meinte er den Geist, der jedem zuteilwerden sollte, der an ihn glaubte. Aber der Geist war noch nicht gekommen, weil Jesus noch nicht verherrlicht worden war.

Spaltung und Unglauben

[40]Als die Menge das hörte, meinten einige: »Bestimmt ist dieser Mann der Prophet.« [41]Andere sagten: »Er ist der Christus.« Wieder andere wandten dagegen ein: »Das kann nicht sein! Oder kommt der Christus etwa aus Galiläa? [42]In der Schrift steht, dass der Messias aus dem königlichen Geschlecht Davids geboren wird, und zwar in Bethlehem, dem Dorf, in dem David geboren wurde.« [43]So war die Menge unterschiedlicher Meinung über ihn. [44]Und einige wollten ihn verhaften lassen, aber niemand legte Hand an ihn.

[45]Die Männer der Tempelwache, die ausgeschickt worden waren, um ihn zu verhaften, kehrten unverrichteter Dinge zu den obersten Priestern und Pharisäern zurück. »Warum habt ihr ihn nicht hergebracht?«, wollten diese wissen.

[46]»Noch nie haben wir einen Menschen so sprechen hören!«, antworteten die Männer.

[47]»Habt ihr euch etwa auch von ihm in die Irre führen lassen?«, spotteten die Pharisäer. [48]»Glaubt auch nur ein Einziger der oberen Priester oder Pharisäer an ihn? [49]Aber nur dieses Volk, diese Menschen, die das Gesetz nicht kennen, diese Menschen, die verflucht sind!«

[50]Da sagte Nikodemus, der selbst Pharisäer war und Jesus einmal aufgesucht hatte: [51]»Entspricht es etwa unserem Gesetz, einen Mann zu verurteilen, ehe man ihn angehört und erkannt hat, ob er schuldig ist?«

[52]Sie erwiderten: »Stammst du etwa auch aus Galiläa? For-

sche doch in der Schrift nach, dann wirst du es selbst sehen:
Aus Galiläa kommt kein Prophet!«
   ⁵³Da trennten sie sich und jeder ging nach Hause.

Eine Frau wird beim Ehebruch ertappt

8 ¹Jesus ging zum Ölberg zurück, ²doch schon früh am Morgen war er wieder im Tempel. Bald hatte sich eine Menschenmenge um ihn versammelt, und er setzte sich und unterwies sie. ³Während er sprach, brachten die Gesetzeslehrer und Pharisäer eine Frau herein, die sie beim Ehebruch ertappt hatten. Sie stellten sie in die Mitte.

   ⁴»Meister«, sagten sie zu Jesus, »diese Frau ist auf frischer Tat beim Ehebruch ertappt worden. ⁵Nach dem Gesetz Moses muss sie gesteinigt werden. Was sagst du dazu?«

   ⁶Damit wollten sie ihn zu einer Aussage verleiten, die sie gegen ihn verwenden konnten. Doch Jesus bückte sich und schrieb mit dem Finger in den Staub. ⁷Aber sie ließen nicht locker und verlangten eine Antwort. Schließlich richtete er sich auf und sagte: »Wer von euch ohne Sünde ist, der soll den ersten Stein auf sie werfen!« ⁸Damit bückte er sich wieder und schrieb weiter in den Staub.

   ⁹Als die Ankläger das hörten, machten sie sich einer nach dem anderen davon, die Ältesten zuerst. Schließlich war Jesus allein mit der Frau, die noch immer an der gleichen Stelle in der Mitte stand. ¹⁰Da richtete Jesus sich wieder auf und sagte zu ihr: »Wo sind sie? Hat dich keiner von ihnen verurteilt?«

   ¹¹»Niemand, Herr«, antwortete sie.

   »Dann verurteile ich dich auch nicht«, erklärte Jesus. »Geh und sündige nicht mehr.«

Jesus, das Licht der Welt

¹²Jesus sagte zu den Leuten: »Ich bin das Licht der Welt. Wer mir nachfolgt, braucht nicht im Dunkeln umherzuirren, denn er wird das Licht haben, das zum Leben führt.«

   ¹³Die Pharisäer erwiderten: »Du bist dein eigener Zeuge. Deine Worte sind nicht glaubwürdig!«

   ¹⁴Jesus antwortete: »Was ich über mich gesagt habe, ist

wahr, auch wenn ich damit für mich selbst spreche. Denn ich weiß, wo ich herkomme und wo ich hingehe, während ihr das nicht von mir wisst. ¹⁵Ihr verurteilt mich nach menschlichen Maßstäben, ich dagegen verurteile niemanden. ¹⁶Wenn ich euch aber verurteilen würde, wäre mein Urteil wahr, denn ich handle nicht allein – der Vater, der mich gesandt hat, ist mit mir. ¹⁷Euer eigenes Gesetz sagt: Wenn zwei Personen etwas übereinstimmend bezeugen, gilt ihre Aussage als Tatsache. ¹⁸Ich bin der eine Zeuge, und mein Vater, der mich gesandt hat, ist der andere.«

¹⁹»Wo ist denn dein Vater?«, fragten sie. Jesus antwortete: »Da ihr nicht wisst, wer ich bin, wisst ihr auch nicht, wer mein Vater ist. Würdet ihr mich kennen, dann würdet ihr auch meinen Vater kennen.« ²⁰Dies sagte er, als er in dem Bereich des Tempels lehrte, der als Schatzkammer bezeichnet wird. Aber er wurde nicht verhaftet, weil seine Zeit noch nicht gekommen war.

Warnung an die Ungläubigen

²¹Jesus sagte noch einmal: »Ich werde fortgehen. Ihr werdet mich suchen und in eurer Sünde sterben. Ihr könnt nicht dorthin kommen, wo ich hingehe.«

²²Da fragten sich die Juden: »Will er etwa Selbstmord begehen? Was meint er mit den Worten: ›Ihr könnt nicht dorthin kommen, wo ich hingehe‹?«

²³Er antwortete ihnen: »Ihr seid von unten; ich bin von oben. Ihr seid von dieser Welt; ich bin nicht von dieser Welt. ²⁴Deshalb habe ich gesagt, dass ihr in eurer Sünde sterben werdet: Weil ihr nicht an mich als den glaubt, der ich bin, werdet ihr in eurer Sünde sterben.«

²⁵»Wer bist du denn?«, fragten sie.

Jesus erwiderte: »Ich bin der, als der ich mich immer bezeichnet habe. ²⁶Ich hätte noch vieles über euch zu sagen und vieles zu verurteilen. Aber ich sage der Welt nur das, was ich von dem gehört habe, der mich gesandt hat, und er sagt die Wahrheit.« ²⁷Doch sie begriffen noch immer nicht, dass er mit ihnen über seinen Vater sprach.

²⁸Also sagte Jesus: »Wenn ihr den Menschensohn am Kreuz erhöht habt, werdet ihr erkennen, dass ich es bin und dass ich nichts von mir selbst aus tue, sondern das sage, was der Vater mich gelehrt hat. ²⁹Der, der mich gesandt hat, ist mit mir – er hat mich nicht verlassen. Denn ich tue immer, was ihm gefällt.« ³⁰Als er das alles gesagt hatte, glaubten viele an ihn.

Jesus und Abraham

³¹Jesus sagte zu den Menschen, die nun an ihn glaubten: »Wenn ihr euch nach meinen Worten richtet, seid ihr wirklich meine Jünger. ³²Ihr werdet die Wahrheit erkennen, und die Wahrheit wird euch frei machen.«

³³»Aber wir sind doch Nachkommen Abrahams«, sagten sie. »Wir sind nie Sklaven von irgendjemand gewesen. Warum redest du dann von ›frei machen‹? Was meinst du damit?«

³⁴Jesus erwiderte: »Ich versichere euch: Jeder, der sündigt, ist ein Sklave der Sünde. ³⁵Ein Sklave ist kein Familienmitglied; ein Sohn dagegen gehört für immer zur Familie. ³⁶Nur dann, wenn der Sohn euch frei macht, seid ihr wirklich frei. ³⁷Ich weiß, dass ihr Nachkommen Abrahams seid. Und trotzdem wollt ihr mich töten, weil meine Botschaft in euren Herzen keinen Platz hat. ³⁸Ich erzähle euch von dem, was ich bei meinem Vater gesehen habe. So folgt auch ihr dem Rat eures Vaters und tut, was ihr gehört habt.«

³⁹»Unser Vater ist Abraham«, erklärten sie.

»Nein«, erwiderte Jesus, »denn wenn ihr Kinder Abrahams wärt, würdet ihr nach seinem Vorbild handeln. ⁴⁰Ich habe euch die Wahrheit gesagt, die ich von Gott gehört habe, aber ihr versucht, mich zu töten. So etwas hätte Abraham nie getan. ⁴¹Nein, wenn ihr so handelt, gehorcht ihr eurem wirklichen Vater.« Sie entgegneten: »Wir jedenfalls sind nicht unehelich geboren! Unser einziger Vater ist Gott.«

⁴²Jesus sagte zu ihnen: »Wenn Gott euer Vater wäre, würdet ihr mich lieben, weil ich von Gott zu euch gekommen bin. Ich bin nicht hier, weil ich es selbst so wollte, sondern er hat mich gesandt. ⁴³Warum versteht ihr nicht, was ich sage? Weil ihr

gar nicht fähig seid, mein Wort zu hören. ⁴⁴Ihr habt den Teufel zum Vater: Ihr tut mit Vorliebe die bösen Dinge, die er tut. Er war von Anbeginn an ein Mörder und hat die Wahrheit immer gehasst. In ihm ist keine Wahrheit. Wenn er lügt, entspricht das seinem Wesen, denn er ist ein Lügner und der Vater der Lüge. ⁴⁵Wenn ich euch also die Wahrheit sage, ist es nur natürlich, dass ihr mir nicht glaubt! ⁴⁶Wer von euch kann mir zu Recht eine Sünde vorwerfen? Und wenn ich euch aber die Wahrheit sage, warum glaubt ihr mir dann nicht? ⁴⁷Wer Gott zum Vater hat, der hört Gottes Worte. Dass ihr nicht darauf hört, zeigt, dass ihr nicht Gottes Kinder seid.«

⁴⁸Die Leute entgegneten: »Du samaritanischer Teufel! Haben wir nicht immer gesagt, dass du von einem Dämon besessen bist?«

⁴⁹»Nein«, sagte Jesus, »ich habe keinen Dämon in mir. Ich gebe meinem Vater die Ehre – ihr aber beleidigt mich. ⁵⁰Ich will mir nicht selbst die Ehre geben, mein Vater will das tun. Er wird der Richter sein. ⁵¹Ich versichere euch: Wenn jemand meinem Wort gehorcht, wird er niemals sterben!«

⁵²Die Leute sagten: »Jetzt wissen wir, dass du von einem Dämon besessen bist. Sogar Abraham und die Propheten sind gestorben, und da behauptest du, wer deinem Wort gehorcht, werde niemals sterben! ⁵³Bist du vielleicht größer als unser Vater Abraham, der doch gestorben ist? Bist du etwa größer als die Propheten, die gestorben sind? Für wen hältst du dich?«

⁵⁴Jesus antwortete: »Wenn ich mich nur selbst rühme, ist das ohne Bedeutung. Doch es ist mein Vater, der mich ehrt. Ihr behauptet: ›Er ist unser Gott‹, ⁵⁵aber ihr kennt ihn ja nicht einmal. Ich dagegen kenne ihn. Wenn ich etwas anderes behaupten würde, dann wäre ich ein ebensolcher Lügner wie ihr! Aber es ist wahr – ich kenne ihn und gehorche ihm. ⁵⁶Euer Vater Abraham freute sich auf mein Kommen. Er sah es voraus und war froh.«

⁵⁷Die Leute erwiderten: »Du bist nicht einmal fünfzig Jahre alt. Wie kannst du behaupten, du hättest Abraham gesehen?«

⁵⁸Jesus antwortete: »Ich versichere euch: Ich war schon da,

bevor Abraham auch nur geboren wurde!« ⁵⁹Da hoben sie
Steine auf, um ihn zu töten. Aber Jesus floh vor ihnen und
verließ den Tempel.

Jesus heilt einen Blindgeborenen

9 ¹Unterwegs sah Jesus einen Mann, der von Geburt an
blind war. ²»Meister«, fragten die Jünger ihn, »warum
wurde dieser Mann blind geboren? Ist es wegen seiner eigenen Sünden oder wegen der Sünden seiner Eltern?«

³»Es lag nicht an seinen Sünden oder den Sünden seiner Eltern«, antwortete Jesus. »Er wurde blind geboren, damit die
Kraft Gottes an ihm sichtbar werde. ⁴Wir alle müssen die Aufgaben dessen, der mich gesandt hat, rasch erfüllen. Denn
nicht mehr lange und die Nacht bricht herein, in der niemand
mehr etwas tun kann. ⁵Doch solange ich noch in der Welt bin,
bin ich das Licht der Welt.«

⁶Dann spuckte er auf die Erde, vermischte den Lehm mit
seinem Speichel zu einem Brei und strich ihn dem Blinden
auf die Augen. ⁷Daraufhin sagte er zu ihm: »Geh und wasch
dich im Teich Siloah.« Siloah bedeutet: Gesandter. Da ging der
Mann und wusch sich und kam sehend zurück!

⁸Seine Nachbarn und andere, die ihn als blinden Bettler
kannten, fragten einander: »Ist das derselbe Mann – der Bettler?« ⁹Einige meinten, er sei es; andere sagten: »Nein, aber er
sieht aus wie jener!«

Der Bettler aber sagte immer nur: »Ich bin derselbe Mann!«

¹⁰Da fragten sie ihn: »Was ist geschehen? Wie wurden deine
Augen geöffnet?«

¹¹Und er erzählte: »Der Mann, den sie Jesus nennen, machte
aus Lehm und Speichel einen Brei, den er mir auf die Augen
strich, und dann sagte er: ›Geh zum Teich Siloah und wasche
dich.‹ Ich ging und wusch mich, und nun kann ich sehen!«

¹²»Wo ist er jetzt?«, fragten sie.

»Das weiß ich nicht«, erwiderte er.

¹³Daraufhin brachten sie den Mann, der blind gewesen war,
zu den Pharisäern. ¹⁴Nun hatte Jesus den Mann an einem Sabbat geheilt. ¹⁵Die Pharisäer ließen sich von dem Mann alles

erzählen. Er berichtete: »Er strich mir einen Brei auf die Augen, und als ich ihn abgewaschen hatte, konnte ich sehen!«

[16]Einige der Pharisäer meinten: »Dieser Mensch, Jesus, kommt nicht von Gott, denn er bricht das Gesetz und arbeitet am Sabbat.« Andere dagegen sagten: »Aber wie könnte ein gewöhnlicher Sünder solche Wunder tun?« So gingen ihre Meinungen über ihn weit auseinander.

[17]Da befragten die Pharisäer den Mann, der blind gewesen war, noch einmal und wollten wissen: »Dieser Mann, der dir die Augen geöffnet hat – was meinst du, wer er ist?«

Der Mann erwiderte: »Er muss ein Prophet sein.«

[18]Die führenden Juden wollten nicht glauben, dass der Mann blind gewesen war. Deshalb ließen sie seine Eltern holen [19]und fragten: »Ist das euer Sohn? Behauptet ihr, dass er von Geburt an blind gewesen ist? Wenn das stimmt, wie kommt es, dass er jetzt sehen kann?«

[20]Seine Eltern antworteten: »Wir wissen, dass dies unser Sohn ist und dass er blind geboren wurde, [21]aber wir wissen nicht, warum er jetzt sehen kann oder wer ihn geheilt hat. Er ist alt genug, um für sich selbst zu sprechen. Fragt ihn doch selbst.« [22]Das sagten sie aus Angst vor den führenden Juden, weil diese angekündigt hatten, jeden aus der Synagoge auszuschließen, der Jesus als Christus bezeichnete. [23]Deshalb sagten die Eltern: »Er ist alt genug, um für sich selbst zu sprechen. Fragt ihn doch selbst.«

[24]Da riefen sie den Mann, der blind geboren worden war, zum zweiten Mal herein und ermahnten ihn: »Gib Gott die Ehre und sage die Wahrheit, denn wir wissen, dass dieser Mann ein Sünder ist.«

[25]»Ich weiß nicht, ob er ein Sünder ist«, erwiderte der Mann. »Aber eins weiß ich: Ich war blind, und jetzt kann ich sehen!«

[26]»Aber was hat er mit dir gemacht?«, fragten sie. »Wie hat er dich von deiner Blindheit geheilt?«

[27]»Das habe ich euch doch bereits erzählt!«, rief der Mann aus. »Habt ihr denn nicht zugehört? Warum wollt ihr es noch einmal hören? Wollt ihr auch seine Jünger werden?«

[28]Da beschimpften sie ihn und sagten: »Du bist sein Jünger,

wir aber sind Jünger Moses. [29]Wir wissen, dass Gott zu Mose gesprochen hat, doch von diesem Mann wissen wir nicht einmal, woher er ist.«

[30]»Seltsam!«, entgegnete der Mann. »Er hat meine Augen geheilt und ihr wisst nicht, woher er ist! [31]Wir wissen, dass Gott Sünder nicht erhört, aber er erhört die, die ihn anbeten und seinen Willen tun. [32]Solange die Welt besteht, hat noch niemand die Augen eines Blindgeborenen öffnen können. [33]Wenn dieser Mann nicht von Gott käme, könnte er so etwas nicht tun.«

[34]Da hielten sie ihm vor: »Du bist ganz in Sünden geboren und willst uns belehren?« Und sie warfen ihn aus der Synagoge.

Glaubensblindheit

[35]Als Jesus hörte, was geschehen war, suchte er den Mann auf und sagte: »Glaubst du an den Menschensohn?«

[36]Der Mann erwiderte: »Sag mir, wer es ist, Herr, denn ich würde gern an ihn glauben.«

[37]»Du hast ihn gesehen«, sagte Jesus, »und jetzt spricht er mit dir!«

[38]»Ja, Herr!«, antwortete der Mann. »Ich glaube!« Und er fiel vor Jesus nieder und betete ihn an.

[39]Da sagte Jesus zu ihm: »Zum Gericht bin ich in die Welt gekommen. Ich bin gekommen, die Blinden sehend zu machen, und denen, die sich für sehend halten, zeige ich, dass sie blind sind.«

[40]Die Pharisäer, die in der Nähe standen, hörten ihn und fragten: »Willst du damit sagen, dass etwa auch wir blind sind?«

[41]»Wenn ihr blind wärt, wärt ihr unschuldig«, erwiderte Jesus. »So aber bleibt ihr schuldig, weil ihr behauptet, sehen zu können.

Der gute Hirte und seine Schafe

10 [1]Ich versichere euch: Wer sich über die Mauer in den Schafpferch schleicht, statt durchs Tor hineinzugehen, ist ein Dieb und ein Räuber! ²Denn ein Hirte tritt durch das Tor ein. ³Der Torhüter öffnet ihm, und die Schafe hören seine Stimme und kommen zu ihm. Er ruft seine Schafe, die ihm gehören, beim Namen und führt sie hinaus. ⁴Wenn er seine Herde versammelt hat, geht er vor ihnen her, und die Schafe folgen ihm, weil sie seine Stimme kennen. ⁵Einem Fremden aber folgen sie nicht, sondern laufen vor ihm weg, weil sie seine Stimme nicht kennen.«

⁶Die Zuhörer wussten nicht, was Jesus mit diesem Bild meinte, ⁷deshalb erklärte er es ihnen. »Ich versichere euch: Ich bin das Tor zu den Schafen«, sagte er. ⁸»Alle, die vor mir kamen, waren Diebe und Räuber. Doch die Schafe hörten nicht auf sie. ⁹Ja, ich bin das Tor. Wer durch mich hineingeht, wird gerettet werden. Wo er auch hinkommt, wird er grüne Weiden finden. ¹⁰Ein Dieb will rauben, morden und zerstören. Ich aber bin gekommen, um ihnen das Leben in ganzer Fülle zu schenken.

¹¹Ich bin der gute Hirte. Der gute Hirte opfert sein Leben für die Schafe. ¹²Ein Schäfer, der nur für Lohn arbeitet, läuft davon, wenn er einen Wolf kommen sieht. Er wird die Schafe im Stich lassen, weil sie ihm nicht gehören und er nicht ihr Hirte ist. Und so greift der Wolf sie an und zerstreut die Herde. ¹³Der bezahlte Arbeiter läuft davon, weil er nur angeworben wurde und die Schafe ihm nicht wirklich am Herzen liegen.

¹⁴Ich bin der gute Hirte; ich kenne meine Schafe und sie kennen mich, ¹⁵so wie mein Vater mich kennt und ich den Vater. Ich gebe mein Leben für die Schafe. ¹⁶Ich habe auch noch andere Schafe, die nicht in diesem Pferch sind. Auch sie muss ich herführen, und sie werden auf meine Stimme hören; und alle werden eine Herde mit einem Hirten sein.

¹⁷Der Vater liebt mich, weil ich mein Leben hingebe, um es wiederzuerlangen. ¹⁸Niemand kann es mir nehmen. Ich gebe es freiwillig hin. Ich habe die Macht, es hinzugeben, und ich habe die Macht, es wieder zu nehmen. Denn mein Vater hat mir diesen Auftrag gegeben.«

¹⁹Wegen dieser Worte waren die Menschen wieder geteilter Meinung über ihn. ²⁰Manche meinten: »Er hat einen Dämon

und ist verrückt. Warum hört ihr auf einen solchen Mann?«
²¹Andere dagegen sagten: »Das klingt nicht nach einem
Mann, der von einem Dämon besessen ist! Oder kann ein Dämon etwa den Blinden die Augen öffnen?«

Jesus erhebt den Anspruch, Gottes Sohn zu sein

²²Inzwischen war es Winter. Jesus war zum Fest der Tempel-
weihe nach Jerusalem gereist. ²³Nun hielt er sich im Tempel
auf, in dem Bereich der Säulenhalle Salomos. ²⁴Da umringten
ihn die Juden und fragten: »Wie lange willst du uns noch hin-
halten? Wenn du der Christus bist, dann sag es uns offen.«

²⁵Jesus erwiderte: »Ich habe es euch bereits gesagt, aber ihr
glaubt mir nicht. Alles, was ich im Namen meines Vaters tue,
beweist, wer ich bin. ²⁶Aber ihr glaubt mir nicht, weil ihr nicht
zu meiner Herde gehört. ²⁷Meine Schafe hören auf meine
Stimme; ich kenne sie, und sie folgen mir. ²⁸Ich schenke ihnen
das ewige Leben, und sie werden niemals umkommen. Niemand wird sie mir entreißen, ²⁹denn mein Vater hat sie mir
gegeben, und er ist mächtiger als alles andere. Und niemand
kann sie aus der Hand des Vaters reißen. ³⁰Der Vater und ich
sind eins.«

³¹Da hoben die Juden wieder Steine auf, um ihn zu töten.
³²Doch Jesus sagte: »Ich habe euch durch die Kraft meines
Vaters viele gute Taten gezeigt. Für welche dieser Taten wollt
ihr mich steinigen?«

³³Sie erwiderten: »Nicht wegen einer guten Tat wollen wir
dich steinigen, sondern wegen Gotteslästerung, weil du, obwohl nur Mensch, dich zu Gott gemacht hast.«

³⁴Jesus erwiderte: »In eurem eigenen Gesetz steht geschrieben: ›Ich habe gesagt: Ihr seid Götter!‹ ³⁵Ihr wisst, dass die
Schrift nicht geändert werden darf. Wenn also diese Menschen, die Gottes Botschaft empfingen, von ihm selbst ›Götter‹ genannt wurden, ³⁶warum nennt ihr es dann Gotteslästerung, wenn der, der vom Vater geheiligt und in die Welt
gesandt wurde, von sich sagt: ›Ich bin Gottes Sohn‹? ³⁷Wenn
ich nicht die Werke meines Vaters tue, braucht ihr mir nicht zu
glauben! ³⁸Wenn ich aber sein Werk tue, dann glaubt wenigs-

tens an das, was ich getan habe, wenn ihr schon nicht an mich glaubt. Dann werdet ihr begreifen und erkennen, dass der Vater in mir ist und ich im Vater bin.«

³⁹Wieder wollten sie ihn verhaften, doch er entkam ihnen. ⁴⁰Er ging über den Jordan nahe der Stelle, an der Johannes getauft hatte, und blieb dort. ⁴¹Viele Menschen kamen zu ihm. »Johannes hat zwar keine Wunder getan«, sagten sie zueinander, »aber seine Voraussagen über diesen Mann haben sich als wahr erwiesen.« ⁴²Und viele kamen dort zum Glauben an ihn.

Der Tod des Lazarus

11 ¹Ein Mann namens Lazarus war krank. Er wohnte mit seinen Schwestern Maria und Marta in Betanien. ²Das ist dieselbe Maria, die dem Herrn das kostbare Duftöl über die Füße goss und sie mit ihrem Haar trocknete. Weil ihr Bruder Lazarus krank geworden war, ³schickten die beiden Schwestern Jesus eine Nachricht und ließen ihm ausrichten: »Herr, der, den du lieb hast, ist sehr krank.«

⁴Als Jesus jedoch davon hörte, sagte er: »Lazarus' Krankheit wird nicht zum Tode führen; sie dient vielmehr der Verherrlichung Gottes. Der Sohn Gottes wird durch sie verherrlicht werden.« ⁵Jesus hatte Marta, Maria und Lazarus lieb. ⁶Als er von seiner Krankheit erfahren hatte, blieb er noch zwei Tage, wo er war. ⁷Erst dann sagte er zu seinen Jüngern: »Lasst uns wieder nach Judäa gehen.«

⁸Doch seine Jünger wandten ein: »Meister, erst vor wenigen Tagen haben die Juden dort versucht, dich zu steinigen. Und nun willst du dorthin zurückkehren?«

⁹Jesus erwiderte: »Es ist doch zwölf Stunden jeden Tag hell. Solange es hell ist, können die Menschen sicher einen Fuß vor den anderen setzen. Sie können sehen, weil sie das Licht dieser Welt haben. ¹⁰Nur in der Nacht laufen sie Gefahr zu stolpern, weil das Licht nicht bei ihnen ist.« ¹¹Und er fuhr fort. »Unser Freund Lazarus ist eingeschlafen, doch nun gehe ich hin und wecke ihn auf.«

¹²Die Jünger meinten: »Herr, wenn er schläft, wird er bald

wieder gesund!« [13]Sie dachten, Jesus rede von einem heilsamen Schlaf; Jesus sprach aber davon, dass Lazarus gestorben war.

[14]Da sagte er ihnen offen: »Lazarus ist tot. [15]Euretwegen bin ich froh, dass ich nicht dort war, weil ihr so einen weiteren Grund haben werdet, an mich zu glauben. Kommt, wir wollen zu ihm gehen.«

[16]Thomas, auch »Zwilling« genannt, sagte zu den anderen Jüngern: »Wir wollen mitgehen – und mit ihm sterben.«

[17]In Betanien berichtete man Jesus, dass Lazarus schon vier Tage im Grab lag. [18]Betanien war nur wenige Kilometer von Jerusalem entfernt, [19]und viele Leute waren gekommen, um Marta und Maria ihr Beileid auszusprechen und sie über den Verlust ihres Bruders zu trösten. [20]Als Marta erfuhr, dass Jesus auf dem Weg zu ihnen war, eilte sie ihm entgegen. Maria aber blieb im Haus. [21]Marta sagte zu Jesus: »Herr, wärst du hier gewesen, wäre mein Bruder nicht gestorben. [22]Aber auch so weiß ich, Gott wird dir alles geben, was auch immer du ihn bittest.«

[23]Jesus sagte zu ihr: »Dein Bruder wird auferstehen.«

[24]»Ja«, erwiderte Marta, »am Tag der Auferstehung, wenn alle Menschen auferstehen.«

[25]Jesus sagte zu ihr: »Ich bin die Auferstehung und das Leben. Wer an mich glaubt, wird leben, auch wenn er stirbt. [26]Er wird ewig leben, weil er an mich geglaubt hat, und niemals sterben. Glaubst du das, Marta?«

[27]»Ja, Herr«, antwortete sie. »Ich bin zu dem Glauben gekommen, dass du der Christus bist, der Sohn Gottes, der in die Welt kommen soll.« [28]Damit verließ sie ihn und kehrte zu Maria zurück. Sie nahm Maria beiseite und sagte zu ihr: »Der Meister ist hier und will dich sehen.« [29]Als Maria dies gehört hatte, ging sie sofort zu ihm.

[30]Jesus war außerhalb des Dorfes geblieben, dort, wo Marta ihn getroffen hatte. [31]Die Leute, die zum Haus gekommen waren, um Maria zu trösten, sahen sie eilig weggehen. Da folgten sie ihr, weil sie vermuteten, dass sie zu Lazarus' Grab wollte, um zu weinen. [32]Als Maria nun an die Stelle kam, wo

Jesus war, und ihn sah, warf sie sich ihm zu Füßen und sagte: »Herr, wärst du hier gewesen, wäre mein Bruder nicht gestorben.«

[33]Als Jesus die weinende Maria und die Leute sah, die mit ihr trauerten, erfüllten ihn Zorn und Schmerz. [34]»Wo habt ihr ihn hingelegt?«, fragte er.

Sie antworteten: »Herr, komm mit und sieh.« [35]Da weinte Jesus. [36]Die Leute, die in seiner Nähe standen, sagten: »Seht, wie sehr er ihn geliebt hat.« [37]Einige meinten jedoch: »Dieser Mann hat doch einen Blinden geheilt. Warum konnte er Lazarus nicht vor dem Tod bewahren?«

Jesus erweckt Lazarus von den Toten auf

[38]Und wieder war Jesus innerlich erschüttert, während er zum Grab ging. Es war eine Gruft, vor deren Eingang man einen Stein gerollt hatte. [39]»Rollt den Stein fort«, befahl Jesus.

Doch Marta, die Schwester des Verstorbenen, wandte ein: »Herr, inzwischen wird der Gestank schrecklich sein, denn er ist schon seit vier Tagen tot.«

[40]Jesus erwiderte: »Habe ich dir nicht gesagt, dass du die Herrlichkeit Gottes sehen wirst, wenn du glaubst?« [41]Da rollten sie den Stein beiseite. Dann blickte Jesus zum Himmel auf und sagte: »Vater, ich danke dir, dass du mich erhört hast. [42]Ich weiß, dass du mich immer erhörst, doch ich sage es wegen der vielen Menschen, die hier stehen, damit sie glauben können, dass du mich gesandt hast.« [43]Dann rief er mit lauter Stimme: »Lazarus, komm heraus!« [44]Und Lazarus kam heraus. Er war in Grabtücher gewickelt und sein Kopf war mit einem Tuch verhüllt. Jesus sagte: »Löst die Binden und lasst ihn gehen!«

Das Mordkomplott gegen Jesus

[45]Viele von den Juden, die bei Maria gewesen und Zeugen dieses Geschehens geworden waren, glaubten nun an Jesus. [46]Ein paar jedoch liefen zu den Pharisäern und trugen ihnen zu, was Jesus getan hatte. [47]Da ließen die obersten Priester und Pharisäer den Hohen Rat einberufen, um die Lage zu

erörtern. »Was sollen wir tun?«, fragten sie einander. »Dieser Mann tut viele Wunder. [48]Wenn wir ihn gewähren lassen, wird das ganze Volk ihm folgen, und dann wird die römische Armee kommen und unseren Tempel und auch unser Volk vernichten.«

[49]Einer von ihnen, Kaiphas, der in jenem Jahr Hoher Priester war, sagte: »Begreift ihr denn nicht? [50]Versteht ihr nicht, dass es besser ist, wenn nur ein Mann anstelle des Volkes stirbt und so nicht das ganze Volk umkommt?« [51]Diese prophetische Aussage, dass Jesus für das ganze Volk sterben sollte, machte Kaiphas in seiner Eigenschaft als Hoher Priester. Er hatte das nicht von sich aus gesagt, sondern Gott hatte es ihm eingegeben. [52]Es war eine Weissagung: Jesus sollte nicht nur für das Volk sterben, sondern durch seinen Tod die Kinder Gottes auf der ganzen Welt zusammenführen.

[53]Von diesem Tag an setzten die führenden Männer des jüdischen Volkes alles daran, Jesus zu töten. [54]Deshalb hörte Jesus auf, sich öffentlich im Volk zu zeigen, und verließ Jerusalem. Er ging an einen Ort in der Nähe der Wüste, in das Dorf Ephraim, und blieb dort mit seinen Jüngern.

[55]Es waren nur noch wenige Tage bis zum Passahfest. Schon waren viele Leute vom Land in Jerusalem eingetroffen, um noch vor dem Fest die vorgeschriebenen Reinigungshandlungen vollziehen zu können. [56]Sie wollten Jesus sehen, und als sie im Tempel miteinander redeten, fragten sie sich gegenseitig: »Was meint ihr? Wird er zum Passahfest kommen?« [57]Die obersten Priester und Pharisäer hatten mittlerweile öffentlich verkündet, dass jeder, der Jesus sah, ihnen sofort Meldung machen müsse, damit sie ihn verhaften könnten.

Jesus wird in Betanien gesalbt

12 [1]Sechs Tage vor Beginn der Passah-Feierlichkeiten kam Jesus nach Betanien, in die Heimatstadt von Lazarus – jenes Mannes, den er von den Toten auferweckt hatte. [2]Dort wurde zu seinen Ehren ein Festessen gegeben. Marta bediente die Gäste, und Lazarus saß mit ihm am Tisch. [3]Da nahm Maria ein zwölf Unzen fassendes Fläschchen mit kostbarem Nardenöl, salbte Jesus mit dem Öl die Füße und trocknete sie mit ihrem Haar. Der Duft des Öls erfüllte das ganze Haus.

[4]Da sagte Judas Iskariot, einer seiner Jünger – der, der ihn später verriet: [5]»Dieses Parfüm war ein kleines Vermögen wert. Man hätte es verkaufen und das Geld den Armen geben sollen.« [6]Doch es ging ihm gar nicht um die Armen – er war ein Dieb und führte die Kasse der Jünger und entwendete hin und wieder etwas Geld für den eigenen Bedarf.

[7]Jesus erwiderte: »Lass sie. Sie hat es als Vorbereitung für mein Begräbnis getan. [8]Die Armen habt ihr immer bei euch, aber ich werde nicht mehr lange bei euch sein.«

[9]Als die Leute erfuhren, dass Jesus dort war, kamen sie scharenweise herbei, um nicht nur Jesus, sondern vor allem Lazarus zu sehen, den Jesus von den Toten auferweckt hatte. [10]Daraufhin beschlossen die obersten Priester, auch Lazarus umzubringen, [11]denn seinetwegen waren viele Leute von ihnen abgefallen und glaubten nun an Jesus.

Der triumphale Einzug

[12]Am nächsten Tag verbreitete sich die Nachricht, dass Jesus auf dem Weg nach Jerusalem sei, in der ganzen Stadt. Scharen von Menschen, die zum Passahfest gekommen waren, [13]hielten Palmzweige in den Händen und zogen die Straße hinunter, ihm entgegen. Dabei riefen sie:

»Gelobt sei Gott! Gepriesen sei, der im Namen des Herrn kommt! Heil dem König Israels!«

[14]Jesus fand einen jungen Esel und setzte sich darauf. Damit erfüllte er die Prophezeiung der Heiligen Schrift:

[15]»Fürchte dich nicht, Volk Israel. Sieh, dein König kommt; er sitzt auf einem Eselsfohlen.«

[16]Damals erkannten die Jünger noch nicht, dass sich damit eine Weissagung erfüllte. Doch nachdem Jesus verherrlicht worden war, erinnerten sie sich daran, wie diese Schriftstelle sich vor ihren eigenen Augen erfüllt hatte.

[17]Die Leute in der Menge, die gesehen hatten, wie Jesus Lazarus aus dem Grab ins Leben zurückgerufen hatte, erzählten den anderen davon. [18]Das war der Hauptgrund, warum

so viele ihm entgegenzogen – weil sie von diesem großen Wunder gehört hatten, dass er es getan hatte. [19]Da sagten die Pharisäer zueinander: »So bewirken wir nichts. Seht doch, die ganze Welt läuft ihm nach!«

Jesus sagt seinen Tod voraus

[20]Einige Griechen, die zum Passahfest nach Jerusalem gekommen waren, um anzubeten, [21]besuchten Philippus, der aus Betsaida in Galiläa stammte. Sie sagten: »Herr, wir möchten gern Jesus kennenlernen.« [22]Philippus sagte es Andreas, und beide gingen gemeinsam zu Jesus, um ihn zu fragen.

[23]Jesus erwiderte: »Für den Menschensohn ist die Zeit gekommen, dass er verherrlicht wird. [24]Ich versichere euch: Ein Weizenkorn muss in die Erde ausgesät werden. Wenn es dort nicht stirbt, wird es allein bleiben – ein einzelnes Samenkorn. Sein Tod aber wird viele neue Samenkörner hervorbringen – eine reiche Ernte neuen Lebens. [25]Wer sein Leben in dieser Welt liebt, wird es verlieren. Wer sein Leben in dieser Welt gering achtet, wird es zum ewigen Leben bewahren. [26]Wer mein Jünger sein will, muss sich aufmachen und mir nachfolgen, denn mein Diener wird da sein, wo ich bin. Wer mir nachfolgt, den wird der Vater ehren. [27]Meine Seele ist in diesem Augenblick tief traurig. Soll ich beten: ›Vater, bewahre mich vor dem, was vor mir liegt‹? Doch eben deshalb bin ich ja gekommen! [28]Vater, verherrliche deinen Namen.«

Da sprach eine Stimme aus dem Himmel: »Ich habe ihn schon verherrlicht und werde es wieder tun.« [29]Als die Menge die Stimme hörte, hielten einige sie für Donner, während andere erklärten, ein Engel habe zu ihm gesprochen.

[30]Da sagte Jesus zu ihnen: »Die Stimme erklang euretwegen, nicht meinetwegen. [31]Für die Welt ist die Zeit des Gerichts gekommen, in der der Herrscher dieser Welt vertrieben wird. [32]Und wenn ich am Kreuz aufgerichtet bin, werde ich alle zu mir ziehen.« [33]Mit diesen Worten deutete er an, wie er sterben würde.

[34]Da erwiderte die Menge: »Wir haben in der Schrift gelesen, dass der Christus ewig leben wird. Warum sagst du, der Men-

schensohn müsse am Kreuz aufgerichtet werden? Wer ist dieser Menschensohn, von dem du sprichst?«

35Jesus erwiderte: »Das Licht wird nur noch kurze Zeit für euch leuchten. Lebt darin, solange ihr es noch könnt, damit ihr nicht stolpert, wenn die Dunkelheit kommt. Wenn ihr im Dunkel lebt, könnt ihr nicht sehen, wohin ihr geht. 36Glaubt an das Licht, solange noch Zeit dazu ist; dann werdet ihr Kinder des Lichts werden.« Nachdem er diese Dinge gesagt hatte, ging Jesus fort, und sie sahen ihn nicht mehr.

Der Unglaube des Volkes

37Doch trotz der vielen Wunder, die er getan hatte, glaubten die meisten Menschen nicht an ihn. 38Genau das hatte der Prophet Jesaja vorausgesagt:

»Herr, wer hat unserer Botschaft geglaubt? Wem wird der Herr seine rettende Macht offenbaren?«

39Die Menschen waren nicht fähig zu glauben, denn Jesaja sagte auch:

40»Der Herr hat ihre Augen blind gemacht und ihre Herzen verhärtet – damit ihre Augen nicht sehen und ihre Herzen nicht verstehen können und damit sie nicht zu mir umkehren, um sich von mir heilen zu lassen.«

41Diese Weissagung Jesajas bezog sich auf Jesus, denn Jesaja hatte dessen Herrlichkeit gesehen. 42Viele Menschen, darunter auch einige der führenden Männer, glaubten an Jesus, scheuten sich aber, es zuzugeben. Sie fürchteten, dass die Pharisäer sie deswegen aus der Synagoge ausschließen würden. 43Die Anerkennung der Menschen war ihnen wichtiger als die Anerkennung durch Gott.

44Jesus rief der Menge zu: »Wenn ihr mir glaubt, glaubt ihr nicht nur an mich, sondern an Gott, der mich gesandt hat. 45Denn wenn ihr mich seht, seht ihr den, der mich gesandt hat. 46Ich bin als Licht gekommen, um in dieser dunklen Welt zu leuchten, damit alle, die an mich glauben, nicht im Dunkel bleiben. 47Wenn jemand mich hört und mir nicht gehorcht, bin ich nicht sein Richter – denn ich bin gekommen, um die Welt zu retten, und nicht, um sie zu richten. 48Doch wer mich und meine Botschaft ablehnt, wird am Tag des Gerichts durch meine Worte, die ich gesprochen habe, gerichtet werden. [49]Ich spreche nicht aufgrund eigener Vollmacht. Der Vater, der mich gesandt hat, hat mir aufgetragen, was ich sagen soll. [50]Und ich weiß, dass seine Weisungen zum ewigen Leben führen; deshalb sage ich, was der Vater mir zu sagen gebietet!«

Jesus wäscht seinen Jüngern die Füße

13 [1]Vor dem Passahfest wusste Jesus, dass für ihn die Zeit gekommen war, diese Welt zu verlassen und zu seinem Vater zurückzukehren. Nun bewies er seinen Jüngern das ganze Ausmaß seiner Liebe. [2]Es war Zeit für das Abendessen, und der Teufel hatte Judas, den Sohn des Simon Iskariot, schon dazu verleitet, seinen Plan wahr zu machen und Jesus zu verraten. [3]Jesus aber wusste, dass der Vater ihm uneingeschränkte Macht über alles gegeben hatte und dass er von Gott gekommen war und zu Gott zurückkehren würde. [4]Er stand vom Tisch auf, zog sein Obergewand aus, band sich ein Handtuch um die Hüften [5]und goss Wasser in eine Schale. Dann begann er, seinen Jüngern die Füße zu waschen und sie mit dem Handtuch abzutrocknen, das er sich umgebunden hatte.

[6]Als er zu Simon Petrus kam, sagte Petrus zu ihm: »Herr, warum willst du mir die Füße waschen?«

[7]Jesus antwortete: »Du verstehst jetzt nicht, warum ich das tue; eines Tages wirst du es verstehen.«

[8]»Nein«, protestierte Petrus. »Du sollst mir niemals die Füße waschen!«

Jesus erwiderte: »Wenn ich dich nicht wasche, gehörst du nicht zu mir.«

[9]Da rief Simon Petrus: »Dann wasche mir auch die Hände und den Kopf, Herr, und nicht nur die Füße!«

[10]Jesus erwiderte: »Wer gebadet hat, braucht sich – ausgenommen die Füße – nicht zu waschen, um völlig rein zu sein. Ihr seid rein, allerdings nicht jeder hier.« [11]Denn Jesus wusste, wer ihn verraten würde. Das meinte er mit dem Satz: »Nicht jeder hier von euch ist rein.«

¹²Nachdem er ihnen die Füße gewaschen hatte, zog Jesus sein Obergewand wieder an, setzte sich und fragte: »Versteht ihr, was ich getan habe? ¹³Ihr nennt mich ›Meister‹ und ›Herr‹ und damit habt ihr recht, denn das bin ich. ¹⁴Und weil ich, der Herr und Meister, euch die Füße gewaschen habe, sollt auch ihr einander die Füße waschen. ¹⁵Ich habe euch ein Beispiel gegeben, dem ihr folgen sollt. Tut, was ich für euch getan habe. ¹⁶Es ist nur zu wahr: Ein Diener ist nicht größer als sein Herr. Genauso sind die Boten nicht wichtiger als der, der sie gesandt hat. ¹⁷Ihr wisst das alles – nun handelt auch danach. Das ist der Weg zu eurem Glück!

Jesus sagt voraus, dass er verraten wird

¹⁸Ich sage diese Dinge nicht zu euch allen; denn ich kenne jeden Einzelnen von euch, die ich erwählt habe, ganz genau. In der Schrift steht: ›Der, mit dem ich mein Brot geteilt habe, hat sich gegen mich gewandt‹, und das wird sich bald erfüllen. ¹⁹Ich sage euch das jetzt, damit ihr, wenn es eintrifft, erkennt, dass ich der Christus bin. ²⁰Ich versichere euch: Wer meinen Boten willkommen heißt, der heißt mich willkommen, und wer mich willkommen heißt, der heißt meinen Vater willkommen, der mich gesandt hat.«

²¹Nach diesen Worten sagte Jesus bis ins Tiefste erschüttert: »Ich sage euch: Einer von euch wird mich verraten!«

²²Die Jünger sahen einander an und fragten sich, wen er wohl damit meinte. ²³Einer seiner Jünger – der, den Jesus liebte –, saß neben ihm am Tisch. ²⁴Simon Petrus bedeutete ihm, er solle fragen, wer so etwas Schreckliches tun würde. ²⁵Jener Jünger lehnte sich zu Jesus hinüber und fragte: »Herr, wer ist es?«

²⁶Jesus sagte: »Es ist der, dem ich das Stück Brot reiche, nachdem ich es eingetaucht habe.« Und als er das Brot eingetaucht hatte, gab er es Judas, dem Sohn des Simon Iskariot. ²⁷Sobald Judas das Brot gegessen hatte, ergriff der Satan Besitz von ihm. Da sagte Jesus zu ihm: »Beeile dich. Was du tun willst, tue bald!« ²⁸Keiner der anderen am Tisch wusste, was Jesus damit meinte. ²⁹Da Judas die Kasse verwaltete, dachten eini-

ge, Jesus habe ihn aufgefordert, für das Fest einkaufen zu gehen oder den Armen etwas Geld zu geben. ³⁰Judas aber stand sofort auf und ging in die Nacht hinaus.

Jesus sagt voraus, dass Petrus ihn verleugnen wird

³¹Sobald Judas den Raum verlassen hatte, sagte Jesus: »Nun ist für den Menschensohn die Zeit gekommen, dass er verherrlicht wird. Gott wird durch alles, was geschieht, verherrlicht, ³²und das wird sehr bald geschehen. ³³Liebe Kinder, es ist nur noch kurze Zeit, bis ich fortgehen und euch verlassen muss! Ihr werdet nach mir suchen, doch wie ich schon den Juden gesagt habe: Wohin ich gehe, da könnt ihr nicht hinkommen. ³⁴So gebe ich euch nun ein neues Gebot: Liebt einander. So wie ich euch geliebt habe, sollt auch ihr einander lieben. ³⁵Eure Liebe zueinander wird der Welt zeigen, dass ihr meine Jünger seid.«

³⁶Simon Petrus sagte: »Herr, wohin gehst du?«

Und Jesus erwiderte: »Wo ich hingehe, dahin kannst du jetzt nicht mitkommen, aber später wirst du mir dorthin folgen.«

³⁷»Warum kann ich jetzt nicht mitkommen, Herr?«, fragte er. »Ich bin bereit, für dich zu sterben.«

³⁸Jesus antwortete: »Für mich sterben? Nein. Ehe morgen früh der Hahn kräht, wirst du drei Mal leugnen, mich auch nur zu kennen.

Jesus, der Weg zum Vater

14 ¹Habt keine Angst. Ihr vertraut auf Gott, nun vertraut auch auf mich! ²Es gibt viele Wohnungen im Haus meines Vaters, und ich gehe voraus, um euch einen Platz vorzubereiten. Wenn es nicht so wäre, hätte ich es euch dann so gesagt? ³Wenn dann alles bereit ist, werde ich kommen und euch holen, damit ihr immer bei mir seid, dort, wo ich bin. ⁴Ihr wisst ja, wohin ich gehe und wie ihr dorthin kommen könnt.«

⁵»Nein, Herr, das wissen wir nicht«, sagte Thomas. »Wir haben keine Ahnung, wo du hingehst; wie können wir da den Weg kennen?«

⁶Jesus sagte zu ihm: »Ich bin der Weg, die Wahrheit und das Leben. Niemand kommt zum Vater außer durch mich. ⁷Wenn ihr erkannt habt, wer ich bin, dann habt ihr auch erkannt, wer mein Vater ist. Doch von nun an kennt ihr ihn und habt ihn gesehen!«

⁸Philippus sagte: »Herr, zeig uns den Vater, dann sind wir zufrieden.«

⁹Jesus erwiderte: »Philippus, weißt du denn nach all der Zeit, die ich bei euch war, noch immer nicht, wer ich bin? Wer mich gesehen hat, hat den Vater gesehen! Warum verlangst du noch, ihn zu sehen? ¹⁰Glaubst du nicht, dass ich im Vater bin und der Vater in mir ist? Die Worte, die ich euch sage, stammen ja nicht von mir, sondern der Vater, der in mir lebt, wirkt durch mich. ¹¹Glaubt doch, dass ich im Vater bin und der Vater in mir ist. Oder glaubt wenigstens aufgrund von dem, was ich getan habe.

¹²Ich versichere euch: Wer an mich glaubt, wird dieselben Dinge tun, die ich getan habe, ja noch größere, denn ich gehe, um beim Vater zu sein. ¹³Ihr dürft in meinem Namen um alles bitten, und ich werde eure Bitten erfüllen, weil durch den Sohn der Vater verherrlicht wird. ¹⁴Bittet, um was ihr wollt, in meinem Namen, und ich werde es tun!

Jesus verspricht den Jüngern den Heiligen Geist

¹⁵Wenn ihr mich liebt, werdet ihr meine Gebote halten. ¹⁶Und ich werde den Vater bitten, und er wird euch einen anderen Ratgeber geben, der euch nie verlassen wird. ¹⁷Es ist der Heilige Geist, der in alle Wahrheit führt. Die Welt kann ihn nicht empfangen, denn sie sucht ihn nicht und erkennt ihn nicht. Ihr aber kennt ihn, weil er bei euch bleibt und später in euch sein wird. ¹⁸Nein, ich werde euch nicht verwaist zurücklassen – ich werde zu euch kommen. ¹⁹Die Welt wird mich schon bald nicht mehr sehen, doch ihr werdet es. Denn ich werde leben, und ihr werdet auch leben. ²⁰Wenn ich wieder zum Leben auferstanden bin, werdet ihr wissen, dass ich in meinem Vater bin und ihr in mir seid und ich in euch. ²¹Wer meine Gebote kennt und sie befolgt, der liebt mich. Und weil er mich liebt,

wird mein Vater ihn lieben und ich werde ihn lieben. Und ich werde mich ihm persönlich zu erkennen geben.«

²²Judas (nicht Judas Iskariot, sondern der andere Jünger gleichen Namens) sagte zu ihm: »Herr, warum willst du dich nur uns zu erkennen geben und nicht der ganzen Welt?«

²³Jesus erwiderte: »Wer mich liebt, wird tun, was ich sage. Mein Vater wird ihn lieben, und wir werden zu ihm kommen und bei ihm wohnen. ²⁴Wer mich nicht liebt, wird nicht tun, was ich sage. Vergesst nicht: Meine Worte kommen nicht aus mir selbst, sondern vom Vater, der mich gesandt hat. ²⁵Ich sage euch all diese Dinge jetzt, solange ich noch bei euch bin. ²⁶Doch wenn der Vater den Ratgeber als meinen Stellvertreter schickt – und damit meine ich den Heiligen Geist –, wird er euch alles lehren und euch an alles erinnern, was ich euch gesagt habe.

²⁷Ich lasse euch ein Geschenk zurück – meinen Frieden. Und der Friede, den ich schenke, ist nicht wie der Friede, den die Welt gibt. Deshalb sorgt euch nicht und habt keine Angst. ²⁸Denkt an das, was ich euch gesagt habe: Ich gehe fort, aber ich werde wieder zu euch kommen. Wenn ihr mich wirklich lieb habt, freut ihr euch für mich, weil ich jetzt zum Vater gehen darf, der größer ist als ich. ²⁹Ich habe euch all diese Dinge gesagt, ehe sie geschehen, damit ihr, wenn sie eintreffen, glaubt.

³⁰Mir bleibt nicht mehr viel Zeit, mit euch zu sprechen, weil der Herrscher dieser Welt schon ganz nah ist. Er hat keine Macht über mich; ³¹doch ich werde tun, was der Vater von mir will, damit die Welt erkennt, dass ich den Vater liebe. Kommt, lasst uns von hier weggehen.

Jesus, der wahre Weinstock

15 ¹Ich bin der wahre Weinstock und mein Vater ist der Weingärtner. ²Er schneidet jede Rebe ab, die keine Frucht bringt, und beschneidet auch die Reben, die bereits Früchte tragen, damit sie noch mehr Frucht bringen. ³Ihr seid schon durch die Botschaft, die ich euch gegeben habe, beschnitten. ⁴Bleibt in mir, und ich werde in euch bleiben. Denn eine Rebe kann keine Frucht tragen, wenn sie vom Weinstock abgetrennt wird, und auch ihr könnt nicht, wenn ihr von mir getrennt seid, Frucht hervorbringen.

[5]Ich bin der Weinstock; ihr seid die Reben. Wer in mir bleibt und ich in ihm, wird viel Frucht bringen. Denn getrennt von mir könnt ihr nichts tun. [6]Wer nicht in mir bleibt, wird fortgeworfen wie eine nutzlose Rebe und verdorrt. Solche Reben werden auf einen Haufen geworfen und verbrannt. [7]Doch wenn ihr mit mir verbunden bleibt und meine Worte in euch bleiben, könnt ihr bitten, um was ihr wollt, und es wird euch gewährt werden! [8]Darin wird mein Vater verherrlicht, dass ihr viel Frucht hervorbringt und meine Jünger werdet.

[9]Ich habe euch genauso geliebt, wie der Vater mich geliebt hat. Bleibt in meiner Liebe. [10]Wenn ihr mir gehorcht, bleibt ihr in meiner Liebe, genauso wie ich meinem Vater gehorche und in seiner Liebe bleibe. [11]Ich sage euch das, damit meine Freude euch erfüllt. Ja, eure Freude soll vollkommen sein! [12]Ich gebiete euch, einander genauso zu lieben, wie ich euch liebe. [13]Die größte Liebe beweist der, der sein Leben für die Freunde hingibt. [14]Ihr seid meine Freunde, wenn ihr tut, was ich euch auftrage. [15]Ich nenne euch nicht mehr Diener, weil ein Herr seine Diener nicht ins Vertrauen zieht. Ihr seid jetzt meine Freunde, denn ich habe euch alles gesagt, was ich von meinem Vater gehört habe. [16]Nicht ihr habt mich erwählt, ich habe euch erwählt. Ich habe euch dazu berufen, hinzugehen und Frucht zu tragen, die Bestand hat, damit der Vater euch gibt, um was immer ihr ihn in meinem Namen bittet. [17]Ich gebe euch das Gebot, einander zu lieben.

Der Hass der Welt

[18]Wenn die Welt euch hasst, dann denkt daran, dass sie mich schon gehasst hat, ehe sie euch gehasst hat. [19]Die Welt würde euch lieben, wenn ihr zu ihr gehören würdet, aber das tut ihr nicht. Ich habe euch erwählt, aus der Welt herauszutreten; deshalb hasst sie euch. [20]Denkt an das Wort, das ich euch gesagt habe: ›Ein Diener ist nicht größer als sein Herr.‹ Da sie mich verfolgt haben, werden sie auch euch verfolgen. Und

wenn sie auf mein Wort gehört haben, werden sie auch auf euch hören! ²¹Die Menschen in der Welt werden gegen euch sein, weil ihr zu mir gehört, denn sie kennen Gott nicht, der mich gesandt hat. ²²Sie hätten sich nicht schuldig gemacht, wenn ich nicht gekommen wäre und zu ihnen gesprochen hätte. Doch so haben sie keine Entschuldigung mehr für ihre Sünde. ²³Wer mich hasst, hasst auch meinen Vater. ²⁴Wenn ich nicht solche Wunder unter ihnen getan hätte, die niemand sonst hätte tun können, wären sie nicht schuldig. Doch sie haben alles gesehen, was ich tat, und trotzdem sowohl mich als auch meinen Vater gehasst. ²⁵Dadurch hat sich erfüllt, was im Gesetz vorausgesagt ist: ›Sie haben mich ohne Grund gehasst.‹

²⁶Doch ich werde euch den Ratgeber schicken – den Geist der Wahrheit. Er wird vom Vater zu euch kommen und wird mein Zeuge sein. ²⁷Und ihr werdet meine Zeugen sein, weil ihr von Anfang an bei mir gewesen seid.

16 ¹Ich habe euch diese Dinge gesagt, damit ihr den Glauben nicht verliert. ²Denn ihr werdet aus den Synagogen ausgeschlossen werden, und es wird die Zeit kommen, in der die, die euch töten, glauben, Gott damit einen Dienst zu erweisen. ³Das tun sie, weil sie den Vater und mich nicht erkannt haben. ⁴Ja, ich sage euch diese Dinge jetzt, damit ihr euch daran erinnert, wenn sie eintreffen. Ich habe nicht früher davon gesprochen, weil ich noch bei euch war.

Das Wirken des Heiligen Geistes

⁵Nun aber gehe ich fort zu dem, der mich gesandt hat, doch keiner von euch hat mich gefragt, wohin ich gehe. ⁶Stattdessen seid ihr traurig. ⁷Ich sage euch aber die Wahrheit: Es ist das Beste für euch, dass ich fortgehe, denn wenn ich nicht gehe, wird der Ratgeber nicht kommen. Wenn ich jedoch fortgehe, wird er kommen, denn ich werde ihn zu euch senden. ⁸Und wenn er kommt, wird er die Welt von ihrer Sünde und von Gottes Gerechtigkeit und vom Gericht überzeugen. ⁹Die Sünde der Welt ist, dass sie nicht an mich glaubt. ¹⁰Die Gerechtigkeit erweist sich darin, dass ich zum Vater

gehe und ihr mich nicht mehr sehen werdet. [11]Das Gericht bedeutet, dass der Herrscher dieser Welt schon gerichtet ist.

[12]Ich hätte euch noch so vieles zu sagen, aber ihr könnt es jetzt nicht ertragen. [13]Doch wenn der Geist der Wahrheit kommt, wird er euch in alle Wahrheit leiten. Er wird nicht seine eigenen Anschauungen vertreten, sondern wird euch sagen, was er gehört hat. Er wird euch von dem erzählen, was kommt. [14]Er wird mich verherrlichen, indem er euch alles offenbart, was er von mir empfängt. [15]Alles, was der Vater hat, gehört mir; das habe ich gemeint, als ich sagte, dass der Geist euch alles offenbaren wird, was er von mir empfängt.

Traurigkeit wird sich in Freude verwandeln

[16]Schon sehr bald werdet ihr mich nicht mehr sehen. Dann, nach einer weiteren kurzen Zeit, werdet ihr mich wieder sehen.«

[17]Da fragten die Jünger einander: »Was meint er damit: ›Ihr werdet mich nicht sehen und dann werdet ihr mich wieder sehen‹? Was soll das bedeuten: ›Ich gehe zum Vater‹? [18]Und was heißt ›eine kurze Zeit‹? Das verstehen wir nicht.«

[19]Jesus merkte, dass sie ihn gern gefragt hätten. Deshalb sagte er: »Ihr fragt euch, was ich gemeint habe? Ich sagte, dass ich sehr bald fort sein werde und ihr mich nicht mehr sehen werdet. Dann, nach einer weiteren kurzen Zeit, werdet ihr mich wieder sehen. [20]Ich versichere euch: Ihr werdet weinen und trauern über das, was mit mir geschehen wird, aber die Welt wird sich freuen. Ihr werdet trauern, doch eure Trauer wird sich von einem Augenblick zum anderen in große Freude verwandeln, wenn ihr mich wieder seht. [21]Es wird sein wie bei einer Frau in den Wehen. Wenn ihr Kind erst geboren ist, verblassen die Schmerzen angesichts der Freude, dass ein neuer Mensch zur Welt gekommen ist. [22]Jetzt seid ihr traurig, aber ich werde euch wieder sehen, und dann werdet ihr euch freuen, und niemand kann euch diese Freude nehmen. [23]Wenn es so weit ist, werdet ihr mich um nichts mehr bitten müssen. Ich versichere euch: Dann könnt

ihr selbst zum Vater gehen und ihn bitten, und er wird eure Bitte erfüllen, weil ihr in meinem Namen bittet. ²⁴Bis jetzt habt ihr das nicht getan. Bittet in meinem Namen, und ihr werdet empfangen, dann wird eure Freude vollkommen sein.

²⁵Bis jetzt habe ich über diese Dinge in Gleichnissen geredet, aber es kommt die Zeit, in der das nicht mehr nötig sein wird; dann werde ich offen mit euch reden und euch alles über den Vater erzählen. ²⁶Und dann werdet ihr in meinem Namen bitten. Ich sage nicht, dass ich den Vater für euch bitten werde, ²⁷denn der Vater selbst hat euch lieb, weil ihr mich liebt und glaubt, dass ich von Gott ausgegangen bin. ²⁸Ich kam vom Vater in die Welt, und ich werde die Welt verlassen und zum Vater zurückkehren.«

²⁹Da sagten seine Jünger: »Endlich sprichst du offen und nicht mehr in Gleichnissen. ³⁰Jetzt verstehen wir, dass du alles weißt und nicht darauf angewiesen bist, dass irgendjemand dir etwas sagt. Deshalb glauben wir, dass du von Gott gekommen bist.«

³¹Jesus fragte: »Jetzt glaubt ihr? ³²Doch es kommt die Zeit – ja, sie ist schon angebrochen –, da werdet ihr zerstreut werden, und jeder wird seine eigenen Wege gehen und mich verlassen. Doch ich bin nicht allein, denn der Vater ist bei mir. ³³Ich habe euch das alles gesagt, damit ihr in mir Frieden habt. Hier auf der Erde werdet ihr viel Schweres erleben. Aber habt Mut, denn ich habe die Welt überwunden.«

Jesus betet für seine Jünger

17 ¹Nachdem Jesus all das gesagt hatte, blickte er zum Himmel auf und sagte: »Vater, die Zeit ist gekommen. Verherrliche deinen Sohn, damit er dich verherrlichen kann. ²Denn du hast ihm Macht über alle Menschen auf der ganzen Welt gegeben. Er schenkt allen, die du ihm gegeben hast, das ewige Leben. ³Und das ist der Weg zum ewigen Leben: dich zu erkennen, den einzig wahren Gott, und Jesus Christus, den du in die Welt gesandt hast. ⁴Ich habe dich hier auf Erden verherrlicht, indem ich alles tat, was du mir aufgetragen hast.

⁵Und nun, Vater, verherrliche mich mit der Herrlichkeit, die wir schon teilten, ehe die Welt erschaffen wurde.

⁶Ich habe deinen Namen diesen Menschen offenbart. Sie waren in der Welt, doch dann hast du sie mir gegeben. Sie haben dir schon immer gehört, und du hast sie mir gegeben, und sie haben dein Wort bewahrt. ⁷Jetzt wissen sie, dass alles, was ich habe, von dir ist, ⁸denn ich habe ihnen die Worte weitergegeben, die du mir mitgegeben hast. Sie haben diese Worte angenommen und wissen, dass ich von dir gekommen bin; und sie glauben, dass du mich gesandt hast.

⁹Mein Gebet gilt nicht der Welt, sondern denen, die du mir gegeben hast, weil sie dir gehören. ¹⁰Weil sie die Meinen sind, gehören sie auch dir; doch du hast sie mir gegeben, damit ich durch sie verherrlicht werde! ¹¹Jetzt verlasse ich die Welt; ich lasse sie zurück in der Welt und komme zu dir. Heiliger Vater, bewahre sie in deinem Namen, den du mir gegeben hast, damit sie eins sind, so wie wir eins sind. ¹²Während meiner Zeit hier auf Erden habe ich sie bewahrt. Ich habe über sie gewacht, sodass nicht einer verloren ging außer dem, der den Weg des Verderbens beschritt, so wie es die Schrift vorausgesagt hat.

¹³Jetzt aber komme ich zu dir. Ich habe ihnen vieles gesagt, während ich in der Welt war, damit sie von meiner Freude vollkommen erfüllt sind. ¹⁴Ich habe ihnen dein Wort gegeben. Die Welt hasst sie, weil sie genau wie ich nicht zur Welt gehören. ¹⁵Ich bitte dich nicht, dass du sie aus der Welt herausnimmst, sondern dass du sie vor dem Bösen bewahrst. ¹⁶Sie gehören genauso wenig zu dieser Welt wie ich. ¹⁷Reinige sie und heilige sie, indem du sie deine Worte der Wahrheit lehrst. ¹⁸Wie du mich in die Welt gesandt hast, so sende ich sie in die Welt. ¹⁹Und ich gebe mich ganz für sie hin, damit auch sie durch die Wahrheit ganz dir gehören.

²⁰Ich bete nicht nur für diese Jünger, sondern auch für alle, die durch ihr Wort an mich glauben werden. ²¹Ich bete für sie alle, dass sie eins sind, so wie du und ich eins sind, Vater – damit sie in uns eins sind, so wie du in mir bist und ich in dir bin, und die Welt glaubt, dass du mich gesandt hast.

²²Ich habe ihnen die Herrlichkeit geschenkt, die du mir gegeben hast, damit sie eins sind, wie wir eins sind – ²³ich in ihnen und du in mir, damit sie alle zur Einheit vollendet werden. Dann wird die Welt wissen, dass du mich gesandt hast, und wird begreifen, dass du sie liebst, wie du mich liebst. ²⁴Vater, ich möchte, dass die, die du mir gegeben hast, bei mir sind, damit sie meine Herrlichkeit sehen können. Du hast mir die Herrlichkeit geschenkt, weil du mich schon vor Erschaffung der Welt geliebt hast!

²⁵Gerechter Vater, die Welt kennt dich nicht, aber ich kenne dich, und diese Jünger wissen, dass du mich gesandt hast. ²⁶Ich habe ihnen deinen Namen offenbart und werde ihn auch weiterhin offenbaren. Das tue ich, damit deine Liebe zu mir in ihnen bleibt und ich in ihnen.«

Jesus wird verraten und verhaftet

18 ¹Nachdem er ihnen all das gesagt hatte, überquerte Jesus mit seinen Jüngern den Bach Kidron und ging in einen Olivenhain. ²Judas, der Verräter, kannte den Ort, weil Jesus oft mit seinen Jüngern dort gewesen war. ³Die obersten Priester und Pharisäer hatten Judas einen Trupp römischer Soldaten und Tempelwächter mitgegeben, die ihn begleiten sollten. Nun marschierten sie mit lodernden Fackeln, Laternen und Waffen dorthin.

⁴Jesus wusste, was mit ihm geschehen würde. Er ging ihnen entgegen und fragte: »Wen sucht ihr?«

⁵»Jesus von Nazareth«, erwiderten sie.

»Ich bin es«, sagte Jesus. Judas stand bei ihnen, als Jesus sich zu erkennen gab. ⁶Und als er sagte: »Ich bin es«, wichen sie alle zurück und fielen zu Boden. ⁷Noch einmal fragte er sie: »Wen sucht ihr?«

Und wieder antworteten sie: »Jesus von Nazareth.«

⁸»Ich habe euch doch gesagt, dass ich es bin«, sagte Jesus. »Und da ich derjenige bin, den ihr sucht, lasst die anderen gehen.« ⁹Damit erfüllte er seine eigene Aussage: »Ich habe auch nicht einen Einzigen von denen verloren, die du mir gegeben hast.«

¹⁰Plötzlich zog Simon Petrus ein Schwert und schlug Malchus, dem Diener des Hohen Priesters, das rechte Ohr ab. ¹¹Aber Jesus sagte zu Petrus: »Steck dein Schwert wieder in die Scheide. Soll ich etwa nicht aus dem Kelch trinken, den mir der Vater gegeben hat?«

Hannas verhört Jesus

¹²Die Soldaten, ihr Befehlshaber und die Männer der Tempelwache verhafteten Jesus und fesselten ihn. ¹³Zunächst brachten sie ihn zu Hannas, dem Schwiegervater von Kaiphas, dem amtierenden Hohen Priester. ¹⁴Kaiphas war es gewesen, der zu den Juden gesagt hatte: »Es ist besser, wenn einer für das ganze Volk stirbt.«

Petrus verleugnet Jesus zum ersten Mal

¹⁵Simon Petrus und ein anderer Jünger folgten ihnen. Dieser andere Jünger war mit dem Hohen Priester bekannt und durfte deshalb mit Jesus den Innenhof des hohepriesterlichen Palastes betreten. ¹⁶Petrus stand draußen vor dem Tor. Da sprach der andere Jünger mit der Türhüterin, und sie ließ auch Petrus herein. ¹⁷Die Frau fragte Petrus: »Bist du nicht auch einer von den Jüngern, die zu Jesus gehören?«

Er sagte: »Nein, das bin ich nicht.«

¹⁸Die Wachen und die Bediensteten standen um ein Kohlenfeuer, das sie angezündet hatten, weil es kalt war. Und Petrus stand bei ihnen und wärmte sich.

Der Hohe Priester verhört Jesus

¹⁹Inzwischen begann der Hohe Priester, Jesus über seine Anhänger und seine Lehre zu befragen. ²⁰Jesus sagte: »Was ich lehre, ist überall bekannt, denn ich habe regelmäßig in den Synagogen und im Tempel gesprochen. Überall haben die Menschen mich gehört, und ich lehre nichts hinter verschlossenen Türen, was ich nicht in der Öffentlichkeit gesagt habe. ²¹Warum fragst du mich? Frag doch die, die mich gehört haben. Sie wissen, was ich gesagt habe.«

²²Ein Mann der Tempelwache, der dabeistand, schlug Jesus

ins Gesicht und meinte: »Ist das eine Art und Weise, dem Hohen Priester zu antworten?«

²³Jesus erwiderte: »Wenn ich etwas Falsches gesagt habe, dann beweise es. Darfst du einen Menschen schlagen, weil er die Wahrheit sagt?«

²⁴Da ließ Hannas Jesus fesseln und zum Hohen Priester Kaiphas führen.

Petrus verleugnet Jesus zum zweiten und dritten Mal
²⁵In der Zwischenzeit stand Simon Petrus immer noch am Feuer und wärmte sich, als sie ihn erneut fragten: »Bist du nicht auch einer von seinen Jüngern?«

Er leugnete: »Das bin ich nicht.« ²⁶Doch ein Diener des Hohen Priesters, ein Verwandter des Mannes, dem Petrus ein Ohr abgeschlagen hatte, fragte ihn: »Habe ich dich nicht dort im Olivenhain bei Jesus gesehen?« ²⁷Wieder leugnete Petrus, und in diesem Augenblick krähte ein Hahn.

Jesus wird von Pilatus verhört
²⁸Das Verhör vor Kaiphas endete in den frühen Morgenstunden. Danach wurde Jesus in das Prätorium, den Palast des römischen Statthalters, gebracht. Seine Ankläger gingen nicht mit ihm hinein, weil sie sich nicht verunreinigen wollten; sie hätten sonst nicht an den Passah-Feierlichkeiten teilnehmen dürfen. ²⁹Deshalb kam Pilatus zu ihnen heraus und fragte: »Was habt ihr gegen diesen Mann vorzubringen?«

³⁰»Wir würden ihn dir nicht vorführen, wenn er kein Verbrecher wäre!«, gaben sie zurück.

³¹»Dann führt ihn ab und verurteilt ihn nach euren eigenen Gesetzen«, erklärte Pilatus.

»Unser Gesetz erlaubt es uns nicht, jemanden hinzurichten«, erwiderten die Juden. ³²Damit erfüllte sich die Voraussage von Jesus über die Art, wie er sterben würde.

³³Pilatus ging wieder hinein in das Prätorium und ließ Jesus vorführen. »Bist du der König der Juden?«, fragte er ihn.

³⁴Jesus erwiderte: »Bist du selbst auf diese Frage gekommen oder haben andere dir von mir erzählt?«

³⁵»Bin ich etwa ein Jude?«, entgegnete Pilatus. »Dein eigenes Volk und ihre obersten Priester haben dich hergebracht. Warum? Was hast du getan?«

³⁶Darauf antwortete Jesus: »Mein Reich ist nicht von dieser Welt. Wenn es so wäre, hätten meine Diener für mich gekämpft, als ich verhaftet wurde. Aber mein Königreich ist nicht von dieser Welt.«

³⁷Pilatus entgegnete: »Dann bist du also doch ein König?«

Jesus bestätigte: »Du sagst es: Ich bin ein König. Dazu bin ich geboren. Ich bin gekommen, um der Welt die Wahrheit zu bringen. Wer die Wahrheit liebt, wird erkennen, dass meine Worte wahr sind.«

³⁸Da fragte Pilatus: »Was ist Wahrheit?« Dann ging er wieder zu den Leuten hinaus und sagte zu ihnen: »Er ist keines Verbrechens schuldig. ³⁹Ihr habt doch den Brauch, mich jedes Jahr zum Passahfest um die Freilassung eines Gefangenen zu bitten. Wollt ihr, dass ich euch den König der Juden freilasse?«

⁴⁰Aber sie schrien: »Nein! Nicht diesen Mann, sondern Barabbas!« Barabbas war ein Verbrecher.

Jesus wird zum Tod verurteilt

19 ¹Daraufhin ließ Pilatus Jesus auspeitschen. ²Die Soldaten flochten eine Krone aus langen Dornenzweigen, setzten sie ihm auf den Kopf und legten ihm ein purpurfarbenes Gewand um. ³Dann spotteten sie: »Sei gegrüßt, du König der Juden!«, und sie schlugen ihn mit den Fäusten.

⁴Pilatus ging wieder hinaus und sagte zu den Leuten: »Ich lasse ihn jetzt zu euch hinausbringen, damit ihr wisst, dass ich keine Schuld an ihm finden kann.« ⁵Dann kam Jesus heraus. Er trug die Dornenkrone und das Purpurgewand. Und Pilatus sagte: »Hier ist er, der Mensch!«

⁶Als sie ihn sahen, fingen die obersten Priester und die Männer der Tempelwache an zu schreien: »Kreuzige ihn! Kreuzige ihn!«

Pilatus entgegnete: »Nehmt ihr ihn selbst und kreuzigt ihr ihn. Ich kann keine Schuld an ihm finden.«

⁷Die Juden erwiderten: »Nach unserem Gesetz muss er sterben, weil er sich selbst als Gottes Sohn bezeichnet hat.«

⁸Als Pilatus das hörte, fürchtete er sich noch mehr. ⁹Er ließ Jesus wieder zurück ins Prätorium bringen und fragte ihn: »Woher kommst du?« Aber Jesus gab keine Antwort. ¹⁰»Sprichst du nicht mit mir?«, fragte Pilatus. »Weißt du denn nicht, dass ich die Macht habe, dich freizulassen oder dich zu kreuzigen?«

¹¹Da sagte Jesus: »Du hättest keine Macht über mich, wenn sie dir nicht von oben gegeben wäre. Deshalb hat der, der mich dir ausgeliefert hat, die schwerere Sünde begangen.«

¹²Darauf wollte Pilatus ihn erneut freilassen, die Juden aber schrien: »Wenn du diesen Mann freilässt, bist du kein Freund des Kaisers. Wer sich zum König erklärt, erhebt sich gegen den Kaiser.«

¹³Auf diese Worte hin ließ Pilatus Jesus wieder hinausführen. Dann setzte er sich auf den Richterstuhl, an einer Stelle, die man »Steinpflaster« nannte (auf Hebräisch Gabbata). ¹⁴Das war um die Mittagszeit am Tag vor dem Passahfest. Und Pilatus sagte zu den Leuten: »Hier ist euer König!«

¹⁵Sie schrien: »Weg mit ihm! Weg mit ihm – kreuzige ihn!«

Pilatus fragte: »Was? Euren König soll ich kreuzigen lassen?«

Die obersten Priester gaben zurück: »Wir haben keinen König außer dem Kaiser.«

¹⁶Da überließ Pilatus ihnen Jesus zur Kreuzigung.

Die Kreuzigung

Sie nahmen Jesus und führten ihn ab. ¹⁷Jesus trug das Kreuz selbst zu dem Ort, der Schädelstätte genannt wird (auf Hebräisch Golgatha). ¹⁸Dort kreuzigten sie ihn und mit ihm noch zwei andere, einen auf jeder Seite von ihm, mit Jesus in der Mitte. ¹⁹Pilatus ließ ein Schild über ihm anbringen, auf dem stand: »Jesus von Nazareth, König der Juden.« ²⁰Der Ort, an dem Jesus gekreuzigt wurde, lag in unmittelbarer Nähe der Stadt; und das Schild war in Hebräisch, Lateinisch und Griechisch geschrieben, sodass viele Leute es lesen konnten.

²¹Da sagten die obersten Priester zu Pilatus: »Schreib nicht ›König der Juden‹, sondern schreib: ›Er hat behauptet: Ich bin der König der Juden.‹«

²²Pilatus entgegnete: »Was ich geschrieben habe, habe ich geschrieben.«

²³Nachdem die Soldaten – es waren vier Mann – Jesus gekreuzigt hatten, teilten sie seine Kleider unter sich auf. Sie nahmen auch sein Untergewand an sich. Es war ohne Naht aus einem einzigen Stück gewebt, ²⁴deshalb sagten sie: »Wir wollen es nicht zerreißen, sondern darum würfeln.« Damit erfüllte sich die Schrift, in der es heißt: »Sie teilten meine Kleider unter sich auf und würfelten um mein Gewand.« ²⁵Und so machten sie es.

In der Nähe des Kreuzes standen die Mutter von Jesus und ihre Schwester sowie Maria, die Frau von Klopas, und Maria von Magdala. ²⁶Als Jesus seine Mutter dort neben dem Jünger stehen sah, den er lieb hatte, sagte er zu ihr: »Frau, das ist jetzt dein Sohn.« ²⁷Und zu dem Jünger sagte er: »Das ist nun deine Mutter.« Von da an nahm der Jünger sie zu sich in sein Haus.

Jesus stirbt

²⁸Jesus wusste, dass nun alles vollbracht war, und um zu erfüllen, was in der Schrift vorausgesagt war, sagte er: »Ich habe Durst.« ²⁹Sie tauchten einen Schwamm in ein Gefäß mit Weinessig und steckten ihn auf einen Ysopzweig, den sie an seine Lippen hielten. ³⁰Als Jesus davon genommen hatte, sagte er: »Es ist vollbracht!« Dann neigte er den Kopf und starb.

³¹Die führenden Männer des jüdischen Volkes wollten die Gekreuzigten nicht bis zum nächsten Tag, einem Sabbat – der wegen des Passahfestes noch dazu ein besonderer Sabbat war –, am Kreuz hängen lassen. Um den Tod schneller herbeizuführen, baten sie Pilatus, dass man ihnen die Beine brach. Dann konnten die Leichname vom Kreuz abgenommen werden. ³²Da kamen die Soldaten und brachen den beiden Männern, die mit Jesus gekreuzigt worden waren, die Beine. ³³Doch als sie zu Jesus kamen, sahen sie, dass er schon tot war, deshalb brachen sie ihm nicht die Beine. ³⁴Einer der Sol-

daten bohrte jedoch einen Speer in seine Seite, und Blut und Wasser flossen heraus. [35]Dieser Bericht stammt von einem Augenzeugen. Alles, was er sagt, ist zuverlässig und wahr; er berichtet darüber, damit auch ihr zum Glauben findet. [36]Diese Dinge sind geschehen, damit sich erfüllt, was in der Schrift vorausgesagt ist: »Nicht einer seiner Knochen wird zerbrochen werden«, [37]und: »Sie werden auf den schauen, den sie durchbohrt haben«.

Die Grablegung

[38]Danach bat Josef von Arimathäa Pilatus um die Erlaubnis, den Leichnam vom Kreuz abnehmen zu dürfen. Er war insgeheim ein Jünger von Jesus, denn er fürchtete sich vor den führenden Juden. Als Pilatus es ihm gestattete, ging er und holte den Leichnam. [39]Auch Nikodemus, der Jesus einmal in der Nacht aufgesucht hatte, kam und brachte zum Einbalsamieren etwa dreißig Kilogramm Myrrhe und Aloe mit. [40]Gemeinsam wickelten sie den Leichnam mit den Kräutern in lange Leinentücher, wie es bei den Juden vor dem Begräbnis Brauch ist. [41]Der Ort der Kreuzigung befand sich in der Nähe eines Gartens; dort lag ein neues Grab, das noch nie benutzt worden war. [42]Und weil es der Tag der Vorbereitung für das Passahfest war und das Grab sich in der Nähe befand, bestatteten sie Jesus dort.

Die Auferstehung

20 [1]Früh am ersten Tag der Woche, als es noch dunkel war, kam Maria von Magdala zum Grab und fand den Stein vom Eingang weggerollt. [2]Sie lief zu Simon Petrus und dem anderen Jünger, den Jesus lieb hatte, und sagte: »Sie haben den Herrn aus dem Grab weggenommen, und ich weiß nicht, wo sie ihn hingebracht haben!«

[3]Petrus und der andere Jünger liefen zum Grab, um nachzusehen. [4]Der andere Jünger lief schneller als Petrus und kam als Erster an. [5]Er beugte sich vor, um hineinzuschauen, und sah die Leinentücher daliegen, aber er ging nicht hinein. [6]Dann kam Simon Petrus und ging in die Grabhöhle hinein.

Auch er sah die Leinentücher dort liegen; [7]das Tuch, das den Kopf von Jesus bedeckt hatte, lag zusammengefaltet auf der Seite. [8]Da ging auch der andere Jünger hinein, der zuerst bei dem Grab angekommen war, und er sah und glaubte – [9]denn bis dahin hatten sie die Aussage der Schrift nicht verstanden, dass Jesus von den Toten auferstehen würde. [10]Dann gingen sie nach Hause zurück.

Jesus erscheint Maria von Magdala

[11]Maria stand weinend draußen vor dem Grab, und während sie weinte, beugte sie sich vor und schaute hinein. [12]Da sah sie zwei weiß gekleidete Engel sitzen, einen am Kopf- und einen am Fußende der Stelle, an der der Leichnam von Jesus gelegen hatte. [13]»Warum weinst du?«, fragten die Engel sie.

»Weil sie meinen Herrn weggenommen haben«, erwiderte sie, »und ich nicht weiß, wo sie ihn hingelegt haben.«

[14]Sie blickte über ihre Schulter zurück und sah jemanden hinter sich stehen. Es war Jesus, aber sie erkannte ihn nicht. [15]»Warum weinst du?«, fragte Jesus sie. »Wen suchst du?«

Sie dachte, er sei der Gärtner. »Herr«, sagte sie, »wenn du ihn weggenommen hast, sag mir, wo du ihn hingebracht hast; dann gehe ich ihn holen.«

[16]»Maria!«, sagte Jesus.

Sie drehte sich um zu ihm und rief aus: »Meister!«

[17]»Berühre mich nicht«, sagte Jesus, »denn ich bin noch nicht zum Vater aufgefahren. Aber geh zu meinen Brüdern und sage ihnen, dass ich zu meinem Vater und zu eurem Vater, zu meinem Gott und zu eurem Gott auffahre.«

[18]Maria von Magdala fand die Jünger und erzählte ihnen: »Ich habe den Herrn gesehen!« Dann berichtete sie, was er ihr aufgetragen hatte.

Jesus erscheint seinen Jüngern

[19]Am Abend dieses ersten Tages der Woche trafen die Jünger sich hinter verschlossenen Türen, weil sie Angst vor den Juden hatten. Plötzlich stand Jesus mitten unter ihnen! »Friede sei mit euch«, sagte er. [20]Und nach diesen Worten zeigte er

ihnen seine Hände und seine Seite. Freude erfüllte die Jünger, als sie ihren Herrn sahen. ²¹Wieder sprach er zu ihnen und sagte: »Friede sei mit euch. Wie der Vater mich gesandt hat, so sende ich euch.« ²²Dann hauchte er sie an und sprach: »Empfangt den Heiligen Geist. ²³Wem ihr die Sünden vergebt, dem sind sie vergeben. Wem ihr sie nicht vergebt, dem sind sie nicht vergeben.«

Zweifel und Glaube des Thomas

²⁴Einer der Jünger, Thomas, der auch »Zwilling« genannt wurde, war nicht dabei gewesen, als Jesus kam. ²⁵Sie erzählten ihm: »Wir haben den Herrn gesehen!« Doch er erwiderte: »Das glaube ich nicht, es sei denn, ich sehe die Wunden von den Nägeln in seinen Händen, berühre sie mit meinen Fingern und lege meine Hand in die Wunde an seiner Seite.«

²⁶Acht Tage später waren die Jünger wieder beisammen, und diesmal war auch Thomas bei ihnen. Die Türen waren verschlossen; doch plötzlich stand Jesus, genau wie zuvor, in ihrer Mitte. Er sprach: »Friede sei mit euch!« ²⁷Dann sagte er zu Thomas: »Lege deine Finger auf diese Stelle hier und sieh dir meine Hände an. Lege deine Hand in die Wunde an meiner Seite. Sei nicht mehr ungläubig, sondern glaube!«

²⁸»Mein Herr und mein Gott!«, rief Thomas aus.

²⁹Da sagte Jesus zu ihm: »Du glaubst, weil du mich gesehen hast. Glücklich sind die, die mich nicht sehen und dennoch glauben.«

Der Zweck dieses Buches

³⁰Die Jünger sahen, wie Jesus noch viele andere Wunder tat, die nicht in diesem Buch aufgezeichnet sind. ³¹Diese aber wurden aufgeschrieben, damit ihr glaubt, dass Jesus der Christus ist, der Sohn Gottes, und damit ihr durch den Glauben an ihn in seinem Namen das ewige Leben habt.

Jesus erscheint sieben Jüngern

21 ¹Später zeigte sich Jesus den Jüngern noch einmal am See von Tiberias. Das geschah folgendermaßen: ²Simon Petrus, Thomas, der auch »Zwilling« genannt wurde, Nathanael aus Kana in Galiläa, die Söhne des Zebedäus und zwei andere Jünger waren dort zusammen.

[3]Simon Petrus sagte: »Ich gehe fischen.«

Die anderen meinten: »Wir kommen mit.« Also fuhren sie im Boot hinaus, doch sie fingen die ganze Nacht über nichts.

[4]Bei Morgengrauen sahen die Jünger Jesus am Ufer stehen, doch sie konnten nicht sehen, wer es war. [5]Er rief ihnen zu: »Freunde, habt ihr etwas gefangen?«

Sie antworteten: »Nein.«

[6]Da sagte er: »Werft euer Netz auf der rechten Seite des Bootes aus, dann werdet ihr etwas fangen!« Sie taten es, und bald konnten sie das Netz nicht mehr einholen, weil so viele Fische darin waren.

[7]Da sagte der Jünger, den Jesus liebte, zu Petrus: »Es ist der Herr!« Als Simon Petrus hörte, dass es der Herr war, legte er sein Obergewand an – denn er hatte es zur Arbeit ausgezogen –, sprang ins Wasser und schwamm ans Ufer. [8]Die anderen blieben beim Boot und zogen das gefüllte Netz hinter sich her. Sie waren etwa hundert Meter vom Ufer entfernt. [9]Als sie ausstiegen und an Land gingen, sahen sie ein Kohlenfeuer brennen, auf dem Fisch gebraten wurde; dazu gab es Brot.

[10]»Holt ein paar von den Fischen, die ihr gerade gefangen habt«, sagte Jesus. [11]Da stieg Simon Petrus ins Boot und holte das Netz an Land. Obwohl es mit hundertdreiundfünfzig großen Fischen gefüllt war, zerriss das Netz nicht.

[12]»Kommt her und frühstückt!«, sagte Jesus. Doch keiner wagte ihn zu fragen, ob er wirklich der Herr sei. Sie wussten, dass er es war. [13]Jesus kam auf sie zu, nahm das Brot und gab es ihnen, ebenso den Fisch. [14]Das war das dritte Mal, dass Jesus seinen Jüngern erschien, seit er von den Toten auferstanden war.

Jesus fragt nach der Liebe
[15]Nach dem Frühstück sagte Jesus zu Simon Petrus: »Simon, Sohn des Johannes, liebst du mich mehr als die anderen?«

Petrus erwiderte: »Ja, Herr, du weißt, dass ich dich lieb habe.«

Jesus sagte: »Dann weide meine Lämmer.«

[16]Jesus wiederholte die Frage: »Simon, Sohn des Johannes, liebst du mich?«

Petrus antwortete: »Ja, Herr, du weißt, dass ich dich lieb habe.«

Jesus sagte: »Dann hüte meine Schafe.«

[17]Noch einmal fragte er ihn: »Simon, Sohn des Johannes, hast du mich lieb?«

Petrus wurde traurig, weil Jesus die Frage zum dritten Mal stellte, und sagte: »Herr, du weißt alles. Du weißt, dass ich dich lieb habe.«

Jesus sagte: »Dann weide meine Schafe. [18]Ich versichere dir: Als du jung warst, konntest du tun, was du wolltest, und hingehen, wo es dir gefiel. Doch wenn du alt bist, wirst du deine Hände ausstrecken, und ein anderer wird dich führen und hinbringen, wo du nicht hingehen willst.« [19]So deutete Jesus an, auf welche Weise Petrus sterben würde, um Gott damit zu verherrlichen. Dann forderte Jesus ihn auf: »Folge mir nach.«

[20]Petrus drehte sich um und sah, dass der Jünger hinter ihnen ging, den Jesus liebte – jener Jünger, der sich beim Abendmahl zu Jesus hinübergelehnt und gefragt hatte: »Herr, wer von uns wird dich verraten?« [21]Petrus fragte Jesus: »Was ist mit ihm, Herr?«

[22]Jesus erwiderte: »Wenn ich will, dass er am Leben bleibt, bis ich wiederkomme, was geht das dich an? Folge du mir nach.« [23]Deshalb verbreitete sich in der Gemeinde der Gläubigen das Gerücht, dass dieser Jünger nicht sterben würde. Doch das hatte Jesus nicht gesagt. Er hatte nur gesagt: »Wenn ich will, dass er am Leben bleibt, bis ich wiederkomme, was geht das dich an?«

Schlusswort

[24]Dies ist der Jünger, der diese Ereignisse miterlebt hat und sie hier aufzeichnete. Und wir alle wissen, dass sein Bericht über diese Dinge wahr ist. [25]Es gibt noch vieles andere, was Jesus

getan hat. Wenn man dies alles aufschreiben würde, glaube ich, könnte die ganze Welt die Bücher nicht fassen, die man dann schreiben müsste.

Die Apostelgeschichte

Die Ankündigung des Heiligen Geistes

1 ¹Lieber Theophilus, in meinem ersten Buch habe ich dir von allem erzählt, was Jesus von Anfang an tat und lehrte, ²bis zu dem Tag, an dem er in den Himmel auffuhr, nachdem er seinen erwählten Aposteln durch den Heiligen Geist weitere Anweisungen erteilt hatte. ³In den vierzig Tagen nach seiner Kreuzigung erschien er den Aposteln immer wieder und bewies ihnen auf vielfältige Weise, dass er wirklich lebt. Und er sprach mit ihnen über das Reich Gottes.

⁴Bei einer dieser Begegnungen, als sie gerade aßen, sagte er: »Bleibt hier in Jerusalem, bis der Vater euch sendet, was er versprochen hat. Erinnert euch: Ich habe schon mit euch darüber geredet. ⁵Johannes hat mit Wasser getauft, doch schon in wenigen Tagen werdet ihr mit dem Heiligen Geist getauft werden.«

Jesus fährt zum Himmel auf

⁶Wenn die Apostel mit Jesus zusammen waren, fragten sie ihn immer wieder: »Herr, wirst du Israel jetzt befreien und unser Königreich wiederherstellen?«

⁷»Die Zeit dafür bestimmt allein der Vater«, erwiderte er, »es steht euch nicht zu, sie zu kennen. ⁸Aber wenn der Heilige Geist über euch gekommen ist, werdet ihr seine Kraft empfangen. Dann werdet ihr von mir berichten – in Jerusalem, in ganz Judäa, in Samarien, ja bis an die Enden der Erde.«

⁹Nicht lange nachdem er das gesagt hatte, wurde er vor ihren Augen in den Himmel aufgehoben und verschwand in einer Wolke. ¹⁰Während sie ihm nachschauten, standen plötzlich zwei weiß gekleidete Männer bei ihnen. ¹¹Sie sagten: »Männer aus Galiläa, warum steht ihr hier und starrt zum Himmel? Jesus ist von euch fort in den Himmel geholt worden. Eines Tages wird er genauso wiederkommen, wie ihr ihn habt fortgehen sehen!«

Matthias tritt an die Stelle von Judas

[12]Als das geschah, befanden sich die Apostel auf dem Ölberg, etwa einen Kilometer von Jerusalem entfernt. Nun kehrten sie zurück und [13]gingen in den im oberen Stock gelegenen Raum, in dem sie sich auch sonst aufhielten. Dort waren Petrus, Johannes, Jakobus, Andreas, Philippus, Thomas, Bartholomäus, Matthäus, Jakobus (der Sohn des Alphäus), Simon (der Zelot) und Judas (der Sohn des Jakobus).

[14]Sie alle kamen regelmäßig zum Gebet zusammen, gemeinsam mit Maria, der Mutter von Jesus, einigen anderen Frauen und den Brüdern von Jesus.

[15]In diesen Tagen stand Petrus auf, als etwa hundertzwanzig Menschen anwesend waren, und sagte:

[16]»Brüder, es musste sich erfüllen, was die Schrift über Judas gesagt hat, der die Tempelwache zu Jesus führte, damit er verhaftet werden konnte. Schon vor langer Zeit wurde dies durch den Heiligen Geist vorausgesagt, der durch David sprach. [17]Judas war einer von uns, auserwählt für dieselbe Aufgabe wie wir.

[18]Judas kaufte sich von dem Geld, das er für seinen Verrat erhalten hatte, einen Acker, und als er dort stürzte, platzte sein Körper auf, und seine Eingeweide quollen heraus. [19]Die Nachricht von seinem Tod verbreitete sich rasch unter den Einwohnern Jerusalems, und sie gaben dem Ort den aramäischen Namen Hakeldamach, das heißt ›Blutacker‹.«

[20]Petrus fuhr fort: »Genau das wurde im Buch der Psalmen vorausgesagt. Dort steht: ›Sein Haus soll leer werden, sodass niemand mehr darin lebt‹, und: ›Sein Amt gib einem andern‹.

[21]Dieser andere muss jemand sein, der die ganze Zeit dabei war, als wir mit Jesus, dem Herrn, zusammen waren – [22]und zwar von dem Tag an, als er von Johannes getauft wurde, bis zu dem Tag, als er von uns fort in den Himmel geholt wurde. Derjenige, der gewählt wird, soll mit uns ein Zeuge der Auferstehung von Jesus sein.«

[23]Daraufhin stellten sie zwei Männer zur Wahl auf: Josef, genannt Barsabbas (auch unter dem Namen Justus bekannt),

und Matthias. [24]Dann beteten alle darum, dass der richtige Mann gewählt würde. »Herr«, baten sie, »du kennst die Herzen der Menschen. Zeig uns, welchen dieser beiden Männer du dazu erwählt hast, [25]als Apostel die Stelle von Judas einzunehmen und sein Amt anzutreten, denn der hat uns verlassen und ist dahin gegangen, wo er hingehört.« [26]Dann zogen sie Lose, und auf diese Weise wurde Matthias gewählt und den elf anderen als Apostel an die Seite gestellt.

Das Kommen des Heiligen Geistes

2 [1]Am Pfingsttag waren alle versammelt. [2]Plötzlich ertönte vom Himmel ein Brausen wie das Rauschen eines mächtigen Sturms und erfüllte das Haus, in dem sie versammelt waren. [3]Dann erschien etwas, das aussah wie Flammen, die sich zerteilten, wie Feuerzungen, die sich auf jeden Einzelnen von ihnen niederließen. [4]Und alle Anwesenden wurden vom Heiligen Geist erfüllt und fingen an, in anderen Sprachen zu sprechen, wie der Heilige Geist es ihnen eingab.

[5]Damals lebten in Jerusalem gottesfürchtige Juden aus vielen verschiedenen Ländern. [6]Als sie das Brausen hörten, liefen sie herbei. Bestürzt hörte jeder von ihnen die Versammelten in seiner eigenen Sprache reden.

[7]Außer sich vor Staunen riefen sie: »Wie kann das sein? Diese Leute stammen alle aus Galiläa, [8]und doch hören wir sie in den Sprachen der Länder sprechen, in denen wir geboren wurden! [9]Da stehen wir – Parther, Meder, Elamiter, Leute aus Mesopotamien, Judäa, Kappadozien, Pontus, der Provinz Asien, [10]Phrygien, Pamphylien, Ägypten und den Gebieten von Libyen aus der Gegend von Kyrene, Besucher aus Rom, Juden sowie zum Judentum Übergetretene, [11]Kreter und Araber – und wir alle hören diese Leute in unseren eigenen Sprachen über die Taten Gottes reden.« [12]Erstaunt und verwirrt standen sie da. »Was mag das bedeuten?«, fragten sie einander. [13]Doch manche spotteten auch: »Die sind nur betrunken, das ist alles.«

Petrus predigt zu der Menge

¹⁴Da trat Petrus mit den elf anderen Aposteln vor und rief der Menge zu: »Hört zu, ihr jüdischen Männer und ihr Einwohner Jerusalems! Ich will euch etwas sagen. ¹⁵Manche von euch meinen, diese Leute seien betrunken. Das ist nicht wahr! Um neun Uhr morgens betrinkt man sich nicht. ¹⁶Nein, was ihr heute Morgen seht, ist vor vielen hundert Jahren von dem Propheten Joel vorausgesagt worden:

¹⁷›In den letzten Tagen, spricht Gott, werde ich meinen Geist über alle Menschen ausgießen. Eure Söhne und Töchter werden weissagen, eure jungen Männer werden Visionen haben und eure alten Männer prophetische Träume. ¹⁸In diesen Tagen werde ich meinen Geist sogar über alle meine Diener, ob Mann oder Frau, ausgießen, und sie werden weissagen. ¹⁹Und ich werde Wunder oben am Himmel tun und Zeichen unten auf der Erde – Blut und Feuer und Rauchwolken.

²⁰Die Sonne wird finster werden und der Mond blutrot, ehe der große und herrliche Tag des Herrn anbricht. ²¹Und jeder, der den Namen des Herrn anruft, wird gerettet werden.‹

²²Hört zu, ihr Menschen aus Israel! Ihr alle wisst, dass Gott durch Jesus von Nazareth große Taten, Wunder und Zeichen wirkte und ihn dadurch vor euch allen bestätigte. ²³Ihr aber habt ihn mit der Hilfe von Menschen, die das Gesetz Gottes nicht kennen, ans Kreuz nageln und ermorden lassen. Damit erfüllte sich, was bei Gott lang zuvor beschlossen war. ²⁴Doch Gott hat ihn aus den Schrecken des Todes befreit und wieder zum Leben auferweckt, denn der Tod konnte ihn nicht festhalten. ²⁵David hat über ihn gesagt:

›Ich weiß, dass der Herr immer bei mir ist. Ich werde nicht mutlos, denn er ist an meiner Seite.

²⁶Deshalb ist mein Herz voller Freude und mein Mund voller Lob! Mein Körper ruht in Hoffnung.

²⁷Denn du wirst meine Seele nicht bei den Toten lassen, du wirst nicht zulassen, dass dein Heiliger im Grab verwest.

²⁸Du hast mir den Weg des Lebens gezeigt und wirst mir Freude schenken in deiner Gegenwart.‹

²⁹Liebe Brüder, denkt einmal darüber nach! David starb ja und wurde begraben und sein Grab befindet sich noch heute hier. ³⁰Aber er war ein Prophet und wusste, was Gott ihm geschworen hatte: Einer der Nachkommen Davids würde auf dem Thron Davids sitzen. ³¹David sah also in die Zukunft und sagte die Auferstehung des Christus voraus: Dieser würde nicht bei den Toten bleiben und sein Leib nicht im Grab verwesen.

³²Diese Weissagung bezog sich auf Jesus, den Gott von den Toten auferweckt hat, was wir alle bezeugen können. ³³Jetzt sitzt er auf dem höchsten Ehrenplatz zur Rechten Gottes im Himmel. Und der Vater hat ihm, wie er es versprochen hat, den Heiligen Geist gegeben, damit dieser über uns ausgegossen wird. So habt ihr es heute selbst gesehen und gehört. ³⁴Denn David ist nie in den Himmel aufgefahren, und doch hat er gesagt:

›Der Herr sprach zu meinem Herrn: Setze dich auf den Ehrenplatz zu meiner Rechten, ³⁵bis ich deine Feinde demütige und sie zum Schemel unter deinen Füßen mache.‹

³⁶So soll nun jedermann in Israel sicher wissen, dass Gott diesen Jesus, den ihr gekreuzigt habt, zum Herrn und Christus gemacht hat!«

³⁷Was sie von Petrus hörten, traf sie ins Herz, und sie fragten ihn und die anderen Apostel: »Brüder, was sollen wir tun?«

³⁸Petrus antwortete ihnen: »Kehrt euch ab von euren Sünden und wendet euch Gott zu. Lasst euch alle taufen im Namen von Jesus Christus zur Vergebung eurer Sünden. Dann werdet ihr die Gabe des Heiligen Geistes empfangen. ³⁹Diese Zusage Gottes gilt euch und euren Kindern und auch denen, die fern von Gott sind – allen, die vom Herrn, unserem Gott, berufen werden.« ⁴⁰Und Petrus predigte noch lange weiter und forderte seine Zuhörer immer wieder auf: »Rettet euch vor dieser Generation, die auf einem verkehrten Weg ist!« ⁴¹Diejenigen, die glaubten, was Petrus gesagt hatte, wurden getauft und zur Gemeinde hinzugefügt – an diesem Tag etwa dreitausend Menschen.

Die erste Gemeinde

[42]Sie nahmen stetig an der Lehre der Apostel teil, an der Gemeinschaft, an den Mahlfeiern und an den Gebeten. [43]Eine tiefe Ehrfurcht erfasste alle, und die Apostel vollbrachten viele Zeichen und Wunder. [44]Alle Gläubigen kamen regelmäßig zusammen und teilten alles miteinander, was sie besaßen. [45]Sie verkauften ihren Besitz und teilten den Erlös mit allen, die bedürftig waren. [46]Gemeinsam beteten sie täglich im Tempel zu Gott, trafen sich zur Mahlfeier in den Häusern und nahmen gemeinsam die Mahlzeiten ein, bei denen es fröhlich zuging und großzügig geteilt wurde. [47]Sie hörten nicht auf, Gott zu loben, und waren bei den Leuten angesehen. Und jeden Tag fügte der Herr neue Menschen hinzu, die gerettet wurden.

Petrus heilt einen gelähmten Bettler

3 [1]Eines Nachmittags gegen drei Uhr gingen Petrus und Johannes in den Tempel, um am Gebet teilzunehmen. [2]Als sie hinkamen, wurde gerade ein Mann herbeigetragen, der von Geburt an gelähmt war. Wie an jedem Tag wurde er an den Eingang des Tempels gebracht, der allgemein die »Schöne Pforte« hieß, damit er dort bei den Leuten betteln konnte, die zum Tempelbezirk kamen. [3]Als er Petrus und Johannes sah, die gerade den Tempel betreten wollten, bat er auch sie um etwas Geld.

[4]Petrus und Johannes blickten ihn aufmerksam an, und Petrus sagte: »Sieh uns an!« [5]Der gelähmte Mann blickte erwartungsvoll auf, weil er glaubte, dass er etwas bekäme. [6]Doch Petrus sagte: »Ich habe kein Geld für dich. Aber was ich habe, gebe ich dir. Im Namen von Jesus Christus von Nazareth: Steh auf und geh!«

[7]Dann nahm er den Gelähmten an der rechten Hand und half ihm auf. Als er das tat, wurden die Füße und Knöchel des Mannes geheilt und erhielten ihre Kraft zurück. [8]Er sprang auf, konnte auf seinen Füßen stehen und fing an umherzugehen! Dann trat er – gehend, hüpfend und Gott lobend – mit ihnen in den Tempel.

⁹Die Leute sahen ihn gehen und hörten, wie er Gott lobte. ¹⁰Als sie erkannten, dass es der gelähmte Bettler war, den sie so oft an der »Schönen Pforte« gesehen hatten, waren sie starr vor Staunen! ¹¹Sie liefen hinaus zur Säulenhalle Salomos, wo der Geheilte sich dicht bei Petrus und Johannes hielt, und alle staunten über das Wunderbare, das dort geschehen war.

Petrus predigt im Tempel

¹²Petrus sah dies und wandte sich an die Menge. »Ihr Menschen aus Israel«, sagte er, »was ist daran so erstaunlich? Warum starrt ihr uns an, als hätten wir diesen Mann aus eigener Kraft und Frömmigkeit geheilt? ¹³Es ist der Gott Abrahams, der Gott Isaaks und der Gott Jakobs, der Gott aller unserer Vorfahren, der seinen Knecht Jesus durch diese Tat verherrlicht hat – den Jesus, den ihr den Römern ausgeliefert und vor Pilatus verleugnet habt, obwohl Pilatus ihn freilassen wollte. ¹⁴Ihr habt diesen Heiligen und Gerechten verleugnet und stattdessen die Freilassung eines Mörders verlangt. ¹⁵Ihr habt den Urheber des Lebens getötet, doch Gott hat ihn wieder zum Leben erweckt. Und wir alle sind Zeugen davon!

¹⁶Der Name von Jesus hat diesen Mann geheilt – und ihr wisst alle, wie krank er war. Vor euren eigenen Augen hat der Glaube an den Namen von Jesus diese Heilung bewirkt.

¹⁷Freunde, ich bin mir bewusst, dass ihr Jesus aus Unwissenheit so behandelt habt, und dasselbe gilt für die führenden Männer unter euch. ¹⁸Doch Gott hat erfüllt, was die Propheten über den Christus vorausgesagt hatten: dass er dies alles erleiden müsse. ¹⁹Nun kehrt euch ab von euren Sünden und wendet euch Gott zu, damit ihr von euren Sünden gereinigt werden könnt. ²⁰Dann brechen herrliche Zeiten an, und ihr werdet durch den Herrn gestärkt werden und er wird euch sogar Jesus, den Christus, wieder senden. ²¹Doch bis Gott alles erneuert, wird Jesus im Himmel bleiben, wie Gott es vor langer Zeit durch seine Propheten angekündigt hat. ²²Mose sagte: ›Der Herr, euer Gott, wird einen Propheten wie mich aus eurem Volk erwählen. Hört genau auf alles, was er euch

sagt. [23]Wer nicht auf diesen Propheten hört, wird aus dem Volk Gottes ausgeschlossen und wird umkommen.‹

[24]Alle Propheten, angefangen mit Samuel, haben von dem, was heute geschieht, gesprochen. [25]Ihr seid die Nachkommen jener Propheten, und ihr gehört dem Bund an, den Gott euren Vorfahren verheißen hat. Denn Gott hat zu Abraham gesagt: ›Durch deine Nachkommen sollen alle Völker der Erde gesegnet sein.‹ [26]Als Gott seinen Knecht erweckte, sandte er ihn zuerst zu euch, damit er euch segnet und euch von euren bösen Wegen abbringt.«

Petrus und Johannes vor dem Hohen Rat

4 [1]Während Petrus und Johannes noch zu der Menge sprachen, kamen die obersten Priester, der Hauptmann der Tempelwache und ein paar Sadduzäer zu ihnen herüber. [2]Als sie hörten, wie Petrus und Johannes lehrten, dass es eine Auferstehung der Toten gebe, und zum Beweis dafür auf Jesus verwiesen, waren sie höchst beunruhigt. [3]Sie ließen die beiden festnehmen, und da es schon Abend war, sperrten sie sie bis zum Morgen ein. [4]Doch viele der Menschen, die ihre Botschaft gehört hatten, glaubten daran, sodass die Zahl der Gläubigen auf etwa fünftausend Männer anstieg, Frauen und Kinder nicht mitgerechnet.

[5]Am nächsten Tag trat in Jerusalem der Hohe Rat zusammen, bestehend aus den führenden Männern des jüdischen Volkes sowie den Ältesten und Schriftgelehrten. [6]Der Hohe Priester Hannas sowie Kaiphas, Johannes, Alexander und weitere Verwandte des Hohen Priesters waren ebenfalls anwesend. [7]Die beiden Jünger wurden hereingeführt und gefragt: »Mit welcher Kraft oder in wessen Namen habt ihr das getan?«

[8]Da wurde Petrus vom Heiligen Geist erfüllt und sprach zu ihnen: »Ihr führenden Männer und ihr Ältesten unseres Volkes, [9]werden wir verhört, weil wir einem Gelähmten Gutes getan haben? Wollt ihr wissen, wie er geheilt wurde? [10]Ich erkläre vor euch und dem ganzen Volk Israel, dass er im Na-

men des Jesus Christus von Nazareth geheilt wurde, des Mannes, den ihr gekreuzigt habt, den Gott aber von den Toten auferweckt hat. [11]Denn Jesus ist ›der Stein, den ihr Bauleute verworfen habt, der nun zum Eckstein geworden ist.‹

[12]In ihm allein gibt es Erlösung! Im ganzen Himmel gibt es keinen anderen Namen, den die Menschen anrufen können, um errettet zu werden.«

[13]Die Mitglieder des Hohen Rats waren erstaunt, wie furchtlos und sicher Petrus und Johannes sprachen, denn sie konnten sehen, dass sie ganz einfache Männer ohne besondere Bildung waren. Außerdem wussten sie, dass diese Männer dem engsten Kreis um Jesus angehört hatten. [14]Doch da der Gelähmte geheilt vor ihnen stand, konnten sie nichts dagegen sagen. [15]Also schickten sie Petrus und Johannes hinaus und berieten sich.

[16]»Was sollen wir mit diesen Männern machen?«, fragten sie einander. »Wir können nicht bestreiten, dass sie ein Wunder vollbracht haben; alle in Jerusalem wissen davon. [17]Aber vielleicht können wir verhindern, dass sie ihre Botschaft noch weiter verbreiten. Wir werden ihnen verbieten, weiterhin im Namen von Jesus zu den Menschen zu sprechen.« [18]Also riefen sie die Apostel wieder herein und untersagten ihnen, je wieder im Namen von Jesus zu sprechen oder zu lehren.

[19]Doch Petrus und Johannes erwiderten: »Was meint ihr, will Gott, dass wir euch mehr gehorchen als ihm? [20]Wir können nicht aufhören, von dem zu erzählen, was wir gesehen und gehört haben.«

[21]Der Hohe Rat drohte ihnen erneut, doch schließlich ließ man sie gehen, weil sie nicht wussten, wie man sie bestrafen sollte, ohne einen Aufruhr im Volk heraufzubeschwören. Denn alle Menschen lobten Gott für das, was geschehen war – [22]die Heilung eines Mannes, der über vierzig Jahre gelähmt gewesen war.

Die Gläubigen beten um Mut

[23]Sobald sie wieder frei waren, suchten Petrus und Johannes die anderen Gläubigen und erzählten ihnen, was die obersten

Priester und Ältesten gesagt hatten. [24]Als sie es hörten, erhoben alle gemeinsam ihre Stimme und beteten: »Allmächtiger Herr, Schöpfer des Himmels, der Erde und des Meeres und von allem, was darin lebt – [25]vor langer Zeit hast du durch den Heiligen Geist und durch den Mund unseres Vorfahren David, deines Dieners, gesagt: ›Warum tobten die Völker vor Zorn? Warum schmiedeten sie vergebliche Pläne? [26]Die Könige der Erde lehnten sich auf; die Herrscher der Welt verschworen sich gegen den Herrn und seinen Gesalbten.‹

[27]Genau das ist hier in dieser Stadt geschehen! Denn Herodes Antipas, der Statthalter Pontius Pilatus und das Volk Israel haben sich gegen Jesus, deinen heiligen Knecht, den du gesalbt hast, verschworen. [28]Alles, was sie taten, geschah nach deinem ewigen Willen und Plan. [29]Und nun höre ihre Drohung, Herr, und gib deinen Dienern Mut, wenn sie weiterhin die gute Botschaft verkünden. [30]Sende deine heilende Kraft, damit im Namen deines heiligen Knechtes Jesus Zeichen und Wunder geschehen.«

[31]Nach diesem Gebet bebte das Gebäude, in dem sie sich versammelt hatten, und sie wurden alle vom Heiligen Geist erfüllt. Und sie predigten mutig und unerschrocken die Botschaft Gottes.

Die Gläubigen teilen ihren Besitz

[32]Die Gläubigen waren ein Herz und eine Seele; sie betrachteten ihren Besitz nicht als ihr persönliches Eigentum und teilten alles, was sie hatten, miteinander. [33]Die Apostel bezeugten eindrucksvoll die Auferstehung von Jesus Christus, und mit ihnen war die große Gnade Gottes. [34]Armut gab es bei ihnen nicht, weil die Leute, die Land oder Häuser besaßen, etwas von ihrem Besitz verkauften [35]und das Geld den Aposteln brachten, damit sie es an alle, je nach Bedarf, verteilen konnten.

[36]Ein Beispiel dafür war Josef, den die Apostel Barnabas nannten (das bedeutet »Sohn des Trostes«). Er gehörte zum Stamm Levi und kam ursprünglich von der Insel Zypern.

³⁷Josef verkaufte einen Acker, den er besaß, und brachte den Aposteln das Geld als Hilfe für die Bedürftigen.

Hananias und Saphira

5 ¹Auch ein Mann mit Namen Hananias verkaufte mit seiner Frau Saphira etwas von seinem Besitz. ²Er brachte mit Wissen seiner Frau den Aposteln einen Teil des Geldes, behauptete aber, es sei der gesamte Erlös. ³Da sagte Petrus: »Hananias, warum hat der Satan Besitz von deinem Herzen ergriffen? Du hast den Heiligen Geist belogen und einen Teil des Geldes für dich behalten. ⁴Es war dein Besitz, den du nach Belieben verkaufen oder behalten konntest. Und auch nachdem du ihn verkauft hattest, durftest du mit dem Geld machen, was du wolltest. Warum hast du das getan? Du hast nicht uns belogen, sondern Gott.«

⁵Als Hananias diese Worte hörte, fiel er um und war tot. Jeder, der von der Geschichte erfuhr, war entsetzt. ⁶Schließlich kamen einige junge Männer, wickelten Hananias in ein Tuch, trugen ihn hinaus und begruben ihn.

⁷Etwa drei Stunden später kam seine Frau. Sie wusste noch nicht, was geschehen war. ⁸Petrus fragte sie: »War das der Preis, den dein Mann und du bei dem Verkauf erzielt habt?«

Sie erwiderte: »Ja, das war der Preis.«

⁹Da sagte Petrus: »Wie konntet ihr beide nur auf einen solchen Gedanken kommen, den Geist des Herrn auf die Probe zu stellen? Gleich vor der Tür stehen die jungen Männer, die gerade deinen Mann begraben haben; sie werden auch dich hinaustragen.«

¹⁰Augenblicklich stürzte auch sie zu Boden und starb. Als die jungen Männer hereinkamen und sahen, dass sie tot war, trugen sie sie hinaus und begruben sie neben ihrem Mann. ¹¹Furcht überkam die gesamte Gemeinde und auch alle anderen, die davon erfuhren.

Die Apostel heilen viele Menschen

¹²Währenddessen vollbrachten die Apostel viele Zeichen und Wunder im Volk. Die Gläubigen trafen sich im Tempel in der

Säulenhalle Salomos. [13]Doch niemand sonst wagte, sich ihnen anzuschließen, obwohl sie bei allen hoch geachtet waren. [14]Immer mehr Menschen fanden zum Glauben an den Herrn – Männer wie Frauen. [15]Das Wirken der Apostel hatte zur Folge, dass man die Kranken auf Betten und Bahren auf die Straße trug, nur damit der Schatten von Petrus auf sie fiel, wenn er vorüberging. [16]Scharenweise strömten die Leute aus den umliegenden Dörfern nach Jerusalem und brachten ihre Kranken und die von bösen Geistern Besessenen, und alle wurden geheilt.

Die Apostel stoßen auf Widerstand

[17]Der Hohe Priester und seine Begleiter, die Sadduzäer, wurden von Neid erfüllt. [18]Sie ließen die Apostel verhaften und ins Gefängnis werfen. [19]Doch in der Nacht kam ein Engel des Herrn, öffnete die Gefängnistore und führte sie hinaus. Dann sagte er zu ihnen: [20]»Geht in den Tempel und verkündet den Menschen die Botschaft des Lebens!« [21]Daraufhin gingen die Apostel bei Tagesanbruch in den Tempel und begannen zu lehren.

Als der Hohe Priester mit seinem Gefolge eintraf, riefen sie den Hohen Rat und die Ältesten Israels zusammen. Dann wollten sie die Apostel zum Verhör vorführen lassen. [22]Doch als die Männer der Tempelwache zum Gefängnis kamen, waren die Männer fort. Sie kehrten zum Hohen Rat zurück und erstatteten Bericht: [23]»Das Gefängnis war verriegelt und die Wachen standen draußen vor der Zelle, doch als wir die Türen öffneten, war niemand da!«

[24]Als der Hauptmann der Tempelwache und die obersten Priester das hörten, waren sie ratlos und fragten sich beunruhigt, was wohl geschehen war. [25]In diesem Moment überbrachte ihnen jemand die Nachricht, dass die Männer, die sie hatten verhaften lassen, sich draußen im Tempelbezirk befanden und das Volk lehrten.

[26]Der Hauptmann und seine Tempelwächter gingen hin und führten sie erneut ab, allerdings ohne Gewalt anzuwenden. Sie hatten Angst, dass das Volk sie steinigen würde, falls sie

den Aposteln etwas antaten. [27]Sie brachten die Apostel vor den Rat. [28]»Haben wir euch nicht befohlen, nie wieder im Namen dieses Mannes zu lehren?«, fragte der Hohe Priester. »Stattdessen habt ihr eure Lehre von Jesus in ganz Jerusalem verbreitet und wollt uns die Schuld an seinem Tod geben!«

[29]Doch Petrus und die Apostel entgegneten: »Man muss Gott mehr gehorchen als den Menschen. [30]Der Gott unserer Vorfahren hat Jesus von den Toten auferweckt, den ihr getötet habt, indem ihr ihn kreuzigen ließt. [31]Nun hat Gott ihm als Herrscher und Erlöser den Ehrenplatz zu seiner Rechten gegeben, damit Israel umkehren und sich Gott zuwenden kann und Vergebung seiner Sünden erhält. [32]Wir sind Zeugen davon, ebenso wie der Heilige Geist, den Gott denen gibt, die ihm gehorchen.«

[33]Bei diesen Worten wurden die Mitglieder des Hohen Rats sehr wütend und sie beschlossen, die Apostel umzubringen. [34]Im Rat gab es aber auch einen Pharisäer mit Namen Gamaliel. Dieser war ein ausgezeichneter Kenner der Heiligen Schrift und beim Volk sehr beliebt. Er erhob sich und befahl, die Apostel für kurze Zeit hinauszuführen. [35]Dann richtete er das Wort an die Ratsmitglieder: »Männer Israels, überlegt euch gut, wie ihr mit diesen Männern verfahren wollt! [36]Vor einiger Zeit trat ein gewisser Theudas auf und gab vor, ein bedeutender Mann zu sein. Etwa vierhundert Leute schlossen sich ihm an, doch er wurde getötet, seine Anhänger zerstreuten sich wieder, und die Bewegung wurde zerschlagen. [37]Nach ihm, zur Zeit der Volkszählung, erlebten wir das Gleiche mit Judas von Galiläa. Auch er versammelte Anhänger um sich, doch auch er wurde getötet und seine Nachfolger zerstreut.

[38]Deshalb rate ich euch, diese Männer in Ruhe zu lassen. Wenn es ihre eigenen Lehren und Taten sind, wird das Ganze bald scheitern. [39]Wenn es jedoch von Gott ist, werdet ihr sie nicht aufhalten können, und am Ende stellt ihr womöglich fest, dass ihr gegen Gott selbst kämpft.«

Der Hohe Rat hörte auf Gamaliel. [40]Man ließ die Apostel vorführen und auspeitschen. Bevor sie wieder freigelassen wurden, befahl man ihnen nochmals, nie wieder im Namen von Jesus zu sprechen. [41]Die Apostel verließen den Hohen Rat voller Freude darüber, dass Gott sie für würdig gehalten hatte, für den Namen von Jesus zu leiden. [42]Und sie fuhren fort, täglich im Tempel und in den Häusern die Botschaft zu verkünden, dass Jesus der Christus sei.

Die Wahl der sieben Helfer

6 [1]Doch als die Zahl der Gläubigen immer größer wurde, kam es auch zu Auseinandersetzungen. Diejenigen aus den griechischsprachigen Gebieten beschwerten sich bei den Hebräern, weil sie glaubten, dass ihre Witwen bei der täglichen Versorgung benachteiligt würden. [2]Deshalb beriefen die zwölf eine Versammlung aller Gläubigen ein.

»Wir Apostel sollten unsere Zeit dazu nutzen, das Wort Gottes zu predigen und zu lehren, und uns nicht mit der Organisation der Mahlzeiten oder Ähnlichem beschäftigen«, sagten sie. [3]»Deshalb, Freunde, wählt unter euch sieben Männer mit gutem Ruf aus, die vom Heiligen Geist erfüllt sind und Weisheit besitzen. Ihnen wollen wir die Verantwortung für diese Aufgabe übertragen. [4]Auf diese Weise haben wir Zeit für das Gebet und die Verkündigung von Gottes Wort.«

[5]Dieser Vorschlag gefiel allen, und sie wählten folgende Männer: Stephanus – ein Mann voller Glauben und erfüllt vom Heiligen Geist, Philippus, Prochorus, Nikanor, Timon, Parmenas und Nikolaus aus Antiochia, der zum jüdischen Glauben übergetreten und jetzt Christ geworden war. [6]Diese sieben wurden den Aposteln vorgestellt, und sie legten ihnen die Hände auf und beteten für sie.

[7]Gottes Botschaft breitete sich immer weiter aus. Die Zahl der Gläubigen in Jerusalem nahm weiter zu und auch viele jüdische Priester schlossen sich dem neuen Glauben an.

Stephanus wird verhaftet

[8]Stephanus, ein Mann, bei dem die Gnade und Kraft Gottes in ganz besonderer Weise spürbar war, wirkte erstaunliche Wunder und Zeichen unter den Menschen. [9]Doch eines Tages

fingen einige Männer aus der Synagoge der Freigelassenen
Streit mit ihm an. Es waren Juden aus Kyrene, Alexandrien,
Zilizien und der Provinz Asien. [10]Aber keiner von ihnen hatte
der Weisheit und dem Geist des Stephanus etwas entgegen-
zusetzen.

[11]Deshalb überredeten sie einige Männer, Lügen über Stephanus zu verbreiten: »Wir haben gehört, wie er gegen Mose
und sogar gegen Gott gelästert hat.« [12]Damit versetzten sie
das Volk, die Ältesten und die Schriftgelehrten in Aufruhr.
Stephanus wurde verhaftet und dem Hohen Rat vorgeführt.
[13]Die falschen Zeugen logen: »Dieser Mann redet ständig abfällig über den Tempel und über das Gesetz Moses. [14]Wir haben gehört, dass er gesagt hat, dieser Jesus von Nazareth werde den Tempel zerstören und die Ordnungen ändern, die
Mose uns überliefert hat.« [15]Und alle im Hohen Rat Versammelten richteten die Augen auf Stephanus, weil sein Gesicht
plötzlich so strahlend wurde wie das eines Engels.

Die Rede des Stephanus

7 [1]Der Hohe Priester fragte Stephanus: »Stimmen diese Anschuldigungen?«

[2]Stephanus antwortete: »Brüder und ehrwürdige Väter, hört
mich an. Unser herrlicher Gott erschien unserem Vorfahren
Abraham in Mesopotamien, ehe er nach Haran zog. [3]Gott gebot ihm: ›Verlass deine Heimat und deine Verwandten und
geh in das Land, das ich dir zeigen werde.‹ [4]Da verließ Abraham das Land der Chaldäer und lebte in Haran, bis sein Vater
starb. Dann führte Gott ihn hierher in das Land, in dem ihr
heute lebt. [5]Aber Gott wies ihm dort kein Erbe zu, nicht einen
einzigen Fußbreit Land. Doch er versprach ihm, dass das ganze Land einmal ihm und seinen Nachkommen gehören sollte –
obwohl Abraham bis zu diesem Zeitpunkt noch keine Kinder
hatte. [6]Gott sagte ihm aber auch, dass seine Nachkommen in
einem fremden Land leben würden, wo man sie vierhundert
Jahre lang als Sklaven ausbeuten würde. [7]›Aber ich werde das
Volk bestrafen, das sie versklavt‹, sprach Gott, ›und am Ende
werden sie kommen und mich hier an diesem Ort anbeten.‹

⁸Damals gab Gott Abraham auch den Bund der Beschneidung. So wurde Isaak, der Sohn Abrahams, beschnitten, als er acht Tage alt war. Isaak wurde der Vater Jakobs, und Jakob war der Vater der zwölf Patriarchen des jüdischen Volkes.

⁹Die Söhne Jakobs waren eifersüchtig auf ihren Bruder Josef und verkauften ihn als Sklaven nach Ägypten. Doch Gott ließ ihn nicht allein ¹⁰und rettete ihn aus seiner Not. Er schenkte ihm das Wohlwollen des Pharaos, des ägyptischen Königs, und verlieh ihm große Weisheit, sodass Pharao ihn zum Statthalter über ganz Ägypten ernannte und ihm die Verantwortung über alle Angelegenheiten des Palastes übertrug.

¹¹Dann kam eine Hungersnot über Ägypten und Kanaan. Unsere Vorfahren gerieten in große Not, als sie nichts mehr zu essen hatten. ¹²Jakob hörte, dass es in Ägypten noch Getreide gab, und schickte seine Söhne, um etwas davon zu kaufen. ¹³Als sie zum zweiten Mal nach Ägypten kamen, gab Josef sich seinen Brüdern zu erkennen, und auch der Pharao erfuhr davon. ¹⁴Josef ließ seinen Vater Jakob und alle seine Angehörigen nach Ägypten holen, insgesamt fünfundsiebzig Personen. ¹⁵Daraufhin zog Jakob nach Ägypten und starb dort, wie auch alle seine Söhne. ¹⁶Sie wurden nach Sichem gebracht und dort in dem Grab beigesetzt, das Abraham von den Söhnen Hamors in Sichem gekauft hatte.

¹⁷Als sich das Versprechen, das Gott Abraham gegeben hatte, erfüllen sollte, war unser Volk in Ägypten sehr groß geworden. ¹⁸Ein anderer Pharao bestieg den Thron Ägyptens, der nichts von Josef wusste. ¹⁹Er plante Böses gegen unser Volk. Er zwang unsere Väter, ihre neugeborenen Kinder auszusetzen, sodass sie starben.

²⁰In dieser Zeit wurde Mose geboren – ein schönes Kind in Gottes Augen. Drei Monate sorgten seine Eltern zu Hause für ihn. ²¹Als sie ihn schließlich aussetzen mussten, fand ihn die Tochter des Pharaos und zog ihn auf wie ihren eigenen Sohn. ²²Mose wurde in allem Wissen der Ägypter unterrichtet und wuchs zu einem wortgewandten, tatkräftigen Mann heran.

²³Als er vierzig Jahre alt war, beschloss er eines Tages, seine Brüder und Schwestern aus dem Volk Israel aufzusuchen.

²⁴Unterwegs sah er, wie ein Ägypter einen Israeliten misshandelte. Mose kam ihm zu Hilfe, rächte ihn und erschlug den Ägypter. ²⁵Er nahm an, seine Landsleute würden nun erkennen, dass Gott ihn beauftragt hatte, sie zu retten, aber das taten sie nicht.

²⁶Am nächsten Tag besuchte er sie wieder und sah zwei Israeliten miteinander kämpfen. Er versuchte, Frieden zwischen ihnen zu stiften. ›Männer‹, sagte er, ›ihr seid doch Brüder. Warum schadet ihr einander?‹ ²⁷Doch der Mann, der im Unrecht war, stieß Mose beiseite: ›Wer hat dich zum Herrscher und Richter über uns gemacht?‹, fragte er. ²⁸›Willst du mich vielleicht auch umbringen, so wie den Ägypter gestern?‹ ²⁹Als Mose das hörte, floh er aus Ägypten und lebte als Fremder im Land Midian, wo auch seine beiden Söhne geboren wurden.

³⁰Vierzig Jahre später erschien Mose in der Wüste am Berg Sinai ein Engel in den Flammen eines brennenden Busches. ³¹Mose sah es und fragte sich, was das wohl sein mochte. Als er näher kam, um es sich anzusehen, hörte er die Stimme des Herrn: ³²›Ich bin der Gott deiner Väter – der Gott Abrahams, Isaaks und Jakobs.‹ Da zitterte Mose vor Angst und Schrecken und wagte nicht hinzuschauen.

³³Der Herr sagte zu ihm: ›Zieh deine Sandalen aus, denn du stehst auf heiligem Boden. ³⁴Ich versichere dir, dass mir das Leid meines Volkes in Ägypten nicht verborgen geblieben ist. Ich habe ihr Schreien gehört und bin gekommen, um sie zu retten. Nun geh, denn ich sende dich nach Ägypten.‹ ³⁵Und so sandte Gott den Mann zurück, den sein Volk abgewiesen hatte, als sie fragten: ›Wer hat dich zum Herrscher und Richter über uns gemacht?‹ Durch den Engel, der ihm in dem brennenden Busch erschienen war, wurde Mose als ihr Anführer und Befreier eingesetzt. ³⁶Und tatsächlich führte er das Volk unter vielen Zeichen und Wundern aus Ägypten heraus, durch das Rote Meer und vierzig Jahre lang durch die Wüste.

³⁷Mose selbst erklärte dem Volk Israel: ›Gott wird einen Propheten wie mich aus eurem Volk erwählen.‹ ³⁸Mose war in der Wüste der Vermittler zwischen dem Volk Israel und dem En-

gel, der ihm auf dem Berg Sinai Worte des Lebens für uns mitgab.

³⁹Doch unsere Vorfahren wollten Mose nicht folgen. Sie lehnten ihn ab und wollten nach Ägypten zurückkehren. ⁴⁰Sie sagten zu Aaron: ›Mach uns Götter, die vor uns hergehen können, denn wir wissen nicht, was aus diesem Mose geworden ist, der uns aus Ägypten herausgeführt hat.‹ ⁴¹Und so machten sie sich ein Kalb als Götzen, dem sie Opfer darbrachten, und freuten sich über das Werk ihrer Hände. ⁴²Da wandte Gott sich von ihnen ab und überließ sie der Anbetung von Sonne, Mond und Sternen! Im Buch der Propheten steht geschrieben:

›Habt ihr eure Opfer während dieser vierzig Jahre in der Wüste etwa mir gebracht, Israel? ⁴³Nein, euer eigentliches Interesse galt dem Zelt des Moloch, dem Sternbild eures Gottes Räfan und den Götzenfiguren, die ihr euch gemacht habt, um sie anzubeten. Deshalb schicke ich euch weit fort in die Gefangenschaft, noch weiter als Babylon.‹

⁴⁴Unsere Vorfahren trugen das Bundeszelt mit sich durch die Wüste. Es war genau nach dem Plan angefertigt worden, den Gott Mose gegeben hatte. ⁴⁵Und es wurde an unsere Väter weitergegeben und sie nahmen es unter der Führung Josuas mit in das Gebiet, aus welchem Gott die fremden Völker vor ihnen her vertrieben hatte. Und dort blieb das Bundeszelt bis zur Zeit Davids.

⁴⁶David fand Gnade vor Gott und bat darum, dem Gott Jakobs einen Tempel bauen zu dürfen. ⁴⁷Doch es war Salomo, der das Haus schließlich erbaute. ⁴⁸Aber der Höchste wohnt nicht in Häusern, die von Menschenhand errichtet wurden. Der Prophet sagt:

⁴⁹›Der Himmel ist mein Thron und die Erde der Schemel für meine Füße. Könnt ihr mir ein Haus bauen, das diesem gleichkommt?‹, fragt der Herr. ›Könnt ihr mir eine Wohnung bauen? ⁵⁰Habe ich nicht alles im Himmel und auf der Erde erschaffen?‹

⁵¹Starrköpfig seid ihr! Im Herzen seid ihr wie die Menschen, die Gott nicht kennen, und taub für die Wahrheit. Könnt ihr

nicht endlich aufhören, euch dem Heiligen Geist zu widersetzen? Eure Vorfahren taten es, und ihr macht es genauso! [52]Nennt mir nur einen einzigen Propheten, den eure Vorfahren nicht verfolgt haben! Sie gingen sogar so weit, diejenigen umzubringen, die das Kommen des Gerechten prophezeiten, den ihr nun verraten und ermordet habt. [53]Ihr habt Gottes Gesetz mit Absicht missachtet, obwohl ihr es durch die Hand von Engeln empfangen habt.«

[54]Die Anschuldigungen, die Stephanus gegen sie erhob, versetzten die führenden Männer des jüdischen Volkes in maßlose Wut. [55]Doch Stephanus, vom Heiligen Geist erfüllt, blickte unverwandt zum Himmel hinauf, wo er die Herrlichkeit Gottes sah, und er sah Jesus auf dem Ehrenplatz zur Rechten Gottes stehen. [56]Er sagte zu ihnen: »Schaut doch, ich sehe den Himmel offen und den Menschensohn auf dem Ehrenplatz zur Rechten Gottes stehen!«

[57]Da hielten sie sich die Ohren zu, schrien mit lauter Stimme und stürzten sich auf ihn. [58]Sie schleppten ihn hinaus vor die Stadt und steinigten ihn. Die amtlichen Zeugen der Hinrichtung zogen ihre Mäntel aus und legten sie zu Füßen eines jungen Mannes mit Namen Saulus nieder.

[59]Während sie ihn steinigten, betete Stephanus: »Herr Jesus, nimm meinen Geist auf.« [60]Und kniend rief er: »Herr, rechne ihnen diese Sünde nicht an!« Mit diesen Worten starb er.

8 [1]Saulus aber hatte Gefallen an seinem Tod.

Die Gläubigen werden verfolgt und zerstreut

Mit diesem Tag setzte eine große Welle der Verfolgung ein, von der die ganze Gemeinde in Jerusalem erfasst wurde, und außer den Aposteln flohen alle Gläubigen nach Judäa und Samarien. [2]Einige gottesfürchtige Leute kamen und bestatteten Stephanus unter lautem Klagen. [3]Saulus zog durch die ganze Stadt und versuchte, die Gemeinde mit allen Mitteln zu vernichten. Er ging von Haus zu Haus und zerrte Männer und Frauen heraus und ließ sie ins Gefängnis werfen.

Die Predigt des Philippus in Samaria

⁴Doch die Gläubigen, die aus Jerusalem geflohen waren, zogen umher und verkündeten die Botschaft von Jesus. ⁵Philippus ging in die Stadt Samaria und erzählte den Bewohnern von Christus. ⁶Die Menge hörte ihm bereitwillig zu, und sie sahen auch die Wunder, die er tat. ⁷Viele böse Geister wurden ausgetrieben und fuhren mit lautem Geschrei aus. Außerdem wurden viele Menschen geheilt, die gelähmt oder verkrüppelt gewesen waren. ⁸Darüber herrschte große Freude in der Stadt.

⁹Schon seit vielen Jahren lebte in dieser Stadt Simon, ein Magier, der sich für etwas Besonderes hielt. Mit seiner Zauberei zog er die Leute in seinen Bann. ¹⁰In Samaria nannte ihn jeder, den man fragte, nur »den Großen – die Kraft Gottes«. ¹¹Durch die Zauberkünste besaß er großen Einfluss, denn er hatte viele Anhänger. ¹²Doch nun glaubten die Menschen an die Botschaft vom Reich Gottes und vom Namen Jesus Christus, die Philippus predigte. Viele Männer und Frauen ließen sich taufen. ¹³Auch Simon wurde gläubig und empfing die Taufe. Er begann, Philippus auf Schritt und Tritt zu folgen, und staunte über die großartigen Wunder und Zeichen, die dieser vollbrachte. ¹⁴Als die Apostel in Jerusalem hörten, dass das Volk in Samaria die Botschaft Gottes angenommen hatte, schickten sie Petrus und Johannes. ¹⁵In Samaria angekommen, beteten die beiden für die neuen Gläubigen, damit sie den Heiligen Geist empfingen. ¹⁶Bis dahin war der Heilige Geist noch auf keinen von ihnen herabgekommen; sie waren nur auf den Namen von Jesus, dem Herrn, getauft worden. ¹⁷Petrus und Johannes legten den Gläubigen nun die Hände auf, und sie empfingen den Heiligen Geist.

¹⁸Als Simon sah, dass der Heilige Geist gegeben wurde, wenn die Apostel den Leuten die Hände auflegten, bot er ihnen Geld und sagte: ¹⁹»Gebt auch mir diese Macht, damit die Menschen den Heiligen Geist auch empfangen, wenn ich ihnen die Hände auflege!«

²⁰Doch Petrus erwiderte: »Dein Geld soll zusammen mit dir verderben, weil du glaubst, du könntest Gottes Geschenk kaufen! ²¹Du hast kein Recht darauf, weil dein Herz vor Gott

nicht aufrichtig ist. ²²Kehre dich ab von deiner Verdorbenheit und bete zum Herrn. Vielleicht vergibt er dir deine bösen Gedanken, ²³denn ich sehe, dass du voll Bitterkeit bist und gefangen in der Ungerechtigkeit.«

²⁴»Betet für mich zum Herrn«, rief Simon, »dass mir nichts von dem Schrecklichen zustoße, wovon ihr gesprochen habt!«

²⁵Nachdem Petrus und Johannes in Samaria das Wort des Herrn bezeugt und gelehrt hatten, kehrten sie nach Jerusalem zurück. Unterwegs machten sie in vielen Städten Samariens Halt, um auch dort die Botschaft zu verkünden.

Philippus und der äthiopische Schatzmeister

²⁶Zu Philippus aber sagte ein Engel des Herrn: »Geh nach Süden auf der einsamen Straße, die von Jerusalem nach Gaza führt.« ²⁷Philippus ging und begegnete auf dem Weg dem Schatzmeister Äthiopiens, einem Eunuchen der äthiopischen Königin, der großen Einfluss hatte. Er war nach Jerusalem gekommen, um dort anzubeten, ²⁸und befand sich nun auf dem Heimweg. Er saß in seinem Wagen und las im Buch des Propheten Jesaja.

²⁹Der Heilige Geist sagte zu Philippus: »Lauf hinüber und geh neben dem Wagen her.«

³⁰Da lief Philippus hin und hörte, wie der Mann aus dem Propheten Jesaja las. Er fragte ihn: »Verstehst du auch, was du da liest?«

³¹Der Mann erwiderte: »Wie soll ich es verstehen, wenn es mir niemand erklärt?« Und er bat Philippus, einzusteigen und sich neben ihn zu setzen. ³²Er hatte gerade folgende Schriftstelle gelesen:

»Er wurde wie ein Schaf zum Schlachten geführt. Und wie ein Lamm vor dem Scherer verstummt, so machte er den Mund nicht auf. ³³Er wurde gedemütigt und erfuhr kein gerechtes Urteil. Wer kann von seinen Nachkommen sprechen? Denn sein Leben wurde von der Erde fortgenommen.«

³⁴Der Hofbeamte fragte Philippus: »Von wem spricht der Prophet? Von sich selbst oder von jemand anderem?« ³⁵Da

begann Philippus bei dieser Schriftstelle und erklärte ihm die gute Botschaft von Jesus.

³⁶Unterwegs kamen sie an einem Gewässer vorbei, und der Hofbeamte meinte: »Sieh, da ist Wasser! Kann ich mich nicht hier taufen lassen?« ³⁸Er ließ den Wagen anhalten. Sie stiegen in das Wasser, und Philippus taufte ihn.

³⁹Als sie wieder aus dem Wasser herauskamen, nahm der Geist Gottes Philippus fort und der Hofbeamte sah ihn nicht mehr. Aber er setzte seine Reise voller Freude fort. ⁴⁰Philippus fand sich in der Stadt Aschdod wieder. Er verkündete die Botschaft Gottes dort und in jeder Stadt auf dem Weg, bis er nach Cäsarea kam.

Die Bekehrung des Saulus

9 ¹Währenddessen wütete Saulus gegen die Anhänger des Herrn und setzte alles daran, sie zu vernichten. Er wandte sich an den Hohen Priester ²und bat ihn um Empfehlungsschreiben für die Synagogen in Damaskus. Damit wollte er alle, die dieser neuen Richtung angehörten, aufspüren, um sie zu verhaften und – gleichgültig, ob Mann oder Frau – in Ketten nach Jerusalem zurückzubringen.

³Während er nach Damaskus unterwegs war, umstrahlte ihn plötzlich vom Himmel her ein blendend helles Licht! ⁴Er fiel zu Boden und hörte eine Stimme: »Saul, Saul! Warum verfolgst du mich?«

⁵»Wer bist du, Herr?«, fragte er.

Die Stimme antwortete: »Ich bin Jesus, den du verfolgst! ⁶Steh auf und geh in die Stadt; dort wirst du erfahren, was du tun sollst.«

⁷Die Männer, die Saulus begleiteten, standen stumm vor Verwunderung da, denn sie hatten zwar die Stimme gehört, aber niemanden gesehen! ⁸Als Saulus sich vom Boden erhob und seine Augen öffnete, konnte er nichts mehr sehen. So führten ihn seine Begleiter an der Hand nach Damaskus. ⁹Drei Tage lang war er blind, und während der ganzen Zeit aß und trank er nichts.

¹⁰In Damaskus lebte ein gläubiger Mann mit Namen Hananias. Den rief der Herr in einer Vision: »Hananias!«

Er antwortete: »Ja, Herr!«

¹¹Der Herr sagte: »Geh in die Straße, die ›Gerade‹ genannt wird, zum Haus von Judas. Dort frage nach Saulus von Tarsus. Er betet zu mir, ¹²und er hat in einer Vision gesehen, dass ein Mann mit Namen Hananias kommt und ihm die Hände auflegt, sodass er wieder sehen kann.«

¹³»Aber, Herr«, rief Hananias aus, »ich habe gehört, wie viel Schlimmes dieser Mann den Gläubigen in Jerusalem angetan hat! ¹⁴Und er hat von den obersten Priestern die Vollmacht erhalten, alle hier zu verhaften, die deinen Namen anrufen.«

¹⁵Doch der Herr erwiderte: »Geh und tu, was ich sage. Saulus ist mein auserwähltes Werkzeug. Er soll meine Botschaft den Völkern und Königen bringen und auch dem Volk Israel. ¹⁶Ich werde ihm zeigen, wie sehr er für meinen Namen leiden muss.«

¹⁷Da machte Hananias sich auf den Weg und fand Saulus. Er legte ihm die Hände auf und sagte: »Saul, Bruder, der Herr, der dir auf dem Weg erschienen ist, Jesus, der hat mich zu dir gesandt, damit du wieder sehen kannst und mit dem Heiligen Geist erfüllt wirst.« ¹⁸Im gleichen Augenblick fiel es Saulus wie Schuppen von den Augen, und er konnte wieder sehen. Da stand er auf und ließ sich taufen. ¹⁹Danach aß er und kam wieder zu Kräften.

Saulus in Damaskus und Jerusalem

Saulus blieb zunächst bei den Gläubigen in Damaskus. ²⁰Er begann sofort damit, in den Synagogen von Jesus zu predigen und zu verkünden, dass er der Sohn Gottes sei.

²¹Alle, die ihn hörten, wunderten sich. »Ist das nicht derselbe Mann, der die Anhänger von Jesus in Jerusalem so hart verfolgt hat?«, fragten sie. »War er nicht gekommen, um sie auch hier in Fesseln zu legen und vor die obersten Priester zu führen?«

²²Doch Saulus predigte immer überzeugender. Er verwirrte damit die in Damaskus lebenden Juden, weil er bewies, dass

Jesus der Christus ist. ²³Nachdem einige Zeit vergangen war, beschlossen die führenden Männer des jüdischen Volkes, ihn zu töten. ²⁴Saulus erfuhr davon und wusste, dass man ihm Tag und Nacht am Stadttor auflauerte, um ihn umzubringen. ²⁵Deshalb ließen einige der Gläubigen ihn nachts in einem großen Korb durch eine Öffnung in der Stadtmauer hinab.

²⁶Als Saulus wieder in Jerusalem eintraf, versuchte er, sich mit den Gläubigen dort in Verbindung zu setzen, aber alle hatten Angst vor ihm, denn sie glaubten nicht, dass er wirklich zu Jesus gehörte. ²⁷Doch schließlich führte Barnabas ihn zu den Aposteln und erzählte ihnen, wie Saulus auf dem Weg nach Damaskus den Herrn gesehen hatte. Er berichtete ihnen, was der Herr zu ihm gesagt hatte und wie mutig Saulus in Damaskus im Namen von Jesus gesprochen hatte. ²⁸Daraufhin nahmen die Apostel Saulus in die Gemeinde auf. Er blieb bei ihnen in Jerusalem und fuhr fort, unerschrocken im Namen des Herrn zu predigen. ²⁹Dabei wandte er sich auch an die Griechisch sprechenden Juden, doch diese schmiedeten Pläne, ihn zu töten. ³⁰Als die Gläubigen davon erfuhren, brachten sie ihn nach Cäsarea in Sicherheit und schickten ihn von dort weiter in seine Heimatstadt Tarsus.

³¹In der nun folgenden Zeit lebte die Gemeinde in ganz Judäa, Galiläa und Samarien in Frieden. Die Gläubigen wurden gestärkt durch die Hingabe zu Gott und die Gemeinde vergrößerte sich durch das Wirken des Heiligen Geistes.

Petrus heilt Äneas und erweckt Tabita vom Tod auf

³²Petrus zog von Ort zu Ort und kam schließlich zu den Gläubigen in Lydda. ³³Dort fand er einen Mann mit Namen Äneas, der seit acht Jahren gelähmt im Bett lag. ³⁴Petrus sagte zu ihm: »Äneas, Jesus Christus heilt dich! Steh auf und mache dir selbst dein Bett!« Sofort stand Äneas auf. ³⁵Als die Einwohner von Lydda und Scharon sahen, dass Äneas wieder gehen konnte, bekehrten sie sich zum Herrn.

³⁶In Joppe lebte eine gläubige Frau mit Namen Tabita, die viel Gutes tat und den Armen half, wo sie konnte. ³⁷Etwa um die Zeit, als Petrus in Lydda war, wurde sie krank und starb.

Ihre Freunde bereiteten sie für das Begräbnis vor und bahrten sie in einem Zimmer oben im Haus auf. [38]Sie hatten jedoch gehört, dass Petrus sich im nahe gelegenen Lydda aufhielt, und schickten zwei Männer hin, die ihn baten: »Komm so schnell wie möglich zu uns!«

[39]Petrus machte sich sofort mit ihnen auf den Weg. In Joppe angekommen, wurde er unverzüglich in den oberen Raum geführt. Viele Witwen waren gekommen, die weinten und ihm die Gewänder und Kleider zeigten, die Tabita für sie genäht hatte, als sie noch bei ihnen war. [40]Petrus schickte sie alle hinaus. Dann kniete er nieder und betete. Schließlich drehte er sich zu dem Leichnam um und sagte: »Tabita, steh auf.« Da öffnete sie die Augen! Als sie Petrus sah, setzte sie sich im Bett auf. [41]Er reichte ihr die Hand und half ihr aufzustehen. Dann rief er die Witwen und die anderen Gläubigen herein und zeigte ihnen, dass sie lebte.

[42]Die Nachricht verbreitete sich schnell im ganzen Ort und es kamen viele Menschen zum Glauben an den Herrn. [43]Petrus blieb noch eine Weile in Joppe; er wohnte im Haus des Gerbers Simon.

Kornelius lässt Petrus holen

10 [1]In Cäsarea lebte ein römischer Hauptmann mit Namen Kornelius, der Befehlshaber der »Italischen Einheit«. [2]Er war ein gottesfürchtiger Mann, der mit allen in seinem Haus den Gott Israels achtete. Kornelius unterstützte die Bedürftigen und betete regelmäßig zu Gott. [3]Eines Tages – es war gegen drei Uhr – hatte er eine Vision: Ein Engel Gottes kam auf ihn zu und sagte: »Kornelius!«

[4]Kornelius sah ihn an und erschrak. »Was ist, Herr?«

Der Engel sprach zu ihm: »Deine Gebete und Geschenke für die Armen sind Gott nicht verborgen geblieben! [5]Schick ein paar Männer nach Joppe, zu einem Mann mit Namen Simon Petrus. Bitte ihn, zu dir zu kommen. [6]Er wohnt als Gast bei dem Gerber Simon, der ein Haus am Meer hat.« [7]Sobald der Engel fort war, rief Kornelius zwei seiner Diener und einen gottesfürchtigen Soldaten aus seiner Leibgarde zu sich. [8]Er sagte ihnen, was geschehen war, und schickte sie nach Joppe.

Petrus besucht Kornelius

[9]Am nächsten Tag – die Boten des Kornelius waren bereits vor der Stadt – stieg Petrus auf das Dach des Hauses, um zu beten. Es war kurz vor Mittag, [10]und er hatte großen Hunger. Doch während das Essen zubereitet wurde, hatte er eine Vision. [11]Er sah den Himmel offen stehen, und etwas wie ein großes Tuch wurde an den vier Zipfeln zur Erde heruntergelassen. [12]In diesem Tuch befanden sich verschiedene vierfüßige Tiere sowie Schlangen und Vögel. [13]Er hörte eine Stimme, die sprach zu ihm: »Petrus, steh auf. Schlachte sie und iss davon.«

[14]»Niemals, Herr«, erklärte Petrus. »In meinem ganzen Leben habe ich noch nie etwas gegessen, das uns nach unserem jüdischen Gesetz verboten ist.«

[15]Da sprach die Stimme zum zweiten Mal: »Wenn Gott sagt, dass etwas rein ist, dann sag du nicht, dass es unrein ist.« [16]Diese Vision wiederholte sich dreimal, und sofort danach wurde das Tuch wieder in den Himmel hinaufgezogen.

[17]Petrus war ratlos, was dies zu bedeuten hatte. In diesem Augenblick fanden die Männer, die Kornelius geschickt hatte, das Haus des Simon. Sie standen draußen vor dem Tor [18]und erkundigten sich, ob dies das Haus sei, in dem Simon Petrus als Gast wohne. [19]Gleichzeitig sprach der Heilige Geist zu Petrus, während dieser noch über die Vision nachdachte: »Drei Männer sind gekommen, die dich suchen. [20]Steig hinunter und geh ohne Bedenken mit ihnen, denn ich habe sie gesandt.«

[21]Da stieg Petrus hinunter und sagte: »Ich bin der Mann, den ihr sucht. Warum seid ihr gekommen?«

[22]Sie antworteten: »Kornelius, ein römischer Hauptmann, hat uns geschickt. Er ist ein gottesfürchtiger Mann, der den Gott Israels achtet und bei den Juden hoch angesehen ist. Ein heiliger Engel gab ihm Anweisung, dich holen zu lassen, damit du in sein Haus kommst und er hören kann, was du zu sagen hast.« [23]Petrus lud die Männer ein, bei ihm zu über-

nachten. Am nächsten Morgen machte er sich mit ihnen auf den Weg, begleitet von einigen Gläubigen aus Joppe.

²⁴Am folgenden Tag trafen sie in Cäsarea ein. Kornelius erwartete sie schon. Er hatte seine Verwandten und engsten Freunde eingeladen, damit sie Petrus kennenlernen konnten. ²⁵Als Petrus sein Haus betrat, fiel Kornelius ehrfürchtig vor ihm auf die Knie. ²⁶Aber Petrus richtete ihn auf und sagte: »Steh auf! Ich bin ein Mensch wie du!« ²⁷Und sie sprachen miteinander, während sie hineingingen. Drinnen fand Petrus eine große Menge versammelt.

²⁸Er erklärte ihnen: »Ihr wisst, dass es mir nach jüdischem Gesetz verboten ist, mit einem Angehörigen eines fremden Volkes zusammenzukommen oder ein nichtjüdisches Haus wie dieses zu betreten. Aber Gott hat mir gezeigt, dass ich niemanden für unrein halten darf. ²⁹Deshalb bin ich sofort, als ihr mich holen ließt, mitgekommen. Nun sagt mir aber, warum ihr nach mir geschickt habt.«

³⁰Kornelius antwortete: »Vor vier Tagen betete ich zur gleichen Zeit wie jetzt, gegen drei Uhr nachmittags, in meinem Haus. Plötzlich stand ein Mann in einem strahlend weißen Gewand vor mir. ³¹Er sagte: ›Kornelius, deine Gebete sind erhört worden, und deine Geschenke an die Armen sind Gott nicht verborgen geblieben! ³²Schick ein paar Männer nach Joppe und bitte Simon Petrus zu kommen. Er wohnt als Gast bei Simon, dem Gerber, in einem Haus am Meer.‹ ³³Da schickte ich sofort nach dir, und es ist gut, dass du gekommen bist. Jetzt sind wir hier und warten in Gottes Gegenwart, um die Botschaft zu hören, die der Herr dir gegeben hat.«

Kornelius hört die Botschaft Gottes
³⁴Da erwiderte Petrus: »Jetzt weiß ich, dass es wahr ist: Gott macht keine Unterschiede zwischen den Menschen. ³⁵In jedem Volk nimmt er jene an, die ihn achten und tun, was gerecht ist. ³⁶Ihr habt Gottes Botschaft für das Volk Israel gehört: von dem Frieden durch Jesus Christus, der Herr über alle ist. ³⁷Ihr wisst, was überall in Judäa geschah, angefangen in Galiläa, nachdem Johannes der Täufer zu predigen begann. ³⁸Und

ihr wisst auch, dass Gott Jesus von Nazareth mit dem Heiligen Geist und mit Kraft gesalbt hat. Er zog umher, tat Gutes und heilte alle, die vom Teufel bedrängt waren, denn Gott war mit ihm.

³⁹Wir Apostel können bezeugen, was er in ganz Israel und in Jerusalem getan hat. Sie haben ihn umgebracht, indem sie ihn kreuzigten, ⁴⁰aber Gott hat ihn drei Tage später wieder auferweckt. Danach ließ er ihn ⁴¹nicht vor dem Volk, sondern nur vor uns erscheinen, die Gott zuvor als seine Zeugen erwählt hatte. Wir waren es, die mit ihm aßen und tranken, nachdem er von den Toten auferstanden war. ⁴²Und er befahl uns, überall zu predigen und zu bezeugen, dass Jesus von Gott zum Richter über alle Menschen – Lebende und Tote – bestimmt ist. ⁴³Er ist es, den die Propheten vorausgesagt haben und von dem sie sagten, dass allen, die an ihn glauben, durch seinen Namen die Sünden vergeben werden.«

Die Nichtjuden empfangen den Heiligen Geist

⁴⁴Noch während Petrus sprach, kam der Heilige Geist über alle, die seine Botschaft hörten. ⁴⁵Die jüdischen Gläubigen, die mit Petrus gekommen waren, staunten, dass Gott auch Nichtjuden den Heiligen Geist schenkte, ⁴⁶denn sie hörten sie in anderen Sprachen reden und Gott loben.

Da fragte Petrus: ⁴⁷»Wer könnte jetzt noch etwas dagegen einwenden, dass sie getauft werden, nun, da sie den Heiligen Geist empfangen haben, genau wie wir!« ⁴⁸Und er gab Anweisung, sie im Namen von Jesus Christus zu taufen. Anschließend baten sie Petrus, noch einige Tage bei ihnen zu bleiben.

Petrus erklärt den Gläubigen in Jerusalem sein Handeln

11 ¹Es dauerte nicht lange, bis die Apostel und anderen Gläubigen in Judäa hörten, dass Nichtjuden das Wort Gottes angenommen hatten. ²Als Petrus wieder in Jerusalem eintraf, kritisierten ihn daher einige der jüdischen Gläubigen. ³»Du hast das Haus von Nichtjuden betreten und mit ihnen gegessen!«, warfen sie ihm vor.

⁴Da berichtete Petrus ihnen genau, was geschehen war. ⁵»Ei-

nes Tages in Joppe«, begann er, »hatte ich beim Beten eine Vision. Etwas wie ein großes Tuch wurde an den vier Zipfeln vom Himmel herabgelassen und kam direkt zu mir herunter. ⁶Als ich hineinschaute, sah ich alle Arten von vierfüßigen und wilden Tieren, Schlangen und Vögeln. ⁷Und ich hörte eine Stimme sagen: ›Petrus, steh auf; schlachte sie und iss davon.‹

⁸›Niemals, Herr‹, antwortete ich. ›In meinem ganzen Leben habe ich noch nie etwas gegessen, das unser jüdisches Gesetz uns verbietet.‹

⁹Doch die Stimme vom Himmel wiederholte: ›Wenn Gott sagt, dass etwas rein ist, dann sag du nicht, dass es unrein ist.‹

¹⁰Das wiederholte sich dreimal, dann wurde das Tuch mit dem, was darin war, wieder in den Himmel hinaufgeholt. ¹¹In diesem Augenblick kamen drei Männer, die aus Cäsarea geschickt worden waren, an das Haus, in dem ich wohnte. ¹²Der Heilige Geist sagte mir, ich solle mit ihnen gehen und keine Bedenken haben. Diese sechs Brüder hier begleiteten mich, und bald kamen wir in das Haus des Mannes, der nach uns geschickt hatte. ¹³Er berichtete uns, wie ein Engel ihm in seinem Haus erschienen war und gesagt hatte: ›Sende Boten nach Joppe, um Simon Petrus zu holen. ¹⁴Er wird euch sagen, wie du und alle in deinem Haus gerettet werden können!‹

¹⁵Als ich begann, zu ihnen zu reden, kam der Heilige Geist genauso auf sie, wie er am Anfang auf uns gekommen ist. ¹⁶Da dachte ich daran, wie der Herr gesagt hatte: ›Johannes taufte mit Wasser, ihr aber werdet mit dem Heiligen Geist getauft werden.‹ ¹⁷Und wenn Gott diesen dieselbe Gabe geschenkt hat wie uns, als wir zum Glauben an den Herrn Jesus Christus gekommen waren: Wer war ich, dass ich Gott daran hätte hindern können?«

¹⁸Als die anderen das hörten, beruhigten sie sich und fingen an, Gott zu loben. Sie sagten: »Also schenkt Gott allen Menschen die Möglichkeit zur Umkehr, damit sie leben können.«

Die Gemeinde im syrischen Antiochia

¹⁹Inzwischen waren die Gläubigen, die wegen der Verfolgung nach dem Tod des Stephanus aus Jerusalem geflohen waren,

bis nach Phönizien, Zypern und Antiochia in Syrien gelangt. Jedoch verkündeten sie die gute Botschaft nur den Juden. [20]Aber einige der Gläubigen, die aus Zypern und Kyrene nach Antiochia gekommen waren, fingen an, auch den Nichtjuden die Botschaft von Jesus, dem Herrn, zu erzählen. [21]Die Kraft des Herrn war mit ihnen, und viele Nichtjuden glaubten und bekehrten sich zum Herrn.

[22]Als die Gemeinde in Jerusalem erfuhr, was geschehen war, schickten sie Barnabas nach Antiochia. [23]Dort freute er sich sehr über die vielen sichtbaren Beweise von Gottes Handeln. Barnabas ermutigte die Gläubigen, dem Herrn treu zu bleiben. [24]Er war ein guter Mann, tief erfüllt vom Heiligen Geist und im Glauben verwurzelt. Viele Menschen wurden in dieser Zeit gläubig.

[25]Dann reiste Barnabas nach Tarsus, um Saulus aufzusuchen. [26]Als er ihn gefunden hatte, brachte er ihn nach Antiochia. Dort blieben sie ein ganzes Jahr bei der Gemeinde und lehrten eine große Anzahl Menschen. In Antiochia nannte man die Gläubigen zum ersten Mal Christen.

[27]In jener Zeit kamen auch einige Propheten aus Jerusalem nach Antiochia. [28]Einer von ihnen, ein Mann mit Namen Agabus, stand in einer der Versammlungen auf und weissagte, getrieben vom Heiligen Geist, dass eine große Hungersnot über das ganze Römische Reich hereinbrechen würde. Diese Prophezeiung erfüllte sich in der Regierungszeit des Claudius. [29]In Antiochia beschlossen sie deshalb, die Gläubigen in Judäa zu unterstützen; jeder sollte geben, so viel er konnte. [30]Das taten sie dann auch und vertrauten das gesammelte Geld Barnabas und Saulus an, die es den Ältesten der Jerusalemer Gemeinde überbringen sollten.

Jakobus wird getötet und Petrus verhaftet

12 [1]Etwa um diese Zeit begann König Herodes Agrippa, einige Gläubige in der Gemeinde zu verfolgen. [2]Er ließ den Apostel Jakobus, den Bruder von Johannes, mit dem Schwert hinrichten. [3]Als Herodes sah, dass diese Entscheidung den führenden Männern des jüdischen Volkes gefiel,

ließ er Petrus während der Passah-Feierlichkeiten verhaften
[4]und ins Gefängnis werfen. Vier Einheiten zu je vier Soldaten
waren beauftragt, ihn zu bewachen. Herodes plante, Petrus
nach dem Passahfest in einer öffentlichen Verhandlung vor
das Volk zu stellen. [5]Doch während Petrus im Gefängnis saß,
betete die Gemeinde inständig für ihn zu Gott.

Petrus kann auf wunderbare Weise fliehen

[6]In der Nacht vor der Verhandlung schlief Petrus angekettet
zwischen zwei Soldaten. Vor dem Gefängnistor hielten weitere Soldaten Wache. [7]Plötzlich erschien ein strahlendes Licht
in der Zelle, und ein Engel des Herrn stand vor Petrus. Der
Engel stieß ihm in die Seite, um ihn zu wecken, und sagte:
»Schnell! Steh auf!« Und die Ketten fielen von seinen Handgelenken. [8]Dann sagte der Engel zu ihm: »Zieh dich an und
schnüre deine Sandalen.« Das tat Petrus. »Und nun nimm deinen Mantel und folge mir«, befahl der Engel.

[9]Petrus verließ die Zelle und folgte dem Engel in dem Glauben, er habe eine Vision. Ihm war nicht bewusst, dass das
Ganze tatsächlich geschah. [10]Sie passierten die erste und die
zweite Wache und erreichten das Eisentor zur Straße, das sich
wie von selbst vor ihnen öffnete. Sie traten hindurch und gingen eine Gasse hinunter, als der Engel ihn plötzlich verließ.

[11]Da begriff Petrus, was geschehen war. »Es ist wirklich
wahr!«, sagte er. »Der Herr hat seinen Engel gesandt, mich
vor Herodes gerettet und vor dem, was die Juden mit mir vorhatten!«

[12]Er überlegte und ging dann zum Haus von Maria, der
Mutter des Johannes Markus. Dort waren viele Menschen zusammengekommen, um zu beten. [13]Er klopfte an die Tür im
Hofeingang, und eine Dienerin mit Namen Rhode kam, um
zu öffnen. [14]Als sie seine Stimme erkannte, war sie so durcheinander vor Freude, dass sie, ohne die Tür zu öffnen, wieder
zu den anderen zurücklief. »Petrus steht vor der Tür!«, rief sie.

[15]»Du bist von Sinnen«, meinten die anderen. Und als sie
darauf beharrte, kamen sie zu dem Schluss: »Es muss wohl
sein Engel sein.«

¹⁶Petrus hatte weiter geklopft. Als sie schließlich die Tür öffneten und ihn sahen, waren sie außer sich vor Staunen. ¹⁷Mit einer Handbewegung bedeutete er ihnen, ruhig zu sein, und erzählte ihnen dann, was geschehen war und wie der Herr ihn aus dem Gefängnis herausgeführt hatte. »Berichtet Jakobus und den anderen Brüdern, was passiert ist«, sagte er. Dann ging er hinaus und zog weiter an einen anderen Ort.

¹⁸Beim Morgengrauen herrschte große Bestürzung unter den Soldaten, die sich fragten, was mit Petrus geschehen war. ¹⁹Herodes Agrippa erteilte Befehl, alles gründlich nach ihm zu durchsuchen. Als er nicht aufzufinden war, verhörte Herodes die Wachen und ließ sie abführen und hinrichten. Danach verließ Herodes Judäa und blieb für längere Zeit in Cäsarea.

Herodes Agrippa stirbt

²⁰Nun war Herodes sehr zornig über die Einwohner von Tyrus und Sidon. Gemeinsam schickten sie deshalb Gesandte, die um Frieden bitten sollten, denn die Versorgung ihrer Städte hing von seinem Land ab. Es gelang ihnen, Blastus, den Kämmerer des Königs, für sich zu gewinnen. ²¹Als dann der Tag der Aussöhnung gekommen war, legte Herodes seine königlichen Gewänder an, bestieg seinen Thron und hielt eine öffentliche Rede. ²²Das Volk applaudierte begeistert und rief: »Das ist die Stimme eines Gottes, nicht die eines Menschen.«

²³In diesem Augenblick schlug ein Engel des Herrn Herodes mit einer Krankheit, weil er zugelassen hatte, dass das Volk ihn anbetete, statt Gott die Ehre zu geben. Und von Würmern zerfressen starb er.

²⁴Doch Gottes Botschaft verbreitete sich weiter, und immer mehr Menschen fanden zum Glauben.

²⁵Als Barnabas und Saulus ihren Auftrag in Jerusalem erfüllt hatten, kehrten sie nach Antiochia zurück und nahmen Johannes Markus mit.

Barnabas und Saulus werden ausgesandt

13 ¹Zu den Propheten und Lehrern der Gemeinde im syrischen Antiochia gehörten Barnabas, Simeon (genannt »der Schwarze«), Luzius (aus Kyrene), Manaën (der seine Kindheit mit König Herodes Antipas verbracht hatte) und Saulus. [2]Eines Tages, während diese Männer einen Gottesdienst hielten und fasteten, sprach der Heilige Geist: »Ihr sollt Barnabas und Saulus für die besondere Aufgabe freistellen, für die ich sie ausersehen habe.« [3]Da fasteten und beteten sie, legten ihnen die Hände auf und sandten sie aus.

Die erste Missionsreise

[4]Saulus und Barnabas wurden vom Heiligen Geist ausgesandt. Sie gingen hinunter zum Seehafen Seleuzia und segelten von dort zur Insel Zypern. [5]Auf Zypern suchten sie in der Stadt Salamis die jüdischen Synagogen auf und verkündeten Gottes Wort. Johannes Markus ging als ihr Gehilfe mit.

[6]Sie zogen von Ort zu Ort über die ganze Insel und predigten. Schließlich erreichten sie Paphos. Dort begegneten sie einem jüdischen Zauberer, einem falschen Propheten mit Namen Barjesus. [7]Dieser hatte sich dem Statthalter Sergius Paulus angeschlossen, einem sehr vernünftigen und klugen Mann. Der Statthalter lud Barnabas und Saulus ein, ihn zu besuchen, denn er wollte das Wort Gottes hören. [8]Doch der Zauberer Elymas (so lautet der griechische Name von Barjesus) stellte sich gegen sie und versuchte den Statthalter vom Glauben an Jesus Christus abzuhalten. [9]Saulus, der auch unter dem Namen Paulus bekannt war, sah dem Zauberer fest in die Augen, und erfüllt vom Heiligen Geist sagte er: [10]»Du Sohn des Teufels! Du steckst voller List und Bosheit und bist der Feind aller Gerechtigkeit. Wirst du denn nie aufhören, die geraden Wege des Herrn zu verdrehen? [11]Jetzt wird der Herr dich strafen und dich für eine Weile mit Blindheit schlagen.« Im gleichen Augenblick kam eine tiefe Finsternis über den Zauberer, und er begann umherzustolpern und jemanden zu suchen, der ihn an die Hand nahm und führte. [12]Als der Statthalter sah, was geschehen war, glaubte er und staunte über die Lehre des Herrn.

Paulus predigt in Antiochia in Pisidien

[13]Paulus und seine Begleiter verließen Paphos. Sie fuhren mit dem Schiff nach Pamphylien und legten in der Hafenstadt Perge an. Dort trennte sich Johannes Markus von ihnen und kehrte nach Jerusalem zurück. [14]Barnabas und Paulus wanderten landeinwärts nach Antiochia in Pisidien.

Am Sabbat gingen sie zur Versammlung in die Synagoge. [15]Nach den üblichen Lesungen aus den Büchern des Gesetzes und der Propheten ließen die Vorsteher der Synagoge ihnen sagen: »Brüder, wenn ihr ein Wort der Ermutigung für uns habt, dann steht auf und sagt es uns!«

[16]Da erhob sich Paulus, bat mit einer Geste um Ruhe und begann: »Ihr Männer Israels«, sagte er, »und ihr anderen, die ihr den Gott Israels verehrt, hört mir zu.

[17]Der Gott dieses Volkes Israel hat unsere Vorfahren erwählt. Er ließ unser Volk in Ägypten wachsen und ließ es ihm gut gehen. Dann hat er es mit Macht aus Ägypten herausgeführt. [18]Vierzig Jahre lang hat er es in der Wüste ertragen. [19]Dann hat er sieben Völker im Lande Kanaan vernichtet und den Israeliten das Land zum Erbe gegeben. [20]Das alles dauerte etwa vierhundertfünfzig Jahre. Danach regierten Richter bis zur Zeit des Propheten Samuel. [21]Dann wollte das Volk einen König haben, und Gott gab ihnen Saul, den Sohn des Kisch, einen Mann aus dem Stamm Benjamin, der vierzig Jahre lang regierte. [22]Doch Gott nahm ihm das Königtum wieder und setzte David an seine Stelle, einen Mann, von dem Gott sagte: ›David, der Sohn Isais, ist ein Mann nach meinem Herzen. Er wird alles tun, was ich von ihm will.‹

[23]Einer der Nachkommen Davids – Jesus – ist der von Gott verheißene Retter Israels! [24]Doch bevor er kam, predigte Johannes der Täufer, jeder im Volk Israel sollte sich von der Sünde abkehren und Gott zuwenden und sich taufen lassen. [25]Gegen Ende seines Wirkens fragte Johannes: ›Wer denkt ihr, dass ich bin? Ich bin nicht der, für den ihr mich haltet! Doch dieser wird nach mir kommen, und ich bin nicht einmal würdig, sein Sklave zu sein.‹

[26]Brüder – ihr Söhne Abrahams und auch ihr, die ihr den

Gott Israels verehrt –, diese Erlösung gilt uns! [27]Die Einwohner Jerusalems und die führenden Männer des jüdischen Volkes haben eine uralte Prophezeiung erfüllt, als sie Jesus zum Tod verurteilten. Sie erkannten nicht, dass er derjenige ist, über den die Propheten schrieben – obwohl ihnen an jedem Sabbat die Worte der Propheten vorgelesen werden. [28]Sie fanden keinen rechtmäßigen Grund, ihn hinzurichten, und forderten Pilatus trotzdem auf, ihn töten zu lassen.

[29]Als sie alle Prophezeiungen über seinen Tod erfüllt hatten, nahmen sie ihn vom Kreuz und legten ihn in ein Grab. [30]Aber Gott hat ihn von den Toten auferweckt, [31]und viele Tage lang erschien er denen, die ihn von Galiläa nach Jerusalem begleitet hatten – sie sind heute seine Zeugen vor dem Volk Israel.

[32]Und nun sind Barnabas und ich hier, um euch diese gute Botschaft zu verkünden. Gottes Verheißung an unsere Vorfahren [33]hat sich an uns, den Kindern, erfüllt, als Gott Jesus auferweckt hat. Davon ist im zweiten Psalm die Rede, wenn über Jesus gesagt wird:

›Du bist mein Sohn. Heute habe ich dich gezeugt.‹

[34]Denn Gott hatte in der Schrift zugesagt, dass Jesus von den Toten auferweckt und nie mehr sterben würde: ›Ich werde dir Segen zuteilwerden lassen, den ich David versprochen habe.‹ [35]In einem anderen Psalm wird es noch genauer erklärt: ›Du wirst deinen Heiligen nicht im Grab verwesen lassen.‹ [36]Diese Worte beziehen sich nicht etwa auf David. Denn nachdem David seiner Generation nach dem Willen Gottes gedient hatte, starb er und wurde begraben, und sein Leichnam verweste. [37]Aber der, den Gott auferweckt hat, dessen Körper verweste nicht.

[38]Brüder, hört mir zu! In diesem Mann, Jesus, findet ihr Vergebung für eure Sünden. [39]Wer an ihn glaubt, wird von aller Schuld frei und vor Gott gerecht gesprochen – wie es das jüdische Gesetz nie vermochte. [40]Seht euch vor, dass die Worte der Propheten nicht auf euch zutreffen. Denn sie sagten:

[41]›Schaut her, ihr Spötter, wundert euch und sterbt! Denn ich tue etwas in eurer Zeit, das ihr auch dann nicht glauben würdet, wenn es euch jemand erzählte.‹«

⁴²Als Paulus und Barnabas die Synagoge an diesem Tag verließen, baten die Leute sie, in der folgenden Woche wiederzukommen und weiter darüber zu sprechen. ⁴³Viele Juden und gottesfürchtige Menschen, die in dieser Synagoge Gott anbeteten, folgten Paulus und Barnabas, und die beiden Männer ermahnten sie: »Haltet an Gottes Gnade fest.«

Paulus wendet sich den anderen Völkern zu

⁴⁴In der folgenden Woche erschien fast die ganze Stadt, um das Wort des Herrn zu hören. ⁴⁵Als die führenden Männer der jüdischen Gemeinde das sahen, wurden sie neidisch; deshalb verleumdeten sie Paulus und versuchten, alles, was er sagte, zu widerlegen.

⁴⁶Da erklärten Paulus und Barnabas: »Es war nötig, diese Botschaft von Gott zuerst euch Juden zu verkünden. Doch da ihr sie ablehnt und euch damit selbst des ewigen Lebens für unwürdig erklärt, werden wir sie den anderen Völkern bringen. ⁴⁷Denn so lautete der Auftrag des Herrn:

›Ich habe dich zum Licht für die Völker gemacht, um der ganzen Welt die Erlösung zu verkünden.‹«

⁴⁸Als die Nichtjuden das hörten, waren sie sehr froh und dankten dem Herrn für diese Botschaft; und alle, die zum ewigen Leben bestimmt waren, begannen zu glauben. ⁴⁹Auf diese Weise verbreitete sich die Botschaft des Herrn in der gesamten Region.

⁵⁰Da wiegelten die Anführer des jüdischen Volkes die einflussreichen gottesfürchtigen Frauen, die in die Synagoge kamen, und die angesehenen Männer der Stadt auf, hetzten das Volk gegen Paulus und Barnabas und vertrieben sie aus der Stadt. ⁵¹Doch diese schüttelten vor ihren Augen den Staub von ihren Füßen und wanderten weiter in die Stadt Ikonion. ⁵²Und die Gläubigen wurden von Freude und vom Heiligen Geist erfüllt.

Paulus und Barnabas in Ikonion

14 ¹In Ikonion gingen Paulus und Barnabas gemeinsam in die Synagoge und predigten mit solcher Vollmacht,

dass viele – Juden wie Nichtjuden – zum Glauben kamen.
²Die Juden, die Gottes Botschaft ablehnten, schürten jedoch
unter den Nichtjuden Misstrauen gegen Paulus und Barnabas. ³Die Apostel blieben lange Zeit in der Stadt und verkündeten mutig und im Vertrauen auf Gott die Gnade des Herrn.
Der Herr bestätigte ihre Botschaft durch Zeichen und Wunder, die sie mit seiner Hilfe vollbrachten. ⁴Doch die Einwohner der Stadt waren geteilter Meinung über sie. Einige stellten
sich auf die Seite der Juden, andere auf die der Apostel.

⁵Eine Gruppe von Nichtjuden und Juden beschloss gemeinsam mit ihren jeweiligen Anführern, die beiden Männer zu
ergreifen und zu steinigen. ⁶Als die Apostel davon erfuhren,
flohen sie. Sie zogen weiter in die Gegend von Lykaonien, in
die Städte Lystra und Derbe und ihre Umgebung, ⁷wo sie die
Botschaft Gottes predigten.

Paulus und Barnabas in Lystra und Derbe
⁸In Lystra begegneten Paulus und Barnabas einem Mann mit
verkrüppelten Füßen. Der Mann war von Geburt an gelähmt
und hatte noch nie gehen können. ⁹Er hörte zu, als Paulus
predigte. Paulus bemerkte ihn und erkannte, dass er fest daran glaubte, dass er geheilt werden konnte. ¹⁰Da rief Paulus
ihm mit lauter Stimme zu: »Steh auf!« Und der Mann sprang
auf die Füße und fing an umherzugehen.

¹¹Als die vielen Zuhörer sahen, was Paulus getan hatte, riefen sie auf Lykaonisch: »Diese Männer sind Götter in Men-
schengestalt!« ¹²Sie hielten Barnabas für den griechischen
Gott Zeus und Paulus, weil er das Wort führte, für Hermes.
¹³Der Zeustempel befand sich am Stadtrand. Die Priester des
Tempels und die Menge brachten Ochsen und Blumenkränze
herbei und trafen Vorbereitungen, den Aposteln an den Stadt-
toren Opfer darzubringen.

¹⁴Als Barnabas und Paulus merkten, was da vor sich ging,
zerrissen sie bestürzt ihre Kleider, liefen hinaus unter die
Menge und schrien: ¹⁵»Freunde, warum tut ihr das? Wir sind
nur Menschen wie ihr! Wir sind gekommen, um euch die Botschaft zu bringen, dass ihr euch von solch wertlosen Göttern

zu dem lebendigen Gott bekehren sollt, der Himmel und Erde, das Meer und alles, was darin lebt, erschaffen hat. [16]Früher ließ er die Völker ihre eigenen Wege gehen, [17]und doch hat er klare Spuren von sich hinterlassen, indem er Gutes tat; so schenkte er euch Regen vom Himmel und gute Ernten, Nahrung und fröhliche Herzen.« [18]Trotz alledem konnten Paulus und Barnabas die Leute kaum davon abhalten, ihnen zu opfern.

[19]Da kamen einige Juden aus Antiochia und Ikonion und hetzten die Menge so sehr auf, dass sie Paulus steinigten und ihn vor die Stadt schleppten. Dort ließen sie ihn liegen, denn sie dachten, er sei tot. [20]Doch als die Gläubigen ihn umringten, stand er auf und kehrte in die Stadt zurück. Am nächsten Tag zog er mit Barnabas weiter nach Derbe.

Rückkehr nach Antiochia in Syrien

[21]Nachdem sie die Botschaft in Derbe verkündet und viele Menschen zu Jüngern gemacht hatten, kehrten Paulus und Barnabas wieder nach Lystra, Ikonion und Antiochia in Pisidien zurück. [22]Sie stärkten und ermutigten die Gläubigen, am Glauben festzuhalten, und erklärten ihnen noch einmal, dass wir alle durch viele Bedrängnisse in das Reich Gottes kommen müssen. [23]In jeder Gemeinde beriefen sie Älteste. Sie fasteten und beteten und befahlen sie der Fürsorge des Herrn, an den sie nun gläubig geworden waren. [24]Danach reisten sie durch Pisidien wieder nach Pamphylien. [25]Sie predigten wieder in Perge und zogen von dort weiter nach Attalia.

[26]Schließlich fuhren sie mit dem Schiff nach Antiochia in Syrien zurück, wo ihre Reise begonnen hatte. Dort waren sie der Gnade Gottes anvertraut worden, um den Auftrag auszuführen, den sie nun erfüllt hatten. [27]Als sie in Antiochia eintrafen, riefen sie die Gemeinde zusammen und berichteten von ihrer Reise. In allen Einzelheiten erzählten sie, was Gott getan hatte und wie er auch den Nichtjuden die Tür des Glaubens geöffnet hatte. [28]Danach blieben sie noch längere Zeit bei den Gläubigen in Antiochia.

Das Jerusalemer Konzil

15 ¹Währenddessen kamen einige Männer aus Judäa in die Stadt und begannen die Gläubigen zu lehren: »Wenn ihr den jüdischen Brauch der Beschneidung nach der Lehre des Mose nicht einhaltet, könnt ihr nicht gerettet werden.« ²Paulus und Barnabas widersprachen dieser Auffassung nachdrücklich, und es kam zu einem heftigen Streitgespräch. Schließlich wurden Paulus und Barnabas in Begleitung einiger Männer aus Antiochia nach Jerusalem geschickt, wo sie mit den Aposteln und Ältesten über diese Frage sprechen sollten. ³Unterwegs machten sie in Phönizien und Samarien Halt, um die dort lebenden Gläubigen zu besuchen. Sie erzählten ihnen – zur großen Freude aller –, dass sich nun auch die Nichtjuden bekehrten.

⁴Als sie in Jerusalem ankamen, wurden Paulus und Barnabas von der ganzen Gemeinde sowie von den Aposteln und den Ältesten willkommen geheißen. Sie berichteten, was Gott in der Zwischenzeit durch sie bewirkt hatte. ⁵Doch dann erhoben sich einige aus der Gruppe der Pharisäer, die zum Glauben gekommen waren, und erklärten, die Nichtjuden müssten beschnitten werden und sich an das mosaische Gesetz halten.

⁶Daraufhin setzten sich die Apostel und Gemeindeältesten zusammen, um über diese Frage zu entscheiden. ⁷Nach langen Beratungen erhob sich schließlich Petrus und wandte sich an die Versammlung: »Brüder, ihr alle wisst, dass Gott mich vor einiger Zeit erwählt hat, auch den anderen Völkern die gute Botschaft zu verkünden, damit sie gläubig werden. ⁸Gott, der die Herzen der Menschen kennt, hat bewiesen, dass er auch sie annimmt, indem er ihnen genauso wie uns den Heiligen Geist schenkte. ⁹Er machte keinen Unterschied zwischen uns und ihnen, denn er reinigte auch ihre Herzen durch den Glauben. ¹⁰Warum zweifelt ihr nun an Gottes Weg, indem ihr ihnen eine Last aufbürdet, die weder wir noch unsere Vorfahren tragen konnten? ¹¹Wir glauben, dass wir alle auf demselben Weg wie jene gerettet werden, nämlich durch die Gnade des Herrn Jesus.«

¹²Danach verstummten alle. Sie hörten aufmerksam zu, wie Barnabas und Paulus von den Zeichen und Wundern berichteten, die Gott durch sie unter den Nichtjuden gewirkt hatte.

¹³Als sie geendet hatten, stand Jakobus auf und sagte: »Brüder, hört mich an. ¹⁴Petrus hat euch erzählt, wie Gott zum ersten Mal die Nichtjuden aufsuchte, um sich aus ihnen ein Volk zu wählen, das seinen Namen trägt. ¹⁵Diese Bekehrung der Nichtjuden stimmt mit den Voraussagen der Propheten überein. So steht geschrieben:

¹⁶›Danach werde ich zurückkommen und das gefallene Königreich Davids wiederherstellen. Aus den Trümmern werde ich es wieder aufbauen, und ich werde es wiederherstellen, ¹⁷damit die Übriggebliebenen den Herrn suchen, die Nichtjuden eingeschlossen – alle, die ich zu mir gerufen habe. So spricht der Herr, ¹⁸der dies alles schon vor langer Zeit bekannt gemacht hat.‹

¹⁹Deshalb bin ich der Überzeugung, dass wir den Nichtjuden, die sich zu Gott bekehren, das Leben nicht unnötig erschweren sollten. ²⁰Allerdings sollten wir ihnen schreiben und ihnen auftragen, kein Fleisch zu essen, das den Götzen geopfert wurde, alle Unzucht zu meiden und weder Blut noch das Fleisch nicht ausgebluteter Tiere zu essen. ²¹Denn seit vielen Generationen wurden diese Vorschriften aus dem Gesetz des Mose Sabbat für Sabbat überall in den jüdischen Synagogen gepredigt.«

Der Brief an die nichtjüdischen Gläubigen

²²Daraufhin bestimmten die Apostel und Ältesten und die ganze Gemeinde in Jerusalem einige Männer, die sie mit Paulus und Barnabas nach Antiochia in Syrien schickten, um über diese Entscheidung zu berichten. Die Männer, die gewählt wurden, waren zwei der Leiter der Gemeinde – Judas (auch Barsabbas genannt) und Silas. ²³Der Inhalt des Briefes, den sie mitnahmen, lautete:

»Diesen Brief schreiben die Apostel und Ältesten, eure Brüder in Jerusalem, an die nichtjüdischen Gläubigen im syrischen Antiochia und in Zilizien. Wir grüßen euch!

²⁴Wir haben erfahren, dass einige Männer aus unserem Kreis euch beunruhigt und mit ihren Aussagen verunsichert haben, doch sie waren nicht von uns beauftragt. ²⁵Nachdem wir einstimmig zu einer Entscheidung gekommen waren, hielten wir es für das Beste, euch diese Männer zu schicken mit unseren beiden lieben Brüdern Barnabas und Paulus, ²⁶die für Jesus Christus, unseren Herrn, ihr Leben aufs Spiel gesetzt haben. ²⁷Wir schicken euch Judas und Silas, die euch mitteilen sollen, was wir zu eurer Frage beschlossen haben.

²⁸Denn durch den Heiligen Geist haben wir beschlossen, euch keine größeren Lasten aufzuladen als diese: ²⁹Esst kein Fleisch, das Götzen geopfert wurde, und weder das Blut noch das Fleisch nicht ausgebluteter Tiere, und meidet alle Unzucht. Wenn ihr euch daran haltet, handelt ihr richtig. Lebt wohl.«

³⁰Die vier Boten brachen sofort nach Antiochia auf, wo sie eine Versammlung aller Gläubigen einberiefen und den Brief überreichten. ³¹Als sie diese ermutigende Nachricht gelesen hatten, freuten sich die Anwesenden.

³²Danach sprachen Judas und Silas, die beide die Gabe der Prophetie besaßen, noch lange zu ihnen, um sie im Glauben zu ermutigen und zu stärken. ³³Die beiden blieben noch eine Zeit lang dort und wurden dann mit reichen Segenswünschen der Gemeinde von Antiochia an die, die sie gesandt hatten, nach Jerusalem zurückgeschickt. ³⁵Paulus und Barnabas blieben in Antiochia, um viele andere zu unterstützen, die dort das Wort des Herrn verkündeten und lehrten.

Schwierige Planung der zweiten Missionsreise
³⁶Nach einiger Zeit sagte Paulus zu Barnabas: »Lass uns in die Städte zurückkehren, in denen wir vor einiger Zeit das Wort des Herrn verkündet haben, und sehen, wie die neuen Gläubigen zurechtkommen.« ³⁷Barnabas willigte ein und wollte Johannes Markus mitnehmen. ³⁸Paulus widersprach jedoch, weil Johannes Markus sie in Pamphylien im Stich gelassen und nicht mit ihnen weitergearbeitet hatte. ³⁹Ihre Uneinigkeit in dieser Frage führte dazu, dass sie sich trennten. Barnabas

segelte mit Johannes Markus nach Zypern. [40]Paulus wählte Silas als Begleiter. Die Gläubigen sandten ihn aus und vertrauten ihn der Gnade des Herrn an.

Die zweite Missionsreise
[41]Er zog nun durch Syrien und Zilizien, um die Gemeinden zu stärken.

16 [1]Er kam auch nach Derbe und nach Lystra. Dort traf er Timotheus, einen Jünger, dessen Mutter eine jüdische Gläubige, dessen Vater aber ein Grieche war. [2]Timotheus war bei den Gläubigen in Lystra und Ikonion hoch angesehen, [3]deshalb wollte Paulus, dass er ihn auf seiner Reise begleitete. Mit Rücksicht auf die Juden in dieser Region ließ Paulus Timotheus vor ihrer Abreise beschneiden, denn alle wussten, dass sein Vater ein Grieche war. [4]Dann zogen sie von Ort zu Ort und erklärten den Menschen, was die Apostel und Ältesten in Jerusalem im Blick auf die Gebote für die Nichtjuden beschlossen hatten. [5]So wurden die Gemeinden im Glauben gestärkt, und die Zahl der Gläubigen wurde von Tag zu Tag größer.

Ein Ruf aus Mazedonien
[6]Danach reisten Paulus und Silas durch das Gebiet von Phrygien und Galatien, weil der Heilige Geist ihnen untersagt hatte, in die Provinz Asien zu gehen. [7]Als sie dann ins Grenzgebiet von Mysien gelangten, wollten sie weiter in die Provinz Bithynien, doch auch das ließ der Heilige Geist nicht zu. [8]Also zogen sie durch Mysien in die Stadt Troas.

[9]In der folgenden Nacht hatte Paulus eine Vision. Er sah einen Mann aus Mazedonien im Norden Griechenlands, der ihn bat: »Komm herüber und hilf uns.« [10]Da beschlossen wir, sofort nach Mazedonien abzureisen. Wir waren sicher, dass Gott uns rief, auch dort seine Botschaft zu verkünden.

Lydia aus Philippi glaubt an Jesus

[11]Wir gingen in Troas an Bord eines Schiffs, segelten zur Insel Samothrake und von dort nach Neapolis, wo wir am nächsten Tag anlegten. [12]Von dort aus erreichten wir Philippi, eine größere Stadt in der Provinz Mazedonien und römische Kolonie; dort blieben wir mehrere Tage.

[13]Am Sabbat gingen wir ans Ufer eines Flusses etwas außerhalb der Stadt, weil wir annahmen, dass man sich hier zum Gebet traf, und wir setzten uns hin, um mit einigen Frauen zu sprechen, die dort zusammengekommen waren. [14]Eine dieser Frauen war Lydia aus Thyatira, die mit kostbaren Purpurstoffen Handel trieb. Sie war keine Jüdin, hielt sich aber zur jüdischen Versammlung. Während sie uns zuhörte, öffnete der Herr ihr das Herz für die Botschaft, die Paulus verkündete. [15]Sie ließ sich zusammen mit allen, die zu ihrem Haus gehörten, taufen und bat uns, ihre Gäste zu sein. »Wenn ihr wirklich der Meinung seid, dass ich dem Herrn treu bin«, sagte sie, »dann kommt und bleibt in meinem Haus.« Und sie drängte uns so lange, bis wir nachgaben.

Paulus und Silas im Gefängnis

[16]Eines Tages, als wir gerade auf dem Weg zur Gebetsversammlung waren, begegneten wir einer Sklavin, die von einem Geist besessen war. Sie betrieb Wahrsagerei und brachte ihren Herren damit viel Geld ein. [17]Sie lief nun hinter uns her und schrie: »Diese Männer sind Diener des höchsten Gottes und sind gekommen, um euch zu sagen, wie ihr gerettet werden könnt.«

[18]Das wiederholte sich Tag für Tag. Paulus war schließlich so aufgebracht, dass er sich umdrehte und zu dem Dämon in ihr sagte: »Ich befehle dir im Namen von Jesus Christus, aus ihr auszufahren.« Und augenblicklich verließ er sie.

[19]Als ihre Besitzer ihre Hoffnung auf sichere Einkünfte zerschlagen sahen, packten sie Paulus und Silas und schleppten sie auf den Marktplatz vor die oberste Stadtbehörde. [20]Sie brachten sie vor die obersten Beamten der Stadt. »Wegen dieser Juden ist die ganze Stadt in Aufruhr!«, riefen sie. [21]»Sie

reden den Leuten Dinge ein, die im Widerspruch zu den römischen Bräuchen stehen.«

²²Schnell hatte sich eine große Volksmenge gegen Paulus und Silas zusammengetan, und die Beamten erteilten Befehl, ihnen die Kleider zu zerreißen und sie mit Knüppeln zu schlagen. ²³Sie wurden geschlagen und anschließend ins Gefängnis geworfen. Der Gefängnisvorsteher erhielt Anweisung, streng darauf zu achten, dass sie nicht entfliehen konnten. ²⁴Aus diesem Grund ließ er sie in die sicherste Zelle bringen und ihre Füße in den Block schließen.

²⁵Gegen Mitternacht beteten Paulus und Silas und lobten Gott mit Liedern. Die übrigen Gefangenen hörten ihnen zu. ²⁶Plötzlich gab es ein heftiges Erdbeben, und das Gefängnis wurde bis in die Grundmauern erschüttert. Alle Tore sprangen auf und die Ketten sämtlicher Häftlinge fielen ab! ²⁷Der Gefängnisvorsteher wachte auf und sah die Zellen weit offen stehen. Er nahm an, die Gefangenen seien geflohen; deshalb zog er sein Schwert und wollte sich umbringen. ²⁸Doch Paulus rief ihm zu: »Tu dir nichts an! Wir sind alle hier!«

²⁹Da verlangte der Gefängnisvorsteher Licht, lief in das Innere des Gefängnisses und fiel zitternd vor Angst vor Paulus und Silas auf die Knie. ³⁰Dann führte er sie hinaus und fragte: »Ihr Herren, was muss ich tun, um gerettet zu werden?«

³¹Sie erwiderten: »Glaube an Jesus, den Herrn, dann wirst du gerettet, zusammen mit allen in deinem Haus.« ³²Dann verkündeten sie ihm und allen, die in seinem Haus lebten, das Wort des Herrn. ³³Noch in derselben Stunde wusch der Gefängnisvorsteher ihnen die Wunden aus, und er und alle Mitglieder seines Hauses wurden getauft. ³⁴Schließlich brachte er sie zu sich und gab ihnen zu essen. Er und alle in seinem Haus freuten sich, nachdem sie nun zum Glauben an Gott gefunden hatten. ³⁵Am nächsten Morgen schickten die obersten Beamten der Stadt Amtsdiener, um dem Gefängnisvorsteher ausrichten zu lassen: »Lass die Männer frei!« ³⁶Der Gefängnisvorsteher berichtete Paulus und sagte: »Die Amtsdiener sind gekommen, um mir zu sagen, dass ihr frei seid. Geht in Frieden.«

³⁷Aber Paulus entgegnete: »Sie haben uns ohne Prozess öffentlich auspeitschen und ins Gefängnis werfen lassen, obwohl wir römische Bürger sind, und jetzt erwarten sie, dass wir uns heimlich fortschleichen? Niemals! Sie sollen selbst kommen und uns freilassen.«

³⁸Die Amtsdiener überbrachten den Beamten diese Antwort, und diese fürchteten sich, als sie erfuhren, dass Paulus und Silas die römische Bürgerschaft besaßen. ³⁹Sie kamen ins Gefängnis und entschuldigten sich bei ihnen. Dann führten sie sie hinaus und baten sie inständig, die Stadt zu verlassen. ⁴⁰Daraufhin kehrten Paulus und Silas in Lydias Haus zurück, wo sie mit den Gläubigen zusammenkamen und sie noch einmal ermutigten, bevor sie die Stadt verließen.

Paulus predigt in Thessalonich

17 ¹Nun zogen Paulus und Silas durch die Städte in Amphipolis und Apollonia und kamen nach Thessalonich, wo es eine jüdische Synagoge gab. ²Wie gewohnt ging Paulus zur Synagogenversammlung und legte den Leuten dort an drei Sabbaten die Schrift aus. ³Ausführlich erläuterte er die Prophezeiungen über das Leiden des Christus und über seine Auferstehung von den Toten und sagte: »Dieser Jesus, von dem ich euch erzähle, ist der Christus.« ⁴Einige Zuhörer ließen sich überzeugen und bekehrten sich, darunter zahlreiche gottesfürchtige Griechen sowie viele angesehene Frauen der Stadt.

⁵Doch die einflussreichen Juden wurden neidisch. Sie gebrauchten einige üble Männer von der Straße dafür, dass sie das Volk aufhetzten und einen Aufruhr anzettelten. Sie zogen vor das Haus von Jason, um Paulus und Silas zu fassen und in die aufgebrachte Menge hinauszuzerren. ⁶Da sie die beiden nicht fanden, packten sie Jason und einige andere Gläubige und schleppten sie vor die Obersten der Stadt. »Paulus und Silas haben die ganze Welt aufgewiegelt, und jetzt bringen sie auch unsere Stadt in Aufruhr«, riefen sie. ⁷»Und Jason hat sie in sein Haus aufgenommen. Sie alle haben den Kaiser ver-

raten, denn sie fordern die Menschen auf, einem anderen König, diesem Jesus, die Treue zu halten.« [8]Als die Einwohner der Stadt und ihre Obersten das hörten, brach ein Tumult los. [9]Doch nachdem Jason und die anderen Gläubigen eine Bürgschaft hinterlegt hatten, ließen die Beamten sie frei.

Paulus und Silas in Beröa

[10]Noch in derselben Nacht schickten die Gläubigen Paulus und Silas nach Beröa. Als sie dort ankamen, gingen sie in die Synagoge. [11]Die Einwohner Beröas waren offener als die Leute in Thessalonich und hörten die Botschaft Gottes mit Interesse an. Tag für Tag forschten sie in den Schriften nach, um zu prüfen, ob Paulus und Silas tatsächlich die Wahrheit lehrten. [12]Die Folge war, dass viele Juden und viele vornehme griechische Frauen und Männer zum Glauben fanden.

[13]Als jedoch einige von den Juden aus Thessalonich erfuhren, dass Paulus nun in Beröa das Wort Gottes verkündete, kamen sie und hetzten die Leute auf. [14]Die Gläubigen schickten Paulus daraufhin rasch an die Küste. Silas und Timotheus blieben zurück. [15]Die Begleiter des Paulus reisten mit ihm bis nach Athen; dann kehrten sie nach Beröa zurück und überbrachten Silas und Timotheus die Nachricht, ihm schnell nachzukommen.

Paulus predigt in Athen

[16]Während Paulus in Athen auf sie wartete, war er erschüttert über die vielen Götzen, die er überall in der Stadt sah. [17]Er ging in die Synagoge, um mit den Juden und den gottesfürchtigen Nichtjuden zu reden, und sprach außerdem täglich auf dem Marktplatz zu allen, die sich gerade dort aufhielten.

[18]Auch mit einigen Philosophen – Epikureern und Stoikern – kam er ins Gespräch. Als er ihnen von Jesus und von der Auferstehung erzählte, meinten einige von ihnen: »Was für seltsame Ideen hat dieser Schwätzer.« Andere sagten: »Er verbreitet irgendeine fremde Religion.«

¹⁹Dann führten sie ihn auf den Areopag. »Komm und erzähle uns mehr von dieser neuen Religion«, sagten sie. ²⁰»Du sprichst von vielem, wovon wir noch nie gehört haben, und wir wollen wissen,« was es damit auf sich hat.« ²¹Die Athener und auch die Fremden, die sich in Athen aufhielten, verbrachten ihre Zeit vor allem damit, die neuesten Ideen zu hören und darüber zu reden. ²²Als Paulus nun auf dem Hügel stand, rief er: »Männer von Athen, ich habe bemerkt, dass ihr den Göttern besonders zugewandt seid, ²³denn als ich umherging, sah ich eure vielen Altäre. Einer davon trug die Inschrift: ›Dem unbekannten Gott‹. Ihr habt ihn angebetet, ohne zu wissen, wer er ist, und nun möchte ich euch von ihm erzählen.

²⁴Er ist der Gott, der die Welt und alles, was darin ist, erschuf. Weil er der Herr über Himmel und Erde ist, wohnt er nicht in Tempeln, die Menschen erbaut haben. ²⁵Er braucht keine Hilfe von Menschen. Er selbst gibt allem, was ist, Leben und Atem, und er stillt jedes Bedürfnis, das ein Mensch haben kann. ²⁶Aus einem einzigen Menschen hat er alle Völker der ganzen Welt hervorgebracht. Er hat im Voraus festgelegt, welche aufsteigen und welche stürzen sollten, und er hat ihre Grenzen festgelegt.

²⁷Von Anfang an war es sein Plan, dass die Völker Gott suchen und auf ihn aufmerksam werden sollten und ihn finden würden – denn er ist keinem von uns fern. ²⁸In ihm leben wir, regen wir uns und sind wir. Wie einer eurer eigenen Dichter gesagt hat: ›Wir sind seine Nachkommen.‹ ²⁹Deshalb sollten wir uns Gott nicht als Götzenbild vorstellen, das Kunsthandwerker aus Silber, Gold oder Stein anfertigen. ³⁰Bis jetzt hat Gott über die Unwissenheit der Menschen hinweggesehen, doch nun gebietet er den Menschen auf der ganzen Welt, sich von den Götzen abzukehren und sich ihm zuzuwenden. ³¹Denn er hat einen Tag festgesetzt, an dem er die Welt gerecht richten wird, und zwar durch den Mann, den er dazu bestimmt hat. Und er hat allen bewiesen, wer dieser Mann ist, indem er ihn von den Toten auferweckte.«

³²Als sie Paulus von der Auferstehung eines Menschen reden hörten, der tot gewesen war, lachten die einen, doch an-

dere sagten: »Wir würden gern später mehr darüber hören.«
[33]Damit verließ Paulus die Versammlung, [34]doch einige
schlossen sich ihm an und fanden zum Glauben. Unter ihnen
waren Dionysius, ein Ratsmitglied, eine Frau mit Namen Damaris und andere mehr.

Paulus begegnet Priszilla und Aquila in Korinth

18 [1]Danach verließ Paulus Athen und ging nach Korinth.
[2]Dort lernte er einen Juden mit Namen Aquila kennen,
der aus Pontus stammte und vor kurzem mit seiner Frau Priszilla aus Italien gekommen war. Man hatte sie aus Italien vertrieben, nachdem Kaiser Klaudius allen Juden befohlen hatte,
Rom zu verlassen. [3]Paulus wohnte und arbeitete bei ihnen,
denn sie waren, wie er, von Beruf Zeltmacher.

[4]Jeden Sabbat ging Paulus in die Synagoge, wo er Juden wie
Griechen für seine Botschaft gewann. [5]Nachdem Silas und Timotheus aus Mazedonien eingetroffen waren, widmete Paulus seine ganze Zeit der Aufgabe, den Juden zu predigen und
zu bezeugen: »Der Messias, auf den ihr wartet, ist Jesus.«
[6]Doch da die Juden sich ihm gegenüber ablehnend verhielten
und ihn sogar beschimpften, schüttelte Paulus den Staub von
seinem Mantel und sagte: »Euer Blut komme über euch – ich
bin unschuldig. Von jetzt an werde ich zu den Nichtjuden gehen.«

[7]Danach wohnte er bei Titius Justus, einem gottesfürchtigen
Nichtjuden, dessen Haus direkt neben der Synagoge stand.
[8]Der Synagogenvorsteher Krispus und alle in seinem Haus
glaubten an den Herrn. Auch viele andere in Korinth kamen
zum Glauben und ließen sich taufen.

[9]Eines Nachts sprach der Herr in einer Vision zu Paulus und
sagte: »Hab keine Angst. Rede weiter und schweige nicht!
[10]Denn ich bin mit dir. Niemand wird dir schaden, denn ich
habe viele Menschen hier in dieser Stadt.« [11]So blieb Paulus
eineinhalb Jahre dort und lehrte Gottes Wort.

[12]Als jedoch Gallio Statthalter von Achaja wurde, verbündeten sich einige Juden gegen Paulus und brachten ihn vor das
Gericht des Statthalters. [13]Sie warfen ihm vor, er habe die Leu-

te überredet, Gott in einer Weise zu verehren, die im Widerspruch zum Gesetz stehe. ¹⁴Doch in dem Augenblick, in dem Paulus zu seiner Verteidigungsrede ansetzen wollte, wandte Gallio sich an die Ankläger und sagte: »Hört, ihr Juden, wenn dieser Fall mit einem Vergehen oder einem ernsten Verbrechen zu tun hätte, dann wäre ich verpflichtet, euch anzuhören. ¹⁵Da es aber nur um Spitzfindigkeiten über Worte und Personen und eure jüdischen Gesetze geht, könnt ihr euch selbst darum kümmern. Ich weigere mich, über solche Angelegenheiten zu Gericht zu sitzen.« ¹⁶Und damit trieb er sie aus dem Gerichtssaal. ¹⁷Da ergriffen die Männer aus dem Volk den Synagogenvorsteher Sosthenes und verprügelten ihn im Gerichtssaal. Doch Gallio kümmerte sich nicht darum.

Paulus kehrt nach Antiochia in Syrien zurück

¹⁸Paulus blieb nach diesem Vorfall noch einige Zeit in Korinth, doch schließlich nahm er Abschied von den Gläubigen und brach zur Überfahrt nach Syrien auf. Priszilla und Aquila nahm er mit. Zuvor hatte Paulus in Kenchreä nach jüdischer Sitte seinen Kopf geschoren, weil er ein Gelübde abgelegt hatte. ¹⁹Als sie im Hafen von Ephesus ankamen, ließ Paulus die anderen zurück. Während seines Aufenthalts in der Stadt ging er in die Synagoge, um mit den Juden zu reden. ²⁰Sie baten ihn eindringlich, noch länger zu bleiben, aber er lehnte ab. ²¹Beim Abschied sagte er: »Wenn Gott es will, werde ich später zurückkommen.« Dann segelte er von Ephesus ab. ²²Die nächste Anlegestelle war der Hafen von Cäsarea. Von dort aus reiste er hinauf zur Gemeinde in Jerusalem und kehrte dann nach Antiochia zurück.

Die dritte Missionsreise

²³Nachdem er einige Zeit in Antiochia verbracht hatte, brach Paulus auf und zog durch Galatien und dann durch Phrygien. Er besuchte die Gläubigen dort, ermutigte sie und half ihnen, im Glauben zu wachsen.

Apollos wird in Ephesus unterwiesen

²⁴Inzwischen war ein Jude mit Namen Apollos aus dem ägyptischen Alexandrien in Ephesus aufgetaucht, ein äußerst redegewandter Mann, der sich gut in der Schrift auskannte. ²⁵Er war im christlichen Glauben unterwiesen worden und erzählte den Menschen mit großer Begeisterung von Jesus. Allerdings kannte er nur die Taufe des Johannes. ²⁶Als Priszilla und Aquila ihn so furchtlos in der Synagoge predigen hörten, nahmen sie ihn beiseite und erklärten ihm den Weg Gottes genauer.

²⁷Apollos hatte vorgehabt, nach Achaja zu reisen. Die Christen in Ephesus bestärkten ihn in diesem Plan. Sie schrieben einen Brief an die Gläubigen in Achaja und baten sie, ihn freundlich aufzunehmen. Dort angekommen, bewährte er sich und erwies sich als überaus hilfreich für alle, die durch Gottes Gnade zum Glauben gefunden hatten. ²⁸Er widerlegte die Juden in öffentlichen Auseinandersetzungen mit überzeugenden Argumenten. Anhand der Schrift wies er ihnen nach: »Der Messias, auf den ihr wartet, ist Jesus.«

Paulus in Ephesus

19 ¹Während Apollos sich in Korinth aufhielt, reiste Paulus durch die Gegenden im Landesinneren. Schließlich kam er nach Ephesus, wo er eine Gruppe von Gläubigen vorfand. ²»Habt ihr den Heiligen Geist empfangen, als ihr gläubig wurdet?«, fragte er sie.

»Nein«, antworteten sie, »wir wissen gar nicht, was du damit meinst. Wir haben noch nicht einmal gehört, dass es einen Heiligen Geist gibt.«

³»Worauf seid ihr denn getauft worden?«, erkundigte er sich. Und sie erwiderten: »Auf die Taufe des Johannes.«

⁴Paulus sagte: »Die Taufe des Johannes war eine Taufe der Umkehr zu Gott. Doch Johannes selbst hat die Menschen aufgefordert, an Jesus zu glauben, der, wie er sagte, nach ihm kommen würde.«

⁵Sobald sie das hörten, ließen sie sich auf den Namen von Jesus, dem Herrn, taufen. ⁶Als Paulus ihnen danach die Hän-

de auflegte, kam der Heilige Geist über sie, und sie redeten in anderen Sprachen und weissagten. [7]Es waren insgesamt zwölf Männer.

[8]Dann ging Paulus in die Synagoge. Drei Monate lang sprach er frei und offen mit Überzeugungskraft vom Reich Gottes. [9]Da einige seine Botschaft aber dennoch ablehnten und sich in aller Öffentlichkeit dagegen aussprachen, verließ Paulus die Synagoge und nahm die Gläubigen mit. Er begann öffentlich in der Schule des Tyrannus zu predigen. [10]Dort lehrte er zwei Jahre, sodass die Menschen überall in der Provinz Asien – Juden wie Griechen – die Botschaft des Herrn hören konnten.

[11]Gott verlieh Paulus die Kraft, ungewöhnliche Wunder zu bewirken. [12]Wenn man zum Beispiel Tücher oder Kleidungsstücke, die seine Haut berührt hatten, Kranken auflegte, wurden sie gesund, und wenn sie von bösen Geistern besessen waren, fuhren diese aus ihnen aus.

[13]Einige Juden, die von Ort zu Ort zogen und böse Geister austrieben, versuchten ebenfalls, den Namen von Jesus, dem Herrn, für sich einzusetzen. Sie gebrauchten dabei die Formel: »Ich gebiete dir durch Jesus, den Paulus predigt: Fahre aus!« [14]Sieben Söhne des Hohen Priesters Skevas gingen so vor. [15]Doch als sie es bei einem Mann versuchten, der auch von einem bösen Geist besessen war, erwiderte der Geist: »Ich kenne Jesus und ich kenne Paulus. Aber wer seid ihr?« [16]Und der Besessene stürzte sich auf sie und attackierte sie mit solcher Heftigkeit, dass sie nackt und verletzt aus dem Haus flohen.

[17]Diese Geschichte verbreitete sich schnell in Ephesus unter Juden und Griechen. Ehrfurcht erfasste die Stadt, und der Name von Jesus, dem Herrn, wurde sehr geehrt. [18]Viele Menschen fanden zum Glauben und bekannten ihre Sünden. [19]Eine ganze Reihe unter ihnen, die Zauberei getrieben hatten, brachten ihre Bücher mit Zaubersprüchen und verbrannten sie. Der Wert der Bücher belief sich auf fünfzigtausend Silberstücke. [20]So fand die Botschaft des Herrn weite Verbreitung und zeigte eindrucksvolle Auswirkungen.

Der Aufruhr in Ephesus

[21]Nach einiger Zeit fühlte Paulus sich vom Heiligen Geist gedrängt, nach Mazedonien und Achaja zu gehen, bevor er nach Jerusalem zurückkehrte. »Und danach«, sagte er, »muss ich Rom sehen!« [22]Er schickte seine Gehilfen Timotheus und Erastus voraus nach Mazedonien, während er selbst noch eine Weile in der Provinz Asien blieb.

[23]Doch etwa um diese Zeit kam es in Ephesus zu heftigen Ausschreitungen über den neuen Glauben. [24]Den Anstoß gab der Silberschmied Demetrius, der eine große Werkstatt für Silberstatuen der griechischen Göttin Artemis besaß und viele Kunsthandwerker beschäftigte. [25]Er rief die Handwerker und einige andere, die diesem Gewerbe angehörten, zusammen und erklärte:

»Männer, ihr wisst alle, dass unser Wohlstand auf diesem Geschäft beruht. [26]Wie ihr gesehen und gehört habt, hat dieser Paulus vielen Leuten eingeredet, dass handgefertigte Götter gar keine Götter sind. Und das geschah nicht nur hier in Ephesus, sondern überall in der ganzen Provinz! [27]Natürlich spreche ich hier nicht nur von dem Verlust an Ansehen für unser Geschäft. Ich befürchte auch, dass der Tempel der großen Göttin Artemis an Einfluss verlieren könnte und dass Artemis selbst – die herrliche Göttin, die überall in der Provinz Asien und in der ganzen Welt verehrt wird –, ihr Ansehen einbüßen könnte!«

[28]Bei diesen Worten gerieten die Leute in Zorn und fingen an zu schreien: »Groß ist die Artemis der Epheser!« [29]Es kam zu einem Menschenauflauf, und bald war die ganze Stadt in Aufruhr. Sie rannten zum Amphitheater und ergriffen Gajus und Aristarch, die Reisebegleiter von Paulus aus Mazedonien. [30]Paulus wollte auch hingehen, doch die Gläubigen ließen es nicht zu. [31]Einige Provinzbeamte, die mit Paulus befreundet waren, schickten ihm eine Nachricht und baten ihn, nicht im Amphitheater zu erscheinen.

[32]Dort schrien alle durcheinander, der eine dies, der andere das. Es herrschte große Verwirrung. Ja, die meisten wussten nicht einmal, warum sie eigentlich dort waren. [33]Einige Juden

stießen Alexander nach vorn und forderten ihn auf, die Lage
zu erklären. Er bat mit Gesten um Ruhe und setzte zu einer
Verteidigungsrede an. ³⁴Doch als die Menge merkte, dass er
Jude war, brach das Geschrei erneut los, und diesmal dauerte
es zwei Stunden: »Groß ist die Artemis der Epheser! Groß ist
die Artemis der Epheser!«

³⁵Schließlich gelang es dem Stadtschreiber, die Menge so
weit zu beschwichtigen, dass er zu ihnen sprechen konnte.
»Bürger von Ephesus«, sagte er. »Jeder weiß, dass Ephesus
die offizielle Hüterin des Tempels der großen Artemis ist, deren Bildnis vom Himmel zu uns herabfiel. ³⁶Da diese Tatsache
unbestreitbar feststeht, braucht ihr euch nicht zu beunruhigen. Tut nichts Unbedachtes. ³⁷Ihr habt diese Männer hergebracht, doch sie haben nichts aus dem Tempel gestohlen
und nichts gegen unsere Göttin gesagt. ³⁸Wenn Demetrius
und die Handwerker ihnen etwas vorzuwerfen haben, dann
wird der Gerichtshof tagen, und die Richter können den Fall
entscheiden. Sie sollen den gerichtlichen Weg beschreiten.
³⁹Und wenn andere Beschwerden vorliegen, lassen sie sich in
einer ordentlichen Versammlung klären. ⁴⁰Denn wir laufen
Gefahr, von der römischen Regierung eines Aufstands beschuldigt zu werden, da es keinen Grund für dieses Durcheinander gibt. Und wenn eine Erklärung von uns verlangt
wird, wissen wir nicht, was wir sagen sollen.« Damit entließ
er sie, und sie zerstreuten sich.

Paulus reist nach Mazedonien und Griechenland

20 ¹Als alles vorüber war, rief Paulus die Gläubigen zusammen und sprach ihnen Mut zu. Dann nahm er Abschied und brach nach Mazedonien auf. ²Unterwegs stärkte
er die Gläubigen in allen Orten, die auf seinem Weg lagen.
Dann reiste er weiter nach Griechenland, ³wo er drei Monate
blieb. Er war eben im Begriff, nach Syrien abzusegeln, als er
erfuhr, dass die Juden planten, ihn umzubringen. Daraufhin
beschloss er, über Mazedonien zurückzukehren.

⁴Mehrere Männer begleiteten ihn: Sopater, der Sohn des Pyr-
rhus, aus Beröa, von den Thessalonichern Aristarch und Se-

kundus, Gajus aus Derbe, Timotheus sowie Tychikus und Trophimus, die aus der Provinz Asien stammten. [5]Sie reisten voraus und warteten in Troas auf uns. [6]Sobald die Passahzeit vorüber war, gingen wir in Philippi an Bord eines Schiffs nach Troas. Dort trafen wir fünf Tage später ein und blieben eine Woche.

Der letzte Besuch von Paulus in Troas

[7]Am ersten Tag der Woche versammelten wir uns, um das Abendmahl zu feiern. Paulus predigte. Da er am nächsten Tag abreisen wollte, sprach er bis Mitternacht. [8]Der Raum im oberen Stockwerk, in dem wir uns versammelt hatten, war von vielen Lampen erleuchtet. [9]Paulus sprach sehr lang. Ein junger Mann mit Namen Eutychus, der auf der Fensterbank saß, wurde immer müder. Schließlich schlief er fest ein, verlor das Gleichgewicht und stürzte drei Stockwerke tief. Als man ihn aufhob, war er tot. [10]Paulus lief hinunter, beugte sich über ihn und nahm ihn in die Arme. »Habt keine Angst«, sagte er, »er lebt!« [11]Dann gingen sie alle wieder hinauf und nahmen gemeinsam das Abendmahl. Paulus sprach weiter bis zur Morgendämmerung; dann brach er auf. [12]Inzwischen war der junge Mann nach Hause gebracht worden. Er lebte, und alle waren darüber sehr getröstet.

Paulus trifft die Ältesten aus Ephesus

[13]Paulus wanderte auf dem Landweg nach Assos, wo er wieder zu uns stoßen wollte, und wir fuhren mit dem Schiff voraus. [14]In Assos schloss er sich uns wieder an, und wir segelten zusammen nach Mitylene. [15]Am nächsten Tag kamen wir an der Insel Chios vorbei. Am folgenden Tag steuerten wir auf die Insel Samos zu und erreichten einen Tag später Milet.

[16]Paulus hatte sich entschieden, diesmal nicht in Ephesus Halt zu machen, weil er nicht noch mehr Zeit in der Provinz Asien verbringen wollte. Er hatte es eilig, denn er wollte Jerusalem möglichst noch rechtzeitig zum Pfingstfest erreichen. [17]Als wir in Milet anlegten, schickte er jedoch einen Boten zu

den Ältesten der Gemeinde in Ephesus und bat sie, zu ihm zu kommen.

[18]Als sie da waren, sagte er: »Ihr wisst, dass ich seit dem Tag, als ich die Provinz Asien betrat, bis heute [19]in aller Bescheidenheit und sogar mit Tränen den Auftrag des Herrn erfüllt habe. Ich habe die Belastungen ertragen, die mir die Anschläge der Juden zugefügt haben. [20]Trotzdem habe ich euch immer die Wahrheit gelehrt, sei es in der Öffentlichkeit oder bei euch zu Hause. [21]Ich habe immer nur eine einzige Botschaft für Juden wie für Griechen gehabt: dass die Menschen sich unbedingt von der Sünde abwenden und zu Gott umkehren müssen und dass sie glauben an Jesus Christus, unseren Herrn.

[22]Nun gehe ich nach Jerusalem, unwiderstehlich gezogen vom Heiligen Geist, ohne genau zu wissen, was mich dort erwartet, [23]obwohl der Heilige Geist mir in jeder Stadt gesagt hat, dass mich Gefangenschaft und Leid erwarten. [24]Doch mein Leben ist mir nicht der Rede wert, es sei denn, ich nutze es, um das zu tun, was der Herr Jesus mir aufgetragen hat – das Werk, anderen die Botschaft von Gottes Gnade zu bringen.

[25]Ich weiß, dass keiner von euch, denen ich das Reich Gottes verkündet habe, mich je wieder sehen wird. [26]Ich kann euch offen sagen, dass ich meine Aufgabe treu erfüllt habe. Niemand kann es mir zur Last legen, wenn er verloren geht, [27]denn ich habe mich nicht gescheut, euch den Plan, den Gott mit euch verfolgt, zu erklären.

[28]Und nun seht euch vor! Achtet darauf, die Herde Gottes – seine Gemeinde, die er durch das Blut seines eigenen Sohnes erkauft hat –, zu hüten und zu betreuen, über die der Heilige Geist euch als Älteste eingesetzt hat. [29]Ich weiß genau, dass sich nach meinem Weggang falsche Lehrer wie böse Wölfe unter euch mischen und die Herde nicht verschonen werden. [30]Ja, selbst einige von euch werden die Wahrheit verdrehen, um eine eigene Anhängerschaft an sich zu binden. [31]Seid wachsam! Denkt an die drei Jahre, die ich bei euch gewesen

bin – wie ich Tag und Nacht über euch gewacht und mich unter Tränen um euch gesorgt habe.

³²Und nun vertraue ich euch Gott und dem Wort seiner Gnade an – seiner Botschaft, die euch ermutigen und euch ein Erbe geben kann gemeinsam mit allen, die er für sich ausgesondert hat.

³³Nie habe ich von jemandem Geld oder Kleider verlangt. ³⁴Ihr wisst, dass ich mit meinen eigenen Händen gearbeitet habe, um mir meinen Lebensunterhalt zu verdienen und auch meine Begleiter zu versorgen. ³⁵Stets war ich euch ein Vorbild, wie ihr durch harte Arbeit den Armen helfen könnt. Behaltet die Worte von Jesus, dem Herrn, in Erinnerung: ›Es liegt mehr Glück im Geben als im Nehmen.‹«

³⁶Als er zu Ende geredet hatte, kniete er nieder und betete mit ihnen. ³⁷Sie weinten laut, als sie ihn zum Abschied umarmten und küssten; ³⁸am meisten aber waren sie darüber traurig, dass er gesagt hatte, sie würden ihn nicht wieder sehen. Dann begleiteten sie ihn zum Schiff hinunter.

Paulus reist nach Jerusalem

21 ¹Nachdem wir uns von den Ältesten aus Ephesus verabschiedet hatten, segelten wir direkt zur Insel Kos. Am nächsten Tag erreichten wir Rhodos und fuhren weiter nach Patara. ²Dort gingen wir an Bord eines Schiffs, das zur syrischen Provinz Phönizien segelte. ³Wir sichteten die Insel Zypern, die wir links liegen ließen, und legten im Hafen von Tyrus in Syrien an, wo das Schiff entladen werden sollte. ⁴Wir suchten die Gläubigen in der Stadt auf und blieben eine Woche bei ihnen. Diese warnten Paulus durch den Heiligen Geist davor, nach Jerusalem zu reisen. ⁵Als wir am Ende der Woche zum Schiff zurückkehrten, begleitete uns die ganze Gemeinde einschließlich der Frauen und Kinder zum Strand. Dort knieten wir nieder, beteten ⁶und verabschiedeten uns. Dann gingen wir an Bord, und sie kehrten nach Hause zurück.

⁷Der nächste Halt nach Tyrus war Ptolemaïs. Wir begrüßten die dortigen Gläubigen, blieben aber nur einen Tag. ⁸Dann

reisten wir weiter nach Cäsarea und wohnten im Haus des Evangelisten Philippus, einer der sieben Männer, die gewählt worden waren, die Essensausgabe zu überwachen. [9]Philippus hatte vier unverheiratete Töchter, die alle die Gabe der Prophetie besaßen.

[10]Während unseres mehrtägigen Aufenthalts traf ein Prophet mit Namen Agabus aus Judäa ein. [11]Als er uns besuchte, nahm er den Gürtel des Paulus und fesselte sich damit an Händen und Füßen. Dann sagte er: »Der Heilige Geist erklärt: ›So wird der Besitzer dieses Gürtels von den führenden Männern der jüdischen Gemeinde in Jerusalem gefesselt und den fremden Völkern ausgeliefert werden.‹« [12]Als wir, die wir mit ihm reisten, und die Gläubigen am Ort das hörten, baten wir Paulus inständig, nicht nach Jerusalem zu gehen.

[13]Doch er sagte: »Was soll das Weinen? Ihr zerreißt mir das Herz! Ich bin nicht nur bereit, mich in Jerusalem verhaften zu lassen, sondern auch für Jesus, den Herrn, zu sterben.«

[14]Als uns klar war, dass wir ihn nicht überreden konnten, gaben wir nach und sagten: »Der Wille des Herrn geschehe.«

Paulus in Jerusalem

[15]Kurz danach machten wir uns zur Weiterreise bereit und brachen nach Jerusalem auf. [16]Einige Gläubige aus Cäsarea begleiteten uns und brachten uns zum Haus von Mnason, einem Mann, der aus Zypern stammte und einer der ersten Gläubigen war. [17]Die Gemeinde in Jerusalem begrüßte uns herzlich.

[18]Am nächsten Tag kam Paulus mit uns zu Jakobus, und alle Ältesten der Jerusalemer Gemeinde wurden herbeigeholt. [19]Nachdem Paulus sie begrüßt hatte, erstattete er einen ausführlichen Bericht über alles, was Gott durch sein Wirken unter den Nichtjuden vollbracht hatte.

[20]Als sie das gehört hatten, lobten sie Gott. Dann aber sagten sie: »Du weißt, lieber Bruder, wie viele Tausend der Juden gläubig geworden sind, und sie alle nehmen das Gesetz Moses sehr ernst. [21]Unseren jüdischen Christen hier in Jerusalem hat man erzählt, ihr würdet die Juden, die außerhalb Israels

leben, lehren, sich von den Gesetzen Moses abzuwenden. Sie behaupten, dass die Leute aufgrund eurer Lehre ihre Kinder nicht mehr beschneiden und auch andere jüdische Bräuche nicht mehr halten. ²²Was ist da zu tun? Denn sie werden ganz sicher erfahren, dass du gekommen bist.

²³Deshalb ist dies unser Vorschlag: Wir haben hier vier Männer, die ein Gelübde abgelegt haben und sich den Kopf scheren lassen werden. ²⁴Geh mit ihnen zum Tempel, schließe dich ihrer Reinigungszeremonie an und bezahle, was nötig ist, damit sie sich scheren lassen können. Dann werden alle wissen, dass sämtliche Gerüchte falsch sind und du selbst die jüdischen Gesetze hältst.

²⁵Was die nichtjüdischen Gläubigen betrifft, so verlangen wir von ihnen nur, was wir ihnen bereits in einem Brief mitgeteilt haben: Sie sollen nichts essen, was Götzen geopfert wurde, sollen weder Blut noch Fleisch von nicht ausgebluteten Tieren verzehren und sich von aller Unzucht fernhalten.«

Paulus wird verhaftet

²⁶Paulus war mit ihrer Bitte einverstanden, unterzog sich am folgenden Tag mit den vier Männern der Reinigungszeremonie und ging zum Tempel. Dann gab er öffentlich das Datum bekannt, wann ihre Gelübde enden und für jeden von ihnen Opfer dargebracht werden würden.

²⁷Die sieben Tage waren fast vorüber, als einige Juden aus der Provinz Asien Paulus im Tempel sahen und einen Aufruhr gegen ihn anzettelten. Sie packten ihn ²⁸und schrien: »Männer Israels! Helft uns! Das ist der Mann, der sich in seiner Lehre gegen unser Volk wendet und es dazu verführt, die jüdischen Gesetze zu missachten. Er ist nach seinen eigenen Aussagen gegen den Tempel – ja er entweiht ihn sogar, indem er Nichtjuden hereinbringt!« ²⁹Früher an jenem Tag hatten sie ihn nämlich mit dem Griechen Trophimus aus Ephesus in der Stadt gesehen und angenommen, Paulus habe ihn in den Tempel mitgebracht.

³⁰Durch diese Anschuldigungen geriet die gesamte Bevölkerung der Stadt in Aufruhr, und es kam zu einem Tumult. Sie

zerrten Paulus aus dem Tempel und schlossen hinter ihm sofort die Tore. [31]Während sie versuchten, ihn zu töten, erfuhr der Oberste der römischen Garnison, dass ganz Jerusalem in Aufregung war. [32]Sofort ließ er seine Soldaten und Offiziere antreten und ging rasch hinaus, mitten unter die Menge. Als das Volk den Befehlshaber und die Soldaten kommen sah, hörten sie auf, Paulus zu prügeln. [33]Der Befehlshaber verhaftete ihn und ließ ihn mit zwei Ketten fesseln. Dann fragte er die Menge, wer dieser Mann sei und was er getan habe. [34]Die einen riefen dies, die anderen jenes. In dem Geschrei und Durcheinander konnte er die Wahrheit nicht herausfinden, also befahl er, Paulus in die Festung zu bringen. [35]Als sie die Treppe erreichten, wurde die Menge so gewalttätig, dass die Soldaten Paulus auf ihre Schultern heben mussten, um ihn zu schützen. [36]Die Menge drängte hinterher und schrie: »Weg mit ihm, weg mit ihm!«

Paulus spricht zu der Menge

[37]Als sie Paulus hineinführen wollten, fragte er den Befehlshaber: »Ist es mir erlaubt, mit dir zu sprechen?«

Der Kommandant wunderte sich: »Du verstehst Griechisch? [38]Bist du denn nicht der Ägypter, der vor einiger Zeit einen Aufstand anzettelte und viertausend Mitglieder jener fanatischen Partei in die Wüste führte?«

[39]Paulus erwiderte: »Nein, ich bin ein Jude aus der bedeutenden Stadt Tarsus in Zilizien. Bitte, lass mich zu diesen Leuten sprechen.« [40]Der Befehlshaber stimmte zu, und so stellte sich Paulus auf die Treppe und bat mit Gesten um Ruhe. Bald herrschte tiefes Schweigen in der Menge. Dann sprach er die Menschen in ihrer Muttersprache Hebräisch an.

22 [1]»Brüder und verehrte Väter«, sagte Paulus, »hört, was ich zu meiner Verteidigung zu sagen habe.« [2]Als sie ihn in ihrer eigenen Sprache reden hörten, wurde es noch stiller. Er fuhr fort: [3]»Ich bin ein Jude. Ich wurde in der Stadt Tarsus in Zilizien geboren und wuchs hier in Jerusalem auf. Ich bin bei Gamaliel in die Schule gegangen. Zu seinen Füßen lernte ich, unsere jüdischen Gesetze und Bräuche genau zu befolgen. Ich entwickelte großen Eifer darin, Gott zu ehren, genauso wie ihr alle es heute tut. ⁴Und ich verfolgte die Anhänger des neuen Glaubens bis in den Tod. Männer und Frauen verhaftete ich und brachte sie ins Gefängnis. ⁵Der Hohe Priester und der gesamte Hohe Rat können dies bezeugen. Denn sie gaben mir Briefe an unsere jüdischen Brüder in Damaskus, die mir die Vollmacht verliehen, die dortigen Gläubigen in Ketten nach Jerusalem abzuführen, damit sie bestraft würden.

⁶Auf dem Weg dorthin – ich war bereits in der Nähe von Damaskus – umstrahlte mich um die Mittagszeit plötzlich vom Himmel ein blendend helles Licht. ⁷Ich stürzte zu Boden und hörte eine Stimme zu mir sprechen: ›Saul, Saul, warum verfolgst du mich?‹

⁸›Herr, wer bist du?‹, fragte ich. Und er antwortete: ›Ich bin Jesus von Nazareth, den du verfolgst.‹ ⁹Meine Begleiter sahen das Licht auch, aber sie hörten die Stimme nicht.

¹⁰Ich sagte: ›Was soll ich tun, Herr?‹ Und der Herr erwiderte: ›Steh auf und geh nach Damaskus; dort wird dir gesagt werden, was du tun sollst.‹

¹¹Durch das helle Licht war ich erblindet, sodass meine Begleiter mich an der Hand nach Damaskus hineinführen mussten. ¹²Dort lebte ein Mann mit Namen Hananias, ein frommer Jude, der sich an das Gesetz hielt und unter seinen Glaubensbrüdern in Damaskus hohes Ansehen genoss. ¹³Er kam zu mir, stellte sich neben mich und sagte: ›Bruder Saul, du sollst wieder sehen können!‹ Und noch in derselben Stunde konnte ich ihn sehen!

¹⁴Dann sagte er zu mir: ›Der Gott unserer Vorfahren hat dich erwählt, seinen Willen zu erfahren und den Gerechten zu sehen und ihn sprechen zu hören. ¹⁵Du sollst seine Botschaft in die ganze Welt tragen und allen Menschen sagen, was du gesehen und gehört hast. ¹⁶Was zögerst du noch? Steh auf und lass dich taufen. Rufe den Namen des Herrn an und lass deine Sünden abwaschen.‹

¹⁷Eines Tages, nachdem ich nach Jerusalem zurückgekehrt

war, betete ich gerade im Tempel, als ich in Verzückung fiel.
[18]In einer Vision sah ich Jesus, der zu mir sagte: ›Schnell! Verlasse Jerusalem, denn die Menschen hier werden dir nicht glauben, was du von mir sagst.‹

[19]›Aber Herr‹, wandte ich ein, ›sie wissen ganz bestimmt, dass ich alle, die an dich glaubten, in den Synagogen verhaften und auspeitschen ließ. [20]Und als dein Zeuge Stephanus getötet wurde, stand ich daneben und gab meine Zustimmung. Ich verwahrte die Mäntel, die sie ablegten, als sie ihn steinigten.‹

[21]Doch der Herr sagte zu mir: ›Verlasse Jerusalem, denn ich werde dich weit fort zu den anderen Völkern senden!‹«

[22]Bis dahin hatte die Menge zugehört, doch jetzt riefen sie wie aus einem Mund: »Fort mit einem solchen Mann! Bringt ihn um! Er verdient es nicht, weiterzuleben!« [23]Sie schrien, zogen ihre Mäntel aus und warfen Staub in die Luft.

Paulus offenbart sein römisches Bürgerrecht

[24]Der Befehlshaber führte Paulus hinein und befahl, ihn auszupeitschen, um ihn zu einem Geständnis seines Verbrechens zu zwingen. Er wollte herausfinden, was die Menge so in Wut versetzt hatte. [25]Als sie Paulus festbanden, um ihn auszupeitschen, sagte dieser zu dem Offizier, der neben ihm stand: »Ist es etwa rechtens, einen römischen Bürger auszupeitschen, und das ohne Gerichtsverhandlung?«

[26]Da ging der Offizier zum Befehlshaber und fragte: »Was tust du da? Dieser Mann ist ein römischer Bürger!«

[27]Daraufhin ging der Kommandant hinüber und fragte Paulus: »Sag mir, bist du ein römischer Bürger?«

Der erwiderte: »Ja, das bin ich.«

[28]»Ich habe viel Geld dafür bezahlt, das Bürgerrecht zu erwerben«, sagte der Kommandant. Und Paulus sprach: »Ich aber bin Bürger Roms durch Geburt!«

[29]Die Soldaten, die Paulus verhören wollten, zogen sich schnell zurück, als sie hörten, dass er das römische Bürgerrecht besaß, und der Befehlshaber bekam es mit der Angst zu tun, weil er ihn hatte fesseln lassen.

Paulus vor dem Hohen Rat

³⁰Am nächsten Tag ließ der Kommandant Paulus die Ketten abnehmen und ordnete eine Versammlung der obersten Priester und des jüdischen Hohen Rats an. Er ließ ihnen Paulus vorführen, um herauszufinden, wie der ganze Aufruhr entstanden war.

23 ¹Paulus sah den Hohen Rat mit festem Blick an und begann zu sprechen: »Brüder, ich habe immer mit gutem Gewissen vor Gott gelebt!«

²Sofort befahl der Hohe Priester Hananias denen, die neben Paulus standen, ihn auf den Mund zu schlagen. ³Doch Paulus erwiderte: »Gott wird dich schlagen, du getünchte Wand! Was für ein Richter bist du denn, wenn du selbst das Gesetz brichst, indem du mich schlagen lässt?«

⁴Die, die neben Paulus standen, sagten zu ihm: »Ist das die Art, wie man mit einem Hohen Priester spricht?«

⁵»Es tut mir leid, Brüder. Ich wusste nicht, dass er der Hohe Priester ist«, entgegnete Paulus, »denn in der Schrift heißt es: ›Eine führende Persönlichkeit deines Volkes sollst du nicht beschimpfen.‹«

⁶Paulus wusste, dass einige Mitglieder des Hohen Rats Sadduzäer und andere Pharisäer waren, deshalb rief er: »Brüder, ich bin ein Pharisäer, wie schon alle meine Vorfahren es waren! Und ich stehe unter Anklage, weil ich auf die Auferstehung der Toten hoffe!«

⁷Daraufhin entstand im Rat Streit zwischen Pharisäern und Sadduzäern. ⁸Denn die Sadduzäer behaupten, dass es weder eine Auferstehung noch Engel oder Geister gibt, während die Pharisäer an all das glauben. ⁹Und so kam es zu einem lauten Wortgefecht. Einige Schriftgelehrte, die Pharisäer waren, sprangen auf und verkündeten, dass Paulus recht habe. »Wir können nichts Unrechtes an ihm finden«, riefen sie. »Vielleicht hat ja ein Geist oder ein Engel zu ihm gesprochen.«

¹⁰Das Geschrei wurde immer lauter, und die Männer packten Paulus von beiden Seiten und zerrten ihn hin und her. Als der römische Befehlshaber schließlich befürchtete, sie könnten

Paulus in Stücke reißen, befahl er seinen Soldaten, ihn heraus-
zuholen und in die Festung zurückzubringen.

[11]In dieser Nacht erschien der Herr Paulus und sagte zu ihm:
»Sei zuversichtlich, Paulus. Genauso, wie du den Menschen
hier in Jerusalem von mir erzählt hast, musst du meine Botschaft auch in Rom predigen.«

Der Mordplan gegen Paulus

[12]Am nächsten Morgen traf sich eine Gruppe Juden. Sie ver-
pflichteten sich mit einem Eid, weder zu essen noch zu trinken, bis sie Paulus getötet hätten. [13]Es waren über vierzig
Männer, die das beschlossen hatten. [14]Sie gingen zu den obersten Priestern und den anderen führenden Männer des jüdischen Volkes und sagten:»Wir haben uns unter Eid verpflichtet, weder zu essen noch zu trinken, bis wir Paulus getötet
haben. [15]Ihr und der Hohe Rat solltet den römischen Kom-
mandanten bitten, Paulus noch einmal dem Rat vorzuführen«, schlugen sie vor. »Tut so, als wolltet ihr den Fall noch
genauer untersuchen. Unterwegs werden wir ihn dann töten.«

[16]Doch der Neffe von Paulus erfuhr von ihrem Plan. Er ging
zur Festung und unterrichtete Paulus darüber. [17]Paulus rief
einen der Offiziere zu sich und sagte: »Führt diesen jungen
Mann zum Befehlshaber. Er hat ihm etwas Wichtiges zu mel-
den.«

[18]Das tat der Offizier und erklärte: »Der Gefangene Paulus
rief mich und bat mich, diesen jungen Mann zu dir zu bringen, weil er dir etwas zu berichten hat.«

[19]Der Befehlshaber nahm ihn am Arm, führte ihn zur Seite
und fragte: »Was hast du mir also zu sagen?«

[20]Er erklärte ihm: »Einige Juden werden dich bitten, Paulus
morgen noch einmal dem jüdischen Hohen Rat vorzuführen,
und zwar unter dem Vorwand, genauere Aussagen von ihm
erhalten zu wollen. [21]Doch das darfst du auf keinen Fall zulassen! Mehr als vierzig Männer werden ihm auflauern, um
ihn zu töten. Sie haben geschworen, nichts zu essen oder zu
trinken, bis sie ihn getötet haben. Sie stehen bereit und rechnen damit, dass du ihnen ihre Bitte gewährst.«

²²»Lass niemanden wissen, dass du mir das gesagt hast«, warnte der Befehlshaber den jungen Mann und entließ ihn.

Paulus wird nach Cäsarea gebracht

²³Dann rief er zwei seiner Offiziere und ordnete an: »Haltet zweihundert Soldaten bereit, heute Abend um neun Uhr nach Cäsarea aufzubrechen. Außerdem sollt ihr zweihundert Leichtbewaffnete und siebzig Reiter mitnehmen. ²⁴Stellt Reitpferde für Paulus zur Verfügung und bringt ihn sicher zum Statthalter Felix.« ²⁵Dann schrieb er folgenden Brief an den Statthalter:

²⁶»Von Klaudius Lysias an Seine Exzellenz, den Statthalter Felix. Sei gegrüßt! ²⁷Dieser Mann fiel einigen Juden in die Hände, und sie waren im Begriff, ihn zu töten, als ich mit den Truppen hinzukam. Als ich erfuhr, dass er ein römischer Bürger ist, brachte ich ihn in Sicherheit. ²⁸Dann führte ich ihn dem jüdischen Hohen Rat vor, um herauszufinden, was er getan hatte. ²⁹Ich erfuhr, dass es um irgendeine Frage ihres religiösen Gesetzes ging – nichts, was die Todesstrafe oder auch nur eine Verhaftung gerechtfertigt hätte. ³⁰Als ich nun von einem geplanten Mordanschlag gegen ihn erfuhr, schickte ich ihn sofort zu dir und habe auch seinen Anklägern gesagt, sie sollen mit ihren Anschuldigungen zu dir kommen.«

³¹Noch in derselben Nacht brachten die Soldaten, wie es ihnen befohlen worden war, Paulus bis Antipatris. ³²Am nächsten Morgen kehrten sie in die Festung zurück, während die Reiter ihn nach Cäsarea brachten. ³³Als sie dort ankamen, führten sie Paulus dem Statthalter Felix vor und übergaben diesem den Brief. ³⁴Er las ihn und fragte Paulus dann, aus welcher Provinz er stamme. »Aus Zilizien«, antwortete Paulus.

³⁵»Ich werde mir deinen Fall selbst vornehmen, wenn deine Ankläger eintreffen«, teilte der Statthalter ihm mit. Dann befahl er, Paulus bis dahin im Gefängnis in Gewahrsam zu nehmen, das sich im ehemaligen Palast des Herodes befand.

Paulus wird Felix vorgeführt

24

¹Fünf Tage später traf der Hohe Priester Hananias mit einigen führenden Männern der Juden und dem Anwalt Tertullus ein, um gegen Paulus Anklage zu erheben. ²Als Paulus hereingerufen wurde, erhob Tertullus in folgender Rede vor dem Statthalter Anklage gegen ihn:

»Sehr verehrter Felix, du hast uns Juden Frieden verschafft und für uns Reformen durchgeführt. ³Für all das sind wir dir sehr dankbar. ⁴Doch um dich nicht zu langweilen, bitte ich nur einen Augenblick um deine freundliche Aufmerksamkeit, um dir kurz unser Anliegen gegen diesen Mann darzulegen. ⁵Denn wir haben festgestellt, dass er ein Unruhestifter ist, der überall in der Welt die Juden zu Aufständen und zur Rebellion gegen die römische Regierung aufhetzt. Er ist einer der Anführer der Sekte der Nazarener. ⁶Als wir ihn verhafteten, war er soeben im Begriff, den Tempel zu entweihen. ⁸Die Wahrheit unserer Anklagen kannst du überprüfen, indem du ihn selbst verhörst.« ⁹An dieser Stelle pflichteten die anderen Juden ihm bei und erklärten, alles, was Tertullus behauptet hatte, sei wahr.

¹⁰Der Statthalter bedeutete Paulus, aufzustehen und zu sprechen. Paulus sagte: »Ich weiß, Herr, dass du schon seit Jahren Richter für jüdische Angelegenheiten bist, und das gibt mir Sicherheit, wenn ich nun meine Verteidigung vorbringe. ¹¹Du kannst ohne Weiteres feststellen, dass es höchstens zwölf Tage her ist, seit ich nach Jerusalem gekommen bin, um im Tempel zu Gott zu beten. ¹²Ich stritt mit niemandem im Tempel, noch habe ich in irgendeiner Synagoge oder auf den Straßen der Stadt einen Aufruhr angezettelt. ¹³Diese Männer können mit Sicherheit nicht beweisen, was sie gegen mich vorbringen.

¹⁴Ich gebe allerdings zu, dass ich dem neuen Glauben folge, den sie als Sekte bezeichnen. Ich bete daher den Gott unserer Vorfahren an, indem ich an alles glaube, was im jüdischen Gesetz und in den prophetischen Büchern steht. ¹⁵Genau wie diese Männer hoffe ich im Vertrauen auf Gott darauf, dass er sowohl die Gerechten als auch die Ungerechten auferwecken

wird. ¹⁶Aus diesem Grund versuche ich immer, mir vor Gott und den Menschen ein reines Gewissen zu bewahren.

¹⁷Nachdem ich mehrere Jahre fort war, kehrte ich nach Jerusalem zurück, um meinem Volk Geld zur Unterstützung zu bringen und Gott zu opfern. ¹⁸Meine Ankläger sahen mich im Tempel, als ich gerade eine Reinigungszeremonie erfüllte. Ich hatte keine Menschenmenge um mich versammelt, und es kam auch nicht zu einem Aufstand. ¹⁹Aber es waren einige Juden aus der Provinz Asien dort – diese Leute sollten jetzt eigentlich hier sein, um Anklage zu erheben, wenn sie mir denn etwas vorzuwerfen haben! ²⁰Frag doch diese Männer hier, welches Unrecht der jüdische Hohe Rat mir nachgewiesen hat, ²¹abgesehen von meinem Ausruf: ›Ich stehe heute hier vor Gericht, weil ich an die Auferstehung von den Toten glaube!‹«

²²Felix, der mit der neuen Glaubenslehre recht gut vertraut war, vertagte die Anhörung und sagte: »Wartet, bis Lysias, der Befehlshaber des Regiments, eintrifft. Dann werde ich den Fall entscheiden.« ²³Er gab einem Offizier Anweisung, Paulus zwar in Gewahrsam zu halten, ihm aber Freiheiten einzuräumen. So durfte er Besuch von seinen Freunden haben, die für seine Bedürfnisse sorgten.

²⁴Ein paar Tage später kam Felix mit seiner Frau Drusilla, die Jüdin war. Sie ließen Paulus holen und hörten zu, während er ihnen vom Glauben an Christus Jesus erzählte. ²⁵Doch als er mit ihnen über Gerechtigkeit und Enthaltsamkeit und das kommende Gericht sprach, bekam Felix es mit der Angst zu tun. »Für den Augenblick kannst du gehen«, entgegnete er. »Zu einem passenderen Zeitpunkt werde ich dich dann wieder holen lassen.« ²⁶Außerdem hoffte er, dass Paulus ihm ein Bestechungsgeld anbieten würde; deshalb ließ er ihn öfter holen und unterhielt sich mit ihm.

²⁷Auf diese Weise vergingen zwei Jahre; dann wurde Porzius Festus Nachfolger von Felix. Und weil Felix sich bei den Juden beliebt machen wollte, ließ er Paulus nicht frei, sondern hielt ihn weiter im Gefängnis in Haft.

Paulus wird Festus vorgeführt

25 [1]Drei Tage, nachdem Festus in Cäsarea angekommen war, um sein neues Amt anzutreten, reiste er nach Jerusalem. [2]Dort trafen die obersten Priester und andere führende Männer des jüdischen Volkes mit ihm zusammen und trugen ihre Anschuldigungen gegen Paulus vor. [3]Sie baten Festus um die Gefälligkeit, Paulus nach Jerusalem zu überstellen, denn sie planten, ihn unterwegs hinterrücks zu überfallen und umzubringen. [4]Doch Festus entgegnete, dass Paulus sich in Cäsarea befände und dass er selbst bald dorthin zurückkehren werde. [5]»Wer von euch dazu ermächtigt ist«, sagte er, »der kann ja mit mir zurückkehren. Wenn Paulus etwas Unrechtes getan hat, könnt ihr eure Anschuldigungen dort vorbringen.«

[6]Acht oder zehn Tage später kehrte er nach Cäsarea zurück, und am folgenden Tag begann der Prozess. [7]Als Paulus vor Gericht erschien, versammelten sich die führenden Juden aus Jerusalem und erhoben viele schwerwiegende Anklagen, die sie allerdings nicht beweisen konnten. [8]Paulus wies die Anschuldigungen zurück. »Ich bin nicht schuldig«, erklärte er. »Ich habe keinen Verstoß gegen die jüdischen Gesetze oder den Tempel oder die römische Regierung begangen.«

[9]Da Festus sich bei den Juden beliebt machen wollte, fragte er ihn: »Bist du bereit, nach Jerusalem zu gehen und dich dort einem Gerichtsverfahren unter meinem Vorsitz zu stellen?«

[10]»Nein!« erwiderte Paulus. »Ich stehe hier vor dem Richterstuhl des Kaisers, wo ich auch gerichtet werden muss. Ich habe den Juden in keiner Weise unrecht getan. Und das weißt du auch. [11]Wenn ich etwas getan habe, was die Todesstrafe verdient, dann weigere ich mich nicht zu sterben. Bin ich aber unschuldig, hast weder du noch irgendjemand sonst das Recht, mich diesen Männern auszuliefern. Ich berufe mich auf den Kaiser!«

[12]Festus hielt Rücksprache mit seinen Beratern und erwiderte dann: »Also gut! Du hast dich auf den Kaiser berufen, dann sollst du auch zum Kaiser gehen!«

[13]Einige Tage später traf König Agrippa mit seiner Schwes-

ter Berenike zu einem Antrittsbesuch bei Festus ein. [14]Während ihres mehrtägigen Aufenthalts erörterte Festus die Angelegenheit mit dem König. »Es gibt hier einen Gefangenen«, erklärte er, »dessen Fall Felix mir hinterlassen hat. [15]Als ich in Jerusalem war, brachten die obersten Priester und andere einflussreiche Juden schwere Beschuldigungen gegen ihn vor und verlangten von mir, ihn zu verurteilen. [16]Ich habe ihnen erklärt, dass nach römischem Gesetz niemand ohne Prozess verurteilt wird. Jeder erhält die Gelegenheit, sich in Gegenwart seiner Ankläger zu verteidigen.

[17]Als sie zum Prozess erschienen, hielt ich gleich am nächsten Tag Gericht und ließ Paulus vorführen. [18]Doch die Anklagen, die gegen ihn erhoben wurden, waren völlig anders, als ich erwartet hatte. [19]Es hatte mit ihrer Religion zu tun und mit einem gewissen Jesus, der gestorben ist, von dem Paulus aber behauptet, dass er lebt. [20]Das brachte mich in Verlegenheit, wie in einem solchen Fall zu verfahren ist, und ich fragte ihn, ob er bereit wäre, sich wegen dieser Anklagen in Jerusalem vor Gericht stellen zu lassen. [21]Aber Paulus berief sich auf den Kaiser. Deshalb befahl ich, ihn wieder ins Gefängnis zu stecken, bis ich die nötigen Vorbereitungen getroffen hätte, ihn zum Kaiser zu schicken.«

[22]»Ich würde mir diesen Mann gern selbst einmal anhören«, meinte Agrippa.

Und Festus erwiderte: »Das sollst du – gleich morgen!«

Paulus spricht vor Agrippa

[23]So erschienen Agrippa und Berenike am nächsten Tag mit großem Prunk in Begleitung der hohen Offiziere und der einflussreichsten Männer der Stadt im Auditorium. Festus befahl, Paulus vorzuführen. [24]Dann erklärte er: »König Agrippa und alle Anwesenden, dies ist der Mann, dessen Tod sowohl die Juden hier am Ort als auch die Juden in Jerusalem fordern. [25]Meiner Meinung nach hat er jedoch nichts getan, was die Todesstrafe verdient hätte. Er hat sich auf den Kaiser berufen, und ich habe beschlossen, ihn dorthin zu schicken. [26]Doch was soll ich dem Kaiser schreiben? Denn es liegt keine wirk-

liche Klage gegen ihn vor. Deshalb lasse ich ihn euch allen, und besonders dir, König Agrippa, vorführen, damit ich nach unserer gemeinsamen Befragung irgendetwas schreiben kann. ²⁷Denn es erscheint mir unsinnig, einen Gefangenen zum Kaiser zu schicken, ohne genau zu erklären, welche Anklage gegen ihn vorliegt!«

26 ¹Da sagte Agrippa zu Paulus: »Du kannst nun zu deiner Verteidigung sprechen.«

Paulus hob die Hand und begann seine Verteidigung: ²»Ich schätze mich glücklich, König Agrippa, dass ich gerade dir meine Verteidigung gegen all diese Anschuldigungen durch die führenden Männer des jüdischen Volkes vortragen kann, ³denn ich weiß, dass du dich mit jüdischen Bräuchen und Streitfragen sehr gut auskennst. Nun sei so freundlich, mich geduldig anzuhören!

⁴Wie die führenden Männer des jüdischen Volkes sehr wohl wissen, wurde ich von frühester Kindheit an bei meinem eigenen Volk und in Jerusalem nach jüdischer Tradition erzogen. ⁵Wenn sie es vielleicht auch nicht zugeben, so wissen sie doch genau, dass ich ein Mitglied der Pharisäer war, der strengsten Gruppierung unserer Religion. ⁶Nun stehe ich vor Gericht, weil ich die Erfüllung der Verheißung erwarte, die Gott unseren Vorfahren gegeben hat. ⁷Die zwölf Stämme Israels beten wegen dieser Verheißung Tag und Nacht zu Gott; sie haben dieselbe Hoffnung wie ich. Trotzdem behaupten sie, König, es sei falsch von mir, diese Hoffnung zu hegen! ⁸Warum sollte es denn irgendjemand von euch für unglaubwürdig halten, dass Gott die Toten auferwecken kann?

⁹Früher glaubte ich, alles, was in meinen Kräften steht, tun zu müssen, um den Anhängern des Jesus von Nazareth Einhalt zu gebieten. ¹⁰Von den Anführern des jüdischen Volkes dazu bevollmächtigt, ließ ich viele Gläubige in Jerusalem verhaften. Wenn sie zum Tode verurteilt wurden, stimmte ich ebenso gegen sie. ¹¹Oft ließ ich sie in den Synagogen auspeitschen, weil ich sie dazu bringen wollte, Christus zu verflu-

chen. Ich bekämpfte sie mit solcher Erbitterung, dass ich sie sogar bis in weit entfernte Städte im Ausland verfolgte.

¹²Aus diesem Grund reiste ich eines Tages mit der Ermächtigung und im Auftrag der obersten Priester nach Damaskus. ¹³Etwa gegen Mittag, o König, fiel aus dem Himmel ein Licht, strahlender als die Sonne, auf mich und meine Begleiter. ¹⁴Wir stürzten alle zu Boden, und ich hörte, wie eine Stimme auf Hebräisch zu mir sagte: ›Saul, Saul, warum verfolgst du mich? Es ist schwer für dich, gegen meinen Willen anzukämpfen.‹

¹⁵›Wer bist du, Herr?‹, fragte ich.

Und der Herr antwortete: ›Ich bin Jesus, den du verfolgst. ¹⁶Steh jetzt auf! Denn ich bin dir erschienen, um dich zu meinem Diener und Zeugen zu machen. Du sollst der Welt von dieser Erfahrung und von anderen Ereignissen erzählen, bei denen ich dir erscheinen werde. ¹⁷Und ich werde dich sowohl vor deinem eigenen Volk als auch vor den anderen Völkern beschützen, zu denen ich dich senden werde. ¹⁸Ihnen sollen die Augen geöffnet werden, damit sie sich vom Dunkel zum Licht und aus der Macht des Satans zu Gott bekehren. Dann werden sie Vergebung für ihre Sünden und einen Platz im Volk Gottes empfangen, alle, die durch den Glauben an mich ausgesondert sind.‹

¹⁹Deshalb, König Agrippa, habe ich dieser Vision aus dem Himmel gehorcht. ²⁰Ich habe zuerst den Juden in Damaskus, dann denen in Jerusalem und in ganz Judäa sowie auch den Nichtjuden gepredigt, dass sie sich von ihren Sünden abwenden und zu Gott bekehren müssen. Durch ihre guten Werke sollen sie beweisen, dass sie ihr Leben geändert haben. ²¹Weil ich das gepredigt habe, verhafteten mich einige Juden im Tempel und versuchten, mich umzubringen. ²²Doch Gott beschützte mich, sodass ich heute noch lebe, um allen, vom Kleinsten bis zum Größten, diese Tatsachen zu berichten. Ich lehre nur das, was schon die Propheten und Mose vorausgesagt haben – ²³nämlich dass der Christus leiden und als Erster von den Toten auferstehen würde, als Licht für die Juden wie für die Nichtjuden.«

²⁴Plötzlich rief Festus: »Paulus, du bist verrückt. Das viele Studieren hat dir wohl den Verstand geraubt!«

²⁵Doch Paulus erwiderte: »Ich bin nicht verrückt, ehrwürdigster Festus. Was ich sage, ist wahr und meine Worte sind vernünftig. ²⁶König Agrippa weiß darüber Bescheid. Ich spreche ganz offen, denn ich bin sicher, dass diese Ereignisse ihm alle wohl bekannt sind; schließlich haben sie sich nicht im Verborgenen ereignet! ²⁷König Agrippa, glaubst du den Propheten? Ich weiß, dass du es tust.«

²⁸Agrippa unterbrach ihn: »Meinst du wirklich, du kannst so leicht einen Christen aus mir machen?«

²⁹Paulus entgegnete: »Ob leicht oder nicht, jedenfalls bete ich zu Gott, dass sowohl du als auch jeder Einzelne der Zuhörer hier so werde wie ich – nur ohne diese Ketten.«

³⁰Da standen der König, der Statthalter, Berenike und alle anderen auf und gingen. ³¹Als sie miteinander über die Angelegenheit sprachen, waren sie sich einig: »Dieser Mann hat nichts getan, was eine Todes- oder Gefängnisstrafe verdient hätte.« ³²Und Agrippa sagte zu Festus: »Er könnte eigentlich freigelassen werden, wenn er sich nicht auf den Kaiser berufen hätte!«

Paulus segelt nach Rom

27 ¹Als die Zeit gekommen war, nach Italien zu segeln, wurden Paulus und mehrere andere Gefangene einem Offizier mit Namen Julius, einem Würdenträger der kaiserlichen Garde, übergeben. ²Aristarch, ein Mazedonier aus Thessalonich, begleitete uns ebenfalls. Wir segelten mit einem Schiff, das aus dem Hafen von Adramyttion stammte und unterwegs mehrere Häfen an der Küste der Provinz Asien anlaufen sollte.

³Als wir am nächsten Tag in Sidon anlegten, gestattete Julius Paulus freundlicherweise, an Land zu gehen und Freunde zu besuchen, damit sie ihn mit dem Nötigen versorgen konnten. ⁴Nachdem wir von dort wieder in See gestochen waren, hatten wir durch starke Gegenwinde Schwierigkeiten, den Kurs zu halten; deshalb segelten wir nördlich von Zypern zwi-

schen der Insel und dem Festland hindurch. ⁵Wir fuhren die Küste der Landschaften Zilizien und Pamphylien entlang und legten in Myra in der Provinz Lyzien an. ⁶Dort fand der Offizier ein ägyptisches Schiff aus Alexandrien, das nach Italien unterwegs war, und brachte uns an Bord.

⁷Mehrere Tage lang kamen wir wegen der rauen See kaum voran, und nach großen Schwierigkeiten gelangten wir endlich in die Nähe von Knidos. Doch der Wind stand uns entgegen; deshalb segelten wir zur Südseite Kretas, vorbei am Kap von Salmone. ⁸Mit großer Mühe kämpften wir uns an der Küste entlang und erreichten schließlich einen Ort namens Kaloi Limenes in der Nähe der Stadt Lasäa. ⁹Mittlerweile hatten wir viel Zeit verloren. Das Wetter wurde allmählich zu gefährlich für längere Seereisen, da es schon spät im Herbst war, und Paulus sprach mit den Seeleuten darüber.

¹⁰»Männer, wir werden in Schwierigkeiten geraten, wenn wir jetzt aufbrechen. Uns drohen nicht nur Schiffbruch und Verlust der Fracht, sondern auch Gefahr für Leib und Leben.«

¹¹Doch der Offizier, der für die Gefangenen verantwortlich war, hörte mehr auf den Steuermann und den Schiffseigner als auf Paulus. ¹²Und da der Hafen an einer ungeschützten Stelle lag – ein wenig geeigneter Ort, um dort zu überwintern – wollte die Mehrheit der Besatzung weiter an der Küste Kretas entlang nach Phönix segeln und den Winter dort verbringen. Phönix war ein guter Hafen, der sich nur nach Südwest und Nordwest öffnete.

Der Sturm

¹³Als sich dann ein leichter Südwind erhob, dachten die Seeleute, sie könnten es schaffen. Also lichteten sie den Anker und segelten in Küstennähe weiter, an Kreta entlang. ¹⁴Doch plötzlich schlug das Wetter um, und ein Wind mit der Kraft eines Wirbelsturms (den man »Nordost« nennt) kam auf. ¹⁵Als es ihnen nicht gelang, das Schiff in den Wind zu drehen, gaben sie auf und ließen es treiben.

¹⁶Wir segelten südlich an einer kleinen Insel mit Namen Kauda vorbei, wo wir mit großer Mühe das Rettungsboot an

Bord zogen, das wir im Schlepptau mitführten. [17]Dann spannten wir Seile um den Schiffsrumpf, um ihn zu sichern. Die Seeleute hatten Angst, zu den Sandbänken der Syrte vor der afrikanischen Küste getrieben zu werden; deshalb warfen sie den Anker aus und ließen sich vor dem Wind hertreiben.

[18]Am nächsten Tag, als stürmische Winde dem Schiff weiter zu schaffen machten, fing die Besatzung in ihrer Not an, Fracht über Bord zu werfen. [19]Am folgenden Tag entledigten sie sich sogar der Schiffsausrüstung. [20]Der schreckliche Sturm tobte tagelang, ohne nachzulassen, und verdunkelte Sonne und Sterne, bis schließlich alle Hoffnungen auf Rettung verflogen waren.

[21]Schon lange hatte niemand mehr etwas gegessen. Da rief Paulus die Besatzung zusammen und sagte: »Männer, ihr hättet von Anfang an auf mich hören sollen. Hättet ihr Kreta nicht verlassen, dann wäre euch dieser Schaden und dieser Verlust erspart geblieben. [22]Aber lasst den Mut nicht sinken. Keiner von euch wird sein Leben verlieren, obwohl unser Schiff untergehen wird. [23]Letzte Nacht stand ein Engel des Gottes, dem ich gehöre und dem ich diene, neben mir [24]und sagte: ›Hab keine Angst, Paulus, denn du wirst auf jeden Fall vor dem Kaiser vor Gericht stehen! Und Gott in seiner Güte hat jedem sicheres Geleit zugesagt, der mit dir segelt.‹ [25]Seid mutig! Denn ich glaube Gott und vertraue darauf, dass es genauso kommen wird, wie er es mir gesagt hat. [26]Aber wir werden vor einer Insel Schiffbruch erleiden.«

Der Schiffbruch

[27]Als wir in der vierzehnten Nacht dieses Sturms gegen Mitternacht in die Adria getrieben wurden, merkten die Seeleute, dass Land in der Nähe war. [28]Sie warfen das Lot und stellten fest, dass das Wasser nur siebenunddreißig Meter tief war. Etwas weiter warfen sie das Lot noch einmal und maßen kaum achtundzwanzig Meter. [29]Und da sie fürchteten, dass wir auf die Felsbänke vor der Küste auflaufen könnten, warfen sie deshalb am Heck vier Anker aus und hofften auf das Tageslicht. [30]Dann versuchten die Seeleute, das Schiff zu ver-

lassen, indem sie das Rettungsboot hinabließen, aber so taten, als wollten sie vom Bug aus Anker werfen. [31]Doch Paulus sagte zum Offizier und den Soldaten: »Wenn die Seeleute nicht an Bord bleiben, könnt ihr nicht gerettet werden.« [32]Da kappten die Soldaten die Seile und ließen das Boot ins Meer fallen.

[33]Als der Morgen dämmerte, bat Paulus alle, etwas zu essen. »Seit zwei Wochen habt ihr keine Nahrung angerührt«, sagte er. [34]»Esst etwas, denn es hilft euch zu überleben. Keinem von euch wird ein Haar gekrümmt werden.« [35]Dann nahm er etwas Brot, dankte Gott vor ihnen allen, brach ein Stück ab und aß es. [36]Da fassten sie neuen Mut und begannen zu essen, [37]alle zweihundertsechsundsiebzig Leute, die wir an Bord waren. [38]Nachdem sie gegessen hatten, erleichterten die Seeleute das Schiff, indem sie die Getreidefracht über Bord warfen.

[39]Als der Morgen angebrochen war, erkannten sie die Küstenlinie nicht, aber sie bemerkten eine Bucht mit einem Strand und überlegten, ob sie wohl zwischen die Felsen gelangen und das Schiff sicher zum Strand treiben lassen konnten. [40]Also kappten sie die Anker und ließen sie im Meer. Dann tauchten sie die Ruder ins Wasser, hissten das Vordersegel und steuerten auf die Küste zu. [41]Doch das Schiff lief auf eine Sandbank auf. Der Bug saß fest, während das Heck durch die starken Wellen hin und her gerissen wurde, sodass das Schiff auseinanderzubrechen drohte.

[42]Die Soldaten wollten die Gefangenen töten, um zu verhindern, dass sie ans Ufer schwammen und flohen. [43]Aber der Hauptmann wollte Paulus verschonen und hinderte sie daran, diesen Plan in die Tat umzusetzen. Dann ließ er alle, die schwimmen konnten, zuerst über Bord springen und sich an Land in Sicherheit bringen, [44]während er die anderen aufforderte, sich an den Planken und Bruchstücken des Schiffes festzuhalten. So wurden alle gerettet und gelangten sicher ans Ufer

Paulus auf der Insel Malta

28 [1]Sobald wir sicher an Land waren, erfuhren wir, dass wir uns auf der Insel Malta befanden. [2]Die Inselbewohner begegneten uns sehr freundlich. Da es kalt und regnerisch war, zündeten sie an der Küste ein Feuer an, um uns zu begrüßen und damit wir uns aufwärmen konnten.

[3]Als Paulus gerade einen Arm voll Reisig, das er gesammelt hatte, ins Feuer legte, biss sich eine Schlange, aufgescheucht durch die Hitze, in seiner Hand fest. [4]Die Inselbewohner sahen die Schlange an seiner Hand hängen und sagten sich: »Der ist bestimmt ein Mörder! Wenn er auch dem Meer entkommen ist, so lässt die Rachegöttin ihn doch nicht am Leben.« [5]Doch Paulus schüttelte die Schlange ins Feuer, und es geschah ihm nichts. [6]Die Leute erwarteten, dass sein Körper jeden Augenblick anschwellen oder er plötzlich tot umfallen würde. Doch als sie längere Zeit gewartet hatten und sahen, dass ihm nichts geschah, änderten sie ihre Meinung und dachten, dass er wohl ein Gott sein müsse.

[7]In der Nähe der Küste, an der wir gestrandet waren, befand sich ein Anwesen, das Publius gehörte, dem angesehensten Mann der Insel. Er hieß uns herzlich willkommen und versorgte uns drei Tage lang. [8]Da erkrankte der Vater des Publius auf einmal an Fieber und Ruhr. Paulus ging zu ihm hinein, und als er für ihn betete und ihm die Hände auflegte, wurde er gesund. [9]Daraufhin kamen alle anderen Kranken der Insel herbei und wurden ebenfalls geheilt. [10]Da überhäuften sie uns mit Ehrengeschenken, und als es Zeit war, weiterzusegeln, versorgten die Einwohner uns mit allem, was wir auf der Reise vielleicht brauchen würden.

Paulus erreicht Rom

[11]Drei Monate waren seit dem Schiffbruch vergangen, bis wir auf einem anderen Schiff, das auf der Insel überwintert hatte, Segel setzten. Es war ein alexandrinisches Schiff mit den Zwillingsgöttern als Galionsfigur. [12]Unser erster Zwischenhalt war Syrakus, wo wir drei Tage blieben. [13]Von dort segelten wir hinüber nach Rhegion. Einen Tag später erhob sich ein

Südwind; deshalb segelten wir die Küste hinauf nach Puteoli. [14]Dort trafen wir einige Gläubige, die uns einluden, sieben Tage bei ihnen zu bleiben. Und so kamen wir nach Rom.

[15]Die Gläubigen in Rom hatten schon gehört, dass wir angekommen waren, und kamen uns beim Forum an der Appischen Straße entgegen. Andere schlossen sich uns bei den Drei Tavernen an. Als Paulus sie sah, dankte er Gott und gewann wieder Zuversicht.

[16]In Rom eingetroffen, wurde Paulus eine eigene private Unterkunft erlaubt, allerdings bewacht von einem Soldaten.

Paulus predigt in Rom unter Bewachung

[17]Drei Tage nach seiner Ankunft rief Paulus die örtlichen Leiter der jüdischen Gemeinden zusammen und sagte zu ihnen: »Brüder, ich wurde in Jerusalem verhaftet und der römischen Regierung überstellt, obwohl ich unser Volk nicht beleidigt und auch nicht gegen die Bräuche unserer Vorfahren verstoßen habe. [18]Die Römer haben mich verhört und wollten mich freilassen, denn sie fanden keinen Grund für ein Todesurteil. [19]Als die jüdischen Leiter gegen diese Entscheidung protestierten, hielt ich es für nötig, mich auf den Kaiser zu berufen. Ich beabsichtigte dabei jedoch nicht, irgendwelche Anklagen gegen mein eigenes Volk vorzubringen. [20]Heute habe ich euch hierher gebeten, damit ich euch das erzählen kann. Ich bin mit dieser Kette gefesselt, weil ich an das glaube, worauf ganz Israel hofft.«

[21]Sie erwiderten: »Uns ist nichts Nachteiliges über dich zu Ohren gekommen. Wir haben auch keine Briefe aus Judäa oder Berichte von Reisenden mit negativen Äußerungen über dich unter denen, die hier eingetroffen sind. [22]Aber wir möchten gerne hören, was du glaubst, denn das Einzige, was wir über die Anhänger dieser neuen Glaubenslehre wissen, ist, dass ihnen überall widersprochen wird.«

[23]Daraufhin vereinbarten sie eine Zusammenkunft. An dem betreffenden Tag kamen sehr viele Menschen zu Paulus. Er erzählte ihnen vom Reich Gottes und zeigte ihnen anhand der Schriften – der fünf Bücher Moses und der prophetischen

Bücher –, wer Jesus war. Am Morgen fing er an und redete und erklärte bis zum Abend. ²⁴Manche der Zuhörer ließen sich durch die gesagten Worte überzeugen und glaubten, andere nicht. ²⁵Doch nachdem sie lange diskutiert hatten und nicht eins wurden darüber, brachen sie auf. Paulus gab ihnen noch folgenden Satz auf den Weg mit: »Der Heilige Geist hatte recht, als er durch den Propheten Jesaja zu unseren Vorfahren sagte:

²⁶‹Geht und sagt meinem Volk:

Ihr werdet meine Worte hören, sie aber nicht verstehen; ihr werdet sehen, was ich tue, aber die Bedeutung nicht erkennen. ²⁷Denn die Herzen dieser Menschen sind verhärtet. Ihre Ohren können nicht hören, und sie haben ihre Augen geschlossen. Ihre Augen sehen nicht, ihre Ohren hören nicht und ihr Herz versteht nicht, und sie kehren nicht zu mir um, damit ich sie heil mache.‹

²⁸Deshalb möchte ich euch wissen lassen, dass die Erlösung durch Gott auch den Nichtjuden offen steht, und sie werden sie annehmen.«

³⁰In den beiden folgenden Jahren wohnte Paulus in einer eigenen Wohnung. Er hieß jeden willkommen, der ihn besuchte, ³¹verkündete in aller Offenheit das Reich Gottes und predigte von Jesus Christus, dem Herrn. Und niemand versuchte, ihn daran zu hindern.

Der Brief an die Römer

Grüße von Paulus

1 ¹Dieser Brief stammt von Paulus, einem Diener von Jesus Christus. Ich wurde von Gott zum Apostel berufen und beauftragt, seine gute Botschaft zu verkünden, ²die er schon vor langer Zeit durch seine Propheten in den heiligen Schriften angekündigt hat. ³Es ist die Botschaft von Jesus, seinem Sohn. Er ist als Mensch geboren worden und gehört der Herkunft nach in das Geschlecht Davids. ⁴Jesus Christus, unser Herr, wurde als Sohn Gottes bestätigt, indem Gott ihn mit großer Macht durch den Heiligen Geist von den Toten auferweckte. ⁵Durch Christus hat Gott uns das Vorrecht und das Amt gegeben, in seinem Namen den Völkern auf der ganzen Welt weiterzusagen, was Gott für sie getan hat, damit sie an ihn glauben und ihm gehorchen und so sein Name geehrt wird.

⁶Auch ihr, liebe Freunde in Rom, gehört zu denen, die von Jesus Christus berufen sind. ⁷Gott liebt euch und hat euch dazu berufen, zu ihm zu gehören.

Euch allen wünsche ich Gnade und Friede von Gott, unserem Vater, und von Jesus Christus, unserem Herrn!

Gottes gute Botschaft

⁸Als Erstes danke ich Gott durch Jesus Christus für euch alle, denn die Nachricht von eurem Glauben verbreitet sich in der ganzen Welt. ⁹Gott weiß, dass ich unablässig für euch bete. Ihm diene ich von ganzem Herzen, indem ich die gute Botschaft von seinem Sohn weitersage.

¹⁰Um eines bitte ich im Gebet immer wieder: um die Gelegenheit, euch endlich besuchen zu können, wenn es Gottes Wille ist. ¹¹Denn ich sehne mich danach, euch zu besuchen und den Segen des Heiligen Geistes mit euch zu teilen, um euch in eurem Glauben zu stärken. ¹²Ich möchte euch ermutigen, aber auch selbst durch euren Glauben ermutigt werden. Auf diese Weise werden wir uns gegenseitig im Glauben stärken.

¹³Ihr sollt wissen, liebe Freunde, dass ich schon oft vorhatte, euch zu besuchen, aber bis jetzt immer daran gehindert wurde. Ich möchte erleben, dass meine Arbeit wie bei den anderen Völkern auch bei euch Früchte trägt. ¹⁴Denn ich fühle mich sowohl den Menschen in unserer Kultur wie auch denen anderer Völker, Gebildeten wie Ungebildeten, verpflichtet. ¹⁵Deshalb wünsche ich mir, auch zu euch nach Rom zu kommen, um euch Gottes gute Botschaft zu verkünden.

¹⁶Denn ich schäme mich nicht für die gute Botschaft von Christus. Diese Botschaft ist die Kraft Gottes, die jeden rettet, der glaubt – die Juden zuerst, aber auch alle anderen Menschen. ¹⁷Sie zeigt uns, wie Gott uns in seinen Augen gerecht spricht. Dies geschieht einzig und allein durch Glauben. Denn es heißt schon in der Schrift: »Durch den Glauben hat ein Gerechter Leben.«

Gottes Zorn über die Sünde

¹⁸Doch vom Himmel her wird Gottes Zorn sichtbar über alle Gottlosigkeit und Ungerechtigkeit der Menschen, die die Wahrheit ablehnen. ¹⁹Dabei wissen sie von Gott; Gott selbst hat ihnen diese Erkenntnis gegeben. ²⁰Seit Erschaffung der Welt haben die Menschen die Erde und den Himmel und alles gesehen, was Gott erschaffen hat, und können daran ihn, den unsichtbaren Gott, in seiner ewigen Macht und seinem göttlichen Wesen klar erkennen. Deshalb haben sie keine Entschuldigung dafür, von Gott nichts gewusst zu haben.

²¹Obwohl sie von Gott wussten, wollten sie ihn nicht als Gott verehren oder ihm danken. Stattdessen fingen sie an, sich unsinnige Vorstellungen von Gott zu machen, und ihr Verstand verfinsterte sich und wurde verwirrt. ²²Sie behaupteten, weise zu sein, und wurden dabei zu Narren. ²³Statt den herrlichen, ewigen Gott anzubeten, beteten sie Götzenbilder an, die vergängliche Menschen darstellten, oder Vögel, Tiere und Schlangen.

²⁴Deshalb hat Gott sie ihren schamlosen Begierden und unreinen Leidenschaften überlassen, sodass sie untereinander ihre eigenen Körper schändeten. ²⁵Sie tauschten die Wahrheit

Gottes, die sie kannten, gegen die Lüge ein und verehrten das von Gott Geschaffene statt den Schöpfer selbst, dem Ehre gebührt in alle Ewigkeit. Amen.

²⁶Deshalb überließ Gott sie ihren schändlichen Leidenschaften. Die Frauen wandten sich vom natürlichen Geschlechtsverkehr ab und suchten die sexuelle Beziehung zueinander. ²⁷Und auch die Männer hatten keine sexuellen Beziehungen mehr zu Frauen, wie es der natürlichen Ordnung entspricht. Stattdessen entbrannte in ihnen die sexuelle Lust zueinander. Männer trieben Schändliches mit anderen Männern und erlitten an sich selbst die Strafe, die sie verdienten.

²⁸Da sie sich weigerten, Gott anzuerkennen, überließ er sie ihren verwerflichen Gedanken, sodass sie tun, was sie nie tun sollten. ²⁹Ihr Leben ist voller Unrecht, Schlechtigkeit, Habgier, Bosheit, Neid, Mord, Streit, Betrug und Hinterlist. Sie reden hinter dem Rücken über andere ³⁰und verleumden ihre Mitmenschen; sie hassen Gott und sind unverschämt, stolz und großspurig. Sie sind voller Ideen, wenn es darum geht, Böses zu tun, und ihren Eltern sind sie ungehorsam. ³¹Sie sind uneinsichtig, halten ihre Versprechen nicht und sind lieblos und unbarmherzig. ³²Sie wissen genau, dass Menschen, die sich so verhalten, nach dem Gesetz Gottes den Tod verdient haben, aber sie lassen sich nicht davon abbringen und freuen sich sogar noch darüber, wenn andere genauso handeln wie sie.

Gottes Gericht über die Sünde

2 ¹Aber du bist ja genauso wie sie und hast dafür keine Entschuldigung! Wenn du sagst, dass sie bestraft werden sollen, dann verurteilst du dich damit selbst, weil du genau dasselbe tust, wenn du über sie richtest. ²Und wir wissen, dass Gott jeden, der so handelt, gerecht richten wird. ³Meinst du, Gott wird andere richten und verurteilen, wenn sie so handeln, und dich, wenn du dasselbe tust, ungestraft lassen? ⁴Ist es dir gleichgültig, wie freundlich, geduldig und nachsichtig Gott mit dir ist? Siehst du nicht, wie Gottes Freundlichkeit dich zur Umkehr bewegen will?

⁵Aber nein, du trägst selbst dazu bei, dass Gottes Zorn im-

mer größer wird, weil du dich hartnäckig weigerst, auf deinem falschen Weg umzukehren. Denn am Tag des Gerichts wird Gott, der gerechte Richter über die ganze Welt, ⁶alle Menschen nach ihrem Tun richten. ⁷Er wird denen das ewige Leben schenken, die beharrlich das tun, was gut ist, und sich nach der Herrlichkeit, Ehre und Unvergänglichkeit sehnen, die Gott gibt. ⁸Diejenigen aber, die nur für sich selbst gelebt haben, die nicht der Wahrheit, sondern der Ungerechtigkeit gehorchten, wird Gottes ganzer Zorn treffen. ⁹Not und Angst wird über alle hereinbrechen, die nicht aufhören zu sündigen – über die Juden zuerst genauso wie über alle anderen Menschen. ¹⁰Denen aber, die Gutes tun, wird Gott Herrlichkeit, Ehre und Frieden schenken – den Juden zuerst, aber auch allen anderen Menschen. ¹¹Denn Gott bevorzugt niemanden.

¹²Wenn die, die das geschriebene Gesetz Gottes nicht kannten, sündigen, wird Gott sie dennoch richten. Und wenn die, die das Gesetz kennen, sündigen, wird Gott sie nach dem Gesetz verurteilen. ¹³Es reicht also nicht aus, das Gesetz nur zu kennen, um vor Gott anerkannt zu sein. Sondern nur wer so handelt, wie es das Gesetz verlangt, wird in Gottes Augen für gerecht erklärt. ¹⁴Wenn sogar Menschen, die Gottes geschriebenes Gesetz nicht haben, unbewusst so handeln, wie es das Gesetz vorschreibt, so beweist das, dass sie in ihren Herzen Recht von Unrecht unterscheiden können. ¹⁵Durch ihr Verhalten zeigen sie, dass Gottes Gesetz in ihr Herz geschrieben ist, denn ihr eigenes Gewissen und ihre Gedanken klagen sie entweder an oder bestätigen, dass sie das Richtige tun. ¹⁶Und dies alles wird sichtbar an dem Tag, an dem Gott durch Jesus Christus alles richten wird, auch das, was bei den Menschen verborgen ist. Das ist meine Botschaft, die mir Gott gegeben hat.

Die Juden und das Gesetz

¹⁷Wenn du ein Jude bist, verlässt du dich auf das Gesetz und bist stolz auf deine besondere Beziehung zu Gott. ¹⁸Du kennst seinen Willen; du kannst Recht von Unrecht unterscheiden, weil du in seinem Gesetz unterrichtet worden bist. ¹⁹Du bist

überzeugt, ein Führer der Blinden zu sein und ein Licht für die Menschen, die ohne Gott in der Finsternis leben. [20]Du meinst, du könntest die Unwissenden unterweisen und Kindern die Wege Gottes lehren. Denn du hast ja das Gesetz Gottes, das die Erkenntnis und Wahrheit verkörpert.

[21]Nun, wenn du andere belehrst, warum dann nicht auch dich selbst? Anderen predigst du, sie dürften nicht stehlen; aber du stiehlst selbst? [22]Anderen sagst du, sie dürften nicht Ehebruch begehen; aber selbst tust du es? Du verurteilst den Götzendienst, raubst aber die Tempel aus? [23]Du bist stolz darauf, das Gesetz zu kennen, aber du machst Gott Schande, indem du dich nicht daran hältst. [24]Das steht schon in der Schrift: »Euretwegen verspottet die Welt den Namen Gottes.«

[25]Der jüdische Brauch der Beschneidung nützt nur dann etwas, wenn du Gottes Gesetz gehorchst. Doch wenn du das nicht tust, bist du genauso wie jeder Unbeschnittene. [26]Wenn aber ein Unbeschnittener nach dem Gesetz Gottes lebt, gilt er dann nicht vor Gott als Teil seines Volkes? [27]Ja, Unbeschnittene, die aber das Gesetz Gottes erfüllen, werden sogar Richter über euch Juden sein, die ihr beschnitten seid und das Gesetz Gottes kennt, es aber nicht befolgt.

[28]Denn nicht der ist ein wahrer Jude, der von jüdischen Eltern geboren oder nach jüdischem Brauch beschnitten wurde. [29]Nein, ein wahrer Jude ist der, dessen Herz vor Gott gerecht ist. Und die wahre Beschneidung ist keine äußere Handlung, sondern eine Veränderung des Herzens durch den Geist Gottes und geschieht nicht durch Einhaltung jedes einzelnen Buchstabens des Gesetzes. Wer diese Veränderung erfahren hat, bekommt die Anerkennung Gottes und nicht die der Menschen.

Gott bleibt treu

3 [1]Welchen Vorteil hat es dann eigentlich, Jude zu sein? Und was für einen Nutzen hat überhaupt noch die jüdische Beschneidung? [2]Nun, Jude zu sein hat viele Vorteile, vor allem aber den, dass den Juden die Worte Gottes anvertraut wurden.

³Aber was ist damit, dass einige von ihnen untreu waren? Meint ihr, nur weil sie die Treue gebrochen haben, würde das die Treue Gottes aufheben? ⁴Natürlich nicht! Es ist vielmehr so: Gott ist wahrhaftig und jeder Mensch ist ein Lügner! So steht es schon in der Schrift: »Du wirst gerecht dastehen mit dem, was du sagst, und du wirst siegen, wenn man dich vor Gericht bringt.«

⁵Was ist aber, wenn unsere Ungerechtigkeit Gottes Gerechtigkeit erst groß herausstellt? Ist Gott dann nicht ungerecht, wenn er zornig wird und uns straft? – Ich rede aus rein menschlicher Sicht. – ⁶Natürlich nicht! Wenn Gott nicht gerecht wäre, wie könnte er dann das Recht haben, die ganze Welt zu richten? ⁷Aber wie kann Gott mich richten und als Sünder verurteilen, wenn meine Lüge seine Wahrheit umso heller leuchten lässt und der Ruhm Gottes noch größer wird? ⁸Wer solchen Gedanken nachhängt, könnte genauso gut sagen: »Je mehr wir sündigen, desto besser!« Wer so redet, wird zu Recht verurteilt; und doch verleumden uns manche, indem sie behaupten, dass wir dies lehren würden!

Alle Menschen sind Sünder

⁹Also, haben wir Juden denn nun den anderen Menschen gegenüber einen Vorteil? Nein, überhaupt keinen. Wir haben ja bereits gezeigt, dass alle Menschen – ob sie Juden sind oder nicht – unter der Herrschaft der Sünde stehen. ¹⁰In der Schrift heißt es:

»Keiner ist gerecht – nicht ein Einziger. ¹¹Keiner ist klug; keiner fragt nach Gott. ¹²Alle haben sich von Gott abgewandt; alle sind für Gott unbrauchbar geworden. Keiner tut Gutes, auch nicht ein Einziger.«

¹³»Ihre Rede ist faul wie der Gestank aus einem offenen Grab. Sie ist durch und durch verlogen.«

»Ihr Reden ist tödlich wie Otterngift.«

¹⁴»Ihr Mund ist voller Flüche und bitterer Worte.«

¹⁵»Sie sind schnell bereit, einen Mord zu begehen. ¹⁶Wohin sie auch gehen, folgen ihnen Verwüstung und Elend. ¹⁷Den Weg des Friedens kennen sie nicht.«

¹⁸»Sie haben keine Ehrfurcht vor Gott.«

¹⁹Wir wissen, dass das, was im Gesetz steht, für die gilt, denen es gegeben wurde. Deshalb können sich die Menschen nicht mehr herausreden, und die ganze Welt ist dem Gericht Gottes unterstellt. ²⁰Denn niemand wird in Gottes Augen gerecht gesprochen, indem er versucht, das Gesetz zu halten. Im Gegenteil, je besser wir Gottes Gesetz kennen, desto deutlicher erkennen wir, dass wir schuldig sind.

Christus nahm unsere Strafe auf sich

²¹Doch nun hat Gott uns unabhängig vom Gesetz einen anderen Weg gezeigt, wie wir in seinen Augen gerecht werden können – einen Weg in Übereinstimmung mit dem Gesetz und den Propheten. ²²Wir werden von Gott gerecht gesprochen, indem wir an Jesus Christus glauben. Dadurch können alle ohne Unterschied gerettet werden.

²³Denn alle Menschen haben gesündigt und das Leben in der Herrlichkeit Gottes verloren. ²⁴Doch Gott erklärt uns aus Gnade für gerecht. Es ist sein Geschenk an uns durch Jesus Christus, der uns von unserer Schuld befreit hat. ²⁵Denn Gott sandte Jesus, damit er die Strafe für unsere Sünden auf sich nimmt und unsere Schuld gesühnt wird. Wir sind gerecht vor Gott, wenn wir glauben, dass Jesus sein Blut für uns vergossen und sein Leben für uns geopfert hat. Gott bewies seine Gerechtigkeit, als er die Menschen nicht bestrafte, ²⁶die in früheren Zeiten gesündigt haben. Er handelte so, weil er Geduld mit ihnen hatte. Und er ist auch jetzt, in dieser Zeit, vollkommen gerecht, indem er die für gerecht erklärt, die an Jesus glauben.

²⁷Können wir nun stolz darauf sein, dass wir irgendetwas dazu getan haben, von Gott angenommen zu werden? Nein, denn das geschah nicht aufgrund unserer guten Taten, sondern allein aufgrund unseres Glaubens. ²⁸Wir werden durch den Glauben vor Gott gerechtfertigt und nicht durch das Befolgen des Gesetzes.

²⁹Oder ist Gott nur der Gott der Juden? Ist er nicht auch der Gott aller Menschen? Natürlich ist er das. ³⁰Es gibt nur einen

Gott. Und es gibt nur einen Weg, von ihm angenommen zu werden. Nur aufgrund des Glaubens spricht er die Menschen vor sich selbst gerecht, ob sie nun Juden sind oder nicht. [31]Wenn wir nun aber den Glauben so betonen, heben wir damit das Gesetz auf? Natürlich nicht! Sondern durch den Glauben bestätigen wir das Gesetz.

Der Glaube Abrahams

4 [1]Abraham war seiner Herkunft nach der Stammvater unseres jüdischen Volkes. Durch was wurde er nun gerettet? [2]Nahm Gott ihn etwa aufgrund seiner guten Taten an? Wäre es so, dann hätte er Grund, stolz zu sein. Doch aus der Sicht Gottes hatte Abraham dazu keinen Anlass. [3]Denn was steht in der Schrift? »Abraham glaubte Gott; und Gott erklärte ihn wegen seines Glaubens für gerecht.«

[4]Wenn Menschen arbeiten, erhalten sie ihren Lohn nicht als Geschenk. Ein Arbeiter hat sich verdient, was er bekommt. [5]Gerecht gesprochen aber wird ein Mensch aufgrund seines Glaubens, nicht aufgrund seiner Taten.

[6]Das meinte auch David, als er die Freude eines Menschen beschrieb, der unverdient gerecht gesprochen wird:

[7]»Glücklich ist der, dessen Ungehorsam vergeben und dessen Schuld zugedeckt ist. [8]Glücklich ist der, dem der Herr die Sünden nicht mehr anrechnet.«

[9]Ist nun dieses Glück nur für die Juden da oder auch für alle anderen? Wir haben gesagt, dass Abraham aufgrund seines Glaubens von Gott für gerecht erklärt wurde. [10]Doch auf welche Weise hat ihm sein Glaube geholfen? Wurde er erst gerecht gesprochen, nachdem er beschnitten worden war, oder schon vor seiner Beschneidung? Die Antwort lautet: Gott hat ihn angenommen, ehe er beschnitten wurde!

[11]Die Beschneidung war ein Zeichen dafür, dass Abraham glaubte und Gott ihn angenommen und gerecht gesprochen hatte, als er noch unbeschnitten war. Damit ist Abraham der geistliche Vater all derer, die glauben, aber nicht beschnitten worden sind. Sie werden von Gott wegen ihres Glaubens gerecht gesprochen. [12]Und er ist auch der geistliche Vater all

derer, die beschnitten worden sind und denselben Glauben haben, wie ihn Abraham schon vor seiner Beschneidung hatte.

¹³Denn Gottes Zusage, Abraham und seinen Nachkommen die ganze Erde zu geben, beruhte nicht auf dem Gehorsam gegenüber dem Gesetz, sondern darauf, dass Abraham durch den Glauben vor Gott gerecht wurde. ¹⁴Wer behauptet, diese Zusage Gottes gelte nur denen, die das Gesetz befolgen, der erklärt den Glauben für nutzlos, und die Zusage verliert ihre Gültigkeit. ¹⁵Denn die Übertretung des Gesetzes bewirkt Gottes Zorn; wo es aber kein Gesetz gibt, gibt es auch keine Übertretung.

¹⁶Deshalb ist der Glaube entscheidend, damit die Zusage Gottes ein Geschenk aus Gnade bleibt. Sie gilt allen: denen, die nach dem Gesetz leben und denen, die durch den Glauben leben, wie Abraham es tat. Denn er ist der Vater aller, die glauben. ¹⁷So heißt es in der Schrift: »Ich habe dich zum Vater vieler Völker gemacht.« Dies geschah, weil Abraham an den Gott glaubte, der die Toten zum Leben erweckt und ins Dasein ruft, was vorher nicht war.

¹⁸Als Gott Abraham versprach, dass er zum Vater vieler Völker werden würde, glaubte Abraham ihm und hielt an der Hoffnung fest, obwohl es hoffnungslos schien. Gott hatte ihm versprochen: »Deine Nachkommen werden so zahlreich sein wie die Sterne.« ¹⁹Doch Abrahams Glaube blieb unerschüttert, obwohl er wusste, dass er mit fast hundert Jahren viel zu alt war, um noch Vater zu werden, und seine Frau Sara keine Kinder mehr bekommen konnte.

²⁰Abraham zweifelte nicht und vertraute auf die Zusage Gottes. Ja, sein Glaube wuchs sogar noch, und damit ehrte er Gott. ²¹Er war vollkommen überzeugt davon, dass Gott das, was er versprochen hat, auch tun kann. ²²Und wegen dieses Glaubens erklärte Gott ihn für gerecht.

²³Doch diese wunderbare Zusage – dass Gott ihn für gerecht erklärte – galt nicht nur für Abraham. ²⁴Sie wurde auch für uns in der Schrift festgehalten, denn Gott wird auch uns für gerecht erklären, wenn wir an ihn glauben, der Jesus, unseren

Herrn, von den Toten auferweckt hat. [25]Wegen unserer Sünden musste Jesus sterben, und er wurde auferweckt, um uns vor Gott gerecht zu sprechen.

Der Glaube bewirkt Freude

5 [1]Da wir nun durch den Glauben von Gott für gerecht erklärt worden sind, haben wir Frieden mit Gott durch das, was Jesus, unser Herr, für uns tat. [2]Christus hat uns durch den Glauben ein Leben aus Gottes Gnade geschenkt, in der wir uns befinden, und wir sehen voller Freude der Herrlichkeit Gottes entgegen.

[3]Wir freuen uns auch dann, wenn uns Sorgen und Probleme bedrängen, denn wir wissen, dass wir dadurch lernen, geduldig zu werden. [4]Geduld aber macht uns innerlich stark, und das wiederum macht uns zuversichtlich in der Hoffnung auf die Erlösung. [5]Und in dieser Hoffnung werden wir nicht enttäuscht werden. Denn wir wissen, wie sehr Gott uns liebt, weil er uns den Heiligen Geist geschenkt hat, der unsere Herzen mit seiner Liebe erfüllt.

[6]Christus kam ja zu einer Zeit, als wir der Sünde noch hilflos ausgeliefert waren, und er starb für uns, die wir ohne Gott lebten. [7]Selbst für einen guten Menschen würde kaum jemand sterben – am ehesten noch für einen herausragenden Menschen. [8]Gott dagegen beweist uns seine große Liebe dadurch, dass er Christus sandte, damit dieser für uns sterben sollte, als wir noch Sünder waren. [9]Und da wir durch das Blut von Christus in Gottes Augen gerecht gesprochen worden sind, ist sicher, dass Christus uns vor dem Gericht Gottes bewahren wird. [10]Wir sind ja durch den Tod seines Sohnes mit Gott versöhnt worden, als wir noch seine Feinde waren. Dann werden wir erst recht jetzt, wo wir seine Freunde geworden sind, durch das Leben von Christus gerettet werden. [11]So freuen wir uns nun darüber, dass wir wieder eine Beziehung zu Gott haben – weil Jesus Christus, unser Herr, uns mit Gott versöhnt hat.

Der Gegensatz zwischen Adam und Christus

[12]Die Sünde kam durch einen einzigen Menschen in die Welt – Adam. Als Folge davon kam der Tod, und der Tod ergriff alle, weil alle sündigten. [13]Ja, die Menschen sündigten schon, bevor ihnen das Gesetz gegeben wurde. Aber solange es kein Gesetz gibt, wird dies nicht als Schuld angerechnet. [14]Und doch herrschte der Tod über alle Menschen von Adam bis Mose – auch wenn sie kein ausdrückliches Verbot Gottes missachteten, wie Adam es tat, der auf Christus hinweist, der noch kommen sollte! [15]Und was für ein Unterschied zwischen der Sünde und Gottes überwältigendem Geschenk der Vergebung. Denn wenn der eine Mensch, Adam, durch seine Sünde vielen den Tod brachte, um wie viel größer ist dann das Geschenk Gottes, seine Vergebung, das der andere Mensch, Jesus Christus, so vielen brachte. [16]Und dieses Geschenk Gottes hat völlig andere Folgen als die Sünde jenes einen: Denn während die Sünde des einen zur tödlichen Verdammnis führte, werden viele trotz ihrer Sünden von Gott unverdient gerecht gesprochen. [17]Durch die Sünde des einen Menschen gerieten wir unter die Herrschaft des Todes, doch durch den anderen Menschen, Jesus Christus, werden alle, die Gottes Gnade und das Geschenk der Gerechtigkeit annehmen, über Sünde und Tod siegen und leben!

[18]Ja, die Sünde Adams brachte Verdammnis über alle Menschen, aber die Tat von Christus, sein erlösendes Handeln, macht alle Menschen in Gottes Augen gerecht und schenkt ihnen Leben. [19]Weil ein Mensch Gott ungehorsam war, wurden viele Menschen zu Sündern. Doch weil ein anderer Mensch Gott gehorchte, werden viele Menschen in Gottes Augen gerechtfertigt.

[20]Das Gesetz aber wurde gegeben, damit alle Menschen erkennen konnten, wie sündig sie waren. Doch als das Ausmaß der Sünde unter den Menschen immer größer wurde, ist Gottes wunderbare Gnade noch grenzenloser geworden. [21]So wie die Sünde also über alle Menschen herrschte und ihnen den Tod brachte, so herrscht jetzt Gottes wunderbare Gnade. Durch sie werden wir vor Gott gerecht gesprochen und ge-

winnen durch Jesus Christus, unseren Herrn, das ewige Leben.

Die Macht der Sünde ist gebrochen

6 [1]Heißt das, dass wir weiter sündigen sollen, damit Gott Gelegenheit hat, uns noch mehr Gnade zu schenken? [2]Natürlich nicht! Wenn wir für die Sünde tot sind, wie können wir da weiter in ihr leben? [3]Oder wisst ihr nicht, dass wir mit Jesus Christus gestorben sind, als wir auf seinen Namen getauft wurden? [4]Denn durch die Taufe sind wir mit Christus gestorben und begraben. Und genauso wie Christus durch die herrliche Macht des Vaters von den Toten auferstanden ist, so können auch wir jetzt ein neues Leben führen.

[5]Da wir in seinem Tod mit ihm verbunden sind, werden wir auch in der Auferstehung mit ihm verbunden sein. [6]Unser früheres Leben wurde mit Christus gekreuzigt, damit die Sünde in unserem Leben ihre Macht verliert. Nun sind wir keine Sklaven der Sünde mehr. [7]Denn als wir mit Christus starben, wurden wir von der Macht der Sünde befreit. [8]Und weil wir mit Christus gestorben sind, vertrauen wir darauf, dass wir auch mit ihm leben werden. [9]Wir wissen, dass Christus von den Toten auferstand und nie wieder sterben wird. Der Tod hat keine Macht mehr über ihn. [10]Er starb ein für alle Mal, um die Sünde zu besiegen, und nun lebt er für Gott. [11]Deshalb haltet daran fest: Ihr seid für die Sünde tot und lebt nun durch Christus Jesus für Gott!

[12]Lasst nicht die Sünde euer Leben beherrschen; gebt ihrem Drängen nicht nach. [13]Lasst keinen Teil eures Körpers zu einem Werkzeug für das Böse werden, um mit ihm zu sündigen. Stellt euch stattdessen ganz Gott zur Verfügung, denn es ist euch ein neues Leben geschenkt worden. Euer Körper soll ein Werkzeug zur Ehre Gottes sein, sodass ihr tut, was gerecht ist! [14]Die Sünde hat die Macht über euch verloren, denn ihr steht nicht mehr unter dem Gesetz, sondern seid durch Gottes Gnade frei geworden.

Freiheit, um Gott zu gehorchen

¹⁵Bedeutet das, dass wir weiter sündigen dürfen, weil Gottes Gnade uns vom Gesetz befreit hat? Natürlich nicht! ¹⁶Erkennt ihr denn nicht, dass ihr immer der Sklave dessen seid, dem ihr gehorcht? Ihr könnt die Sünde wählen, die in den Tod führt, oder ihr könnt Gott gehorchen und seine Anerkennung bekommen. ¹⁷Gott sei Dank! Denn früher wart ihr Sklaven der Sünde, doch nun habt ihr euch von ganzem Herzen der neuen Lehre unterstellt, der ihr anvertraut wurde. ¹⁸Jetzt seid ihr frei von der Sünde und dient stattdessen der Gerechtigkeit.

¹⁹Ich benutze diesen Vergleich mit den Sklaven, weil er leicht zu verstehen ist. Früher habt ihr als Sklaven der Unreinheit und Gesetzlosigkeit gedient; jetzt sollt ihr euch dafür entscheiden, für die Gerechtigkeit zu leben, damit ihr heilig werdet.

²⁰Damals wart ihr Sklaven der Sünde und kanntet keine Gerechtigkeit. ²¹Und was waren die Folgen? Nichts Gutes, denn heute schämt ihr euch für das, was ihr früher getan habt – es führte zum Tod. ²²Doch nun seid ihr aus der Macht der Sünde befreit und seid Diener Gottes geworden. Jetzt tut ihr das, was zu eurer Heiligung führt und euch das ewige Leben bringt. ²³Denn der Lohn der Sünde ist der Tod; das unverdiente Geschenk Gottes dagegen ist das ewige Leben durch Christus Jesus, unseren Herrn.

Nicht länger an das Gesetz gebunden

7 ¹Liebe Freunde, die ihr mit dem Gesetz vertraut seid: Wisst ihr nicht, dass das Gesetz für einen Menschen nur gilt, solange er lebt? ²Lasst es mich an einem Beispiel deutlich machen: Wenn eine Frau heiratet, ist sie durch das Gesetz an ihren Mann gebunden, solange er lebt. Wenn er aber stirbt, haben die Ehegesetze keine Gültigkeit mehr für sie. ³Hätte sie einen anderen Mann gehabt, während ihr Ehemann noch lebte, hätte sie Ehebruch begangen. Aber wenn ihr Ehemann stirbt, ist sie von diesem Gesetz frei und begeht keinen Ehebruch, wenn sie wieder heiratet.

⁴Genauso, liebe Freunde, hat auch das Gesetz keine Macht mehr über euch, denn von dieser Macht seid ihr befreit worden, als ihr mit Christus am Kreuz gestorben seid. Jetzt gehört ihr dem, der von den Toten auferstand, und könnt gute Frucht bringen, das heißt gute Taten für Gott. ⁵Als wir von unserer menschlichen Natur beherrscht wurden, waren wir den sündigen Leidenschaften in uns ausgeliefert, ja, das Gesetz entfachte diese Leidenschaften sogar, die zur Sünde und damit zum Tod führten. ⁶Doch jetzt sind wir vom Gesetz befreit, denn wir sind mit Christus gestorben und der Macht des Gesetzes nicht länger unterstellt. Deshalb können wir Gott von nun an in einer neuen Weise dienen – nicht wie früher durch Einhaltung jedes einzelnen Buchstabens des Gesetzes, sondern durch den Heiligen Geist.

Das Gesetz Gottes offenbart unsere Sünde

⁷Will ich damit etwa behaupten, dass Gottes Gesetz Sünde ist? Natürlich nicht! Das Gesetz an sich ist nicht sündig; aber durch das Gesetz erkannte ich erst meine Sünde. Ich hätte nicht gewusst, dass es falsch ist zu begehren, wenn das Gesetz mir nicht gesagt hätte: »Du sollst nicht begehren.« ⁸Doch die Sünde benutzte das Gebot und weckte in mir viele schlechte Leidenschaften! Gäbe es kein Gesetz, dann hätte die Sünde keine Macht.

⁹Früher lebte ich ohne das Gesetz. Doch mit dem Gebot kam auch die Sünde in mein Leben ¹⁰und verurteilte zum Tod. So brachte mir das Gebot, das mir eigentlich den Weg zum Leben zeigen sollte, stattdessen den Tod. ¹¹Denn die Sünde benutzte das Gebot, um mich zu täuschen und zu töten. ¹²Das Gesetz selbst aber ist heilig, und das Gebot ist heilig, gerecht und gut.

¹³Aber wie kann das sein? Brachte etwa das Gesetz, das doch gut ist, mir den Tod? Natürlich nicht! Sondern die Sünde benutzte das Gute, um mir den Tod zu bringen. Daran erkennen wir, wie schrecklich die Sünde ist: Sie benutzt das Gebot Gottes für ihre eigenen bösen Absichten.

Der Kampf gegen die Sünde

[14]Das Gesetz ist also gut, weil es vom Geist Gottes kommt. Ich aber bin als Mensch wie in die Sklaverei verkauft und werde von der Sünde beherrscht. [15]Ich begreife mich selbst nicht, denn ich möchte von ganzem Herzen tun, was gut ist, und tue es doch nicht. Stattdessen tue ich das, was ich eigentlich hasse. [16]Ich weiß, dass mein Handeln falsch ist, und gebe damit zu, dass das Gesetz gut ist. [17]Aber ich kann mir selbst nicht helfen, weil die Sünde in mir mich zum Bösen verleitet.

[18]Ich weiß, dass ich durch und durch verdorben bin, soweit es meine menschliche Natur betrifft. Denn immer wieder nehme ich mir das Gute vor, aber es gelingt mir nicht, es zu verwirklichen. [19]Wenn ich Gutes tun will, tue ich es nicht. Und wenn ich versuche, das Böse zu vermeiden, tue ich es doch. [20]Aber wenn ich tue, was ich nicht will, dann tue nicht ich es, sondern die Sünde in mir.

[21]Es ist anscheinend wie ein inneres Gesetz in meinem Leben, dass ich, wenn ich das Gute will, unweigerlich das Böse tue. [22]Ich liebe Gottes Gesetz von ganzem Herzen. [23]Doch in mir wirkt ein anderes Gesetz, das gegen meine Vernunft kämpft. Dieses Gesetz gewinnt die Oberhand und macht mich zum Sklaven der Sünde, die immer noch in mir ist. [24]Was bin ich doch für ein elender Mensch! Wer wird mich von diesem Leben befreien, das von der Sünde beherrscht wird? [25]Gott sei Dank: Jesus Christus, unser Herr!

Fest steht: Meiner Vernunft nach möchte ich dem Gesetz Gottes gehorchen, aber meiner menschlichen Natur nach bin ich ein Sklave der Sünde.

Ein Leben durch Gottes Geist

8 [1]Also gibt es jetzt für die, die zu Christus Jesus gehören, keine Verurteilung mehr. [2]Denn die Macht des Geistes, der Leben gibt, hat dich durch Christus Jesus von der Macht der Sünde befreit, die zum Tod führt. [3]Das Gesetz konnte uns nicht retten, weil unsere menschliche Natur ihm widerstand. Deshalb sandte Gott seinen Sohn zu uns. Er kam in menschlicher Gestalt wie wir, aber ohne Sünde. Gott zerstörte die

Herrschaft der Sünde über uns, indem er seinen Sohn stellvertretend für unsere Schuld verurteilte. ⁴Das tat er, damit die gerechten Forderungen des Gesetzes durch uns erfüllt würden und wir uns nicht länger von unserer menschlichen Natur, sondern vom Geist Gottes leiten lassen.

⁵Wer von seiner menschlichen Natur beherrscht wird, ist von ihren selbstsüchtigen Wünschen bestimmt, doch wer vom Heiligen Geist geleitet wird, richtet sich nach dem, was der Geist will. ⁶Wenn du dich von deiner menschlichen Natur bestimmen lässt, führt das zum Tod. Doch wenn der Heilige Geist dich bestimmt, bedeutet das Leben und Frieden. ⁷Denn die menschliche Natur steht Gott grundsätzlich feindlich gegenüber. Sie hat sich nicht dem Gesetz Gottes unterstellt und wird es auch nicht können. ⁸Deshalb können Menschen, die noch von ihrer menschlichen Natur beherrscht werden, Gott niemals gefallen.

⁹Ihr aber werdet nicht mehr von eurer sündigen Natur, sondern vom Geist Gottes beherrscht, wenn Gottes Geist in euch lebt. Wer aber den Geist von Christus nicht hat, der gehört nicht zu Christus. ¹⁰Da Christus in euch lebt, wird zwar euer Körper aufgrund der Sünde sterben, aber durch den Geist empfangt ihr Leben, weil ihr von Gott gerecht gesprochen wurdet. ¹¹Der Geist Gottes, der Jesus von den Toten auferweckt hat, lebt in euch. Und so wie er Christus von den Toten auferweckte, wird er auch euren sterblichen Körper durch denselben Geist lebendig machen, der in euch lebt.

¹²Liebe Brüder, ihr seid also nicht mehr dazu gezwungen, euch von den Wünschen eurer menschlichen Natur beherrschen zu lassen. ¹³Denn wenn ihr euch weiter von ihr bestimmen lasst, werdet ihr sterben. Wenn ihr euch aber durch die Kraft des Heiligen Geistes von eurem alten Wesen und den bösen Taten abwendet, werdet ihr leben. ¹⁴Denn alle, die vom Geist Gottes bestimmt werden, sind Kinder Gottes.

¹⁵Deshalb verhaltet euch nicht wie ängstliche Sklaven. Wir sind doch Kinder Gottes geworden und dürfen ihn »Abba, Vater« rufen. ¹⁶Denn der Geist Gottes selbst bestätigt uns tief im Herzen, dass wir Gottes Kinder sind. ¹⁷Und als seine Kin-

der sind wir auch Miterben an seinem Reichtum – denn alles, was Gott seinem Sohn Christus gibt, gehört auch uns. Doch wenn wir an seiner Herrlichkeit teilhaben wollen, müssen wir auch seine Leiden mit ihm teilen.

Die zukünftige Herrlichkeit

[18]Ich bin aber davon überzeugt, dass unsere jetzigen Leiden bedeutungslos sind im Vergleich zu der Herrlichkeit, die er uns später schenken wird. [19]Denn die ganze Schöpfung wartet sehnsüchtig auf jenen Tag, an dem Gott offenbar machen wird, wer wirklich zu seinen Kindern gehört. [20]Alles auf Erden wurde der Vergänglichkeit unterworfen. Dies geschah gegen ihren Willen durch den, der sie unterworfen hat. Aber die ganze Schöpfung hofft auf den Tag, [21]an dem sie von Tod und Vergänglichkeit befreit wird zur herrlichen Freiheit der Kinder Gottes. [22]Denn wir wissen, dass die ganze Schöpfung bis zu diesem Augenblick mit uns seufzt, wie unter den Schmerzen einer Geburt. [23]Und selbst wir, obwohl wir im Heiligen Geist einen Vorgeschmack der kommenden Herrlichkeit erhalten haben, seufzen und erwarten sehnsüchtig den Tag, an dem Gott uns in unsere vollen Rechte als seine Kinder einsetzen und uns den neuen Körper geben wird, den er uns versprochen hat. [24]Nachdem wir nun gerettet sind, hoffen und warten wir darauf. Denn wenn man etwas schon sieht, muss man nicht mehr darauf hoffen. Und was ist die Hoffnung auf etwas, das man schon sieht? [25]Aber wenn wir auf etwas hoffen, das wir noch nicht sehen, müssen wir mit Geduld und Zuversicht darauf warten.

[26]Der Heilige Geist hilft uns in unserer Schwäche. Denn wir wissen ja nicht einmal, worum oder wie wir beten sollen. Doch der Heilige Geist betet für uns mit einem Seufzen, das sich nicht in Worte fassen lässt. [27]Und der Vater, der alle Herzen kennt, weiß, was der Geist sagt, denn der Geist bittet für die, die zu Gott gehören, wie es dem Willen Gottes entspricht. [28]Und wir wissen, dass für die, die Gott lieben und nach seinem Willen zu ihm gehören, alles zum Guten zusammenwirkt. [29]Denn Gott hat sie schon vor Beginn der Zeit aus-

erwählt und hat sie vorbestimmt, seinem Sohn gleich zu werden, damit sein Sohn der Erstgeborene unter vielen Geschwistern werde. ³⁰Und da er sie erwählt hat, hat er sie auch berufen, zu ihm zu kommen. Er hat sie gerecht gesprochen und hat ihnen Anteil an seiner Herrlichkeit gegeben.

Nichts kann uns von Gottes Liebe trennen

³¹Was kann man dazu noch sagen? Wenn Gott für uns ist, wer kann da noch gegen uns sein? ³²Gott hat nicht einmal seinen eigenen Sohn verschont, sondern hat ihn für uns alle gegeben. Und wenn Gott uns Christus gab, wird er uns mit ihm dann nicht auch alles andere schenken?

³³Wer wagt es, gegen die Anklage zu erheben, die von Gott auserwählt wurden? Gott selbst ist ja der, der sie gerecht spricht. ³⁴Wer sollte uns verurteilen? Christus Jesus selbst ist ja für uns gestorben. Mehr noch, er ist der Auferstandene. Er sitzt auf dem Ehrenplatz zur rechten Seite Gottes und tritt für uns ein.

³⁵Kann uns noch irgendetwas von der Liebe trennen, die Christus zu uns hat? Wenn wir vielleicht in Not oder Angst geraten, verfolgt werden, hungern, frieren, in Gefahr sind oder sogar vom Tod bedroht werden? ³⁶Schon in der Schrift heißt es: »Weil wir an dir festhalten, werden wir jeden Tag getötet, wir werden geschlachtet wie Schafe.« ³⁷Aber trotz all dem tragen wir einen überwältigenden Sieg davon durch Christus, der uns geliebt hat.

³⁸Ich bin überzeugt: Nichts kann uns von seiner Liebe trennen. Weder Tod noch Leben, weder Engel noch Mächte, weder unsere Ängste in der Gegenwart noch unsere Sorgen um die Zukunft, ja nicht einmal die Mächte der Hölle können uns von der Liebe Gottes trennen. ³⁹Und wären wir hoch über dem Himmel oder befänden uns in den tiefsten Tiefen des Ozeans, nichts und niemand in der ganzen Schöpfung kann uns von der Liebe Gottes trennen, die in Christus Jesus, unserem Herrn, erschienen ist.

Die besondere Erwählung Israels durch Gott

9 ¹Was ich nun sage, sage ich in der Gegenwart von Christus. Es ist die Wahrheit – ich lüge nicht – und der Heilige Geist bestätigt es mir durch mein Gewissen: ²Mein Herz ist erfüllt von tiefem Schmerz und großer Trauer ³um mein Volk, meine jüdischen Schwestern und Brüder. Ich wäre sogar bereit, für immer verflucht zu sein und von Christus getrennt, wenn ich sie dadurch retten könnte. ⁴Sie sind das Volk Israel, das Gott als seine besonderen Kinder erwählt hat. Ihnen hat Gott seine Herrlichkeit offenbart. Mit ihnen hat er Bündnisse geschlossen, und ihnen hat er sein Gesetz gegeben. Sie erhielten das Vorrecht, ihn anzubeten, und sie empfingen seine Zusagen. ⁵Ihre Vorfahren waren die Stammväter, und auch Christus selbst stammt seiner menschlichen Herkunft nach aus dem jüdischen Volk. Er ist Gott, der über alles regiert, ihn loben wir in alle Ewigkeit! Amen.

⁶Es ist nun nicht so, dass das Versprechen, das Gott den Juden gegeben hat, nicht mehr gilt. Aber nicht jeder, der in eine jüdische Familie hineingeboren wird, ist wirklich ein Jude. ⁷Nicht alle Nachkommen Abrahams sind deshalb schon seine wahren Kinder. Denn in der Schrift heißt es: »Nur die Nachkommen Isaaks sollen als deine Nachkommen bezeichnet werden.« ⁸Das bedeutet, dass die leiblichen Nachkommen Abrahams nicht zugleich Kinder Gottes sind. Sondern als wahre Kinder Abrahams gelten nur die, die nach der Zusage Gottes von ihm abstammen. ⁹Denn Gott hatte Abraham versprochen: »Nächstes Jahr um diese Zeit werde ich zurückkehren. Dann wird Sara einen Sohn haben.«

¹⁰Und so war es nicht nur bei Sara, sondern auch bei Rebekka, die von unserem Stammvater Isaak mit Zwillingen schwanger wurde. ¹¹Doch schon vor der Geburt, noch bevor die Kinder irgendetwas Gutes oder Böses getan hatten, sprach Gott zu Rebekka. Dies geschah nach dem feststehenden Willen Gottes und seiner freien Wahl, ¹²die nicht abhängt von Taten, sondern allein von seiner Entscheidung. So sprach er zu Rebekka: »Der Ältere wird dem Jüngeren dienen.« ¹³In

der Schrift heißt es: »Jakob habe ich geliebt, aber Esau habe ich gehasst.«

¹⁴Was sollen wir dazu sagen? War Gott ungerecht? Natürlich nicht! ¹⁵Denn Gott sagte zu Mose: »Ich schenke meine Gnade und mein Erbarmen, wem ich will.«

¹⁶Gottes Zusagen erhalten wir also nicht, indem wir sie uns wünschen oder uns darum bemühen, sondern Gott erbarmt sich über den, den er erwählt.

¹⁷Denn in der Schrift heißt es, dass Gott zu Pharao sagte: »Ich habe dich berufen, um an dir meine Macht zu zeigen und meinen Namen auf der ganzen Erde bekannt zu machen.« ¹⁸Ihr seht also, dass Gott sich über den erbarmt, über den er will, und dass er das Herz eines anderen verschließt, sodass er nicht auf ihn hört.

¹⁹Nun wendet jemand vielleicht ein: »Warum wirft Gott den Menschen dann noch vor, dass sie nicht auf ihn hören? Kann sich denn jemand seinem Willen widersetzen?«

²⁰Was denkst du, wer du bist? Du bist doch nur ein Mensch und willst dich mit Gott streiten? Sagt das Geschaffene etwa zu seinem Schöpfer: »Warum hast du mich so gemacht?« ²¹Wenn ein Töpfer Gefäße aus Ton formt, hat er da nicht das Recht, aus demselben Klumpen Ton ein Gefäß für besondere Anlässe und ein anderes für den gewöhnlichen Gebrauch herzustellen? ²²Wenn Gott seinen Zorn zeigen und seine Macht ausüben will, kann er viel Geduld mit den Gefäßen seines Zorns haben, die zum Verderben bestimmt sind, ²³und dadurch den Reichtum seiner Herrlichkeit denen erweisen, die er als Gefäße seines Erbarmens dafür vorbereitet hat. ²⁴Das gilt auch für uns, die er aus dem jüdischen Volk und aus den anderen Völkern erwählt hat. ²⁵Was nun die anderen Völker betrifft, so sagt Gott in den prophetischen Worten Hoseas:

»Die nicht mein Volk waren, will ich jetzt mein Volk nennen. Und ich will lieben, die ich zuvor nicht geliebt habe.«

²⁶Und weiter steht bei Hosea:

»Früher wurde ihnen gesagt: ›Ihr seid nicht mein Volk. Doch jetzt sollen sie Kinder des lebendigen Gottes genannt werden.‹«

²⁷Und über Israel rief der Prophet Jesaja aus:

»Auch wenn das Volk Israel so zahlreich wäre wie der Sand am Meer, wird doch nur eine kleine Zahl gerettet werden. ²⁸Denn der Herr wird sein Wort auf der Erde wahr machen, und er wird es schnell und endgültig tun.«

²⁹Und an anderer Stelle sagte Jesaja:

»Hätte der allmächtige Herr nicht einige von uns verschont, wären wir so vollständig ausgelöscht worden wie Sodom und Gomorra.«

Israels Unglaube

³⁰Was sollen wir nun dazu sagen? Nur dies: Die Menschen aus den anderen Völkern sind durch den Glauben von Gott gerecht gesprochen worden, obwohl sie die Gerechtigkeit, die vor Gott gilt, nicht gesucht haben. ³¹Die Juden aber, die durch das Halten des Gesetzes vor Gott gerecht werden wollten, haben dieses Ziel nicht erreicht. ³²Warum nicht? Weil sie versuchten, durch ihre eigenen guten Taten vor Gott gerecht zu werden und dadurch das Gesetz zu erfüllen, statt auf den Glauben zu vertrauen. So stolperten sie über den »Stein des Anstoßes«, ³³wie es schon in der Schrift steht:

»Ich lege in Jerusalem einen Stein, über den die Menschen stolpern werden, und einen Felsen, an dem viele zu Fall kommen werden. Doch wer an ihn glaubt, wird nicht umkommen.«

10 ¹Liebe Freunde, ich sehne mich von Herzen danach und bete zu Gott, dass das jüdische Volk gerettet wird. ²Ich kann bezeugen, mit welcher Hingabe sie Gott dienen, aber es fehlt ihnen die richtige Erkenntnis. ³Denn sie haben nicht erkannt, auf welche Weise Gott die Menschen gerecht erklärt. Stattdessen gehen sie ihren eigenen Weg, indem sie versuchen das Gesetz zu halten, um dadurch die Anerkennung Gottes zu gewinnen. Damit lehnen sie den Weg Gottes ab. ⁴Denn mit Christus ist die Absicht des Gesetzes vollkommen erfüllt. Wer an ihn glaubt, wird vor Gott gerecht gesprochen.

Die Erlösung steht für alle bereit

[5]Denn Mose schrieb, dass man alle Gebote des Gesetzes erfüllen muss, um durch das Gesetz vor Gott gerecht zu werden. [6]Wer aber durch den Glauben vor Gott bestehen will,
dem sollt ihr sagen: »Du musst nicht in den Himmel hinauf-
steigen« – um Christus zu finden und ihn herabzuholen.
[7]Und: »Du musst nicht in die Tiefe hinabsteigen« – um
Christus wieder von den Toten heraufzuholen. [8]Denn in der
Schrift heißt es: »Die Botschaft ist dir ganz nahe; sie ist auf
deinen Lippen und in deinem Herzen.« Es ist die Botschaft
von der Erlösung durch den Glauben an Christus, die wir
verkünden.

[9]Wenn du mit deinem Mund bekennst, dass Jesus der Herr
ist, und wenn du in deinem Herzen glaubst, dass Gott ihn von
den Toten auferweckt hat, wirst du gerettet werden. [10]Denn
durch den Glauben in deinem Herzen wirst du vor Gott gerecht, und durch das Bekenntnis deines Mundes wirst du gerettet. [11]So heißt es in der Schrift: »Wer an ihn glaubt, wird
nicht umkommen.« [12]Das gilt ohne Unterschied für Juden
wie für alle anderen Menschen. Alle haben denselben Herrn,
der seine Reichtümer großzügig allen schenkt, die ihn darum
bitten. [13]Denn »jeder, der den Namen des Herrn anruft, wird
gerettet werden«.

[14]Doch wie können sie ihn anrufen, wenn sie nicht an ihn
glauben? Und wie können sie an ihn glauben, wenn sie nie
von ihm gehört haben? Und wie können sie von ihm hören,
wenn niemand ihnen die Botschaft verkündet? [15]Und wie soll
jemand hingehen und ihnen die Botschaft Gottes sagen, wenn
er nicht dazu beauftragt wurde? Das ist gemeint, wenn es in
der Schrift heißt: »Wie wunderbar ist es, die Boten kommen
zu hören, die gute Nachrichten bringen!«

[16]Doch nicht jeder nimmt die gute Botschaft an, wie auch der
Prophet Jesaja sagte: »Herr, wer hat unserer Predigt geglaubt?« [17]Und doch kommt der Glaube durch das Hören dieser Botschaft, die Botschaft aber kommt von Christus.

[18]Aber was ist nun mit den Juden? Haben sie die Botschaft
wirklich gehört? Ja, das haben sie:

»Die Botschaft breitete sich aus über die ganze Erde und ihre Worte über die ganze Welt.«

[19]Aber hat das Volk Israel sie auch wirklich verstanden? Ja, das haben sie, denn schon bei Mose steht geschrieben:

»Ich will euch eifersüchtig machen auf ein Volk, das nicht mein Volk ist. Ich will euch zornig machen auf ein Volk, das nichts von mir weiß.«

[20]Und Jesaja wagte zu sagen:

»Ich habe mich von Menschen finden lassen, die nicht nach mir suchten. Ich habe mich denen zu erkennen gegeben, die nicht nach mir fragten.«

[21]Über Israel aber sprach Gott:

»Den ganzen Tag stand ich mit offenen Armen vor einem Volk, das mir nicht gehorcht und sich mir widersetzt.«

Gottes Gnade für Israel

11 [1]Ich frage nun: Hat Gott sein Volk, die Juden, etwa verstoßen? Natürlich nicht! Vergesst nicht, dass ich selbst ein Jude bin, ein Nachkomme Abrahams vom Stamm Benjamin.

[2]Nein, Gott hat sein Volk nicht verstoßen, das er von Anfang an erwählt hat. Erinnert ihr euch, was die Schrift über Elia sagt? Dieser beklagte sich bei Gott über das Volk Israel und sagte: [3]»Herr, sie haben deine Propheten getötet und deine Altäre niedergerissen. Ich allein bin übrig geblieben, und nun versuchen sie, auch mich umzubringen.«

[4]Und was antwortete Gott? Er sprach: »Du bist nicht allein übrig geblieben, sondern ich habe noch siebentausend andere übrig gelassen, die nicht vor Baal niedergekniet sind!«

[5]So ist es auch noch heute, denn einige von ihnen, die Gott aus Gnade dazu erwählt hat, werden gerettet. [6]Wenn der Grund dafür aber die Gnade Gottes war, dann geschah es nicht aufgrund guter Taten, denn sonst wäre die Gnade Gottes nicht mehr das, was sie ist: ein freies, unverdientes Geschenk.

[7]Was bedeutet das nun? Die Juden haben die Anerkennung Gottes, um die sie sich so bemühen, nicht erlangt. Gelungen

ist es nur denen, die von Gott erwählt wurden. Doch die Herzen der Übrigen sind Gott gegenüber hart geworden. [8]In der Schrift heißt es:

»Gott hat sie in einen tiefen Schlaf versetzt. Bis auf den heutigen Tag hält er ihre Augen verschlossen, sodass sie nicht sehen können, und ihre Ohren verstopft, sodass sie nicht hören können.«

[9]Davon sprach auch David, als er sagte:

»Ihr reich gedeckter Tisch soll ihnen zur Falle werden und wie eine Schlinge, die sich schließt. Er soll sie zu Fall bringen und Anlass zur Vergeltung sein. [10]Ihre Augen sollen sich verfinstern, sodass sie nichts mehr sehen, und ihr Rücken soll sich unter ihrer Last mehr und mehr beugen.«

[11]Sind sie so tief gefallen, dass sie hoffnungslos verloren sind? Nein, auf keinen Fall! Sondern ihr Ungehorsam führte dazu, dass auch die anderen Völker gerettet werden, um damit zugleich auch die Eifersucht der Juden zu wecken. [12]Wenn nun die anderen Völker so reich beschenkt wurden, weil die Juden Gottes Angebot der Erlösung ablehnten, wie viel größeren Segen wird es dann für die Welt bedeuten, wenn die Juden es schließlich annehmen!

[13]Ich sage das alles zu euch, die ihr keine Juden seid, denn Gott hat mich zu eurem Apostel berufen. Und ich hebe es so stark hervor, [14]um dadurch die Eifersucht der Juden zu wecken und auf diese Weise einige von ihnen zu retten. [15]Denn wenn sie Gottes Gabe verwarfen und das zum Angebot der Versöhnung für die übrige Welt führte, wie herrlich wird es dann erst sein, wenn sie Gottes Gabe annehmen! Dann werden Menschen, die tot waren, wieder lebendig! [16]Wenn der erste Teil des Teiges, den man opfert, heilig ist, dann ist es auch der ganze Teig. Und wenn die Wurzel des Ölbaums heilig ist, dann werden es auch die Zweige sein.

[17]Doch einige dieser Zweige – damit sind die Juden gemeint – wurden herausgebrochen, und du, der Zweig eines wilden Ölbaums, wurdest eingepfropft. Nun erhältst du ebenfalls Kraft aus der Wurzel des Ölbaums und nährst dich von seinem Saft. [18]Doch sei nicht stolz darauf, dass du anstelle

der herausgebrochenen Zweige eingepfropft wurdest! Vergiss nicht, dass du nur ein Zweig bist und nicht die Wurzel, denn nicht du trägst die Wurzel, sondern die Wurzel trägt dich.

¹⁹Vielleicht wendet ihr jetzt ein: »Diese Zweige wurden doch herausgebrochen, um Platz für mich zu schaffen.« ²⁰»Richtig. Aber denk daran, dass diese Zweige – die Juden – herausgebrochen wurden, weil sie Gott nicht glaubten, und du an ihrer Stelle eingepfropft bist, weil du glaubst. Sei also nicht stolz, sondern fürchte dich davor, dass es dir ebenso ergehen könnte!« ²¹Denn wenn Gott die ursprünglichen Zweige nicht verschonte, wird er auch euch nicht verschonen.

²²Erkenne doch, wie Gott zugleich gütig und streng ist. Mit Strenge begegnet er den Ungehorsamen, während er dir seine Güte erweist, wenn du weiterhin auf diese Güte vertraust. Andernfalls wirst auch du abgehauen werden. ²³Und sobald die Juden sich von ihrem Unglauben abwenden, wird Gott sie wieder in den Baum einpfropfen. Er hat die Macht dazu.

²⁴Wenn Gott bereit war, dich, der du ursprünglich Zweig eines wilden Ölbaums warst, seinem guten Baum einzupfropfen – was gegen die Natur wäre –, wie viel lieber wird er die Juden wieder in den Baum einpfropfen, zu dem sie eigentlich gehören.

Gottes Gnade steht allen Menschen offen

²⁵Ihr sollt dieses Geheimnis verstehen, liebe Freunde, damit ihr euch nichts auf eure Klugheit einbildet. Das Herz mancher Juden ist verschlossen, doch das wird nur so lange anhalten, bis die von Gott bestimmte Anzahl von Menschen aus den anderen Völkern zu Christus gefunden hat. ²⁶Dann wird ganz Israel gerettet werden, wie es schon bei den Propheten geschrieben steht:

»Ein Retter wird aus Jerusalem kommen, und er wird Israel von aller Gottlosigkeit befreien. ²⁷Dann werde ich einen Bund mit ihnen schließen, wenn ich ihre Sünden wegnehmen werde.«

²⁸Viele Juden sind jetzt zwar Feinde der guten Botschaft,

doch das geschah für euch. Aber aufgrund der Zusagen an Abraham, Isaak und Jakob sind sie nach wie vor Gottes erwähltes Volk. [29]Denn die Gaben, die Gott gibt und die Berufung, die er ausspricht, bereut er nicht und sie gelten für immer. [30]Früher habt ihr Gott nicht gehorcht, doch wegen des Ungehorsams der Juden war Gott stattdessen euch jetzt gnädig. [31]So sind es jetzt die Juden, die Gott ungehorsam sind, weil er euch gegenüber gnädig ist. Aber eines Tages werden auch sie an Gottes Gnade teilhaben. [32]Denn Gott hat alle Menschen ihrem eigenen Ungehorsam ausgeliefert, um allen seine Gnade zu schenken.

[33]Wie wunderbar ist doch Gott!
Wie unermesslich sind seine Reichtümer,
wie tief seine Weisheit und seine Erkenntnis!
Unmöglich ist es uns, seine Entscheidungen und Wege zu begreifen!
[34]Denn wer kann wissen, was der Herr denkt?
Wer kann sein Ratgeber sein?
[35]Und wer hat Gott jemals so viel gegeben,
dass Gott ihm etwas zurückerstatten müsste?
[36]Denn alles kommt von ihm; alles besteht durch seine Macht und ist zu seiner Herrlichkeit bestimmt.
Ihm gehört die Ehre in Ewigkeit! Amen.

Ein lebendiges Opfer für Gott

12 [1]Weil Gott so barmherzig ist, fordere ich euch nun auf, liebe Brüder, euch mit eurem ganzen Leben für Gott einzusetzen. Es soll ein lebendiges und heiliges Opfer sein – ein Opfer, an dem Gott Freude hat. Das ist ein Gottesdienst, wie er sein soll. [2]Deshalb orientiert euch nicht am Verhalten und an den Gewohnheiten dieser Welt, sondern lasst euch von Gott durch Veränderung eurer Denkweise in neue Menschen verwandeln. Dann werdet ihr wissen, was Gott von euch will: Es ist das, was gut ist und ihn freut und seinem Willen vollkommen entspricht.

[3]Im Auftrag Gottes warne ich jeden von euch: Seid ehrlich in eurem Urteil über euch selbst und messt euch daran, wie viel

Glauben Gott euch geschenkt hat. ⁴So wie euer Körper viele Teile und jeder Körperteil seine besondere Funktion hat, ⁵so verhält es sich auch mit dem Leib von Christus. Wir sind alle Teile seines einen Leibes, und jeder von uns hat eine andere Aufgabe zu erfüllen. Und da wir alle in Christus ein Leib sind, gehören wir zueinander, und jeder Einzelne ist auf alle anderen angewiesen.

⁶Gott ist gnädig und hat uns unterschiedliche Gaben geschenkt. Hat Gott dir zum Beispiel die Gabe der Prophetie gegeben, dann wende sie an, wenn du überzeugt bist, dass Gott durch dich redet. ⁷Besteht deine Begabung darin, anderen zu dienen, dann diene ihnen gut. Bist du zum Lehren berufen, dann sei ein guter Lehrer. ⁸Wenn du die Gabe hast, andere zu ermutigen, dann mach es auch! Wer Geld hat, soll es aus freien Stücken und ehrlich mit anderen teilen. Hat Gott dir die Fähigkeit verliehen, andere zu leiten, dann nimm diese Verantwortung ernst. Und wenn du die Begabung hast, dich um andere, die es nötig haben, zu kümmern, sollst du es mit fröhlichem Herzen tun.

⁹Täuscht nicht nur vor, andere zu lieben, sondern liebt sie wirklich. Hasst alles Böse und stellt euch auf die Seite des Guten. ¹⁰Liebt einander mit aufrichtiger Zuneigung und habt Freude daran, euch gegenseitig Achtung zu erweisen. ¹¹Werdet nicht nachlässig. Das Feuer des Geistes erfasse euch. Setzt euch für den Herrn ein.

¹²Freut euch in der Hoffnung, haltet durch in schweren Zeiten, bleibt beständig im Gebet. ¹³Wenn andere Gläubige in Not geraten, steht ihnen zur Seite und helft ihnen. Seid gastfreundlich und öffnet für Gäste euer Haus.

¹⁴Wenn ihr verfolgt werdet, weil ihr zu Christus gehört, dann verflucht eure Verfolger nicht, sondern erbittet den Segen Gottes für sie. ¹⁵Sind andere Menschen glücklich, dann freut euch mit ihnen. Sind sie traurig, dann begleitet sie in ihrem Kummer. ¹⁶Lebt in Frieden miteinander. Versucht nicht, euch wichtig zu machen, sondern wendet euch denen zu, die weniger angesehen sind. Und bildet euch nicht ein, alles zu wissen!

¹⁷Vergeltet anderen Menschen nicht Böses mit Bösem, sondern bemüht euch allen gegenüber um das Gute. ¹⁸Tragt euren Teil dazu bei, mit anderen in Frieden zu leben, so weit es möglich ist!

¹⁹Liebe Freunde, rächt euch niemals selbst, sondern überlasst die Rache dem Zorn Gottes. Denn es steht geschrieben: »Ich allein will Rache nehmen; ich will das Unrecht vergelten«, spricht der Herr.

²⁰Handelt stattdessen so, wie es in der Schrift heißt: »Wenn dein Feind hungrig ist, gib ihm zu essen. Wenn er durstig ist, gib ihm zu trinken, und er wird beschämt darüber sein, was er dir angetan hat.«

²¹Lass dich nicht vom Bösen überwinden, sondern überwinde das Böse durch das Gute!

Achtung vor staatlicher Autorität

13 ¹Gehorche der Regierung, unter der du lebst, denn sie ist von Gott eingesetzt. Alle Regierungen haben ihre Vollmacht von Gott. ²Wer sich also den Gesetzen des Landes widersetzt, der verweigert Gott selbst den Gehorsam und wird bestraft werden. ³Wer vorbildlich und gut handelt, braucht sich vor den Regierenden nicht zu fürchten, denn nur die müssen sich fürchten, die unrecht tun. Deshalb tu, was richtig ist, und du wirst sogar noch dafür gelobt werden. ⁴Die Regierung ist von Gott dazu eingesetzt, dich zu unterstützen. Wenn du jedoch unrecht tust, ist deine Angst begründet, denn du wirst bestraft werden. Sie ist von Gott dazu eingesetzt, diejenigen in seinem Auftrag zu bestrafen, die unrecht tun. ⁵Du sollst der Regierung also aus zwei Gründen gehorchen: damit du nicht bestraft wirst und damit du ein reines Gewissen behältst.

⁶Aus diesen Gründen bezahlt ihr ja auch eure Steuern. Denn die Beamten der Regierung müssen bezahlt werden, damit sie die Aufgabe erfüllen können, die Gott ihnen anvertraut hat. ⁷Gebt jedem, was ihr ihm schuldig seid: Bezahlt eure Steuern genauso wie den Zoll und erweist allen Achtung und Ehre, denen dies zusteht.

Die Liebe ist die Erfüllung des Gesetzes

[8]Bleibt niemandem etwas schuldig, abgesehen von der Liebe, die ihr einander immer schuldig seid. Denn wer den anderen liebt, hat damit das Gesetz Gottes erfüllt. [9]Die Gebote gegen Ehebruch, Mord, Diebstahl und Begehren sind – wie auch alle anderen Gebote – in diesem einen Gebot zusammengefasst: »Liebe deinen Nächsten wie dich selbst.« [10]Die Liebe fügt niemandem Schaden zu; deshalb ist die Liebe die Erfüllung von Gottes Gesetz.

[11]Führt euer Leben auf diese Weise, weil ihr wisst, dass die Zeit begrenzt ist. Wacht auf, denn wir sind unserer Rettung jetzt näher als zu Beginn unseres Glaubens. [12]Die Nacht ist fast vorüber; der Tag der Erlösung kommt bald. Deshalb lebt nicht in der Finsternis mit ihren bösen Taten, sondern greift zu den Waffen des Lichts! [13]Unser Leben soll vorbildlich und ehrlich sein, damit es vor den Augen anderer Anerkennung findet. Wir wollen nicht an ausschweifenden Festen und Trinkgelagen teilnehmen, keinen Ehebruch begehen, nicht in sexueller Zügellosigkeit leben und uns auch nicht auf Streit und Eifersucht einlassen. [14]Haltet euch an Jesus Christus, den Herrn, und lasst euer Leben von ihm bestimmen. Gebt euren Wünschen nicht so weit nach, dass ihr von euren Leidenschaften beherrscht werdet.

Urteilt nicht übereinander

14 [1]Nehmt den an, der im Glauben schwach ist, und streitet nicht mit ihm über unterschiedliche Meinungen. [2]Während der eine zum Beispiel glaubt, man dürfe alles essen, verzichtet ein anderer auf Fleisch, weil sein Gewissen es ihm verbietet. [3]Wer meint, er dürfe alles essen, soll nicht auf den herabsehen, der nicht alles isst. Und wer bestimmte Speisen meidet, soll den nicht verurteilen, der alles isst, denn Gott hat ihn angenommen. [4]Wer bist du, dass du einen Diener Gottes verurteilst? Er ist dem Herrn verantwortlich, deshalb überlasst es Gott, sein Verhalten zu beurteilen. Der Herr hat die Kraft ihm zu helfen, sodass er das Richtige tun wird.

⁵Genauso ist es bei dem, der bestimmte Tage für heiliger erachtet als andere, während für einen anderen dagegen alle Tage gleich zählen. Entscheidend ist aber, dass jeder von dem überzeugt ist, was er denkt! ⁶Wer einen besonderen Tag auswählt, um den Herrn anzubeten, will ihn damit ehren. Und wer ohne Ausnahme alles isst, tut das zur Ehre des Herrn, denn er dankt Gott für das Essen. Und der, der nicht alles isst, will ebenfalls dem Herrn damit Freude machen und ihm danken. ⁷Denn wir gehören nicht uns selbst, ganz gleich, ob wir leben oder sterben. ⁸Wenn wir leben, leben wir, um dem Herrn Freude zu machen, und wenn wir sterben, sterben wir, um beim Herrn zu sein. Ob wir nun leben oder sterben: Wir gehören dem Herrn. ⁹Denn Christus ist ja gestorben und wieder lebendig geworden, um Herr über alle Menschen zu sein: über die Toten und über die Lebenden.

¹⁰Warum verurteilst du einen anderen? Warum siehst du auf einen anderen Bruder herab? Wir alle werden einmal vor dem Richterstuhl Gottes stehen. ¹¹Denn in der Schrift heißt es:

»›So wahr ich lebe‹, sagt der Herr, ›jedes Knie wird sich vor mir beugen und jeder Mund wird mich bekennen.‹«

¹²Ja, jeder von uns wird sich persönlich vor Gott verantworten müssen. ¹³Deshalb urteilt nicht mehr übereinander, sondern lebt so, dass ihr niemanden behindert und keinen vom Weg Gottes abbringt.

¹⁴Ich weiß und bin durch Jesus, den Herrn, davon überzeugt, dass nichts, was Gott geschaffen hat, unrein ist. Nur wenn es jemand dafür hält, ist es unrein. ¹⁵Und wenn durch das, was du isst, das Gewissen eines anderen belastet wird, so handelst du nicht aus Liebe, wenn du es trotzdem tust. Lass es nicht so weit kommen, dass ein anderer, für den Christus gestorben ist, durch dein Verhalten zu Fall kommt. ¹⁶Was euch von Gott gegeben wurde, ist gut und soll nicht schlecht gemacht werden. ¹⁷Denn im Reich Gottes ist nicht entscheidend, was man isst oder trinkt, sondern dass man ein Leben führt in Gerechtigkeit und Frieden und in der Freude im Heiligen Geist. ¹⁸Wenn du Christus so dienst, wirst du Gott Freude machen und die Anerkennung der Menschen gewinnen. ¹⁹Be-

mühen wir uns also um Frieden miteinander und versuchen wir, einander im Glauben zu stärken!

²⁰Zerstöre Gottes Werk nicht wegen dem, was du isst. Es stimmt zwar nach wie vor, dass es nichts Unreines gibt. Aber für den, der damit gegen sein Gewissen handelt, ist es falsch, alles zu essen. ²¹Es ist deshalb gut, wenn du kein Fleisch isst und keinen Wein trinkst und alles meidest, was einen anderen in Gewissenskonflikte bringen könnte. ²²Du selbst handle so, dass du es allein vor Gott verantworten kannst, und übertrage deine Ansichten nicht auf andere Menschen. Glücklich ist der, der sich nicht selbst für etwas verurteilen muss, das er für sich gutheißt. ²³Aber wenn jemand unsicher ist, ob er etwas essen darf, und es trotzdem tut, der ist damit verurteilt. Es geschieht nicht im Glauben an Gott und was nicht im Glauben geschieht, ist Sünde.

Leben mit Rücksicht auf andere

15 ¹Selbst wenn wir einen starken Glauben haben, dürfen wir uns nicht nach uns selbst richten, sondern müssen die Zweifel und Ängste Schwächerer ernst nehmen. ²Wir sollen uns so verhalten, dass es dem andern hilft und er dadurch im Glauben ermutigt wird. ³Denn auch Christus lebte nicht nur für sich selbst. In der Schrift heißt es: »Die Menschen, die dich beleidigen, beleidigen auch mich.« ⁴Dies wurde vor langer Zeit aufgeschrieben, damit wir daraus lernen. Es soll uns Hoffnung geben und ermutigen, sodass wir geduldig auf das warten, was Gott in der Schrift versprochen hat.

⁵Gott, der diese Geduld und Ermutigung schenkt, soll euch helfen, eins zu sein und in Frieden miteinander zu leben. Geht miteinander so um, wie es Christus vorgelebt hat. ⁶Dann könnt ihr gemeinsam mit einer Stimme Gott, den Vater unseres Herrn Jesus Christus, loben und ehren.

⁷Nehmt einander an, wie Christus euch angenommen hat, denn dadurch wird Gott geehrt. ⁸Denkt daran, dass Christus als ein Diener zu den Juden kam, um damit die Zusagen Gottes wahr zu machen. Das beweist, dass Gott treu zu den Versprechen steht, die er ihren Vorfahren gegeben hat. ⁹Und er

kam, damit auch die anderen Völker Gott für die Barmherzigkeit ehren, die er ihnen erwiesen hat. Das meinte auch der Psalmist, als er schrieb:

»Ich will dich preisen unter den Völkern; ich will deinem Namen Loblieder singen.«

¹⁰Und an anderer Stelle steht:

»Freut euch, ihr Völker, gemeinsam mit seinem Volk.«

¹¹Und es heißt:

»Lobt den Herrn, all ihr Völker; lobt ihn, alle Menschen auf Erden.«

¹²Und der Prophet Jesaja sagte:

»Der Erbe aus der Wurzel Isais wird kommen, und er wird über die Völker herrschen. Sie werden all ihre Hoffnung auf ihn setzen.«

¹³Deshalb bete ich, dass Gott, der euch Hoffnung gibt, euch in eurem Glauben mit Freude und Frieden erfüllt, sodass eure Hoffnung immer größer wird durch die Kraft des Heiligen Geistes.

Der Grund für den Brief

¹⁴Ich bin davon überzeugt, liebe Freunde, dass ihr genügend Güte und Erkenntnis habt, um euch gegenseitig helfen und ermutigen zu können. ¹⁵Dennoch habe ich mir die Freiheit genommen, einiges hervorzuheben, um euch noch einmal besonders daran zu erinnern. Denn durch die Gnade Gottes bin ich ¹⁶ein Bote von Jesus Christus für die Völker. Ich verkünde euch die gute Botschaft und – wie ein Priester – bringe ich euch Gott als angenehmes Opfer dar, das Gott gefallen kann, weil ihr durch den Heiligen Geist rein seid. ¹⁷So habe ich Grund, mich über alles zu freuen, was Christus Jesus durch mich in meinem Dienst für Gott getan hat. ¹⁸Ich würde es nicht wagen, auf etwas anderes stolz zu sein als auf Christus, der die anderen Völker durch mein Reden und Tun zu Gott geführt hat. ¹⁹Ich habe sie gewonnen durch die Wunder, die als Zeichen Gottes durch mich geschahen und durch die Kraft des Heiligen Geistes. Auf diese Weise habe ich die Botschaft

von Christus überall verbreitet, von Jerusalem bis in das Gebiet von Illyrien.

20Mein Bestreben war immer, die Botschaft da zu verkünden, wo der Name von Jesus Christus noch nicht bekannt war, und nicht auf dem Fundament aufzubauen, das schon ein anderer gelegt hat. 21Ich habe mich an das gehalten, was in der Schrift steht:

»Die Menschen, denen er noch nie verkündet wurde, sollen es sehen, und die, die noch nie von ihm gehört haben, sollen es verstehen.«

22Das ist auch der Grund, warum mein Besuch bei euch sich schon so lange verzögert hat.

Die Reisepläne des Paulus

23Doch inzwischen habe ich meine Aufgabe in diesen Gebieten erfüllt und hoffe, nach all diesen Jahren, in denen ich mich nach euch gesehnt habe, endlich zu euch zu kommen. 24Ich habe vor, nach Spanien zu reisen und auf dem Weg dorthin in Rom Halt zu machen. Und wenn ich die Gemeinschaft mit euch eine Weile genossen habe, könnt ihr mich wieder auf die Reise schicken.

25Vorher gehe ich allerdings noch nach Jerusalem, um den Gläubigen dort zu helfen. 26Denn die Gläubigen in Griechenland haben beschlossen, mit einer Geldsammlung die Armen in der Gemeinde in Jerusalem zu unterstützen. 27Sie haben dies sehr gern getan, weil sie ihnen etwas schuldig sind. Die anderen Völker haben ja den geistlichen Segen der Botschaft von Jesus durch jene empfangen, und so ist es nur angemessen, wenn sie jetzt der Gemeinde in Jerusalem finanziell helfen. 28Sobald ich dies ausgeführt und ihnen das Geld überreicht habe, werde ich euch auf meinem Weg nach Spanien besuchen kommen. 29Und ich bin sicher, dass ich mit dem ganzen Reichtum des Segens von Christus zu euch kommen werde. 30Liebe Brüder, im Namen von Jesus Christus, unserem Herrn, fordere ich euch auf, mich in meinem Kampf zu unterstützen, indem ihr für mich zu Gott betet. Ja, betet für mich aufgrund der Liebe zu mir, die der Heilige Geist euch schenkt. ³¹Und betet dafür, dass ich vor denjenigen in Judäa bewahrt werde, die sich weigern, Gott zu gehorchen. Betet auch, dass die Gläubigen in Jerusalem das Geschenk, das ich ihnen überbringe, annehmen. ³²Dann werde ich, wenn es Gottes Wille ist, voller Freude zu euch kommen können, und wir werden uns gegenseitig ermutigen.

³³Ich wünsche euch, dass der Gott des Friedens mit euch allen ist! Amen.

Grüße des Paulus

16 ¹Ich empfehle euch unsere Schwester Phöbe, eine Diakonin der Gemeinde von Kenchreä. ²Nehmt sie im Namen des Herrn auf wie es jemand, der zu Christus gehört, verdient. Unterstützt sie in allem, denn auch sie ist vielen eine Hilfe gewesen, mich eingeschlossen.

³Grüßt Priska und Aquila, die meine Mitarbeiter im Dienst für Christus Jesus gewesen sind. ⁴Sie haben sogar ihr Leben für mich aufs Spiel gesetzt. Und nicht nur ich bin ihnen dankbar, sondern auch alle Gemeinden. ⁵Bitte grüßt auch die Gemeinde, die sich in ihrem Haus trifft.

Grüßt meinen lieben Freund Epänetus. Er war der Erste in der Provinz Asien, der zum Glauben an Christus kam. ⁶Grüßt Maria, die sich so für euch eingesetzt hat. ⁷Dann sind da noch Andronikus und Junia, meine Verwandten, die mit mir im Gefängnis waren. Die beiden genießen hohes Ansehen unter den Aposteln und haben schon vor mir an Christus geglaubt. Bitte richtet ihnen ebenso meine Grüße aus, ⁸wie Ampliatus, mit dem ich in der Liebe Gottes verbunden bin, ⁹Urbanus, unserem Mitarbeiter im Dienst für Christus, und dem geliebten Stachys.

¹⁰Grüßt auch Apelles, der sich im Glauben an Christus bewährt hat, und alle aus dem Haus von Aristobul. ¹¹Grüßt meinen Verwandten Herodion und die Gläubigen im Haus von Narzissus. ¹²Grüßt Tryphäna und Tryphosa, die im Dienst für den Herrn mitarbeiten, und die geliebte Persis, die sich sehr für den Herrn eingesetzt hat. ¹³Grüßt Rufus, den der Herr sich

erwählt hat, sowie seine Mutter, die auch mir eine Mutter gewesen ist.

¹⁴Bitte grüßt auch Asynkritus, Phlegon, Hermes, Patrobas, Hermas und die anderen Brüder, die bei ihnen sind. ¹⁵Gebt meine Grüße weiter an Philologus, Julia, Nereus und seine Schwester sowie an Olympas und alle anderen Gläubigen, die bei ihnen sind. ¹⁶Grüßt einander in Liebe. Alle Gemeinden, die zu Christus gehören, senden euch ihre Grüße.

Abschließende Anweisungen

¹⁷Und nun möchte ich euch, liebe Brüder, noch einmal vor solchen Leuten warnen, die die Gemeinde spalten und den Glauben anderer erschüttern. Denn sie lehren euch etwas anderes als das, was ihr gelernt habt. Haltet euch von ihnen fern! ¹⁸Solche Leute dienen nicht Christus, unserem Herrn, sondern verfolgen nur ihre persönlichen Interessen. Mit beeindruckenden Reden und mitreißenden Worten betrügen sie ahnungslose Menschen. ¹⁹Doch wie jeder weiß, gehorcht ihr dem Herrn, und das macht mich sehr glücklich. Ich möchte, dass ihr das Gute klar erkennt und euch von allem Bösen fernhaltet. ²⁰Der Gott des Friedens wird den Satan bald unter eure Füße zwingen und zertreten. Ich wünsche euch, dass die Gnade unseres Herrn Jesus Christus euch begleitet!

²¹Mein Mitarbeiter Timotheus sowie meine Verwandten Luzius, Jason und Sosipater senden euch ihre Grüße.

²²Auch ich, Tertius, der ich diesen Brief für Paulus geschrieben habe, grüße euch in der Verbundenheit im Herrn.

²³Gajus lässt euch grüßen, bei dem ich zu Gast bin und in dessen Haus sich die Gemeinde versammelt. Erastus, der Schatzmeister der Stadt, sendet euch seine Grüße, ebenso wie Quartus, ein Bruder im Glauben.

²⁵Gott hat die Macht, euch zu stärken, wie es die gute Botschaft von Jesus Christus will, die ich verkünde. Das zeigt sich auch, wenn das Geheimnis enthüllt wird, das seit ewigen Zeiten verborgen war. ²⁶Nun wird dieses Geheimnis, wie es die Schriften der Propheten voraussagten und wie der ewige Gott es befohlen hat, allen Menschen auf der ganzen Welt verkün-

det, damit sie Gott glauben und ihm gehorchen. [27]Gott, der allein weise ist, gehört für immer die Ehre durch Jesus Christus! Amen.

Der erste Brief an die Korinther

Grüße von Paulus

1 ¹Dieser Brief ist von Paulus, der durch den Willen Gottes zum Apostel von Christus Jesus berufen wurde, und von unserem Bruder Sosthenes.

²Wir schreiben an die Gemeinde Gottes in Korinth, an euch, die Gott berufen hat. In Christus Jesus hat er euch geheiligt, so wie er die Gläubigen auf der ganzen Welt geheiligt hat – alle, die den Namen von Jesus Christus, unserem Herrn, anrufen.

³Wir wünschen euch Gnade und Friede von Gott, unserem Vater, und Jesus Christus, dem Herrn.

Paulus dankt Gott

⁴Ich kann gar nicht aufhören, Gott für die Gnade zu danken, die euch durch Jesus Christus gegeben ist. ⁵Durch ihn seid ihr in allem reich beschenkt – in aller Lehre und in aller Erkenntnis. ⁶Die Botschaft von Christus ist zur Kraft in eurem Leben geworden, ⁷sodass ihr mit allen geistlichen Gaben gesegnet seid, während ihr sehnsüchtig auf die Rückkehr von Jesus Christus, unserem Herrn, wartet. ⁸Er wird euch Kraft geben bis zum Ende. So werdet ihr an dem Tag, an dem Jesus Christus wiederkommt, ohne Schuld sein. ⁹Gott ist treu. Er hat euch berufen zur Gemeinschaft mit seinem Sohn Jesus Christus, unserem Herrn.

Spaltungen in der Gemeinde

¹⁰Liebe Brüder, ich bitte euch im Namen von Jesus Christus, dem Herrn, dass ihr darauf achtet, untereinander einig zu sein, und aufhört, miteinander zu streiten, damit es nicht zu Spaltungen in der Gemeinde kommt. Ich bitte euch: Steht fest zueinander, sodass ihr einig seid in dem, was ihr denkt und wollt. ¹¹Angehörige des Hauses von Chloë haben mir von Streitigkeiten unter euch erzählt, liebe Freunde. ¹²So sagen einige von euch: »Ich bin ein Anhänger von Paulus.« Andere bekennen sich zu Apollos oder Petrus, und manche sagen:

»Ich folge nur Christus.« ¹³Kann man Christus etwa auf diese
Weise aufteilen?

Wurde ich, Paulus, für euch gekreuzigt? Wurde irgendeiner
von euch auf den Namen von Paulus getauft? ¹⁴Ich danke
Gott, dass ich – abgesehen von Krispus und Gajus – keinen
von euch getauft habe, ¹⁵denn so kann jetzt keiner behaupten,
er wäre auf meinen Namen getauft worden. ¹⁶Auch die Angehörigen des Hauses von Stephanas habe ich noch getauft, aber
sonst erinnere ich mich an niemanden, den ich getauft habe.
¹⁷Denn Christus sandte mich nicht, um zu taufen, sondern um
Gottes Botschaft zu verkünden. Und dies nicht mit geschliffe-
nen Reden, welche die Zuhörer beeindrucken, damit das, was
am Kreuz durch Christus geschah, nichts von seiner Kraft ein-
büßt.

Die Weisheit Gottes

¹⁸Ich weiß, wie unsinnig die Botschaft vom Kreuz in den Ohren derer klingt, die verloren gehen. Wir aber, die wir gerettet
sind, erkennen in dieser Botschaft die Kraft Gottes. ¹⁹In der
Schrift heißt es:

»Ich will die Weisheit der Weisen vernichten und die Klugheit der Klugen verwerfen.«

²⁰Wo bleiben da die Weisen, die Schriftgelehrten, die glän-
zenden Redner? Gott hat sie zu Narren gemacht und ihre
Weisheit als nutzlosen Unsinn entlarvt. ²¹Obwohl die Welt
von der Weisheit Gottes durchdrungen ist, konnte sie ihn
durch ihre Weisheit nicht finden. Gott hat eine Botschaft, die
unsinnig erscheint, dazu benutzt, alle zu retten, die daran
glauben. ²²So fordern die Juden Zeichen, und die Griechen
suchen nach Weisheit. ²³Wenn wir also Christus als den Gekreuzigten verkünden, sind die Juden entrüstet und die Griechen erklären es für Unsinn. ²⁴Für die aber, die von Gott zur
Erlösung berufen sind – Juden wie Nichtjuden –, ist Christus Gottes Kraft und Gottes Weisheit. ²⁵Der scheinbar absurde
Plan Gottes ist immer noch viel weiser als der weiseste Plan
der Menschen, und die Schwäche Gottes ist weitaus stärker
als die Menschen sind.

²⁶Erinnert euch, liebe Brüder, dass nur wenige von euch in den Augen der Welt weise oder mächtig oder angesehen waren, als Gott euch berief. ²⁷Gott hat das auserwählt, was in den Augen der Welt gering ist, um so diejenigen zu beschämen, die sich selbst für weise halten. Er hat das Schwache erwählt, um das Starke zu erniedrigen. ²⁸Er hat das erwählt, was von der Welt verachtet und gering geschätzt wird, und es eingesetzt, um das zunichtezumachen, was in der Welt wichtig ist, ²⁹damit kein Mensch sich je vor Gott rühmen kann.

³⁰Gott allein hat es ermöglicht, dass ihr in Christus Jesus sein dürft. Den hat er zu unserer Weisheit gemacht. Durch ihn sind wir vor Gott gerecht gesprochen und unser Leben wird durch ihn geheiligt. Durch ihn sind wir erlöst. ³¹In der Schrift heißt es:

»Wer stolz sein will, soll auf das stolz sein, was der Herr getan hat.«

Paulus predigt Weisheit

2 ¹Liebe Brüder, als ich das erste Mal zu euch kam, habe ich euch die Botschaft Gottes nicht mit hochtrabenden Worten und großartigen Gedanken verkündet, ²sondern ich hatte mir vorgenommen, mich allein auf Jesus Christus und seinen Tod am Kreuz zu konzentrieren. ³Ich kam als schwacher Mensch zu euch, war zurückhaltend und ängstlich. ⁴Meine Botschaft und meine Predigt waren schlicht, ich gebrauchte keine klugen Worte und versuchte auch nicht, euch zu überreden, sondern die Kraft des Heiligen Geistes hat unter euch gewirkt. ⁵So verhielt ich mich, damit ihr auf die Kraft Gottes vertraut und nicht auf menschliche Weisheit.

⁶Wenn ich es jedoch mit Menschen, die im Glauben gewachsen sind, zu tun habe, verwende ich Worte der Weisheit. Doch ich meine nicht jene Weisheit, die in der Welt oder bei den Mächtigen dieser Welt etwas gilt, welche ohnehin untergehen werden. ⁷Nein, die Weisheit, von der wir sprechen, ist die Weisheit Gottes. Sie war in früheren Zeiten verborgen, obwohl Gott sie schon vor der Erschaffung der Welt zu unserem Segen bestimmt hat. ⁸Doch die Mächtigen dieser Welt haben

sie nicht verstanden, denn hätten sie das getan, dann hätten sie den Herrn der Herrlichkeit niemals gekreuzigt. [9]Aber es ist passiert, wie es in der Schrift heißt:

»Kein Auge hat je gesehen, kein Ohr je gehört und kein Verstand je erdacht, was Gott für diejenigen bereithält, die ihn lieben.«

[10]Wir dagegen wissen darum, weil Gott es uns durch seinen Geist offenbart hat. Sein Geist weiß alles und schenkt uns einen Blick selbst in die tiefsten Geheimnisse Gottes. [11]Niemand weiß, was ein Mensch wirklich denkt, außer der Geist des Menschen selbst, der in ihm ist; und niemand kann Gottes Gedanken erkennen, außer der Geist Gottes. [12]Und Gott hat uns nicht den Geist dieser Welt gegeben, sondern seinen Geist, damit wir das begreifen können, was Gott uns geschenkt hat. [13]Um euch dies zu sagen, verkünden wir nicht Worte menschlicher Weisheit, sondern Worte, die der Geist uns gibt, und wir deuten geistliche Dinge für Menschen, die sich vom Geist leiten lassen. [14]Menschen, die Gott nicht kennen, können den Geist Gottes jedoch nicht verstehen. In ihren Ohren klingt alles unsinnig, denn nur die, die der Geist leitet, verstehen, was der Geist meint. [15]Vom Geist geleitet, beurteilen wir alles, unterstehen aber nicht dem Urteil anderer. [16]Denn es heißt:

»Wer kann wissen, was der Herr denkt? Wer kann sein Ratgeber sein?«

Wir aber denken im Sinne von Christus.

Paulus und Apollos sind Diener von Christus

3 [1]Liebe Brüder, als ich bei euch war, konnte ich nicht so mit euch reden, wie ich es mit Menschen, die im Glauben gewachsen sind, getan hätte. Ich musste mit euch reden, als würdet ihr noch zu dieser Welt gehören oder als wärt ihr kleine Kinder im Glauben. [2]Ich musste euch mit Milch ernähren statt mit fester Nahrung, die ihr noch nicht vertragen hättet. Und ihr könnt sie wohl auch jetzt noch nicht zu euch nehmen, [3]denn ihr lasst euch noch von eurem alten Ich beherrschen. Ihr

seid eifersüchtig und streitet miteinander. Beweist das nicht, dass ihr noch von euren eigensüchtigen Wünschen beherrscht werdet? Ihr benehmt euch wie Menschen, die nicht dem Herrn angehören. [4]Wenn einer von euch erklärt: »Ich bin ein Anhänger von Paulus«, während der andere sagt: »Ich gehöre zu Apollos«, handelt ihr da nicht wie Menschen, die Christus gar nicht kennen?

[5]Wer ist denn Apollos und wer ist Paulus, dass ihr euch unseretwegen streitet? Wir sind doch nur Diener. Durch uns hat Gott euch zum Glauben geführt; jeder von uns tat die Arbeit, die der Herr ihm auftrug. [6]Meine Aufgabe bestand darin, den Samen in eure Herzen zu pflanzen, und Apollos hat ihn bewässert; aber es war Gott – nicht wir –, der ihn wachsen ließ. [7]Wichtig ist nicht der, der pflanzt oder bewässert, wichtig ist Gott, denn er lässt den Samen wachsen. [8]Derjenige, der pflanzt, und derjenige, der bewässert: Beide arbeiten zusammen auf dasselbe Ziel hin. Belohnt aber wird jeder für sich, entsprechend seiner Arbeit. [9]Wir arbeiten Hand in Hand an derselben Sache als Menschen, die zu Gott gehören. Ihr seid Gottes Acker, sein Bauwerk – nicht unseres.

[10]Aufgrund der besonderen Gnade, die Gott mir schenkte, habe ich als weiser Bauherr das Fundament gelegt. Nun bauen andere darauf auf. Doch wer auf diesem Fundament aufbaut, muss sorgsam vorgehen. [11]Denn niemand kann ein anderes Fundament legen als das, das schon gelegt ist – Jesus Christus. [12]Wer nun auf dieses Fundament aufbaut, kann dazu Gold, Silber, Edelsteine, Holz, Heu oder Stroh verwenden. [13]Am Tag des Gerichts wird sich die Arbeit jedes Einzelnen im Feuer bewähren müssen. Das Feuer wird zeigen, von welcher Qualität das Bauwerk ist. [14]Wenn es dem Feuer standhält, wird der, der es gebaut hat, Lohn empfangen. [15]Doch wenn sein Werk verbrennt, wird er einen schmerzlichen Verlust erleiden. Er selbst wird zwar gerettet werden, aber nur wie einer, der mit Mühe und Not einem Feuer entkommt.

[16]Erkennt ihr denn nicht, dass ihr der Tempel Gottes seid

und dass der Geist Gottes in euch wohnt? [17]Gott wird jeden ins Verderben stürzen, der diesen Tempel verdirbt. Denn Gottes Tempel ist heilig, und ihr seid dieser Tempel.

[18]Hört auf, euch selbst zu betrügen. Wer von euch sich in dieser Welt für weise hält, der muss erst töricht werden, damit er nach Gottes Maßstäben weise werden kann. [19]Denn die Weisheit dieser Welt ist in Gottes Augen Torheit. In der Schrift heißt es:

»Gott fängt diejenigen, die sich für weise halten, mit ihrer eigenen Klugheit.«

[20]Und an anderer Stelle heißt es: »Der Herr kennt die Gedanken der Weisen, er weiß, dass sie nichts wert sind.«

[21]Deshalb bildet euch auf einen anderen Menschen nichts ein. Denn alles gehört euch: [22]Paulus und Apollos und Petrus; die ganze Welt und Leben und Tod; die Gegenwart wie die Zukunft. Alles gehört euch, [23]und ihr gehört Christus, und Christus gehört Gott.

Paulus und die Korinther

4 [1]Ihr sollt in uns Diener von Christus sehen, denen die Aufgabe anvertraut wurde, Gottes Geheimnisse zu erklären. [2]Nun erwartet man von einem Menschen, dem ein Amt anvertraut wurde, dass er treu ist. [3]Wie ist das nun bei mir? Bin ich treu gewesen? In dieser Frage spielt es kaum eine Rolle, was ihr oder sonst irgendjemand denkt, ja ich vertraue in diesem Punkt nicht einmal meinem eigenen Urteil. [4]Mein Gewissen ist zwar rein, doch das ist nicht entscheidend. Es ist der Herr selbst, der mich prüft und darüber zu entscheiden hat.

[5]Deshalb hütet euch, voreilige Urteile über den Glauben anderer zu fällen, bevor der Herr wiederkommt. Wenn der Herr kommt, wird er unsere tiefsten Geheimnisse ans Licht bringen und unsere verborgensten Beweggründe offenbar machen. Und dann wird Gott jeden so loben, wie es ihm zusteht.

[6]Liebe Freunde, ich wollte euch an Apollos und mir deutlich machen, worum es mir geht. Wenn ihr euch an das haltet, was in der Schrift steht, werdet ihr keinen auf Kosten eines anderen herausstellen. [7]Was hast du denn irgendeinem anderen

voraus? Was hast du vorzuweisen, das du nicht von Gott bekommen hast? Und wenn alles von Gott kommt, was du vorzuweisen hast, warum gibst du dann damit an, so, als ob es kein Geschenk wäre?

⁸Ihr meint, ihr hättet schon alles, was ihr braucht! Ihr seid schon reich! Ihr seid Könige geworden, und zwar ohne uns! Ich wünschte, ihr säßet tatsächlich schon auf eurem Thron, denn dann würden wir mit euch herrschen! ⁹Aber manchmal habe ich den Eindruck, dass Gott uns Apostel als die Geringsten erscheinen lässt, wie zum Tode Verurteilte. Wir sind ein Schauspiel geworden für die ganze Welt – für Menschen wie für Engel.

¹⁰Wegen unserer Hingabe an Christus hält man uns für Narren – ihr aber seid klug in Christus. Wir sind schwach – ihr aber seid stark. Ihr seid angesehen – wir werden ausgelacht. ¹¹Bis zu dieser Stunde leiden wir Hunger und Durst und sind unbekleidet. Wir werden geschlagen und haben kein eigenes Dach über dem Kopf. ¹²Wir haben uns mühsam mit unseren eigenen Händen unseren Lebensunterhalt verdient. Wir segnen die, die uns beschimpfen. Wir haben Geduld mit denen, die uns verfolgen. ¹³Wir sind freundlich zu denen, die Böses über uns sagen. Und doch werden wir behandelt, als wären wir die Sündenböcke der Welt, von allen der Abschaum – und das bis zu diesem Augenblick.

¹⁴Ich schreibe das nicht, um euch zu beschämen, sondern um euch als meine geliebten Kinder zu warnen. ¹⁵Selbst wenn ihr zehntausend Erzieher hättet, die euch Christus nahe bringen, so habt ihr doch nicht viele Väter. Denn ich wurde euer Vater in Christus Jesus, als ich euch als Erster die Botschaft Gottes verkündete. ¹⁶Deshalb bitte ich euch jetzt, meinem Beispiel zu folgen und es mir gleichzutun.

¹⁷Und deshalb schicke ich euch auch Timotheus – damit er euch dabei hilft. Denn er ist mein geliebter und zuverlässiger Sohn im Herrn. Er wird euch an das erinnern, was ich in den Gemeinden über Christus Jesus lehre.

¹⁸Ich weiß, dass manche von euch große Reden führen und glauben, dass ich euch nicht wieder besuche komme. ¹⁹Aber

ich werde kommen – und zwar schon bald –, wenn der Herr es
mir erlaubt, und dann werde ich erfahren, ob diese Leute nur
Schwätzer sind oder ob sie wirklich die Kraft Gottes haben.
[20]Denn das Reich Gottes besteht nicht durch die Worte, mit
denen man davon erzählt, es lebt durch die Kraft Gottes.
[21]Was ist euch lieber? Soll ich mit Tadel und Strafe kommen
oder in Liebe und Freundlichkeit?

Paulus verurteilt geistlichen Stolz

5 [1]Ich kann kaum glauben, was mir über die Unzucht unter
euch berichtet wird; so schlimme Dinge, dass nicht einmal
die Menschen, die Gott nicht kennen, so etwas tun. Ich habe
gehört, dass ihr einen Mann in eurer Gemeinde habt, der mit
der Frau seines Vaters zusammenlebt. [2]Und ihr seid stolz auf
euch! Warum tragt ihr nicht Trauer vor Kummer und Scham?
Und warum habt ihr den Mann, der so lebt, nicht aus eurer
Gemeinschaft ausgeschlossen?

[3]Auch wenn ich nicht persönlich anwesend bin, so bin ich
doch im Geist bei euch und habe das Urteil über den Mann,
der das getan hat, bereits gefällt. [4]Wenn ihr euch im Namen
von Jesus, dem Herrn, versammelt, so werde ich im Geist anwesend sein, und die Kraft des Herrn ist mitten unter euch.
[5]Dann sollt ihr den Mann aus der Gemeinde ausschließen und
dem Satan übergeben, damit seine sündige Natur vernichtet
und er selbst gerettet werden kann, wenn der Herr wiederkommt.

[6]Es ist schlimm, dass ihr auf eure geistliche Reife stolz seid
und gleichzeitig so etwas zulasst. Erkennt ihr denn nicht, dass
nach kurzer Zeit alle in Mitleidenschaft gezogen werden,
wenn ihr auch nur einen von euch ungehindert sündigen
lasst? [7]Entfernt diesen Mann aus eurer Mitte, damit ihr rein
bleibt. Denn Christus, unser Passahlamm, ist für uns geopfert
worden. [8]Lasst uns das Fest feiern, aber nicht, indem wir das
alte Brot des Bösen und Schlechten essen, sondern das neue
Brot der Reinheit und Wahrheit.

[9]In einem früheren Brief schrieb ich euch, ihr solltet nichts
mit Menschen zu schaffen haben, die sich auf Unzucht einlas-

sen. ¹⁰Doch damit meinte ich nicht Ungläubige, die Unzucht treiben, habgierig sind und stehlen oder Götzen anbeten. Wenn ihr solche Leute meiden wolltet, müsstet ihr ja die Welt verlassen. ¹¹Was ich meinte, war, dass ihr keinen Kontakt zu jemandem haben sollt, der sich als gläubig bezeichnet und doch Unzucht treibt, habgierig ist, Götzen anbetet, flucht, sich betrinkt oder andere beraubt. Mit solchen Leuten sollt ihr auch nicht zusammen essen.

¹²Es steht uns nicht zu, Außenstehende zu richten, aber es liegt ganz gewiss in eurer Verantwortung, diejenigen Gemeindemitglieder unter euch zu richten, die derartige Sünden begehen. ¹³Die Außenstehenden wird Gott richten, doch in der Schrift heißt es: »Ihr sollt das Böse aus eurer Mitte entfernen.«

Rechtsstreit unter Christen

6 ¹Wenn ihr etwas gegen einen anderen Gläubigen vorzubringen habt, warum erhebt ihr dann Anklage gegen ihn und bringt die Sache vor ein weltliches Gericht, statt euch an andere Gläubige zu wenden, damit sie entscheiden können, wer recht hat? ²Wisst ihr denn nicht, dass wir eines Tages die Welt richten werden? Und wenn ihr die Welt richten werdet, meint ihr da nicht, solche Kleinigkeiten unter euch klären zu können? ³Ist euch nicht bewusst, dass wir Engel richten werden? Da solltet ihr doch in der Lage sein, gewöhnliche Streitigkeiten hier auf der Erde beizulegen. ⁴Warum wendet ihr euch also in solchen Fällen an Richter, die in der Gemeinde nichts gelten? ⁵Ich sage das, damit ihr euch schämt. Gibt es denn in eurer ganzen Gemeinde niemanden, der weise genug wäre, dass er zwischen euch entscheiden könnte? ⁶Stattdessen verklagt einer den anderen – und das vor den Ohren der Ungläubigen!

⁷Schon dass ihr überhaupt solche Prozesse untereinander führt, ist schlimm genug. Warum ertragt ihr das Unrecht nicht einfach und belasst es dabei? Warum lasst ihr euch nicht lieber übervorteilen? ⁸Stattdessen tut ihr selbst unrecht und betrügt eure eigenen Brüder.

Unzucht in der Gemeinde vermeiden

[9]Wisst ihr nicht, dass Menschen, die unrecht tun, keinen Anteil am Reich Gottes erhalten werden? Täuscht euch nicht. Menschen, die sich auf Unzucht einlassen, Götzendiener, Ehebrecher, Prostituierte, Männer, die mit Männern ins Bett gehen, [10]Diebe, Habgierige, Trinker, Lästerer, Räuber – keiner von ihnen wird am Reich Gottes teilhaben. [11]Früher traf dies auf einige von euch zu, doch jetzt sind eure Sünden abgewaschen und ihr seid für Gott ausgesondert worden. Ihr wurdet vor Gott gerecht gesprochen durch den Namen von Jesus Christus, dem Herrn, und durch den Geist Gottes.

[12]Mir ist alles erlaubt. Aber nicht alles ist gut. Es ist mir zwar alles erlaubt, doch ich will mich von nichts beherrschen lassen. [13]Ihr sagt: »Das Essen ist für den Bauch da und der Bauch für das Essen.« Richtig. Doch vor Gott ist beides vergänglich. Unser Körper wurde aber nicht zur Unzucht geschaffen. Er ist für den Herrn bestimmt, und der Herr sorgt für ihn. [14]Durch seine göttliche Kraft wird Gott uns von den Toten auferwecken, so wie er den Herrn von den Toten auferweckt hat. [15]Wisst ihr denn nicht, dass eure Körper zum Leib von Christus gehören? Darf da ein Mann seinen Körper, der doch Christus gehört, mit dem einer Prostituierten vereinigen? Niemals! [16]Oder wisst ihr nicht, dass ein Mann, der mit einer Prostituierten verkehrt, mit ihr eins wird? Denn in der Schrift heißt es: »Die beiden werden zu einer Einheit.« [17]Wer aber dem Herrn gehört, ist ein Geist mit ihm.

[18]Deshalb haltet euch fern von aller Unzucht! Keine andere Sünde hat so große Auswirkungen auf den Körper wie diese, denn Unzucht ist eine Sünde gegen den eigenen Körper. [19]Oder wisst ihr nicht, dass euer Leib ein Tempel des Heiligen Geistes in euch ist, der in euch lebt und euch von Gott geschenkt wurde? Ihr gehört nicht euch selbst, [20]denn Gott hat einen hohen Preis für euch bezahlt. Deshalb ehrt Gott mit eurem Leib!

Über die Ehe

7 ¹Nun zu den Fragen, die ihr in eurem Brief stellt. Ja, es ist gut für einen Menschen, sexuell enthaltsam zu leben. ²Doch weil es so viel Unzucht gibt, sollte jeder Mann seine Frau haben und jede Frau ihren Mann.

³Der Ehemann soll sich seiner Frau nicht entziehen; dasselbe gilt für die Ehefrau ihrem Mann gegenüber. ⁴Die Ehefrau gibt ihrem Mann das Recht über ihren Körper, und ebenso gibt der Ehemann seiner Frau das Recht über seinen Körper. ⁵Keiner soll sich dem anderen verweigern, es sei denn, beide Ehepartner beschließen übereinstimmend, sich für eine begrenzte Zeit sexuell zu enthalten, um sich noch intensiver dem Gebet widmen zu können. Danach kommt wieder zusammen, damit euch der Satan nicht in Versuchung führt, weil ihr euch nicht beherrschen könnt. ⁶Das ist aber nur eine Empfehlung von mir, kein Gebot. ⁷Ich wünschte, jeder könnte unverheiratet leben, wie ich es tue. Aber wir sind nicht alle gleich. Gott schenkt manchen die Gabe der Ehe und anderen die Gabe, unverheiratet zu leben.

⁸Den Unverheirateten und Verwitweten sage ich aber, dass es besser ist, so wie ich unverheiratet zu bleiben. ⁹Doch wenn sie sich nicht enthalten können, sollen sie heiraten. Es ist besser zu heiraten, als von unerfülltem Verlangen beherrscht zu werden.

¹⁰Für die Verheirateten habe ich ein Gebot, das nicht von mir kommt, sondern vom Herrn. Eine Frau soll sich nicht von ihrem Ehemann scheiden lassen. ¹¹Wenn sie sich aber doch von ihm trennt, soll sie allein bleiben oder zu ihm zurückkehren. Und ebenso soll ein Mann seine Frau nicht wegschicken.

¹²Nun spreche ich zu den Übrigen unter euch, obwohl ich in dieser Sache kein Gebot vom Herrn habe. Wenn ein gläubiger Mann eine ungläubige Ehefrau hat und sie bereit ist, weiter mit ihm zu leben, darf er sie nicht wegschicken. ¹³Und wenn eine gläubige Frau einen ungläubigen Ehemann hat und er bereit ist, weiter mit ihr zu leben, darf sie ihn nicht wegschicken. ¹⁴Denn der ungläubige Mann ist durch die Frau geheiligt, und die ungläubige Frau ist geheiligt durch den Mann.

Sonst stünden eure Kinder nicht unter Gottes Segen; doch so gehören sie ihm. [15]Wenn aber der Ehepartner, der nicht an Christus glaubt, auf einer Trennung besteht, dann lasst ihn gehen. In diesem Fall ist der gläubige Partner nicht zum Zusammenbleiben verpflichtet, denn Gott will, dass seine Kinder in Frieden leben. [16]Ihr Ehefrauen könnt nicht wissen, ob eure Ehemänner vielleicht durch euch zum Glauben finden. Und ihr Ehemänner wisst nicht, ob durch euch eure Ehefrauen vielleicht zum Glauben kommen.

[17]Nehmt das Leben an, in das der Herr euch gestellt hat, und lebt so weiter, wie es war, als Gott euch berufen hat. So lauten meine Anweisungen für alle Gemeinden. [18]Wurde ein Mann zum Beispiel beschnitten, bevor er gläubig wurde, soll er nicht versuchen, diesen Schritt rückgängig zu machen. Und wenn ein Mann unbeschnitten war, als er zu Christus fand, soll er sich jetzt nicht beschneiden lassen. [19]Denn es spielt keine Rolle, ob ein Mann beschnitten ist oder nicht. Entscheidend ist es, Gottes Gebote zu halten.

[20]Jeder bleibe in dem, was er war, als Gott ihn berief. [21]Warst du ein Sklave? Dann mache dir deswegen keine Sorgen. Wenn du allerdings die Gelegenheit hast, freizukommen, dann nutze sie. [22]Und denke daran: Wenn du ein Sklave warst, als der Herr dich berief, dann bist du jetzt ein Freigelassener vor Gott. Und wenn du frei warst, als der Herr dich berief, dann bist du jetzt ein Sklave von Christus. [23]Gott hat einen hohen Preis für euch bezahlt, deshalb werdet nicht Sklaven von Menschen. [24]Und so sage ich euch, liebe Brüder: Bleibt so vor Gott, wie ihr wart, als er euch berief. [25]Nun zu den jungen Frauen, die noch nicht verheiratet sind. Für sie habe ich kein Gebot des Herrn. Aber ich gebe euch einen Rat als jemand, dem Gott Einsichten geschenkt hat, denen ihr vertrauen könnt. [26]Wegen der schweren Zeiten, die uns bevorstehen, halte ich es für das Beste, wenn ein Mensch unverheiratet bleibt. [27]Wenn du eine Frau hast, dann löse die Ehe nicht auf. Wenn du keine Frau hast, dann heirate nicht. [28]Solltest du aber doch heiraten, so ist das keine Sünde. Und auch wenn eine junge Frau heiratet, ist das keine Sünde. Allerdings würde ich euch gern die

zusätzlichen Belastungen ersparen, die mit einer Ehe verbunden sind.

²⁹Eines ist sicher, liebe Brüder: Die Zeit, die noch bleibt, ist kurz; deshalb sollen die Männer ihre Ehe nicht zu ihrem wichtigsten Lebensinhalt machen. ³⁰Weder Traurigkeit noch Freude oder Wohlstand sollen jemanden davon abhalten, Gott mit allen Kräften zu dienen. ³¹Wer häufig mit den Angelegenheiten dieser Welt in Berührung kommt, sollte sie nutzen, ohne sich an sie zu binden, denn die Welt und alles, was zu ihr gehört, wird vergehen. ³²Ich möchte, dass ihr in allem, was ihr tut, von den Sorgen dieses Lebens frei seid. Ein unverheirateter Mann kann seine Zeit ganz für die Sache des Herrn einsetzen und darüber nachdenken, wie er ihm Freude machen kann. ³³Für einen verheirateten Mann ist das sehr viel schwerer. Er muss seine irdischen Verpflichtungen erfüllen und sich überlegen, wie er seiner Frau gefallen kann. ³⁴Seine Aufmerksamkeit ist geteilt. Genauso kann eine Frau, die nicht mehr verheiratet ist oder nie verheiratet war, sich körperlich und geistig sehr viel stärker für den Herrn einsetzen als eine verheiratete Frau, die sich um ihre irdischen Verpflichtungen kümmern und darüber nachdenken muss, wie sie ihrem Mann gefallen kann.

³⁵Ich sage das, um euch zu helfen, und nicht, um euch zu bedrängen. Ich möchte, dass ihr anständig lebt und zuverlässig dem Herrn dient, ohne euch ablenken zu lassen. ³⁶Wenn ein Mann nun der Meinung ist, er sollte seine Verlobte besser heiraten, weil es ihm sonst schwer fällt, seine Leidenschaft zu kontrollieren, und es kann nicht anders sein, so ist das gut und keine Sünde. Sie sollen heiraten. ³⁷Wenn er jedoch innerlich fest entschlossen ist, nicht zu heiraten, und es besteht keine Notwendigkeit und er beherrscht sein eigenes Verlangen, dann ist es besser, nicht zu heiraten. ³⁸Wer also heiratet, handelt gut, und wer nicht heiratet, handelt besser.

³⁹Eine Frau ist mit ihrem Mann verheiratet, solange er lebt. Wenn ihr Mann stirbt, ist sie frei zu heiraten, wen sie will, aber es muss eine Ehe sein, die dem Herrn gefällt. ⁴⁰Meiner Meinung nach wird sie aber glücklicher sein, wenn sie nicht mehr

heiratet, und ich denke, dass ich euch diesen Rat aus Gottes
Geist heraus gebe.

Aufeinander Rücksicht nehmen

8 ¹Nun zu der Frage, ob wir Fleisch essen, das den Götzen
geopfert wurde. Ihr meint, alle müssten sich eurer Erkenntnis anpassen. Wissen kann uns ein Gefühl von Wichtigkeit verleihen, doch nur die Liebe baut die Gemeinde wirklich
auf. ²Wer behauptet, alle Antworten zu kennen, hat in Wirklichkeit kaum begriffen, auf welche Erkenntnis es ankommt.
³Doch wer Gott liebt, der ist von Gott erkannt.

⁴Wie verhält es sich nun? Sollen wir Fleisch essen, das den
Götzen geopfert wurde? Wir wissen alle, dass ein Götze gar
kein Gott ist und dass es nur einen einzigen, wahren Gott gibt.
⁵Denn es gibt viele sogenannte Götter, sowohl im Himmel als
auch auf der Erde – wie es ja viele Mächte und viele Herren
gibt.
⁶Wir aber wissen, dass es nur einen Gott gibt, den Vater,
der alles erschaffen hat
und für den wir leben.
Und es gibt nur einen Herrn, Jesus Christus,
durch den Gott alles erschaffen hat
und durch den wir leben.

⁷Das ist allerdings nicht allen in der Gemeinde klar. Manche
haben sich daran gewöhnt, Götzen für etwas Wirkliches zu
halten. Wenn sie dann von dem geopferten Fleisch essen,
wird ihr schwaches Gewissen beunruhigt. ⁸Es stimmt, dass
wir Gottes Anerkennung nicht durch das gewinnen können,
was wir essen. Wir versäumen nichts, wenn wir etwas Be-
stimmtes nicht essen, und wir gewinnen nichts, wenn wir
es tun. ⁹Doch ihr müsst mit dieser Freiheit, die ihr habt, behutsam umgehen, damit ihr nicht einem Bruder oder einer
Schwester mit einem ängstlicheren Gewissen schadet.

¹⁰Leicht kann dann Folgendes geschehen: Schwächere Menschen, die es für falsch halten, solche Speisen zu essen, werden
dich in einem Götzentempel essen sehen. Du selbst weißt,
dass daran nichts Unrechtes ist, sie aber werden verleitet, ge-

gen ihr Gewissen Fleisch zu essen, das einem Götzen geopfert wurde. ¹¹Auf diese Weise schadet deine Erkenntnis einem schwachen Bruder, für den Christus doch ebenfalls gestorben ist. ¹²Wenn ihr gegen eure Brüder sündigt und ihr schwaches Gewissen verletzt, sündigt ihr damit gegen Christus. ¹³Lieber will ich mein Leben lang kein Fleisch mehr essen, als dass ich durch mein Tun einen anderen zur Sünde veranlasse – denn ich möchte meinem Bruder nicht schaden.

Paulus verzichtet auf seine Rechte

9 ¹Habe ich nicht soviel Freiheit wie jeder andere auch? Bin ich nicht ein Apostel? Habe ich nicht Jesus, unseren Herrn, mit eigenen Augen gesehen? Ist es nicht das Ergebnis meiner Bemühungen, dass ihr jetzt zu Jesus gehört? ²Auch wenn andere mich nicht für einen Apostel halten, so bin ich es doch ganz gewiss für euch, denn ihr seid der lebendige Beweis, dass ich ein Apostel des Herrn bin.

³Das ist meine Antwort an die, die meine Vollmacht als Apostel infrage stellen: ⁴Haben wir nicht das Recht, in euren Häusern zu wohnen und mit euch zu essen? ⁵Haben wir nicht das Recht, eine Ehefrau bei uns zu haben, wie die anderen Jünger und die Brüder des Herrn und Petrus es tun? ⁶Oder sind Barnabas und ich die Einzigen, die arbeiten müssen, um ihren Lebensunterhalt zu verdienen? ⁷Welcher Soldat müsste im Krieg seine Auslagen von seinem eigenen Geld bestreiten? Oder habt ihr je von einem Bauern gehört, der seinen Weinberg bepflanzt und nicht davon isst? Welcher Hirte weidet eine Herde Schafe und darf nicht von der Milch trinken? ⁸Und dabei vertrete ich nicht nur menschliche Ansichten. Sagt Gottes Gesetz nicht das Gleiche? ⁹Denn im Gesetz Moses steht: »Hindert einen Ochsen nicht am Fressen, während er Korn drischt.« Meint ihr, Gott hätte bei diesen Worten nur an den Ochsen gedacht? ¹⁰Sprach er da nicht auch zu uns? Natürlich tat er das. Denn wer pflügt und das Getreide drischt, darf seinen Anteil an der Ernte erwarten.

¹¹Wir haben unter euch eine gute geistliche Saat gesät. Wäre es da zu viel verlangt, wenn ich euch um Nahrung und Klei-

dung bitte? [12]Wenn ihr andere unterstützt, die bei euch predigen, dürften wir da nicht erst recht Anspruch darauf erheben,
unterstützt zu werden? Doch wir haben nie von diesem Recht
Gebrauch gemacht. Wir ertragen lieber alle Schwierigkeiten,
damit der Botschaft von Christus kein Hindernis in den Weg
gelegt wird.

[13]Wisst ihr denn nicht, dass diejenigen, die im Tempel die-
nen, sich von den Speisen ernähren, die als Opfergaben zum
Tempel gebracht werden? Und auch die, die am Altar
Dienst tun, erhalten Anteil an den Opfern. [14]Ebenso hat der
Herr angeordnet, dass diejenigen, die die gute Botschaft verkünden, von denen unterstützt werden sollen, die davon
Nutzen haben. [15]Ich habe jedoch nie von irgendeiner dieser
Möglichkeiten Gebrauch gemacht. Und ich schreibe euch
das alles auch nicht, um anzudeuten, dass ich es von nun
an tun werde. Lieber würde ich sterben, als den Ruhm ein-
zubüßen, dass ich ohne jede Gegenleistung predige. [16]Denn
wenn ich die gute Botschaft Gottes verkünde, ist das für
mich kein Grund, stolz darauf zu sein. Ich muss es einfach
tun, und es würde mir schlecht ergehen, wenn ich es unter-
ließe!

[17]Wenn ich es aus freiem Entschluss täte, hätte ich eine Be-
zahlung verdient. Doch ich wurde von Gott erwählt. Er hat
mir diese Aufgabe anvertraut, sodass ich keine andere Wahl
habe. [18]Worin besteht nun mein Lohn? Darin, dass ich die Botschaft verkünde, ohne jemandem Kosten zu verursachen, und
dass ich von meinen Rechten als Verkünder keinen Gebrauch
mache.

[19]Das bedeutet, dass ich an niemanden gebunden bin. Dennoch habe ich mich zum Diener aller gemacht, um möglichst
viele für Christus zu gewinnen. [20]Den Juden bin ich einer von
ihnen geworden, um sie für Christus zu gewinnen. Bei denen,
die sich an das Gesetz halten, verhalte ich mich ebenso – obwohl ich nicht unter dem Gesetz stehe –, damit ich sie für
Christus gewinne. [21]Wenn ich bei Nichtjuden bin, die das jüdische Gesetz nicht haben, passe ich mich ihnen so weit wie
möglich an, um sie für Christus zu gewinnen. Allerdings lasse

ich Gottes Gesetz dabei nicht außer Acht, sondern befolge das Gesetz, das ich von Christus habe.

²²Wenn ich bei den Schwachen bin, werde ich bei ihnen wie ein Schwacher, um sie für Christus zu gewinnen. Ja, ich versuche bei allen Menschen eine gemeinsame Grundlage zu finden, um wenigstens einige von ihnen für Christus zu gewinnen. ²³All das tue ich, um Gottes gute Botschaft zu verbreiten, damit auch ich Anteil an ihrem Segen erhalte.

²⁴Denkt daran, dass alle wie in einem Wettrennen laufen, aber nur einer den Siegespreis bekommt. Lauft so, dass ihr ihn gewinnt! ²⁵Jeder Athlet übt strenge Selbstdisziplin. Er tut das allerdings, um einen Preis zu erringen, dessen Wert verblassen wird – wir aber tun es für einen ewigen Preis. ²⁶So halte ich mir stets das Ziel vor Augen und laufe mit jedem Schritt darauf zu. Ich kämpfe wie ein Boxer, aber nicht wie einer, der ins Leere schlägt. ²⁷Mit der eisernen Disziplin eines Athleten bezwinge ich meinen Körper, damit er mir gehorcht. Sonst müsste ich befürchten, dass ich zwar anderen gepredigt habe, mich danach aber womöglich selbst disqualifiziere.

Warnungen vor jeder Art von Götzendienst

10 ¹Liebe Brüder, vergesst nicht, was vor langer Zeit unsere Vorfahren in der Wüste erlebt haben. Gott ging ihnen in einer Wolke voran und führte sie sicher durchs Meer. ²Alle wurden in der Wolke und im Meer auf Mose getauft, als sie ihm folgten. ³Sie aßen alle die gleiche Nahrung, die Gott ihnen durch ein Wunder schenkte, ⁴und tranken aus dem ihnen von Gott geschenkten Felsen, der sie begleitete, und dieser Fels war Christus. ⁵Und doch fand Gott nach all diesen Wundern an den meisten von ihnen kein Gefallen, sodass sie in der Wüste umkamen.

⁶Diese Ereignisse sind für uns ein warnendes Beispiel, damit wir nicht wie sie nach unrechten Dingen streben ⁷oder Götzen anbeten, wie einige von ihnen es taten. In der Schrift heißt es dazu: »Sie setzten sich, um zu essen und zu trinken und feierten ein rauschendes Fest.« ⁸Auch auf Unzucht dürfen wir uns nicht einlassen, wie einige von ihnen es taten und dadurch an

einem einzigen Tag den Tod von dreiundzwanzigtausend Menschen verursachten. ⁹Auch dürfen wir Christus nicht herausfordern, wie manche von ihnen es taten und dann an Schlangenbissen starben. ¹⁰Und murrt nicht wie einige von ihnen, denn daraufhin schickte Gott seinen Engel des Todes, um sie zu vernichten. ¹¹All diese Ereignisse, die ihnen widerfuhren, dienen uns als Beispiel. Sie wurden für uns, die wir am Ende der Zeiten leben, als Warnung aufgeschrieben.

¹²Wer sich für standhaft hält, soll aufpassen, dass er nicht auf die gleiche Weise sündige. ¹³Vergesst nicht, dass die Prüfungen, die ihr erlebt, die gleichen sind, vor denen alle Menschen stehen. Doch Gott ist treu. Er wird die Prüfung nicht so stark werden lassen, dass ihr nicht mehr widerstehen könnt. Wenn ihr auf die Probe gestellt werdet, wird er sogleich für einen Ausweg sorgen, sodass ihr standhalten könnt.

¹⁴Deshalb, liebe Freunde, meidet den Götzendienst. ¹⁵Ihr seid doch verständige Menschen. Entscheidet selbst, ob ich die Wahrheit sage. ¹⁶Wenn wir am Tisch des Herrn den Kelch segnen, haben wir dann nicht gemeinsam Anteil am Segen des Blutes von Christus? Und wenn wir das Brot brechen, haben wir dann nicht gemeinsam Anteil am Segen des Leibes von Christus? ¹⁷Wir alle essen von einem Laib Brot und zeigen damit, dass wir alle zusammen ein Leib sind. ¹⁸Denkt doch an das Volk Israel: Alle, die vom Opfer essen, haben dadurch Gemeinschaft mit Gott.

¹⁹Was will ich damit sagen? Behaupte ich nun etwa doch, dass die Götzen, denen die Völker Opfer darbringen, wirkliche Götter sind und dass diese Opfer etwas zu sagen hätten? ²⁰Nein, ganz und gar nicht. Ich sage vielmehr, dass diese Opfer den Dämonen und nicht Gott dargebracht werden. Und ich möchte nicht, dass ihr in irgendeiner Weise Gemeinschaft mit Dämonen habt. ²¹Ihr könnt nicht aus dem Kelch des Herrn und zugleich aus dem Kelch der Dämonen trinken. Ihr könnt nicht am Tisch des Herrn und zugleich am Tisch der Dämonen essen. ²²Oder wollen wir den Herrn etwa zur Eifersucht reizen wie einst Israel? Meinen wir etwa, wir seien stärker als er?

²³Es ist alles erlaubt, aber nicht alles ist hilfreich. Es ist alles erlaubt, aber nicht alles ist gut. ²⁴Denkt nicht an euren eigenen Vorteil, sondern an die anderen und an das, was für sie am besten ist.

²⁵Haltet euch an Folgendes: Ihr dürft alles Fleisch essen, das auf dem Markt verkauft wird. Fragt nicht, ob es Götzen dargebracht wurde oder nicht; dann wird euer Gewissen gar nicht erst belastet. ²⁶Denn »die Erde und alles, was darauf ist, gehört dem Herrn«.

²⁷Wenn jemand, der nicht an Christus glaubt, euch zum Essen einlädt, dann nehmt die Einladung an, wenn ihr wollt. Esst, was immer euch angeboten wird, und stellt keine Fragen. Euer Gewissen braucht darüber nicht beunruhigt zu sein. ²⁸Doch wenn euch jemand warnt, dass dieses Fleisch den Götzen dargebracht wurde, dann esst es nicht, und zwar aus Rücksicht auf denjenigen, der euch davor gewarnt hat. ²⁹Für euch wäre es vielleicht keine Sache des Gewissens, für ihn aber schon.

Doch warum sollte ich meine Freiheit einem anderen zuliebe beschneiden lassen? ³⁰Wenn ich Gott für das Essen danken und es genießen kann, warum sollte ich dann dafür verurteilt werden, dass ich es esse? ³¹Was immer ihr esst oder trinkt oder tut, das tut zur Ehre Gottes! ³²Gebt den Juden oder den Nichtjuden oder der Gemeinde Gottes keinen Anlass, sich über euch zu ärgern. ³³Ich selbst halte es auch so. Ich versuche, in allem, was ich tue, allen zu gefallen. Ich tue nicht einfach, was mir gefällt oder was für mich am besten ist, sondern ich tue, was für sie am besten ist, damit sie gerettet werden.

11 ¹Und ihr solltet meinem Beispiel folgen, so wie ich Christus folge.

Anweisungen für öffentliche Gottesdienste

²Ich bin so froh, dass ihr stets an mich denkt und an der Lehre festhaltet, die ich euch weitergegeben habe. ³Doch es gibt noch eines, das ihr wissen sollt: Ein Mann ist Christus verantwortlich, eine Frau ist ihrem Ehemann verantwortlich und Christus Gott. ⁴Ein Mann entehrt Christus, wenn er beim Be-

ten oder Weissagen seinen Kopf bedeckt. [5]Eine Frau entehrt ihren Ehemann, wenn sie ohne Kopfbedeckung betet oder weissagt, denn das wäre dasselbe, als würde sie sich den Kopf kahl scheren. [6]Wenn sie sich weigert, eine Kopfbedeckung zu tragen, könnte sie gleich ihr Haar abschneiden. Da es für eine Frau aber eine Schande ist, ihr Haar abzuschneiden oder sich den Kopf kahl zu scheren, soll sie eine Kopfbedeckung tragen. [7]Ein Mann dagegen sollte nichts auf dem Kopf tragen, wenn er betet, denn der Mann ist zu Gottes Ehre geschaffen und sein Abbild, die Frau aber ist zur Ehre des Mannes geschaffen. [8]Denn der erste Mann kam nicht von einer Frau, sondern die Frau vom Mann. [9]Der Mann wurde nicht für die Frau erschaffen, sondern die Frau für den Mann. [10]Deshalb soll die Frau eine Kopfbedeckung tragen, auch wegen der Engel.

[11]Nach dem Willen Gottes ist die Frau nicht unabhängig vom Mann und der Mann nicht unabhängig von der Frau. [12]Denn obwohl die erste Frau vom Mann kam, wurden seitdem alle Männer von Frauen geboren, und alle kommen von Gott.

[13]Wie denkt ihr selbst darüber? Glaubt ihr, dass es sich gehört, dass eine Frau in der Öffentlichkeit zu Gott betet, ohne ihren Kopf zu bedecken? [14]Ist es nicht offensichtlich, dass es für einen Mann eine Schande ist, langes Haar zu tragen, [15]für eine Frau ist es dagegen eine Ehre. Denn das lange Haar wurde ihr als eine Art Schleier gegeben. [16]Wenn allerdings jemand in diesem Punkt unbedingt recht haben will, so kann ich nur sagen, dass wir keinen anderen Brauch haben als diesen und die anderen Gemeinden Gottes dieselbe Ansicht vertreten.

Die Ordnung beim Abendmahl

[17]Ich komme nun zu eurer nächsten Frage, und darin kann ich euch nicht loben. Denn es scheint, als würde mehr Schaden angerichtet als Gutes bewirkt, wenn ihr zusammenkommt. [18]Erstens höre ich, dass es bei euren Gemeindeversammlungen zu Spaltungen kommt, und zum Teil glaube ich das sogar.

¹⁹Denn es muss natürlich Spaltungen unter euch geben, damit deutlich wird, wer von euch sich bewährt.

²⁰Doch euch geht es offenbar gar nicht um das Abendmahl, wenn ihr zusammenkommt. ²¹Denn mir wurde berichtet, dass einige von euch, kaum seid ihr beisammen, sofort anfangen, ihr selbst mitgebrachtes Essen zu verzehren. Sie teilen es nicht mit den anderen, sodass manche hungrig bleiben; wieder andere betrinken sich. ²²Ist das wirklich wahr? Könnt ihr denn nicht zu Hause essen und trinken? Oder wollt ihr der Gemeinde Gottes Schande machen und die Armen beschämen? Was soll ich dazu sagen? Soll ich euch dafür loben? Nein, dafür lobe ich euch nicht.

²³Das Folgende hat der Herr selbst gesagt, und ich gebe es euch so weiter, wie ich es empfangen habe: In der Nacht, als er verraten wurde, nahm Jesus, der Herr, einen Laib Brot, ²⁴und nachdem er Dank gesagt hatte, brach er ihn und sprach: »Das ist mein Leib; euch ist er zugedacht. Tut das zur Erinnerung an mich.« ²⁵Ebenso nahm er nach dem Abendmahl den Weinkelch und sprach: »Dieser Kelch ist der neue Bund zwischen Gott und euch, besiegelt durch mein Blut. Wann immer ihr daraus trinkt, tut es zur Erinnerung an mich.« ²⁶Denn jedes Mal, wenn ihr dieses Brot esst und aus diesem Kelch trinkt, verkündet ihr den Tod des Herrn, bis er wiederkommt.

²⁷Wer also unwürdig dieses Brot isst oder aus diesem Kelch des Herrn trinkt, der macht sich am Leib und am Blut des Herrn schuldig. ²⁸Deshalb solltet ihr euch prüfen, bevor ihr das Brot esst und aus dem Kelch trinkt. ²⁹Denn jeder bringt beim Essen und Trinken ein Gerichtsurteil über sich, wenn er den Leib des Herrn nicht als etwas Besonderes achtet. ³⁰Aus diesem Grund sind viele von euch schwach und krank, und einige sind sogar gestorben.

³¹Würden wir uns jedoch selbst prüfen, dann würden wir nicht gerichtet werden. ³²Wenn wir aber vom Herrn geprüft und gerichtet werden, werden wir bestraft – und das geschieht, damit wir nicht zusammen mit der Welt verurteilt werden. ³³Deshalb wartet aufeinander, liebe Brüder, wenn ihr zum Abendmahl zusammenkommt. ³⁴Wenn ihr wirklich

hungrig seid, dann esst vorher zu Hause, damit ihr nicht zum Gericht zusammenkommt, wenn ihr euch versammelt.

In den anderen Angelegenheiten werde ich euch nach meiner Ankunft entsprechende Anweisungen geben.

Geistliche Gaben

12 [1]Und nun, liebe Freunde, komme ich auf die besonderen Fähigkeiten zu sprechen, die der Geist jedem von uns schenkt, denn offenbar ist es in dieser Sache zu Missverständnissen unter euch gekommen. [2]Ihr wisst ja, ihr habt euch früher, als ihr noch nicht zu Christus gehört, dazu verleiten und mitreißen lassen, stumme Götzen anzubeten. [3]Deshalb möchte ich euch dabei helfen zu unterscheiden, was wirklich von Gott kommt: Niemand, der den Geist Gottes hat, kann Jesus verfluchen, und niemand kann sagen: »Jesus ist der Herr«, wenn es ihm nicht der Heilige Geist eingibt.

[4]Nun gibt es verschiedene geistliche Gaben, aber es ist ein und derselbe Heilige Geist, der sie zuteilt. [5]In der Gemeinde gibt es verschiedene Aufgaben, aber es ist ein und derselbe Herr, dem wir dienen. [6]Gott wirkt auf verschiedene Weise in unserem Leben, aber es ist immer derselbe Gott, der in uns allen wirkt. [7]Jedem von uns wird eine geistliche Gabe zum Nutzen der ganzen Gemeinde gegeben.

[8]Dem einen gibt der Geist also die Fähigkeit, guten Rat zu erteilen, einem anderen verleiht er die Gabe besonderer Erkenntnis. [9]Dem einen schenkt er einen besonders großen Glauben, dem anderen die Gabe, Kranke zu heilen – das alles bewirkt der eine Geist. [10]Dem einen Menschen verleiht er Kräfte, dass er Wunder tun kann, einem anderen die Fähigkeit zur Prophetie. Wieder ein anderer wird durch den Geist befähigt zu unterscheiden, ob wirklich der Geist Gottes oder aber ein anderer Geist spricht. Und dem einen gibt der Geist die Gabe, in anderen Sprachen zu sprechen, während er einen anderen befähigt, das Gesagte auszulegen. [11]Dies alles bewirkt aber ein und derselbe Heilige Geist, indem er diese Gaben zuteilt und allein entscheidet, welche Gabe jeder Einzelne erhält.

Ein Körper mit vielen Gliedern und Organen

[12]Der menschliche Körper hat viele Glieder und Organe, doch nur gemeinsam machen die vielen Teile den einen Körper aus. So ist es auch bei Christus und seinem Leib. [13]Einige von uns sind Juden, andere Nichtjuden; einige sind Sklaven, andere frei. Aber wir haben alle denselben Geist empfangen und gehören durch die Taufe zu einem einzigen Leib. [14]Auch der Körper besteht aus vielen verschiedenen Teilen, nicht nur aus einem. [15]Wenn der Fuß sagen würde: »Ich bin kein Teil des Körpers, weil ich keine Hand bin«, sollte er deshalb nicht zum Körper gehören? [16]Und wenn das Ohr erklären würde: »Ich bin kein Teil des Körpers, weil ich nur ein Ohr und kein Auge bin«, sollte es deswegen etwa nicht mehr zum Körper gehören? [17]Stellt euch vor, euer ganzer Körper wäre nur Auge – wie könntet ihr da hören? Oder wenn euer ganzer Körper nur Ohr wäre, wie könntet ihr da etwas riechen?

[18]Gott hat unseren Körper mit vielen Gliedern und Organen geschaffen und jedem Körperteil seinen Platz gegeben, wie er es wollte. [19]Was wäre das für ein seltsamer Körper, wenn er nur aus einem einzigen Körperteil bestehen würde! [20]Ja, es sind viele Teile, aber nur ein Körper. [21]Das Auge kann nicht zur Hand sagen: »Ich brauche dich nicht.« Und der Kopf kann nicht zum Fuß sagen: »Ich brauche dich nicht.«

[22]In Wirklichkeit sind oft gerade die scheinbar schwächeren oder unwichtigeren Körperteile besonders notwendig. [23]Und die Körperteile, die wir verstecken möchten, kleiden wir mit umso größerer Sorgfalt. So verbergen wir manche Körperteile besonders sorgfältig vor den Blicken anderer, [24]während andere Körperteile dies nicht nötig haben. Gott hat den Körper so gefügt, dass den benachteiligten Gliedern besondere Ehre zukommt. [25]Auf diese Weise kommt keine Spaltung im Leib zustande, sondern alle Glieder sorgen in gleicher Weise füreinander. [26]Wenn eines leidet, leiden alle anderen mit, und wenn eines geehrt wird, freuen sich alle anderen mit.

[27]So bildet ihr gemeinsam den Leib von Christus, und jeder Einzelne gehört als ein Teil dazu. [28]Gott hat bestimmte Menschen in der Gemeinde eingesetzt: erstens als Apostel, zwei-

tens welche als Propheten, drittens als Lehrer, dann solche, die Wunder vollbringen, solche mit der Gabe der Heilung, solche, die anderen helfen, solche, die besondere Leitungs-fähigkeiten haben und andere zur Zusammenarbeit bewegen, und solche, die in anderen Sprachen sprechen können.

[29]Ist jeder ein Apostel? Natürlich nicht! Ist jeder ein Prophet? Nein. Sind alle Lehrer? Hat jeder die Kraft, Wunder zu tun? [30]Haben alle die Gabe der Heilung? Natürlich nicht. Gibt Gott uns allen die Gabe, in anderen Sprachen zu sprechen? Können alle andere Sprachen deuten? Nein! [31]Strebt aber nach den größeren Gaben! Ich will euch etwas zeigen, das alle diese Gaben übertrifft!

Das Größte ist die Liebe

13 [1]Wenn ich in den Sprachen der Welt oder mit Engels-zungen reden könnte, aber keine Liebe hätte, wäre mein Reden nur sinnloser Lärm wie ein dröhnender Gong oder eine klingende Schelle. [2]Wenn ich die Gabe der Prophetie hätte und wüsste alle Geheimnisse und hätte jede Erkenntnis und wenn ich einen Glauben hätte, der Berge versetzen könn-te, aber keine Liebe hätte, so wäre ich nichts. [3]Wenn ich alles, was ich besitze, den Armen geben und sogar meinen Körper opfern würde, damit ich geehrt würde, aber keine Liebe hätte, wäre alles wertlos.

[4]Die Liebe ist geduldig und freundlich. Sie ist nicht neidisch oder überheblich, stolz [5]oder anstößig. Die Liebe ist nicht selbstsüchtig. Sie lässt sich nicht reizen, und wenn man ihr Böses tut, trägt sie es nicht nach. [6]Sie freut sich niemals über Ungerechtigkeit, sondern sie freut sich immer an der Wahr-heit. [7]Die Liebe erträgt alles, verliert nie den Glauben, bewahrt stets die Hoffnung und bleibt bestehen, was auch geschieht.

[8]Die Liebe wird niemals aufhören, selbst wenn Prophetie, das Reden in unbekannten Sprachen und die Erkenntnis ver-gehen werden. [9]Jetzt erkennen wir nur wenig, und auch unser prophetisches Reden offenbart nur wenig! [10]Doch wenn am Ende das Vollkommene erscheint, wird das wenige aufhören.

[11]Als ich ein Kind war, redete und dachte und urteilte ich

wie ein Kind. Doch als ich erwachsen wurde, legte ich das Kindliche ab. [12]Jetzt sehen wir die Dinge noch unvollkommen, wie in einem trüben Spiegel, dann aber werden wir alles in völliger Klarheit erkennen. Alles, was ich jetzt weiß, ist unvollständig; dann aber werde ich alles erkennen, so wie Gott mich jetzt schon kennt.

[13]Glaube, Hoffnung und Liebe, diese drei bleiben. Aber am größten ist die Liebe.

Die verschiedenen Gaben

14 [1]Die Liebe soll euer höchstes Ziel sein. Aber bemüht euch auch um die besonderen Gaben, die der Geist zuteilt, vor allem um die Gabe der Prophetie. [2]Denn wem die Gabe geschenkt wird, in anderen Sprachen zu reden, der spricht zu Gott, aber nicht zu Menschen, weil ihn niemand versteht. Er redet durch die Kraft des Geistes, aber es sind Geheimnisse, die er ausspricht. [3]Wer dagegen prophetisch redet, der hilft anderen, im Glauben an den Herrn zu wachsen, und er ermutigt und tröstet sie. [4]Wenn jemand in anderen Sprachen redet, wird er selbst dadurch im Glauben gestärkt; doch wer prophetisch redet, der stärkt die ganze Gemeinde.

[5]Ich wünschte, ihr alle hättet die Gabe, in Sprachen zu reden, aber noch mehr wünschte ich, ihr könntet alle prophetisch reden. Denn die Gabe der Prophetie ist wichtiger und nützlicher als das Reden in Sprachen, es sei denn, jemand erklärt den anderen, was es bedeutet, damit die ganze Gemeinde dadurch ermutigt wird.

[6]Liebe Brüder, wenn ich käme und in einer anderen Sprache zu euch redete, was würde euch das nützen? Wenn ich für euch jedoch eine Offenbarung oder eine besondere Erkenntnis oder eine Prophetie oder eine Lehre hätte, dann würde euch das helfen. [7]Selbst leblose Dinge wie eine Flöte oder eine Harfe sind ein Beispiel dafür, wie wichtig es ist, eine verständliche Sprache zu sprechen. Denn wenn die Töne nicht klar gespielt werden, erkennt niemand die Melodie. [8]Wenn der Trompeter kein klares Signal bläst, woher sollen die Soldaten dann wissen, dass sie sich auf die Schlacht vorbereiten

sollen? [9]Das gilt auch für euch. Wenn ihr in einer Sprache zu Menschen redet, die sie nicht verstehen, woher sollen sie dann wissen, was ihr meint? Ihr könntet genauso gut in den Wind reden.

[10]Es gibt so viele verschiedene Sprachen auf der Welt, und sie alle dienen denen, die sie verstehen, zur Verständigung. [11]Mir aber sagen sie nichts. Somit verstehe ich die Menschen, die diese Sprachen sprechen, nicht, und sie verstehen mich nicht. [12]Da ihr so sehr auf geistliche Gaben bedacht seid, bittet Gott um solche Gaben, die der ganzen Gemeinde von Nutzen sind.

[13]Deshalb sollten alle, die die Gabe haben, in anderen Sprachen zu reden, auch um die Gabe der Auslegung beten, damit sie den Leuten erklären können, was gesagt wurde. [14]Denn wenn ich in Sprachen bete, betet mein Geist, aber ich verstehe nicht, was ich rede.

[15]Was soll ich also tun? Ich werde beides tun. Ich werde im Geist beten, und ich werde in Worten beten, die ich verstehe. Ich werde im Geist singen, und ich werde in Worten singen, die ich verstehe. [16]Denn wenn du Gott nur im Geist lobst, wie sollen da die anderen, die dich nicht verstehen, Gott mit dir zusammen loben? Wie können sie gemeinsam mit dir danken, wenn sie deine Worte nicht verstehen? [17]Du dankst zwar mit schönen Worten, aber der andere wird dadurch nicht gestärkt.

[18]Ich danke Gott, dass ich mehr in Sprachen rede als ihr alle. [19]Aber in einer Gemeindeversammlung spreche ich lieber fünf verständliche Worte, die anderen helfen, als zehntausend Worte in einer anderen Sprache.

[20]Liebe Brüder, seid nicht wie Kinder, wenn es darum geht, diese Dinge zu verstehen. Seid unschuldig wie kleine Kinder, wenn es um das Böse geht; aber im Verstehen dieser Dinge sollt ihr reif und erwachsen sein. [21]In der Schrift heißt es:

»Ich werde durch andere Sprachen und durch die Lippen Fremder zu meinem Volk sprechen.

Doch selbst dann werden sie nicht auf mich hören«, spricht der Herr.

²²Ihr seht also, dass das Reden in anderen Sprachen ein Zeichen nicht für Gläubige, sondern für Ungläubige ist; die Prophetie dagegen dient den Gläubigen und nicht den Ungläubigen. ²³Wenn nun Ungläubige oder Menschen, die nichts davon verstehen, in eure Versammlungen kommen, und alle reden in einer anderen Sprache, werden sie euch nicht für verrückt halten? ²⁴Wenn ihr jedoch alle prophetisch redet und irgendein Ungläubiger oder Fremder kommt herein, dann wird er von seiner Schuld überzeugt und durch das, was ihr sagt, überführt. ²⁵Während er zuhört, werden seine geheimen Gedanken offenbar, und er wird auf seine Knie fallen und Gott anbeten und sagen: »Gott ist wirklich hier unter euch.«

Von der Ordnung im Gottesdienst

²⁶Was folgt daraus, liebe Brüder? Wenn ihr euch versammelt, wird der eine singen, der andere lehren, wieder ein anderer wird eine besondere Offenbarung Gottes weitergeben. Einer wird in einer anderen Sprache reden, während ein anderer erklärt, was gesagt wurde. Doch alles, was geschieht, soll für alle hilfreich sein und sie im Herrn aufbauen. ²⁷Nicht mehr als zwei oder drei sollen in einer anderen Sprache reden. Sie sollen das nacheinander tun, und einer muss bereit sein auszulegen, was sie sagen. ²⁸Wenn niemand anwesend ist, der die anderen Sprachen auslegen kann, sollen sie in der Versammlung der Gemeinde schweigen und in Sprachen zu Gott sprechen, wenn sie allein sind.

²⁹Lasst zwei oder drei prophetisch reden und die anderen beurteilen, was gesagt wurde. ³⁰Wenn jedoch jemand prophetisch redet und ein anderer eine Offenbarung vom Herrn empfängt, soll der, der gerade spricht, schweigen. ³¹Auf diese Weise können alle prophetisch reden, doch einer nach dem anderen, damit alle lernen und ermutigt werden. ³²Wer prophetisch redet, hat Kontrolle über sich selbst und kann warten, bis er an der Reihe ist. ³³Denn Gott ist nicht ein Gott der Unordnung, sondern ein Gott des Friedens, wie auch in allen anderen Gemeinden.

³⁴Die Frauen sollen in den Gemeindeversammlungen

schweigen. Es gehört sich nicht, dass sie sprechen. Sie sollen sich unterordnen, wie es im Gesetz steht. [35]Wenn sie Fragen haben, sollen sie zu Hause ihre Ehemänner fragen, denn es steht ihnen nicht zu, in der Gemeindeversammlung zu sprechen.

[36]Meint ihr etwa, das Wissen um Gottes Wort beginnt und endet bei euch Korinthern? Da irrt ihr euch! [37]Wer behauptet, ein Prophet zu sein, oder meint, vom Geist begabt zu sein, der sollte erkennen, dass das, was ich euch schreibe, ein Gebot des Herrn ist. [38]Wer das nicht anerkennt, der wird seinerseits auch nicht anerkannt.

[39]Deshalb, liebe Brüder, bemüht euch um die Gabe der Prophetie und verbietet das Reden in anderen Sprachen nicht. [40]Doch achtet darauf, dass alles angemessen und geordnet geschieht.

Die Auferstehung von Christus

15 [1]Nun will ich euch noch einmal an die gute Botschaft erinnern, liebe Brüder, die ich euch verkündet habe. Ihr habt sie damals angenommen, und sie ist auch heute das Fundament eures Glaubens. [2]Durch sie werdet ihr gerettet, wenn ihr daran festhaltet genau so, wie ich sie euch verkündet habe – es sei denn, ihr seid vergeblich zum Glauben gekommen.

[3]Ich habe euch das weitergegeben, was am wichtigsten ist und was auch mir selbst überliefert wurde – dass Christus für unsere Sünden starb, genau wie es in der Schrift steht. [4]Er wurde begraben und ist am dritten Tag von den Toten auferstanden, wie es in der Schrift steht. [5]Er wurde von Petrus gesehen und dann von den zwölf Aposteln. [6]Danach sahen ihn mehr als fünfhundert seiner Anhänger auf einmal, von denen die meisten noch leben; nur einige sind inzwischen gestorben. [7]Dann wurde er von Jakobus gesehen und später von allen Aposteln. [8]Als Letzter von allen habe auch ich ihn gesehen, so als wäre ich zur falschen Zeit geboren worden. [9]Denn ich bin der geringste der Apostel und eigentlich nicht wert,

Apostel genannt zu werden, weil ich die Gemeinde Gottes verfolgt habe.

¹⁰Doch was immer ich jetzt bin, das bin ich durch die Gnade Gottes – und seine Gnade blieb in mir nicht ohne Wirkung. Denn ich habe härter gearbeitet als alle anderen Apostel, doch nicht ich habe gearbeitet, sondern Gott, der durch seine Gnade durch mich wirkte. ¹¹Deshalb kommt es nicht darauf an, ob ich predige oder sie. Entscheidend ist, dass ihr glaubt, was wir euch verkünden.

Die Auferstehung der Toten

¹²Aber nun frage ich euch: Wenn wir predigen, dass Christus von den Toten auferstanden ist, wie können einige von euch da behaupten, es gäbe keine Auferstehung der Toten? ¹³Wenn es nämlich keine Auferstehung der Toten gibt, dann ist auch Christus nicht auferstanden. ¹⁴Und wenn Christus nicht auferstanden ist, dann war unser Predigen wertlos, und auch euer Vertrauen auf Gott ist vergeblich. ¹⁵Ja, in diesem Fall hätten wir Apostel sogar Lügen über Gott verbreitet, denn wir haben ja versichert, dass Gott Christus auferweckt hat, und das kann nicht wahr sein, wenn es keine Auferstehung von den Toten gibt. ¹⁶Denn wenn es keine Auferstehung der Toten gibt, dann ist auch Christus nicht auferstanden. ¹⁷Wenn aber Christus nicht auferstanden ist, dann ist euer Glaube nutzlos, und ihr seid nach wie vor in euren Sünden gefangen. ¹⁸In diesem Fall wären alle Menschen, die im Glauben an Christus gestorben sind, verloren! ¹⁹Wenn der Glaube an Christus nur für dieses Leben Hoffnung gibt, sind wir die elendesten Menschen auf der Welt.

²⁰Nun ist aber Christus als Erster von den Toten auferstanden. ²¹So wie der Tod durch einen Menschen – Adam – in die Welt kam, hat nun durch einen anderen Menschen – Christus – die Auferstehung von den Toten begonnen. ²²Die Menschen sterben, weil alle mit Adam verwandt sind. Ebenso werden durch Christus alle lebendig gemacht und neues Leben empfangen. ²³Es gibt aber eine Reihenfolge: Christus zu-

erst, und wenn er wiederkommt, dann die, die zu ihm gehören.

²⁴Danach wird das Ende kommen, wenn er Gott, seinem Vater, das Reich übergeben wird, nachdem er alle seine Feinde vernichtet hat. ²⁵Denn Christus muss herrschen, bis er alle seine Feinde unter seine Füße erniedrigt hat. ²⁶Als letzter Feind wird der Tod vernichtet werden. ²⁷Denn in der Schrift heißt es: »Gott hat ihm Vollmacht über alles gegeben.« Wenn es heißt: »Christus hat Vollmacht über alles«, so ist Gott natürlich davon ausgenommen, der ihm diese Vollmacht gab. ²⁸Und wenn er Herr über alles ist, wird der Sohn sich selbst Gott unterstellen. Und Gott, der seinem Sohn alles unterworfen hat, wird über alles und in allem der Höchste sein.

²⁹Wenn die Toten nicht auferstehen werden, weshalb lassen manche Leute sich dann für andere taufen, die gestorben sind? Warum sollten sie das tun?

³⁰Und warum setzen wir uns dann ständig der Gefahr aus? ³¹Ich versichere euch, liebe Freunde, dass ich täglich dem Tod ins Auge sehe. Das ist so gewiss wie mein Stolz auf das, was der Herr Jesus Christus in euch getan hat. ³²Und was für einen Sinn hätte es, in Ephesus gegen wilde Tiere zu kämpfen, wenn es keine Auferstehung von den Toten gäbe? Wenn es keine Auferstehung gibt, dann »lasst uns Feste feiern und uns betrinken, denn morgen sterben wir!«.

³³Lasst euch von Leuten, die so etwas sagen, nicht verführen, denn schlechter Umgang verdirbt gute Sitten. ³⁴Kommt zur Vernunft und hört auf zu sündigen. Denn zu eurer Schande muss ich sagen, dass einige von euch Gott überhaupt nicht kennen.

Der neue Körper bei der Auferstehung

³⁵Vielleicht fragt jetzt einer: »Wie werden die Toten denn auferstehen? Was für einen Körper werden sie haben?« ³⁶Welch eine unsinnige Frage! Wenn ihr ein Samenkorn in die Erde legt, wächst es nicht zu einer Pflanze heran, bevor es nicht gestorben ist. ³⁷Was ihr in die Erde legt, ist nicht die Pflanze, die wachsen wird, sondern ein bloßes Weizenkorn oder was ihr

sonst pflanzen wollt. [38]Dann gibt Gott ihm einen neuen Leib, wie es ihm gefällt. Aus jedem Samen wächst eine andere Pflanze. [39]Und so, wie es verschiedene Samen und Pflanzen gibt, so gibt es auch Unterschiede zwischen den Körpern von Menschen, Tieren, Vögeln oder Fischen. [40]Es gibt himmlische Körper und irdische. Aber die Herrlichkeit der himmlischen ist eine andere als die der irdischen. [41]Die Sonne hat einen anderen Glanz als der Mond und die Sterne, denn jeder Stern unterscheidet sich in Schönheit und Helligkeit von den anderen.

[42]Genauso verhält es sich mit der Auferstehung der Toten. Unsere irdischen Körper sterben und verwesen, doch bei der Auferstehung werden sie unvergänglich sein und nicht mehr sterben. [43]Jetzt sind unsere Körper nicht perfekt, aber wenn sie auferstehen werden, werden sie voller Herrlichkeit sein. Jetzt sind sie schwach, dann aber voller Kraft. [44]Jetzt sind es natürliche menschliche Körper, aber wenn sie auferstehen, werden es geistliche Körper sein. Denn so wie es irdische Körper gibt, so gibt es auch geistliche.

[45]In den Schriften steht auch: »Der erste Mensch – Adam – wurde lebendig.« Der letzte Adam aber – also Christus – ist ein Geist, der lebendig macht. [46]Zuerst kam der irdische Körper; dann der geistliche. [47]Der erste Mensch, Adam, wurde aus dem Staub der Erde geschaffen, der zweite Mensch, Christus, ist vom Himmel. [48]Jeder Mensch hat einen irdischen Körper wie Adam; unser himmlischer Körper aber wird sein wie der Körper von Christus. [49]So wie wir jetzt dem irdischen Menschen, Adam, gleichen, so entsprechen wir eines Tages dem himmlischen Menschen, Christus.

[50]Was ich damit sagen will, liebe Brüder, ist, dass Fleisch und Blut das Reich Gottes nicht erben können. Der vergängliche Körper, den wir jetzt haben, kann nicht ewig leben.

[51]Aber lasst mich euch ein wunderbares Geheimnis sagen, das Gott uns offenbart hat. Nicht jeder von uns wird sterben, aber wir werden alle verwandelt werden. [52]Das wird in einem kurzen Moment geschehen, in einem einzigen Augenblick, wenn die letzte Posaune ertönt. Beim Klang der Posaune werden die Toten mit einem unvergänglichen Körper auferste-

hen, und wir Lebenden werden verwandelt werden, sodass
wir nie mehr sterben. [53]Denn unser vergänglicher irdischer
Körper muss in einen himmlischen Körper verwandelt werden, der nicht mehr sterben wird.

[54]Wenn dies geschieht – wenn unsere vergänglichen, irdischen Körper in unvergängliche, himmlische Körper verwandelt sind – dann wird sich das Schriftwort erfüllen:

»Der Tod wurde verschlungen vom Sieg. [55]Tod, wo ist dein
Sieg? Tod, wo ist dein Stachel?«

[56]Denn die Sünde ist der Stachel, der zum Tod führt, und das
Gesetz verleiht der Sünde ihre Kraft. [57]Wir danken Gott, der
uns durch Jesus Christus, unseren Herrn, den Sieg über die
Sünde und den Tod gibt!

[58]Deshalb bleibt fest und unerschütterlich im Glauben, liebe
Freunde, und setzt euch mit aller Kraft für das Werk des
Herrn ein, denn ihr wisst ja, dass nichts, was ihr für den Herrn
tut, vergeblich ist.

Die Sammlung für Jerusalem

16 [1]Nun zu dem Geld, das ihr für die Gemeinde in Jerusalem sammelt: Haltet euch dabei an die Anweisungen,
die ich auch den Gemeinden in Galatien erteilt habe. [2]An jedem Tag des Herrn soll jeder von euch so viel Geld beiseitelegen, wie es ihm möglich ist, und für diese Sammlung aufbewahren. Wartet nicht bis zu meiner Ankunft, um dann
alles auf einmal einzusammeln. [3]Wenn ich komme, werde
ich Abgesandte, die ihr selbst auswählt, mit Empfehlungsbriefen ausstatten, und sie werden eure Gabe nach Jerusalem
bringen. [4]Wenn es aber nötig ist, dass auch ich hinreise, können wir den Weg miteinander machen.

Letzte Anweisungen

[5]Ich werde euch besuchen, wenn ich in Mazedonien gewesen
bin, denn ich habe vor, durch Mazedonien zu reisen. [6]Eine
Weile werde ich bei euch bleiben, vielleicht sogar den ganzen
Winter über. Danach könnt ihr mich dann zu meinem nächsten Ziel begleiten. [7]Diesmal will ich nicht nur einen kurzen

Abstecher zu euch machen und dann gleich weiterziehen. Ich möchte kommen und eine Zeit lang bleiben, wenn der Herr es mir erlaubt. [8]Vorerst bleibe ich allerdings bis zum Pfingstfest in Ephesus, [9]denn hier bieten sich mir große Möglichkeiten für die Arbeit, und viele Menschen fühlen sich von der Botschaft angesprochen. Es gibt allerdings auch viel Widerstand.

[10]Wenn Timotheus kommt, seht zu, dass er ohne Angst bei euch sein kann, denn er arbeitet wie ich für den Herrn. [11]Niemand soll ihn gering schätzen. Und lasst ihn in Frieden zu mir zurückkommen. Ich freue mich schon, ihn bald wieder zu sehen, zusammen mit den anderen Gläubigen.

[12]Nun zu unserem Bruder Apollos: Ich habe ihn mehrmals gebeten, euch mit den anderen Gläubigen zu besuchen, aber er wollte jetzt nicht kommen. Er wird euch später besuchen, wenn der Zeitpunkt günstiger ist.

[13]Seid wachsam. Haltet treu an dem fest, was ihr glaubt. Seid mutig und stark. [14]Alles, was ihr tut, soll in Liebe geschehen.

[15]Ihr wisst, dass Stephanas und alle in seinem Haus die Ersten waren, die in Griechenland gläubig wurden. Sie widmen ihr ganzes Leben dem Dienst für die anderen Gläubigen. Ich bitte euch inständig, liebe Brüder, [16]ihnen und auch anderen Mitarbeitern, die sich mit solcher Hingabe einsetzen, mit großer Achtung zu begegnen. [17]Ich bin froh, dass Stephanas, Fortunatus und Achaikus gekommen sind. Sie haben euch ersetzt, da ihr mich hier nicht unterstützen könnt. [18]Sie sind eine große Ermutigung für mich, wie sie es auch für euch waren. Deshalb gebührt ihnen eure Wertschätzung.

Abschließende Grüße

[19]Die Gemeinden hier aus der Provinz Asien lassen euch von Herzen im Herrn grüßen, wie auch Aquila und Priska und alle anderen, die sich als Gemeinde in ihrem Haus versammeln. [20]Die anderen Gläubigen hier haben mich gebeten, euch von ihnen zu grüßen. Grüßt einander in Liebe.

[21]Hier ist mein Gruß, den ich, Paulus, eigenhändig geschrieben habe.

²²Wer den Herrn nicht liebt, der sei verflucht. Unser Herr komme bald!

²³Die Gnade von Jesus, dem Herrn, soll mit euch sein!

²⁴Euch allen gehört meine Liebe in Christus Jesus.

Der zweite Brief an die Korinther

Grüße von Paulus

1 ¹Dieser Brief ist von Paulus, der durch Gott zum Apostel für Christus Jesus berufen wurde, und von seinem Mitarbeiter Timotheus.

Wir wenden uns an die Gemeinde Gottes in Korinth und an alle Gläubigen in Griechenland.

²Wir wünschen euch Gnade und Friede von Gott, unserem Vater, und Jesus Christus, dem Herrn.

Gott hält wahren Trost für alle Menschen bereit

³Gepriesen sei Gott, der Vater von Jesus Christus, unserem Herrn. Er ist der Ursprung aller Barmherzigkeit und der Gott, der uns tröstet. ⁴In allen Schwierigkeiten tröstet er uns, damit wir andere trösten können. Wenn andere Menschen in Schwierigkeiten geraten, können wir ihnen den gleichen Trost spenden, wie Gott ihn uns geschenkt hat. ⁵Ihr dürft darauf vertrauen: Je mehr wir für Christus leiden, desto mehr lässt uns Gott durch Christus Trost zuteilwerden. ⁶Wenn wir also von Kummer und Sorgen niedergedrückt sind, so ist es zu eurem Besten und zu eurer Rettung! Denn Gott spricht uns Mut zu, damit wir euch ermutigen können. Dann könnt ihr geduldig das Gleiche ertragen, das auch wir durchmachen. ⁷Denn wir sind sicher, dass ihr zwar leiden müsst, aber auch von Gott getröstet werdet.

⁸Liebe Freunde, ihr sollt wissen, welche Schwierigkeiten wir in der Provinz Asien aushalten mussten. Wir haben wirklich Vernichtendes erlebt, sodass wir schon glaubten, nicht mit dem Leben davonzukommen. ⁹Wir haben dem Tod ins Gesicht gesehen. Doch auf diese Weise haben wir gelernt, nicht auf uns selbst zu vertrauen, sondern auf Gott, der die Toten auferweckt. ¹⁰Und tatsächlich hat er uns aus der Todesgefahr befreit. Nun sind wir sicher, dass er es wieder tun wird, ¹¹denn ihr betet ja für uns. Und viele Menschen werden Gott dafür danken, dass er ihre Gebete für uns erhört hat.

Pläne des Apostels

¹²Mit gutem Gewissen können wir sagen, dass wir in allem, was wir taten, stets offen und ehrlich waren. Wir haben uns auf Gottes Gnade verlassen und nicht auf unsere eigene Weisheit. So verhielten wir uns bei allen Menschen und ganz besonders euch gegenüber. ¹³Meine Briefe waren immer direkt und aufrichtig; sie enthielten keine Andeutungen zwischen den Zeilen und nichts, was ihr nicht hättet verstehen können. Eines Tages werdet ihr uns hoffentlich ganz verstehen, ¹⁴wie es ja schon zum Teil der Fall ist. Dann werdet ihr an dem Tag, an dem Jesus, unser Herr, wiederkommt, genauso stolz auf uns sein wie wir jetzt auf euch.

¹⁵Da ich um euer Verständnis und Vertrauen wusste, wollte ich euch doppelt erfreuen. ¹⁶So wollte ich auf dem Weg nach Mazedonien und dann noch einmal auf dem Rückweg bei euch Halt machen und euch besuchen. Danach hättet ihr mich auf den Weg nach Judäa bringen können.

¹⁷Nun werdet ihr fragen, warum ich meine Pläne geändert habe. Stand mein Entschluss vielleicht noch nicht fest? Oder gehöre ich zu den Menschen, die Ja sagen, wenn sie in Wirklichkeit Nein meinen? ¹⁸So sicher, wie Gott treu ist, gehöre ich nicht zu dieser Sorte Menschen. Mein Ja bedeutet Ja, ¹⁹weil Jesus Christus, der Sohn Gottes, nicht zwischen Ja und Nein schwankt. Ihn haben Timotheus, Silas und ich euch verkündet, und er ist das göttliche Ja – die feste Zusage Gottes. ²⁰Denn in ihm erfüllen sich alle göttlichen Zusagen. Deshalb sagen wir »Amen«, wenn wir Gott durch Christus ehren. ²¹Gott allein befähigt uns und euch, fest für Christus einzustehen. Er hat uns einen Auftrag erteilt ²²und bestätigt, dass wir zu ihm gehören, indem er uns den Heiligen Geist ins Herz gab. Dieser ist eine Sicherheit für alles, was er uns noch schenken wird.

²³Nun berufe ich mich auf Gott als Zeugen, dass ich die Wahrheit sage. Ich bin allein deshalb nicht nach Korinth zurückgekehrt, weil ich euch eine ernste Zurechtweisung ersparen wollte. ²⁴Damit meine ich nicht, dass wir euch bis ins Kleinste vorschreiben möchten, wie ihr euren Glauben leben

sollt. Wir wollen vielmehr mit euch gemeinsam darauf hin-
arbeiten, dass ihr voll Freude an eurem Glauben festhaltet.

2 [1]Aus diesem Grund habe ich mir gesagt: »Nein, das werde
ich nicht tun. Ich werde sie nicht durch einen weiteren
schmerzlichen Besuch bedrücken.« [2]Denn wenn ich euch
traurig mache, wer wird mich dann froh machen? [3]Deshalb
habe ich mich brieflich an euch gewandt, wie schon mit meinem ersten Brief, damit ich bei meinem Kommen nicht gerade
traurig über die werde, die mir eigentlich die größte Freude
machen müssten. Sicher wisst ihr, dass meine Freude von eurer Freude abhängig ist. [4]Es ist mir unendlich schwer gefallen,
jenen Brief zu schreiben! Ja, es tat mir im Herzen weh, so sehr,
dass ich weinen musste. Ich wollte euch nicht verletzen; ihr
solltet vielmehr wissen, wie sehr ich euch liebe.

Vergebung für den Sünder

[5]Ich übertreibe nicht, wenn ich sage, dass einer, der ein Problem verursacht, eurer Gemeinde mehr Schmerz zufügt als
mir. [6]Er war genug gestraft, als die meisten von euch sich gegen ihn aussprachen. [7]Nun ist es an der Zeit, ihm zu vergeben
und ihn zu trösten. Er könnte sonst so entmutigt werden, dass
er sich nicht mehr davon erholt. [8]Zeigt ihm jetzt, dass ihr ihn
immer noch liebt.

[9]Durch meinen Brief wollte ich herausfinden, ob ihr wirklich
in allem gehorsam seid. [10]Wenn ihr diesem Mann vergebt,
vergebe ich ihm auch. Denn wenn ich etwas vergeben habe –
was immer es auch war –, tat ich es in der Vollmacht von
Christus zu eurem Besten, [11]damit der Satan uns nicht überlistet. Schließlich kennen wir seine Fallen und Tricks nur zu
gut.

Diener des neuen Bundes

[12]Als ich nach Troas kam, um die Botschaft von Christus zu
verkünden, schenkte der Herr mir ein reiches Arbeitsfeld mit
vielen Möglichkeiten. [13]Doch ich fand keine Ruhe, weil mein
lieber Bruder Titus noch nicht mit einem Bericht von euch

eingetroffen war. Deshalb verabschiedete ich mich und reiste weiter nach Mazedonien, um ihn dort zu treffen.

[14]Doch ich danke Gott, der uns, die wir zu Christus gehören, immer in seinem Triumphzug mitführt. Wo immer wir jetzt auch hinkommen, setzt er uns ein, um anderen vom Herrn zu erzählen und die gute Botschaft zu verbreiten wie einen wohlriechenden Duft. [15]Unserem ganzen Leben haftet der Wohlgeruch von Christus an; und damit loben wir Gott. Aber dieser Geruch wird von denen, die gerettet werden, anders wahrgenommen als von denen, die verloren gehen. [16]Für die Menschen, die verloren gehen, sind wir der schreckliche Gestank von Tod und Verdammnis. Doch für die Menschen, die gerettet werden, sind wir ein Leben spendender Duft. Wer kann einer solchen Aufgabe gerecht werden? [17]Ihr seht, dass wir nicht zu den Menschen gehören, die nur predigen, um Geld zu verdienen – und davon gibt es viele. Wir predigen Gottes Wort aufrichtig und mit der Vollmacht von Christus und sind uns bewusst, dass Gott, der uns gesandt hat, uns dabei zusieht.

3 [1]Fangen wir jetzt wieder an, mit unserer Arbeit anzugeben? Manche Leute müssen Empfehlungsschreiben mitbringen oder euch bitten, ihnen Empfehlungsbriefe zu schreiben. [2]Der einzige Empfehlungsbrief, den wir brauchen, seid ihr selbst! Euer Leben ist wie ein Brief, der in unsere Herzen geschrieben wurde. Jeder kann ihn lesen und erkennen, was wir unter euch getan haben. [3]Ihr seid ganz offenkundig ein Brief von Christus, durch uns ausgefertigt, aber nicht mit Tinte, sondern mit dem Geist des lebendigen Gottes: nicht auf Steintafeln, sondern in die Herzen der Menschen.

[4]Wir sind uns darin so sicher, weil wir durch Christus großes Vertrauen zu Gott haben. [5]Wir halten uns selbst nicht dazu fähig, irgendetwas zu bewirken, was bleibenden Wert hätte. Unsere Kraft dazu kommt von Gott. [6]Er hat uns befähigt, Diener seines neuen Bundes zu sein, eines Bundes, der nicht auf schriftlichen Gesetzen beruht, sondern auf dem Geist Gottes.

Der alte Weg führt in den Tod, aber auf dem neuen Weg schenkt der Heilige Geist Leben.

Die Herrlichkeit des neuen Bundes

⁷Der Dienst für die in Stein gehauenen Gesetze führte zum Tod, obwohl er mit einer solchen Herrlichkeit begann, dass das Volk Israel nicht einmal den Anblick von Moses Gesicht ertragen konnte. Denn sein Gesicht strahlte die Herrlichkeit Gottes aus, auch wenn dieser Glanz bald wieder verging. ⁸Können wir da nicht für den Dienst des Geistes noch weit größere Herrlichkeit erwarten? ⁹Wenn schon der Dienst, der zur Verdammnis führt, so herrlich ist, wie viel herrlicher muss dann erst derjenige Dienst sein, der uns vor Gott gerecht macht! ¹⁰Ja, die erste Herrlichkeit ist überhaupt nicht herrlich im Vergleich zu der überwältigenden Herrlichkeit des neuen Bundes. ¹¹Wenn also schon das, was vergeht, voller Herrlichkeit ist, dann besitzt das, was bleibt, unermesslich viel größere Herrlichkeit.

¹²Da dieser neue Bund uns diese Hoffnung gibt, können wir alles wagen. ¹³Wir sind nicht wie Mose, der sein Gesicht verhüllte, damit das Volk Israel nicht sah, wie der Glanz der Herrlichkeit Gottes darauf verging. ¹⁴Doch die Gedanken der Menschen wurden verfinstert, und bis auf den heutigen Tag liegt ein Schleier über ihrem Denken. Wenn das Gesetz des alten Bundes vorgelesen wird, erkennen sie die Wahrheit nicht. Dieser Schleier kann nur durch den Glauben an Christus aufgehoben werden. ¹⁵Ja, noch heute sind ihre Herzen, wenn sie die Schriften Moses lesen, durch diesen Schleier verhüllt, sodass sie sie nicht verstehen.

¹⁶Doch wenn sich jemand dem Herrn zuwendet, wird der Schleier weggenommen. ¹⁷Der Herr aber ist der Geist, und wo immer der Geist des Herrn ist, ist Freiheit. ¹⁸Von uns allen wurde der Schleier weggenommen, sodass wir die Herrlichkeit des Herrn wie in einem Spiegel sehen können. Und der Geist des Herrn wirkt in uns, sodass wir ihm immer ähnlicher werden und immer stärker seine Herrlichkeit widerspiegeln.

Ein Schatz in vergänglichen Hüllen

4 ¹Da Gott uns in seiner Gnade diese Aufgabe anvertraut hat, verlieren wir nicht den Mut. ²Wir lehnen alle skrupellosen Methoden der Verkündigung ab. Wir versuchen nicht, jemanden zu überlisten, und wir verfälschen Gottes Wort nicht, sondern wir sprechen die Wahrheit vor Gott. Das wissen alle, die aufrichtige Herzen haben.

³Wenn die gute Botschaft, die wir verkünden, für jemanden wie hinter einem Schleier erscheint, zeigt das nur, dass er verloren ist. ⁴Der Satan, der Gott dieser Welt, hat die Gedanken der Ungläubigen so verblendet, dass sie das herrliche Licht der Botschaft nicht wahrnehmen können. Damit bleibt ihnen unsere Botschaft über die Herrlichkeit von Christus, der das Ebenbild Gottes ist, unverständlich.

⁵Wir ziehen nicht umher und verkünden uns selbst; wir verkünden Christus Jesus, den Herrn. Wenn wir etwas über uns selbst sagen, dann allenfalls, dass wir durch das, was Christus für uns getan hat, zu euren Dienern wurden. ⁶Denn Gott, der sprach: »Es werde Licht in der Finsternis«, hat uns in unseren Herzen erkennen lassen, dass dieses Licht der Glanz der Herrlichkeit Gottes ist, die uns im Angesicht von Jesus Christus sichtbar wird. ⁷Doch diesen kostbaren Schatz tragen wir in zerbrechlichen Gefäßen, nämlich in unseren schwachen Körpern. So kann jeder sehen, dass unsere Kraft ganz von Gott kommt und nicht unsere eigene ist.

⁸Von allen Seiten werden wir von Schwierigkeiten bedrängt, aber nicht erdrückt. Wir sind ratlos, aber wir verzweifeln nicht. ⁹Wir werden verfolgt, aber Gott lässt uns nie im Stich. Wir werden zu Boden geworfen, aber wir stehen wieder auf und machen weiter. ¹⁰Durch das Leiden erfahren wir am eigenen Leib ständig den Tod von Christus, damit auch sein Leben an unserem Körper sichtbar wird.

¹¹Es ist wahr: Weil wir Jesus dienen, leben wir in ständiger Todesgefahr, damit sein Leben an unserem sterblichen Körper sichtbar wird. ¹²So leben wir im Angesicht des Todes, und das hat euch das Leben gebracht.

¹³Dennoch hören wir nicht auf zu predigen, weil wir densel-

ben Glauben haben wie der Psalmist, der sagte: »Ich glaube an Gott, deshalb rede ich.« [14]Wir wissen, dass derselbe Gott, der Jesus, unseren Herrn, auferweckt hat, auch uns mit Jesus auferwecken wird und uns zusammen mit euch vor sich hintreten lassen wird. [15]Das alles ist zu eurem Besten. Und wenn Gottes Gnade immer mehr Menschen zu Christus führt, wird auch der Chor derer, die ihm danken, immer lauter, und Gott wird immer mehr Ehre erwiesen.

[16]Deshalb geben wir nie auf. Unser Körper mag sterben, doch unser Geist wird jeden Tag erneuert. [17]Denn unsere jetzigen Sorgen und Schwierigkeiten sind nur gering und von kurzer Dauer, doch sie bewirken in uns eine unermesslich große Herrlichkeit, die ewig andauern wird! [18]So sind wir nicht auf das Schwere fixiert, das wir jetzt sehen, sondern blicken nach vorn auf das, was wir noch nicht gesehen haben. Denn die Sorgen, die wir jetzt vor uns sehen, werden bald vorüber sein, aber die Freude, die wir noch nicht gesehen haben, wird ewig dauern.

Neue Körper

5 [1]Denn wir wissen: Wenn dieses irdische Zelt, in dem wir leben, einmal abgerissen wird – wenn wir sterben und diesen Körper verlassen –, werden wir ein ewiges Haus im Himmel haben, einen neuen Körper, der von Gott kommt und nicht von Menschen. [2]Deshalb sehnen wir uns danach, diesen vergänglichen Körper zu verlassen, und freuen uns auf den Tag, an dem wir unseren himmlischen Körper anziehen dürfen wie ein neues Gewand. [3]Denn wir werden nicht nackt sein, sondern einen neuen himmlischen Körper erhalten. [4]In unserem sterblichen Körper seufzen wir, denn wir möchten lieber gleich unseren neuen Körper anlegen und vom vergänglichen in das ewige Leben überwechseln. [5]Gott selbst hat uns darauf vorbereitet und uns als Sicherheit seinen Heiligen Geist gegeben.

[6]Deshalb bleiben wir zuversichtlich, obwohl wir wissen, dass wir nicht daheim beim Herrn sind, solange wir noch in diesem Körper leben. [7]Denn wir leben im Glauben und nicht

im Schauen. [8]Ja, wir sind voll Zuversicht und würden unseren jetzigen Körper gern verlassen, weil wir dann daheim beim Herrn wären. [9]Unser Ziel ist es deshalb, immer zu tun, was ihm gefällt, ob wir nun in diesem Körper leben oder ihn verlassen. [10]Denn wir alle müssen einmal vor Christus und seinem Richterstuhl erscheinen, wo alles ans Licht kommen wird. Dann wird jeder von uns das bekommen, was er für das Gute oder das Schlechte, das er in seinem Leben getan hat, verdient.

Wir sind Gottes Botschafter

[11]Weil wir wissen, dass der Herr zu fürchten ist, arbeiten wir hart, um andere zu gewinnen. Gott weiß, dass wir aufrichtig sind, und ich hoffe, ihr wisst es auch. [12]Versuchen wir jetzt schon wieder, uns selbst zu loben? Nein, sondern wir geben euch einen Grund, stolz auf uns zu sein, damit ihr denen etwas entgegensetzen könnt, die sich mehr um Äußerlichkeiten bemühen als um ein ehrliches Herz vor Gott.

[13]Wenn es scheint, als wären wir außer uns, so ist das zur Ehre Gottes. Und wenn wir besonnen sind, geschieht es zu eurem Besten. [14]Was immer wir tun, tun wir, weil die Liebe von Christus uns bewegt. Weil wir glauben, dass Christus für alle gestorben ist, glauben wir auch, dass unser altes Leben vorüber ist, das wir früher führten. [15]Er starb für alle, damit diejenigen, die sein neues Leben erhalten, nicht länger für sich selbst leben. Sie sollen vielmehr für Christus leben, der für sie starb und auferstanden ist.

[16]Deshalb haben wir aufgehört, andere nach dem zu beurteilen, was die Welt von ihnen hält. Früher habe ich irrtümlich auch Christus so beurteilt – als sei er nur ein Mensch gewesen. Wie anders sehe ich ihn jetzt! [17]Das bedeutet aber, wer mit Christus lebt, wird ein neuer Mensch. Er ist nicht mehr derselbe, denn sein altes Leben ist vorbei. Ein neues Leben hat begonnen!

[18]Dieses neue Leben kommt allein von Gott, der uns durch das, was Christus getan hat, mit sich versöhnt hat. Und er hat uns in den Dienst dieser Versöhnung gestellt. [19]Denn Gott war

in Christus und versöhnte so die Welt mit sich selbst und rechnete den Menschen ihre Sünden nicht mehr an. Das ist die herrliche Botschaft der Versöhnung, die er uns anvertraut hat, damit wir sie anderen verkünden. [20]So sind wir Botschafter von Christus, und Gott gebraucht uns, um durch uns zu sprechen. Wir bitten inständig, so, als würde Christus es persönlich tun: »Lasst euch mit Gott versöhnen!« [21]Denn Gott machte Christus, der nie gesündigt hat, zum Opfer für unsere Sünden, damit wir durch ihn vor Gott gerechtfertigt werden können.

6 [1]Als Gottes Mitarbeiter bitten wir euch mit allem Nachdruck, euch dieser wunderbaren Botschaft von Gottes großer Gnade nicht zu verweigern. [2]Denn Gott spricht:

»Gerade zur richtigen Zeit habe ich dich erhört. Am Tag der Erlösung habe ich dir geholfen.«

Gott ist bereit, euch gerade jetzt zu helfen. Heute ist der Tag der Erlösung.

Die Sorgen und Entbehrungen des Apostels

[3]Wir versuchen, uns so zu verhalten, dass die Arbeit für Gott nicht in Verruf gerät. [4]In allem, was wir tun, sind wir Diener Gottes. Geduldig ertragen wir alle möglichen Schwierigkeiten, Entbehrungen und Sorgen. [5]Wir wurden geschlagen und ins Gefängnis geworfen. Mehr als einmal standen wir schutzlos einer aufgebrachten Menschenmenge gegenüber. Wir haben gearbeitet bis zur Erschöpfung, schlaflose Nächte ertragen und gefastet. [6]Wir haben uns bewiesen durch unseren guten Lebenswandel, unsere Einsicht, unsere Geduld, unsere Freundlichkeit, unsere aufrichtige Liebe und durch die Kraft des Heiligen Geistes. [7]Zuverlässig haben wir die Wahrheit gepredigt, und Gottes Kraft wirkte in uns. Unsere einzige Waffe, zum Angriff wie zur Verteidigung, ist Gerechtigkeit. [8]Wir dienen Gott, ob die Menschen uns nun ehren oder verachten, ob sie uns verleumden oder loben. Wir meinen es ehrlich, doch sie schimpfen uns Verführer. [9]Gott kennt uns, doch für sie sind wir Namenlose. Wir sind dem Tod nahe, doch wie ihr

seht, leben wir noch. Wir wurden misshandelt, aber wir sind nicht gestorben. ¹⁰Unser Herz ist voll Leid, und doch erleben wir ständig neue Freude. Wir sind arm, aber wir machen andere reich. Wir besitzen nichts und haben doch alles.

¹¹Ach, ihr lieben Freunde in Korinth! Wir haben aufrichtig mit euch geredet. Unsere Herzen stehen euch völlig offen. ¹²Wenn irgendetwas zwischen uns steht, so liegt es nicht daran, dass wir es an Liebe zu euch hätten fehlen lassen, sondern daran, dass ihr uns eure Liebe vorenthalten habt. ¹³Ich spreche jetzt so, wie ich es mit Kindern tun würde. Öffnet uns doch eure Herzen!

Der Tempel des lebendigen Gottes

¹⁴Macht nicht gemeinsame Sache mit Ungläubigen. Wie kann die Gerechtigkeit sich mit der Gesetzlosigkeit zusammentun? Wie kann das Licht mit der Finsternis zusammenleben? ¹⁵Welche Übereinstimmung kann es zwischen Christus und dem Teufel geben? Welche Gemeinsamkeiten hat ein Gläubiger mit einem Ungläubigen? ¹⁶Und welche Gemeinschaft kann zwischen dem Tempel Gottes und Götzenbildern bestehen? Denn wir sind der Tempel des lebendigen Gottes, wie Gott gesagt hat:

»Ich will mitten unter ihnen sein und mitten unter ihnen leben. Ich will ihr Gott sein, und sie sollen mein Volk sein. ¹⁷Deshalb verlasst sie und trennt euch von ihnen, spricht der Herr. Rührt ihre unreinen Dinge nicht an, und ich werde euch mit offenen Armen aufnehmen. ¹⁸Ich werde euer Vater sein und ihr werdet meine Söhne und Töchter sein, spricht der Herr, der Allmächtige.«

7 ¹Weil wir diese Zusagen haben, liebe Freunde, wollen wir uns von allem reinigen, was unserem Körper oder unserem Geist schaden könnte. Denn wir fürchten Gott; deshalb streben wir nach einem geheiligten Leben.

Freude über die Umkehr der Gemeinde

²Bitte öffnet uns doch euer Herz. Wir haben niemandem unrecht getan, niemanden in die Irre geführt und niemanden

übervorteilt. [3]Ich sage das nicht, um euch zu verurteilen, denn ich sagte ja bereits, dass ihr für immer in unseren Herzen seid. Mit euch leben oder sterben wir. [4]Ich habe großes Vertrauen zu euch und rede über euch viel Gutes. Ihr habt mich ermutigt und mich trotz all unserer Schwierigkeiten getröstet.

[5]Seit unserer Ankunft in Mazedonien kamen wir nicht mehr zur Ruhe. Von allen Seiten wurden wir bedrängt: Äußerlich gab es Streitereien, und innerlich plagten uns Ängste. [6]Doch Gott, der die Entmutigten aufrichtet, hat uns durch die Ankunft von Titus getröstet. [7]Schon seine Anwesenheit war eine Freude, noch mehr aber sein Bericht über die Ermutigung, die er durch euch erfahren hat. Als er mir erzählte, wie sehr ihr euch auf meinen Besuch freut, wie leid euch alles tut, was geschehen ist, und mit welcher Treue ihr mich liebt, habe ich mich noch mehr gefreut!

[8]Jetzt bedaure ich nicht mehr, dass ich euch den Brief geschickt habe, obwohl ich es zunächst bereut hatte, weil ich wusste, wie ihr im ersten Moment darunter leiden würdet. [9]Nun bin ich froh, dass ich ihn geschickt habe, nicht weil er euch verletzt hat, sondern weil der Schmerz euch veranlasst hat, euer Verhalten zu bereuen und euch zu ändern. Dieser Schmerz entspricht Gottes Willen; wir haben euch also in keiner Weise geschadet. [10]Denn Gott kann die Traurigkeit in unserem Leben benutzen, um uns zur Umkehr von der Sünde und zur Suche nach der Erlösung zu bewegen. Diese Traurigkeit werden wir nie bereuen. Eine Traurigkeit ohne solche Umkehr dagegen führt zum Tod.

[11]Seht doch selbst, was diese Traurigkeit von Gott in euch bewirkt hat! Welcher Ernst, welches Bemühen, euer Verhalten zu erklären, welche Empörung, welche Besorgnis, welche Sehnsucht, mich zu sehen, welche Begeisterung und welche Entschlossenheit, den Übeltäter zu bestrafen! Ihr habt gezeigt, dass ihr zu allem bereit wart, um die Sache in Ordnung zu bringen. [12]Ich hatte nicht die Absicht, darüber zu schreiben, wer das Unrecht begangen hat oder wem es zugefügt wurde. Ich schrieb euch, damit ihr vor Gott zeigen könnt, wie viel

euch wirklich an uns liegt. ¹³Wir sind dadurch sehr ermutigt worden.

Und nicht nur das! Wir haben uns besonders gefreut zu sehen, wie froh Titus war, weil ihr ihn herzlich empfangen und ihm seine Befangenheit genommen habt. ¹⁴Ich hatte ihm gesagt, wie stolz ich auf euch bin, und ihr habt mich nicht enttäuscht. Ich habe euch immer die Wahrheit gesagt, und nun hat sich auch mein Lob Titus gegenüber als begründet erwiesen! ¹⁵Seine Zuneigung zu euch ist umso größer, wenn er an euren Gehorsam denkt und mit welcher Furcht und Achtung ihr ihm begegnet seid. ¹⁶Ich freue mich, dass ich mich in allem auf euch verlassen kann.

Eine Aufforderung zur Großzügigkeit

8 ¹Und nun, liebe Freunde, möchte ich euch berichten, was Gottes Gnade in den Gemeinden Mazedoniens bewirkt hat. ²Obwohl sie schwere Zeiten durchgemacht haben, sind sie voll Freude und haben trotz ihrer Armut viel gegeben. ³Denn ich kann bezeugen, dass sie nicht nur gegeben haben, was sie ohne Not entbehren konnten, sondern weit darüber hinaus, und dies aus freien Stücken. ⁴Immer wieder baten sie inständig um das große Vorrecht, sich an der Sammlung für die Gemeinde in Jerusalem beteiligen zu dürfen. ⁵Ja, sie übertrafen unsere Hoffnungen sogar noch, denn ihre erste Reaktion bestand darin, sich dem Herrn und uns vorbehaltlos zur Verfügung zu stellen, um Gottes Willen zu tun, ganz gleich, was von ihnen verlangt wurde.

⁶Deshalb baten wir Titus, der ja die Sammlung unter euch angeregt hatte, zu euch zurückzukehren und sie zu einem guten Abschluss zu bringen. ⁷Da ihr so reich beschenkt seid – ihr habt so viel Glauben, in eurer Gemeinde gibt es so viele hervorragende Redner, so viel Erkenntnis, so viel Begeisterung und eine so große Treue uns gegenüber –, möchte ich, dass ihr euch nun auch bei dieser Sammlung durch Großzügigkeit auszeichnet. ⁸Ich sage nicht, dass ihr es tun müsst, auch wenn die anderen Gemeinden große Begeisterung zeigen. Es ist aber eine Möglichkeit, eure Liebe unter Beweis zu stellen.

⁹Ihr kennt ja die große Liebe und Gnade von Jesus Christus, unserem Herrn. Obwohl er reich war, wurde er um euretwillen arm, um euch durch seine Armut reich zu machen.

¹⁰Ich schlage vor, dass ihr jetzt beendet, was ihr vor einem Jahr begonnen habt, denn ihr wart die Ersten, die diesen Plan vorgeschlagen haben, und ihr habt auch die ersten entsprechenden Schritte unternommen. ¹¹Bringt die Sache nun mit derselben Begeisterung zum Abschluss, mit der ihr sie in Angriff genommen habt. Gebt so viel, wie ihr entbehren könnt. ¹²Wenn ihr wirklich dazu bereit seid, kommt es nicht darauf an, wie viel ihr erübrigen könnt. Gott möchte, dass ihr gebt, was ihr habt, und nicht, was ihr nicht habt. ¹³Denn ihr sollt natürlich nicht so viel geben, dass ihr nachher selbst nicht mehr genug habt. Es geht mir nur um einen Ausgleich. ¹⁴Im Augenblick habt ihr viel und könnt ihnen helfen. Ein andermal können sie dann mit euch teilen, wenn ihr es nötig habt. Auf diese Weise hat jeder, was er braucht. ¹⁵Erinnert ihr euch, was die Schrift darüber sagt? »Diejenigen, die viel sammelten, behielten nichts übrig, und diejenigen, die nur wenig sammelten, hatten genug.«

Titus und seine Begleiter

¹⁶Ich bin Gott dankbar, dass er Titus dieselbe Begeisterung für euch gegeben hat, wie auch ich sie empfinde. ¹⁷Er ging mit Freude auf unsere Bitte ein, euch erneut zu besuchen; eigentlich hatte er selbst den Wunsch, zu euch zu kommen und euch wiederzusehen. ¹⁸Wir schicken noch einen anderen Bruder mit Titus. Er wird in allen Gemeinden als Prediger von Gottes Botschaft sehr gelobt. ¹⁹Die Gemeinden haben ihn beauftragt, uns zu begleiten, wenn wir das gesammelte Geld nach Jerusalem bringen – eine Aufgabe, die Gott ehrt und unsere Hilfsbereitschaft erkennen lässt. ²⁰Indem wir zusammen reisen, schützen wir uns gleichzeitig vor jedem Verdacht, denn wir wollen auf keinen Fall, dass irgendjemand etwas daran auszusetzen hat, wie wir dieses großzügige Geschenk überbringen. ²¹Wir achten darauf, dass alles in der rechten Weise ge-

schieht, und zwar sowohl vor dem Herrn als auch in den Augen der anderen.

²²Mit ihnen schicken wir noch einen weiteren Bruder, der gründlich geprüft wurde und sich in vielen Situationen ausgezeichnet hat. Seine Begeisterung für diesen Auftrag ist jetzt noch größer, weil er großes Vertrauen zu euch hat. ²³Wenn jemand Fragen über Titus stellt, dann sagt, dass er mein Mitarbeiter ist und mit mir zusammenarbeitet, um euch zu helfen. Die genannten Brüder sind Gesandte der Gemeinden und ehren Christus mit ihrem Leben. ²⁴Begegnet ihm liebevoll und beweist allen Gemeinden, dass wir euch zu Recht so gelobt haben.

Die Sammlung für die Gemeinde in Jerusalem

9 ¹Eigentlich brauche ich euch gar nichts über die Sammlung für die Gemeinde in Jerusalem zu schreiben. ²Ich weiß ja, wie gern ihr helfen wollt, und habe vor unseren Freunden in Mazedonien damit angegeben, dass ihr in Griechenland schon vor einem Jahr bereit wart, eine Gabe zu schicken. Eure Begeisterung war sogar für viele dort ein Ansporn. ³Ich schicke diese Brüder nur, um sicherzugehen, dass ihr wirklich so vorbereitet seid, wie ich es von euch behauptet habe, und das Geld vollständig eingesammelt habt. Sonst sagt am Ende noch jemand, ich hätte zu Unrecht mit euch angegeben. ⁴Es wäre beschämend für mich – und für euch –, wenn die mazedonischen Brüder mich begleiteten, nur um festzustellen, dass ihr nach allem, was ich ihnen erzählt habe, immer noch nicht fertig seid! ⁵Deshalb hielt ich es für besser, die Brüder vorauszuschicken, damit die angekündigte Sammlung auch wirklich bereitliegt. Ich möchte jedoch, dass es ein freiwilliges Geschenk ist und keines, das unter äußerem Druck gegeben wird.

⁶Denkt daran: Ein Bauer, der nur wenig Samen aussät, wird auch nur eine kleine Ernte einbringen. Wer aber viel sät, wird auch viel ernten. ⁷Jeder von euch muss selbst entscheiden, wie viel er geben möchte. Gebt jedoch nicht widerwillig oder unter Zwang, denn Gott liebt den Menschen, der gerne gibt. ⁸Er

wird euch großzügig mit allem versorgen, was ihr braucht. Ihr werdet haben, was ihr braucht, und ihr werdet sogar noch etwas übrig behalten, das ihr mit anderen teilen könnt. [9]In der Schrift heißt es: »Er hat ausgestreut und den Armen gegeben – seine Gerechtigkeit bleibt in Ewigkeit.«

[10]Denn es ist Gott, der dem Bauern Saatgut und Brot zu essen gibt. Genauso wird er auch euch viele Gelegenheiten geben, Gutes zu tun, und eure Großzügigkeit wird viele Früchte tragen.

[11]Ihr werdet empfangen, damit ihr umso großzügiger geben könnt. Und wenn wir eure Gabe denen bringen, die sie nötig haben, werden sie Gott von Herzen danken. [12]Auf diese Weise geschehen gleich zwei gute Dinge: Die Not der Gemeinde in Jerusalem wird gelindert, und sie werden Gott voller Freude danken. [13]Durch euer großzügiges Geschenk werdet ihr also zur Verherrlichung Gottes beitragen. Denn eure Großzügigkeit ihnen gegenüber beweist, dass ihr der Botschaft von Christus gehorcht. [14]Sie beten für euch und möchten euch wiedersehen, weil sich Gottes reiche Gnade an euch zeigt.

[15]Wir danken Gott für seinen Sohn – ein Geschenk, das so wunderbar ist, dass es sich nicht in Worte fassen lässt!

Paulus verteidigt seine Vollmacht

10 [1]Nun habe ich, Paulus, noch eine Bitte an euch, und ich bitte euch genauso sanft und freundlich, wie Christus selbst es tun würde. Einige von euch behaupten, ich sei nur in meinen Briefen mutig, bei euch aber schüchtern und ängstlich. [2]Ich hoffe zwar, es wird nicht nötig sein, doch wenn ich komme, muss ich möglicherweise denen entschlossen entgegentreten, die uns unterstellen, wir handelten aus rein menschlichen Beweggründen. [3]Wir sind zwar Menschen, doch wir kämpfen nicht mit menschlichen Mitteln. [4]Wir setzen die mächtigen Waffen Gottes und keine weltlichen Waffen ein, um menschliche Gedankengebäude zu zerstören. [5]Mit diesen Waffen zerschlagen wir all die hochtrabenden Argumente, die die Menschen davon abhalten, Gott zu erkennen. Mit diesen Waffen bezwingen wir ihre widerstrebenden

Gedanken und lehren sie, Christus zu gehorchen. 6Und wir werden diejenigen bestrafen, die ungehorsam sind, sobald ihr übrigen zum Gehorsam bereit seid.

7Seht doch auf das, was offensichtlich ist! Ihr müsst zugeben, dass wir ebenso zu Christus gehören wie all diejenigen, die das so stolz von sich behaupten. 8Vielleicht habt ihr den Eindruck, dass ich zu sehr mit der Vollmacht angebe, die der Herr uns verliehen hat. Aber eben diese Vollmacht dient dazu, euch voranzubringen, nicht zu schaden. Und ich werde nicht zulassen, dass meine Arbeit unter euch zunichtegemacht wird.

9Doch ich will euch mit meinem Brief keine Angst machen. 10Denn manche sagen: »Die Briefe von Paulus mögen zwar energisch und fordernd klingen, doch sein persönliches Auftreten ist wenig eindrucksvoll, und seine Reden sind geradezu jämmerlich!« 11Die Leute, die so etwas sagen, sollen wissen, dass wir, wenn wir bei euch sind, genauso energisch und fordernd auftreten werden wie in unseren Briefen.

12Ich würde niemals wagen zu behaupten, dass ich so bedeutend bin wie die Leute, die fortwährend ihre Wichtigkeit betonen! Sie vergleichen sich nur untereinander und messen sich nur aneinander. Welche Dummheit!

13Wir werden nicht mit einer Vollmacht angeben, die wir gar nicht besitzen. Wir wollen vielmehr innerhalb der Grenzen bleiben, die uns Gott gesteckt hat, und dazu gehört auch unser Auftrag bei euch. 14Wir maßen uns aber nicht zu viel an, denn wir waren die Ersten, die mit der Botschaft von Christus zu euch kamen. 15Genauso wenig beanspruchen wir Anerkennung für ein Werk, das andere geleistet haben. Wir hoffen nur, dass euer Glaube wachsen und unser Wirken unter euch immer weitere Kreise ziehen wird. 16Dann werden wir weiterziehen und die Botschaft an anderen Orten verkünden, die weit weg von euch sind und wo bisher noch niemand wirkt. Dort kann niemand behaupten, wir würden uns auf das Gebiet eines anderen begeben. 17In der Schrift steht:

»Wer sich rühmen will, rühme sich nur dessen, was der Herr getan hat.«

¹⁸Wenn ein Mensch sich selbst lobt, hat das nicht viel zu bedeuten. Doch wenn der Herr jemanden empfiehlt, ist es etwas anderes!

Paulus und die falschen Apostel

11 ¹Ich hoffe, ihr habt Geduld mit mir, wenn ich noch ein wenig Unsinn rede. Seht es mir nach. ²Ich werbe so eifersüchtig wie Gott um euch. Denn als unberührte Braut habe ich euch dem einen Bräutigam, Christus, versprochen. ³Doch ich habe Angst, es könnte euch etwas von eurer reinen und schlichten Hingabe an Christus abbringen, so wie Eva von der Schlange getäuscht wurde. ⁴Ihr scheint ohne Bedenken alles zu glauben, was die Leute euch erzählen, selbst wenn sie einen anderen Jesus verkünden als den, den wir verkünden, oder einen anderen Geist als den, den ihr empfangen habt, oder eine andere Botschaft als die, die ihr geglaubt habt. ⁵Ich fühle mich diesen »Überaposteln« jedoch nicht im Geringsten unterlegen. ⁶Ich bin vielleicht kein begnadeter Redner, aber ich weiß, wovon ich spreche. Ich denke, das habt ihr inzwischen gemerkt, denn wir haben es immer wieder unter Beweis gestellt.

⁷Habe ich womöglich falsch gehandelt, als ich mich bescheiden zeigte und euch eine Sonderstellung einräumte, indem ich euch Gottes Botschaft verkündete, ohne etwas dafür zu verlangen? ⁸Andere Gemeinden habe ich beinahe beraubt und mich von ihnen bezahlen lassen, um euch umsonst dienen zu können. ⁹Und als ich bei euch war und nicht genug hatte, um meinen Lebensunterhalt zu bestreiten, bat ich nicht euch um Hilfe. Denn die Brüder, die aus Mazedonien kamen, brachten mir eine weitere Zuwendung. Nie habe ich euch um die geringste Unterstützung gebeten und werde das auch nie tun. ¹⁰So sicher die Wahrheit, die ich von Christus habe, in mir lebt, werde ich nie aufhören, mich in ganz Griechenland dieser Tatsache zu rühmen. ¹¹Warum? Etwa weil ich euch nicht liebe? Gott weiß, dass ich das tue.

¹²Doch ich werde auch in Zukunft so verfahren und so die Behauptungen all derer entkräften, die damit angeben, sie sei-

en wie wir. [13]Diese Leute sind falsche Apostel. Sie haben euch
getäuscht, indem sie sich für Apostel von Christus ausgaben.
[14]Doch das überrascht mich nicht! Selbst der Satan gibt sich
als Engel des Lichts aus. [15]Und so ist es nicht erstaunlich,
wenn seine Diener es ihm nachmachen und sich als Diener
Gottes tarnen. Am Ende werden sie für alle ihre bösen Taten
die verdiente Strafe erhalten.

Paulus ist mit Leiden vertraut

[16]Um es noch einmal zu wiederholen: Glaubt nicht, ich hätte
den Verstand verloren, wenn ich so mit euch spreche. Und
falls ihr es doch tut, hört mir trotzdem zu, wie ihr jemandem
zuhören würdet, der Unsinn redet, während ich nun ein wenig angebe. [17]Gott will solche Angeberei nicht, aber ich verhalte mich ja jetzt wie einer, der Unsinn redet. [18]Und da andere mit ihren Leistungen protzen, will ich das jetzt auch tun.
[19]Schließlich hört ihr, die ihr euch für so weise haltet, offenbar
gern Leuten zu, die Unsinn reden! [20]Ihr nehmt es hin, wenn sie
euch zu ihren Sklaven machen, euch alles wegnehmen, was
ihr besitzt, und euch übervorteilen, wenn sie vornehm tun
und euch ins Gesicht schlagen. [21]Zu meiner Schande muss
ich bekennen, dass wir dazu nicht mutig genug waren!

Doch womit sie auch immer angeben – ich rede jetzt wieder
Unsinn –, das kann auch ich vorweisen. [22]Sie geben sich doch
für Hebräer aus? Das bin ich auch. Sie sagen, dass sie Israeliten sind? Ich ebenfalls. Sie sind Nachkommen Abrahams?
Ich bin es auch. [23]Sie sagen, sie dienen Christus? Ich weiß,
dass ich wie ein Verrückter klinge, aber ich habe ihm weit
mehr gedient! Ich habe härter gearbeitet, wurde öfter ins Gefängnis geworfen, mehr geschlagen und war immer wieder in
Lebensgefahr. [24]Fünfmal haben die Juden mir neununddrei-
ßig Hiebe verabreicht. [25]Dreimal wurde ich ausgepeitscht.
Einmal wurde ich gesteinigt. Ich habe drei Schiffbrüche über-
lebt. Einmal verbrachte ich eine ganze Nacht und einen Tag
auf dem Meer treibend. [26]Ich habe viele beschwerliche Reisen
unternommen und war unzählige Male in großer Gefahr: ob
durch Flüsse oder durch Räuber, ob durch mein eigenes jüdi-

sches Volk oder durch Nichtjuden, ob in Städten, in der Einöde oder auf stürmischer See oder durch Leute, die sich als Anhänger von Christus ausgaben, es aber nicht waren. ²⁷Ich habe Erschöpfung und Schmerzen und schlaflose Nächte kennengelernt. Oft litt ich Hunger und Durst und habe gefastet. Oft habe ich vor Kälte gezittert und hatte nichts, um mich warm zu halten.

²⁸Und als wäre das alles noch nicht genug, lebe ich dazu noch täglich in Sorge um das Wohlergehen der Gemeinden. ²⁹Wer ist schwach, dass ich seine Schwäche nicht tief mitempfinde? Wer wird zum Bösen verführt, ohne dass ich in Zorn gerate?

³⁰Wenn ich mich schon selbst loben soll, dann will ich mich meiner Schwäche rühmen. ³¹Gott weiß, dass ich nicht lüge. Ihm, dem Vater von Jesus, unserem Herrn, gebührt Lob in Ewigkeit. ³²Als ich in Damaskus war, hatte der Statthalter des Königs Aretas Wachen an den Stadttoren aufgestellt, um mich verhaften zu lassen. ³³Doch ich wurde in einem Korb durch ein Fenster in der Stadtmauer hinuntergelassen und konnte auf diese Weise fliehen!

Die Vision des Paulus und sein Dorn im Fleisch

12 ¹Diese Angeberei ist dumm, aber lasst mich fortfahren. Lasst mich euch von den Visionen und Offenbarungen erzählen, die ich vom Herrn empfangen habe. ²Ich wurde vor vierzehn Jahren in den dritten Himmel hinaufgehoben, doch ob mein Körper dort war oder nur mein Geist, weiß ich nicht; das weiß nur Gott. ³Und ich weiß nicht, wie ich dorthin gelangte – das weiß nur Gott. ⁴Aber ich weiß, dass ich ins Paradies versetzt wurde und erstaunliche Dinge hörte, die sich nicht in Worte fassen lassen. ⁵Das ist eine Erfahrung, mit der man zu Recht angeben könnte, doch ich werde es nicht tun. Ich bin nur stolz auf meine Schwäche. ⁶Ich hätte viele Gründe, stolz zu sein, und es wäre absolut kein Unsinn, sondern die reine Wahrheit. Doch das tue ich nicht. Ich will, dass niemand besser von mir denkt, als es meinem Leben und meiner Verkündigung entspricht, ⁷obwohl ich wunderbare Offenbarun-

gen von Gott empfangen habe. Doch damit ich nicht überheblich werde, wurde mir ein Dorn ins Fleisch gegeben, ein Bote des Satans, der mich quält und mich daran hindert, überheblich zu werden.

[8]Dreimal habe ich zum Herrn gebetet, dass er mich davon befreie. [9]Jedes Mal sagte er: »Meine Gnade ist alles, was du brauchst. Meine Kraft zeigt sich in deiner Schwäche.« Und nun bin ich zufrieden mit meiner Schwäche, damit die Kraft von Christus durch mich wirken kann. [10]Da ich weiß, dass es für Christus geschieht, bin ich mit meinen Schwächen, Entbehrungen, Schwierigkeiten, Verfolgungen und Beschimpfungen versöhnt. Denn wenn ich schwach bin, bin ich stark.

Sorge um die Korinther

[11]Ihr habt mich dazu gebracht, wie ein Dummkopf mich selbst zu loben. Dabei hättet ihr mir eigentlich Empfehlungsbriefe mitgeben sollen, denn ich bin diesen »Überaposteln« in keiner Weise unterlegen, obwohl ich gar nichts bin. [12]Als ich bei euch war, habe ich doch sicherlich bewiesen, dass ich ein wahrer Apostel bin, der von Gott selbst zu euch gesandt wurde. Denn ich habe in Geduld viele Zeichen und Wunder und Taten unter euch bewirkt. [13]Das Einzige, was ich bei euch im Gegensatz zu anderen Gemeinden nicht getan habe, ist, euch zur Last zu fallen. Bitte vergebt mir dieses Unrecht!

[14]Jetzt komme ich zum dritten Mal zu euch, und ich werde euch wieder nicht zur Last fallen. Ich möchte nicht das, was ihr besitzt; ich will euch selbst. Abgesehen davon bezahlen Kinder ihren Eltern keinen Unterhalt. Es ist vielmehr umgekehrt: Eltern ernähren ihre Kinder. [15]Ich bin gern bereit, mich selbst und alles, was ich habe, für euch zu opfern. Kann es sein, dass je mehr ich euch liebe, desto weniger liebt ihr mich? [16]Wie auch immer! Ich bin euch also nicht zur Last gefallen. Doch habe ich euch mit List und Tücke eingefangen? [17]Wie denn? Hat irgendeiner der Männer, die ich zu euch schickte, euch betrogen? [18]Als ich Titus drängte, euch zu besuchen, und unseren anderen Bruder mit ihm schickte, hat Titus euch da betrogen? Nein, natürlich nicht! Haben wir beide nicht den-

selben Geist geschenkt bekommen? Treten wir nicht immer einer in die Fußstapfen des anderen und tun alles auf die gleiche Weise?

[19]Vielleicht denkt ihr, wir sagen das alles nur, um uns zu rechtfertigen. Darum geht es überhaupt nicht. Wir sagen euch das alles als Diener von Christus und wissen, dass Gott uns hört. Alles, was wir tun und sagen, liebe Freunde, soll euch Mut machen. [20]Denn ich befürchte, dass mir ganz und gar nicht gefallen wird, was ich beim nächsten Besuch vorfinden werde, und dann wird euch nicht gefallen, was ich daraufhin tue. Ich befürchte, ich werde Streit, Eifersucht, Unbeherrschtheit, Selbstsucht, Verleumdung, Tratsch, Überheblichkeit und Unordnung vorfinden. [21]Ja, ich habe das ungute Gefühl, dass Gott mich euretwegen erneut beschämen wird, wenn ich komme. Und es wird mich traurig machen, dass viele von euch, die gesündigt haben, nicht von ihrer Unreinheit, ihrer Unzucht und ihren Begierden abgelassen haben.

Abschließender Rat

13 [1]Dies ist nun das dritte Mal, dass ich euch besuchen komme. In der Schrift heißt es: »Auf die Aussage von zwei oder drei Zeugen hin soll jede Sache entschieden werden.« [2]Ich habe diejenigen, die gesündigt haben, schon bei meinem zweiten Besuch gewarnt. Hiermit warne ich sie und alle anderen noch einmal, wie ich es damals schon tat; beim nächsten Mal werde ich sie nicht schonen.

[3]Ich werde euch beweisen, dass Christus durch mich redet. Christus ist euch gegenüber nicht schwach, sondern handelt mächtig in eurer Gemeinde. [4]Obwohl er schwach am Kreuz starb, lebt er jetzt durch die Macht Gottes. Auch wir sind schwach in ihm, aber wir leben mit ihm und haben Gottes Kraft, die sich euch gegenüber zeigt.

[5]Prüft euch, ob euer Glaube echt ist. Prüft euch selbst. Wenn ihr nicht sagen könnt, dass Jesus Christus unter euch ist, habt ihr die Prüfung nicht bestanden. [6]Ich hoffe, ihr erkennt, dass wir die Prüfung bestanden haben.

[7]Wir beten zu Gott, dass ihr nichts Falsches tut. Doch wir

beten nicht, weil wir zeigen möchten, dass unser Wirken unter euch erfolgreich war, sondern weil wir möchten, dass ihr auch dann das Richtige tut, wenn es so scheint, als ob wir versagt hätten. [8]Unsere Verantwortung ist es, nicht gegen die Wahrheit zu handeln, sondern jederzeit für die Wahrheit einzustehen. [9]Wir sind gern schwach, wenn ihr stark seid. Wir beten darum, dass ihr im Glauben erneuert und reif werdet.

[10]Ich schreibe euch dies, bevor ich komme, weil ich hoffe, dass ich dann bei meiner Ankunft nicht mehr hart mit euch ins Gericht gehen muss. Denn ich möchte die Vollmacht, die der Herr mir gegeben hat, gebrauchen, um euch zu ermutigen, und nicht, um euch zu schaden.

Abschließende Grüße

[11]Liebe Freunde, ich schließe meinen Brief mit diesen letzten Worten: Freut euch. Ändert euer Verhalten. Ermutigt einander. Haltet fest zusammen und habt Frieden untereinander. Dann wird der Gott der Liebe und des Friedens mit euch sein.

[12]Grüßt einander in Liebe. Alle Gläubigen hier senden euch ihre Grüße.

[13]Wir wünschen euch die Gnade von Jesus Christus, unserem Herrn, die Liebe Gottes und die Gemeinschaft des Heiligen Geistes.

Der Brief an die Galater

Grüße von Paulus

1 ¹Dieser Brief ist von Paulus, einem der Apostel. Ich wurde nicht durch Menschen zum Apostel berufen, sondern von Jesus Christus selbst und von Gott, dem Vater, der Jesus von den Toten auferweckt hat.

²Wir – ich und alle Gläubigen hier bei mir – grüßen die Gemeinden in Galatien.

³Wir wünschen euch Gnade und Friede von Gott, unserem Vater, und von Jesus Christus, dem Herrn. ⁴Er hat sich selbst für uns geopfert und ist nach dem Willen Gottes, unseres Vaters, für unsere Sünden gestorben, um uns aus dieser bösen Welt, in der wir leben, zu retten. ⁵Dafür loben und ehren wir ihn in alle Ewigkeit. Amen.

Es gibt nur eine gute Botschaft

⁶Ich kann es nicht fassen, dass ihr euch so schnell von Gott abwendet, der euch in seiner Gnade zum ewigen Leben berufen hat, das er den Menschen durch Christus schenkt. Schon folgt ihr einer anderen, fremden Lehre, ⁷die als gute Botschaft daherkommt und es doch nicht ist. Ihr lasst euch von Leuten täuschen, die die Botschaft von Christus verfälschen.

⁸Verflucht sei jeder Mensch – und das gilt auch für mich –, der eine andere Botschaft verkündet als die, die wir euch gepredigt haben. Und käme ein Engel vom Himmel und verkündete euch eine andere Botschaft: Er soll in Ewigkeit verflucht sein. ⁹Ich sage es noch einmal: Wenn irgendjemand eine andere Botschaft weitersagt als die, die ihr angenommen habt, dann soll Gottes Fluch ihn treffen.

¹⁰Wie ihr seht, geht es mir nicht darum, Menschen zu gefallen! Nein, ich versuche, Gott zu gefallen. Wollte ich noch Menschen gefallen, wäre ich kein Diener von Christus.

Die Botschaft kommt von Christus

[11]Liebe Freunde, ich versichere euch, dass die Botschaft von der Erlösung, die ich verkünde, nicht auf menschlicher Vernunft oder Logik beruht. [12]Ich habe sie auch nicht von einem Menschen empfangen, sondern Jesus Christus selbst hat sie mir offenbart.

[13]Ihr wisst sicher noch, wie ich als strenggläubiger Jude war – wie fanatisch ich die Gemeinde Gottes verfolgt habe. Ich tat alles, um sie zu vernichten. [14]In meinem Volk war ich einer der Allerfrömmsten und bemühte mich nach Kräften, die überlieferten Satzungen meiner Väter zu befolgen.

[15]Doch Gott hat mich in seiner Gnade schon vor meiner Geburt auserwählt und berufen. [16]Er offenbarte mir seinen Sohn, damit ich den anderen Völkern die Botschaft von Jesus verkünde. Nach diesem Ereignis fragte ich zunächst niemanden um Rat [17]und zog auch nicht hinauf nach Jerusalem, um mich mit denen zu besprechen, die schon vor mir Apostel waren. Stattdessen ging ich nach Arabien und kehrte später nach Damaskus zurück. [18]Erst nach drei Jahren machte ich mich schließlich nach Jerusalem auf, um Petrus aufzusuchen, und blieb fünfzehn Tage bei ihm. [19]Von den anderen Aposteln traf ich keinen außer Jakobus, den Bruder unseres Herrn. [20]Was ich euch schreibe, ist die Wahrheit – das erkläre ich hiermit vor Gott, dass ich nicht lüge. [21]Nach diesem Besuch reiste ich nach Norden in die Provinzen Syrien und Zilizien. [22]Doch die christlichen Gemeinden in Judäa kannten mich immer noch nicht persönlich. [23]Sie wussten nur, dass die Leute sagten: »Der, der uns früher verfolgt hat, verkündet jetzt den Glauben, den er immer vernichten wollte!« [24]Und sie lobten Gott für das, was er mit mir getan hat.

Die Apostel erkennen Paulus an

2 [1]Vierzehn Jahre später kehrte ich wieder nach Jerusalem zurück, diesmal zusammen mit Barnabas; Titus begleitete uns. [2]Ich ging hin, weil Gott es mir in einer Offenbarung befohlen hatte. Ich erzählte ihnen, was ich den anderen Völkern verkündet hatte. Insbesondere wandte ich mich an die Angesehenen in der Gemeinde, um ihr Einverständnis zu gewinnen, damit meine Arbeit nicht vergeblich war oder gewesen wäre. ³Sie waren mit meinem Vorgehen einverstanden und verlangten nicht einmal, dass mein Begleiter Titus sich beschneiden lassen müsse, obwohl er ein Grieche war.

⁴Ja, die Frage der Beschneidung wäre gar nicht erst aufgeworfen worden, hätten sich nicht einige Leute, die sich als Brüder ausgaben, in die Gemeinde eingeschlichen, um uns und unsere Freiheit in Christus Jesus auszuspionieren. Sie wollten uns zwingen, ihre jüdischen Vorschriften sklavisch zu befolgen. ⁵Doch wir weigerten uns, ihnen auch nur einen Augenblick nachzugeben, denn wir wollten, dass die Wahrheit der Botschaft bei euch bleibt.

⁶Die Angesehenen in der Gemeinde – was auch immer sie früher gewesen sind, ist für mich unwichtig, denn das hat vor Gott keine Bedeutung – hatten der Botschaft, die ich verkünde, nichts hinzuzufügen. ⁷Im Gegenteil: Sie sahen, dass Gott mir die Aufgabe übertragen hatte, den anderen Völkern die Botschaft von Jesus zu verkünden, so wie es die Aufgabe von Petrus ist, sie den Juden zu sagen. ⁸Denn derselbe Gott, der durch Petrus unter den Juden wirkte, wirkte auch durch mich unter den anderen Völkern. ⁹So kam es, dass Jakobus, Petrus und Johannes, die als Säulen der Gemeinde gelten, die Gabe, die Gott mir verliehen hatte, anerkannten und Barnabas und mich in ihren Kreis aufnahmen. Wir einigten uns, dass wir weiterhin den Nichtjuden die Botschaft verkünden sollten, während sie ihre Arbeit unter den Juden fortsetzen. ¹⁰Nur eines haben sie uns nahe gelegt: Wir sollten nicht vergessen, die Bedürftigen zu unterstützen, und darum habe ich mich nach Kräften bemüht.

Paulus stellt Petrus zur Rede

¹¹Doch als Petrus nach Antiochia kam, musste ich ihm offen entgegentreten und ihn ernsthaft zur Rede stellen, denn was er tat, war falsch. ¹²Nach seiner Ankunft hatte er zunächst noch mit den Gläubigen, die unbeschnitten waren, zusammen gegessen. Als jedoch einige jüdische Freunde von Jako-

bus eintrafen, hatte er nicht mehr den Mut dazu, weil er die Missbilligung der jüdischen Gläubigen scheute. [13]Daraufhin verhielten sich die anderen Juden genauso heuchlerisch, und sogar Barnabas ließ sich von ihnen beeinflussen.

[14]Als ich sah, dass sie sich nicht an die Wahrheit der Botschaft Gottes hielten, sagte ich vor allen anderen zu Petrus: »Wenn du als gebürtiger Jude die jüdischen Gesetze hinter dir gelassen hast und wie ein Nichtjude lebst, warum verlangst du dann von diesen Nichtjuden, die jüdischen Gesetze zu befolgen, die du aufgegeben hast? [15]Du und ich, wir sind Juden durch Geburt, keine gottlosen Menschen wie die aus den anderen Völkern. [16]Und doch wissen wir, dass der Mensch vor Gott nicht durch das Halten des Gesetzes gerecht gesprochen wird, sondern durch den Glauben an Jesus Christus. Wir sind zum Glauben an ihn gekommen, damit wir durch diesen Glauben von Gott angenommen werden, und nicht etwa, weil wir dem Gesetz gehorcht haben. Denn durch das Befolgen des Gesetzes wird niemand vor Gott gerecht.«

[17]Aber was ist, wenn wir durch den Glauben an Christus vor Gott gerecht werden wollen und dann feststellen, dass wir immer noch Sünder sind? Hat Christus uns etwa in die Sünde geführt? Natürlich nicht! [18]Ich mache mich vielmehr selbst schuldig, wenn ich das alte System wieder aufzurichten versuche, das ich schon abgerissen hatte. [19]Durch das Gesetz werde ich verurteilt, weil ich es nicht erfüllen kann. Ich aber bin mit Christus gekreuzigt, sodass ich jetzt nicht mehr unter dem Gesetz stehe, sondern für Gott lebe. [20]Ich lebe, aber nicht mehr ich selbst, sondern Christus lebt in mir. Ich lebe also mein Leben in diesem irdischen Körper im Glauben an den Sohn Gottes, der mich geliebt und sich selbst für mich geopfert hat. [21]Ich gehöre nicht zu denen, die die Gnade Gottes gering achten. Denn wenn wir durch das Gesetz gerettet werden könnten, hätte Christus nicht sterben müssen.

Das Gesetz und der Glaube an Christus

3 [1]O ihr unverständigen Galater! Wer hat euch so durcheinandergebracht? Ihr habt doch so klar erkannt, was der

Tod von Christus für uns bedeutet, als ich euch Jesus Christus, den Gekreuzigten, vor Augen malte! ²Sagt mir: Habt ihr den Heiligen Geist etwa durch das Befolgen des Gesetzes empfangen? Natürlich nicht. Der Heilige Geist kam auf euch herab, nachdem ihr die Botschaft von Christus gehört und ihr geglaubt habt. ³Versteht ihr das denn wirklich nicht? Ihr habt begonnen, ein Leben mit dem Heiligen Geist zu führen. Warum wollt ihr jetzt auf einmal versuchen, es aus eigener Kraft zu vollenden? ⁴Ihr habt so viel durch die gute Botschaft erfahren. Sollte das etwa vergeblich gewesen sein? Wollt ihr das alles jetzt wegwerfen?

⁵Ich frage euch noch einmal: Schenkt Gott euch den Heiligen Geist und wirkt Wunder unter euch, weil ihr das Gesetz Moses befolgt? Oder tut er es, weil ihr die Botschaft glaubt, die ihr über Christus gehört habt? ⁶Denn so war es auch bei Abraham: »Abraham glaubte Gott, und Gott erklärte ihn wegen seines Glaubens für gerecht.« ⁷Die wahren Kinder Abrahams sind also die, die an Gott glauben.

⁸Doch nicht nur das: Die Schrift wies bereits auf die Zeit voraus, in der Gott auch die Völker wegen ihres Glaubens annehmen würde. Gott hat Abraham diese gute Botschaft schon vor langer Zeit verheißen, als er sagte: »Alle Völker werden durch dich gesegnet werden.« ⁹Deshalb werden alle, die aus dem Glauben an Christus leben, an demselben Segen Anteil erhalten, den Abraham durch seinen Glauben empfangen hat.

¹⁰Wer dagegen auf das Gesetz vertraut, um vor Gott gerecht zu werden, steht unter einem Fluch. In der Schrift heißt es: »Verflucht ist jeder, der nicht alle Gebote beachtet und befolgt, die im Buch des Gesetzes geschrieben stehen.« ¹¹Deshalb ist klar, dass niemand je durch das Gesetz vor Gott gerecht gesprochen wird. Denn die Schrift sagt: »Durch den Glauben hat ein Gerechter Leben.« ¹²Dagegen sagt die Schrift über den Weg des Gesetzes: »Wenn du durch das Gesetz Leben finden willst, musst du alle Gebote des Gesetzes erfüllen.« ¹³Doch Christus hat uns vom Fluch des Gesetzes gerettet; am Kreuz nahm er den Fluch auf sich. Denn in der Schrift heißt es:

»Verflucht ist jeder, der an einem Holz hängt.« [14]Durch die Tat von Jesus Christus hat Gott allen Völkern den Segen geschenkt, den er Abraham zugesagt hatte. So empfangen wir den Heiligen Geist durch den Glauben, wie Gott es versprochen hat.

Das Gesetz und die Zusagen Gottes

[15]Liebe Freunde, ich will euch ein Beispiel aus dem Alltag geben: Es verhält sich hier wie bei einem rechtskräftig gewordenen Testament, das niemand aufheben oder ändern kann. [16]Nun hat Gott sein Versprechen Abraham und seinem Nachkommen gegeben. Beachtet, dass hier nicht steht, dass die Zusage seinen Kindern galt, als wären viele Nachkommen damit gemeint. Sie galt dem einen Nachkommen – und dieser ist Christus. [17]Und genau darum geht es mir: Der Bund, den Gott mit Abraham schloss, konnte nicht vierhundertdreißig Jahre später aufgehoben werden, als Gott Mose das Gesetz gab. Sonst hätte Gott ja sein Versprechen gebrochen. [18]Denn wenn das Erbe nur durch das Halten des Gesetzes empfangen werden könnte, dann würde es uns nicht mehr durch das Versprechen geschenkt. Doch Gott hat es Abraham ohne jede Bedingung zugesagt.

[19]Aber warum wurde das Gesetz dann überhaupt gegeben? Es wurde gegeben, um den Menschen zu zeigen, dass sie schuldig sind. Doch es sollte nur bis zum Kommen des Christus bestehen bleiben, an den Gott sein Versprechen gebunden hatte. Gott gab seine Gesetze Engeln, und diese gaben sie Mose, dem Mittler zwischen Gott und dem Volk. [20]Aber als Gott Abraham seine Verheißung gab, ging das Handeln allein von seiner Seite aus und er brauchte keinen Mittler.

[21]Besteht deshalb ein Widerspruch zwischen Gottes Gesetz und Gottes Verheißung? Absolut nicht! Wenn das Gesetz uns neues Leben hätte geben können, dann wären wir vor Gott gerecht geworden, indem wir es befolgt hätten. [22]Aber in der Schrift heißt es, dass wir alle Gefangene der Sünde sind, sodass wir Gottes Verheißung nur empfangen können, indem wir an Jesus Christus glauben.

²³Bevor uns der Glaube an Christus als Weg gezeigt wurde, wie wir vor Gott gerecht werden können, wurden wir vom Gesetz bewacht und beschützt, bis Gott den Weg des Glaubens offenbarte.

Gottes Kinder durch Glauben

²⁴Lasst es mich noch auf eine andere Weise ausdrücken: Das Gesetz war unser Vormund und Lehrer, bis Christus kam. Aufgrund des Glaubens an ihn werden wir vor Gott gerecht gesprochen. ²⁵Und da Christus nun gekommen ist und mit ihm der Weg des Glaubens, brauchen wir das Gesetz als Vormund nicht mehr. ²⁶Und so seid ihr alle Kinder Gottes durch den Glauben an Jesus Christus. ²⁷Denn ihr alle, die ihr auf Christus getauft worden seid, gehört nun zu Christus. ²⁸Nun gibt es nicht mehr Juden oder Nichtjuden, Sklaven oder Freie, Männer oder Frauen. Denn ihr seid alle gleich – ihr seid eins in Jesus Christus. ²⁹Und weil ihr nun zu Christus gehört, seid ihr Nachkommen Abrahams. Ihr seid seine Erben, wie Gott es versprochen hat.

4 ¹Stellt euch vor, ein Vater stirbt und hinterlässt seinem unmündigen Kind großen Reichtum. Doch dieser Erbe ist, bis er erwachsen ist, nicht besser dran als ein Knecht, auch wenn er in Wirklichkeit alles besitzt, was seinem Vater gehörte. ²Er muss seinen Vormündern gehorchen, bis er das Alter erreicht hat, das sein Vater festgesetzt hat.

³So war es auch bei uns, bevor Christus kam. Wir waren Diener dieser Welt. ⁴Doch als der festgesetzte Zeitpunkt da war, sandte Gott seinen Sohn, geboren von einer Frau und dem Gesetz unterstellt. ⁵Gott sandte ihn, um uns aus der Gefangenschaft des Gesetzes freizukaufen und als seine Kinder anzunehmen. ⁶Und weil ihr seine Kinder geworden seid, hat Gott euch den Geist seines Sohnes ins Herz gegeben, sodass ihr zu Gott nun »lieber Vater« sagen könnt. ⁷Jetzt seid ihr keine Diener mehr, sondern Kinder Gottes. Und als seinen Kindern gehört euch alles, was ihm gehört. Gott hat es so bestimmt.

Sorge um die Galater

[8]Bevor ihr Gott kanntet, habt ihr sogenannten Göttern gedient, die in Wirklichkeit überhaupt nicht existieren. [9]Jetzt habt ihr Gott gefunden – vielleicht sollte ich eher sagen: jetzt hat Gott euch gefunden. Wieso nur wollt ihr nun wieder ohnmächtigen und armseligen Elementen dieser Welt dienen? [10]Ihr versucht, Gott zu gefallen, indem ihr an bestimmten Tagen, Monaten, Jahreszeiten oder Festen gewisse Dinge tut oder unterlasst. [11]Ich mache mir Sorgen um euch. Ich befürchte, dass all meine harte Arbeit für euch umsonst war. [12]Liebe Freunde, ich bitte euch inständig, meinem Beispiel zu folgen und euch davon frei zu machen, denn als ich bei euch war, bin ich so geworden, wie ihr es einst wart – frei vom Gesetz.

Ihr habt mir in keiner Weise unrecht getan. [13]Bestimmt erinnert ihr euch noch, dass ich krank war, als ich euch zum ersten Mal die frohe Botschaft von Christus brachte. [14]Doch obwohl meine Krankheit anstößig für euch war, habt ihr mich nicht abgelehnt und nicht abgewiesen. Nein, ihr habt mich aufgenommen und für mich gesorgt, als wäre ich ein Engel Gottes oder sogar Christus Jesus selbst. [15]Wo ist nur eure Freude von damals geblieben? Ich weiß, dass ihr bereit gewesen wärt, euch die Augen auszureißen und sie mir zu geben, wenn es möglich gewesen wäre. [16]Bin ich denn jetzt auf einmal euer Feind, weil ich euch die Wahrheit sage?

[17]Diese falschen Lehrer, die sich so um euch bemühen, handeln nicht zu eurem Besten. Sie versuchen, euch mir zu entfremden, um auf diese Weise leichter eure Aufmerksamkeit auf sich zu ziehen. [18]Es ist zwar sehr lobenswert, dass ihr mit solchem Eifer Gutes tun wollt, besonders wenn ich nicht bei euch bin. [19]Aber, meine geliebten Kinder, mir ist, als müsste ich noch einmal Geburtswehen für euch durchmachen, und sie werden nicht aufhören, bis Christus euer Leben prägt. [20]Wie wünschte ich, ich könnte jetzt bei euch sein und weniger streng mit euch reden. Doch aus der Entfernung weiß ich mir keinen anderen Rat.

Die zwei Kinder Abrahams

²¹Hört mir zu, ihr, die ihr unter dem Gesetz leben wollt. Wisst ihr eigentlich, was das Gesetz sagt? ²²In der Schrift heißt es, dass Abraham zwei Söhne hatte, einen von seiner Sklavin und einen von seiner frei geborenen Frau. ²³Der Sohn der Sklavin wurde geboren, weil Abraham versuchte, die Erfüllung der Verheißung Gottes mit menschlichen Mitteln zu erzwingen. Der Sohn der freien Frau aber wurde geboren, weil Gott selbst sein Versprechen erfüllte.

²⁴Diese beiden Frauen dienen uns als Sinnbild für die zwei Bündnisse Gottes. Die Sklavin Hagar ist ein Sinnbild für den Berg Sinai, an dem die Menschen erstmals Sklaven des Gesetzes wurden. ²⁵Und heute entspricht auch Jerusalem dem Berg Sinai in Arabien, weil es mit seinen Kindern in der Sklaverei lebt. ²⁶Sara aber, die Freie, ist ein Symbol für das himmlische Jerusalem. Das ist unsere Mutter. ²⁷Bei dem Propheten Jesaja steht geschrieben: »Freue dich, du Unfruchtbare! Juble und freue dich, auch wenn du nie ein Kind geboren hast, juble und freue dich, auch wenn du nie die Schmerzen der Geburt erlebst. Denn die einsame Frau, die keine Kinder bekommen konnte, hat jetzt mehr Kinder als die, die den Mann hatte!«

²⁸Auch ihr, liebe Brüder, seid Kinder der Verheißung, genau wie Isaak. ²⁹Einst wurde Isaak, der Sohn der Verheißung, von Ismael, dem Sohn der Sklavin, verfolgt. So ist es auch noch heute.

³⁰Doch was sagt die Schrift darüber? »Jag die Sklavin und ihren Sohn fort, denn der Sohn der Sklavin soll nicht mit dem Sohn der Freien Anteil am Erbe erhalten.« ³¹Liebe Freunde, wir sind keine Kinder der Sklavin und stehen nicht unter dem Gesetz. Wir sind Kinder der Freien, und Gott nimmt uns wegen unseres Glaubens an.

Freiheit in Christus

5 ¹So hat uns Christus also wirklich befreit. Sorgt nun dafür, dass ihr frei bleibt, und lasst euch nicht wieder unter das Gesetz versklaven.

²Hört zu! Ich, Paulus, sage euch: Wenn ihr auf die Beschneidung vertraut, um vor Gott gerecht zu werden, dann kann Christus euch nicht helfen. ³Ich wiederhole es: Wer sich beschneiden lässt, der muss sämtliche Vorschriften des Gesetzes erfüllen. ⁴Denn wenn ihr durch das Gesetz vor Gott bestehen wollt, seid ihr von Christus getrennt und aus Gottes Gnade gefallen.

⁵Wir dagegen glauben und erwarten durch den Geist, dass sich die Hoffnung erfüllt, die Gott uns verheißen hat. ⁶Denn wenn wir unser Vertrauen auf Christus Jesus setzen, fragt Gott nicht danach, ob wir beschnitten oder unbeschnitten sind. Entscheidend ist der Glaube, der sich in der Liebe zeigt.

⁷Ihr habt doch so gute Fortschritte gemacht! Wer hat euch denn abgehalten, weiter der Wahrheit zu folgen? ⁸Gott ganz bestimmt nicht, denn er ist es ja, der euch zur Freiheit berufen hat. ⁹Aber wenn auch nur einer unter euch falsche Wege geht, genügt das, um euch alle anzustecken – ein wenig Sauerteig durchsäuert den ganzen Teig! ¹⁰Doch ich vertraue auf den Herrn und glaube, dass ihr euch in diesen Dingen wieder zum rechten Glauben zurückführen lassen werdet. Wer immer dieser Mensch auch sein mag, der euch aufgestört und verwirrt hat: Gott wird ihn richten.

¹¹Liebe Freunde, würde ich noch predigen, dass ihr euch beschneiden lassen müsst – wie es einige von mir behaupten –, warum sollten die Juden mich dann noch verfolgen? Dann wäre ja alles Anstößige, das in der Botschaft vom Kreuz liegt, beseitigt. ¹²Von mir aus können diese Unruhestifter, die euch durch die Beschneidung verstümmeln wollen, sich selbst verstümmeln.

¹³Ihr seid berufen, liebe Freunde, in Freiheit zu leben – nicht in der Freiheit, euren sündigen Neigungen nachzugeben, sondern in der Freiheit, einander in Liebe zu dienen. ¹⁴Denn das ganze Gesetz lässt sich in dem einen Wort zusammenfassen: »Liebe deinen Nächsten wie dich selbst.« ¹⁵Doch wenn ihr euch ständig zankt und übervorteilt, statt einander mit Liebe zu begegnen, dann passt auf, denn sonst vernichtet ihr euch noch gegenseitig.

In der Kraft des Geistes leben

[16]Deshalb: Lebt so, wie es eurem neuen Leben im Heiligen Geist entspricht. Dann werdet ihr auch nicht tun, wozu eure sündigen Neigungen euch drängen. [17]Die alte, sündige Natur liebt es, Böses zu tun – genau das Gegenteil von dem, was der Heilige Geist will. Der Geist weckt in uns Wünsche, die den Neigungen unserer sündigen Natur widersprechen. Diese beiden Kräfte liegen in ständigem Streit miteinander, sodass ihr nicht das tun könnt, was ihr wollt. [18]Doch wenn ihr vom Heiligen Geist geleitet werdet, seid ihr nicht dem Gesetz unterworfen.

[19]Wenn ihr den Neigungen eurer sündigen Natur folgt, wird euer Leben die entsprechenden Folgen zeigen: Unzucht, unreine Gedanken, Vergnügungssucht, [20]Götzendienst, Zauberei, Feindschaften, Streit, Eifersucht, Zorn, selbstsüchtigen Ehrgeiz, Spaltungen, selbstgerechte Abgrenzung gegen andere Gruppen, [21]Neid, Trunkenheit, ausschweifenden Lebenswandel und dergleichen mehr. Ich wiederhole, was ich bereits gesagt habe, dass niemand, der ein solches Leben führt, das Reich Gottes erben wird.

[22]Wenn dagegen der Heilige Geist unser Leben beherrscht, wird er ganz andere Frucht in uns wachsen lassen: Liebe, Freude, Frieden, Geduld, Freundlichkeit, Güte, Treue, [23]Sanftmut und Selbstbeherrschung. Nichts davon steht im Widerspruch zum Gesetz.

[24]Diejenigen, die zu Christus Jesus gehören, haben die Leidenschaften und Begierden ihrer sündigen Natur an sein Kreuz geschlagen. [25]Wenn wir jetzt durch den Heiligen Geist leben, dann sollten wir auch alle Bereiche unseres Lebens von ihm bestimmen lassen. [26]Lasst uns darauf achten, dass wir nicht stolz werden und uns gegenseitig verärgern oder beneiden.

Wir ernten, was wir säen

6 [1]Liebe Freunde, wenn ein Mensch einer Sünde erlegen ist, dann solltet ihr, deren Leben vom Geist Gottes bestimmt ist, diesem Menschen liebevoll und in aller Demut helfen, wieder auf den rechten Weg zurückzufinden. Und pass auf, dass du nicht in dieselbe Gefahr gerätst. ²Helft euch gegenseitig bei euren Schwierigkeiten und Problemen, so erfüllt ihr das Gesetz, das wir von Christus haben. ³Wer sich für wichtiger hält als die anderen, betrügt sich selbst. ⁴Jeder achte genau auf sein eigenes Leben und Handeln, ohne sich mit anderen zu vergleichen. ⁵Schließlich ist jeder für sein eigenes Verhalten verantwortlich.

⁶Wenn ihr Lehrer habt, die euch das Wort Gottes lehren, dann solltet ihr sie darin unterstützen, indem ihr sie bezahlt.

⁷Täuscht euch nicht! Macht euch klar, dass ihr Gott nicht einfach missachten könnt, ohne die Folgen zu tragen. Denn was ein Mensch sät, wird er auch ernten. ⁸Wer nur nach seinen sündigen Neigungen lebt, wird sich damit selbst zugrunde richten und schließlich den Tod ernten. Aber wer lebt, um dem Geist zu gefallen, wird vom Geist das ewige Leben erhalten. ⁹Deshalb werdet nicht müde, zu tun, was gut ist. Lasst euch nicht entmutigen und gebt nie auf, denn zur gegebenen Zeit werden wir auch den entsprechenden Segen ernten. ¹⁰Lasst uns jede Gelegenheit nutzen, allen Menschen Gutes zu tun, besonders aber unseren Brüdern und Schwestern im Glauben.

Abschließender Rat

¹¹Seht, mit welch großen Buchstaben ich euch diese abschließenden Worte in eigener Handschrift schreibe. ¹²Die Leute, die euch zur Beschneidung zwingen wollen, tun das nur aus einem einzigen Grund: Sie wollen sich nicht mit der Lehre, dass nur der Tod von Jesus Christus am Kreuz uns retten kann, der Verfolgung aussetzen. ¹³Dabei halten nicht einmal sie als Verfechter der Beschneidung das ganze Gesetz. In Wirklichkeit wollen sie euch nur deshalb zur Beschneidung überreden, um damit anzugeben.

¹⁴Was mich betrifft, so bewahre Gott mich davor, mit irgendetwas anzugeben. Rühmen will ich mich nur einer Sache: des Kreuzes von Jesus Christus, unserem Herrn, durch das mein Interesse an dieser Welt gestorben ist, wie auch das Interesse

der Welt an mir. [15]Es spielt keine Rolle mehr, ob wir beschnitten wurden oder nicht. Es zählt nur, ob wir wirklich zu neuen, veränderten Menschen geworden sind. [16]Und allen, die nach diesem Maßstab leben, schenke Gott Barmherzigkeit und Frieden – ihnen und dem auserwählten Volk Gottes. [17]Von jetzt an soll mich damit niemand mehr belästigen. Denn ich trage an meinem Körper die Wunden, die zeigen, dass ich Jesus gehöre.

[18]Die Gnade unseres Herrn Jesus Christus sei mit euch allen, meine Lieben. Amen.

Der Brief an die Epheser

Grüße von Paulus

1 ¹Diesen Brief schreibt Paulus, ein von Gott berufener Apostel von Christus Jesus, an alle in Ephesus, die an Christus Jesus glauben und zu Gott gehören. ²Ich wünsche euch Gnade und Frieden von Gott, unserem Vater, und von Jesus Christus, unserem Herrn.

Geistlicher Segen

³Wir loben Gott, den Vater von Jesus Christus, unserem Herrn, der uns durch Christus mit dem geistlichen Segen in der himmlischen Welt reich beschenkt hat. ⁴Aus Liebe hat Gott uns schon vor Erschaffung der Welt in Christus dazu bestimmt, vor ihm heilig zu sein und befreit von Schuld. ⁵Von Anfang an war es sein unveränderlicher Plan, uns durch Jesus Christus als seine Kinder aufzunehmen, und an diesem Beschluss hatte er viel Freude.

⁶Deshalb loben wir Gott für die herrliche Gnade, mit der er uns durch den geliebten Sohn so reich beschenkt hat. ⁷Seine Gnade ist so groß, dass er unsere Freiheit mit dem Blut seines Sohnes erkauft hat, sodass uns unsere Sünden vergeben sind. ⁸Er hat uns mit Gnade überhäuft und uns Weisheit und Erkenntnis gegeben.

⁹So hat Gott uns nun seinen Willen erkennen lassen, der lange verborgen war, und uns seinen Plan mit Christus offenbart. ¹⁰Gott beschloss, wenn die Zeit dafür gekommen ist, alles im Himmel und auf der Erde der Vollmacht von Christus zu unterstellen. ¹¹Darüber hinaus haben wir durch Christus ein göttliches Erbe empfangen, denn Gott hat uns von Anfang an erwählt, wie er es mit seinem Willen beschlossen hatte. ¹²Wir, die wir als Erste auf Christus gehofft haben, sollen mit unserem Leben Gottes Herrlichkeit loben. ¹³Durch Christus habt auch ihr nun die Wahrheit gehört, die gute Botschaft, dass Gott euch rettet. Ihr habt an Christus geglaubt, und er

hat euch mit dem Siegel seines Heiligen Geistes, den er vor langer Zeit zugesagt hat, als sein Eigentum bestätigt. [14]Der Heilige Geist ist die Garantie dafür, dass er uns alles geben wird, was er uns versprochen hat, und dass wir sein Eigentum sind – zum Lob seiner Herrlichkeit.

Paulus betet um geistliche Weisheit

[15]Seit ich das erste Mal von eurem festen Glauben an Jesus, den Herrn, und von eurer Liebe zu allen Gläubigen hörte, [16]habe ich nicht aufgehört, Gott für euch zu danken. Ich bete ständig für euch [17]und bitte den Gott unseres Herrn Jesus Christus, den Vater der Herrlichkeit, euch den Geist der Weisheit und Einsicht zu schenken, damit eure Erkenntnis von Gott immer größer wird. [18]Ich bete, dass eure Herzen hell erleuchtet werden, damit ihr die wunderbare Zukunft, zu der er euch berufen hat, begreift und erkennt, welch reiches und herrliches Erbe er den Gläubigen geschenkt hat.

[19]Ich bete, dass ihr erkennen könnt, wie übermächtig groß seine Kraft ist, mit der er in uns, die wir an ihn glauben, wirkt. Es ist dieselbe gewaltige Kraft, [20]die auch Christus von den Toten auferweckt und ihm den Ehrenplatz an Gottes rechter Seite im Himmel gegeben hat. [21]Jetzt ist er als Herrscher eingesetzt über jede weltliche Regierung, Gewalt, Macht und jede Herrschaft und über alles andere, in dieser wie in der zukünftigen Welt. [22]Gott hat alles der Herrschaft von Christus unterstellt und hat Christus als Herrn über die Gemeinde eingesetzt. [23]Die Gemeinde aber ist sein Leib, und sie ist erfüllt von Christus, der alles ganz mit seiner Gegenwart erfüllt.

Mit Christus lebendig gemacht

2 [1]Auch ihr wart früher tot aufgrund eurer Sünden. [2]Ihr habt genauso in der Sünde gelebt wie der Rest der Welt, beherrscht vom Satan, der im Machtbereich der Luft regiert. Er ist der Geist, der in den Herzen derer wirkt, die Gott nicht gehorchen wollen. [3]Wir alle haben früher so gelebt und uns von den Leidenschaften und Begierden unserer alten Natur

beherrschen lassen. Wir wurden mit dieser Natur geboren und waren Gottes Zorn ausgeliefert wie alle anderen Menschen auch.

⁴Doch Gott ist so barmherzig und liebte uns so sehr, ⁵dass er uns, die wir durch unsere Sünden tot waren, mit Christus neues Leben schenkte, als er ihn von den Toten auferweckte. Nur durch die Gnade Gottes seid ihr gerettet worden! ⁶Denn er hat uns zusammen mit Christus von den Toten auferweckt und wir gehören nun mit Jesus zu seinem himmlischen Reich. ⁷So wird er für alle Zeiten an uns seine Güte und den Reichtum seiner Gnade sichtbar machen, die sich in allem zeigt, was er durch Christus Jesus für uns getan hat.

⁸Weil Gott so gnädig ist, hat er euch durch den Glauben gerettet. Und das ist nicht euer eigenes Verdienst; es ist ein Geschenk Gottes. ⁹Ihr werdet also nicht aufgrund eurer guten Taten gerettet, damit sich niemand etwas darauf einbilden kann. ¹⁰Denn wir sind Gottes Schöpfung. Er hat uns in Christus Jesus neu geschaffen, damit wir die guten Taten ausführen, die er für unser Leben vorbereitet hat.

Einheit und Frieden in Christus

¹¹Vergesst nicht, dass ihr, die ihr keine Juden seid, aufgrund eurer Herkunft Außenstehende wart. »Unbeschnittene« nannten euch die Juden, die das äußere Zeichen der Beschneidung tragen. ¹²Damals lebtet ihr getrennt von Christus. Ihr wart vom Volk Gottes, Israel, ausgeschlossen und wusstet nichts von den Zusagen, die er ihm gegeben hatte. Euer Leben in dieser Welt war ohne Gott und ohne Hoffnung. ¹³Aber nun gehört ihr Christus Jesus. Ihr wart fern von Gott, doch nun seid ihr ihm nahe durch das Blut seines Sohnes.

¹⁴Denn Christus selbst brachte Frieden zwischen den Juden und den Menschen aus allen anderen Völkern, indem er uns zu einem einzigen Volk vereinte. Er hat die Mauer der Feindschaft, die uns früher trennte, niedergerissen. Durch seinen Tod ¹⁵hat er dem Gesetz mit seinen Geboten und Verordnungen ein Ende bereitet und dadurch Frieden gestiftet, indem er beide in sich zu einem einzigen neuen Menschen schuf. ¹⁶Er

hat sie in einem Leib vereint und durch das Kreuz mit Gott versöhnt, sodass die Feindschaft ein Ende fand. [17]Er ist gekommen und brachte die Botschaft des Friedens euch, die ihr fern von ihm wart, und den Juden, die ihm nahe waren. [18]Durch das, was Christus für uns getan hat, können wir jetzt alle, ob wir Juden sind oder nicht, in einem Geist zum Vater kommen.

Ein Tempel für den Herrn

[19]Deshalb seid ihr nicht länger Fremde und ohne Bürgerrecht, sondern ihr gehört zu den Gläubigen, zu Gottes Familie. [20]Wir sind sein Haus, das auf dem Fundament der Apostel und Propheten erbaut ist mit Christus Jesus selbst als Eckstein. [21]Dieser Eckstein fügt den ganzen Bau zu einem heiligen Tempel für den Herrn zusammen. [22]Durch Christus, den Eckstein, werdet auch ihr eingefügt und zu einer Wohnung, in der Gott durch seinen Geist lebt.

Gottes verborgener Heilsplan wurde offenbart

3 [1]Ich, Paulus, bin im Gefängnis, ein Gefangener für Jesus Christus, weil ich euch, die ihr anderen Völkern angehört, die Botschaft Gottes verkündet habe. [2]Ihr habt ja gehört, dass Gott mir die besondere Aufgabe anvertraut hat, euch von seiner Gnade zu erzählen. [3]Und wie ich in diesem Brief bereits erwähnte, hat Gott selbst mir seinen verborgenen Plan offenbart. [4]Wenn ihr lest, was ich geschrieben habe, werdet ihr verstehen, was ich über das Geheimnis des Christus weiß. [5]Früheren Generationen hat Gott es nicht offenbart, doch nun hat er es seinen heiligen Aposteln und Propheten durch seinen Geist zu erkennen gegeben:

[6]Auch die anderen Völker sollen durch Christus das Reich Gottes erben, zu seiner Gemeinde gehören und die Zusagen Gottes in Anspruch nehmen, wie es die gute Botschaft sagt. [7]Gott hat mich zum Diener dieser Botschaft gemacht, indem er mir mit seiner großen Kraft die Gnade dazu geschenkt hat. [8]Obwohl ich der Geringste unter denen bin, die zu Christus gehören, hat Gott mich ausgesucht, um den anderen Völkern

von dem großen Reichtum zu erzählen, der ihnen in Christus offen steht. [9]Ich wurde berufen, allen den Willen Gottes zu erklären, den er, der Schöpfer aller Dinge, von Anfang an verborgen gehalten hatte.

[10]Gottes Absicht war es, dass Mächte und Gewalten im Himmel durch seine Gemeinde den Reichtum seiner Weisheit erkennen. [11]Das war sein unabänderlicher Plan, und nun wurde er durch Christus Jesus, unseren Herrn, erfüllt.

[12]Durch Christus und unseren Glauben an ihn können wir nun ohne Furcht und voller Zuversicht zu Gott kommen. [13]Deshalb verliert nicht den Mut wegen meiner Gefangenschaft. Dass ich euretwegen leide, ist für euch eine Ehre.

Gebet um geistliche Vollmacht

[14]Ich kann nur meine Knie beugen vor Gott, dem Vater, [15]dem Vater von allem, was im Himmel und auf der Erde ist. [16]Ich bete, dass er euch aus seinem großen Reichtum die Kraft gibt, durch seinen Geist innerlich stark zu werden. [17]Und ich bete, dass Christus durch den Glauben immer mehr in euren Herzen wohnt und ihr in der Liebe Gottes fest verwurzelt und gegründet seid. [18]So könnt ihr mit allen Gläubigen ihr ganzes Ausmaß erfassen, die Breite, Länge, Höhe und Tiefe. [19]Und ihr könnt auch die Liebe erkennen, die Christus zu uns hat; eine Liebe, die größer ist, als ihr je begreifen werdet. Dadurch wird euch der Reichtum Gottes immer mehr erfüllen. [20]Durch die mächtige Kraft, die in uns wirkt, kann Gott unendlich viel mehr tun, als wir je bitten oder auch nur hoffen würden. [21]Ihm gehört alle Ehre in der Gemeinde und durch Christus Jesus für alle Zeit und Ewigkeit. Amen.

Einheit in der Gemeinde

4 [1]Als ein Gefangener für den Herrn fordere ich euch deshalb auf, ein Leben zu führen, das eurer Berufung würdig ist, denn ihr seid ja von Gott berufen worden. [2]Seid freundlich und demütig, geduldig im Umgang miteinander. Ertragt einander voller Liebe. [3]Bemüht euch, im Geist eins zu sein, indem ihr untereinander Frieden haltet.

⁴Ihr sollt alle gemeinsam ein Leib sein und einen Geist haben, weil ihr alle zu einer Hoffnung berufen seid.
⁵Es gibt nur einen Herrn, einen Glauben, eine Taufe,
⁶und es gibt auch nur einen Gott und Vater von allen, der über allen steht und durch alle lebt und in uns allen ist.

⁷Doch hat jeder von uns seinen Anteil an der Gnade geschenkt bekommen, so wie Christus sie uns geschenkt hat.
⁸Deshalb heißt es in der Schrift:

»Er ist in die Höhen hinaufgestiegen und hat Gefangene mit sich geführt und den Menschen Gaben geschenkt.«

⁹Dass er in die Höhen hinaufstieg, bedeutet aber auch, dass er vorher herabgekommen war: Er kam als Mensch auf die Erde. ¹⁰Er, der herabkam, ist derselbe, der über alle Himmel hinaufstieg, damit er Herr über alles ist.

¹¹Er hat die einen als Apostel, die anderen als Propheten, wieder andere als Prediger und schließlich einige als Hirten und Lehrer eingesetzt. ¹²Ihre Aufgabe ist es, die Gläubigen für ihren Dienst vorzubereiten und die Gemeinde – den Leib von Christus – zu stärken. ¹³Auf diese Weise sollen wir alle im Glauben eins werden und den Sohn Gottes immer besser kennenlernen, sodass unser Glaube zur vollen Reife gelangt und wir ganz von Christus erfüllt sind.

¹⁴Dann werden wir nicht länger wie Kinder sein und uns ständig von jeder fremden Meinung beeinflussen oder verunsichern lassen, nur weil geschickte Betrüger uns eine Lüge als Wahrheit hinstellen. ¹⁵Stattdessen lasst uns in Liebe an der Wahrheit festhalten und in jeder Hinsicht Christus ähnlicher werden, der das Haupt seines Leibes – der Gemeinde – ist. ¹⁶Durch ihn wird der ganze Leib zu einer Einheit. Und jeder Teil erfüllt seine besondere Aufgabe und trägt zum Wachstum der anderen bei, sodass der ganze Leib gesund ist und wächst und von Liebe erfüllt ist.

Als Kinder des Lichts leben
¹⁷Ich will vor Gott bezeugen, dass ihr nicht mehr leben sollt wie Menschen, die Gott nicht kennen und deren Denken ohne Sinn und Ziel ist. ¹⁸Ihr Verstand ist verfinstert und sie sind von

dem Leben, das Gott für sie hat, weit entfernt, weil sie von ihm nichts wissen wollen und ihre Herzen hart geworden sind. [19]Gleichgültig überlassen sie sich ganz ihren ausschweifenden Leidenschaften und suchen gierig nach jeder Art von Verlockung. [20]Doch ihr habt das Wesen von Christus anders erlernt. [21]Ihr habt ihm doch zugehört und kennt die Wahrheit, die in ihm ist? [22]Deshalb sollt ihr euer altes Wesen und eure frühere Lebensweise ablegen, die durch und durch verdorben war und euch durch trügerische Leidenschaften zugrunde richtete. [23]Lasst euch stattdessen einen neuen Geist und ein verändertes Denken geben. [24]Als neue Menschen, geschaffen nach dem Ebenbild Gottes und zur Gerechtigkeit, Heiligkeit und Wahrheit berufen, sollt ihr auch ein neues Wesen annehmen.

[25]Hört auf zu lügen und »sagt einander die Wahrheit«, weil wir aufeinander angewiesen sind. [26]»Sündigt nicht, wenn ihr zornig seid«, und lasst die Sonne nicht über eurem Zorn untergehen. [27]Gebt dem Teufel keine Möglichkeit, durch den Zorn Macht über euch zu gewinnen! [28]Wer ein Dieb ist, soll aufhören zu stehlen. Er soll seine Hände zu ehrlicher Arbeit gebrauchen und dann anderen, die in Not sind, großzügig geben. [29]Verzichtet auf schlechtes Gerede, sondern was ihr redet, soll für andere gut und aufbauend sein, damit sie im Glauben ermutigt werden.

[30]Achtet darauf, den Heiligen Geist nicht durch euer Verhalten zu betrüben. Denkt vielmehr daran, dass ihr sein Siegel tragt und dadurch die Gewissheit habt, dass der Tag der Erlösung kommen wird.

[31]Befreit euch von Bitterkeit und Wut, von Ärger, harten Worten und übler Nachrede sowie jeder Art von Bosheit. [32]Seid stattdessen freundlich und mitfühlend zueinander und vergebt euch gegenseitig, wie auch Gott euch durch Christus vergeben hat.

Im Licht leben

5 [1]Folgt in allem Gottes Beispiel, denn ihr seid seine geliebten Kinder. [2]Euer Leben soll von Liebe geprägt sein, wie auch Christus uns geliebt hat, denn er hat sich selbst als Gabe und Opfer für unsere Sünden gegeben. Und Gott hatte Gefallen an diesem Opfer, das wie ein wohlriechender Duft zu ihm aufstieg.

³Weil ihr Gott gehört, soll es keine Unzucht, Unreinheit oder Habgier unter euch geben. ⁴Genauso unpassend für euch ist schmutziges, dummes und anzügliches Gerede; vielmehr sollt ihr Gott danken. ⁵Ihr könnt sicher sein, dass kein unzüchtiger, unreiner oder habgieriger Mensch je das Reich, das Christus und Gott gehört, miterben wird. Denn ein Habgieriger ist nur ein Götzendiener, der weltliche Dinge anbetet. ⁶Lasst euch nicht von leeren Worten verführen! Der Zorn Gottes wird alle treffen, die ihm ungehorsam sind. ⁷Gebt euch also nicht mit ihnen ab. ⁸Auch wenn es früher in euch finster war, seid ihr jetzt vom Licht des Herrn erfüllt; deshalb lebt nun auch als Kinder des Lichts! ⁹Denn dieses Licht in euch bringt lauter Güte, Gerechtigkeit und Wahrheit hervor.

¹⁰Findet heraus, was dem Herrn Freude macht. ¹¹Beteiligt euch nicht an den nutzlosen Taten der Finsternis, sondern deckt sie vielmehr auf. ¹²Es ist beschämend, auch nur davon zu reden, was gottlose Menschen im Verborgenen treiben. ¹³Doch wenn das Licht darauf fällt, wird alles sichtbar werden. ¹⁴Was aber sichtbar wird, wird nun auch Licht. Deshalb heißt es:

»Wach auf, du Schläfer,
steh von den Toten auf,
dann wird Christus dir aufleuchten.«

Aus der Kraft des Geistes leben

¹⁵Achtet sorgfältig darauf, wie ihr lebt; handelt nicht unklug, sondern bemüht euch, weise zu sein. ¹⁶Nutzt jede Gelegenheit, in diesen üblen Zeiten Gutes zu tun. ¹⁷Handelt nicht gedankenlos, sondern versucht zu begreifen, was der Herr von euch will. ¹⁸Betrinkt euch nicht mit Wein; sonst ruiniert ihr damit euer Leben. Lasst euch stattdessen vom Heiligen Geist erfüllen. ¹⁹Singt miteinander Psalmen und Lobgesänge und geistliche Lieder, und in euren Herzen wird Musik sein zum

Lob Gottes. ²⁰Und dankt Gott, dem Vater, zu jeder Zeit für alles im Namen unseres Herrn Jesus Christus.

Über die Ehe

²¹Ordnet euch aus Achtung vor Christus bereitwillig einander unter. ²²Ihr Ehefrauen sollt euch euren Männern unterordnen, so wie ihr euch dem Herrn unterordnet. ²³Denn der Mann ist das Haupt seiner Frau, wie Christus das Haupt seines Leibes – der Gemeinde – ist, für die er sein Leben gab, um sie zu retten. ²⁴So wie die Gemeinde sich Christus unterordnet, sollt ihr Ehefrauen euch auch euren Männern in allem unterordnen.

²⁵Und ihr Ehemänner, liebt eure Frauen mit derselben Liebe, mit der auch Christus die Gemeinde geliebt hat. Er gab sein Leben für sie, ²⁶damit sie befreit von Schuld ganz ihm gehört, rein gewaschen durch die Taufe und Gottes Wort. ²⁷Er tat dies, um sie als herrliche Gemeinde vor sich hinzustellen, ohne Flecken und Runzeln oder dergleichen, sondern heilig und makellos. ²⁸Genauso müssen auch die Ehemänner ihre Frauen lieben, wie sie ihren eigenen Körper lieben. Denn ein Mann liebt auch sich selbst, wenn er seine Frau liebt. ²⁹Niemand hasst doch seinen eigenen Körper, sondern sorgt liebevoll für ihn, wie auch Christus für seinen Leib, also für die Gemeinde, sorgt. ³⁰Und wir gehören zu seinem Leib.

³¹In der Schrift heißt es: »Deshalb wird ein Mann Vater und Mutter verlassen und sich an seine Frau binden und die beiden werden zu einer Einheit.« ³²Das ist ein großes Geheimnis, aber ich deute es als ein Bild für die Einheit von Christus und der Gemeinde. ³³Deshalb sage ich noch einmal, dass jeder Ehemann seine Frau so lieben soll, wie er sich selbst liebt, und dass die Ehefrau ihren Mann achten und respektieren soll.

Kinder und Eltern

6 ¹Ihr Kinder sollt euren Eltern gehorchen, weil ihr dem Herrn gehört, denn so handelt ihr richtig. ²»Ihr sollt Vater und Mutter ehren.« Das ist das erste der Gebote, an das eine Zusage Gottes geknüpft ist: ³Wenn du deinen Vater und deine

Mutter ehrst, »wird es dir gut gehen und du wirst ein langes Leben haben.«

⁴Und ihr Väter, seid nicht ungerecht gegen eure Kinder. Erzieht sie vielmehr mit Disziplin und zeigt ihnen den richtigen Weg, so wie es Christus entspricht.

Sklaven und Herren

⁵Ihr Sklaven sollt euren irdischen Herren gehorchen. Achtet und ehrt sie und dient ihnen mit aufrichtigem Herzen, wie ihr Christus dient. ⁶Arbeitet hart, aber nicht nur, um euren Herren zu gefallen, wenn sie euch dabei sehen. Versteht euch vielmehr als Sklaven, die Christus gehören und die von Herzen den Willen Gottes erfüllen. ⁷Arbeitet so bereitwillig, als würdet ihr Gott dienen und nicht Menschen. ⁸Denkt daran, dass der Herr jeden von uns für das Gute belohnen wird, das wir tun, ob wir nun Sklaven sind oder frei.

⁹Und genauso sollt auch ihr Herren eure Sklaven behandeln. Droht ihnen nicht, sondern denkt immer daran, dass ihr beide denselben Herrn im Himmel habt, der keinen Menschen bevorzugt.

Die Waffenrüstung Gottes

¹⁰Noch ein Wort zum Schluss: Werdet stark durch den Herrn und durch die mächtige Kraft seiner Stärke! ¹¹Legt die komplette Waffenrüstung Gottes an, damit ihr allen hinterhältigen Angriffen des Teufels widerstehen könnt. ¹²Denn wir kämpfen nicht gegen Menschen aus Fleisch und Blut, sondern gegen die bösen Mächte und Gewalten der unsichtbaren Welt, gegen jene Mächte der Finsternis, die diese Welt beherrschen, und gegen die bösen Geister in der Himmelswelt.

¹³Bedient euch der ganzen Waffenrüstung Gottes. Wenn es dann so weit ist, werdet ihr dem Bösen widerstehen können und noch aufrecht stehen, wenn ihr den Kampf gewonnen habt. ¹⁴Sorgt dafür, dass ihr fest steht, indem ihr euch mit dem Gürtel der Wahrheit und dem Panzer der Gerechtigkeit Gottes umgebt. ¹⁵Eure Füße sollen für die gute Botschaft eintreten, die den Frieden mit Gott verkündet. ¹⁶Setzt den Glau-

ben als einen Schutzschild ein, um die feurigen Pfeile des Satans abzuwehren. [17]Setzt den Helm eurer Rettung auf und nehmt das Wort Gottes, euer Schwert, das der Geist euch gibt. [18]Betet immer und in jeder Situation mit der Kraft des Heiligen Geistes. Bleibt wachsam und betet auch beständig für alle, die zu Christus gehören.

[19]Betet auch für mich und bittet Gott, mir die richtigen Worte zu geben, wenn ich mutig das Geheimnis seiner guten Botschaft weitersage. [20]Ich bin im Gefängnis, weil ich als Gottes Bote diese Botschaft verkündet habe. Betet darum, dass ich weiter so offen und furchtlos rede, wie es mir aufgetragen ist!

Abschließende Grüße

[21]Tychikus, ein geliebter Bruder und treuer Helfer im Dienst des Herrn, wird euch alles von mir erzählen, damit ihr wisst, wie es um mich steht und was ich tue. [22]Mit diesem Auftrag schicke ich ihn zu euch: Er wird euch berichten, wie es uns geht, und wird euch ermutigen.

[23]Ich wünsche euch Frieden, liebe Freunde, und Liebe mit Glauben von Gott, dem Vater, und Jesus Christus, dem Herrn. [24]Gottes Gnade wünsche ich allen, die Jesus Christus, unseren Herrn, für immer lieben!

Der Brief an die Philipper

Grüße von Paulus

1 ¹Diesen Brief schreiben Paulus und Timotheus, Diener von Christus Jesus. Er richtet sich an alle Gläubigen in Philippi, an die Ältesten und Diakone.

²Wir wünschen euch Gnade und Frieden von Gott, unserem Vater, und Jesus Christus, dem Herrn.

Dank und Gebet

³Jedes Mal, wenn ich an euch denke, danke ich meinem Gott. ⁴Ich bete immer für euch und tue es mit frohem Herzen. ⁵Denn ihr habt euch vom ersten Tag an bis heute gemeinsam mit mir für die gute Botschaft eingesetzt. ⁶Ich bin ganz sicher, dass Gott, der sein gutes Werk in euch angefangen hat, damit weitermachen und es vollenden wird bis zu dem Tag, an dem Christus Jesus wiederkommt.

⁷Es ist nur natürlich, wenn ich so empfinde, denn ihr liegt mir sehr am Herzen. Gemeinsam empfangen wir die Gnade Gottes, ob ich nun im Gefängnis bin oder die Botschaft Gottes verteidige und bekräftige. ⁸Gott weiß, wie sehr ich mich mit der herzlichen Liebe von Christus Jesus nach euch sehne. ⁹Ich bete darum, dass eure Liebe zueinander noch tiefer wird und dass sie an Erkenntnis und Einsicht zunimmt. ¹⁰Denn ihr sollt imstande sein zu erkennen, worauf es ankommt, damit ihr rein und vorbildlich vor Christus steht, wenn er wiederkommt, ¹¹und euer Leben reiche Frucht trägt – ihr seid ja gerecht vor Gott. Jesus Christus bewirkt diese Frucht, sodass Gott es ist, der geehrt und gelobt wird.

Freude darüber, dass Christus gepredigt wird

¹²Liebe Freunde, ihr sollt wissen, dass alles, was hier mit mir geschehen ist, letztlich zur Verbreitung der Botschaft Gottes beigetragen hat. ¹³Denn hier weiß jeder – und das gilt sogar für die Soldaten der Palastwache –, dass ich für Christus in Ketten liege. ¹⁴Doch durch meine Gefangenschaft haben viele

Mut gefasst und sind sehr viel furchtloser darin geworden, anderen von Christus zu erzählen. [15]Manche tun dies zwar nur aus Eifersucht und Rivalität, aber andere predigen Christus auch mit guten Absichten. [16]Sie predigen aus Liebe zu mir, weil sie wissen, dass der Herr mich hierher gebracht hat, um für seine gute Botschaft einzustehen. [17]Die anderen aber verkünden Christus aus selbstsüchtigen Motiven und nicht aus ehrlichem Herzen. Sie wollen mir meine Gefangenschaft noch schmerzhafter machen. [18]Doch ob ihre Beweggründe nun ehrlich sind oder nicht: die Botschaft von Christus – auf welche Weise auch immer – wird verkündet, und darüber freue ich mich. Und ich werde mich weiter freuen, [19]denn ich weiß, dass dies alles durch eure Gebete und durch die Hilfe des Heiligen Geistes zu meiner Befreiung führen wird.

Paulus lebt für Christus

[20]Ich erwarte und hoffe sehr, dass ich nie etwas tun werde, dessen ich mich schämen müsste, sondern dass ich immer – wie bisher auch – unerschrocken für Christus eintreten werde und durch mein Leben Christus in allem geehrt wird, ob ich nun lebe oder sterbe. [21]Denn Christus ist mein Leben, aber noch besser wäre es, zu sterben und bei ihm zu sein. [22]Doch wenn ich lebe, dann trägt meine Arbeit für Christus Früchte. Deshalb weiß ich wirklich nicht, was ich wählen soll. [23]Ich fühle mich zwischen zwei Wünschen hin- und hergerissen: Ich sehne mich danach, zu sterben und bei Christus zu sein, denn das wäre bei Weitem das Beste. [24]Doch für euch ist es besser, wenn ich lebe.

[25]Darauf vertraue ich und deshalb werde ich bei euch bleiben, damit ihr im Glauben wachst und erlebt, welche Freude der Glaube bringen kann. [26]Wenn ich dann zu euch zurückkomme, werdet ihr sogar noch mehr Grund haben, stolz davon zu erzählen, was Christus Jesus für mich getan hat.

Leiden für Christus

[27]Ihr sollt so leben, wie es der Botschaft von Christus entspricht. Ob ich komme und euch wieder sehe oder ob ich nur

von euch höre, haltet im Geist fest zusammen und kämpft gemeinsam für den Glauben an die Botschaft Gottes. [28]Lasst euch von euren Feinden nicht einschüchtern. Für sie ist das ein Zeichen, dass sie verloren sind, für euch dagegen ein Zeichen, dass ihr gerettet seid, und zwar durch Gott selbst! [29]Denn ihr habt nicht nur das Vorrecht, an Christus zu glauben, ihr dürft auch für ihn leiden. [30]Diesen Kampf kämpfen wir gemeinsam. Schon früher habt ihr mich für Christus leiden sehen, und jetzt hört ihr davon.

2 [1]Ermutigt ihr euch gegenseitig, Christus nachzufolgen? Tröstet ihr euch gegenseitig in Liebe? Seid ihr im Heiligen Geist verbunden? Gibt es unter euch Barmherzigkeit und Mitgefühl? [2]Dann macht doch meine Freude vollkommen, indem ihr in guter Gemeinschaft zusammenarbeitet, einander liebt und von ganzem Herzen zusammenhaltet. [3]Seid nicht selbstsüchtig; strebt nicht danach, einen guten Eindruck auf andere zu machen, sondern seid bescheiden und achtet die anderen höher als euch selbst. [4]Denkt nicht nur an eure eigenen Angelegenheiten, sondern interessiert euch auch für die anderen und für das, was sie tun.

Die Erniedrigung und Erhöhung von Christus

[5]Geht so miteinander um, wie Christus es euch vorgelebt hat. [6]Obwohl er Gott war, bestand er nicht auf seinen göttlichen Rechten. [7]Er verzichtete auf alles; er nahm die niedrige Stellung eines Dieners an und wurde als Mensch geboren und als solcher erkannt. [8]Er erniedrigte sich selbst und war gehorsam bis zum Tod, indem er wie ein Verbrecher am Kreuz starb. [9]Deshalb hat Gott ihn in den Himmel gehoben und ihm einen Namen gegeben, der höher ist als alle anderen Namen. [10]Vor diesem Namen sollen sich die Knie aller beugen, die im Himmel und auf der Erde und unter der Erde sind. [11]Und zur Ehre Gottes, des Vaters, werden alle bekennen, dass Jesus Christus Herr ist.

Seid ein helles Licht in der Welt

[12]Liebe Freunde, als ich bei euch war, habt ihr meine Anweisungen immer treu befolgt. Jetzt, in meiner Abwesenheit, müsst ihr noch mehr darauf achten, dass Gottes Liebe in eurem Leben sichtbar wird. Deshalb gehorcht Gott voller Achtung und Ehrfurcht. [13]Denn Gott bewirkt in euch den Wunsch, ihm zu gehorchen, und er gibt euch auch die Kraft, zu tun, was ihm Freude macht.

[14]Was ihr auch tut, tut es ohne zu klagen und zu zweifeln, [15]damit niemand euch irgendetwas vorwerfen kann. Als Kinder Gottes sollt ihr ein reines, vorbildliches Leben führen in einer dunklen Welt voller verdorbener und verirrter Menschen, unter denen euer Leben wie ein helles Licht leuchtet. [16]Haltet am Wort des Lebens fest, damit ich mich, wenn Christus wiederkommt, freuen kann, dass ich das Rennen nicht verloren habe und meine Arbeit nicht vergeblich war. [17]Doch selbst wenn mein Leben im Einsatz für euren Glauben geopfert werden soll, will ich mich freuen und möchte meine Freude mit euch allen teilen. [18]Und auch ihr solltet glücklich darüber sein und euch mit mir freuen.

Paulus empfiehlt Timotheus

[19]Wenn Jesus, der Herr, es will, dann kann ich hoffentlich bald Timotheus zu euch schicken. Bei seiner Rückkehr kann er mich dann aufmuntern, indem er mir von euch berichtet. [20]Ich kenne keinen, der so aufrichtig wie er um euch besorgt ist. [21]Alle anderen sind nur auf sich selbst bedacht und nicht auf das, was Jesus Christus wichtig ist. [22]Aber ihr wisst ja, wie Timotheus sich bewährt hat. Wie ein Sohn für seinen Vater arbeitet, so hat er mit mir zusammen für die Botschaft von Jesus Christus gearbeitet. [23]Ich hoffe, ihn zu euch schicken zu können, sobald ich genauer weiß, wie es mit mir weitergeht. [24]Und ich vertraue im Herrn darauf, dass ich bald selbst zu euch kommen kann.

Paulus empfiehlt Epaphroditus

[25]In der Zwischenzeit hielt ich es für richtig, Epaphroditus zu euch zurückzuschicken. Er ist ein wirklicher Bruder für mich, ein treuer Mitarbeiter und Mitstreiter. Und er war euer Bote, um mir in meinen Schwierigkeiten beizustehen. [26]Jetzt sende ich ihn wieder nach Hause, denn er hat Sehnsucht nach euch und war sehr beunruhigt, weil ihr von seiner Krankheit erfahren hattet. [27]Und er war wirklich krank; er wäre sogar fast gestorben. Aber Gott hatte Erbarmen mit ihm – und mit mir, um mir einen so unerträglichen Schmerz zu ersparen.

[28]Deshalb habe ich es umso eiliger, ihn zu euch zurückzuschicken, denn ich weiß, wie sehr ihr euch freuen werdet, ihn wieder zu sehen. Das wird auch meine Traurigkeit mindern. [29]Nehmt ihn also im Namen des Herrn gerne auf und erweist ihm die Ehre, die ihm zusteht. [30]Denn er hat für Christus sein Leben aufs Spiel gesetzt und wäre beinahe gestorben, als er versuchte, für mich zu tun, was ihr in der Ferne nicht für mich tun konntet.

Christus ist das Zentrum aller Erkenntnis

3 [1]Was immer auch geschehen wird, liebe Freunde, freut euch im Herrn. Ich werde nicht müde, euch dies zu schreiben, denn es wird euch nur noch mehr stärken.

[2]Nehmt euch in Acht vor den Menschen, die sich verhalten wie bösartige Hunde, wie solche, die andere verstümmeln, denn sie behaupten, ihr müsstet euch beschneiden lassen, um gerettet zu werden. [3]Denn wir, die wir Gott durch den Geist anbeten, sind die Einzigen, die wirklich beschnitten sind. Wir setzen unser Vertrauen nicht auf menschliche Anstrengung, sondern sind stolz auf das, was Christus Jesus für uns getan hat.

[4]Dabei könnte ich weit größeres Selbstvertrauen haben als alle anderen. Wenn andere Grund haben, auf ihre eigenen Anstrengungen zu vertrauen, gilt das für mich erst recht! [5]Denn ich bin das Kind einer rein jüdischen Familie, die zum Stamm Benjamin gehört, und wurde mit acht Tagen beschnitten. Wenn es also je einen wahren Juden gab, so bin ich einer!

Und nicht nur das: Ich gehörte zu den Pharisäern, die den strengsten Gehorsam gegen das jüdische Gesetz fordern. [6]Die Gemeinde habe ich unerbittlich verfolgt. Und ich habe das jüdische Gesetz so streng befolgt, dass mir nie jemand etwas nachsagen konnte.

[7]Früher hielt ich all diese Dinge für außerordentlich wichtig, aber jetzt betrachte ich sie als wertlos angesichts dessen, was Christus getan hat. [8]Ja, alles andere erscheint mir wertlos, verglichen mit dem unschätzbaren Gewinn, Jesus Christus, meinen Herrn, zu kennen. Ich habe alles andere verloren und betrachte es als Dreck, damit ich Christus habe [9]und mit ihm eins werde. Ich verlasse mich nicht mehr auf mich selbst oder auf meine Fähigkeit, Gottes Gesetz zu befolgen, sondern ich vertraue auf Christus, der mich rettet. Denn nur durch den Glauben werden wir vor Gott gerecht gesprochen. [10]Mein Wunsch ist es, Christus zu erkennen und die mächtige Kraft, die ihn von den Toten auferweckte, am eigenen Leib zu erfahren. Ich möchte lernen, was es heißt, mit ihm zu leiden, indem ich an seinem Tod teilhabe, [11]damit auch ich eines Tages von den Toten auferweckt werde!

Dem Ziel nachjagen

[12]Ich will nicht behaupten, ich hätte dies alles schon erreicht oder wäre schon vollkommen! Aber ich arbeite auf den Tag hin, an dem ich das alles mein Eigen nenne, weil auch Christus mich ja schon sein Eigen nennt. [13]Nein, liebe Freunde, ich bin noch nicht alles, was ich sein sollte, aber ich setze meine ganze Kraft für dieses Ziel ein. Indem ich die Vergangenheit vergesse und auf das schaue, was vor mir liegt, [14]versuche ich, das Rennen bis zum Ende durchzuhalten und den Preis zu gewinnen, für den Gott uns durch Christus Jesus bestimmt hat.

[15]Ich hoffe, ihr, die ihr glaubt, stimmt darin mit mir überein. Wenn ihr in irgendeinem Punkt anderer Meinung seid, so glaube ich, dass Gott euch Klarheit schenken wird. [16]Wir müssen jedoch darauf achten, dass wir der Wahrheit, die uns vermittelt wurde, auch gehorchen.

¹⁷Liebe Brüder, nehmt mich als Vorbild und lernt von denen, die unserem Beispiel folgen. ¹⁸Denn ich habe euch schon oft gesagt und wiederhole es erneut unter Tränen, dass viele Menschen durch ihr Verhalten zeigen, dass sie in Wirklichkeit Feinde des Kreuzes von Christus sind. ¹⁹Sie enden im Verderben; ihr Gott ist ihr Bauch; sie sind stolz auf Dinge, für die sie sich schämen müssten, und denken an nichts anderes als an das Leben hier auf der Erde. ²⁰Aber unsere Heimat ist der Himmel, wo Jesus Christus, der Herr, lebt. Und wir warten sehnsüchtig auf ihn, auf die Rückkehr unseres Erlösers. ²¹Er wird unseren schwachen, sterblichen Körper verwandeln, sodass er seinem verherrlichten Körper entspricht. Dies wirkt er durch dieselbe Kraft, mit der er sich überall alles unterwirft.

4 ¹Liebe Brüder, ich liebe euch und habe Sehnsucht nach euch, denn ihr seid meine Freude und die Belohnung für meine Arbeit. Deshalb bleibt dem Herrn treu, liebe Freunde.

Abschließende Gedanken des Apostels

²Und nun habe ich eine herzliche Bitte an Evodia und Syntyche: Beendet doch eure Meinungsverschiedenheiten, denn ihr gehört beide dem Herrn. ³Und dich, mein treuer Freund, bitte ich, diesen Frauen zu helfen. Sie haben doch mit großem Einsatz mit mir gearbeitet, um anderen von der guten Botschaft zu erzählen. Auch mit Klemens und meinen anderen Mitarbeitern haben sie zusammengearbeitet, deren Namen im Buch des Lebens geschrieben stehen.

⁴Freut euch im Herrn. Ich betone es noch einmal: Freut euch! ⁵Lasst alle sehen, dass ihr herzlich und freundlich seid. Denkt daran, dass der Herr bald kommt.

⁶Sorgt euch um nichts, sondern betet um alles. Sagt Gott, was ihr braucht, und dankt ihm. ⁷Ihr werdet Gottes Frieden erfahren, der größer ist, als unser menschlicher Verstand es je begreifen kann. Sein Friede wird eure Herzen und Gedanken im Glauben an Jesus Christus bewahren.

⁸Und nun, liebe Freunde, lasst mich zum Schluss noch etwas sagen: Konzentriert euch auf das, was wahr und anständig und gerecht ist. Denkt über das nach, was rein und liebens-

wert und bewunderungswürdig ist, über Dinge, die Auszeichnung und Lob verdienen. [9]Hört nicht auf, das zu tun, was ihr von mir gelernt und gehört habt und was ihr bei mir gesehen habt; und der Gott des Friedens wird mit euch sein.

Paulus dankt für die Spenden

[10]Ich freue mich sehr und danke Gott, dass ihr euch wieder um mich sorgt! Ich weiß, dass ihr immer um mich besorgt wart, aber eine Zeit lang hattet ihr keine Gelegenheit, mir zu helfen. [11]Nicht, dass ich etwas gebraucht hätte! Ich habe gelernt, mit dem zufrieden zu sein, was ich habe. [12]Ob ich nun wenig oder viel habe, ich habe gelernt, mit jeder Situation fertig zu werden: Ich kann einen vollen oder einen leeren Magen haben, Überfluss erleben oder Mangel leiden. [13]Denn alles ist mir möglich durch den, der mich mit Kraft erfüllt. [14]Aber es war trotzdem richtig von euch, mir in meiner jetzigen schwierigen Lage zu helfen.

[15]Wie ihr wisst, wart ihr Philipper die Einzigen, die mich finanziell unterstützten, als ich euch die Botschaft brachte und dann von Mazedonien aus weiterreiste. Keine andere Gemeinde hat das getan. [16]Selbst als ich in Thessalonich war, habt ihr mir mehrmals Hilfe zukommen lassen. [17]Das sage ich nicht, weil ich etwas von euch haben will. Ich wünsche mir vielmehr, dass ihr den verdienten Lohn für eure Freundlichkeit bekommt.

[18]Im Augenblick habe ich alles, was ich brauche – ja, sogar mehr als nötig! Ich bin reichlich versorgt durch die Geschenke, die ihr mir durch Epaphroditus geschickt habt. Sie sind wie der gute Geruch eines Opfers, das Gott freut. [19]Und mein Gott wird euch aus seinem großen Reichtum, den wir in Christus Jesus haben, alles geben, was ihr braucht. [20]So soll nun Gott, unser Vater, für immer und ewig geehrt werden. Amen.

Abschließende Grüße des Apostels

[21]Ich grüße alle bei euch, die Jesus Christus nachfolgen. Die Brüder, die hier bei mir sind, lassen euch ebenfalls grüßen.

²²Und auch alle anderen Gläubigen hier senden euch Grüße, besonders die, die im kaiserlichen Palast arbeiten.

²³Ich wünsche euch die Gnade von Jesus Christus, unserem Herrn.

Der Brief an die Kolosser

Grüße von Paulus

1 ¹Diesen Brief schreiben Paulus, der von Gott zum Apostel für Christus Jesus berufen wurde, und unser Bruder Timotheus ²an die treuen Brüder in Christus, die in Kolossä leben.

Wir wünschen euch Gnade und Frieden von Gott, unserem Vater!

Dank und Gebet

³Wenn wir für euch beten, danken wir Gott, dem Vater von Jesus Christus, unserem Herrn, immer wieder für euch, ⁴denn wir haben gehört, dass ihr auf Christus Jesus vertraut und alle liebt, die zu Gott gehören. ⁵Denn ihr glaubt an die Hoffnung, die der Himmel für euch bereithält, wie ihr sie durch das Wort der Botschaft Gottes gehört habt. ⁶Diese gute Botschaft, die euch erreicht hat, verbreitet sich in der ganzen Welt. Überall verändert sie das Leben der Menschen, so wie sie euer Leben von dem Augenblick an verändert hat, als ihr die Wahrheit über die Gnade Gottes gehört und erkannt habt.

⁷Epaphras, unser lieber Mitarbeiter, hat sie euch gebracht, der für euch ein treuer Diener von Christus ist. ⁸Durch ihn haben wir von der Liebe erfahren, die der Heilige Geist euch geschenkt hat.

⁹Deshalb hören wir nicht auf, für euch zu beten, seit wir zuerst von euch erfahren haben. Wir bitten Gott, euch Einsicht für das zu schenken, was er in eurem Leben bewirken will, und euch mit Weisheit und Erkenntnis zu erfüllen. ¹⁰Dann werdet ihr mit eurem Leben den Herrn ehren und ihn erfreuen mit allem, was ihr tut. Auf diese Weise werdet ihr Gott immer besser kennenlernen.

¹¹Zugleich beten wir darum, dass ihr die herrliche Kraft Gottes erfahrt, damit ihr genug Geduld und Ausdauer habt für die Anforderungen, die an euch gestellt werden. Mit Freude ¹²sollt ihr ihm danken, weil er euch am Erbe derer beteiligt, die

im Licht leben und zu ihm gehören. ¹³Denn er hat uns aus der Macht der Finsternis gerettet und in das Reich des geliebten Sohnes versetzt. ¹⁴Gott hat unsere Freiheit mit seinem Blut teuer erkauft und uns alle unsere Schuld vergeben.

Christus – Vorbild und Versöhner

¹⁵Christus ist das Bild des unsichtbaren Gottes. Er war bereits da, noch bevor Gott irgendetwas erschuf, und ist der Erste aller Schöpfung. ¹⁶Durch ihn hat Gott alles erschaffen, was im Himmel und auf der Erde ist. Er machte alles, was wir sehen, und das, was wir nicht sehen können, ob Könige, Reiche, Herrscher oder Gewalten. Alles ist durch ihn und für ihn erschaffen. ¹⁷Er war da, noch bevor alles andere begann, und er hält die ganze Schöpfung zusammen.

¹⁸Christus ist das Haupt der Gemeinde, und die Gemeinde ist sein Leib. Er ist der Anfang und als Erster von den Toten auferstanden, damit er in allem der Erste ist. ¹⁹Denn Gott wollte in seiner ganzen Fülle in Christus wohnen. ²⁰Durch ihn hat er alles mit sich selbst versöhnt. Durch sein Blut am Kreuz schloss er Frieden mit allem, was im Himmel und auf der Erde ist. ²¹Darin seid auch ihr eingeschlossen, obwohl ihr früher so weit von Gott entfernt wart. Ihr wart seine Feinde, und eure bösen Gedanken und Taten trennten euch von ihm, ²²doch nun hat er euch wieder zu seinen Freunden gemacht. Durch seinen Tod am Kreuz in menschlicher Gestalt hat er euch mit sich versöhnt, um euch wieder in die Gegenwart Gottes zurückzuholen und euch heilig und makellos vor sich hinzustellen. ²³Ihr müsst allerdings an dieser Wahrheit festhalten und euren Glauben bewahren. Weicht nicht von der Hoffnung ab, die euch geschenkt wurde, als ihr die Botschaft von Jesus Christus gehört habt. Diese Botschaft ist in der ganzen Welt verbreitet worden, und ich, Paulus, wurde von Gott berufen, sie zu verkünden.

Arbeit für die Gemeinde

²⁴Ich freue mich, wenn ich für euch leiden darf, denn Christus hat für seinen Leib, die Gemeinde, gelitten. Nun gebe ich mei-

nen Körper für das, was an seinen Leiden noch fehlt. ²⁵Gott
hat mich beauftragt, seiner Gemeinde zu dienen und bei euch
seine Botschaft zu verkünden. ²⁶Diese Botschaft war in der
Vergangenheit über viele Jahrhunderte und viele Generationen hinweg wie ein Geheimnis verborgen; jetzt aber wurde es
denen enthüllt, die zu ihm gehören. ²⁷Denn Gott wollte ihnen
sagen, dass der Reichtum der Herrlichkeit dieses Geheimnis-
ses auch für die anderen Völker bestimmt ist. Und das ist das
Geheimnis: Christus lebt in euch! Darin liegt eure Hoffnung:
Ihr werdet an seiner Herrlichkeit teilhaben.

²⁸Deshalb erzählen wir überall, wo wir hinkommen, von
Christus. Wir warnen die Menschen und lehren sie mit aller
Weisheit, die Gott uns geschenkt hat, denn wir möchten sie als
Menschen vor Gott hinstellen, die im Glauben an Christus
vollkommen sind. ²⁹Für dieses Ziel setze ich mich mit meiner
ganzen Kraft ein, indem ich mich auf die mächtige Kraft von
Christus verlasse, die in mir wirkt.

2 ¹Ihr sollt wissen, wie sehr ich um euch und um die Gemeinde in Laodizea sowie um viele andere Freunde, die
mich nie persönlich kennengelernt haben, gekämpft habe.
²Denn ich möchte, dass sie ermutigt werden und in Liebe mit-
einander verbunden sind. Ich wünsche mir, dass sie absolutes
Vertrauen haben, weil sie das Geheimnis Gottes – das ist
Christus – in seiner ganzen Größe erkennen und verstehen.
³In ihm liegen alle Schätze der Weisheit und Erkenntnis ver-
borgen.

⁴Ich sage euch das, damit euch niemand mit falschen Argu-
menten täuschen kann. ⁵Denn obwohl ich euch fern bin, bin
ich in Gedanken doch bei euch. Und ich freue mich, weil ihr so
ordentlich lebt, und weil ihr so fest an Christus glaubt.

Freiheit von Regeln und neues Leben in Christus

⁶Wie ihr nun Christus Jesus als euren Herrn angenommen
habt, so lebt auch mit ihm und seid ihm gehorsam. ⁷Senkt
eure Wurzeln tief in seinen Boden und schöpft aus ihm, dann
werdet ihr im Glauben wachsen und in der Wahrheit, in der

ihr unterwiesen wurdet, standfest werden. Und dann wird euer Leben überfließen von Dankbarkeit für alles, was er getan hat.

⁸Lasst euch nicht durch irgendwelche Gedankengebäude und hochtrabenden Unsinn verwirren, die nicht von Christus kommen! Sie beruhen nur auf menschlichem Denken und entspringen den bösen Mächten dieser Welt. ⁹Denn in Christus ist die ganze Fülle des Göttlichen greifbare Realität geworden und hat sich mit ihm verbunden, ¹⁰und ihr seid durch eure Einheit mit Christus damit erfüllt. Er ist Herr über alle Herrscher und alle Mächte.

¹¹Durch eure Zugehörigkeit zu Christus wurdet ihr beschnitten, aber nicht durch einen äußerlichen Eingriff. Eure Beschneidung kam durch Christus, und damit wurdet ihr von eurem alten Wesen abgetrennt. ¹²Denn als ihr getauft wurdet, wurdet ihr mit Christus begraben. Und ihr wurdet mit ihm zu neuem Leben auferweckt, weil ihr auf die mächtige Kraft Gottes vertraut habt, der Christus von den Toten auferweckt hat.

¹³Denn vorher wart ihr tot aufgrund eurer Schuld und weil euer altes Ich euch bestimmt hat. Doch Gott hat euch mit Christus lebendig gemacht. Er hat uns alle unsere Schuld vergeben. ¹⁴Er hat die Liste der Anklagen gegen uns gelöscht; er hat die Anklageschrift genommen und vernichtet, indem er sie ans Kreuz genagelt hat. ¹⁵Auf diese Weise hat Gott die Herrscher und Mächte dieser Welt entwaffnet. Er hat sie öffentlich bloßgestellt, indem er durch Christus am Kreuz über sie triumphiert hat.

¹⁶Lasst euch deshalb von niemandem verurteilen, nur weil ihr bestimmte Dinge esst oder trinkt oder weil ihr bestimmte Feiertage, religiöse Feste oder Sabbate haltet oder nicht haltet. ¹⁷Denn diese sind nur ein Schatten des Zukünftigen. Die Wirklichkeit aber ist Christus selbst. ¹⁸Und wenn jemand zu euch kommt und Demut predigt oder Verehrung der Engel, dann lasst euch davon nicht ablenken   auch dann nicht, wenn er sich dabei auf das beruft, was er gesehen hat. Solche Menschen sind ohne Grund stolz und aufgeblasen. ¹⁹Sie ha-

ben keine Beziehung zu Christus, dem Haupt des Leibes.
Denn der ganze Leib wird von ihm aus durch Gelenke und
Sehnen unterstützt und zusammengehalten und wächst nur,
wenn Gott Wachstum gibt.

20Ihr seid mit Christus gestorben, und er hat euch aus den
Händen der Mächte dieser Welt befreit. Warum folgt ihr dann
noch weltlichen Regeln wie: 21»Damit sollst du nichts zu tun
haben, das sollst du nicht essen, dies nicht anfassen.« 22Solche
Regeln sind nichts als menschliche Vorschriften für Dinge, die
doch nur dazu da sind, von uns benutzt und verbraucht zu
werden. 23Sie mögen weise wirken, weil sie Hingabe, Demut
und strenge körperliche Disziplin verlangen. Aber sie sind
ohne Wert und dienen nur menschlichen Zielen.

Das neue Leben

3 1Da ihr mit Christus zu neuem Leben auferweckt wurdet,
sucht Christus, der zur Rechten Gottes im Himmel sitzt.
2Denkt nicht an weltliche Angelegenheiten, sondern konzentriert eure Gedanken auf ihn! 3Denn ihr seid gestorben, als
Christus starb, und euer wahres Leben ist mit Christus in
Gott verborgen. 4Wenn Christus, der euer Leben ist, der ganzen Welt bekannt werden wird, dann wird auch sichtbar werden, dass ihr seine Herrlichkeit mit ihm teilt.

5Deshalb sollt ihr die Schwächen der Welt in euch abtö-
ten: Haltet euch fern von Unzucht, Unreinheit, Zügellosigkeit und falschen Leidenschaften. Seid nicht geldgierig,
denn das ist Götzendienst. 6Wer so lebt, den wird Gottes
schrecklicher Zorn treffen. 7Früher, als euer Leben noch von
dieser Welt geprägt war, habt ihr euch so verhalten. 8Doch
jetzt ist es an der Zeit, Ärger, Zorn, Bosheit, Verleumdung
und schmutzige Reden aufzugeben. 9Belügt einander nicht,
denn ihr habt eure alte, verdorbene Natur mit ihrem bösen
Tun abgelegt 10und habt die neue Natur angenommen. Gott
erneuert sie, sodass man erkennen kann, wie sie dem Bild
ihres Schöpfers gleicht. 11Es kommt in diesem neuen Leben
nicht darauf an, ob ihr Jude oder Grieche, beschnitten oder
unbeschnitten seid, ob euer Volk zivilisiert oder primitiv ist,

ob ihr versklavt oder frei seid, sondern es kommt in allem nur auf Christus an und darauf, dass er in uns allen lebt! [12]Da Gott euch erwählt hat, zu seinen Heiligen und Geliebten zu gehören, seid voll Mitleid und Erbarmen, Freundlichkeit, Demut, Sanftheit und Geduld. [13]Seid nachsichtig mit den Fehlern der anderen und vergebt denen, die euch gekränkt haben. Vergesst nicht, dass der Herr euch vergeben hat und dass ihr deshalb auch anderen vergeben müsst. [14]Das Wichtigste aber ist die Liebe. Sie ist das Band, das uns alle in vollkommener Einheit verbindet. [15]Euren Herzen wünschen wir den Frieden, der von Christus kommt. Denn als Glieder des einen Leibes seid ihr alle berufen, im Frieden miteinander zu leben. Und seid immer dankbar! [16]Gebt den Worten von Christus viel Raum in euren Herzen. Gebraucht seine Worte weise, um einander zu lehren und zu ermahnen. Singt, von Gnade erfüllt, aus ganzem Herzen Psalmen, Lobgesänge und geistliche Lieder für Gott. [17]Und alles, was auch immer ihr tut oder sagt, soll im Namen von Jesus, dem Herrn, geschehen, durch den ihr Gott, dem Vater, danken sollt!

Anweisungen für Familien

[18]Ihr Frauen, ordnet euch euren Männern unter, wie es für Menschen angemessen ist, die dem Herrn gehören! [19]Ihr Männer, liebt eure Frauen und behandelt sie nicht grob!

[20]Ihr Kinder, gehorcht euren Eltern in allem! Denn das freut den Herrn. [21]Ihr Väter, seid nicht ungerecht gegen eure Kinder, sonst verlieren sie den Mut!

[22]Ihr Sklaven, gehorcht euren weltlichen Herren in allem, was ihr tut. Verrichtet eure Arbeit immer sorgfältig, nicht nur dann, wenn sie euch beobachten. Gehorcht ihnen bereitwillig, weil ihr Furcht vor Gott habt. [23]Tut eure Arbeit mit Eifer und Freude, als würdet ihr Gott dienen und nicht Menschen. [24]Vergesst nicht, dass der Herr euch mit dem himmlischen Erbe belohnen wird. Dient dem Herrn Jesus Christus! [25]Wenn ihr jedoch unrecht tut, werdet ihr auch die Folgen tragen müssen, denn Gott bevorzugt niemanden.

4 ¹Ihr Sklavenbesitzer, behandelt eure Sklaven gerecht und begegnet ihnen auf Augenhöhe. Denkt daran, dass auch ihr einen Herrn im Himmel habt!

Ermutigung zum Gebet

²Hört nicht auf zu beten und Gott zu danken. ³Vergesst nicht, auch für uns zu beten, dass Gott uns viele Gelegenheiten schenkt, sein Geheimnis weiterzusagen: die Botschaft von Christus. Das ist auch der Grund, warum ich in Ketten liege. ⁴Betet, dass ich diese Botschaft so klar verkünde, wie ich es sollte!

⁵Lebt klug unter den Menschen, die keine Christen sind, und macht aus jeder Gelegenheit das Beste! ⁶Redet freundlich und klar mit ihnen, damit ihr wisst, wie ihr jedem Einzelnen am besten antworten sollt.

Letzte Anweisungen und Grüße des Apostels

⁷Tychikus, mein viel geliebter Bruder, wird euch alles Weitere von mir erzählen. Er ist ein treuer Helfer, der gemeinsam mit mir dem Herrn dient. ⁸Ich habe ihn auf diese Reise geschickt, damit er euch von uns berichtet und euch Mut macht. ⁹Außerdem schicke ich euch Onesimus, einen treuen und sehr lieben Bruder, der ja einer von euch ist. Er und Tychikus werden euch alle Neuigkeiten von uns berichten.

¹⁰Aristarch, der mit mir im Gefängnis sitzt, lässt euch grüßen, ebenso Markus, der Vetter von Barnabas. Seinetwegen habt ihr ja bereits Anweisungen erhalten; nehmt ihn also herzlich auf, wenn er zu euch kommt! ¹¹Jesus – der, den wir Justus nennen – sendet euch ebenfalls Grüße. Das sind die einzigen Juden unter meinen Mitarbeitern; sie arbeiten hier mit mir für das Reich Gottes und sind mir ein großer Trost geworden.

¹²Epaphras, der aus eurer Stadt kommt und ein Diener von Christus Jesus ist, lässt euch grüßen. In seinen Gebeten kämpft er ständig für euch, damit ihr stark seid und ganz und gar den Willen Gottes erkennt und auch danach handelt. ¹³Ich kann euch versichern, dass er sich wirklich für euch ein-

gesetzt hat, wie auch für die Gläubigen in Laodizea und Hierapolis.

[14]Lukas, der geliebte Arzt, sendet seine Grüße; ebenso Demas. [15]Bitte grüßt die Brüder in Laodizea von mir, auch Nympha sowie die anderen, die sich in ihrem Haus versammeln.

[16]Wenn ihr diesen Brief gelesen habt, gebt ihn an die Gemeinde in Laodizea weiter, damit auch sie ihn lesen kann. Lest auch den Brief, den ich an sie geschrieben habe. [17]Sagt Archippus: »Bemühe dich, die Aufgabe zu erfüllen, die der Herr dir aufgetragen hat.«

[18]Hier ist mein Gruß – Paulus – in meiner eigenen Handschrift.

Denkt an meine Fesseln!

Ich wünsche euch die Gnade Gottes!

Der erste Brief an die Thessalonicher

Grüße von Paulus

1 ¹Diesen Brief schreiben Paulus, Silas und Timotheus an die Gemeinde in Thessalonich – an euch, die ihr Gott, dem Vater, und Jesus Christus, dem Herrn, gehört.

Wir wünschen euch seine Gnade und seinen Frieden.

Der Glaube der Thessalonicher

²Wir danken Gott immer wieder für euch alle und beten ständig für euch. ³Und wenn wir mit unserem Gott und Vater über euch sprechen, denken wir an alles, was ihr im Glauben tut, an die Liebe, die sich in eurem Verhalten zeigt, und an die Geduld, mit der ihr auf Jesus Christus, unseren Herrn, hofft.

⁴Wir wissen, liebe Brüder, dass Gott euch liebt und dass er euch erwählt hat. ⁵Denn als wir euch die gute Botschaft brachten, geschah das nicht nur mit Worten, sondern auch mit Kraft, denn der Heilige Geist gab euch die Gewissheit, dass wir euch die Wahrheit sagten. Und ihr wisst auch noch, dass wir euch zuliebe so unter euch gelebt haben. ⁶Ihr seid unserem Beispiel ebenso gefolgt wie dem des Herrn. So habt ihr die Botschaft vom Heiligen Geist mit Freude angenommen, obwohl ihr deswegen viel Schweres erlebt habt. ⁷Auf diese Weise wurdet ihr für alle Christen in Griechenland zum Vorbild. ⁸Und nun geht das Wort des Herrn von euch aus zu den Menschen in Griechenland und weit darüber hinaus; denn wo immer wir auch hinkommen, erzählen uns die Leute von eurem Glauben an Gott. Wir brauchen ihnen gar nichts davon zu sagen, ⁹sie berichten ganz von selbst, wie herzlich ihr uns aufgenommen habt, wie ihr euch von den Götzen bekehrt habt, um dem wahren und lebendigen Gott zu dienen, ¹⁰und wie ihr die Rückkehr seines Sohnes vom Himmel erwartet – Jesus, den Gott von den Toten auferweckt hat. Er ist es, der uns vor dem kommenden Gericht rettet.

Paulus erinnert sich an seinen Aufenthalt

2 ¹Ihr wisst selbst, liebe Freunde, dass unser Aufenthalt bei euch nicht vergeblich war. ²Euch ist bekannt, wie wir in Philippi misshandelt wurden, bevor wir zu euch kamen, und wie sehr wir dort gelitten haben. Doch unser Gott gab uns den Mut, euch frei und offen seine Botschaft zu verkünden, trotz all der Gegenwehr, die wir erlebten. ³Daran könnt ihr sehen, dass unsere Verkündigung keiner Täuschung entspringt und wir nicht aus schlechten Motiven oder in betrügerischer Absicht predigten.

⁴Denn wir reden, weil Gott uns ausgewählt und die Verkündigung der Botschaft anvertraut hat. Es geht uns nicht darum, Menschen zu gefallen, sondern Gott, der unsere Herzen prüft. ⁵Wie ihr wisst, haben wir nicht ein einziges Mal versucht, euch durch Schmeicheleien zu gewinnen. Und Gott ist unser Zeuge, dass wir uns nicht als Freunde ausgaben, um Geld von euch zu bekommen! ⁶Wir haben weder eure Anerkennung gesucht noch die anderer Menschen. ⁷Als Apostel des Christus hätten wir durchaus das Recht gehabt, etwas von euch zu verlangen, aber wir waren bei euch so sanft wie eine Mutter, die ihre Kinder nährt und umsorgt. ⁸Wir haben euch so sehr geliebt, dass wir euch nicht nur Gottes gute Botschaft brachten, sondern auch unser eigenes Leben mit euch geteilt haben.

⁹Ihr erinnert euch doch, liebe Brüder, wie hart wir bei euch gearbeitet haben. Tag und Nacht mühten wir uns ab, um unseren Lebensunterhalt zu verdienen und niemandem zur Last zu fallen, während wir bei euch Gottes Wort predigten. ¹⁰Ihr selbst und Gott seid unsere Zeugen, dass wir uns euch allen gegenüber aufrichtig und anständig und tadellos verhalten haben. ¹¹Ihr wisst, dass wir zu euch waren wie ein Vater zu seinen Kindern: ¹²Wir haben jeden Einzelnen von euch ermutigt und getröstet und euch ermahnt, so zu leben, dass Gott mit euch zufrieden sein kann. Denn er hat euch in sein Reich berufen und dazu, seine Herrlichkeit mit ihm zu teilen. ¹³Wir werden nie aufhören, Gott dafür zu danken, dass ihr seine Botschaft, die wir euch brachten, nicht für unsere eigenen Worte gehalten habt. Ihr habt sie als Gottes Wort aufgenom-

men – was sie ja auch wahrhaftig ist. Und dieses Wort wirkt weiter in euch allen, die ihr glaubt.

[14]Liebe Freunde, ihr seid von euren eigenen Landsleuten verfolgt worden. So seid ihr den Fußstapfen der Gemeinden Gottes in Judäa gefolgt, die wegen ihres Glaubens an Christus Jesus ebenfalls unter ihrem eigenen Volk, den Juden, zu leiden hatten.

[15]Denn sie haben Jesus, den Herrn, getötet und auch die Propheten. Jetzt haben sie uns verfolgt und vertrieben. Sie leben nicht, wie Gott es will, und verhalten sich allen Menschen gegenüber feindselig. [16]So versuchen sie zu verhindern, dass wir die Botschaft zu den anderen Völkern bringen, aus Angst, dass einige von ihnen gerettet werden. Auf diese Weise wird ihre Schuld immer größer, doch nun hat der Zorn Gottes sie endgültig eingeholt.

Bericht über die Gemeinden

[17]Liebe Freunde, wir waren für eine Weile von euch getrennt – doch nur räumlich, denn mit dem Herzen waren wir immer bei euch. Aber weil wir uns so danach sehnten, euch wieder zu sehen, bemühten wir uns sehr, zu euch zu kommen. [18]Wir wären so gern gekommen, und ich, Paulus, habe es auch immer wieder versucht, aber der Satan hat es nicht zugelassen. [19]Denn seid ihr nicht unsere Hoffnung und Freude und unser Stolz, wenn Jesus, unser Herr, wiederkommt und wir vor ihm stehen werden? [20]Ja, ihr seid unsere Ehre und Freude.

3 [1]Als wir es schließlich nicht mehr aushielten, beschlossen wir, dass ich allein in Athen bleiben sollte, [2]und schickten Timotheus zu euch. Er ist unser Mitstreiter für Gott und unser Bruder in der Verbreitung der guten Botschaft von Christus. Wir schickten ihn zu euch, um euch zu stärken und im Glauben zu ermutigen [3]und euch davor zu bewahren, durch die Schwierigkeiten, die ihr durchmachen musstet, verunsichert zu werden. Aber ihr wusstet natürlich, dass wir vor solche Hindernisse gestellt werden. [4]Schon als wir noch bei euch waren, haben wir euch gewarnt, dass bald Schwierigkeiten kommen würden – und so geschah es dann auch, wie ihr ja wisst.

⁵Deshalb habe ich, als ich es nicht mehr aushielt, Timotheus zu euch geschickt, um herauszufinden, ob euer Glaube stark geblieben war oder ob der Versucher euch bezwungen hatte und unsere Mühe vielleicht vergeblich gewesen war. ⁶Nun ist Timotheus gerade mit der erfreulichen Nachricht zurückgekehrt, dass euer Glaube und eure Liebe immer noch genauso stark sind. Er hat erzählt, wie gern ihr an unseren Besuch zurückdenkt und dass ihr euch genauso nach einem Wiedersehen sehnt wie wir. ⁷In unseren Kämpfen und Schwierigkeiten hat es uns sehr getröstet, liebe Freunde, dass ihr im Glauben fest geblieben seid. ⁸Durch euer Festhalten am Glauben werden wir gestärkt.

⁹Wie können wir Gott nur für euch danken! Ihr schenkt uns so viel Grund, voll Freude vor Gott zu kommen. ¹⁰Tag und Nacht beten wir für euch und bitten Gott um ein Wiedersehen, damit wir vollenden können, woran es euch im Glauben vielleicht noch fehlt.

¹¹Wir wünschen uns, dass Gott, unser Vater, und Jesus, unser Herr, uns den Weg zu euch ebnen. ¹²Und wir bitten den Herrn, dass eure Liebe zueinander und zu allen Menschen wächst, damit sie so groß wird wie unsere Liebe zu euch. ¹³Dadurch werdet ihr innerlich stark, vollkommen und heilig vor Gott stehen, wenn Jesus, unser Herr, mit all denen, die zu ihm gehören, wiederkommt. Amen.

Leben, wie Gott es will

4 ¹Zum Schluss, liebe Brüder, bitten wir euch noch einmal im Namen von Jesus, dem Herrn, so zu leben, wie Gott es will und wie wir es euch gelehrt haben. Ihr richtet euch jetzt schon danach aus, und wir ermutigen euch, es immer mehr zu tun. ²Denn ihr erinnert euch, was wir euch durch Jesus, den Herrn, gelehrt haben. ³Gott möchte, dass ihr heilig seid; deshalb sollt ihr nicht unzüchtig leben. ⁴Dann wird jeder von euch so leben, dass er Gott Ehre macht – ⁵nicht in zügelloser Begierde wie jene Menschen, die Gott nicht kennen.

⁶Betrügt nie einen anderen Bruder, indem ihr ihn übervorteilt, denn der Herr wird jede dieser Sünden vergelten, wie

wir euch bereits gesagt haben. [7]Gott hat uns dazu berufen, heilig zu leben, und nicht, ein unreines Leben zu führen. [8]Wer sich weigert, danach zu leben, der missachtet nicht etwa menschliche Vorschriften, sondern er lehnt Gott damit ab, der euch seinen Heiligen Geist geschenkt hat.

[9]Was aber die Liebe unter den Gläubigen betrifft, so brauche ich euch nichts darüber zu schreiben, denn Gott selbst hat euch gelehrt, einander zu lieben. [10]Schon jetzt ist eure Liebe zu euren Freunden in ganz Mazedonien groß. Trotzdem bitten wir euch, Brüder, sie noch mehr zu lieben. [11]Bemüht euch, ein ruhiges Leben zu führen, kümmert euch um eure eigenen Angelegenheiten und – wie schon gesagt – seht zu, dass ihr euch von der Arbeit eurer eigenen Hände ernähren könnt. [12]Dann werden die Menschen um euch herum, die Gott nicht kennen, eure Lebensweise achten, und ihr seid nicht von anderen abhängig.

Die Hoffnung auf die Auferstehung

[13]Und nun, Brüder, möchte ich, dass ihr wisst, was mit denen geschieht, die bereits gestorben sind, damit ihr nicht traurig seid wie jene Menschen, die keine Hoffnung haben. [14]Denn weil wir glauben, dass Jesus starb und wieder auferstanden ist, glauben wir auch, dass Gott durch Jesus alle verstorbenen Gläubigen wiederbringen wird, wenn Jesus kommt.

[15]Ich kann euch dies mit einem Wort des Herrn sagen: Wir, die noch leben, wenn der Herr wiederkommt, werden nicht vor den Toten zu ihm kommen. [16]Denn der Herr selbst wird mit einem lauten Befehl, unter dem Ruf des Erzengels und dem Schall der Posaune Gottes vom Himmel herabkommen. Dann werden zuerst alle Gläubigen, die schon gestorben sind, aus ihren Gräbern auferstehen. [17]Und mit ihnen zusammen werden auch wir Übrigen, die noch auf der Erde leben, auf den Wolken hinaufgehoben werden in die Luft, um dem Herrn zu begegnen und in Ewigkeit bei ihm zu bleiben. [18]Tröstet euch also gegenseitig mit diesen Worten!

5 ¹Nun brauche ich euch wirklich nicht zu schreiben, wie und wann das alles geschehen wird, ²denn ihr wisst ja selbst genau, dass der Tag des Herrn unerwartet kommen wird wie ein Dieb in der Nacht. ³Wenn die Menschen sagen: »Überall herrschen Frieden und Sicherheit«, dann wird die Katastrophe so plötzlich über sie hereinbrechen, wie eine Frau vor der Geburt ihres Kindes von den Wehen überwältigt wird. Und dann wird es kein Entkommen geben.

⁴Aber ihr, liebe Brüder, lebt nicht in der Finsternis und werdet nicht überrascht sein, wenn der Tag des Herrn kommt wie ein Dieb. ⁵Denn ihr seid alle Kinder des Lichts und des Tages; wir gehören nicht der Finsternis noch der Nacht. ⁶Seid also wachsam und schlaft nicht wie die anderen. Bleibt besonnen und nüchtern! ⁷Die Nacht ist die Zeit zum Schlafen, und wer sich betrinkt, ist nachts betrunken. ⁸Wir dagegen, die im Licht leben, wollen einen klaren Kopf behalten. Wir wappnen uns mit Glauben und Liebe und schützen uns mit der Hoffnung auf Erlösung. ⁹Denn Gott wollte uns nicht strafen, sondern wollte uns retten durch Jesus Christus, unseren Herrn. ¹⁰Er starb für uns, damit wir, ob wir nun wachen oder schlafen, mit ihm leben. ¹¹Deshalb sollt ihr einander Mut machen und einer den anderen stärken, wie ihr es auch schon tut.

Ein letzter Rat des Apostels

¹²Liebe Freunde, wir bitten euch, dass ihr denen Respekt entgegenbringt, die euch vorangehen und leiten. Sie bemühen sich um euch und warnen euch vor dem, was falsch ist. ¹³Ihr sollt ihnen ihre Arbeit mit aufrichtiger Liebe danken. Und haltet Frieden untereinander! ¹⁴Brüder, wir fordern euch auf, den Faulen ins Gewissen zu reden und den Ängstlichen Mut zu machen. Geht behutsam mit den Schwachen um und habt mit allen Geduld!

¹⁵Seht zu, dass niemand Böses mit Bösem vergilt, sondern versucht immer, einander und auch allen anderen Gutes zu tun!

16Seid immer fröhlich. 17Hört nicht auf zu beten. 18Was immer auch geschieht, seid dankbar, denn das ist Gottes Wille für euch, die ihr Christus Jesus gehört.

19Unterdrückt den Heiligen Geist nicht. 20Verachtet das prophetische Reden nicht, 21sondern prüft alles, was gesagt wird, und behaltet das Gute. 22Meidet das Böse in jeglicher Form!

Abschließende Grüße des Apostels

23Der Gott des Friedens heilige euch durch und durch. Er schütze euern Geist, eure Seele und euern Körper, damit sie unversehrt sind, wenn Jesus Christus, unser Herr, wiederkommt. 24Gott, der euch berufen hat, ist treu; er wird halten, was er versprochen hat.

25Betet auch für uns, liebe Brüder!

26Grüßt einander in Liebe.

27Ich bitte euch inständig im Namen des Herrn, diesen Brief allen vorzulesen.

28Wir wünschen euch die Gnade von Jesus Christus, unserem Herrn!

Der zweite Brief an die Thessalonicher

Grüße von Paulus

1 ¹Dieser Brief stammt von Paulus, Silas und Timotheus. Er ist geschrieben an die Gemeinde in Thessalonich, an euch, die ihr zu Gott, unserem Vater, und Jesus Christus, dem Herrn, gehört.

²Wir wünschen euch Gnade und Frieden von Gott, unserem Vater, und Jesus Christus, dem Herrn!

Ermutigung in Zeiten der Verfolgung

³Liebe Brüder, wir hören nicht auf, Gott für euch zu danken: Und das ist nur richtig so, denn wir sind unendlich dankbar, dass euer Glaube immer stärker wird und eure Liebe zueinander wächst. ⁴Stolz erzählen wir überall in den anderen Gemeinden Gottes, wie geduldig ihr alle Verfolgungen und Schwierigkeiten ertragt und dennoch an eurem Glauben festhaltet. ⁵Daran kann alle Welt die Gerechtigkeit Gottes erkennen. Denn er wird euch vorbereiten für sein Reich, für das ihr jetzt leidet, ⁶und wird, weil er gerecht ist, alle strafen, die euch jetzt verfolgen. ⁷Euch, die ihr verfolgt werdet, und auch uns wird er Frieden schenken, wenn Jesus, der Herr, vom Himmel her erscheinen wird. Er wird mit seinen mächtigen Engeln kommen, ⁸inmitten von Feuerflammen, um das Gericht über diejenigen zu bringen, die Gott nicht kennen, und über diejenigen, die der Botschaft von Jesus, unserem Herrn, nicht gehorchen. ⁹Sie werden mit ewigem Verderben bestraft werden und für immer vom Herrn und seiner herrlichen Macht getrennt sein. ¹⁰Dies geschieht, wenn er kommen wird, um sich von denen, die zu ihm gehören, loben und anbeten zu lassen. Ihr werdet dann unter denen sein, die ihn preisen, denn ihr habt geglaubt, was wir von ihm weitergesagt haben.

¹¹Wir hören nicht auf, für euch zu beten, dass unser Gott euch für das Leben bereit macht, zu dem er euch berufen hat.

Und wir beten, dass Gott eure guten Absichten und das, was ihr aus dem Glauben heraus tut, mit seiner Kraft erfüllt. [12]Dann wird durch euch der Name von Jesus, unserem Herrn, geehrt, und ihr werdet mit ihm geehrt werden. Das alles wird möglich durch die Gnade unseres Gottes und Herrn Jesus Christus.

Die Ereignisse vor dem zweiten Kommen von Christus

2 [1]Und nun, liebe Brüder, zu der Wiederkehr von Jesus Christus und dazu, wie wir alle versammelt werden, um ihm entgegenzugehen. Wir bitten euch: [2]Lasst euch nicht erschüttern und beunruhigen, wenn die Leute sagen, der Tag des Herrn habe schon begonnen. Selbst wenn sie behaupten, sie hätten eine Vision, eine Offenbarung oder sogar einen Brief von uns empfangen, glaubt ihnen nicht. [3]Lasst euch durch ihre Worte auf keinen Fall täuschen!

Denn bevor es so weit ist, wird es zu einem Aufstand gegen Gott kommen, und der Mensch der Gesetzlosigkeit wird erscheinen – der, der Verderben bringt. [4]Er wird sich widersetzen und sich über alle Götter erheben und jeden Gegenstand der Verehrung und Anbetung zerstören. Er wird sich in den Tempel Gottes setzen und behaupten, er selbst sei Gott. [5]Erinnert ihr euch nicht, dass ich euch das schon gesagt habe, als ich noch bei euch war? [6]Ihr wisst auch, was ihn zurückhält, denn er kann erst erkannt werden, wenn seine Zeit gekommen ist.

[7]Denn das Geheimnis der Gesetzlosigkeit ist schon wirksam, und es wird verborgen bleiben, bis der, der es jetzt noch aufhält, weggenommen ist. [8]Dann wird der Gesetzlose erkennbar werden, und Jesus, der Herr, wird ihn mit dem Hauch seines Mundes töten und durch sein Erscheinen vernichten, wenn er wiederkommt. [9]Der Böse wird kommen, um mit mächtigen Taten und verlogenen Zeichen und Wundern das Werk des Satans zu tun. [10]Mit üblen Täuschungen wird er die Menschen verführen, die ihrem Verderben entgegengehen, weil sie nicht an die Wahrheit glauben wollen, die sie retten könnte. [11]Deshalb wird Gott eine große Blindheit über

sie kommen lassen, und sie werden all die Lügen glauben. [12]Und damit werden alle gerichtet, die der Wahrheit nicht geglaubt und an ihrer eigenen Ungerechtigkeit Gefallen gefunden haben.

Die Gläubigen sollen fest bleiben

[13]Wir aber hören nicht auf, Gott für euch zu danken, liebe Freunde, denn ihr seid von Gott geliebt. Wir sind dankbar, dass er euch erwählt hat und dass ihr zu den Ersten gehören dürft, die gerettet werden. Eure Rettung kommt durch den Heiligen Geist, der euch Jesus immer ähnlicher werden lässt, und euren Glauben an die Wahrheit. [14]Er hat euch dazu berufen durch unsere Botschaft von Jesus, damit ihr die Herrlichkeit von Jesus Christus, unserem Herrn, erlangt.

[15]Auf diesem Grund steht fest, liebe Brüder, und vergesst nichts von dem, was wir euch persönlich oder durch Briefe mitgegeben haben.

[16]Wir bitten für euch, dass Jesus Christus, unser Herr, und Gott, unser Vater, der uns geliebt und uns in seiner Gnade bleibenden Trost und gute Hoffnung geschenkt hat, [17]eure Herzen ermutige und euch stärke in allem, was ihr sagt und tut!

Paulus nennt ein Gebetsanliegen

3 [1]Zum Schluss bitte ich euch, liebe Brüder, für uns zu beten. Betet vor allem, dass die Botschaft Gottes sich rasch ausbreitet und überall, wo sie hinkommt, gut aufgenommen wird, so wie es bei euch der Fall war. [2]Und betet auch, dass wir vor boshaften und schlechten Menschen geschützt werden, denn nicht alle glauben an den Herrn. [3]Aber der Herr ist treu; er wird euch stärken und euch vor dem Bösen bewahren. [4]Und im Glauben an Gott sind wir zuversichtlich, dass ihr alles, was wir euch ans Herz gelegt haben, schon jetzt in die Tat umsetzt und das auch immer weiter tun werdet. [5]Der Herr richte eure Herzen auf die Liebe zu Gott aus und auf das geduldige Warten auf Christus!

Eine Ermahnung zur rechten Lebensweise

6Und nun, liebe Freunde, geben wir euch im Namen von Jesus Christus, unserem Herrn, folgende Anweisung: Haltet euch von jedem Bruder fern, der untätig ist und nicht so lebt, wie wir es euch vorgelebt haben. 7Denn ihr wisst, dass ihr unserem Vorbild folgen sollt. Wir waren nicht faul, als wir bei euch waren. 8Nie haben wir Nahrung angenommen, ohne dafür zu bezahlen. Wir haben Tag und Nacht schwer gearbeitet, um euch nicht zur Last zu fallen. 9Dabei war es nicht so, dass wir nicht das Recht dazu gehabt hätten, aber wir wollten euch ein Beispiel geben, damit ihr euch danach richtet. 10Denn auch als wir noch bei euch waren, haben wir euch erklärt: »Wer nicht arbeitet, soll auch nicht essen.«

11Wir haben nämlich gehört, dass einige von euch ein untätiges Leben führen, nicht arbeiten wollen und ihre Zeit nutzlos vertun. 12Im Namen von Jesus Christus, dem Herrn, appellieren wir an diese Leute und ermahnen sie, dass sie regelmäßig arbeiten und sich ihren eigenen Lebensunterhalt verdienen sollen. 13Und was euch betrifft, liebe Brüder, so hört nicht auf damit, Gutes zu tun.

14Achtet darauf, wer unsere Anweisung nicht befolgen will, und haltet euch von ihm fern, damit er sich schämt. 15Betrachtet ihn jedoch nicht als Feind, sondern redet mit ihm wie mit einem Bruder und ermahnt ihn!

Abschließende Grüße des Apostels

16Der Herr des Friedens selbst gebe euch jeden Tag seinen Frieden, was immer auch geschieht! Der Herr sei mit euch allen!

17Hier ist mein Gruß, den ich – Paulus – mit eigener Hand schreibe. Das tue ich am Ende jedes Briefs, um zu zeigen, dass er wirklich von mir stammt.

18Ich wünsche euch allen die Gnade von Jesus Christus, unserem Herrn!

Der erste Brief an Timotheus

Grüße von Paulus

1 ¹Dieser Brief stammt von Paulus, einem Apostel von Christus Jesus. Ich wurde berufen durch den Befehl Gottes, der uns gerettet hat, und durch Christus Jesus, auf den wir hoffen.

²Ich schreibe diesen Brief an Timotheus, der durch den Glauben wie ein eigenes Kind für mich ist.

Gnade, Barmherzigkeit und Frieden wünsche ich dir von Gott, unserem Vater, und Christus Jesus, unserem Herrn.

Warnungen vor Irrlehren

³Als ich nach Mazedonien aufbrach, bat ich dich, in Ephesus zu bleiben und zu verhindern, dass dort falsche Lehren verbreitet werden. ⁴Lass nicht zu, dass die Menschen ihre Zeit mit endlosen Spekulationen über Fabeln und Stammbäume vergeuden. Denn das führt nur zu Streit und hilft nicht, ein Leben im Glauben an Gott zu führen. ⁵Das Ziel meiner Unterweisung ist, dass alle Christen von der Liebe erfüllt sind, die aus einem reinen Herzen kommt, aus einem guten Gewissen und aufrichtigem Glauben.

⁶Einige haben dieses Ziel jedoch völlig verfehlt und vertun ihre Zeit mit leerem Geschwätz. ⁷Sie möchten gern als Lehrer des Gesetzes gelten, verstehen aber selbst nicht, wovon sie reden und was sie so nachdrücklich behaupten. ⁸Wir wissen, dass diese Gesetze gut sind, wenn sie so verstanden und genutzt werden, wie Gott es wollte. ⁹Sie wurden jedoch nicht für den gemacht, der das Richtige tut, sondern für Menschen, die ungehorsam und rebellisch sind, die ohne Gott leben und sich in Schuld verstricken, denen nichts heilig ist und die alles Heilige entwürdigen, ja die ihren Vater oder ihre Mutter oder andere Menschen töten. ¹⁰Diese Gesetze sind für Menschen bestimmt, die Unzucht treiben, für Männer, die mit Männern ins Bett gehen, für Sklavenhändler, für Lügner und Meineidige und für solche, die auf andere Weise der gesunden Lehre wi-

derstreben. [11]Diese Lehre beruht auf der Botschaft von der Herrlichkeit Gottes, die unser großartiger Herr mir in seiner Gnade anvertraut hat.

Dankbarkeit für die Gnade Gottes

[12]Wie dankbar bin ich Christus Jesus, unserem Herrn, der mich stark gemacht, als vertrauenswürdig erachtet und zu seinem Dienst berufen hat, [13]obwohl ich ihn früher verachtet habe! Ich habe die Gläubigen verfolgt und ihnen geschadet, wo ich nur konnte. Doch Gott hatte Erbarmen mit mir, weil ich unwissend und im Unglauben handelte. [14]Aber der Herr war freundlich und gnädig! Er hat mich erfüllt mit Glauben und mit der Liebe von Christus Jesus.

[15]Was ich sage, ist wahr und glaubwürdig: Christus Jesus kam in die Welt, um Sünder zu retten – und ich bin der Schlimmste von allen. [16]Aber Gott hatte Erbarmen mit mir, damit Jesus Christus mich als leuchtendes Beispiel für seine unendliche Geduld gebrauchen konnte. So bin ich ein Vorbild für alle, die an ihn glauben und das ewige Leben erhalten werden. [17]Ehre und Ruhm gehören Gott allein, dem ewigen König, dem Unsichtbaren, der nie stirbt und der allein Gott ist, in alle Ewigkeit. Amen.

Die Verantwortung des Timotheus

[18]Timotheus, mein Sohn, dies ist mein Gebot für dich, wie es dem entspricht, was die Propheten schon früher über dich vorausgesagt haben. Ihre Voraussagen sollen dich stärken, den guten Kampf zu kämpfen. [19]Halte dabei an deinem Glauben an Christus fest und bewahre dir immer ein reines Gewissen. Denn einige haben gegen ihr Gewissen gehandelt und deshalb in ihrem Glauben Schiffbruch erlitten. [20]Hymenäus und Alexander sind Beispiele dafür; ich habe sie dem Satan ausgeliefert, damit sie lernen, nicht länger Gott zu verachten.

Über Fürbitte und Gottesdienst

2 [1]Vor allem anderen fordere ich euch auf, für alle Menschen zu beten. Bittet bei Gott für sie und dankt ihm. [2]So

sollt ihr für die Herrschenden und andere Menschen in führender Stellung beten, damit wir in Ruhe und Frieden so leben können, wie es Gott gefällt und anständig ist. [3]Das ist gut und macht Gott, unserem Erlöser, Freude. [4]Er möchte, dass jeder gerettet wird und die Wahrheit erkennt. [5]Denn es gibt nur einen Gott und nur einen Vermittler zwischen Gott und den Menschen: Das ist Christus Jesus, der Mensch geworden ist. [6]Er gab sein Leben, um alle Menschen freizukaufen. Das ist die Botschaft, die Gott der Welt gab, als die Zeit dafür gekommen war. [7]Und ich lüge nicht, sondern sage die Wahrheit: Ich wurde als Prediger und Apostel erwählt, um die Völker im Glauben und in der Wahrheit zu unterrichten.

[8]Überall, wo ihr euch versammelt, möchte ich nun, dass die Männer, wenn sie beten, ihre Hände rein zu Gott erheben. Sie sollen nicht von Zorn und Streit beschmutzt sein. [9]Und ich möchte, dass die Frauen in ihrer Erscheinung Zurückhaltung üben, indem sie sich anständig kleiden und nicht durch ihre Frisur oder durch Gold, Perlen oder kostbare Kleider die Aufmerksamkeit auf sich lenken. [10]Denn Frauen, die Gott ehren wollen, sollen dadurch anziehend wirken, dass sie Gutes tun.

[11]Eine Frau soll in der Stille und in aller Unterordnung lernen. [12]Ich erlaube der Frau nicht, zu lehren oder über den Mann zu herrschen; sie soll sich still zurückhalten. [13]Denn Gott schuf zuerst Adam und dann Eva. [14]Und es war die Frau, nicht Adam, die durch den Satan getäuscht wurde und sich verführen ließ. [15]Doch auch die Frau wird gerettet werden, wenn sie Kinder zur Welt bringt und vor allem, wenn sie beständig im Glauben und in der Liebe lebt, anständig und verlässlich vor Gott.

Leiterschaft in der Gemeinde

3 [1]Es stimmt, dass jemand, der ein Ältester sein möchte, eine sehr ehrenvolle Aufgabe anstrebt. [2]Ein Ältester muss ein Mensch sein, der ein einwandfreies Leben führt. Er soll seiner Frau treu sein. Er soll Selbstbeherrschung haben, besonnen leben und einen guten Ruf besitzen. Er soll gastfreundlich sein und fähig, andere zu lehren. [3]Er darf kein Trinker oder gewalttätiger Mensch sein, sondern er soll freundlich und friedliebend sein und darf nicht am Geld hängen. ⁴Es ist nötig, dass er ein guter Familienvorstand ist und dass seine Kinder ihn achten und ihm gehorchen. ⁵Denn wenn ein Mann es nicht versteht, seiner Verantwortung im eigenen Haus gerecht zu werden, wie soll er dann für Gottes Gemeinde sorgen?

⁶Ein Ältester sollte auch nicht erst vor kurzem gläubig geworden sein, damit er nicht stolz wird, schon so früh ein Amt innezuhaben, und der Teufel seinen Stolz benutzt, um ihn zu Fall zu bringen. ⁷Außerdem soll er einen guten Ruf bei den Menschen außerhalb der Gemeinde haben, damit er nicht ins Gerede kommt und in die Falle des Teufels tappt.

⁸Genauso ist es notwendig, dass auch die Diakone geachtete und glaubwürdige Menschen sind. Sie dürfen keine Trinker sein und nicht nach maßlosem Gewinn streben. ⁹Sie sollen mit gutem Gewissen so leben, wie es der Wahrheit des Glaubens entspricht. ¹⁰Bevor sie zu Diakonen ernannt werden, soll man ihnen andere Aufgaben in der Gemeinde übertragen, um sie zu prüfen. Wenn sie sich dabei bewähren, können sie als Diakone arbeiten.

¹¹Auch ihre Frauen sollen geachtet sein und dürfen nicht abfällig über andere reden. Sie müssen besonnen und treu sein in allem, was sie tun.

¹²Ein Diakon soll seiner Frau die Treue halten und seine Kinder und sein Haus gut führen. ¹³Wenn Diakone ihre Aufgabe gut erfüllen, werden sie geachtet und leben ihren Glauben an Christus Jesus mit großer Zuversicht.

Die Wahrheit unseres Glaubens

¹⁴Ich schreibe dir diese Dinge, obwohl ich hoffe, bald bei dir zu sein, ¹⁵damit du, falls ich noch eine Weile nicht kommen kann, weißt, wie man sich im Haus Gottes verhalten soll. So sieht die Gemeinde des lebendigen Gottes aus, die eine Säule und Stütze der Wahrheit ist. ¹⁶Ohne Frage ist das Geheimnis unseres Glaubens groß:
Er ist als Mensch erschienen

und wurde durch den Geist gerecht gesprochen.
Er wurde von Engeln gesehen
und den Völkern verkündet.
Viele Menschen in der Welt glaubten an ihn,
und er wurde in den Himmel hinaufgenommen.

Warnungen vor Irrlehrern

4 ¹Nun sagt uns der Heilige Geist ausdrücklich, dass manche sich am Ende der Zeit von dem abwenden werden, was wir glauben; sie werden auf Lügen hören und Lehren folgen, die von Dämonen stammen. ²Diese Lehrer sind Heuchler und Lügner, aber ihr Gewissen ist nicht erlöst. ³Sie werden behaupten, es sei falsch, zu heiraten, und falsch, bestimmte Dinge zu essen. Doch Gott hat diese Nahrungsmittel geschaffen, damit wir sie dankbar essen; denn wir sind Menschen, die die Wahrheit kennen und an sie glauben. ⁴Weil alles, was Gott geschaffen hat, gut ist, sollen wir nichts davon ablehnen. Wir dürfen es dankbar annehmen, ⁵denn wir wissen, dass es durch das Wort Gottes und durch das Gebet gesegnet wird.

Ein guter Diener von Christus Jesus

⁶Wenn du das den anderen erklärst, tust du damit deine Pflicht als ein würdiger Diener von Christus Jesus. Du lebst von der Botschaft des Glaubens und der wahren Lehre, der du gefolgt bist. ⁷Vergeude keine Zeit mit Streitereien über gottlose Ideen und Ammenmärchen, sondern nutze deine Zeit und Kraft, um im Glauben immer stärker zu werden. ⁸Körperliches Training hat einen gewissen Wert, aber geistliches Training ist noch viel wichtiger, denn es verspricht Gewinn in diesem wie auch im zukünftigen Leben. ⁹Diese Wahrheit sollte jeder gelten lassen. ¹⁰Wir arbeiten hart und leiden dabei viel, denn unsere Hoffnung ist der lebendige Gott. Er ist der Erlöser aller Menschen, insbesondere der Gläubigen.

¹¹Lehre diese Dinge und bestehe darauf, dass jeder sie lernt. ¹²Niemand soll dich gering schätzen, nur weil du jung bist. Sei allen Gläubigen ein Vorbild in dem, was du lehrst, wie du

lebst, in der Liebe, im Glauben und in der Reinheit. ¹³Und bis ich komme, sollst du dich darauf konzentrieren, der Gemeinde die Schrift vorzulesen und die Gläubigen zu ermutigen und zu lehren!

¹⁴Vernachlässige die geistliche Gabe nicht, die du durch prophetische Reden empfangen hast, als die Ältesten der Gemeinde dir die Hände auflegten. ¹⁵Richte deine Aufmerksamkeit darauf und widme dich diesen Aufgaben, damit alle sehen können, wie du Fortschritte machst. ¹⁶Achte sorgfältig auf dich selbst und auf die Lehre. Bleib der Wahrheit treu, und Gott wird dich und alle, die dich hören, retten.

5 ¹Sprich nie unhöflich mit einem älteren Mann, sondern ermahne ihn mit allem Respekt, als wäre es dein eigener Vater. Mit den jüngeren Männern sprich, als wären es deine Brüder. ²Behandle die älteren Frauen wie deine eigene Mutter und die jüngeren Frauen mit Zurückhaltung, als wären sie deine eigenen Schwestern.

Ratschläge in Bezug auf Witwen, Älteste und Sklaven

³Kümmere dich um die Witwen, die sonst niemanden haben, der für sie sorgt. ⁴Wenn eine Witwe jedoch Kinder oder Enkel hat, haben vor allem diese die Pflicht, nach den Geboten Gottes zu leben und ihren Eltern das Gute, das sie ihnen gegeben haben, zurückzugeben, indem sie für sie sorgen. Das ist etwas, über das sich Gott freut.

⁵Doch eine Frau, die wirklich Witwe ist und ganz allein in dieser Welt steht, setzt ihre Hoffnung ganz auf Gott. Nacht und Tag bittet sie Gott um Hilfe und verbringt viel Zeit im Gebet. ⁶Dagegen ist die Witwe, die nur für das Vergnügen lebt, schon tot, obwohl sie noch lebt. ⁷Sage dies der Gemeinde weiter, damit sie anständig leben.

⁸Diejenigen jedoch, die nicht für ihre eigenen Verwandten sorgen – besonders wenn sie im selben Haushalt leben –, haben damit verleugnet, was wir glauben. Solche Leute sind schlimmer als Ungläubige.

⁹Eine Witwe soll dann in das Verzeichnis aufgenommen

werden, wenn sie mindestens sechzig Jahre alt ist und ihrem Mann treu war. [10]Sie muss für das Gute, das sie getan hat, bei den anderen geachtet sein. Hat sie ihre Kinder gut erzogen? War sie freundlich zu Fremden? Hat sie anderen Gläubigen gerne gedient? Hat sie denen geholfen, die in Not geraten waren? War sie immer bereit, Gutes zu tun?

[11]Die jüngeren Witwen sollen nicht in das Verzeichnis aufgenommen werden, denn wenn ihr körperliches Verlangen stärker wird als ihre Hingabe an Christus, werden sie wieder heiraten wollen. [12]Dann würden sie sich schuldig machen, ihr früheres Versprechen gebrochen zu haben. [13]Außerdem gewöhnen sie es sich sonst an, faul zu werden und ihre Zeit damit zu vertrödeln, mit den Nachbarn zu klatschen, sich neugierig in die Angelegenheiten anderer einzumischen und Dinge zu sagen, die sie nicht sagen sollten. [14]Deshalb rate ich diesen jüngeren Witwen, wieder zu heiraten, Kinder zu bekommen und sich um ihren eigenen Haushalt zu kümmern. Dann wird der Feind nichts gegen sie vorbringen können. [15]Denn ich befürchte, dass einige bereits auf Abwege geraten sind und jetzt dem Satan folgen.

[16]Wenn eine gläubige Frau Witwen in ihrer Verwandtschaft hat, muss sie sich um sie kümmern und darf die Verantwortung nicht auf die Gemeinde abschieben. Dann kann die Gemeinde diejenigen versorgen, die wirklich allein dastehen.

[17]Älteste, die ihrer Aufgabe voll gerecht werden, verdienen Anerkennung und Lohn, besonders diejenigen, die sowohl predigen als auch lehren. [18]Denn die Schrift sagt: »Hindert einen Ochsen nicht am Fressen, während er das Korn drischt.« Und an anderer Stelle steht: »Wer arbeitet, hat auch Lohn verdient!«

[19]Hört nicht auf Beschwerden gegen einen Ältesten, es sei denn, zwei oder drei Zeugen haben ihm etwas vorzuwerfen. [20]Wer jedoch sündigt, soll vor der ganzen Gemeinde zurechtgewiesen werden, damit die anderen durch dieses Beispiel Gott fürchten lernen.

[21]Ich gebiete dir ausdrücklich in der Gegenwart von Gott und Christus Jesus und den heiligen Engeln, diese Anweisun-

gen zu befolgen, ohne Partei zu ergreifen oder jemanden in irgendeiner Weise zu bevorzugen. ²²Lege nicht voreilig jemandem die Hände auf. Beteilige dich nicht an den Sünden anderer. Halte dich selbst frei von Schuld.

²³Trinke nicht nur Wasser. Du solltest wegen deines Magens auch ein wenig Wein trinken, weil du so oft krank bist.

²⁴Denke daran, dass manche Leute ein schlechtes Leben führen, sodass jeder weiß, dass sie ins Gericht kommen werden. Aber es gibt andere, deren Schuld erst später sichtbar wird. ²⁵Genauso ist jedem bekannt, wie viel Gutes manche Leute tun, während es andere gibt, von deren guten Taten man erst später erfahren wird.

6 ¹Alle, die Sklaven sind, sollen ihre Herren uneingeschränkt ehren, damit der Name Gottes und seine Lehre nicht entehrt werden. ²Wenn euer Herr gläubig ist, ist das kein Grund, ihn weniger zu achten, nur weil ihr im Glauben Brüder seid. Ja, ihr sollt sogar noch härter arbeiten, weil ihr durch eure Bemühungen einem anderen Gläubigen helft.

Falsche Lehrer und wahrer Reichtum

Lehre diese Wahrheiten, Timotheus, und ermutige alle, sie zu befolgen! ³Jeder, der etwas anderes lehrt als die guten Worte von Jesus Christus, unserem Herrn, und nicht an der Lehre festhält, auf der unser Leben im Glauben beruht, ⁴der ist verblendet und unwissend. Ein solcher Mensch hat einen ungesunden Hang zu Streitereien und Wortgefechten, die zu Neid, Auseinandersetzungen, lästerlichen Reden und bösen Verdächtigungen führen ⁵und in dauerhaftem Streit enden. Solche Menschen haben ein verdorbenes Denken und kennen die Wahrheit nicht. Für sie ist das Leben mit Gott nur ein Mittel, sich zu bereichern.

⁶Wahrer Glaube und die Fähigkeit, mit wenigem zufrieden zu sein, sind tatsächlich ein großer Reichtum. ⁷Schließlich haben wir bei unserer Geburt nichts in die Welt mitgebracht und wir können auch nichts mitnehmen, wenn wir sterben. ⁸Deshalb wollen wir zufrieden sein, solange wir nur genug Nah-

rung und Kleidung haben. [9]Menschen, die reich werden wollen, geraten nur in Versuchung und verstricken sich in so viele dumme und schädliche Wünsche, dass sie letztlich ins Verderben und in ihren eigenen Untergang stürzen. [10]Denn die Liebe zum Geld ist die Wurzel aller möglichen Übel; so sind manche Menschen aus Geldgier vom Glauben abgewichen und haben sich selbst viele Schmerzen zugefügt.

Letzte Anweisungen des Apostels

[11]Aber du, Timotheus, gehörst Gott; deshalb sollst du dich davon fernhalten. Bemühe dich um ein Leben, so wie Gott es will: geprägt von der Ehrfurcht vor Gott, von Glauben und Liebe, geführt mit Geduld und Sanftmut! [12]Kämpfe den guten Kampf des Glaubens. Halte an dem ewigen Leben fest, zu dem Gott dich berufen hat und für das du ein gutes Bekenntnis vor vielen Zeugen abgelegt hast! [13]Und ich gebiete dir vor Gott, der allen Leben gibt, und vor Jesus Christus, der ja auch vor Pontius Pilatus ein gutes Bekenntnis abgelegt hat, [14]seinen Geboten rein und vorbildlich zu folgen. Dann kann niemand dir etwas vorwerfen, bis Jesus Christus, unser Herr, wiederkommt.

[15]Denn zur richtigen Zeit wird Christus vom Himmel her offenbart werden

durch den gnädigen und allein allmächtigen Gott,
den König der Könige
und Herrn der Herren.

[16]Nur er allein wird nie sterben,
und er wohnt in einem unzugänglichen Licht.
Kein Mensch hat ihn je gesehen oder kann ihn sehen.
Ihm sei Ehre und Macht in alle Ewigkeit! Amen.

[17]Sag allen, die in dieser gegenwärtigen Welt reich sind, sie sollen nicht stolz sein und nicht auf ihr Geld vertrauen, das bald vergehen wird. Stattdessen sollen sie ihr Vertrauen auf den lebendigen Gott setzen, der uns alles reichlich gibt, was wir brauchen, damit wir uns daran freuen und es genießen können. [18]Fordere sie auf, ihr Geld zu nutzen, um Gutes zu tun. Sie sollen reich an guten Taten sein, die Bedürftigen groß-

zügig unterstützen und immer bereit sein, mit anderen zu teilen, was Gott ihnen gegeben hat. [19]Auf diese Weise legen sie mit ihrem Besitz ein gutes Fundament für die Zukunft, um das wahre Leben zu ergreifen.

[20]Timotheus, bewahre, was Gott dir anvertraut hat. Meide alle gottlosen, hohlen Streitgespräche mit Menschen, die sich dir mit ihrer sogenannten Erkenntnis entgegenstellen. [21]Manche haben den Glauben verloren, weil sie deren Geschwätz gefolgt sind!

Wir wünschen euch allen Gottes Gnade!

Der zweite Brief an Timotheus

Grüße von Paulus

1 [1]Dieser Brief stammt von Paulus, der durch den Willen Gottes zum Apostel von Christus Jesus wurde. Gott hat mich gesandt, um den Menschen von dem Leben zu erzählen, das der Glaube an Jesus Christus verspricht.

[2]Der Brief richtet sich an Timotheus, meinen geliebten Sohn.

Ich wünsche dir Gnade, Barmherzigkeit und Frieden von Gott, unserem Vater, und Jesus Christus, unserem Herrn.

Ermutigung zur Treue

[3]Ich danke Gott, dem ich mit einem reinen Gewissen diene, wie meine Vorfahren es taten. Nacht und Tag denke ich in meinen Gebeten an dich. [4]Ich sehne mich danach, dich wieder zu sehen, denn ich erinnere mich an deine Tränen bei unserem Abschied. Und ich werde voller Freude sein, wenn wir wieder zusammen sein werden.

[5]Ich weiß, dass du dem Herrn aufrichtig vertraust, denn du hast den Glauben deiner Mutter Eunike und deiner Großmutter Lois. [6]Deshalb ermutige ich dich dazu, die geistliche Gabe wirken zu lassen, die Gott dir schenkte, als ich dir die Hände auflegte. [7]Denn Gott hat uns nicht einen Geist der Furcht gegeben, sondern einen Geist der Kraft, der Liebe und der Besonnenheit. [8]Schäme dich also niemals, vor anderen Menschen unseren Herrn zu bezeugen. Und schäme dich auch nicht für mich, obwohl ich für Christus im Gefängnis bin. Sei vielmehr durch die Kraft, die Gott dir gibt, bereit, gemeinsam mit mir für die Verbreitung der guten Botschaft zu leiden.

[9]Gott hat uns erlöst und berufen; nicht aufgrund unserer Taten, sondern weil er schon lange, bevor es die Welt gab, entschieden hatte, uns durch Christus Jesus seine Gnade zu zeigen. [10]Nun ist uns das alles durch das Kommen unseres Retters Jesus Christus offenbart worden. Er hat die Macht des Todes gebrochen und mit der guten Botschaft den Weg zum ewigen Leben ans Licht gebracht. [11]Und Gott hat mich er-

wählt, ein Prediger, Apostel und Lehrer dieser Botschaft zu
sein.

¹²Das ist der Grund, warum ich hier im Gefängnis leide!
Aber ich schäme mich deswegen nicht, weil ich ja weiß, auf
wen ich mein Vertrauen gesetzt habe, und weil ich sicher bin,
dass er bis zum Tag seines Kommens bewahren kann, was mir
anvertraut wurde.

¹³Halte dich an das Vorbild der gesunden Lehre, die ich dir
weitergegeben habe, und führe dein Leben in dem Glauben
und in der Liebe von Christus Jesus! ¹⁴Bewahre sorgfältig, was
dir anvertraut wurde; der Heilige Geist, der in uns lebt, hilft
dir dabei.

¹⁵Wie du weißt, haben alle, die aus der Provinz Asien mit
mir gekommen waren, mich verlassen; sogar Phygelus und
Hermogenes sind fort. ¹⁶Ich wünsche Onesiphorus und seiner
ganzen Familie Barmherzigkeit von Gott, denn er hat mich oft
besucht und ermutigt. Er hat sich nie für mich geschämt, obwohl ich im Gefängnis war. ¹⁷Als er nach Rom kam, suchte er
überall, bis er mich gefunden hatte. ¹⁸Möge der Herr ihm an
dem Tag, an dem Christus wiederkommt, Barmherzigkeit erweisen! Und wie sehr er mir in Ephesus geholfen hat, weißt
du ja selbst am besten.

Ein guter Kämpfer für Christus Jesus

2 ¹Timotheus, mein lieber Sohn, werde stark durch die Gnade, die Gott dir in Christus Jesus schenkt. ²Was du von mir
gehört hast, das sollst du auch weitergeben an Menschen, die
vertrauenswürdig und fähig sind, andere zu lehren.

³Sei bereit, als ein treuer Kämpfer für Christus Jesus zu leiden. ⁴Und keiner, der in den Krieg zieht, verstrickt sich in die
Angelegenheiten des täglichen Lebens, denn er will ja dem
gefallen, der ihn in seine Armee aufgenommen hat. ⁵Auch
wer an einem Wettkampf teilnimmt, kann nur gewinnen,
wenn er sich an die Regeln hält. ⁶Bauern, die schwer arbeiten,
erhalten als Erste Anteil an den Früchten ihrer Arbeit. ⁷Denke
über meine Worte nach. Der Herr wird dir in all diesen Dingen das nötige Verständnis geben.

⁸Denke an Jesus Christus, der als Mensch aus dem Geschlecht Davids stammte und von den Toten auferstanden ist. Das ist die Botschaft, die ich predige. ⁹Und weil ich sie predige, leide ich und wurde angekettet wie ein Verbrecher. Aber das Wort Gottes lässt sich nicht in Ketten legen. ¹⁰Ich bin bereit, alles zu ertragen, damit jene, die Gott erwählt hat, durch Jesus Christus gerettet werden und ewige Herrlichkeit bekommen.

¹¹Dies ist ein wahres Wort:
Wenn wir mit ihm sterben, werden wir auch mit ihm leben.
¹²Wenn wir mit ihm leiden, werden wir mit ihm herrschen.
Wenn wir ihn verleugnen, wird auch er uns verleugnen.
¹³Wenn wir untreu sind, bleibt er treu,
denn er kann sich selbst nicht verleugnen.

Ein bewährter Arbeiter

¹⁴Erinnere die Menschen daran und fordere sie im Namen Gottes auf, sich nicht mehr um Worte zu streiten. Solche Wortklaubereien sind nutzlos und schaden nur denen, die ihnen zuhören. ¹⁵Strebe danach, dich vor Gott als guter Arbeiter zu bewähren, der sich nicht zu schämen braucht und der das Wort der Wahrheit kompromisslos predigt. ¹⁶Meide alles gottlose, dumme Geschwätz, das nur zu noch mehr Gottlosigkeit führt. ¹⁷Solches Geschwätz verbreitet sich wie ein Krebsgeschwür. Ein Beispiel dafür sind Hymenäus und Philetus. ¹⁸Sie haben den Weg der Wahrheit verlassen und behaupten, die Auferstehung von den Toten sei schon geschehen; auf diese Weise haben sie den Glauben mancher Menschen zerstört. ¹⁹Doch Gottes Wahrheit steht fest wie ein Grundstein mit folgender Inschrift: »Der Herr kennt die Seinen« und »Wer den Namen des Herrn nennt, halte sich von Ungerechtigkeit fern«.

²⁰In einem wohlhabenden Haus gibt es Gefäße aus Gold und Silber und andere aus Holz und Ton. Die teuren Gefäße werden für besondere Anlässe benutzt, die preiswerten dagegen für das tägliche Leben. ²¹Wer sich von solchen Menschen fernhält, wird wie eins der teuren Gefäße sein: rein, nützlich für

den Hausherrn, geeignet für alles, was gut ist. ²²Halte dich fern von allem, was die jugendlichen Leidenschaften weckt. Deine Ziele sollen Gerechtigkeit, Glauben und Liebe sein sowie Friede mit allen, die mit aufrichtigen Herzen den Herrn anrufen. ²³Beteilige dich nicht an dummen, unreifen Auseinandersetzungen, die nur Streit auslösen. ²⁴Ein Diener des Herrn darf nicht streiten, sondern er muss zu allen freundlich sein, überzeugend lehren und auch mit schwierigen Menschen Geduld haben können. ²⁵Denen, die sich der Wahrheit widersetzen, soll er freundlich den richtigen Weg zeigen. Vielleicht wird ja Gott diese Menschen zur Umkehr bewegen, sodass sie die Wahrheit erkennen ²⁶und zur Besinnung kommen. Dann werden sie aus der Falle des Teufels entkommen, der sie in seinem Bann hielt, sodass sie seinen Willen taten.

Die Gefahren der letzten Tage

3 ¹Außerdem sollst du wissen, Timotheus, dass in den letzten Tagen der Welt schwere Zeiten kommen werden. ²Denn die Menschen werden nur sich selbst und ihr Geld lieben. Sie werden stolz und eingebildet sein, Gott verachten und ihren Eltern ungehorsam und undankbar begegnen. Nichts wird ihnen heilig sein. ³Sie werden lieblos sein und zur Vergebung nicht bereit; sie werden andere verleumden und keine Selbstbeherrschung kennen; sie werden grausam sein und vom Guten nichts wissen wollen. ⁴Sie werden ihre Freunde verraten, leichtsinnig handeln, sich aufspielen und ihr Vergnügen mehr lieben als Gott. ⁵Sie werden so tun, als seien sie fromm, doch die Kraft Gottes, die sie verändern könnte, werden sie ablehnen. Von solchen Leuten halte dich fern!

⁶Das sind genau die Leute, die sich in Häuser einschleichen und das Vertrauen von Frauen gewinnen, in deren Leben sich viel Schuld angesammelt hat und die sich von ihren Leidenschaften beherrschen lassen. ⁷Solche Frauen wenden sich ständig neuen Lehren zu, ohne dass sie je die Wahrheit verstehen könnten. ⁸Und so wie Jannes und Jambres sich Mose entgegengestellt haben, so leben auch diese im Widerspruch

zur Wahrheit. Ihr Geist ist verdorben und ihr Glaube nur ge-
heuchelt. ⁹Aber sie werden damit nicht weit kommen. Eines
Tages wird für jeden sichtbar werden, was für Narren sie waren, so wie es auch bei Jannes und Jambres geschah.

Paulus erinnert Timotheus an seine Verantwortung
¹⁰Aber du hast dich an das gehalten, was ich gelehrt habe,
Timotheus, und hast dir die Art, wie ich lebe, und meine Ziele
zu Eigen gemacht. An meinem Glauben, meiner Geduld und
meiner Liebe hast du dir ebenso ein Beispiel genommen wie
an meinem Durchhalten im Leiden. ¹¹Du weißt, wie viel Verfolgung und Leid ich ertragen habe und wie ich in Antiochia,
Ikonion und Lystra verfolgt wurde – aber der Herr hat mich
aus allem errettet. ¹²Jeder, der an Christus Jesus glaubt und ein
Leben zur Ehre Gottes führen will, wird Verfolgung erleben.
¹³Doch schlechte Menschen und Betrüger werden es immer
schlimmer treiben. Sie werden andere in die Irre führen und
dabei selbst in die Irre geführt werden.

¹⁴Du aber sollst dich treu an das halten, was ich dich gelehrt
habe und was du gelernt und im Glauben angenommen hast,
denn du weißt, wer dich unterrichtet hat. ¹⁵Von Kindheit an
bist du in der heiligen Schrift unterwiesen worden, und sie
kann dich weise machen, die Rettung anzunehmen, die der
Glaube an Christus Jesus schenkt! ¹⁶Die ganze Schrift ist von
Gottes Geist eingegeben und kann uns lehren, was wahr ist,
und uns erkennen lassen, wo Schuld in unserem Leben ist. Sie
weist uns zurecht und erzieht uns dazu, Gottes Willen zu tun.
¹⁷Durch die Schrift bereitet Gott uns umfassend vor und rüstet
uns aus für alles, was wir nach seinem Willen tun sollen.

4 ¹Ich bitte dich vor Gott und vor Christus Jesus, der eines
Tages die Lebenden und die Toten richten wird, wenn er
erscheinen wird, um sein Reich aufzurichten: ²Verkünde das
Wort Gottes. Halte durch, ob die Zeit günstig ist oder nicht. In
aller Geduld und mit guter Lehre sollst du die Menschen zu-
rechtweisen, tadeln und ermutigen!

³Denn es kommt eine Zeit, in der die Menschen nicht mehr

auf die gesunde Lehre hören werden. Sie werden sich von ihren eigenen Wünschen leiten lassen und immer wieder nach Lehrern Ausschau halten, die ihnen sagen, was sie gern hören wollen. ⁴Die Wahrheit werden sie ablehnen und stattdessen seltsamen Fabeln folgen.

⁵Du aber sollst dir in jeder Situation ein nüchternes Urteil bewahren. Scheue dich nicht, für den Herrn zu leiden. Setze dir zum Ziel, andere zu Christus zu führen. Erfülle die Aufgabe, die Gott dir anvertraut hat!

Abschließende Worte des Apostels

⁶Was mich betrifft, so wurde mein Leben schon als Opfer für Gott ausgegossen und der Augenblick meines Todes ist nahe. ⁷Ich habe den guten Kampf gekämpft, den Lauf vollendet und bin im Glauben treu geblieben. ⁸Nun erwartet mich der Preis – der Siegeskranz der Gerechtigkeit, den der Herr, der gerechte Richter, mir am großen Tag seiner Wiederkehr geben wird. Doch diesen Preis gibt er nicht nur mir, sondern allen, die seine Rückkehr herbeisehnen. ⁹Bitte komm, so bald du kannst! ¹⁰Demas hat mich verlassen, weil er die Dinge dieser Welt liebt, und ist nach Thessalonich gegangen. Kreszens ist nach Galatien gegangen und Titus nach Dalmatien. ¹¹Nur Lukas ist bei mir. Bringe Markus mit, wenn du kommst, denn er wird mir bei meinem Dienst nützlich sein. ¹²Ich habe Tychikus nach Ephesus geschickt. ¹³Und vergiss nicht, mir den Mantel mitzubringen, den ich in Troas bei Karpus zurückließ. Bring auch meine Bücher mit und vor allem die Pergamente!

¹⁴Alexander, der Schmied, hat mir viel Böses angetan, doch der Herr wird es ihm nach seinen Taten vergelten. ¹⁵Nimm dich vor ihm in Acht, denn er hat sich gegen alles gestellt, was wir gesagt haben.

¹⁶Als ich das erste Mal dem Richter vorgeführt wurde, war niemand bei mir. Alle haben mich im Stich gelassen. Ich hoffe, es wird ihnen nicht angerechnet werden. ¹⁷Doch der Herr stand mir zur Seite und gab mir Kraft, sodass ich die Botschaft predigen konnte und alle Völker es hörten. Und er rettete

mich vor dem sicheren Tod. [18]Der Herr wird mich vor jedem bösen Angriff retten und mich sicher in sein himmlisches Reich bringen. Gott gehört in alle Ewigkeit Ehre! Amen.

Abschließende Grüße

[19]Grüße Priska und Aquila von mir und alle, die im Haus von Onesiphorus leben! [20]Erastus ist in Korinth geblieben, und Trophimus habe ich krank in Milet zurückgelassen.

[21]Beeile dich, damit du noch vor dem Winter hier ankommst. Eubulus schickt dir Grüße und ebenso Pudens, Linus, Klaudia und alle Gläubigen.

[22]Der Herr sei bei dir! Ich wünsche euch allen seine Gnade!

Der Brief an Titus

Grüße von Paulus

1 ¹Dieser Brief stammt von Paulus, einem Diener Gottes. Ich bin ein Apostel von Jesus Christus, dazu berufen, die von Gott Auserwählten in ihrem Glauben zu unterstützen und die Wahrheit zu verbreiten, die zum Glauben führt. ²Grundlage dafür ist die Hoffnung auf ewiges Leben, das Gott schon vor dem Anfang der Welt zugesagt hat – und er kann nicht lügen. ³Nun hat er diese Botschaft durch die Verkündigung offenbart, denn die Zeit war dafür reif. Mir wurde diese Verkündigung durch einen Auftrag Gottes, unseres Erlösers, anvertraut.

⁴Der Brief richtet sich an Titus, der durch den Glauben wie mein eigenes Kind ist. Ich wünsche dir Gnade und Frieden von Gott, dem Vater, und Christus Jesus, unserem Erlöser!

Titus auf Kreta

⁵Ich habe dich auf der Insel Kreta zurückgelassen, damit du unsere Arbeit dort zu Ende bringst und in den Städten Älteste ernennst, wie ich dir aufgetragen habe. ⁶Ein Ältester soll wegen seiner vorbildlichen Lebensführung allgemein geschätzt sein. Er soll seiner Frau treu sein, und seine Kinder sollen gläubig sein und nicht als wild oder rebellisch gelten. ⁷Ein Ältester soll ein tadelloses Leben führen, denn er ist ein Hausverwalter Gottes. Er darf nicht überheblich oder jähzornig sein und weder ein Trinker noch ein gewalttätiger oder geldgieriger Mensch. ⁸Er soll Gastfreundschaft üben und alles Gute lieben, besonnen und gerecht sein. Sein Leben soll Gott gefallen und maßvoll sein. ⁹Er soll an dem Wort der Botschaft festhalten, das vertrauenswürdig ist. Denn nur dann wird er auch imstande sein, andere durch die rechte Lehre zu ermutigen und denen, die sich ihr gegenüber ablehnend verhalten, zu zeigen, dass sie im Unrecht sind.

¹⁰Denn es gibt viele, die sich der gesunden Lehre widersetzen; sie ergehen sich in sinnlosem Geschwätz und betrügen

die Menschen. Das gilt besonders für die, die jüdischer Abstammung sind. [11]Diese Leute müssen zum Schweigen gebracht werden. Durch ihre falsche Lehre haben sie schon ganze Familien von der Wahrheit abgebracht, weil sie nur auf falschen Gewinn aus sind. [12]Einer aus ihren eigenen Reihen, ein Prophet aus Kreta, hat über sie gesagt: »Die Kreter sind alle Lügner; sie sind blutgierige Bestien und faule Vielfraße.« [13]Das stimmt. Weise sie deshalb streng zurecht, damit sie im Glauben stark werden. [14]Sie müssen aufhören, sich von jüdischen Fabeln und den Anweisungen von Menschen leiten zu lassen, die sich von der Wahrheit abgewandt haben! [15]Für Menschen, die ein reines Gewissen haben, ist alles rein. Doch für die Verdorbenen und Ungläubigen ist überhaupt nichts rein, weil ihr Denken und ihr Gewissen beschmutzt sind. [16]Solche Leute behaupten, Gott zu kennen, verleugnen ihn aber durch die ganze Art, wie sie leben. Sie sind ungehorsam und widerlich und zu nichts Gutem zu gebrauchen!

Die gesunde Lehre fördern

2 [1]Was immer du sagst, soll der gesunden Lehre entsprechen. [2]Lehre die älteren Männer, selbstbeherrscht, vorbildlich und besonnen zu leben. Sie sollen einen starken Glauben haben und liebevoll und geduldig sein.

[3]Genauso sollst du die älteren Frauen lehren, ihr Leben so zu führen, wie es sich für jemanden gehört, der dem Herrn dient. Sie sollen nicht herumgehen und tratschen, und sie dürfen keine Trinkerinnen sein. Stattdessen sollen sie anderen zeigen, was gut ist. [4]Diese älteren Frauen sollen die jüngeren Frauen anleiten, ihre Ehemänner und auch ihre Kinder zu lieben, [5]besonnen und anständig zu leben, ihren Haushalt gut zu versorgen, freundlich zu sein und sich ihren Ehemännern unterzuordnen. Damit werden sie dem Wort Gottes keine Schande machen!

[6]Genauso sollst du die jungen Männer dazu auffordern, in jeder Hinsicht besonnen zu sein. [7]Und du selbst sei ihnen in allem ein gutes Vorbild und ein Beispiel für die Glaubwürdigkeit und Würde deiner Lehre. [8]Deine Verkündigung soll wahr

und nicht anfechtbar sein, damit die Kritiker der Gegenseite beschämt werden, weil sie uns nichts Schlechtes nachsagen können!

⁹Fordere die Sklaven auf, ihren Herren zu gehorchen und ihr Bestes zu geben, um es ihnen recht zu machen. Sie sollen sich nicht widersetzen ¹⁰und nicht stehlen, sondern sich in allem als vertrauenswürdig und gut erweisen, damit sie der Lehre von Gott, unserem Erlöser, Ehre machen. ¹¹Denn die Gnade Gottes, die allen Menschen Rettung bringt, ist sichtbar geworden. ¹²Sie bringt uns dazu, dem Leben ohne Gott und allen sündigen Leidenschaften den Rücken zu kehren. Jetzt, in dieser Welt, sollen wir besonnen, gerecht und voller Hingabe an Gott leben. ¹³Denn wir warten auf das wunderbare Ereignis, wenn die Herrlichkeit des großen Gottes und unseres Erlösers, Jesus Christus, erscheinen wird. ¹⁴Er gab sein Leben, um uns von aller Schuld zu befreien und zu reinigen und uns zu seinem eigenen Volk zu machen, das bemüht ist, Gutes zu tun. ¹⁵Dies alles sollst du lehren. Ermutige die Menschen und weise sie zurecht, wenn es nötig ist! Niemand soll dich oder dein Wort verachten.

Das Gute tun

3 ¹Erinnere alle daran, sich der Regierung und ihren Vertretern unterzuordnen. Sie sollen gehorsam und zum Guten bereit sein, ²über niemanden lästern und jedem Streit aus dem Weg gehen. Allen Menschen sollen sie mit Freundlichkeit und Geduld begegnen!

³Auch wir waren früher unwissend und ungehorsam. Wir ließen uns in die Irre führen und wurden zu Sklaven vieler Wünsche und Leidenschaften. Unser Leben war voller Bosheit und Neid. Wir hassten die anderen, und sie hassten uns.

⁴Doch dann zeigte Gott, unser Retter, uns seine Freundlichkeit und Liebe. ⁵Er rettete uns, nicht wegen unserer guten Taten, sondern aufgrund seiner Barmherzigkeit. Er wusch unsere Schuld ab und schenkte uns durch den Heiligen Geist ein neues Leben. ⁶Durch das, was Jesus Christus, unser Retter, für uns getan hat, schenkte er uns den Heiligen Geist. ⁷In seiner

großen Güte sprach er uns los von unserer Schuld. Nun wissen wir, dass wir das ewige Leben erben werden. [8]Alles, was ich dir gesagt habe, ist wahr. Ich möchte, dass du es mit Nachdruck lehrst, damit alle, die auf Gott vertrauen, immer darauf bedacht sind, Gutes zu tun. Das ist gut und sinnvoll für alle.

Abschließende Bemerkungen und Grüße des Apostels

[9]Lass dich nicht auf unsinnige Fragen über Stammbäume ein oder auf Auseinandersetzungen und Streit über das Befolgen jüdischer Vorschriften! Das ist nutzlos und reine Zeitverschwendung. [10]Wenn jemand unter euch Spaltungen auslöst, verwarne ihn ein erstes und dann noch ein zweites Mal. Danach gib dich mit dem Betreffenden nicht mehr ab. [11]Denn so ein Mensch hat sich von der Wahrheit abgewandt. Er sündigt und verurteilt sich damit selbst!

[12]Ich habe vor, Artemas oder Tychikus zu dir zu schicken. Sobald einer der beiden bei dir eintrifft, komm so schnell wie möglich zu mir nach Nikopolis! Ich habe nämlich beschlossen, den Winter dort zu verbringen. [13]Sei dem Gesetzeslehrer Zenas und Apollos bei ihrer Reise behilflich, so gut du nur kannst. Achte darauf, dass es ihnen an nichts fehlt. [14]Denn die zu uns gehören, sollen kein nutzloses Leben führen, sondern lernen, überall dort Gutes zu tun und zu helfen, wo es nötig ist.

[15]Alle, die hier bei mir sind, senden Grüße. Bitte grüße auch alle Gläubigen, die uns lieben, von mir!

Ich wünsche euch allen die Gnade Gottes!

Der Brief an Philemon

Grüße von Paulus

¹Dieser Brief stammt von Paulus, der wegen der Verkündigung der Botschaft von Christus Jesus im Gefängnis ist, und von unserem Bruder Timotheus.

Er richtet sich an Philemon, unseren geliebten Mitarbeiter, ²sowie an unsere Schwester Aphia und an Archippus, unseren Mitstreiter. Darüber hinaus ist der Brief für die Gemeinde bestimmt, die sich in deinem Haus versammelt.

³Wir wünschen euch Gnade und Frieden von Gott, unserem Vater, und Jesus Christus, dem Herrn!

Dank und Gebet des Apostels

⁴Immer, wenn ich für dich bete, Philemon, danke ich meinem Gott, ⁵denn ich höre überall von deinem Vertrauen auf Jesus, den Herrn, und von deiner Liebe zu allen Gläubigen. ⁶Und ich bete nun, dass der Glaube, den wir miteinander teilen, in dir zunimmt, indem du erkennst, wie viel Gutes wir in Christus haben. ⁷Deine Liebe hat mir sehr viel Freude und Trost gegeben, mein Bruder, denn du erfreust die Herzen der Gläubigen.

Paulus tritt für Onesimus ein

⁸In Christus hätte ich die Freiheit dir zu befehlen, was sich eigentlich von selbst versteht. ⁹Aber wegen deiner Liebe ziehe ich es vor, dich darum zu bitten. Nimm diese Bitte von deinem Freund Paulus an, einem alten Mann, der für Christus Jesus im Gefängnis sitzt.

¹⁰Mein Anliegen betrifft Onesimus, der für mich wie ein eigener Sohn ist, weil er durch meinen Dienst hier im Gefängnis gläubig wurde. ¹¹Onesimus war dir in der Vergangenheit nicht von Nutzen, doch jetzt ist er es für uns beide! ¹²Ich schicke ihn zu dir zurück, und mein Herz begleitet ihn.

¹³Am liebsten hätte ich ihn bei mir behalten, solange ich wegen der Verbreitung von Gottes guter Botschaft im Gefängnis bin, damit er mir an deiner Stelle beisteht. ¹⁴Aber ich wollte

nichts ohne deine Zustimmung tun, denn ich will, dass du mir freiwillig hilfst und nicht, weil du dich gezwungen fühlst. [15]Vielleicht kannst du es so sehen: Onesimus lief für eine gewisse Zeit weg, damit du ihn für immer zurückbekommst. [16]Er ist jetzt nicht mehr nur ein Sklave, sondern mehr als das, ein geliebter Bruder, besonders für mich. Nun wird er dir noch viel mehr bedeuten, nicht nur als Sklave, sondern auch als ein Bruder im Herrn.

[17]Wenn du mich nun als Freund ansiehst, dann nimm ihn genauso herzlich auf, wie du mich aufnehmen würdest! [18]Wenn er dir in irgendeiner Weise Schaden zugefügt hat oder dir etwas schuldig ist, dann setze es auf meine Rechnung. [19]Ich, Paulus, schreibe dies mit eigener Hand: Ich werde es bezahlen. Und ich brauche dich nicht daran zu erinnern, dass du dich selbst mir schuldest. [20]Ja, mein Bruder, ich möchte mich an dir freuen. Bereite mir diese Freude in Christus! [21]Ich vertraue auf deinen Gehorsam und schreibe diesen Brief in der Zuversicht, dass du meine Bitte erfüllen und sogar noch mehr tun wirst!

[22]Bitte halte ein Gästezimmer für mich bereit, denn ich hoffe, dass Gott eure Gebete erhören und mich bald zu euch zurückkehren lassen wird.

Abschließende Grüße

[23]Epaphras, mein Mitgefangener in Christus Jesus, schickt dir seine Grüße, [24]ebenso meine Mitarbeiter Markus, Aristarch, Demas und Lukas.

[25]Die Gnade von Jesus Christus, dem Herrn, begleite euch!

Der Brief an die Hebräer

Jesus Christus ist Gottes Sohn

1 ¹Vor langer Zeit hat Gott oft und auf verschiedene Weise durch die Propheten zu unseren Vorfahren gesprochen, ²doch in diesen letzten Tagen sprach er durch seinen Sohn zu uns. Durch ihn hat er das ganze Universum und alles, was darin ist, geschaffen, und er hat ihn zum Erben über alles eingesetzt. ³Der Sohn spiegelt die Herrlichkeit Gottes wider, und alles an ihm ist ein Ausdruck des Wesens Gottes. Er erhält das Universum durch die Macht seines Wortes. Nachdem er uns durch seinen Tod von unseren Sünden gereinigt hat, setzte er sich auf den Ehrenplatz an der rechten Seite des herrlichen Gottes im Himmel.

Christus ist höher als die Engel

⁴Gottes Sohn ist weit mächtiger als die Engel, so wie auch der Name, den Gott ihm gab, viel erhabener ist als ihre Namen. ⁵Denn Gott hat zu keinem Engel gesagt, was er zu Jesus sagte: »Du bist mein Sohn. Heute habe ich dich gezeugt.« Und weiter sagte Gott: »Ich werde sein Vater sein und er wird mein Sohn sein.«

⁶Und als Gott der Welt seinen erstgeborenen Sohn zeigte, sprach er: »Alle Engel Gottes sollen ihn anbeten.«

⁷Von den Engeln heißt es: »Er macht seine Engel zu Winden und seine Diener zu Feuerflammen.«

⁸Aber zu seinem Sohn spricht er: »Dein Thron, o Gott, steht für immer und ewig. Die Herrschaft deines Reiches ist eine gerechte Herrschaft. ⁹Du liebst das Recht und hasst das Unrecht. Deshalb, o Gott, hat dein Gott dich gesalbt und das Öl der Freude über dich ausgegossen, reichlicher als über alle anderen.«

¹⁰Und: »Herr, am Anfang hast du das Fundament der Erde gelegt, der Himmel ist das Werk deiner Hände. ¹¹Sie werden vergehen, aber du bleibst ewig. Sie werden veralten wie ein Gewand. ¹²Du wirst sie wechseln wie ein Kleidungsstück,

und sie werden fort sein. Doch du bleibst für immer und ewig derselbe; deine Jahre haben kein Ende.«

¹³Und Gott hat nie zu einem Engel gesagt: »Setze dich auf den Ehrenplatz zu meiner Rechten, bis ich deine Feinde demütige und sie zum Schemel unter deinen Füßen mache.«

¹⁴Denn Engel sind nur Diener. Sie sind Geister, die Gott als Helfer zu denen sendet, welche die Rettung erben werden.

Nicht von der Wahrheit abweichen

2 ¹Deshalb müssen wir sorgfältig auf das achten, was wir gehört haben, damit wir das Ziel nicht verfehlen. ²Das Wort, das uns Gott durch Engel verkündete, hat sich immer als wahr erwiesen, und jede Übertretung und jeder Ungehorsam wurde bestraft. ³Wie können wir da meinen, wir könnten davonkommen, wenn wir der Botschaft von unserer Rettung gegenüber gleichgültig bleiben, die durch Jesus, den Herrn, selbst verkündet wurde? Sie wurde uns von denen bezeugt, die seine Worte hörten, ⁴und Gott selbst bestätigte die Botschaft durch Zeichen und Wunder und viele Beweise seiner Macht und durch die Gaben des Heiligen Geistes, die er nach seinem Willen schenkte.

Jesus, der Mensch

⁵Außerdem sind es nicht die Engel, denen er die zukünftige Welt, von der wir hier sprechen, unterstellt hat. ⁶Denn an einer Stelle in der Schrift heißt es:

»Was ist der Mensch, dass du an ihn denken, und der Sohn des Menschen, dass du für ihn sorgen solltest? ⁷Für eine kurze Zeit hast du ihn geringer als die Engel gemacht und hast ihn mit Herrlichkeit und Ehre gekrönt. ⁸Du hast ihm Vollmacht über alles gegeben.«

Wenn er ihm Macht über alles gegeben hat, dann gibt es nichts, worüber er nicht herrscht. Aber noch sehen wir das alles nicht. ⁹Doch Jesus sehen wir, der für eine kurze Zeit geringer als die Engel gemacht wurde und nun mit Herrlichkeit und Ehre gekrönt ist, weil er für uns den Tod auf sich nahm. Durch die Gnade Gottes hat Jesus für alle Menschen auf der

ganzen Welt den Tod erlitten. ¹⁰Denn Gott, für den alles erschaffen wurde und der alles erschuf, will seine Herrlichkeit
mit vielen Kindern teilen. Doch damit Jesus ihre Rettung bewirken konnte, musste Gott ihn durch sein Leiden vollkommen machen.

¹¹So haben nun Jesus und alle, die er heiligt, denselben Vater.
Deshalb schämt sich Jesus nicht, sie seine Brüder zu nennen.
¹²Denn er sprach zu Gott: »Ich will meinen Brüdern deinen
Namen verkünden. Ich will dich vor der ganzen Gemeinde
ehren.«

¹³Er sagt auch: »Ich will Gott vertrauen.« Und weiter: »Hier
bin ich, zusammen mit den Kindern, die Gott mir gegeben
hat.«

¹⁴Da Gottes Kinder Menschen aus Fleisch und Blut sind,
wurde auch Jesus als Mensch geboren. Denn nur so konnte
er durch seinen Tod die Macht des Teufels brechen, der Macht
über den Tod hatte. ¹⁵Nur so konnte er die befreien, die ihr
Leben lang Sklaven ihrer Angst vor dem Tod waren.

¹⁶Wir wissen ja, dass Jesus kam, um den Nachkommen
Abrahams zu helfen, nicht den Engeln. ¹⁷Deshalb musste er
in allem seinen Brüdern gleich werden, damit er vor Gott unser barmherziger und treuer Hoher Priester werden konnte,
um durch sein Opfer die Menschen von ihrer Schuld zu befreien. ¹⁸Da er selbst gelitten und Versuchungen erfahren hat,
kann er denen helfen, die in Versuchungen geraten.

Jesus ist größer als Mose

3 ¹Deshalb, liebe Freunde, die ihr Gott gehört und an der
himmlischen Berufung teilhabt, denkt über diesen Jesus
nach, den wir bekennen als Gesandten und Hohen Priester
Gottes. ²Denn er war Gott treu, der ihn gesandt hat, genauso
wie Mose ein treuer Diener war für das ganze Haus Gottes,
sein Volk. ³Doch Jesus steht weit mehr Ehre zu als Mose, so
wie dem Erbauer eines Hauses mehr Ehre zukommt als dem
Haus. ⁴Denn jedes Haus hat einen, der es baut, aber Gott ist
der, der alles geschaffen hat.

⁵Mose war ein treuer Diener im Haus Gottes, und sein Beispiel bezeugte alles, was später von Gott offenbart werden sollte. ⁶Christus dagegen, der Sohn, wurde über das ganze Haus Gottes gesetzt. Gottes Haus sind wir, wenn wir zuversichtlich bleiben und an unserer Hoffnung auf Christus festhalten. ⁷Deshalb spricht der Heilige Geist:

»Heute sollt ihr auf seine Stimme hören. ⁸Verschließt eure Herzen nicht gegen ihn, wie die Israeliten es taten, als sie sich auflehnten am Tag der Versuchung in der Wüste. ⁹Dort haben eure Vorfahren meine Geduld auf die Probe gestellt, obwohl sie vierzig Jahre Zeugen meiner Wunder gewesen waren! ¹⁰Deshalb war ich zornig auf sie und sagte: ›Ständig kehren ihre Herzen sich von mir ab. Sie weigern sich zu tun, was ich ihnen sage.‹ ¹¹Deshalb schwor ich in meinem Zorn: ›Niemals werden sie meine Ruhe finden.‹«

¹²Achtet deshalb darauf, liebe Freunde, dass eure Herzen nicht böse und ungläubig sind und ihr euch damit vom lebendigen Gott abwendet. ¹³Ermutigt einander jeden Tag, solange es »Heute« heißt, damit keiner von euch von der Sünde überlistet wird und hart wird gegen Gott! ¹⁴Denn wenn wir bis zum Ende treu bleiben und Gott genauso fest vertrauen wie in der ersten Zeit unseres Glaubens, wird Christus uns an allem Anteil geben. ¹⁵Aber vergesst nicht das Wort der Schrift: »Heute sollt ihr auf seine Stimme hören. Verschließt eure Herzen nicht gegen ihn, wie die Israeliten es taten, als sie sich auflehnten.«

¹⁶Wer waren diese Menschen, die sich gegen Gott auflehnten, obwohl sie seine Stimme gehört hatten? Waren es nicht dieselben, die Mose aus Ägypten herausgeführt hatte? ¹⁷Und wer weckte vierzig Jahre lang immer wieder Gottes Zorn? Waren es nicht dieselben, die gesündigt hatten, deren Körper tot in der Wüste lagen? ¹⁸Und zu wem sprach Gott, als er schwor, dass sie seine Ruhe niemals finden sollten? Er sprach zu denen, die ihm ungehorsam gewesen waren. ¹⁹Wir sehen also, dass sie wegen ihres Unglaubens seine Ruhe nicht finden konnten.

Die verheißene Ruhe für Gottes Volk

4 ¹Wir sollten vor Furcht zittern bei dem Gedanken, dass
einige von euch dieses Ziel nicht erreichen. Achtet darauf,
dass dies nicht geschieht, solange die Zusage noch immer gilt,
dass wir seine Ruhe finden können. ²Denn diese gute Botschaft wurde uns genauso verkündet wie ihnen. Aber sie
nützte ihnen nichts, weil sie nicht glaubten, was Gott ihnen
sagte. ³Denn nur wir, die wir zum Glauben gefunden haben,
werden zur Ruhe Gottes gelangen. Über diejenigen, die nicht
geglaubt haben, sagte Gott: »Deshalb schwor ich in meinem
Zorn: ›Sie sollen meine Ruhe niemals finden‹«, obwohl diese
Ruhe bestand, seit er die Welt erschaffen hatte. ⁴Das wissen
wir, weil die Schrift über den siebten Schöpfungstag sagt:
»Am siebten Tag ruhte Gott von seiner Arbeit aus.« ⁵Doch an
anderer Stelle spricht Gott: »Sie sollen niemals meine Ruhe
finden.« ⁶Es bleibt also dabei, dass es eine Ruhe gibt, welche
die Menschen finden können. Die aber, die früher diese Botschaft hörten, haben sie nicht gefunden, weil sie Gott nicht
gehorchten. ⁷Deshalb hat Gott einen neuen Zeitpunkt festgelegt, ein neues »Heute«. Davon hat Gott nach so langer
Zeit durch David gesprochen; es sind die schon bekannten
Worte:

»Heute sollt ihr auf seine Stimme hören. Verschließt eure
Herzen nicht gegen ihn.«

⁸Mit dieser Ruhe war nicht das Land Kanaan gemeint, in das
Josua das Volk Israel geführt hatte, denn sonst hätte Gott später nicht von einem neuen »Heute« gesprochen. ⁹Es gibt also
noch eine besondere Ruhe für das Volk Gottes, die noch in der
Zukunft liegt. ¹⁰Wer in Gottes Ruhe hineingekommen ist,
wird sich von seiner Arbeit ausruhen, so wie auch Gott nach
der Erschaffung der Welt geruht hat. ¹¹Deshalb wollen wir
uns bemühen, in diese Ruhe hineinzukommen, um nicht wie
sie durch den gleichen Ungehorsam vom Weg abzukommen.

¹²Das Wort Gottes ist lebendig und wirksam. Es ist schärfer
als das schärfste Schwert und durchdringt unsere innersten
Gedanken und Wünsche. Es deckt auf, wer wir wirklich sind,
und macht unser Herz vor Gott offenbar. ¹³Nichts in der gan-

zen Schöpfung ist vor ihm verborgen. Alles ist nackt und bloß vor den Augen Gottes, dem wir für alles Rechenschaft ablegen müssen.

Christus ist unser Hoher Priester

[14]Da wir nun einen großen Hohen Priester haben, der durch den Himmel gegangen ist – Jesus, den Sohn Gottes –, wollen wir an unserem Bekenntnis zu ihm festhalten. [15]Dieser Hohe Priester versteht unsere Schwächen, weil ihm dieselben Versuchungen begegnet sind wie uns, doch er wurde nicht schuldig. [16]Lasst uns deshalb zuversichtlich vor den Thron unseres gnädigen Gottes treten. Dort werden wir Barmherzigkeit empfangen und Gnade finden, die uns helfen wird, wenn wir sie brauchen.

5 [1]Die Aufgabe eines Hohen Priesters ist es, andere Menschen vor Gott zu vertreten. Er bringt Gott ihre Gaben und die Opfer für ihre Sünden dar. [2]Er ist nachsichtig mit den Menschen, auch wenn sie unwissend sind und vom richtigen Weg abkommen, denn er ist denselben Schwächen unterworfen wie sie. [3]Deshalb muss er nicht nur für ihre, sondern auch für seine eigenen Sünden Opfer darbringen. [4]Niemand kann Hoher Priester werden, indem er für sich selbst diese Würde in Anspruch nimmt. Er muss wie Aaron von Gott zu diesem Dienst berufen werden.

[5]So hat auch Christus sich nicht selbst erhöht, um Hoher Priester zu werden. Nein, er wurde von Gott erwählt, der zu ihm sprach: »Du bist mein Sohn. Heute habe ich dich gezeugt.«

[6]Und an anderer Stelle sprach Gott zu ihm: »Du bist für immer Priester nach der Ordnung Melchisedeks.«

[7]Solange Jesus hier auf der Erde lebte, hat er mit lautem Schreien und unter Tränen seine Gebete und Bitten an den einen gerichtet, der ihn aus dem Tod befreien konnte. Und weil er große Ehrfurcht hatte vor Gott, wurde er erhört, [8]Obwohl Jesus der Sohn Gottes war, lernte er doch durch sein Leiden, gehorsam zu sein. [9]Auf diese Weise machte Gott ihn

vollkommen, und er wurde der Begründer einer ewigen Rettung für alle, die ihm gehorchen. [10]Und Gott ernannte ihn zum Hohen Priester nach der Ordnung Melchisedeks.

Geistliches Wachstum

[11]Es gibt noch so vieles, das wir darüber gern sagen würden, aber ihr seid so schlechte Zuhörer geworden, sodass man euch dies alles nur schwer verständlich machen kann. [12]Ihr seid nun schon so lange Christen und solltet eigentlich andere lehren. Stattdessen braucht ihr jemanden, der euch noch einmal die Grundlagen von Gottes Wort beibringt. Ihr seid wie Säuglinge, die nur Milch trinken, aber keine feste Nahrung essen können. [13]Ein Mensch aber, der sich von Milch ernährt, ist im Leben noch nicht sehr weit fortgeschritten und versteht nicht viel davon, was es heißt, das Richtige nach Gottes Wort zu tun. [14]Feste Nahrung dagegen ist für die Menschen, die erwachsen und reif sind, die aufgrund ihrer Erfahrung gelernt haben, zwischen Gut und Böse zu unterscheiden.

6 [1]Lasst uns daher aufhören, ständig die Grundaussagen der Lehre von Christus zu wiederholen. Wir wollen vielmehr weitergehen und im Verständnis reifer werden. Wir müssen doch nicht immer wieder neu erklären, wie wichtig es ist, dass wir von allen bösen Taten umkehren und an Gott glauben. [2]Ihr braucht keine weitere Unterweisung über die Taufe, die Handauflegung, die Auferstehung von den Toten und das ewige Gericht. [3]Wenn Gott es so will, schreiten wir weiter voran. [4]Denn es ist unmöglich, Menschen, die einmal erleuchtet worden sind – Menschen also, welche die guten Gaben des Himmels zu spüren bekamen, Anteil am Heiligen Geist erhielten, [5]die Güte des Wortes Gottes erfahren und die Macht der zukünftigen Welt kennengelernt haben – [6]und sich dann doch von Gott abwandten, wieder zur Umkehr zu bewegen und ihr Leben dadurch zu erneuern. Denn sie nageln den Sohn Gottes erneut ans Kreuz und verspotten ihn.

[7]Wenn die Erde den Regen aufnimmt, der auf sie fällt, und dem Bauern gute Ernte bringt, so empfängt sie Segen von Gott. [8]Doch wenn ein Feld Disteln und Dornen trägt, ist es

nutzlos. Der Bauer wird dieses Feld verfluchen und es abbrennen.

[9]Liebe Freunde, auch wenn wir so reden, glauben wir doch nicht, dass das auf euch zutrifft. Wir sind überzeugt, dass ihr besser dran seid und gerettet werdet. [10]Gott ist nicht ungerecht. Er wird nicht vergessen, wie ihr für ihn gearbeitet und eure Liebe zu ihm bewiesen habt und weiter beweist durch eure Fürsorge für andere, die auch zu Gott gehören. [11]Wir wünschen uns deshalb sehr, dass ihr bis zum Ende diesen Eifer behaltet, damit ihr voller Zuversicht an der Hoffnung festhalten könnt, die Gott euch gab. [12]Dann werdet ihr auch nicht träge oder gleichgültig werden, sondern dem Beispiel derer folgen, die aufgrund ihres Glaubens und ihrer Geduld die Zusagen Gottes empfangen.

Gottes Zusage weckt Hoffnung

[13]Denkt an Gottes Zusage, die er Abraham gab. Weil Gott bei keinem Größeren schwören konnte, schwor er bei seinem eigenen Namen und sagte: [14]»Ich werde dich reich segnen, und deine Nachkommen sollen zahllos sein.«

[15]Danach wartete Abraham geduldig und empfing schließlich, was Gott ihm versprochen hatte.

[16]Wer einen Eid leistet, schwört bei einem Größeren, dass er diesen Eid halten wird, und ein solcher Eid ist ohne Zweifel gültig. [17]Auch Gott verpflichtete sich mit einem Eid, damit die Empfänger dieser Zusage vollkommen sicher sein konnten, dass sie unabänderlich war. [18]Gott gab uns also sowohl seine Zusage als auch seinen Eid, die beide unabänderlich sind, weil Gott nicht lügt. Das ist für uns, die wir bei ihm Zuflucht gesucht haben, eine große Ermutigung, denn wir wollen ja das vor uns liegende Ziel, die Erfüllung der Hoffnung, erreichen.

[19]Diese Zuversicht ist wie ein starker und vertrauenswürdiger Anker für unsere Seele. Sie reicht hinter den Vorhang des Himmels bis in das Innerste des Heiligtums Gottes. [20]Dorthin ist Jesus uns bereits vorausgegangen. Er ist unser ewiger Hoher Priester nach der Ordnung Melchisedeks geworden.

Melchisedek und Abraham

7 ¹Dieser Melchisedek war König der Stadt Salem und ein
Priester Gottes, des Höchsten. Als Abraham heimkehrte,
nachdem er in einer großen Schlacht mehrere Könige besiegt
hatte, zog Melchisedek ihm entgegen und segnete ihn. ²Da
nahm Abraham den zehnten Teil von allem, was er erbeutet
hatte, und gab ihn Melchisedek. Melchisedek bedeutet »König der Gerechtigkeit« und auch »König des Friedens«, denn
Salem bedeutet Frieden. ³Es gibt keinen Hinweis auf seinen
Vater, seine Mutter oder irgendeinen seiner Vorfahren, weder
auf den Anfang noch das Ende seines Lebens. Er gleicht darin
dem Sohn Gottes und bleibt für immer Priester.

⁴Seht doch, wie groß dieser Melchisedek war. Selbst Abraham, der Stammvater Israels, gab ihm den zehnten Teil seiner
Beute. ⁵Nun haben die Priester aus der Nachkommenschaft
Levis nach dem Gesetz den Auftrag, vom ganzen Volk den
zehnten Teil zu erheben, obwohl es ihre eigenen Brüder sind
und Nachkommen Abrahams wie sie. ⁶Melchisedek aber, der
nicht einmal mit Levi verwandt war, erhielt von Abraham
ebenfalls den zehnten Teil. Und Melchisedek segnete Abraham, einen Mann, der bereits die Zusagen Gottes empfangen
hatte. ⁷Dabei ist zweifellos derjenige, der segnet, größer als
derjenige, der gesegnet wird.

⁸Im Fall der Leviten sind es sterbliche Menschen, die den
zehnten Teil empfangen. Doch Melchisedek ist größer als sie,
denn es wird uns gesagt, dass er weiterlebt. ⁹Man könnte sogar sagen, dass Levi selbst – der doch eigentlich den Zehnten
erhebt – durch Abraham den zehnten Teil an Melchisedek abgab. ¹⁰Levi war damals zwar noch nicht geboren, aber Abraham war sein Vater, und so war er bei ihm, als Melchisedek
den zehnten Teil von ihm erhielt.

¹¹Hätte nun das Priestertum Levis den Plan Gottes erfüllt –
und das Gesetz beruhte ja auf diesem Priestertum –, warum
hätte Gott dann noch einen anderen Priester senden sollen,
der zur Ordnung Melchisedeks gehört und nicht ein Priester
war wie Aaron? ¹²Wenn nun aber die priesterliche Ordnung verändert wird,

muss auch das ganze Gesetz entsprechend geändert werden. [13]Denn der, von dem wir reden, gehört zu einem anderen Stamm, dessen Angehörige nie am Altar dienten. [14]Unser Herr kam ja aus dem Stamm Juda, doch Mose hat Juda nie in Verbindung mit dem Priestertum erwähnt.

Christus ist wie Melchisedek

[15]Die Änderung im Gesetz Gottes wird dadurch noch deutlicher, dass nun ein anderer Priester gekommen ist, der Melchisedek gleicht. [16]Er wurde nicht Priester, weil er die frühere Bedingung der Zugehörigkeit zum Stamm Levi erfüllte, sondern durch die Kraft eines unzerstörbaren Lebens. [17]Genau das wird auch über Christus in der Schrift bezeugt: »Du bist für immer Priester nach der Ordnung Melchisedeks.«

[18]Die frühere Bedingung für das Priestertum wurde dadurch aufgehoben, weil sie schwach und nutzlos war. [19]Denn das Gesetz machte nichts vollkommen. Nun ist eine bessere Hoffnung an seine Stelle getreten. Und sie zeigt einen Weg, auf dem wir zu Gott kommen.

[20]Gott hat Jesus durch einen Eid in seinem Priesteramt bestätigt; bei keinem Priester vor ihm hatte es so einen Eid gegeben. [21]Nur zu Jesus sprach Gott: »Der Herr hat einen Eid geschworen und wird ihn nicht brechen: ›Du bist für immer Priester.‹« [22]So ist Jesus der Garant eines besseren Bundes geworden.

[23]Ein weiterer Unterschied besteht darin, dass es nach der alten Ordnung viele Priester gab, denn wenn ein Priester starb, musste ein anderer seinen Platz einnehmen. [24]Jesus dagegen bleibt für immer Priester; sein Priestertum wird nie enden. [25]Deshalb kann er auch für immer alle retten, die durch ihn zu Gott kommen. Er lebt ewig und wird vor Gott für sie eintreten.

[26]Er ist ein Hoher Priester, wie wir ihn nötig haben, denn er ist heilig, ohne jede Schuld und unberührt von der Sünde. Er wurde von den sündigen Menschen getrennt und hat den höchsten Ehrenplatz im Himmel erhalten. [27]Er braucht nicht täglich Opfer zu bringen, wie es die anderen Hohen Priester

zunächst für ihre eigenen Sünden und dann für die Sünden des Volkes tun mussten, sondern er tat dies ein für alle Mal, als er sich selbst am Kreuz opferte. ²⁸Diejenigen, die unter dem Gesetz als Hohe Priester eingesetzt wurden, waren Menschen mit menschlichen Schwächen. Doch nachdem das Gesetz gegeben worden war, setzte Gott mit einem Eid seinen Sohn ein, und dieser Sohn wurde auf ewig vollkommen.

Christus ist unser Hoher Priester

8 ¹Das Wichtigste aber ist: Unser Hoher Priester hat sich auf den höchsten Ehrenplatz im Himmel gesetzt, an Gottes rechte Seite. ²Dort dient er im Zelt, dem wahren Heiligtum, das vom Herrn und nicht von Menschen errichtet wurde.

³Und da jeder Hohe Priester dazu eingesetzt ist, Gaben und Opfer darzubringen, muss auch unser Hoher Priester etwas haben, das er Gott opfern kann. ⁴Wäre er hier auf der Erde, dann wäre er nicht einmal ein Priester, weil es ja schon Priester gibt, welche die Opfer darbringen, die das Gesetz verlangt. ⁵Sie dienen in einem Heiligtum, das nur ein Abbild, nur ein Schatten des wahren Heiligtums im Himmel ist. Denn als Mose daran ging, das Zelt Gottes zu errichten, warnte Gott ihn: »Achte darauf, dass du alles ganz genau nach dem Entwurf machst, der dir hier auf dem Berg gezeigt worden ist.« ⁶Der Hohe Priester, von dem wir sprechen, hat dagegen ein weit höheres Amt erhalten, weil er der Vermittler eines besseren Bundes mit Gott ist, welcher auf besseren Zusagen beruht.

⁷Hätte der erste Bund keine Mängel gehabt, wäre es nicht nötig gewesen, ihn durch einen zweiten zu ersetzen. ⁸Aber Gott tadelte sein Volk und sagte: »Es wird ein Tag kommen, spricht der Herr, an dem ich einen neuen Bund mit dem Volk Israel und mit dem Volk Juda schließen werde. ⁹Dieser Bund wird nicht so sein wie der, den ich mit ihren Vorfahren schloss, als ich sie an der Hand nahm und aus Ägypten führte. Sie sind meinem Bund nicht treu geblieben, deshalb habe ich mich von ihnen abgewandt, spricht der Herr. ¹⁰Doch dies ist der neue Bund, den ich an jenem Tag mit dem Volk Israel

schließen werde, spricht der Herr: Ich werde ihr Denken mit meinem Gesetz füllen, und ich werde es in ihr Herz schreiben. Ich werde ihr Gott sein und sie werden mein Volk sein. ¹¹Und keiner wird mehr seinen Mitbürger oder Bruder belehren müssen: ›Du musst den Herrn erkennen.‹ Denn jeder, vom Kleinen bis zum Großen, wird mich bereits kennen. ¹²Und ich werde ihr Unrecht vergeben und nie wieder an ihre Sünden denken.«

¹³Wenn Gott von einem neuen Bund spricht, bedeutet dies, dass er den ersten für veraltet erklärt. Der alte Bund ist damit überholt, und sein Ende steht bevor.

Der Gottesdienst des ersten Bundes

9 ¹Nun gab es in diesem ersten Bund zwischen Gott und Israel Bestimmungen für den Gottesdienst und ein heiliges Zelt hier auf der Erde. ²Dieses Zelt hatte zwei Räume. Im ersten befanden sich ein Leuchter, ein Tisch und auf dem Tisch heilige Brote; dieser Raum wurde Heiligtum genannt. ³Dann gab es einen Vorhang und hinter dem Vorhang lag der zweite Raum, der das Allerheiligste genannt wurde. ⁴In diesem Raum befanden sich ein goldener Räucheraltar und eine hölzerne Truhe – Bundeslade genannt –, die ringsum vergoldet war. Die Truhe enthielt ein goldenes Gefäß mit etwas Manna, den Stab Aarons, der Triebe bekommen hatte, und die Steintafeln des Bundes mit den Geboten. ⁵Herrliche Cherubim befanden sich oberhalb der Bundeslade. Ihre Flügel waren über den Deckel der Bundeslade, den Ort der Versöhnung, ausgebreitet. Aber wir können diese Dinge jetzt nicht alle im Einzelnen erklären.

⁶Als alles an seinem Platz stand, gingen die Priester regelmäßig im ersten Raum des Zeltes ein und aus und erfüllten ihren Dienst. ⁷Doch nur der Hohe Priester betrat das Allerheiligste, und das auch nur einmal im Jahr und immer mit Blut von Opfertieren, das er für sich und für die Sünden des Volkes darbrachte, die es aus Unwissenheit begangen hat. ⁸Durch diese Bestimmungen zeigte der Heilige Geist, dass dem Volk der Weg zum Allerheiligsten noch nicht offen

stand, solange der erste Raum des Zeltes noch Bestand hatte.

[9]Dies ist ein Gleichnis für unsere Gegenwart: Die Gaben und Opfer der Priester können das Gewissen der Menschen, die sie darbringen, letztlich nicht von Schuld befreien. [10]Denn diese alten Satzungen beziehen sich nur auf Essen und Trinken und rituelle Waschungen – auf äußere Bestimmungen, die nur gelten, bis eine neue Ordnung kommt, die besser ist.

Christus ist das vollkommene Opfer

[11]So ist Christus nun der Hohe Priester für all das Gute geworden, das gekommen ist. Er hat das große, vollkommene Heiligtum im Himmel betreten, das nicht von Menschen erbaut wurde und nicht Teil dieser Schöpfung ist. [12]Ein einziges Mal brachte er Blut in jenes Allerheiligste, aber nicht das Blut von Böcken und Kälbern, sondern sein eigenes Blut, durch das er uns die Rettung brachte, die für alle Zeiten gilt.

[13]Früher konnte die Besprengung mit dem Blut von Böcken und Stieren oder mit der Asche einer jungen Kuh den Körper des Menschen von ritueller Unreinheit reinigen. [14]Wie viel mehr kann dann das Blut des Christus bewirken, denn durch die Kraft von Gottes ewigem Geist brachte Christus sich selbst Gott als vollkommenes Opfer für unsere Sünden dar. Er befreit unser Gewissen, indem er uns freispricht von unseren Taten, für die wir den Tod verdienen. Nun können wir dem lebendigen Gott dienen. [15]Aus diesem Grund ist er der Vermittler eines neuen Bundes zwischen Gott und den Menschen, damit alle, die dazu berufen sind, das ewige Erbe empfangen können, das Gott ihnen versprochen hat. Denn Christus starb, um sie von der Strafe für die Sünden zu befreien, die sie zur Zeit des ersten Bundes begangen hatten.

[16]Wenn nun jemand stirbt und ein Testament hinterlässt, bekommt niemand etwas, bevor nicht bewiesen ist, dass der Verfasser dieses Testaments wirklich tot ist. [17]Das Testament tritt erst nach dem Tod dessen in Kraft, der es geschrieben hat. Solange er noch lebt, kann niemand es für sich in Anspruch nehmen.

¹⁸Deshalb musste der erste Bund mit Blut als Beweis für den Tod besiegelt werden. ¹⁹Denn nachdem Mose dem Volk das ganze Gesetz Gottes gegeben hatte, nahm er das Blut von Kälbern und Böcken zusammen mit Wasser und besprengte das Buch des Gesetzes Gottes und das ganze Volk mithilfe von Ysopzweigen und scharlachroter Wolle. ²⁰Dann sagte er: »Dieses Blut besiegelt den Bund, den Gott mit euch geschlossen hat.« ²¹Und in derselben Weise besprengte er das heilige Zelt und alles, was für den Gottesdienst gebraucht wurde. ²²Letztlich können wir sagen, dass nach dem Gesetz fast alles durch Besprengung mit Blut gereinigt wurde. Ohne Blutvergießen gibt es keine Vergebung der Sünden.

²³Deshalb musste das irdische Zelt und alles, was es enthielt – die Abbilder dessen, was im Himmel ist –, durch das Blut von Tieren gereinigt werden. Was aber wirklich im Himmel ist, muss durch bessere Opfer als das Blut von Tieren gereinigt werden.

²⁴Denn Christus ging in den Himmel selbst, um nun für uns vor Gott einzutreten. Er betrat nicht das irdische Heiligtum, denn dies war nur ein Abbild des wahren Tempels im Himmel. ²⁵Er ging auch nicht in den Himmel, um sich immer wieder selbst zu opfern, wie die irdischen Priester, die Jahr für Jahr das Heiligtum betreten, um das Blut von Tieren zu opfern. ²⁶Wenn das nötig gewesen wäre, hätte er seit Erschaffung der Welt immer wieder sterben müssen. Er kam ein für alle Mal am Ende der Zeiten, um die Macht der Sünde durch seinen Opfertod für uns zu brechen.

²⁷Und genauso, wie es bestimmt ist, dass jeder Mensch nur einmal stirbt, worauf das Gericht folgt, ²⁸genauso starb auch Christus nur einmal als Opfer, um die Sünden vieler Menschen wegzunehmen. Er wird wiederkommen, aber nicht noch einmal wegen unserer Schuld, sondern er wird all denen Rettung bringen, die sehnsüchtig auf seine Rückkehr warten.

Das Opfer von Christus

10 ¹Das Gesetz brachte also nur einen Schatten des Zukünftigen und nicht die Wirklichkeit der himmlischen

Güter. Die Opfer wurden Jahr für Jahr wiederholt, doch sie konnten denen, die zur Anbetung kamen, keine vollkommene Reinigung schenken. ²Wäre dies der Fall gewesen, dann hätte es keine Opfer mehr gegeben, denn die Opfernden wären ein für alle Mal gereinigt gewesen, und sie hätten ein reines Gewissen.

³Doch das Gegenteil geschah. Die jährlichen Opfer erinnerten sie Jahr für Jahr erneut an ihre Sünden. ⁴Denn das Blut von Stieren und Böcken kann keine Sünden fortnehmen. ⁵Deshalb sprach Christus, als er in die Welt kam: »Du wolltest keine Opfer und keine Gaben, doch du hast mir einen Leib gegeben. ⁶Du hattest keine Freude an Brandopfern oder an anderen Sündopfern. ⁷Da sprach ich: ›Sieh her, ich bin gekommen, um deinen Willen zu erfüllen, o Gott – so wie es in deinem Buch über mich geschrieben steht.‹«

⁸Christus sagte: »Du wolltest keine Opfer und keine Gaben und keine Brandopfer und keine anderen Sündopfer, noch hattest du Freude daran«, obwohl sie nach dem Gesetz gefordert waren. ⁹Und er fügte hinzu: »Sieh her, ich bin gekommen, um deinen Willen zu tun.« Er hebt den ersten Bund auf, um den zweiten einzusetzen. ¹⁰Und Gott will, dass wir durch das Opfer des Leibes von Jesus Christus ein für alle Mal geheiligt werden.

¹¹Sonst steht der Priester Tag für Tag vor dem Altar und bringt Opfer dar, die niemals Sünden wegnehmen können. ¹²Dieser Hohe Priester dagegen brachte sich selbst Gott als ein Sündopfer dar, das für alle Zeit wirksam ist. Dann setzte er sich auf den höchsten Ehrenplatz an Gottes rechter Seite. ¹³Dort wartet er, bis seine Feinde zu einem Schemel unter seinen Füßen erniedrigt werden. ¹⁴Denn durch dieses eine Opfer hat er alle, die er heiligt, für immer vollkommen gemacht.

¹⁵Auch der Heilige Geist versichert uns das. Er sagt: ¹⁶»Dies ist der neue Bund, den ich an jenem Tag mit dem Volk Israel schließen werde«, spricht der Herr: »Ich werde ihr Denken mit meinem Gesetz füllen, und ich werde es in ihr Herz schreiben.« ¹⁷Und er fügt hinzu: »Und ich werde nie wieder an ihr

Unrecht und ihre Sünden denken.« [18]Wenn Sünden vergeben worden sind, ist es nicht mehr notwendig, Opfer zu bringen.

Eine Aufforderung zur Geduld

[19]Deshalb, liebe Freunde, können wir jetzt zuversichtlich in das Allerheiligste des Himmels hineingehen, denn das Blut von Jesus hat uns den Weg geöffnet. [20]Das ist der neue, lebendige Weg durch den Vorhang, den Christus durch seinen Tod für uns eröffnet hat.

[21]Da wir also einen großen Hohen Priester haben, der über das Volk Gottes eingesetzt ist, [22]wollen wir mit aufrichtigem Herzen in die Gegenwart Gottes treten und ihm ganz und gar vertrauen. Denn unsere Herzen wurden mit dem Blut von Christus besprengt, um unser Gewissen von Schuld zu reinigen, und unsere Körper sind mit reinem Wasser gewaschen!

[23]Deshalb wollen wir weiter an der Hoffnung festhalten, die wir bekennen, denn Gott steht treu zu seinen Zusagen. [24]Spornt euch gegenseitig zu Liebe und zu guten Taten an. [25]Und lasst uns unsere Zusammenkünfte nicht versäumen, wie einige es tun, sondern ermutigt und ermahnt einander, besonders jetzt, da der Tag seiner Wiederkehr näher rückt!

[26]Denn wenn wir bewusst weiter sündigen, nachdem wir mit Gottes Hilfe die Wahrheit erkannt haben, gibt es kein anderes Opfer mehr für diese Sünden. [27]Dann bleibt nur noch das furchtbare Warten auf das göttliche Gericht und das wütende Feuer, das seine Feinde verzehren wird. [28]Jeder, der sich weigerte, das Gesetz des Mose zu befolgen, wurde auf die Aussage von zwei oder drei Zeugen hin getötet. [29]Wie viel schrecklicher wird die Bestrafung für den ausfallen, der den Sohn Gottes mit Füßen tritt, das Blut des Bundes verachtet, durch das er geheiligt wurde, und den Heiligen Geist verhöhnt, ohne den er Gottes Gnade nicht erkannt hätte. [30]Denn wir kennen den, der gesagt hat: »Ich will Rache nehmen. Ich will Vergeltung üben an denen, die es verdienen.« Er sagte auch: »Der Herr wird sein Volk richten.«

[31]Es ist schrecklich, in die Hände des lebendigen Gottes zu fallen.

³²Erinnert euch an die Zeit, als ihr die Wahrheit Gottes gerade erst erkannt hattet: Damals musstet ihr viel ertragen, aber ihr habt geduldig durchgehalten. ³³Manchmal wurdet ihr in aller Öffentlichkeit verspottet und misshandelt; manchmal habt ihr anderen geholfen, denen es so erging. ³⁴Ihr habt mit denen mitgelitten, die im Gefängnis waren. Als man euch euren Besitz wegnahm, habt ihr das voller Freude hingenommen, denn ihr wusstet ja, dass ihr etwas Besseres besitzt, das ihr nie verlieren werdet.

³⁵Werft dieses Vertrauen auf den Herrn nicht weg, was immer auch geschieht, sondern denkt an die große Belohnung, die damit verbunden ist! ³⁶Was ihr jetzt braucht, ist Geduld, damit ihr weiterhin nach Gottes Willen handelt. Dann werdet ihr alles empfangen, was er versprochen hat.

³⁷»Nur noch eine kurze Zeit, dann wird der erscheinen, der kommen soll, und sein Kommen wird sich nicht verzögern. ³⁸Durch den Glauben hat ein Gerechter Leben. Doch wer sich von mir abwendet, an dem habe ich keine Freude.«

³⁹Aber wir sind nicht wie die Menschen, die sich von Gott abwenden und so in ihr Verderben rennen. Weil wir an unserem Glauben festhalten, werden wir das Leben bekommen.

Große Vorbilder im Glauben

11 ¹Was ist nun also der Glaube? Er ist das Vertrauen darauf, dass das, was wir hoffen, sich erfüllen wird, und die Überzeugung, dass das, was man nicht sieht, existiert. ²Aufgrund dieses Glaubens hat Gott unseren Vorfahren in der Schrift seine Anerkennung ausgesprochen. ³Durch den Glauben verstehen wir, dass die Welt auf Gottes Befehl hin entstand und dass alles, was wir jetzt sehen, aus dem entstanden ist, was man nicht sieht.

⁴Durch den Glauben brachte Abel Gott ein besseres Opfer dar als Kain. Gott nahm Abels Opfer an, um zu zeigen, dass er in seinen Augen gerecht gesprochen war. Und obwohl Abel schon lange tot ist, spricht er so noch immer zu uns.

⁵Durch den Glauben wurde Henoch in den Himmel aufgenommen, ohne zu sterben, denn niemand sah ihn mehr,

weil Gott ihn zu sich nahm. Doch bevor er fortgenommen wurde, wurde ihm verkündet, dass Gott Freude an ihm hatte. [6]Ihr seht also, dass es unmöglich ist, ohne Glauben Gott zu gefallen. Wer zu ihm kommen möchte, muss glauben, dass Gott existiert und dass er die, die ihn aufrichtig suchen, belohnt.

[7]Durch den Glauben baute Noah eine Arche, um seine Familie vor der Flut zu retten. Er gehorchte Gott, der ihn vor etwas warnte, das noch nicht zu sehen war. Sein Glaube war das Urteil über den Unglauben der übrigen Welt; er aber wurde Erbe der Gerechtigkeit, die aus dem Glauben kommt.

[8]Durch den Glauben gehorchte Abraham, als Gott ihn aufforderte, seine Heimat zu verlassen und in ein anderes Land zu ziehen, das Gott ihm als Erbe geben würde. Er ging, ohne zu wissen, wohin ihn sein Weg führen würde. [9]Und selbst als er das Land erreichte, das Gott ihm versprochen hatte, lebte er dort aus der Kraft des Glaubens – denn er war in dem Land wie ein Fremder, der in einem Zelt wohnte, ebenso wie Isaak und Jakob, denen Gott dieselbe Zusage gegeben hatte. [10]Abraham konnte so handeln, weil er auf eine Stadt mit festem Fundament wartete, deren Bauherr und Schöpfer Gott selbst ist.

[11]Durch den Glauben konnte Sara mit Abraham ein Kind bekommen, obwohl beide zu alt waren und obwohl Sara unfruchtbar war. Denn er glaubte, dass Gott sein Versprechen halten würde. [12]Und so stammt ein ganzes Volk von diesem einen Mann, Abraham, der schon zu alt war, um noch Kinder zu zeugen. Und dieses Volk ist so groß wie die Zahl der Sterne am Himmel und wie die Sandkörner am Meer, die man unmöglich zählen kann.

[13]All diese Menschen glaubten bis zu ihrem Tod, ohne erhalten zu haben, was Gott ihnen versprochen hatte. Doch sie sahen das, was ihnen zugesagt war, von Weitem und freuten sich darauf, denn sie hatten erkannt und bezeugt, dass sie hier auf der Erde nur Gäste und Fremde waren. [14]Und sie bekannten damit, dass sie auf der Suche waren nach einem Land, das sie ihre Heimat nennen konnten. [15]Hätten sie das

Land gemeint, aus dem sie kamen, dann hätten sie einen Weg gefunden, dorthin zurückzukehren. ¹⁶Aber sie suchten nach einem besseren Ort, einer Heimat im Himmel. Deshalb schämt Gott sich nicht, ihr Gott genannt zu werden, denn er hat ihnen eine Stadt im Himmel gebaut.

¹⁷Durch den Glauben war Abraham bereit, Isaak als Opfer darzubringen, als Gott ihn auf die Probe stellte. Abraham, der Gottes Zusagen empfangen hatte, war bereit, seinen einzigen Sohn Isaak zu opfern, ¹⁸obwohl Gott ihm versprochen hatte: »Nur die Nachkommen Isaaks sollen als deine Nachkommen bezeichnet werden.« ¹⁹Abraham ging davon aus, dass Gott Isaak wieder zum Leben erwecken konnte, wenn er gestorben war. Und in gewisser Weise bekam Abraham seinen Sohn tatsächlich von den Toten zurück.

²⁰Durch den Glauben segnete Isaak seine beiden Söhne Jakob und Esau. Er vertraute auf das, was Gott in der Zukunft tun würde.

²¹Durch den Glauben segnete Jakob, als er alt geworden war und im Sterben lag, die beiden Söhne Josefs und verneigte sich, auf seinen Stab gestützt, anbetend vor Gott.

²²Aus Glauben sprach Josef unmittelbar vor seinem Tod davon, dass Gott das Volk Israel aus Ägypten führen würde. Er war sich dessen so sicher, dass er ihnen befahl, bei ihrem Auszug seine Gebeine mitzunehmen!

²³Durch den Glauben versteckten die Eltern von Mose ihr Kind nach der Geburt drei Monate lang. Sie sahen, dass Gott ihnen ein schönes Kind geschenkt hatte, und hatten keine Angst vor dem, was der König ihnen antun konnte.

²⁴Durch den Glauben weigerte sich Mose, als er erwachsen war, sich als Sohn der Tochter des Pharaos bezeichnen zu lassen. ²⁵Er zog es vor, mit dem Volk zu leiden, anstatt sich dem flüchtigen Vergnügen der Sünde hinzugeben. ²⁶Er hielt die Leiden, die auch Christus auf sich nahm, für besseren Reichtum als die Schätze Ägyptens, denn er sah der großen Belohnung entgegen, die Gott ihm geben würde. ²⁷Durch den Glauben verließ Mose das Land Ägypten. Er hatte keine Angst vor dem König, sondern ging unerschütterlich weiter,

weil er den Blick fest auf den richtete, der unsichtbar ist. [28]Durch den Glauben befahl Mose dem Volk Israel, das Passah zu halten und die Türpfosten mit Blut zu bestreichen, damit der Engel des Todes ihre erstgeborenen Söhne nicht tötete.

[29]Durch den Glauben zog das Volk Israel durch das Rote Meer, als wäre es trockenes Land. Doch als die Ägypter sie verfolgten, ertranken sie alle.

[30]Durch den Glauben marschierte das Volk Israel sieben Tage lang um Jericho herum, und die Stadtmauern stürzten ein.

[31]Durch den Glauben kam die Prostituierte Rahab nicht mit den anderen Einwohnern der Stadt um, die sich geweigert hatten, Gott zu gehorchen. Denn sie hatte die Kundschafter freundlich aufgenommen.

[32]Wie viel soll ich noch aufzählen? Es würde zu lange dauern, all die Geschichten über den Glauben von Gideon, Barak, Simson, Jeftah, David, Samuel und allen Propheten zu erzählen. [33]Durch den Glauben haben sie Königreiche bezwungen, mit Gerechtigkeit regiert und bekommen, was Gott ihnen versprochen hatte. Sie verschlossen Löwen das Maul, [34]löschten Feuerflammen und entkamen der tödlichen Klinge des Schwertes. Ihre Schwäche wurde in Stärke verwandelt. Sie wurden stark im Kampf und schlugen ganze Armeen in die Flucht. [35]Frauen erhielten ihre geliebten Angehörigen aus dem Tod zurück.

Doch andere vertrauten Gott und wurden gefoltert, weil sie lieber starben, als sich von Gott abzuwenden und freizukommen. Sie setzten ihre Hoffnung auf die Auferstehung zu einem besseren Leben. [36]Einige wurden verspottet und ausgepeitscht, wieder andere wurden im Gefängnis angekettet. [37]Manche starben durch Steinigung, andere wurden zersägt, wieder andere mit dem Schwert getötet. Einige gingen in Schaf- oder Ziegenfellen umher, litten Hunger und wurden unterdrückt oder misshandelt. [38]Sie, die zu gut für diese Welt waren, zogen durch Wüsten und über Gebirge und suchten Zuflucht in Höhlen und Erdlöchern.

³⁹An all diesen Menschen hatte Gott wegen ihres Glaubens Freude, doch keiner von ihnen empfing das, was Gott versprochen hatte. ⁴⁰Denn Gott hatte weit Besseres für uns vorgesehen; deshalb können sie erst mit uns gemeinsam das Ziel erreichen.

Gottes Zurechtweisung ist ein Zeichen seiner Liebe

12 ¹Da wir von so vielen Zeugen umgeben sind, die ein Leben durch den Glauben geführt haben, wollen wir jede Last ablegen, die uns behindert, besonders die Sünde, in die wir uns so leicht verstricken. Wir wollen den Wettlauf bis zum Ende durchhalten, für den wir bestimmt sind. ²Dies tun wir, indem wir unsere Augen auf Jesus gerichtet halten, von dem unser Glaube vom Anfang bis zum Ende abhängt. Er war bereit, den Tod der Schande am Kreuz zu sterben, weil er wusste, welche Freude ihn danach erwartete. Nun sitzt er an der rechten Seite von Gottes Thron im Himmel! ³Denkt an alles, was er durch die Menschen, die ihn anfeindeten, ertragen hat, damit ihr nicht müde werdet und aufgebt. ⁴Immerhin habt ihr im Kampf gegen die Sünde noch nicht euer Leben opfern müssen.

⁵Und habt ihr die ermutigenden Worte völlig vergessen, die Gott zu euch sprach?

»Mein Sohn, lehne dich nicht dagegen auf, wenn der Herr dich zurechtweist und lass dich dadurch nicht entmutigen! ⁶Denn der Herr weist die zurecht, die er liebt, und er straft jeden, den er als seinen Sohn annimmt.«

⁷Wenn ihr Schweres ertragen müsst, dann erkennt darin die Zurechtweisung Gottes; denkt daran, dass Gott euch als seine Kinder behandelt. Wer hätte je von einem Sohn gehört, der nie bestraft wurde? ⁸Wenn Gott euch nicht zurechtweist, wie er es doch bei allen Menschen tut, dann heißt das, dass ihr nicht seine rechtmäßigen Kinder seid. ⁹Unsere leiblichen Väter erzogen uns mit Strafe, und wir hatten trotzdem Achtung vor ihnen. Sollten wir uns da nicht umso bereitwilliger der Erziehung unseres himmlischen Vaters unterordnen, damit wir leben?

¹⁰Denn unsere leiblichen Väter haben uns eine Zeit lang erzogen, so gut sie es konnten. Aber Gottes Erziehung ist immer richtig und gut für uns, weil sie bedeutet, dass wir Anteil an seiner Heiligkeit erhalten. ¹¹Keine Strafe ist angenehm, und während wir sie erleiden, ist sie immer schmerzlich! Doch danach werden diejenigen, die auf diese Weise geformt werden, inneren Frieden und ein Leben in der Gerechtigkeit gewinnen.

¹²Stärkt also eure müde gewordenen Hände und stellt euch fest auf eure zitternden Knie! ¹³Schafft gerade Wege für eure Füße. Dann werden alle, auch wenn sie schwach und lahm sind, nicht stolpern und fallen, sondern stark werden.

Eine Aufforderung, auf Gott zu hören

¹⁴Versucht, mit allen Menschen in Frieden zu leben, und bemüht euch, ein heiliges Leben nach dem Willen Gottes zu führen, denn wer nicht heilig ist, wird den Herrn nicht sehen. ¹⁵Achtet aufeinander, damit niemand die Gnade Gottes versäumt. Seht zu, dass keine bittere Wurzel unter euch Fuß fassen kann, denn sonst wird sie euch zur Last werden und viele durch ihr Gift verderben. ¹⁶Sorgt dafür, dass niemand wie Esau ein unzüchtiges oder gottloses Leben führt. Er verkaufte sein Geburtsrecht als Ältester für eine einzige Mahlzeit! ¹⁷Und als er dann später den Segen seines Vaters wollte, wurde er abgewiesen. Da war es zu spät zur Umkehr, obwohl er bittere Tränen vergoss.

¹⁸Ihr seid nicht zu einem sichtbaren, greifbaren Berg gekommen, zu einem Ort voller Feuerflammen, Finsternis und Sturm wie die Israeliten am Berg Sinai, als Gott ihnen seine Gesetze gab. ¹⁹Denn sie hörten den Schall einer Posaune und eine so furchtbare Stimme, dass sie darum baten, sie möge nicht weitersprechen. ²⁰Sie wichen zurück, als sie hörten: »Wenn auch nur ein Tier den Berg berührt, soll es zu Tode gesteinigt werden.« ²¹Selbst Mose war bei diesem Anblick so erschüttert, dass er sagte: »Ich zittere vor Angst.«

²²Nein, ihr seid zum Berg Zion gekommen, zur Stadt des lebendigen Gottes, dem himmlischen Jerusalem, wo Tausen-

de von Engeln sich zu einem Fest versammelt haben. ²³Ihr
seid zur Gemeinde der erstgeborenen Kinder Gottes gekommen, deren Namen im Himmel aufgeschrieben sind. Ihr seid
zu Gott selbst gekommen, dem Richter aller Menschen. Und
ihr seid zu den Geretteten im Himmel gekommen, die nun im
Geist bei Gott angekommen und vollkommen gemacht sind.
²⁴Ihr seid zu Jesus gekommen, dem Vermittler des neuen Bundes zwischen Gott und Menschen, und seid durch sein Blut
von Schuld gereinigt worden. Und sein Blut verkündet etwas
viel Besseres als das Blut Abels.

²⁵Weist Gott nicht zurück, der zu euch redet! Die Israeliten
entkamen der Strafe nicht, als sie sich weigerten, auf Mose zu
hören, der ihnen Gottes Wort weitersagte. Wie viel schlimmer
wird es uns ergehen, wenn wir den ablehnen, der vom Himmel zu uns spricht! ²⁶Als Gott vom Berg Sinai sprach, erschüt-
terte seine Stimme die Erde, aber nun hat er uns eine andere
Zusage gegeben: »Noch einmal werde ich nicht nur die Erde,
sondern auch den Himmel erschüttern.« ²⁷Das deutet auf eine
Verwandlung der ganzen Schöpfung, die erschüttert wird,
damit nur das Ewige bleibt.

²⁸Da wir also ein Reich empfangen, das nicht zerstört werden kann, wollen wir dankbar sein und Gott Freude machen,
indem wir ihn in Ehrfurcht vor seiner Heiligkeit anbeten!
²⁹Denn unser Gott ist ein verzehrendes Feuer.

Abschließende Worte

13 ¹Liebt einander mit aufrichtiger Liebe. ²Vergesst nicht,
Fremden Gastfreundschaft zu erweisen, denn auf diese Weise haben einige Engel beherbergt, ohne es zu merken!
³Denkt an diejenigen, die im Gefängnis sind. Fühlt mit ihnen,
als wärt ihr selbst dort. Teilt das Leid derer, die misshandelt
werden, als würdet ihr ihren Schmerz am eigenen Körper
spüren.

⁴Haltet die Ehe in Ehren und bleibt einander treu! Gott wird
Menschen, die unzüchtig leben und die Ehe brechen, ganz
sicher richten.

⁵Hängt euer Herz nicht ans Geld und begnügt euch mit dem,

was ihr habt. Denn Gott hat gesagt: »Ich werde dich nie verlassen und dich nicht im Stich lassen.«

⁶Deshalb können wir zuversichtlich sagen: »Der Herr steht zu mir, deshalb fürchte ich mich nicht.Was können mir Menschen anhaben?«

⁷Erinnert euch an eure Lehrer, die euch zuerst das Wort Gottes verkündeten. Denkt an all das Gute, das aus ihrem Leben hervorgegangen ist, und vertraut auf den Herrn, wie sie es taten!

⁸Jesus Christus ist gestern, heute und in Ewigkeit derselbe. ⁹Lasst euch daher nicht von seltsamen, neuen Lehren verwirren. Durch die Gnade Gottes werdet ihr innerlich stark und nicht durch Bestimmungen über Speisen, die keinem helfen, der sich danach richtet.

¹⁰Wir haben einen Altar, von dem die Priester des irdischen Heiligtums nicht essen dürfen. ¹¹Früher brachte der Hohe Priester das Blut von Tieren als Opfer für die Sünde in das Heiligtum, doch die Leiber der geopferten Tiere selbst wurden außerhalb des Lagers verbrannt. ¹²So litt und starb auch Jesus außerhalb der Stadttore, um sein Volk durch sein vergossenes Blut zu heiligen. ¹³Lasst uns deshalb zu ihm hinausgehen, vor das Lager, und die Schande tragen, die er auf sich nahm. ¹⁴Denn diese Welt ist nicht unsere Heimat; wir erwarten unsere zukünftige Stadt erst im Himmel.

¹⁵Durch Jesus wollen wir Gott zu jeder Zeit danken, indem wir ihn loben und uns zu seinem Namen bekennen! ¹⁶Vergesst nicht, Gutes zu tun und mit den anderen zu teilen, denn über solche Opfer freut sich Gott.

¹⁷Gehorcht den Leitern eurer Gemeinde und tut, was sie sagen. Es ist ihre Aufgabe, über eure Seelen zu wachen, und sie wissen, dass sie Gott Rechenschaft geben müssen. Achtet darauf, dass sie dies mit Freude und ohne Sorgen tun können, denn das wäre sonst für euch sicher nicht gut. ¹⁸Betet für uns! Unser Gewissen ist zwar rein, aber wir möchten ein einwandfreies Leben führen. ¹⁹Gerade jetzt brauche ich eure Gebete besonders, damit ich bald zu euch zurückkehren kann.

²⁰Ich wünsche euch, dass der Gott des Friedens, der unseren

Herrn Jesus, den großen Hirten der Schafe, durch das Blut des
ewigen Bundes von den Toten zurückgebracht hat, ²¹euch mit
allem versorgt, was ihr braucht, um seinen Willen zu tun. Ich
wünsche mir, dass er durch die Kraft von Jesus Christus all
das in uns wachsen lässt, was ihm Freude macht. Ihm gehört
die Ehre für immer und ewig! Amen. ²²Ich bitte euch sehr,
liebe Freunde, genau auf das zu hören, was ich euch in diesem
kurzen Brief mitgeteilt habe.

²³Ihr sollt wissen, dass unser Bruder Timotheus aus dem Gefängnis frei ist. Wenn er bald hierher kommt, werde ich ihn
mitbringen, wenn ich euch besuche!

²⁴Grüßt alle Leiter eurer Gemeinden von mir und alle anderen, die zu Gott gehören. Die Freunde aus Italien lassen euch
grüßen.

²⁵Ich wünsche euch allen Gottes Gnade!

Der Brief von Jakobus

Grüße von Jakobus

1 ¹Dieser Brief ist von Jakobus, einem Diener von Gott und von Jesus Christus, dem Herrn.

Er ist geschrieben an die Gemeinden, die zerstreut unter den anderen Völkern leben. Ich grüße euch!

Glaube und Ausdauer

²Liebe Brüder, wenn in schwierigen Situationen euer Glaube geprüft wird, dann freut euch darüber. ³Denn wenn ihr euch darin bewährt, wächst eure Geduld. ⁴Und durch die Geduld werdet ihr bis zum Ende durchhalten, denn dann wird euer Glaube zur vollen Reife gelangen und vollkommen sein und nichts wird euch fehlen. ⁵Wenn jemand unter euch Weisheit braucht, weil er wissen will, wie er nach Gottes Willen handeln soll, dann kann er Gott einfach darum bitten. Und Gott, der gerne hilft, wird ihm bestimmt antworten, ohne ihm Vorwürfe zu machen. ⁶Aber wer ihn fragt, soll auch wirklich mit seiner Antwort rechnen! Denn einer, der zweifelt, ist so aufgewühlt wie eine Meereswoge, die vom Wind getrieben und hin- und hergeworfen wird. ⁷Ein solcher Mensch darf nicht erwarten, etwas von Gott zu erhalten, ⁸denn er ist unbeständig und schwankt ständig hin und her. ⁹Wer wenig hat und wenig gilt, soll sich freuen, weil er bei Gott viel gilt. ¹⁰Und wer viel hat und angesehen ist, soll demütig und bescheiden sein, denn auch er wird vergehen wie eine Blume auf dem Feld. ¹¹Die Sonne geht auf und lässt mit ihrer Hitze das Gras verdorren; die Blume verwelkt, und ihre Schönheit schwindet. Genauso wird der Reiche mit seinem ganzen Besitz vergehen.

¹²Glücklich ist, wer die Prüfungen des Glaubens geduldig erträgt. Wenn er sich bewährt hat, wird er das ewige Leben empfangen, das Gott denen versprochen hat, die ihn lieben. ¹³Wer der Versuchung erliegt, sollte niemals sagen: »Diese Versuchung kommt von Gott.« Gott lässt sich nicht zum Bösen verführen, und er verleitet auch niemanden zur Sünde.

¹⁴Jeder Mensch wird durch seine eigenen Begierden verlockt, geködert und verführt. ¹⁵Wer seinen Begierden nachgibt, sündigt, und die vollzogene Sünde führt zum Tod. ¹⁶Macht euch also nichts vor, liebe Brüder!

¹⁷Alles, was gut und vollkommen ist, wird uns von oben geschenkt, von Gott, der alle Lichter des Himmels erschuf. Anders als sie ändert er sich nicht, noch wechselt er zwischen Licht und Finsternis. ¹⁸Durch das Wort der Wahrheit sind wir zu seinen Kindern geworden, weil er es so wollte. Wir sind die erste Frucht seiner neuen Schöpfung.

Zuhören und handeln

¹⁹Liebe Freunde, seid schnell bereit, zuzuhören, aber lasst euch Zeit, ehe ihr redet oder zornig werdet. ²⁰Denn menschlicher Zorn kann niemals etwas hervorbringen, das in Gottes Augen gerecht ist.

²¹Trennt euch deshalb von allem Schlechten und Bösen in eurem Leben und nehmt die Botschaft Gottes, die er euch gegeben hat, demütig an, denn sie hat die Kraft, eure Seelen zu retten. ²²Aber es reicht nicht, nur auf die Botschaft zu hören – ihr müsst auch danach handeln! Sonst betrügt ihr euch nur selbst. ²³Denn wer ihr nur zuhört und nicht danach handelt, ist wie ein Mensch, der sich im Spiegel betrachtet. ²⁴Er sieht sich, geht weg und vergisst, wie er aussieht. ²⁵Wer aber ständig auf das vollkommene Gesetz Gottes achtet – das Gesetz, das uns frei macht – und befolgt, was es sagt, und nicht vergisst, was er gehört hat, der ist glücklich dran.

²⁶Wenn ihr behauptet, Gott zu dienen, aber eure Zunge nicht im Zaum halten könnt, betrügt ihr euch nur selbst, und euer Dienst für Gott ist wertlos. ²⁷Rein und vorbildlich Gott, unserem Vater, zu dienen bedeutet, dass wir uns um die Sorgen der Waisen und Witwen kümmern und uns nicht von der Welt verderben lassen.

Eine Warnung vor Vorurteilen

2 ¹Liebe Brüder, wie könnt ihr behaupten, an Jesus Christus, den Herrn der Herrlichkeit, zu glauben, wenn ihr bestimmte Menschen bevorzugt?

²Nehmen wir zum Beispiel an, in eure Gemeinde kommen ein teuer gekleideter Mann mit kostbarem Schmuck und ein armer Mann in schäbiger Kleidung. ³Und ihr würdet dem Reichen besondere Aufmerksamkeit schenken und ihm einen guten Platz anbieten, zu dem Armen aber sagen: »Du kannst stehen bleiben oder dich da drüben auf den Boden setzen.« ⁴Zeigt diese unterschiedliche Behandlung nicht, dass ihr euch von falschen Motiven leiten lasst?

⁵Hört mir zu, meine lieben Brüder! Hat Gott nicht besonders die Armen in dieser Welt dazu erwählt, im Glauben reich zu sein? Sie werden das Reich Gottes erben, das er denen versprochen hat, die ihn lieben. ⁶Und doch beleidigt ihr den Armen. Dabei sind es die Reichen, die euch unterdrücken und in Rechtsstreitigkeiten verwickeln. ⁷Sind sie es nicht, die Jesus Christus verspotten, dessen ehrenvollen Namen ihr tragt?

⁸Wirklich gut handelt ihr, wenn ihr dem königlichen Gebot unseres Herrn gehorcht, wie es in der Schrift steht: »Liebe deinen Nächsten wie dich selbst.« ⁹Wenn ihr aber einen Menschen bevorzugt, werdet ihr schuldig, denn ihr missachtet dieses Gesetz.

¹⁰Und wer alle Gesetze bis auf ein einziges befolgt, ist genauso schuldig wie einer, der alle Gesetze Gottes gebrochen hat. ¹¹Denn derselbe Gott, der gesagt hat: »Du sollst nicht die Ehe brechen«, der sagte auch: »Du sollst nicht töten«. Wenn du also jemanden tötest, aber keinen Ehebruch begehst, hast du damit dennoch das ganze Gesetz gebrochen.

¹²Bedenkt deshalb in allem, was ihr sagt oder tut, dass ihr nach dem Gesetz Gottes gerichtet werdet, das euch frei macht. ¹³Denn es wird keine Barmherzigkeit für den geben, der anderen gegenüber nicht barmherzig war. Wer aber barmherzig war, wird auch vor dem Gericht Gottes bestehen.

Glaube ohne gute Taten ist tot

¹⁴Liebe Brüder, was nützt es, wenn jemand von seinem Glauben spricht, aber nicht entsprechend handelt? Ein solcher Glaube kann niemanden retten. ¹⁵Angenommen, jemand sieht einen Bruder oder eine Schwester um Nahrung oder Kleidung bitten ¹⁶und sagt: »Lass es dir gut gehen, Gott segne dich, halte dich warm und iss dich satt«, ohne ihnen zu essen oder etwas anzuziehen zu geben. Was nützt ihnen das? ¹⁷Es reicht nicht, nur Glauben zu haben. Ein Glaube, der nicht zu guten Taten führt, ist kein Glaube – er ist tot und wertlos.

¹⁸Nun könnte jemand sagen: »Manche Menschen haben Glauben; andere vollbringen gute Taten.« Dem antworte ich: »Ich kann deinen Glauben nicht sehen, wenn du keine guten Taten vollbringst; aber ich kann dir durch mein Handeln meinen Glauben zeigen.«

¹⁹Du glaubst, dass es nur einen Gott gibt? Da hast du recht! Das glauben auch die Dämonen, und sie zittern vor Angst! ²⁰Aber trotzdem bist du ein Dummkopf! Wann wirst du einsehen, dass ein Glaube, der nicht zu guten Taten führt, wertlos ist?

²¹Weißt du nicht mehr, dass unser Stammvater Abraham vor Gott gerecht gesprochen wurde, weil er seinen Sohn Isaak auf den Altar legte? ²²Wie du siehst, vertraute er Gott so sehr, dass er bereit war, alles zu tun, was Gott von ihm verlangte. Sein Glaube wurde durch sein Handeln vollendet. ²³So geschah genau das, was die Schrift sagt: »Abraham glaubte Gott, und Gott erklärte ihn für gerecht.« Er wurde sogar »Freund Gottes« genannt. ²⁴Ihr seht also, dass ein Mensch nur dann, wenn er auch handelt, vor Gott gerecht gesprochen wird und nicht allein aufgrund seines Glaubens.

²⁵Auch die Hure Rahab wurde durch ihr Handeln vor Gott gerecht gesprochen, als sie die Kundschafter versteckte und sie auf einem anderen Weg in Sicherheit brachte. ²⁶So wie der Körper ohne Geist tot ist, so ist auch der Glaube tot ohne gute Taten.

Die Zunge im Zaum halten

3 ¹Liebe Brüder, es sollten nicht so viele von euch in der Gemeinde lehren wollen, denn ihr wisst, dass wir als Lehrer von Gott besonders streng beurteilt werden!

²Wir alle machen viele Fehler, aber wer seine Zunge im Zaum hält, der kann sich auch in anderen Bereichen beherrschen. ³Wir können ein großes Pferd lenken, wohin wir wollen, wenn wir ihm ein Zaumzeug anlegen. ⁴Und mit einem winzigen Ruder lenkt der Steuermann ein großes Schiff selbst bei heftigem Wind, wohin er will. ⁵So kann auch die Zunge, so klein sie auch ist, enormen Schaden anrichten. Ein winziger Funke steckt einen großen Wald in Brand! ⁶Die Zunge ist wie eine Flamme und kann eine Welt voller Ungerechtigkeit sein. Sie ist der Teil des Körpers, der alles beschmutzen und das ganze Leben zerstören kann, wenn sie von der Hölle selbst in Brand gesteckt wird. ⁷Der Mensch kann die unterschiedlichsten Tiere und Vögel, Reptilien und Fische zähmen, ⁸aber die Zunge kann niemand im Zaum halten. Sie ist ein unbeherrschbares Übel, voll von tödlichem Gift. ⁹Mit ihr loben wir Gott, unseren Herrn und Vater; dann wieder verfluchen wir mit ihr andere Menschen, die doch als Ebenbilder Gottes geschaffen sind. ¹⁰So kommen Segen und Fluch aus demselben Mund. Und das, meine Freunde, darf nicht so sein! ¹¹Sprudelt aus einer Quelle etwa frisches und bitteres Wasser zugleich? ¹²Pflückt man Oliven von einem Feigenbaum oder Feigen von einem Weinstock? Nein, und man kann auch kein frisches Wasser aus einem salzigen See schöpfen.

Wahre Weisheit kommt von Gott

¹³Wer von euch klug ist und Gottes Wege begreift, soll so leben, dass seine guten Taten sichtbar werden, und dabei freundlich und weise sein. ¹⁴Wenn ihr aber von bitterem Neid und selbstsüchtigem Ehrgeiz erfüllt seid, dann rühmt euch nicht damit, weise zu sein. Das wäre eine Lüge! ¹⁵Denn Neid und Selbstsucht haben nichts mit der Weisheit von Gott zu tun, sondern sie sind irdisch, gottlos und teuflischen Ursprungs. ¹⁶Denn wo Eifersucht und selbstsüchtiger Ehrgeiz

herrschen, führt das in die Zerstörung und bewirkt alle möglichen schlechten Taten.

[17] Aber die Weisheit, die von Gott kommt, ist vor allem rein. Sie sucht den Frieden, ist freundlich und bereit, nachzugeben. Sie zeichnet sich durch Barmherzigkeit und gute Taten aus. Sie ist unparteiisch und immer aufrichtig. [18] Und für die, die Frieden stiften, sät Gott die Frucht, die man dann ernten kann: Gerechtigkeit.

Die Nähe Gottes suchen

4 [1] Was verursacht die Kriege und Streitigkeiten unter euch? Sind es nicht die vielen Begierden, die in euch kämpfen? [2] Ihr begehrt und habt nichts; ihr schmiedet Pläne und tötet und bekommt nichts. Ihr seid neidisch auf das, was andere haben, und könnt es nicht bekommen; also kämpft und streitet ihr, um es ihnen wegzunehmen. Doch euch fehlt das, was ihr so gerne wollt, weil ihr Gott nicht darum bittet. [3] Und selbst wenn ihr darum bittet, bekommt ihr es nicht, weil ihr aus falschen Gründen bittet und nur euer Vergnügen sucht.

[4] Ihr Ehebrecher! Ist euch denn nicht bewusst, dass die Freundschaft mit dieser Welt euch zu Feinden Gottes macht? Ich sage es noch einmal: Wer ein Freund der Welt sein will, wird zum Feind Gottes. [5] Meint ihr, die Schrift sage umsonst, dass der Heilige Geist, den Gott uns gegeben hat, eifersüchtig auf unsere Treue bedacht ist? [6] Weil Gott gnädig ist, gibt er uns immer mehr Kraft, solchen Begierden zu widerstehen. So heißt es auch in der Schrift: »Gott stellt sich den Stolzen entgegen, den Demütigen aber schenkt er Gnade.«

[7] Deshalb ordnet euren Willen Gott unter! Widersteht dem Teufel, und er wird euch verlassen. [8] Kommt zu Gott, und Gott wird euch entgegenkommen. Wascht euch die Hände, ihr Sünder; reinigt eure Herzen, ihr Zweifler! [9] Erkennt eure Schuld und weint darüber; klagt und trauert! Seid traurig, statt zu lachen, und niedergeschlagen, statt euch zu freuen. [10] Wenn ihr eure Schuld vor dem Herrn eingesteht, wird er euch wieder aufrichten.

Eine Warnung, nicht über andere zu richten

¹¹Redet nicht schlecht übereinander, liebe Freunde! Wer einen anderen verleumdet und verurteilt, verleumdet und verurteilt das Gesetz Gottes. Aber eure Aufgabe ist es nicht, das Gesetz zu richten, sondern dem Gesetz zu gehorchen. ¹²Nur Gott, der das Gesetz gegeben hat, kann gerecht richten. Nur er hat die Macht, zu retten oder zu vernichten. Welches Recht hast du also, deinen Nächsten zu verurteilen?

Warnung vor übergroßer Selbstsicherheit

¹³Passt auf, wenn ihr behauptet: »Heute oder morgen werden wir in eine bestimmte Stadt gehen und ein Jahr dort bleiben. Wir werden dort Geschäfte machen und Gewinne erzielen.« ¹⁴Woher wollt ihr wissen, was morgen sein wird? Euer Leben gleicht doch dem Nebel am Morgen – schon nach kurzer Zeit ist er wieder verschwunden. ¹⁵Stattdessen solltet ihr sagen: »Wenn der Herr es will, werden wir leben und dieses oder jenes tun.« ¹⁶Nun aber seid ihr stolz auf eure eigenen Pläne. Doch solche Angeberei ist durch und durch schlecht.

¹⁷Denkt daran: Wer das Gute kennt und es nicht tut, der macht sich schuldig.

Warnung an die Reichen

5 ¹Seht euch vor, ihr Reichen: Weint und klagt über das Schreckliche, das euch bevorsteht! ²Euer Reichtum zerfällt, und eure schönen Kleider werden von Motten zerfressen. ³Euer Gold und Silber ist wertlos geworden wie verrostetes Eisen. Und dieser Rost wird als Beweis gegen euch dienen und euch anklagen am Tag des Gerichtes. Warum habt ihr euch nur darum gekümmert, Reichtümer zu sammeln in diesen Zeiten? ⁴Hört doch! Hört das Schreien der Erntearbeiter, die eure Felder bestellt haben und die ihr um ihren Lohn betrogen habt. Gott, der Allmächtige, hat ihr Schreien gehört. ⁵Ihr habt eure Jahre auf der Erde im Luxus verbracht und euch jeden Wunsch erfüllt. Jetzt sind eure Herzen wohl genährt und fett, bereit für den Schlachttag, den Tag des Ge

richts. 6Ihr habt gerechte Menschen, die sich nicht gegen euch wehren konnten, verurteilt und getötet.

Geduld im Leiden

7Liebe Brüder, habt Geduld, während ihr auf die Wiederkehr des Herrn wartet! Denkt an die Bauern, die im Herbst und im Frühling eifrig nach Regen Ausschau halten. Geduldig warten sie darauf, dass die Ernte heranreift. 8Auch ihr müsst geduldig sein. Und seid zuversichtlich, denn das Kommen des Herrn steht kurz bevor!

9Ärgert euch nicht übereinander, liebe Brüder, sonst wird Gott euch richten. Denn der Richter steht schon vor der Tür!

10Nehmt euch die Propheten, die im Namen des Herrn gesprochen haben, als Vorbild für Geduld im Leiden. 11Denn wir schätzen jene glücklich, die im Leiden durchgehalten haben. Ihr kennt die Geduld Hiobs und wisst, wie der Herr alles zu einem guten Ende führte, denn er ist voll Mitgefühl und Barmherzigkeit.

12Doch vor allem, liebe Brüder, sollt ihr niemals schwören, weder beim Himmel noch bei der Erde noch sonst irgendeinen Eid! Sagt einfach klar Ja oder Nein, damit ihr euch nicht schuldig macht und dafür verurteilt werdet.

Die Macht des Gebets

13Leidet jemand von euch? Dann soll er beten. Und wer Grund zur Dankbarkeit hat, soll dem Herrn Loblieder singen.

14Ist einer von euch krank? Dann soll er die Ältesten der Gemeinde holen lassen, damit sie für ihn beten und ihn im Namen des Herrn mit Öl salben. 15Ihr Gebet im Glauben an Gott wird den Kranken aus seiner Not herausholen, und der Herr wird ihn aufrichten. Und wenn er Sünden begangen hat, wird Gott ihm vergeben.

16Bekennt einander eure Schuld und betet füreinander, damit ihr geheilt werdet. Das Gebet eines gerechten Menschen hat große Macht und kann viel bewirken. 17Elia war ein Mensch wie wir, doch als er darum betete, dass kein Regen fallen sollte, regnete es dreieinhalb Jahre lang nicht auf der

Erde! ¹⁸Dann betete er um Regen, und es regnete vom Himmel. Das Gras wurde grün, und die Erde brachte wieder Früchte hervor.

Christen, die vom Weg abgekommen sind, zurückholen
¹⁹Liebe Brüder, wenn einer unter euch den Weg der Wahrheit verlässt und sich verirrt und ein anderer bringt ihn wieder zurück, ²⁰könnt ihr sicher sein: Wer den Sünder von seinem falschen Weg zur Umkehr bewegt, der rettet ihn vor dem Tod und setzt viele Sünden außer Kraft.

Der erste Brief von Petrus

Grüße von Petrus

1 ¹Dieser Brief ist von Petrus, einem Apostel von Jesus Christus.

Ich schreibe an die Auserwählten Gottes, die als Fremde in Pontus, Galatien, Kappadozien, der Provinz Asien und Bithynien leben. ²Gott, der Vater, hat euch vor langer Zeit erwählt, und der Geist hat euch geheiligt, sodass ihr nun Jesus Christus nachfolgt und durch seinen Tod am Kreuz gereinigt seid.

Ich wünsche euch, dass ihr immer mehr von der Gnade und dem Frieden Gottes erfüllt werdet.

Die Hoffnung des ewigen Lebens

³Gelobt sei der Gott und Vater unseres Herrn Jesus Christus, denn er hat uns in seiner großen Barmherzigkeit wiedergeboren. Jetzt haben wir eine lebendige Hoffnung, weil Jesus Christus von den Toten auferstanden ist. ⁴Denn Gott hat für seine Kinder ein unvergängliches Erbe, das rein und unversehrt im Himmel für euch aufbewahrt wird. ⁵Und in seiner großen Macht wird er euch durch den Glauben beschützen, bis ihr das ewige Leben empfangt. Es wird am Ende der Zeit für alle sichtbar offenbart werden. ⁶Freut euch deshalb von Herzen! Vor euch liegt eine große Freude, auch wenn ihr für eine Weile viel erdulden müsst.

⁷Dies dient nur dazu, euren Glauben zu prüfen, damit sich zeigt, ob er wirklich stark und rein ist. Er wird erprobt, so wie Gold im Feuer geprüft und geläutert wird – und euer Glaube ist Gott sehr viel kostbarer als bloßes Gold. Wenn euer Glaube also stark bleibt, nachdem er durch große Schwierigkeiten geprüft wurde, wird er euch viel Lob und Herrlichkeit und Ehre einbringen an dem Tag, an dem Jesus Christus der ganzen Welt offenbart werden wird. ⁸Ihn liebt ihr, obwohl ihr ihn nie gesehen habt. Obwohl ihr ihn nicht seht, glaubt ihr an ihn; und schon jetzt seid ihr erfüllt von herrlicher, unaussprechli-

cher Freude. [9]Ihr erreicht ja das Ziel eures Glaubens, nämlich die Rettung eurer Seelen.

[10]Schon die Propheten wollten über diese Rettung mehr wissen und sagten voraus, was Gott euch zugedacht hat. [11]Und der Geist wirkte in ihnen, und sie versuchten zu erkennen, auf welche Zeit er sie hinwies, als er ihnen die Leiden von Christus und seine Herrlichkeit bereits damals ankündigte. [12]Es wurde ihnen gesagt, dass sich das nicht zu ihrer Zeit ereignen würde, sondern viele Jahre später, in eurer Zeit. Und nun wurde euch diese Botschaft durch diejenigen verkündet, die in der Kraft des Heiligen Geistes, der vom Himmel gesandt wurde, zu euch gepredigt haben. Und sogar die Engel sehnen sich danach, etwas davon zu sehen.

Aufruf zu einem Leben in Heiligkeit

[13]Bemüht euch daher um ein klares, nüchternes Denken und um Selbstbeherrschung. Setzt eure ganze Hoffnung auf die Gnade, die euch bei der Wiederkehr von Jesus Christus erwartet. [14]Gehorcht Gott, weil ihr seine Kinder seid. Fallt nicht in eure alten, schlechten Gewohnheiten zurück. Damals wusstet ihr es nicht besser. [15]Aber jetzt sollt ihr in allem, was ihr tut, heilig sein, genauso wie Gott, der euch berufen hat, heilig ist. [16]Denn er hat selbst gesagt: »Ihr sollt heilig sein, weil ich heilig bin!«

[17]Und denkt daran, dass der himmlische Vater, zu dem ihr betet, niemanden bevorzugt, wenn er richtet. Er wird euch nach dem beurteilen, was ihr tut. Deshalb sollt ihr während eurer Zeit als Fremde in dieser Welt in Ehrfurcht vor Gott leben. [18]Denn ihr wisst, dass Gott euch nicht mit vergänglichen Werten wie Silber oder Gold losgekauft hat von eurem früheren Leben, das ihr so gelebt habt wie schon Generationen vor euch. [19]Er bezahlte für euch mit dem kostbaren Blut von Jesus Christus, der rein und ohne Sünde zum Opferlamm Gottes wurde. [20]Schon vor Erschaffung der Welt wurde er dazu bestimmt, doch erst jetzt, am Ende der Zeiten, ist er für euch erschienen, sodass alle ihn sehen. [21]Durch Christus seid ihr

zum Glauben an Gott gekommen. Und weil Gott ihn von den Toten auferweckt und ihm große Herrlichkeit gegeben hat, setzt ihr nun euren Glauben und eure Hoffnung auf Gott! ²²Jetzt könnt ihr einander aufrichtig lieben, denn ihr wurdet von eurer Schuld befreit, als ihr die Wahrheit Gottes angenommen habt. Deshalb sollt ihr euch wirklich von Herzen lieben.

²³Euer neues Leben hat keinen vergänglichen, sondern ewigen Ursprung, nämlich das lebendige und ewig bestehende Wort Gottes. ²⁴Der Prophet hat gesagt: »Menschen sind wie Gras, das verdorrt; ihre Schönheit verblasst so schnell wie die Schönheit wilder Blumen. Das Gras verdorrt und die Blumen welken. ²⁵Aber das Wort des Herrn hat ewig Bestand.« Und dieses Wort ist die Botschaft, die euch verkündet wurde.

2 ¹Trennt euch deshalb von aller Bosheit und jeder Form von Betrug. Entscheidet euch gegen alle Heuchelei und Eifersucht und üble Nachrede. ²So wie ein Säugling nach Milch schreit, sollt ihr nach der reinen Milch – dem Wort Gottes – verlangen, die ihr benötigt, um im Glauben zu wachsen ³und das Ziel der Erlösung zu erreichen. Denn ihr habt erfahren, wie freundlich der Herr ist.

Lebendige Steine für das Haus Gottes

⁴Kommt zu Christus, dem lebendigen Eckstein im Tempel Gottes. Er wurde von den Menschen zwar verworfen; doch in den Augen Gottes, der ihn erwählt hat, ist er kostbar.

⁵Und nun lasst euch von Gott als lebendige Steine in seinen geistlichen Tempel einbauen. Ihr sollt Gottes heilige Priester sein und ihm geistliche Opfer bringen, die er durch eure Gemeinschaft mit Jesus Christus annimmt! ⁶In der Schrift heißt es:

»Ich lege einen Stein in Jerusalem, einen auserwählten, kostbaren Eckstein, und wer an ihn glaubt, wird nicht umkommen.«

⁷Für euch, die ihr glaubt, ist er kostbar, doch für die, die ihn ablehnen, gilt:

»Der Stein, den die Bauleute verworfen haben, ist zum Eckstein geworden.«

[8]Und in der Schrift heißt es auch:

»Er ist der Stein, über den Menschen stolpern, der Fels, der sie zu Fall bringt.«

Sie stolpern, weil sie nicht auf Gottes Wort hören und es nicht befolgen, und dazu sind sie auch bestimmt. [9]Aber ihr seid anders, denn ihr seid ein auserwähltes Volk. Ihr seid eine königliche Priesterschaft, Gottes heiliges Volk, sein persönliches Eigentum. So seid ihr ein lebendiges Beispiel für die Güte Gottes, denn er hat euch aus der Finsternis in sein wunderbares Licht gerufen.

[10]»Früher wart ihr kein Volk; jetzt seid ihr das Volk Gottes. Früher habt ihr Gottes Barmherzigkeit nicht empfangen; jetzt aber habt ihr seine Barmherzigkeit empfangen.«

[11]Liebe Brüder, in dieser Welt seid ihr ohne Bürgerrecht und Fremde. Deshalb warne ich euch: Lasst euch nicht von den Versuchungen dieser Welt bestimmen, denn sie schaden eurer Seele. [12]Achtet sorgfältig darauf, wie ihr unter euren ungläubigen Mitmenschen lebt. Selbst wenn sie euch eines Unrechts anklagen, wird sie euer einwandfreies Verhalten beeindrucken, und sie werden an Gott glauben und ihm die Ehre geben, wenn er kommt, um die Welt zu richten.

Achtung vor den Menschen in verantwortlicher Stellung

[13]Ordnet euch den staatlichen Gewalten unter, denn das entspricht dem Willen Gottes: sei es dem König als Staatsoberhaupt [14]oder den Beamten, die er ernannt hat. Denn der König hat sie geschickt, um die zu bestrafen, die unrecht tun, und diejenigen zu ehren, die Gutes tun!

[15]Gott will, dass ihr durch euer gutes Leben die zum Schweigen bringt, die euch in ihrer Unwissenheit beschuldigen. [16]Ihr seid keine Sklaven, sondern freie Menschen. Doch eure Freiheit berechtigt euch nicht dazu, Böses zu tun. Ihr seid frei, um als Diener Gottes zu leben. [17]Achtet alle Menschen. Liebt eure Geschwister im Glauben. Fürchtet Gott. Erweist dem König Respekt.

An die Sklaven

[18]Ihr, die ihr Sklaven seid, ordnet euch euren Herren unter. Tut, was sie euch sagen, und zwar nicht nur, wenn sie freundlich und vernünftig sind, sondern selbst dann, wenn sie ungerecht handeln. [19]Denn das ist ein Beispiel für die Gnade Gottes, wenn jemand ungerechte Behandlung geduldig erträgt, weil sein Gewissen Gott verantwortlich ist. [20]Natürlich verdient ihr keine besondere Anerkennung, wenn ihr Schläge geduldig hinnehmt, die ihr bekommt, weil ihr unrecht getan habt. Aber wenn ihr für das Gute, das ihr getan habt, leidet und Schläge geduldig ertragt, ist das ein Zeichen für die Gnade Gottes.

[21]Dieses Leiden gehört zu dem Leben, zu dem Gott euch berufen hat. Christus, der für euch litt, ist euer Vorbild, dem ihr nacheifert. [22]Er hat nie gesündigt und nie jemanden mit seinen Worten getäuscht. [23]Er hat sich nicht gewehrt, wenn er beschimpft wurde. Als er litt, drohte er nicht mit Vergeltung. Er überließ seine Sache Gott, der gerecht richtet. [24]An seinem eigenen Körper hat er unsere Sünden an das Kreuz hinaufgetragen, damit wir für die Sünde tot sind und für die Gerechtigkeit leben können. Durch seine Wunden seid ihr geheilt worden! [25]Früher seid ihr umhergeirrt wie verlorene Schafe. Aber nun seid ihr zu eurem Hirten zurückgekehrt, dem Beschützer eurer Seelen.

An die Ehefrauen

3 [1]Ebenso sollt ihr Ehefrauen euch euren Ehemännern unterordnen, auch dann, wenn sie nicht an die Botschaft Gottes glauben. Das Beispiel eures Lebens wird sie mehr überzeugen als alle Worte. Sie werden für Gott gewonnen werden, [2]wenn sie sehen, wie ihr vorbildlich und in Ehrfurcht vor Gott lebt. [3]Macht euch keine Sorgen um äußere Schönheit, die auf modischen Frisuren, teurem Schmuck oder schönen Kleidern beruht. [4]Eure Schönheit soll von innen kommen – das ist die unvergängliche Schönheit eines freundlichen und stillen Herzens, das Gott so sehr schätzt. [5]Das ist auch die Schönheit, mit der die heiligen Frauen sich früher schmückten. Sie hofften auf Gott und ordneten sich ihren Ehemännern unter. ⁶So gehorchte Sara ihrem Mann Abraham und nannte ihn ihren Herrn. Ihr seid ihre Töchter, wenn ihr Gutes tut und vor nichts Angst habt.

An die Ehemänner

⁷Ebenso gilt für euch Männer: Euer Verhalten gegenüber euren Frauen soll von Achtung geprägt sein. Begegnet ihnen verständnisvoll, denn sie sind die Schwächeren. Und vergesst nicht, dass sie wie ihr das ewige Leben von Gott geschenkt bekommen, damit eure Gebete nicht vergeblich sind.

An alle Gläubigen

⁸Schließlich sollt ihr alle einig sein, voller Mitgefühl und gegenseitiger Liebe. Seid barmherzig zueinander und demütig. ⁹Vergeltet Böses nicht mit Bösem. Werdet nicht zornig, wenn die Leute unfreundlich über euch reden, sondern wünscht ihnen Gutes und segnet sie. Denn genau das verlangt Gott von euch, und er wird euch dafür segnen! ¹⁰Denn in der Schrift heißt es:

»Wenn du ein glückliches Leben führen und gute Tage erleben willst, dann hüte deine Zunge vor bösen Worten und verbreite keine Lügen. ¹¹Wende dich ab vom Bösen und tue Gutes. Bemüht euch, mit anderen in Frieden zu leben. ¹²Der Herr beschützt die, die das Rechte tun, und er wird ihre Gebete hören. Der Herr wendet sich gegen die, die Böses tun.«

Für gute Taten leiden

¹³Wer würde euch schaden wollen, wenn ihr euch bemüht, Gutes zu tun? ¹⁴Doch selbst wenn ihr dafür leidet, dass ihr das Richtige tut, seid ihr gut dran. Also habt keine Angst und seid unbesorgt. ¹⁵Macht Christus zum Herrn eures Lebens. Und wenn man euch nach eurer Hoffnung fragt, dann seid immer bereit, darüber Auskunft zu geben, ¹⁶aber freundlich und mit Achtung für die anderen. Bewahrt euch ein reines Gewissen. Wenn dann jemand etwas Böses über euch sagt, wird er beschämt werden, weil euer vorbildliches Leben mit

Christus ihn Lügen straft. [17]Denkt daran, dass es besser ist, für gute Taten zu leiden, falls Gott es so will, als zu leiden, weil ihr unrecht getan habt!

[18]Auch Christus hat gelitten, als er ein für alle Mal für unsere Sünden starb. Er hat nie gesündigt, aber er starb für die Sünder, um uns zu Gott zurückzubringen. Sein Körper starb, doch er wurde wieder zum Leben erweckt und lebt nun im Geist.

[19]Danach ging er und predigte den Geistern im Gefängnis – [20]denen, die Gott vor langer Zeit ungehorsam waren, als Gott geduldig wartete, während Noah sein Schiff baute. Nur acht Menschen wurden vor dem Ertrinken in jener Flut gerettet. [21]Das ist ein Bild für die Taufe, die euch jetzt rettet. Die Taufe ist keine körperliche Reinigung, sondern die Bitte an Gott um ein reines Gewissen. Dies ist möglich durch die Kraft der Auferstehung von Jesus Christus. [22]Jetzt ist Christus in den Himmel aufgestiegen. Er sitzt an Gottes rechter Seite, und alle Engel und Gewalten und Mächte beugen sich vor ihm.

Für Gott leben

4 [1]Da Christus also körperlich gelitten hat, sollt auch ihr euch diese Haltung zum Vorbild nehmen und ebenfalls bereit sein zu leiden. Denn wenn ihr bereit seid, für Christus zu leiden, habt ihr euch gegen die Sünde entschieden. [2]Und den Rest eures Lebens werdet ihr nicht mehr mit euren selbstsüchtigen Leidenschaften vergeuden, sondern darauf bedacht sein, den Willen Gottes zu tun. [3]Ihr habt euch in der Vergangenheit genug an dem beteiligt, woran ungläubige Menschen ihre Freude haben – an Maßlosigkeit und zügellosen Leidenschaften, Trunkenheit, ausschweifenden Festen, Trinkgelagen und Götzenanbetung.

[4]Eure früheren Freunde sind natürlich überrascht, dass ihr nicht mehr an ihren schlimmen Vergnügungen teilnehmt, und reden jetzt schlecht über euch. [5]Aber vergesst nicht, dass sie sich eines Tages vor Gott verantworten müssen, der alle Menschen – die Lebenden wie die Toten – richten wird. [6]Des-

halb wurde die Botschaft sogar den Verstorbenen gepredigt, damit sie – obwohl ihr Körper mit dem Tod bestraft wurde – trotzdem im Geist ewiges Leben haben können.

⁷Das Ende der Welt kommt bald. Seid deshalb besonnen und klar in euren Gebeten! ⁸Das Wichtigste aber ist, dass ihr einander beständig liebt, denn die Liebe deckt viele Sünden zu! ⁹Teilt euer Zuhause gastfreundlich mit anderen, die Essen oder einen Platz zum Schlafen brauchen.

¹⁰Gott hat jedem von euch Gaben geschenkt, mit denen ihr einander dienen sollt. Setzt sie gut ein, damit sichtbar wird, wie vielfältig Gottes Gnade ist. ¹¹Wenn jemand redet, dann rede er so, als würde Gott selbst durch ihn sprechen. Wenn sich jemand für andere einsetzt, dann setze er sich mit all der Kraft und Energie ein, die Gott ihm gibt. Dann wird Gott in allem durch Jesus Christus verherrlicht werden. Alle Ehre und Macht gehören für immer und ewig ihm! Amen.

Als Christ leiden

¹²Meine lieben Freunde, erschreckt nicht über die schmerzhaften Prüfungen, die ihr jetzt durchmacht, als wären sie etwas Ungewöhnliches. ¹³Freut euch darüber, denn dadurch seid ihr im Leiden mit Christus verbunden, und ihr werdet euch auch sehr darüber freuen, wenn er in seiner Herrlichkeit erscheint. ¹⁴Gut seid ihr dran, wenn ihr beschimpft werdet, weil ihr zu Christus gehört. Denn daran wird sichtbar, dass der Geist der Herrlichkeit Gottes bei euch ist. ¹⁵Niemand soll leiden wegen Mord, Diebstahl, Unruhestiftung oder wegen Einmischung in fremde Angelegenheiten. ¹⁶Doch es ist keine Schande, dafür zu leiden, dass man Christ ist. Ihr sollt Gott in diesem Fall vielmehr loben. ¹⁷Denn die Zeit des Gerichts ist gekommen, und es muss bei den Kindern Gottes beginnen. Und wenn selbst wir gerichtet werden müssen, was erwartet dann erst all diejenigen, die die Botschaft Gottes nicht angenommen haben? ¹⁸Denn »wenn die Gerechten kaum auf Rettung hoffen dürfen, wo werden sich dann die Gottlosen und Sünder wiederfinden«?

¹⁹Wenn ihr also leidet, weil Gott es so will, dann hört nicht auf, Gutes zu tun, und vertraut euch Gott an, der euch geschaffen hat. Er wird treu zu euch stehen!

Ratschläge für die Ältesten der Gemeinde und für die jungen Männer

5 ¹Die Gemeindeältesten unter euch ermuntere ich – auch ich bin ja ein Ältester und ein Zeuge der Leiden, die Christus ertragen hat, und auch ich werde an seiner Herrlichkeit und Ehre teilhaben, wenn er wiederkommt –: ²Sorgt gut für die Herde Gottes, die euch anvertraut ist. Hütet sie gern und nicht widerwillig, sondern wie Gott es will. Kümmert euch nicht um sie, um euch Vorteile zu verschaffen, sondern weil ihr Gott gerne dienen wollt. ³Dabei sollt ihr die Menschen, die eurer Leitung unterstellt sind, nicht bevormunden, sondern sie durch euer gutes Beispiel leiten. ⁴Und wenn der oberste Hirte wiederkommt, werdet ihr mit seiner unbegrenzten Herrlichkeit belohnt werden.

⁵Ihr jüngeren Männer, ordnet euch den Ältesten unter! Ihr alle sollt einander demütig dienen, denn »Gott stellt sich den Stolzen entgegen, den Demütigen aber schenkt er Gnade«! ⁶Deshalb beugt euch demütig unter die Hand Gottes, dann wird er euch ehren, wenn die Zeit dafür gekommen ist. ⁷Überlasst all eure Sorgen Gott, denn er sorgt sich um alles, was euch betrifft!

⁸Seid besonnen und wachsam und jederzeit auf einen Angriff durch den Teufel, euren Feind, gefasst! Wie ein brüllender Löwe streift er umher und sucht nach einem Opfer, das er verschlingen kann. ⁹Ihm sollt ihr durch euren festen Glauben widerstehen. Macht euch bewusst, dass alle Gläubigen in der Welt diese Leiden durchmachen.

¹⁰Gott hat euch in seiner Gnade durch Christus zu seiner ewigen Herrlichkeit berufen. Nachdem ihr eine Weile gelitten habt, wird er euch aufbauen, stärken und kräftigen; und er wird euch auf festen Grund stellen. ¹¹Ihm gehört alle Macht für immer und ewig. Amen.

Letzte Grüße des Apostels

[12]Diesen kurzen Brief an euch habe ich euch mit der Hilfe von Silas geschrieben, der ein treuer Bruder ist. Er soll euch ermutigen und euch versichern, dass die Gnade Gottes euch begleitet. [13]Eure Schwestergemeinde hier in Babylon lässt euch grüßen, ebenso mein Sohn Markus. [14]Grüßt einander in Liebe.

Friede sei mit allen, die zu Christus gehören!

Der zweite Brief von Petrus

Grüße von Petrus

1 ¹Dieser Brief ist von Simon Petrus, einem Diener und Apostel von Jesus Christus.

Ich schreibe an euch alle, die ihr denselben kostbaren Glauben habt wie wir – einen Glauben, der uns durch Jesus Christus geschenkt wurde. Er ist unser Gott und Retter und macht uns vor Gott gerecht.

²Mein Wunsch für euch ist, dass Gott euch immer mehr mit seiner Gnade und seinem Frieden beschenkt, sodass ihr Jesus, unseren Gott und Herrn, immer besser kennenlernt.

In der Erkenntnis Gottes wachsen

³Denn dessen göttliche Kraft hat uns ja alles gegeben, was wir brauchen, um ein Leben zu führen, das Gott gefällt. Das kam dadurch, dass wir den erkannt haben, der uns durch seine Herrlichkeit und Güte berufen hat. ⁴Und durch dieselbe mächtige Kraft hat er uns seine kostbaren und größten Zusagen geschenkt. Er hat versprochen, dass ihr Anteil an seiner göttlichen Natur bekommt, denn ihr seid dem Verderben dieser verführerischen Welt entflohen.

⁵Strengt euch deshalb an, diese Zusagen Gottes in eurem Glauben zu leben. Dann zeigt sich euer Glaube durch ein vorbildliches Leben. Ein vorbildliches Leben aber führt zur tieferen Erkenntnis Gottes. ⁶Aus der Erkenntnis Gottes folgt Selbstbeherrschung. Aus der Selbstbeherrschung wächst Geduld und aus der Geduld ein Leben im Glauben zur Ehre Gottes. ⁷Aus der Ehrfurcht vor Gott entspringt die Liebe zu den Gläubigen, und aus dieser schließlich die Liebe zu allen Menschen. ⁸Je mehr ihr in dieser Hinsicht vorankommt, desto mehr werdet ihr mithilfe der Erkenntnis von Jesus Christus, unserem Herrn, ein sinnvolles, auf andere ausstrahlendes Leben führen. ⁹Wer so nicht handelt, der ist blind oder zumindest sehr kurzsichtig. Solche Leute haben schon vergessen,

dass Gott sie von ihrem früheren Leben, das voll Schuld war, rein gewaschen hat.

¹⁰Deshalb, liebe Freunde, bemüht euch zu zeigen, dass Gott euch berufen und erwählt hat! Wenn ihr das tut, werdet ihr niemals stolpern oder von Gott abfallen. ¹¹Und Gott wird die Tore des Himmels weit öffnen und euch in das ewige Reich von Jesus Christus, unserem Herrn und Retter, eintreten lassen.

Auf Gottes Wort achten

¹²Ich will euch immer wieder daran erinnern – auch wenn ihr die Wahrheit schon kennt und fest in ihr verwurzelt seid. ¹³Ja, ich glaube, dass es meine Pflicht ist, euch daran zu erinnern, solange ich lebe. ¹⁴Doch Jesus Christus, der Herr, hat mir gezeigt, dass meine Tage hier auf Erden gezählt sind und dass ich bald sterben werde. ¹⁵Deshalb bemühe ich mich, euch dies alles noch einmal klar vor Augen zu führen, damit ihr euch noch daran erinnert, wenn ich schon längst nicht mehr bei euch bin.

¹⁶Denn wir haben uns nicht etwa irgendwelche klugen Geschichten ausgedacht, als wir euch von der Macht unseres Herrn Jesus Christus und von seiner Wiederkehr erzählten. Nein, wir haben seine Majestät mit eigenen Augen gesehen. ¹⁷Er empfing von Gott, dem Vater, Ehre und Herrlichkeit, als Gottes herrliche, hoheitsvolle Stimme rief: »Dies ist mein geliebter Sohn, an dem ich meine Freude habe.« ¹⁸Wir haben die Stimme selbst vom Himmel herab gehört, als wir mit ihm auf dem heiligen Berg waren.

¹⁹Aus diesem Grund setzen wir noch größeres Vertrauen in die Botschaft der Propheten. Achtet auf das, was sie geschrieben haben, denn ihre Worte sind wie ein Licht, das an einem dunklen Ort leuchtet – bis zu dem Tag, an dem Christus erscheint und sein helles Licht in unseren Herzen aufgeht. ²⁰Vor allem aber sollt ihr begreifen, dass kein prophetisches Wort der Schrift eine Sache eigener Deutung ist. ²¹Niemals nämlich ging eine prophetische Botschaft aus menschlichem Willen

hervor, sondern die Propheten redeten als Menschen, aber von Gott her und vom Heiligen Geist getrieben.

Die Bedrohung durch Irrlehrer

2 ¹Doch es gab in Israel auch falsche Propheten, genauso wie es falsche Lehrer unter euch geben wird. Geschickt werden sie euch ihre Irrlehren über Gott vortragen, die ins Unheil führen. Damit wenden sie sich gegen ihren eigenen Herrn, der sie doch freigekauft hat. Ihr Ende wird nicht lange auf sich warten lassen, und es wird furchtbar sein. ²Viele Menschen werden jedoch ihren zügellosen Lebensstil nicht aufgeben, und ihretwegen wird der Weg der Wahrheit in Verruf geraten. ³In ihrer Habgier werden sie geschickte Lügen erfinden, um an euer Geld zu kommen. Aber Gott hat sie längst verurteilt, und ihr Untergang ist besiegelt.

⁴Denn Gott hat nicht einmal die Engel verschont, als sie sündigten, sondern sie bis zum Tag des Gerichts in die Hölle geworfen, in düstere Höhlen und in völlige Finsternis. ⁵Auch die frühere Welt hat er nicht verschont – mit Ausnahme von Noah und den sieben Mitgliedern seiner Familie. Noah hatte die Welt vor dem gerechten Gericht Gottes gewarnt. Dann vernichtete Gott die Welt durch eine gewaltige Flut und alle gottlosen Menschen kamen darin um. ⁶Später legte er die Städte Sodom und Gomorra in Schutt und Asche und vertilgte sie vom Erdboden. Damit gab er ein Beispiel, wie es Menschen ergehen wird, die künftig gottlos leben. ⁷Doch gleichzeitig rettete Gott Lot aus Sodom, weil Lot ein gerechter Mann war, der unter dem ausschweifenden Leben der gesetzlosen Menschen um ihn herum leiden musste. ⁸Ja, Lot war ein gerechter Mann, den all das Schlechte, das er Tag für Tag zu hören und zu sehen bekam, quälte.

⁹Ihr seht also, dass der Herr weiß, wie er die gottesfürchtigen Menschen aus der Versuchung rettet, während er die Ungerechten bis zum Tag des Gerichts festhält, um sie zu bestrafen. ¹⁰Vor allem aber werden die bestraft, die ihren selbstsüchtigen Leidenschaften nachgeben und jegliche Herrschaft verachten. Solche Menschen sind überheblich und ein-

gebildet, ja sie schrecken nicht davor zurück, himmlische Mächte zu verspotten. ¹¹Die Engel dagegen – obwohl sie den falschen Lehrern an Macht und Stärke doch weit überlegen sind – geben beim Herrn nie ein abwertendes Urteil über diese Mächte ab.

¹²Diese Lehrer sind wie unvernünftige Tiere, Geschöpfe, die nur geboren werden, um gefangen und getötet zu werden. Sie machen sich über die Mächte lustig, von denen sie so wenig wissen, und sie werden mit ihnen zusammen umkommen. ¹³Das ist die verdiente Strafe für all die Ungerechtigkeit, die sie angerichtet haben. Sie lieben es, sich am helllichten Tag gottlosen Vergnügungen hinzugeben. Sie sind ein Schand- und Schmutzfleck unter euch. Sie genießen es, euch zu betrügen, während sie mit euch feiern. ¹⁴Sie begehen Ehebruch mit den Augen, und nie wird ihre Lust gestillt. Es macht ihnen Freude, unsichere Menschen zu ködern. Habgier ist ihre zweite Natur; sie sind verloren und verflucht. ¹⁵Da sie vom rechten Weg abwichen, sind sie in die Irre gegangen und dem Weg Bileams, des Sohnes von Beor, gefolgt, der bereit war, durch unrechtes Handeln Geld zu verdienen. ¹⁶Doch Bileam wurde auf seinem falschen Weg aufgehalten, als sein Esel ihn mit der Stimme eines Menschen ansprach und zurechtwies.

¹⁷Solche Menschen sind so nutzlos wie Brunnen ohne Wasser oder wie Wolken, die vom Wind getrieben werden. Sie werden in der dunkelsten Finsternis enden. ¹⁸Mit leeren Worten schwingen sie große Reden, und durch ihr ausschweifendes Leben ködern sie die Menschen, die denen tatsächlich entkommen waren, die im Irrtum leben. ¹⁹Sie versprechen Freiheit, sind aber selbst Sklaven der Sünde. Denn wovon man sich beherrschen lässt, dessen Sklave ist man. ²⁰Viele sind durch Jesus Christus, den Herrn und Retter, dem Verderben der Welt entkommen. Doch wenn sie von den Verlockungen dieser Welt wieder angezogen und überwältigt werden, sind sie schlimmer dran als zuvor. ²¹Es wäre besser, sie hätten den richtigen Weg nie kennengelernt, als ihn zu erkennen und sich dann wieder von dem heiligen Gebot, das ihnen gegeben wurde, abzuwenden. ²²An ihnen erfüllt sich die Wahrheit der

Sprichwörter: »Ein Hund kehrt zu dem wieder zurück, was er erbrochen hat«, und: »Ein gewaschenes Schwein wälzt sich wieder im Schlamm.«

Der Tag des Herrn steht bevor

3 [1]Dies ist mein zweiter Brief an euch, liebe Freunde, und ich habe in beiden versucht, eure Erinnerung aufzufrischen und euch damit zu einer gesunden Einstellung zu verhelfen. [2]Ich möchte, dass ihr euch daran erinnert und versteht, was die heiligen Propheten vor langer Zeit sagten und was unser Herr und Retter euch durch eure Apostel verkündet hat.

[3]Vor allem denkt daran, dass in den letzten Tagen Spötter auftreten werden, die sich über die Wahrheit lustig machen und nur ihren eigenen Begierden folgen. [4]Sie werden sagen: »Jesus hat doch versprochen wiederzukommen? Wo bleibt er denn? So weit ein Mensch nur zurückdenken kann, ist doch alles genauso geblieben, wie es immer schon war, seit die Welt erschaffen wurde.«

[5]Wenn sie dies behaupten, sehen sie nicht, dass Gott durch sein Wort den Himmel erschuf und die Erde aus dem Wasser hervortreten ließ und sie mit Wasser umgab. [6]Durch sein Wort hat Gott die damalige Welt mit Wasser überflutet und vernichtet. [7]Und Gott hat durch dasselbe Wort befohlen, dass dieser Himmel und diese Erde Bestand haben werden bis zum Tag des Gerichts. Dann werden sie vom Feuer verzehrt werden und die gottlosen Menschen werden zugrunde gehen.

[8]Und ihr sollt wissen, liebe Freunde, dass ein Tag für den Herrn wie tausend Jahre ist und tausend Jahre wie ein Tag. [9]Es ist aber nicht so, dass der Herr seine versprochene Wiederkehr hinauszögert, wie manche meinen. Nein, er wartet, weil er Geduld mit uns hat. Denn er möchte nicht, dass auch nur ein Mensch verloren geht, sondern dass alle Buße tun und zu ihm umkehren. [10]Doch der Tag des Herrn wird so unerwartet kommen wie ein Dieb. Dann wird der Himmel unter schrecklichem Lärm vergehen, und alles wird sich in Flammen auf-

lösen; und die Erde wird mit allem, was auf ihr ist, verschwunden sein.

[11]Wenn aber alles um uns her sich auf diese Weise auflösen wird, wie viel mehr solltet ihr dann ein Leben führen, das heilig ist und Gott ehrt! [12]Ihr solltet diesen Tag erwarten und ihn herbeisehnen – den Tag, an dem Gott den Himmel in Brand setzt und die Elemente in den Flammen zerschmelzen. [13]Wir aber erwarten den neuen Himmel und die neue Erde, die er versprochen hat. Dort wird Gottes Gerechtigkeit herrschen.

[14]Bemüht euch deshalb darum, liebe Freunde, ein reines und tadelloses Leben im Frieden mit Gott zu führen, während ihr auf dies alles wartet.

[15]Und denkt daran: Gott wartet, damit die Menschen gerettet werden. Das hat euch ja auch unser lieber Bruder Paulus mit der Weisheit geschrieben, die Gott ihm gab – [16]und dies in all den Briefen, in denen er sich dazu äußert. Manche seiner Aussagen sind schwer zu verstehen, und unwissende, unsichere Menschen werden ihren Sinn verdrehen und entstellen. So werden sie es auch mit den anderen Schriften machen. Die Folge wird ihr eigenes Verderben sein.

Abschließende Worte des Apostels

[17]Ich warne euch rechtzeitig, liebe Freunde, damit ihr wachsam seid und nicht von den Irrtümern dieser Menschen mitgerissen werdet, die ohne Gesetz leben. Ich möchte nicht, dass ihr euren sicheren Halt verliert. [18]Wachst aber in der Gnade und Erkenntnis unseres Herrn und Retters Jesus Christus!

Ihm gehört alle Herrlichkeit und Ehre, jetzt und in Ewigkeit!

Der erste Brief von Johannes

Einleitung

1 ¹Es war von Anfang an, wir haben es gehört und mit unseren eigenen Augen gesehen, wir haben es betrachtet und mit unseren Händen betastet: das Wort des Lebens. ²Das Leben wurde uns offenbart, und wir haben es gesehen. Und jetzt bezeugen und verkünden wir euch das ewige Leben. Es war beim Vater, und dann wurde es uns offenbart. ³Wir sagen euch, was wir selbst gesehen und gehört haben, damit ihr Gemeinschaft mit uns habt. Und zusammen sind wir verbunden mit dem Vater und mit Jesus Christus, seinem Sohn.

⁴Wir schreiben euch das, damit unsere Freude immer größer wird.

Im Licht leben

⁵Das ist die Botschaft, die er uns gegeben hat, damit wir sie euch weitersagen: Gott ist Licht; in ihm ist keine Finsternis. ⁶Deshalb lügen wir, wenn wir sagen, dass wir mit Gott Gemeinschaft haben, aber weiter in der Finsternis leben. Wenn wir das tun, leben wir nicht in der Wahrheit. ⁷Wenn wir wie Christus im Licht Gottes leben, dann haben wir Gemeinschaft miteinander, und das Blut von Jesus, seinem Sohn, reinigt uns von jeder Schuld.

⁸Wenn wir sagen, wir seien ohne Schuld, betrügen wir uns selbst und die Wahrheit ist nicht in uns. ⁹Doch wenn wir ihm unsere Sünden bekennen, ist er treu und gerecht, dass er uns vergibt und uns von allem Bösen reinigt. ¹⁰Wenn wir behaupten, wir hätten nicht gesündigt, machen wir Gott damit zum Lügner und beweisen, dass sein Wort nicht in unserem Herzen ist.

2 ¹Meine Kinder, ich schreibe euch das, damit ihr nicht sündigt. Aber wenn es doch geschieht, dann gibt es jemanden, der vor dem Vater für euch eintritt: Jesus Christus, der vor Gott in allem gerecht ist. ²Er ist das Opfer für unsere Sün-

den. Er tilgt nicht nur unsere Schuld, sondern die der ganzen
Welt.

³Aber wie können wir sicher sein, dass wir ihm gehören? –
Wenn wir seine Gebote befolgen. ⁴Wer sagt: »Ich gehöre Gott«
und befolgt dabei Gottes Gebote nicht, ist ein Lügner und die
Wahrheit ist nicht in ihm. ⁵Doch wer sein Wort hält, an dem
zeigt sich Gottes Liebe in vollkommener Weise. Daran erkennen wir, ob wir in ihm leben. ⁶Wer behauptet, dass er zu Gott
gehört, soll leben, wie Christus es vorgelebt hat.

Ein neues Gebot

⁷Liebe Freunde, ich schreibe euch kein neues Gebot, sondern
ein altes, das ihr schon von Anfang an hattet. Dieses Gebot
entspricht dem, was ihr schon früher gehört habt. ⁸Und doch
ist es zugleich neu. Denn dies Gebot ist in Christus wahr geworden und in euch, weil die Dunkelheit verschwindet und
das wahre Licht bereits scheint.

⁹Wer von sich sagt, dass er zum Licht gehört, und dabei seinen Bruder hasst, lebt noch in der Finsternis. ¹⁰Doch wer seinen Nächsten liebt, lebt im Licht und niemand nimmt Anstoß
an ihm. ¹¹Wer seinen Nächsten hasst, lebt in der Finsternis
und weiß nicht, wohin er geht, denn durch die Finsternis ist
er blind geworden.

¹²Ich schreibe euch, meine Kinder, weil eure Sünden im Namen von Jesus vergeben sind.

¹³Ich schreibe an euch Väter, weil ihr Christus erkannt habt –
den, der von Anfang an ist.

Ich schreibe an euch junge Männer, weil ihr in eurem Kampf
mit dem Satan gesiegt habt.

¹⁴Ich habe an euch Kinder geschrieben, weil ihr den Vater
erkannt habt.

Ich habe euch Vätern geschrieben, weil ihr Christus erkannt
habt – den, der von Anfang an ist.

Ich habe euch jungen Männern geschrieben, weil ihr stark
seid und Gottes Wort im Herzen tragt und weil ihr in eurem
Kampf mit dem Satan gesiegt habt.

¹⁵Hört auf, diese Welt und das, was sie euch anbietet, zu

lieben! Denn wer die Welt liebt, zeigt, dass die Liebe des Vaters nicht in ihm ist. [16]Denn die Welt kennt nur das Verlangen nach körperlicher Befriedigung, die Gier nach allem, was unsere Augen sehen, und den Stolz auf unseren Besitz. Dies alles ist nicht vom Vater, sondern kommt von der Welt. [17]Doch diese Welt vergeht mit all ihren Verlockungen. Aber wer den Willen Gottes tut, wird in Ewigkeit leben.

[18]Liebe Kinder, die letzte Stunde ist angebrochen. Ihr habt gehört, dass der Antichrist kommt, und es sind schon viele solche Antichristen aufgetreten. Daher wissen wir, dass das Ende der Welt gekommen ist. [19]Diese Leute haben unsere Gemeinden verlassen, weil sie nie wirklich zu uns gehörten; sonst wären sie bei uns geblieben. Als sie uns verließen, wurde deutlich, dass sie nicht zu uns gehören. [20]Aber für euch gilt das nicht, denn der Heilige Geist ist auf euch herabgekommen, und ihr kennt alle die Wahrheit. [21]Ich schreibe euch also nicht, weil ihr nichts von der Wahrheit wisst, sondern weil ihr sie kennt! Euch ist klar, dass keine Lüge aus der Wahrheit kommt. [22]Und ist nicht der ein Lügner, der behauptet, Jesus sei nicht der Christus? Wer das behauptet, ist der Antichrist, denn er verleugnet den Vater und den Sohn. [23]Wer den Sohn verleugnet, gehört auch nicht zum Vater. Doch wer den Sohn bekennt, der gehört auch zum Vater.

[24]Doch haltet an dem fest, was ihr von Anfang an gehört habt! Wenn ihr das tut, werdet ihr mit dem Sohn und mit dem Vater verbunden bleiben. [25]Und durch diese Gemeinschaft bekommen wir das ewige Leben, das er uns versprochen hat.

[26]Ich habe euch dies geschrieben, weil ihr euch vor denen schützen müsst, die euch in die Irre führen wollen. [27]Aber ihr habt den Heiligen Geist von Gott empfangen, und er lebt in euch, deshalb braucht ihr niemanden, der euch lehrt. Denn der Geist lehrt euch alles, und was er lehrt, ist wahr – es ist keine Lüge. Bleibt also bei dem, was er euch gelehrt hat, und lebt weiter mit Christus!

[28]Und nun, liebe Kinder, bleibt mit Christus verbunden, damit ihr voller Zuversicht seid, wenn er wiederkommt, und

euch nicht vor ihm schämen müsst! ²⁹Da ihr wisst, dass Gott gerecht ist, erkennt ihr auch, dass alle, die sich nach dem Willen Gottes richten, seine Kinder sind.

Als Kinder Gottes leben

3 ¹Seht, was für eine Liebe unser himmlischer Vater uns geschenkt hat, nämlich, dass wir seine Kinder genannt werden – und das sind wir auch! Doch die Menschen, die zu dieser Welt gehören, kennen Gott nicht; deshalb verstehen sie auch nicht, dass wir seine Kinder sind. ²Meine lieben Freunde, wir sind schon jetzt die Kinder Gottes, und wie wir sein werden, wenn Christus wiederkommt, das können wir uns nicht einmal vorstellen. Aber wir wissen, dass wir bei seiner Wiederkehr sein werden wie er, denn wir werden ihn sehen, wie er wirklich ist. ³Und jeder, der diese Hoffnung hat, achtet darauf, dass er rein bleibt, so wie Christus rein ist.

⁴Wer sündigt, missachtet das Gesetz Gottes, denn Sünde bedeutet immer Auflehnung gegen Gottes Gesetz. ⁵Und ihr wisst, dass Jesus kam, um die Sünden der Menschen wegzunehmen, denn er ist ohne Sünde. ⁶Wer also mit ihm lebt, sündigt nicht. Wer aber weiter sündigt, hat ihn nicht erkannt oder nicht begriffen, wer er ist.

⁷Liebe Kinder, lasst euch von niemandem verführen! Wer handelt, wie es dem Willen Gottes entspricht, ist gerecht, wie Christus gerecht ist. ⁸Aber wenn Menschen sündigen, zeigt das, dass sie zum Machtbereich des Teufels gehören, der von Anfang an gesündigt hat. Doch der Sohn Gottes kam, um die Taten des Teufels zu vernichten. ⁹Wer zu Gott gehört, sündigt nicht, weil Gottes Leben in ihm ist. Deshalb kann er nicht mehr sündigen, denn er ist von Gott geboren. ¹⁰Daran ist erkennbar, wer ein Kind Gottes und wer ein Kind des Teufels ist. Wer nicht nach Gottes Willen handelt und seinen Nächsten nicht liebt, der gehört nicht zu Gott.

Liebt einander

¹¹Das ist die Botschaft, die ihr von Anfang an gehört habt: Wir sollen einander lieben. ¹²Wir sollen nicht wie Kain sein, der

dem Bösen angehörte und seinen Bruder tötete. Und warum tötete er ihn? Weil die Taten Kains böse waren, die seines Bruders aber gerecht. [13]Wundert euch nicht, Brüder, wenn die Welt euch hasst!

[14]Wenn wir die anderen Gläubigen lieben, beweist dies, dass wir vom Tod zum ewigen Leben durchgebrochen sind. Wer aber die Brüder nicht liebt, der ist immer noch tot. [15]Wer seinen Bruder hasst, ist ein Mörder. Und ihr wisst, dass kein Mörder das ewige Leben in sich trägt. [16]Wir haben die wahre Liebe daran erkannt, dass Christus sein Leben für uns gegeben hat. Deshalb sollen auch wir unser Leben für unsere Brüder einsetzen. [17]Doch wenn einer genügend Geld hat, um gut zu leben, und einen anderen in Not sieht und sich weigert zu helfen – wie soll die Liebe Gottes da in ihm bleiben?

[18]Liebe Kinder, wir wollen nicht nur davon reden, dass wir einander lieben; unser Tun soll ein glaubwürdiger Beweis unserer Liebe sein. [19]Hieran erkennen wir, dass wir in der Wahrheit leben und Gott voller Zuversicht begegnen können, [20]selbst wenn unser Herz uns verurteilt. Denn Gott ist größer als unser Herz, und er weiß alles.

[21]Liebe Freunde, wenn unser Gewissen rein ist, können wir mit Zuversicht und mutig vor Gott treten. [22]Und wir werden von ihm bekommen, was immer wir erbitten, weil wir ihm gehorchen und tun, was ihm Freude macht. [23]Und so lautet sein Gebot: Wir sollen an den Namen seines Sohnes, Jesus Christus, glauben und einander lieben, wie er es uns aufgetragen hat. [24]Wer die Gebote Gottes befolgt, der lebt in Gemeinschaft mit ihm, und Gott ist in ihm. Und wir wissen, dass er in uns bleibt durch den Heiligen Geist.

Falsche Propheten erkennen

4 [1]Liebe Freunde, glaubt nicht jedem, der behauptet, was er sagt, käme vom Heiligen Geist. Ihr müsst die Menschen prüfen, um festzustellen, ob der Geist, durch den sie reden, wirklich der Geist Gottes ist. Denn es gibt zahllose falsche Propheten in der Welt! [2]Und so erkennt ihr den Geist Gottes: Jeder, der bekennt, dass Jesus Christus wirklich als Mensch

auf die Erde gekommen ist, hat den Geist Gottes. ³Wer Jesus so nicht bekennt, gehört nicht zu Gott. In einem solchen Menschen ist der Geist des Antichristen. Ihr habt ja gehört, dass dieser Geist in die Welt kommen wird, und er ist tatsächlich schon da.

⁴Ihr aber gehört zu Gott, meine Kinder. Ihr habt euren Kampf gegen diese falschen Propheten bereits gewonnen, weil der Geist, der in euch lebt, größer ist als der Geist, der die Welt regiert. ⁵Solche Menschen gehören zu dieser Welt; deshalb reden sie vom Standpunkt der Welt aus, und die Welt hört auf sie. ⁶Wir dagegen gehören zu Gott. Wer Gott kennt, hört auf uns, und wer nicht zu Gott gehört, der hört nicht auf uns. Daran erkennen wir, ob jemand den Geist der Wahrheit oder den Geist des Irrtums hat.

Einander lieben

⁷Liebe Freunde, lasst uns einander lieben, denn die Liebe kommt von Gott. Wer liebt, ist von Gott geboren und kennt Gott. ⁸Wer aber nicht liebt, kennt Gott nicht – denn Gott ist Liebe.

⁹Gottes Liebe zu uns zeigt sich darin, dass er seinen einzigen Sohn in die Welt sandte, damit wir durch ihn das ewige Leben haben. ¹⁰Und das ist die wahre Liebe: Nicht wir haben Gott geliebt, sondern er hat uns zuerst geliebt und hat seinen Sohn gesandt, damit er uns von unserer Schuld befreit. ¹¹Liebe Freunde, weil Gott uns so sehr geliebt hat, sollen wir auch einander lieben. ¹²Niemand hat Gott je gesehen. Aber wenn wir einander lieben, dann bleibt Gott in uns, und seine Liebe kommt in uns zur Vollendung.

¹³Wir erkennen, dass wir in ihm leben und er in uns, weil er uns seinen Geist gegeben hat. ¹⁴Außerdem haben wir mit eigenen Augen gesehen und können bezeugen, dass der Vater seinen Sohn als Retter der Welt gesandt hat. ¹⁵Wer bekennt, dass Jesus der Sohn Gottes ist, in dem bleibt Gott und er bleibt in Gott. ¹⁶Wir haben erkannt, wie sehr Gott uns liebt, und wir glauben an seine Liebe. Gott ist Liebe, und wer in der Liebe lebt, der lebt in Gott und Gott lebt in ihm. ¹⁷Und wenn wir in

Gott leben, dann kommt seine Liebe in uns zum Ziel. Und wir können dem Tag des Gerichts mit Zuversicht entgegensehen, denn wir leben in dieser Welt in derselben Gemeinschaft mit Gott wie Christus. Und unsere Liebe kennt keine Angst, [18]weil die vollkommene Liebe alle Angst vertreibt. Wer noch Angst hat, rechnet mit Strafe, und das zeigt, dass seine Liebe in uns noch nicht vollkommen ist. [19]Wir wollen lieben, weil er uns zuerst geliebt hat.

[20]Wenn jemand sagt: »Ich liebe Gott«, aber seinen Bruder hasst, dann ist er ein Lügner; denn wer die Menschen nicht liebt, die er doch sieht, wie kann er da Gott lieben, den er nie gesehen hat? [21]Gott selbst hat uns geboten, nicht nur ihn, sondern auch unseren Nächsten zu lieben.

Glaube an den Sohn Gottes

5 [1]Wer glaubt, dass Jesus der Christus ist, der ist ein Kind Gottes. Und wer den Vater liebt, der liebt auch seine Kinder. [2]Wir wissen, dass wir die Kinder Gottes lieben, wenn wir Gott lieben und seine Gebote halten. [3]Gott zu lieben heißt, seine Gebote zu befolgen, und das ist nicht schwer. [4]Denn die Kinder Gottes besiegen diese Welt; sie siegen durch den Glauben an Christus. [5]Und wer würde den Kampf gegen die Welt gewinnen, wenn nicht der, der glaubt, dass Jesus der Sohn Gottes ist?

[6]Jesus Christus wurde durch die Taufe im Wasser und durch sein Blut am Kreuz als Sohn Gottes offenbart – nicht nur durch Wasser, sondern durch Wasser und Blut. Und auch der Geist bestätigt uns das, denn der Geist Gottes ist die Wahrheit. [7]Wir haben also diese drei Zeugen – [8]den Geist, das Wasser und das Blut –, und alle drei sagen dasselbe. [9]Wenn wir schon menschlichen Zeugen glauben, dann dürfen wir ganz bestimmt dem glauben, was Gott sagt. Und Gott hat Jesus Christus als seinen Sohn bezeugt. [10]Wer an den Sohn Gottes glaubt, hat die Zeugenaussage in ihm, in Gott. Wer Gott nicht glaubt, der macht ihn zum Lügner, weil er nicht glaubt, was Gott über seinen Sohn ausgesagt hat.

[11]Und dies hat Gott versichert: Er hat uns das ewige Leben

geschenkt, und dieses Leben ist in seinem Sohn. [12]Wer an den Sohn Gottes glaubt, hat das Leben; wer aber an den Sohn Gottes nicht glaubt, hat auch das Leben nicht.

Abschließende Bemerkungen

[13]Das schreibe ich euch, damit ihr wisst, dass ihr das ewige Leben habt, weil ihr an den Namen des Sohnes Gottes glaubt. [14]Und wir dürfen zuversichtlich sein, dass er uns erhört, wenn wir ihn um etwas bitten, das seinem Willen entspricht. [15]Und wenn wir wissen, dass er unsere Bitten hört, dann können wir auch sicher sein, dass er uns gibt, worum wir ihn bitten.

[16]Wenn jemand sieht, dass sein Bruder in einer Weise sündigt, die nicht zum Tod führt, soll er beten, und Gott wird ihm das Leben schenken. Doch es gibt eine Sünde, die zum Tod führt, und ich sage nicht, dass ihr für die beten sollt, die eine solche Sünde begehen. [17]Jedes Unrecht ist Sünde, aber nicht jede Sünde führt zum Tod.

[18]Wir wissen, dass jeder, der ein Kind Gottes geworden ist, nicht sündigt, sondern jedes Kind Gottes achtet auf sich, und der Böse kann ihm nichts anhaben. [19]Wir wissen, dass wir Kinder Gottes sind und dass die Welt um uns herum vom Bösen beherrscht wird. [20]Und wir wissen, dass der Sohn Gottes gekommen ist und uns den einzig wahren Gott erkennen lässt. Und nun haben wir Gemeinschaft mit dem wahren Gott durch seinen Sohn Jesus Christus. Er ist der wahre Gott und das ewige Leben.

[21]Liebe Kinder, hütet euch vor den Götzen!

Der zweite Brief von Johannes

Grüße

¹Diesen Brief schreibt der Älteste.

Er richtet sich an die auserwählte Herrin und ihre Kinder, die ich aufrichtig liebe, wie es alle tun, die Gottes Wahrheit kennen – ²die Wahrheit, die in uns lebt und für immer in unseren Herzen sein wird.

³Gnade, Barmherzigkeit und Frieden von Gott, unserem Vater, und von Jesus Christus, seinem Sohn, sollen mit uns sein, damit wir in der Wahrheit und in der Liebe leben.

In der Wahrheit leben

⁴Ich war so glücklich, als ich einigen deiner Kinder begegnete und sah, dass sie in der Wahrheit leben, so wie der Vater es uns geboten hat.

⁵Und nun ist meine Bitte an dich, liebe Herrin, dass wir einander lieben. Das ist kein neues Gebot, sondern eines, das wir von Anfang an hatten. ⁶Und Liebe heißt, sich nach den Geboten Gottes zu richten. Um dieses eine Gebot geht es; nach ihm sollt ihr euch richten, so wie ihr es von Anfang an gehört habt.

⁷Viele Betrüger sind in die Welt gekommen. Sie glauben nicht, dass Jesus Christus wirklich in menschlicher Gestalt auf die Erde kam. Wer so denkt, ist ein Betrüger und Antichrist. ⁸Achtet darauf, dass ihr nicht verliert, wofür wir so hart gearbeitet haben. Strengt euch an, damit ihr den vollen Lohn bekommt. ⁹Denn wer über die Lehre von Christus hinausgeht, wird keine Gemeinschaft mit Gott haben. Aber wer der Lehre von Christus treu bleibt, wird sowohl mit dem Vater als auch mit dem Sohn verbunden sein.

¹⁰Wenn jemand zu euch kommt und nicht die Wahrheit über Christus lehrt, dann ladet ihn nicht in euer Haus ein und ermutigt ihn auch sonst in keiner Weise. ¹¹Wer ihn ermutigt, macht sich mitschuldig an seinem schlechten Tun.

Abschließende Bemerkungen

¹²Nun hätte ich euch noch viel mehr zu sagen, doch ich möchte es nicht in einem Brief tun. Ich hoffe nämlich, euch bald besuchen zu können, dann kann ich persönlich mit euch sprechen. Dann wird nichts mehr unsere Freude trüben.

¹³Die Kinder deiner von Gott auserwählten Schwester lassen dich grüßen.

Der dritte Brief von Johannes

Grüße

¹Diesen Brief schreibt der Älteste.

Er richtet sich an meinen lieben Freund Gajus, den ich aufrichtig liebe.

²Lieber Freund, ich bete, dass es dir in jeder Hinsicht gut geht, und dass dein Körper so gesund ist, wie ich es von deiner Seele weiß. ³Einige der Brüder kehrten vor kurzem zurück, und ich habe mich sehr gefreut, als sie mir von deiner Treue erzählten und berichteten, wie du in der Wahrheit lebst. ⁴Ich kenne keine größere Freude als zu hören, dass meine Kinder so leben, wie es Gottes Wahrheit entspricht.

Sorge um die Arbeiter des Herrn

⁵Lieber Freund, du dienst Gott, wenn du dich um die Brüder kümmerst, die bei euch Rast machen, auch wenn sie Fremde für dich sind. ⁶Sie haben der Gemeinde hier von deiner liebevollen Freundlichkeit berichtet. Es ist gut von dir, wenn du sie mit allem versorgst, was sie für ihre Reise benötigen, denn ein solches Handeln gefällt Gott. ⁷Sie sind für den Herrn unterwegs und nehmen nichts von Leuten an, die Gott nicht kennen. ⁸Deshalb sollten wir sie unbedingt unterstützen, damit wir Mitarbeiter im Dienst für die Wahrheit werden.

⁹Ich habe einen entsprechenden Brief an die Gemeinde geschickt, aber Diotrephes, der gern die Gemeinde leiten will, erkennt uns nicht an. ¹⁰Wenn ich komme, werde ich darauf zu sprechen kommen, was er tut, und auch auf sein schlechtes Gerede über uns. Nicht nur, dass er sich selbst weigert, die reisenden Brüder aufzunehmen, er fordert auch die anderen auf, ihnen nicht beizustehen. Und wenn sie es doch tun, schließt er sie aus der Gemeinde aus.

¹¹Mein lieber Freund, lass dich von diesem schlechten Beispiel nicht beeinflussen. Halte dich vielmehr an das Gute! Denke daran, dass diejenigen, die Gutes tun, Gottes Kinder sind. Diejenigen aber, die Böses tun, kennen Gott nicht.

¹²Doch von Demetrius spricht jeder voller Hochachtung, sogar der Herr selbst, der die Wahrheit ist. Auch wir können ihm nur ein gutes Zeugnis ausstellen, und du weißt, dass wir die Wahrheit sagen.

Abschließende Bemerkungen

¹³Ich habe dir so viel zu sagen, aber ich möchte es nicht in einem Brief tun. ¹⁴Denn ich hoffe, dass ich dich bald sehen werde, und dann können wir persönlich miteinander reden.

¹⁵Ich wünsche dir den Frieden Gottes! Deine Freunde hier lassen dich grüßen. Bitte grüße jeden unserer Freunde persönlich von mir!

Der Brief von Judas

Grüße von Judas

¹Dieser Brief ist von Judas, einem Diener von Jesus Christus und Bruder von Jakobus.

Ich schreibe an alle, die zum Glauben berufen sind. Sie sind von Gott, dem Vater, geliebt und von Jesus Christus bewahrt. ²Es ist mein Wunsch, dass ihr immer mehr mit der Gnade, dem Frieden und der Liebe Gottes beschenkt werdet!

Die Bedrohung durch falsche Lehrer

³Meine lieben Freunde, ich hatte euch schon lange über die Erlösung schreiben wollen, die uns allen gehört. Doch nun will ich euch über etwas anderes schreiben: Ich muss euch auffordern, für die Wahrheit der Botschaft zu kämpfen, die Gott ein für alle Mal denen geschenkt hat, die ihm gehören. ⁴Ich sage das, weil einige gottlose Leute sich bei euch eingeschlichen haben und behaupten, wir könnten die Vergebung Gottes dazu missbrauchen, ein zügelloses Leben zu führen. Das Schicksal solcher Menschen ist längst besiegelt, denn sie haben sich gegen unseren einzigen Herrn und Herrscher, Jesus Christus, gewandt.

⁵Und obwohl ihr alles ein für allemal wisst, muss ich euch daran erinnern, dass Jesus zwar das Volk Israel aus Ägypten rettete, doch beim nächsten Mal dann alle tötete, die nicht mehr an ihn glaubten. ⁶Und ich erinnere euch an die Engel, die die Grenzen ihrer von Gott verliehenen Vollmacht nicht anerkannten, sondern den Platz verließen, an den sie gehörten. Gott hält sie im Gefängnis der Finsternis gefesselt und verwahrt sie dort bis zum Tag des Gerichts. ⁷Vergesst auch nicht die Städte Sodom und Gomorra und ihre Nachbarorte, in denen ebenfalls Unzucht und sexuelle Ausschweifung herrschten. Diese Städte wurden durch das ewige Feuer vernichtet und sind bis heute ein warnendes Beispiel.

⁸Auch diese falschen Lehrer, die sich auf ihre Träume berufen, führen ein unzüchtiges Leben, ordnen sich keiner Herr-

schaft unter und verspotten die himmlischen Mächte. ⁹Dabei hat es nicht einmal Michael, einer der mächtigsten Engel, gewagt, den Satan im Streit um den Körper von Mose zu verspotten. Er sagte nur: »Der Herr bestrafe dich.« ¹⁰Doch diese Leute spotten und fluchen über die Dinge, die sie nicht verstehen. Wie unvernünftige Tiere folgen sie ihrem inneren Trieb und laufen so in ihr eigenes Verderben. ¹¹Es wird ihnen schrecklich ergehen! Denn sie folgen dem Weg Kains, der seinen Bruder ermordete. Wie Bileam sind sie bereit, für Geld alles zu tun. Und wie Korach werden sie wegen ihrer Auflehnung untergehen!

¹²Wenn solche Leute sich euch anschließen, während ihr beim gemeinsamen Mahl die Liebe des Herrn feiert, sind sie ein Schandfleck für euch, denn schamlos sind sie nur auf ihr eigenes Wohl bedacht. Sie sind wie Wolken, die über dürres Land ziehen, ohne Regen zu spenden. Sie sind wie Bäume, die zur Erntezeit keine Früchte tragen; sie sind nicht nur tot, sondern in doppelter Hinsicht tot, denn sie wurden mitsamt ihren Wurzeln ausgerissen. ¹³Wie stürmische Wellen des Meeres wühlen sie den Schmutz ihrer schlechten Taten auf. Sie sind umherirrende Sterne, die im ewigen Dunkel der Finsternis verloren gehen. ¹⁴Über diese Leute hat auch Henoch prophezeit, der sieben Generationen nach Adam lebte. Er sagte:

»Siehe, der Herr ist gekommen mit Tausenden seiner Heiligen. ¹⁵Er wird über die Menschen der Welt Gericht halten. Er wird die gottlosen Menschen, die sich gegen ihn aufgelehnt haben, für ihr Handeln bestrafen und sie für alle Beleidigungen gegen ihn verurteilen.«

¹⁶Das sind Leute, die ständig nörgeln und sich beschweren und sich von ihren Begierden beherrschen lassen. Es sind großspurige Angeber, und sie schmeicheln anderen, um sich Vorteile zu verschaffen.

Eine Ermahnung, treu zu bleiben

¹⁷Ihr aber, meine lieben Freunde, sollt an das denken, was die Apostel von unserem Herrn Jesus Christus euch vorausgesagt haben: ¹⁸Sie sagten euch, dass es zur letzten Zeit Spötter geben

wird, die mit ihrem Leben nichts Besseres anzufangen wissen, als ihren eigenen gottlosen Leidenschaften nachzugehen. [19]Jetzt sind sie da und stiften Unfrieden unter euch. Sie haben Gottes Geist nicht in sich und lassen sich nur von ihrem Denken leiten, das von der Welt geprägt ist. [20]Ihr dagegen, liebe Freunde, sollt euer Leben auf dem Fundament eures heiligen Glaubens aufbauen. Bleibt im Gebet und lasst euch darin vom Heiligen Geist leiten. [21]Bleibt in der Liebe Gottes, während ihr darauf wartet, dass Jesus Christus, unser Herr, euch in seiner Barmherzigkeit das ewige Leben bringen wird. [22]Seid barmherzig zu denen, deren Glauben ins Wanken geraten ist. [23]Rettet sie, indem ihr sie den Flammen des Gerichts entreißt. Den anderen gegenüber zeigt Barmherzigkeit, aber seht euch dabei vor, dass ihr euch nicht von ihren Sünden anstecken lasst!

Ein Lob Gottes

[24]Dem, der euch bewahren kann, damit ihr nicht fallt, und der euch makellos und voller Freude in seine herrliche Gegenwart stellen kann, [25]gehört alle Ehre. Er allein ist Gott, unser Retter durch Jesus Christus, unseren Herrn. Ihm gehören Ehre, Majestät, Macht und Gewalt; schon vor aller Zeit, jetzt und in Ewigkeit! Amen.

Die Offenbarung

Zu diesem Buch

1 ¹Dies ist eine Offenbarung von Jesus Christus, die ihm Gott gegeben hat, um seinen Dienern die Ereignisse, die in Kürze eintreten, bekannt zu machen. Ein Engel wurde gesandt, der sie Johannes, dem Diener Gottes, verkündete. ²Johannes hat das Wort Gottes und das Zeugnis von Jesus Christus – und alles, was er sah – bezeugt.

³Glücklich ist, wer diese prophetische Rede an die Gemeinde liest, und auch alle, die sie hören und befolgen. Denn die Zeit, in der diese Dinge geschehen werden, steht kurz bevor.

Johannes grüßt die sieben Gemeinden

⁴Dieser Brief stammt von Johannes und richtet sich an die sieben Gemeinden in der Provinz Asien. Ich wünsche euch Gnade und Frieden von dem, der ist, der immer war und der noch kommen wird; von den sieben Geistern vor seinem Thron; ⁵und von Jesus Christus, dem treuen Zeugen dieser Dinge, der als Erster von den Toten auferstand und Herr über alle Herrscher der Erde ist!

Lob sei ihm, der uns liebt und uns von unseren Sünden befreit hat, indem er sein Blut für uns vergoss. ⁶Er hat uns zu seinem Reich und zu seinen Priestern gemacht, um Gott, seinem Vater, zu dienen. Gebt ihm Ehre bis in alle Ewigkeit! Er herrscht für immer und ewig! Amen!

⁷Siehe! Er kommt mit den Wolken des Himmels. Und alle werden ihn sehen – sogar die, die ihn durchbohrt haben. Und alle Völker der Erde werden um ihn trauern. Ja! Amen!

⁸»Ich bin das Alpha und das Omega – der Anfang und das Ende«, spricht der Herr und Gott, der ist, der immer war und der noch kommen wird, der Allmächtige.

Vision des Menschensohnes

⁹Ich bin Johannes, euer Bruder. Wir sind in Jesus verbunden: Durch ihn leiden wir gemeinsam, hoffen auf das Reich Gottes

und warten geduldig und standhaft darauf. Man hat mich auf die Insel Patmos verbannt, weil ich das Wort Gottes verkündet und von Jesus erzählt habe. ¹⁰Es war der Tag des Herrn, und ich betete im Geist. Plötzlich hörte ich hinter mir eine laute Stimme wie von einer Posaune. ¹¹Sie sprach: »Schreibe, was du siehst, in ein Buch und schicke es an die sieben Gemeinden: Ephesus, Smyrna, Pergamon, Thyatira, Sardes, Philadelphia und Laodizea!«

¹²Als ich mich umdrehte, um zu sehen, wer zu mir sprach, sah ich sieben goldene Leuchter. ¹³Und mitten unter den Leuchtern stand der Menschensohn. Er trug ein langes Gewand mit einem goldenen Gürtel über der Brust. ¹⁴Sein Kopf und sein Haar waren weiß wie Wolle, so weiß wie Schnee. Und seine Augen leuchteten wie Feuerflammen. ¹⁵Seine Füße glänzten wie im Feuer gereinigtes Erz, und seine Stimme war wie das Tosen mächtiger Meereswellen. ¹⁶Er hielt sieben Sterne in seiner rechten Hand, und aus seinem Mund kam ein scharfes zweischneidiges Schwert. Und sein Gesicht strahlte wie die Sonne in ihrer ganzen Pracht.

¹⁷Als ich ihn sah, fiel ich wie tot vor seine Füße. Aber er legte seine rechte Hand auf mich und sagte: »Fürchte dich nicht! Ich bin der Erste und der Letzte ¹⁸und der Lebendige. Ich war tot und bin lebendig für immer und ewig! Ich habe die Schlüssel des Todes und des Totenreiches. ¹⁹Schreibe auf, was du gesehen hast – das, was jetzt geschieht, und das, was später geschehen wird. ²⁰Das ist die Bedeutung der sieben Sterne, die du in meiner rechten Hand gesehen hast, und der sieben goldenen Leuchter: Die sieben Sterne sind die Engel der sieben Gemeinden, und die sieben Leuchter sind die sieben Gemeinden selbst.

Die Botschaft an die Gemeinde in Ephesus

2 ¹Schreibe diesen Brief dem Engel der Gemeinde in Ephesus. Das ist die Botschaft dessen, der die sieben Sterne in seiner rechten Hand hält und der unter den sieben goldenen Leuchtern umhergeht:

²Ich weiß alles, was du tust. Ich habe dein Bemühen und dein geduldiges Warten gesehen. Ich weiß, dass du böse Menschen nicht ertragen kannst. Du hast jene geprüft, die sich als Apostel ausgeben, es aber nicht sind, und sie als Lügner entlarvt. ³Du hast geduldig für mich gelitten, ohne aufzugeben. ⁴Aber ich habe gegen dich einzuwenden, dass ihr nicht mehr wie am Anfang in der Liebe lebt. ⁵Erkenne doch, wie weit du dich von deiner ersten Liebe entfernt hast! Kehre wieder zu mir zurück und bemühe dich so, wie du es am Anfang getan hast. Wenn du dich nicht änderst, werde ich kommen und deinen Leuchter von seinem Platz unter den Gemeinden wegnehmen. ⁶Aber ich will auch etwas an dir loben: Du hasst die Taten der Nikolaïten genauso, wie ich es tue.

⁷Wer bereit ist zu hören, der höre auf das, was der Geist den Gemeinden sagt! Wer siegreich ist, dem werde ich in Gottes Paradies vom Baum des Lebens zu essen geben.

Die Botschaft an die Gemeinde in Smyrna

⁸Schreibe diesen Brief dem Engel der Gemeinde in Smyrna. Das ist die Botschaft des Ersten und des Letzten, der tot war und wieder lebendig geworden ist:

⁹Ich weiß von deinen Leiden und von deiner Armut – aber du bist reich! Ich kenne den Spott derer, die gegen dich arbeiten, die sich als Juden ausgeben, es aber nicht sind, weil ihre Synagoge eine Synagoge des Satans ist. ¹⁰Fürchte dich nicht vor den Leiden, die dir bevorstehen! Der Teufel wird einige von euch ins Gefängnis werfen und euch versuchen. Ihr werdet zehn Tage lang verfolgt werden. Bleibe treu bis zum Tod, dann will ich dir den Siegeskranz des ewigen Lebens geben.

¹¹Wer bereit ist zu hören, der höre auf das, was der Geist den Gemeinden sagt! Wer siegreich ist, dem wird der zweite Tod nichts anhaben können.

Die Botschaft an die Gemeinde in Pergamon

¹²Schreibe diesen Brief dem Engel der Gemeinde in Pergamon. Das ist die Botschaft dessen, der ein zweischneidiges, scharfes Schwert führt:

¹³Ich weiß, dass du in der Stadt lebst, in der sich der große Thron des Satans befindet; und doch bist du meinem Namen treu geblieben. Du hast dich geweigert, den Glauben an mich zu verleugnen – auch, als mein treuer Zeuge Antipas vor deinen Augen ermordet wurde. ¹⁴Und doch habe ich eines gegen dich. Du duldest Menschen in deiner Mitte, die wie Bileam sind, der Balak zeigte, wie er dem Volk Israel eine Falle stellen konnte. Er verführte die Israeliten dazu, Fleisch zu essen, das Götzen geopfert worden war, und Unzucht zu treiben. ¹⁵So duldest du in deiner Mitte solche, die den Lehren der Nikolaïten folgen. ¹⁶Kehre um, sonst komme ich bald und kämpfe mit dem Schwert meines Mundes gegen sie.

¹⁷Wer bereit ist zu hören, der höre auf das, was der Geist den Gemeinden sagt! Wer siegreich ist, wird von dem Manna essen, das im Himmel verborgen ist. Und ich werde ihm einen weißen Stein geben; und auf dem Stein wird ein neuer Name geschrieben sein, den niemand kennt außer dem, der ihn erhält.

Die Botschaft an die Gemeinde in Thyatira

¹⁸Schreibe diesen Brief dem Engel der Gemeinde in Thyatira. Das ist die Botschaft von dem Sohn Gottes, dessen Augen wie Feuerflammen sind und dessen Füße glänzen wie im Feuer gereinigtes Erz:

¹⁹Ich weiß alles, was du tust – ich kenne deine Liebe, deinen Glauben, deinen Dienst und deine Geduld. Und ich sehe, dass du darin ständig Fortschritte machst. ²⁰Aber ich habe eines gegen dich einzuwenden: Du lässt zu, dass diese Frau – Isebel, die sich eine Prophetin nennt – meine Diener vom richtigen Weg abbringt. Sie verführt sie dazu, Götzen anzubeten, von dem Fleisch der Götzenopfer zu essen und Unzucht zu treiben. ²¹Ich habe ihr Zeit zur Buße gegeben, aber sie will ihr unzüchtiges Verhalten nicht aufgeben. ²²Deshalb werde ich sie aufs Krankenbett werfen, und alle, die mit ihr Unzucht getrieben haben, werden leiden, wenn sie sich nicht von den bösen Taten dieser Frau abwenden. ²³Ich werde ihre Kinder töten. Und alle Gemeinden werden wissen, dass ich der bin,

der die Gedanken und Absichten eines jeden Menschen kennt. Und ich werde jedem von euch geben, was er verdient. ²⁴Aber ich habe auch eine Botschaft an die Übrigen in Thyatira, die dieser Irrlehre nicht gefolgt sind, die die Tiefen des Satans, wie sie es nennen, nicht erkannt haben. Ich werde nichts weiter von euch verlangen, ²⁵ihr sollt nur festhalten, was ihr habt, bis ich komme!

²⁶Wer siegreich und bis zum Ende mir gehorsam ist, dem werde ich Macht über alle Völker geben. ²⁷Er wird mit eisernem Stab über die Völker herrschen und sie wie Tontöpfe zerschlagen. ²⁸Und er wird Macht haben, wie auch ich von meinem Vater Macht empfangen habe, und ich werde ihm den Morgenstern geben! ²⁹Wer bereit ist zu hören, der höre auf das, was der Geist den Gemeinden sagt!

Die Botschaft an die Gemeinde in Sardes

3 ¹Schreibe diesen Brief dem Engel der Gemeinde in Sardes. Das ist die Botschaft dessen, der die sieben Geister Gottes und die sieben Sterne hat:

Ich weiß alles, was du tust und dass du den Ruf hast, lebendig zu sein – aber du bist tot. ²Wach auf! Stärke das wenige, das noch übrig ist und kurz davor steht zu sterben. Deine Taten können in meines Gottes Augen nicht bestehen. ³Denke daran zurück, wie du die Botschaft empfangen und gehört hast; halte daran fest und wende dich wieder zu mir! Wenn du nicht aufwachst, werde ich so unerwartet und plötzlich wie ein Dieb über dich kommen.

⁴Doch selbst in Sardes gibt es noch einige, die ihre Kleider nicht beschmutzt haben. Weiß gekleidet werden sie mit mir gehen, denn sie sind es wert. ⁵Wer siegreich ist, wird in weiße Kleider gekleidet werden. Und ich werde seinen Namen nicht aus dem Buch des Lebens löschen, sondern vor meinem Vater und seinen Engeln bekennen, dass er zu mir gehört. ⁶Wer bereit ist zu hören, der höre auf das, was der Geist den Gemeinden sagt!

Die Botschaft an die Gemeinde in Philadelphia

⁷Schreibe diesen Brief dem Engel der Gemeinde in Philadelphia. Das ist die Botschaft dessen, der heilig und wahrhaftig ist und der den Schlüssel Davids hat. Was er öffnet, kann niemand schließen, und was er schließt, kann niemand öffnen.

⁸Ich weiß alles, was du tust, und ich habe eine Tür für dich geöffnet, die niemand schließen kann; denn du bist nicht stark, aber hast an meinem Wort festgehalten und meinen Namen nicht verleugnet. ⁹Ich werde einige von denen, die zum Satan gehören – sie lügen, denn sie geben sich als Juden aus, sind es aber nicht –, dazu bringen, zu kommen und sich vor deinen Füßen niederzuwerfen. Sie werden erkennen, dass ich dich geliebt habe.

¹⁰Weil du meinen Befehl befolgt hast, geduldig zu warten, werde ich dich vor der schweren Zeit der Prüfung beschützen, die über die ganze Welt kommen wird, um alle zu prüfen, die auf dieser Erde leben. ¹¹Ja, ich komme bald! Halte an dem fest, was du hast, damit dir niemand deinen Siegeskranz nimmt! ¹²Wer siegreich ist, den werde ich zu einer Säule im Tempel meines Gottes machen, und er wird ihn nie verlassen müssen. Ich werde ihn mit dem Namen meines Gottes kennzeichnen, und er wird Bürger in der Stadt meines Gottes sein – in dem neuen Jerusalem, das von meinem Gott aus dem Himmel herabkommt. Und mein neuer Name wird auf ihm geschrieben stehen. ¹³Wer bereit ist zu hören, der höre auf das, was der Geist den Gemeinden sagt!

Die Botschaft an die Gemeinde in Laodizea

¹⁴Schreibe diesen Brief dem Engel der Gemeinde in Laodizea. Das ist die Botschaft dessen, der das Amen ist – der treue und wahrhaftige Zeuge, der Anfang der Schöpfung Gottes:

¹⁵Ich weiß alles, was du tust, und dass du weder heiß noch kalt bist. Ich wünschte, du wärest entweder das eine oder das andere! ¹⁶Aber da du wie lauwarmes Wasser bist, werde ich dich aus meinem Mund ausspucken! ¹⁷Du sagst: »Ich bin reich. Ich habe alles, was ich will. Ich brauche nichts!« Und du merkst nicht, dass du erbärmlich und bemitleidenswert

und arm und blind und nackt bist. ¹⁸Ich rate dir, von mir Gold zu kaufen, das im Feuer gereinigt wurde. Dann wirst du reich sein. Und kaufe auch weiße Kleider, damit du dich bekleiden kannst und dich wegen deiner Nacktheit nicht schämen musst. Und kaufe Salbe für deine Augen, damit du sehen kannst. ¹⁹Wen ich liebe, den weise ich zurecht und erziehe ihn streng. Bleibe nicht gleichgültig, sondern kehre um!

²⁰Siehe, ich stehe vor der Tür und klopfe an. Wenn jemand mich rufen hört und die Tür öffnet, werde ich eintreten, und wir werden miteinander essen. ²¹Ich werde jeden, der siegreich ist, einladen, mit mir auf meinem Thron zu sitzen, so wie ich siegreich war und mich mit meinem Vater auf seinen Thron gesetzt habe. ²²Wer bereit ist zu hören, der höre auf das, was der Geist den Gemeinden sagt!«

Anbetung im Himmel

4 ¹Als ich dann aufschaute, sah ich im Himmel eine Tür offen stehen, und dieselbe Stimme, die sich zuvor wie eine Posaune angehört hatte, sprach zu mir: »Komm hier herauf, und ich werde dir zeigen, was nach diesen Dingen noch geschehen muss.« ²Und im selben Augenblick sah ich im Geist einen Thron im Himmel, auf dem jemand saß. ³Und der auf dem Thron saß, war so strahlend wie Edelsteine – wie Jaspis und Karneol. Und ein Glanz wie der eines Smaragds umleuchtete seinen Thron wie ein Regenbogen. ⁴Rings um den Thron standen vierundzwanzig Throne, auf denen vierundzwanzig Älteste saßen. Sie trugen alle weiße Kleider und hatten goldene Kronen auf ihren Köpfen. ⁵Und von dem Thron gehen Blitze, Stimmen und Donner aus. Vor dem Thron befinden sich sieben Fackeln mit brennenden Flammen. Das sind die sieben Geister Gottes. ⁶Vor dem Thron sah ich ein glänzendes Meer aus Glas, das wie Kristall funkelte.

In der Mitte und um den Thron stehen vier lebendige Wesen, voller Augen vorne und hinten. ⁷Das erste dieser lebendigen Wesen sieht aus wie ein Löwe, das zweite wie ein junger Stier. Das dritte lebendige Wesen hat ein Gesicht wie ein Mensch und das vierte gleicht einem fliegenden Adler. ⁸Jedes dieser lebendigen Wesen hat sechs Flügel, die innen und außen voller Augen waren. Tag für Tag und Nacht für Nacht hören sie nicht auf zu rufen:

»Heilig, heilig, heilig ist der Herr, Gott, der Allmächtige, der immer war, der ist und der noch kommen wird.«

[9]Immer wenn die lebendigen Wesen dem, der auf dem Thron sitzt und in alle Ewigkeit lebt, Herrlichkeit und Ehre und Dank bringen, [10]fallen die vierundzwanzig Ältesten nieder vor dem, der auf dem Thron sitzt, und beten den an, der in alle Ewigkeit lebt. Und sie legen ihre Kronen vor den Thron und sagen:

[11]»Du bist würdig, unser Herr und Gott,
Herrlichkeit und Ehre und Macht entgegenzunehmen.
Denn du hast alle Dinge geschaffen;
weil du es wolltest, sind sie da und wurden sie geschaffen.«

Das Lamm öffnet die Schriftrolle

5 [1]Und ich sah eine Schriftrolle in der rechten Hand dessen, der auf dem Thron saß. Sie war innen und außen beschrieben und mit sieben Siegeln versiegelt. [2]Und ich sah einen starken Engel, der mit lauter Stimme rief: »Wer ist würdig, die Siegel dieser Schriftrolle zu brechen und sie zu öffnen?« [3]Aber niemand im Himmel oder auf der Erde oder unter der Erde konnte die Schriftrolle öffnen und lesen.

[4]Da weinte ich, weil man niemanden finden konnte, der würdig war, die Schriftrolle zu öffnen und sie zu lesen. [5]Aber einer der Ältesten sagte zu mir: »Weine nicht! Siehe, der Löwe aus dem Stamm Juda, der Erbe aus der Wurzel Davids, hat gesiegt. Er ist würdig, die Schriftrolle zu öffnen und ihre sieben Siegel zu brechen.«

[6]Und ich sah ein Lamm, das wie geschlachtet aussah. Es stand zwischen dem Thron und den vier lebendigen Wesen und inmitten der vierundzwanzig Ältesten und hatte sieben Hörner und sieben Augen. Das sind die sieben Geister Gottes, die in alle Teile der Erde ausgesandt worden sind. [7]Es trat vor und nahm die Schriftrolle aus der rechten Hand dessen, der auf dem Thron saß. [8]Und als es die Schriftrolle nahm, fielen

die vier lebendigen Wesen und die vierundzwanzig Ältesten
vor dem Lamm nieder. Jeder von ihnen hatte eine Harfe, und
sie hielten goldene Schalen in den Händen, die mit Weihrauch
gefüllt waren. Der Weihrauch sind die Gebete derer, die zu
Gott gehören!

⁹Und sie sangen ein neues Lied mit folgenden Worten:

»Du bist würdig, die Schriftrolle zu nehmen und ihre Siegel
zu öffnen. Denn du wurdest als Opfer geschlachtet, und dein
Blut hat Menschen für Gott freigekauft, Menschen aus jedem
Stamm und jeder Sprache und jedem Volk und jeder Nation.
¹⁰Du hast sie für Gott zu einem Königreich und zu seinen
Priestern gemacht. Und sie werden auf der Erde regieren.«

¹¹Dann sah ich wieder Tausende und Abertausende von Engeln um den Thron und um die lebendigen Wesen und die
Ältesten und hörte ihr Singen. ¹²Und sie sangen in einem gewaltigen Chor:

»Würdig ist das Lamm, das geschlachtet worden ist. Es ist
würdig, Macht und Reichtum entgegenzunehmen und Weisheit und Stärke und Ehre und Herrlichkeit und Lob.«

¹³Und dann hörte ich, wie alle Geschöpfe im Himmel und
auf der Erde und unter der Erde und im Meer sangen:

»Lob und Ehre und Herrlichkeit und Macht stehen dem zu,
der auf dem Thron sitzt, und dem Lamm für immer und
ewig.«

¹⁴Und die vier lebendigen Wesen sagten: »Amen!« Und die
vierundzwanzig Ältesten fielen nieder und beteten an.

Das Lamm bricht die ersten sechs Siegel

6 ¹Da sah ich, wie das Lamm das erste der sieben Siegel der
Schriftrolle öffnete. Dann rief eines der lebendigen Wesen
mit einer Stimme, die wie Donner klang: »Komm!« ²Ich blickte auf und sah ein weißes Pferd. Sein Reiter trug einen Bogen
und ihm wurde ein Siegeskranz gegeben. Er ritt triumphie-
rend hinaus, um den Sieg zu erringen.

³Als das Lamm das zweite Siegel öffnete, hörte ich das zweite lebendige Wesen sagen: »Komm!« ⁴Da erschien ein anderes,
ein feuerrotes Pferd. Seinem Reiter wurde ein mächtiges

Schwert gereicht und die Macht gegeben, den Frieden von der Erde wegzunehmen, damit sich die Menschen gegenseitig vernichteten.

⁵Als das Lamm das dritte Siegel öffnete, hörte ich das dritte lebendige Wesen sagen: »Komm!« Ich blickte auf und sah ein schwarzes Pferd, dessen Reiter eine Waage in der Hand hielt. ⁶Und etwas wie eine Stimme sprach von dort aus der Mitte der vier lebendigen Wesen: »Ein Kilo Weizen oder drei Kilo Gerste für einen Tagelohn. Und verschwende das Olivenöl und den Wein nicht!«

⁷Und als das Lamm das vierte Siegel öffnete, hörte ich das vierte lebendige Wesen sagen: »Komm!« ⁸Und ich blickte auf und sah ein Pferd, dessen Farbe fahl war. Und sein Reiter hieß »Tod« und das Totenreich folgte ihm. Sie erhielten Macht über ein Viertel der Erde, um durch Schwert und Hunger, tödliche Krankheit und wilde Tiere zu töten.

⁹Und als das Lamm das fünfte Siegel brach, sah ich unter dem Altar die Seelen aller, die getötet worden waren, weil sie am Wort Gottes und an ihrem Bekenntnis zu Christus festgehalten hatten. ¹⁰Mit lauter Stimme riefen sie: »Heiliger und wahrhaftiger Herr, wie lange wird es noch dauern, bis du die Menschen, die dieser Welt angehören, für das Unrecht richtest, das sie uns zugefügt haben?« ¹¹Da wurde jedem von ihnen ein weißes Gewand gegeben. Und es wurde ihnen gesagt, sie sollten noch eine kleine Weile Geduld haben, denn auch unter ihren Brüdern, die wie sie Christus dienten, gibt es noch einige, die zuvor noch für ihren Glauben sterben müssen.

¹²Ich blickte auf, als das Lamm das sechste Siegel brach, und es gab ein großes Erdbeben. Die Sonne wurde so dunkel wie ein schwarzes Tuch, und der Mond wurde so rot wie Blut. ¹³Dann fielen die Sterne des Himmels auf die Erde, so wie Feigen durch einen starken Wind vom Baum geschüttelt werden. ¹⁴Und der Himmel verschwand, so wie eine Schriftrolle zusammengerollt wird, und alle Berge und alle Inseln verschwanden mit ihm. ¹⁵Da versteckten sich die Könige der Erde, die Herrscher, die Befehlshaber, die Reichen, die Macht-

haber und auch alle Sklaven und Freien in den Höhlen und zwischen den Felsen der Berge. ¹⁶Und sie riefen den Bergen und den Felsen zu: »Fallt auf uns und verbergt uns vor dem Angesicht dessen, der auf dem Thron sitzt, und vor dem Zorn des Lammes. ¹⁷Denn der große Tag ihres Zorns ist gekommen, und wer wird ihn überleben?«

Gottes Volk wird bewahrt werden

7 ¹Dann sah ich vier Engel an den vier Enden der Erde stehen. Sie hinderten die vier Winde daran, über die Erde zu wehen, damit auf der Erde, über dem Meer und in den Bäumen kein Wind wehte. ²Und ich sah einen anderen Engel vom Osten her kommen, der das Siegel des lebendigen Gottes trug. Und er rief diesen vier Engeln, denen die Macht gegeben worden war, dem Land und dem Meer Schaden zuzufügen, mit lauter Stimme zu: ³»Wartet! Zerstört nicht das Land oder das Meer oder die Bäume, bis wir den Dienern Gottes sein Siegel auf die Stirn gedrückt haben!«

⁴Und ich erfuhr, wie viele Menschen das Siegel Gottes erhielten. Es waren hundertvierundvierzigtausend aus allen Stämmen Israels, die das Siegel erhielten: ⁵aus Juda zwölftausend, aus Ruben zwölftausend, aus Gad zwölftausend, ⁶aus Asser zwölftausend, aus Naftali zwölftausend, aus Manasse zwölftausend, ⁷aus Simeon zwölftausend, aus Levi zwölftausend, aus Issachar zwölftausend, ⁸aus Sebulon zwölftausend, aus Josef zwölftausend, aus Benjamin zwölftausend.

Der Lobpreis der Menge

⁹Danach sah ich eine riesige Menschenmenge – viel zu groß, um sie zählen zu können – aus allen Nationen und Stämmen und Völkern und Sprachen vor dem Thron und vor dem Lamm stehen. Sie waren mit weißen Gewändern bekleidet und hielten Palmzweige in ihren Händen. ¹⁰Und sie riefen laut:

»Die Rettung kommt von unserem Gott, der auf dem Thron sitzt, und von dem Lamm!«

¹¹Und alle Engel standen rings um den Thron und um die

Ältesten und die vier lebendigen Wesen. Und sie fielen vor
dem Thron nieder und beteten Gott an. [12]Sie riefen:

»Amen! Lob und Herrlichkeit und Weisheit und Dank und
Ehre und Macht und Stärke gehören unserem Gott für immer
und ewig. Amen!«

[13]Dann fragte mich einer der vierundzwanzig Ältesten:
»Wer sind diese, die in Weiß gekleidet sind? Woher kommen
sie?«

[14]Und ich sagte zu ihm: »Mein Herr, du weißt es.«

Da sagte er zu mir: »Das sind diejenigen, die aus der großen
Prüfung kommen. Sie haben ihre Kleider im Blut des Lammes
gewaschen und weiß gemacht. [15]Deshalb stehen sie nun vor
dem Thron Gottes und dienen ihm Tag und Nacht in seinem
Tempel. Und er, der auf dem Thron sitzt, wird über ihnen
wohnen. [16]Sie werden nie wieder hungern oder Durst leiden,
und sie werden vor der brennenden Sonne und jeder Gluthit-
ze geschützt sein. [17]Denn das Lamm, das in der Mitte auf dem
Thron ist, wird ihr Hirte sein und für sie sorgen. Es wird sie zu
den Quellen führen, aus denen das Wasser des Lebens strömt.
Und Gott wird alle ihre Tränen abwischen.«

Das Lamm bricht das siebte Siegel

8 [1]Als das Lamm das siebte Siegel öffnete, herrschte etwa
eine halbe Stunde lang Stille im Himmel. [2]Und ich sah
die sieben Engel, die vor Gott stehen, und es wurden ihnen
sieben Posaunen gegeben.

[3]Dann kam ein anderer Engel mit einer goldenen Räucherpfanne und trat vor den Altar. Ihm wurde viel Räucherwerk
gegeben, damit er es mit den Gebeten derer, die zu Gott gehören, auf dem goldenen Altar vor dem Thron darbringe.
[4]Der Rauch des Räucherwerks stieg mit ihren Gebeten von
dem Altar, auf dem der Engel sie ausgegossen hatte, zu Gott
auf. [5]Dann füllte der Engel die Räucherpfanne mit Feuer vom
Altar und warf sie auf die Erde; da donnerte und blitzte es,
und die Erde erbebte.

Die ersten vier Posaunen

⁶Dann machten sich die sieben Engel bereit, um in ihre Posaunen zu blasen.

⁷Als der erste Engel in seine Posaune blies, wurden Hagel und Feuer, mit Blut vermischt, auf die Erde geschleudert, und ein Drittel der Erde geriet in Brand. Ein Drittel der Bäume und alles Gras verbrannte.

⁸Dann blies der zweite Engel in seine Posaune, und etwas wie ein großer Berg aus Feuer wurde ins Meer geworfen. Da wurde ein Drittel des Meerwassers zu Blut. ⁹Ein Drittel aller Lebewesen des Meeres starb, und ein Drittel der Schiffe auf dem Meer wurde zerstört.

¹⁰Dann blies der dritte Engel in seine Posaune, und ein großer Stern fiel vom Himmel, der wie eine Fackel brannte und auf ein Drittel der Flüsse und Wasserquellen stürzte. ¹¹Der Name des Sterns lautete »Bitterkeit«. Er ließ ein Drittel des Wassers bitter werden, und viele Menschen starben, weil das Wasser bitter geworden war.

¹²Dann blies der vierte Engel in seine Posaune, und ein Drittel der Sonne, ein Drittel des Mondes und ein Drittel der Sterne wurde ausgelöscht. Und ein Drittel des Tages und auch ein Drittel der Nacht wurden dunkel.

¹³Dann blickte ich auf und hörte einen Adler, der hoch oben am Himmel flog, laut schreien: »Unheil, Unheil, Unheil über alle, die auf dieser Erde wohnen, durch das, was geschehen wird, wenn die letzten drei Engel ihre Posaunen erklingen lassen!«

Die fünfte Posaune bringt das erste Unheil

9 ¹Dann blies der fünfte Engel in seine Posaune, und ich sah einen Stern, der vom Himmel auf die Erde gefallen war; ihm wurde der Schlüssel zum Schacht des Abgrunds gegeben. ²Als er ihn öffnete, stieg Qualm aus dem Schacht wie aus einem riesigen Ofen, und die Sonne und die Luft wurden von dem Rauch verdunkelt.

³Dann kamen Heuschrecken aus dem Rauch heraus und ließen sich auf der Erde nieder; ihnen wurde Macht gegeben,

wie Skorpione zu stechen. ⁴Sie wurden angewiesen, nicht dem Gras oder den Pflanzen oder den Bäumen Schaden zuzufügen, sondern die Menschen anzugreifen, die nicht das Siegel Gottes an ihrer Stirn trugen. ⁵Es wurde ihnen befohlen, diese Menschen nicht zu töten, sondern sie fünf Monate lang mit Schmerzen zu quälen, wie sie beim Stich eines Skorpions auftreten. ⁶In diesen Tagen werden die Menschen den Tod suchen, ihn aber nicht finden. Sie werden sich danach sehnen zu sterben, aber der Tod wird vor ihnen fliehen!

⁷Die Heuschrecken sahen aus wie zum Kampf gerüstete Pferde. Sie trugen auf den Köpfen etwas, das wie goldene Kronen aussah, und hatten menschliche Gesichter. ⁸Ihr Haar war lang wie Frauenhaar, und ihre Zähne glichen den Zähnen eines Löwen. ⁹Sie trugen etwas wie eiserne Rüstungen, und ihre Flügel lärmten wie ein Heer von Streitwagen, die in den Krieg rollen. ¹⁰Sie hatten Schwänze und Stacheln wie Skorpione, und darin die Macht, die Menschen fünf Monate lang zu quälen. ¹¹Ihr König ist der Engel aus dem Abgrund; sein Name lautet auf Hebräisch Abaddon und auf Griechisch Apollyon – der Zerstörer.

¹²Das erste Verderben ist vorüber, doch es kommen noch zwei weitere!

Die sechste Posaune bringt das zweite Unheil

¹³Dann blies der sechste Engel in seine Posaune, und ich hörte eine Stimme aus den vier Hörnern des goldenen Altars, der vor Gott steht. ¹⁴Die Stimme sprach zu dem sechsten Engel, der die Posaune hielt: »Lass die vier Engel frei, die am großen Euphratstrom gefesselt sind!« ¹⁵Und die vier Engel, die für diese Stunde und diesen Tag und diesen Monat und dieses Jahr bereitgehalten worden waren, wurden freigelassen, um ein Drittel aller Menschen auf der Erde zu töten. ¹⁶Sie führten eine Armee von zweihundert Millionen berittenen Soldaten an – ich hörte, wie ihre Zahl genannt wurde.

¹⁷Und in meiner Vision sah ich die Pferde und die Reiter, die auf ihnen saßen. Die Reiter trugen eine feuerrote und dunkelblaue und schwefelgelbe Rüstung. Die Köpfe der Pferde sa-

hen aus wie Löwenköpfe, und aus ihren Mäulern kamen Feuer und Rauch und brennender Schwefel. ¹⁸Ein Drittel aller Menschen auf der Erde wurde durch diese drei Plagen getötet – durch das Feuer und den Rauch und den brennenden Schwefel, die aus den Mäulern der Pferde kamen. ¹⁹Ihre Macht lag in ihren Mäulern, aber auch in ihren Schweifen, denn ihre Schweife hatten Köpfe wie Schlangen, und mit ihnen konnten sie Menschen verletzen.

²⁰Aber die Menschen, die nicht durch diese Plagen starben, dachten dennoch nicht daran, von ihrem falschen Weg umzukehren. Sie beteten weiter Dämonen und Götzenbilder aus Gold, Silber, Bronze, Stein und Holz an – Götzen, die weder sehen noch hören noch gehen! ²¹Und sie kehrten nicht um und hörten nicht auf, zu morden, Zauberei zu betreiben, sich der Unzucht hinzugeben oder zu stehlen.

Der Engel und die kleine Schriftrolle

10 ¹Dann sah ich einen anderen mächtigen Engel vom Himmel herabkommen. Er war von einer Wolke umgeben, und ein Regenbogen leuchtete über seinem Kopf. Sein Gesicht strahlte wie die Sonne, und seine Füße waren wie Feuersäulen. ²In seiner Hand befand sich eine kleine Schriftrolle, die er aufgerollt hatte. Er stand mit seinem rechten Fuß auf dem Meer und mit seinem linken Fuß auf festem Boden. ³Und er gab einen lauten Schrei von sich, wie das Brüllen eines Löwen. Als er geschrien hatte, antworteten die sieben Donner mit ihrer Stimme.

⁴Als die sieben Donner geantwortet hatten, wollte ich gerade anfangen, es niederzuschreiben. Aber eine Stimme aus dem Himmel rief mir zu: »Halte geheim, was die sieben Donner gesagt haben. Schreibe es nicht auf!«

⁵Dann hob der mächtige Engel, der auf dem Meer und dem Festland stand, seine rechte Hand zum Himmel. ⁶Und er schwor einen Eid beim Namen dessen, der in alle Ewigkeit lebt und der den Himmel mit allem, was darin ist, die Erde mit allem, was auf ihr ist, und das Meer mit allem, was darin ist, geschaffen hat. Er sagte: »Gott wird nicht länger warten.

⁷Sondern wenn der siebte Engel seine Posaune erklingen lässt, wird Gottes verborgener Plan erfüllt werden. Es wird genau so geschehen, wie er es seinen Dienern, den Propheten, verkündet hat.«

⁸Dann sprach die Stimme aus dem Himmel wieder mit mir: »Geh und nimm die geöffnete Schriftrolle von dem Engel entgegen, der auf dem Meer und dem Festland steht!«

⁹Da trat ich zu ihm und bat ihn, mir die Schriftrolle zu geben. Und er sagte zu mir: »Ja, nimm sie und iss sie. Zuerst wird sie in deinem Mund süß wie Honig schmecken, aber nachdem du sie heruntergeschluckt hast, wird sie dir bitter im Magen liegen!« ¹⁰Ich nahm die kleine Schriftrolle aus der Hand des Engels und aß sie. Und sie schmeckte süß in meinem Mund, aber in meinem Magen war sie bitter. ¹¹Dann sagte jemand zu mir: »Du musst noch weiter prophetisch reden über viele Völker, Nationen, Sprachen und Könige.«

Die zwei Zeugen

11 ¹Dann wurde mir eine Art Messlatte gereicht und jemand sagte zu mir: »Geh und miss den Tempel Gottes und den Altar und zähle die Betenden! ²Den äußeren Hof sollst du jedoch nicht messen, denn er wurde den anderen Völkern überlassen. Und sie werden die heilige Stadt zweiundvierzig Monate lang verwüsten. ³Doch ich werde meinen beiden Zeugen den Auftrag geben, und sie werden in Säcken gekleidet sein und eintausendzweihundertundsechzig Tage lang prophetisch reden.«

⁴Diese zwei Propheten sind die zwei Ölbäume und die zwei Leuchter, die vor dem Herrn der ganzen Erde stehen. ⁵Wenn jemand versucht, ihnen zu schaden, flammt Feuer aus ihrem Mund und vernichtet ihre Feinde. So wird jeder getötet, der versucht, ihnen zu schaden. ⁶Sie haben die Macht, den Himmel zu verschließen, sodass es nicht regnet, solange sie prophetisch reden. Und sie haben Macht, Wasser in Blut zu verwandeln und alle Arten von Plagen über die Erde zu schicken, so oft sie wollen.

⁷Und wenn sie ihren Auftrag erfüllt haben, wird das Tier,

das aus dem Abgrund heraufkommt, ihnen den Krieg erklären. Es wird sie besiegen und töten. [8]Und ihre Leichname werden in der großen Stadt auf der Straße liegen – in der Stadt, die »Sodom« und »Ägypten« genannt wird, in der Stadt, in der ihr Herr gekreuzigt wurde. [9]Und dreieinhalb Tage lang werden Menschen aus allen Völkern und Stämmen, Sprachen und Nationen herbeiströmen, um ihre Leichname zu sehen. Und es wird niemandem erlaubt werden, sie zu begraben. [10]Alle Menschen, die auf der Erde wohnen, werden sich freuen und einander Geschenke machen, um den Tod der zwei Propheten zu feiern, die sie gequält hatten.

[11]Doch nach dreieinhalb Tagen wird der Geist des Lebens von Gott in sie kommen, und sie werden sich wieder erheben! Entsetzen überkommt dann alle, die sie sehen. [12]Dann ruft eine laute Stimme vom Himmel: »Kommt hier herauf!« Und sie werden vor den Augen ihrer Feinde in einer Wolke zum Himmel aufsteigen.

[13]Und in derselben Stunde wird es ein großes Erdbeben geben, das ein Zehntel der Stadt zerstört. Siebentausend Menschen werden bei diesem Erdbeben sterben. Und wer nicht stirbt, erschrickt voller Angst und ehrt den Gott des Himmels.

[14]Das zweite Unheil ist vorüber, doch jetzt kommt bald das dritte.

Die siebte Posaune bringt das dritte Unheil

[15]Dann blies der siebte Engel in seine Posaune, und laute Stimmen riefen im Himmel:

»Die ganze Erde ist jetzt zum Reich unseres Herrn und seines Christus geworden, und er wird in alle Ewigkeit herrschen.«

[16]Und die vierundzwanzig Ältesten, die vor Gott auf ihren Thronen saßen, fielen vor ihm nieder und beteten Gott an. [17]Und sie riefen:

»Wir danken dir, Herr, Gott, Allmächtiger, der ist und der immer war, denn jetzt hast du von deiner großen Macht Gebrauch gemacht und deine Herrschaft angetreten. [18]Die Völker waren zornig auf dich, doch jetzt ist die Zeit deines Zorns gekommen. Jetzt ist die Zeit, die Toten zu richten und deine Diener zu belohnen. Du wirst deine Propheten und alle, die zu dir gehören, belohnen, alle, die deinen Namen fürchten, vom Geringsten bis zum Größten. Und du wirst alle vernichten, die Vernichtung über die Erde gebracht haben.«

19Dann wurde im Himmel der Tempel Gottes geöffnet, und die Lade seines Bundes war in seinem Tempel zu sehen. Blitze zuckten und Donner grollten; es gab einen schrecklichen Hagelsturm, und die Welt wurde von einem Erdbeben erschüttert.

Die Frau und der Drache

12 1Dann erschien ein großes Zeichen am Himmel. Ich sah eine Frau, die mit der Sonne bekleidet war, den Mond unter ihren Füßen hatte und eine Krone aus zwölf Sternen auf ihrem Kopf trug. 2Sie war schwanger und schrie vor Schmerzen, denn die Wehen hatten bereits begonnen und die Geburt ihres Kindes stand kurz bevor.

3Dann erschien noch ein anderes Zeichen am Himmel. Ich sah einen großen roten Drachen mit sieben Köpfen und zehn Hörnern, der sieben Kronen auf seinen Köpfen trug. 4Sein Schwanz fegte ein Drittel der Sterne weg, die er auf die Erde warf. Er stand vor der Frau, die kurz davor war, ihr Kind zu gebären, um es gleich nach der Geburt zu verschlingen.

5Sie gebar einen Sohn, der alle Völker mit eisernem Stab regieren sollte. Das Kind wurde zu Gott und seinem Thron hinaufgehoben. 6Die Frau floh in die Wüste, wo Gott einen Ort für sie bereithielt, an dem eintausendzweihundertundsechzig Tage für sie gesorgt wurde.

7Dann kam es im Himmel zum Krieg. Michael und die Engel unter seinem Befehl kämpften gegen den Drachen und seine Engel. 8Der Drache verlor den Kampf und wurde aus dem Himmel vertrieben. 9Dieser große Drache – die alte Schlange, die Teufel genannt wird oder der Satan oder der, der die ganze Welt verführt – wurde mit all seinen Engeln auf die Erde geworfen.

¹⁰Dann hörte ich eine laute Stimme durch den Himmel rufen:

»Jetzt ist es geschehen: Die Rettung und die Kraft und das Reich unseres Gottes und die Macht seines Christus sind da! Denn der Ankläger unserer Brüder, der sie Tag und Nacht vor unserem Gott verklagte, wurde auf die Erde hinabgeworfen. ¹¹Sie haben ihn durch das Blut des Lammes besiegt und dadurch, dass sie an der Botschaft Gottes festhielten und bereit waren zu sterben. ¹²Freut euch, ihr Himmel! Und ihr, die ihr in den Himmeln wohnt, jubelt! Doch über die Erde und das Meer wird Schrecken kommen. Denn der Teufel ist voller Zorn zu euch hinabgekommen, und er weiß, dass ihm nur wenig Zeit bleibt!«

¹³Und als der Drache erkannte, dass er auf die Erde hinabgeworfen worden war, verfolgte er die Frau, die das Kind zur Welt gebracht hatte. ¹⁴Aber es wurden ihr die beiden Flügel eines großen Adlers gegeben. So konnte sie an einen Ort fliegen, der in der Wüste für sie vorbereitet worden war, wo sie für dreieinhalb Jahre versorgt wurde und vor dem Drachen geschützt werden konnte.

¹⁵Dann versuchte der Drache, die Frau mit einer Flut zu ertränken, die er aus seinem Maul herauswarf. ¹⁶Aber die Erde half der Frau, indem sie ihren Mund öffnete und die Flut aus dem Maul des Drachen trank. ¹⁷Da wurde der Drache zornig über die Frau und erklärte ihren übrigen Kindern den Krieg – allen, die Gottes Gebote halten und bekennen, dass sie zu Christus gehören.

Das Tier aus dem Meer

¹⁸Und er stellte sich an das Ufer des Meeres.

13 ¹Und dann sah ich ein Tier aus dem Meer aufsteigen, das sieben Köpfe und zehn Hörner hatte. Und auf seinen Hörnern hatte es zehn Kronen. Und auf jedem Kopf stand ein Name, der Gott verspottete. ²Dieses Tier sah aus wie ein Panther, aber es hatte Bärentatzen und ein Löwenmaul! Und der Drache gab ihm seine Kraft und seinen Thron und große Macht.

³Ich sah, dass einer der Köpfe des Tieres offenbar tödlich verwundet war, aber die tödliche Wunde wurde geheilt. Die ganze Welt staunte über dieses Wunder und folgte dem Tier. ⁴Sie beteten den Drachen an, weil er dem Tier solche Macht gegeben hatte, und sie beteten das Tier an. »Wer kann sich mit dem Tier messen?«, sagten sie. »Wer kann mit ihm kämpfen?«

⁵Dann wurde dem Tier erlaubt, schreckliche Dinge und schlimme Lästerungen gegen Gott auszusprechen. Und es erhielt die Macht, zweiundvierzig Monate lang zu tun, was es wollte. ⁶Da stieß es Lästerungen gegen Gott aus und verhöhnte seinen Namen und sein Zelt und alle, die im Himmel wohnen. ⁷Und es wurde dem Tier erlaubt, Krieg gegen die Heiligen Gottes zu führen und sie zu besiegen. Und es erhielt Macht über alle Stämme und alle Völker und alle Sprachen und alle Nationen. ⁸Alle Menschen, die auf dieser Erde wohnen, werden es anbeten; alle, deren Namen nicht seit Erschaffung der Welt im Buch des Lebens aufgeschrieben sind – in dem Buch des Lammes, das geschlachtet wurde.

⁹Wer bereit ist zu hören, der höre und verstehe! ¹⁰Die Menschen, denen das Gefängnis bestimmt ist, werden in Gefangenschaft geführt werden. Diejenigen, denen der Tod durch das Schwert bestimmt ist, werden getötet werden. Dann benötigen jene, die zu Gott gehören, Standhaftigkeit und Glauben.

Das Tier aus der Erde

¹¹Dann sah ich ein anderes Tier aus der Erde aufsteigen. Es hatte zwei Hörner wie ein Lamm und sprach mit der Stimme eines Drachen. ¹²Es hatte alle Macht des ersten Tieres und brachte alle, die dieser Welt angehören, dazu, das erste Tier anzubeten, dessen tödliche Wunde geheilt worden war. ¹³Es wirkte erstaunliche Wunder und ließ vor den Augen der Menschen Feuer vom Himmel auf die Erde regnen. ¹⁴Und mit den Wundern, die es mit der Erlaubnis des ersten Tieres tat, verführte es die Menschen, die auf der Erde wohnen. Es forderte sie auf, ein großes Standbild des ersten Tieres anzufertigen, das tödlich verwundet worden und wieder ins Leben zurück-

gekehrt war. ¹⁵Es wurde ihm gestattet, dem Standbild des Tieres Leben zu verleihen, sodass es sprechen konnte. Da befahl das Standbild des Tieres, jeden zu töten, der es nicht anbetete.

¹⁶Und das zweite Tier verlangte, dass jeder – ob groß oder klein, reich oder arm, Freier oder Sklave – sich ein Zeichen auf die rechte Hand oder auf die Stirn prägen ließ. ¹⁷Ohne dieses Zeichen, das entweder der Name des Tieres oder das Zahlensymbol seines Namens war, konnte niemand irgendetwas kaufen oder verkaufen. ¹⁸Man benötigt Weisheit, um das zu verstehen. Wer Verstand hat, der errechne die Zahl des Tieres! Denn es ist die Zahl eines Menschen. Sie lautet sechshundertsechsundsechzig.

Das Lamm

14 ¹Dann sah ich das Lamm auf dem Berg Zion stehen und mit ihm hundertvierundvierzigtausend, auf deren Stirn sein Name und der Name seines Vaters geschrieben standen. ²Und ich hörte aus dem Himmel eine Stimme wie das Tosen eines riesigen Wasserfalls oder das Rollen eines mächtigen Donners. Es klang so, als würden unendlich viele Harfenspieler gemeinsam spielen.

³Dieser große Chor sang ein neues Lied vor dem Thron Gottes und vor den vier lebendigen Wesen und den Ältesten. Und niemand außer den hundertvierundvierzigtausend, die von der Erde erlöst worden waren, konnte dieses neue Lied lernen. ⁴Denn sie haben sich nicht mit Frauen befleckt, sondern sie sind rein wie Jungfrauen und folgen dem Lamm, wohin es geht. Sie wurden als erste Opfergabe für Gott und das Lamm aus den Menschen ausgewählt. ⁵Ihnen kann keine Lüge vorgeworfen werden; sie sind vorbildlich.

Die drei Engel

⁶Und ich sah einen weiteren Engel durch den Himmel fliegen, der die ewige Botschaft Gottes trug, um sie den Menschen zu verkünden, die auf der Erde wohnen – allen Nationen und Stämmen, allen Sprachen und Völkern. ⁷»Habt Achtung vor Gott und gebt ihm die Ehre!«, rief er, »denn die Stunde ist

gekommen, in der er Gericht halten wird. Betet den an, der Himmel und Erde, das Meer und alle Wasserquellen gemacht hat!«

⁸Dann folgte ihm ein weiterer Engel und rief: »Babylon – die große Stadt – ist gefallen, weil sie die Völker der Welt verführt hat, vom Wein ihrer Unzucht zu trinken.«

⁹Dann folgte ein dritter Engel, der rief mit lauter Stimme: »Wer das Tier und sein Standbild anbetet und sein Zeichen auf der Stirn oder der Hand annimmt, ¹⁰muss den Wein des Zornes Gottes trinken, der unverdünnt in den göttlichen Kelch des Zorns eingeschenkt wird. Und sie werden in der Gegenwart der heiligen Engel und des Lammes mit Feuer und Schwefel gequält werden. ¹¹Der Rauch ihrer Qualen wird für alle Zeit aufsteigen, und sie werden Tag und Nacht keine Erleichterung finden, weil sie das Tier und seine Statue angebetet und das Zeichen seines Namens angenommen haben. ¹²Das soll jene, die zu Gott gehören, ermutigen, alles geduldig zu ertragen und bis zum Ende standhaft zu bleiben, alle, die Gottes Gebote halten und auf Jesus vertrauen.«

¹³Und ich hörte eine Stimme aus dem Himmel sagen: »Schreibe auf: Glücklich sind die, die von nun an im Herrn sterben. Ja, spricht der Geist, sie sollen von all ihren Mühen ausruhen; denn ihre guten Taten folgen ihnen nach!«

Die Ernte der Erde

¹⁴Dann sah ich einen, der wie der Menschensohn aussah, auf einer weißen Wolke sitzen. Er hatte eine goldene Krone auf dem Kopf und eine scharfe Sichel in der Hand.

¹⁵Ein Engel kam aus dem Tempel und rief dem, der auf der Wolke saß, mit lauter Stimme zu: »Gebrauche die Sichel, denn nun ist die Zeit gekommen zu ernten. Die Ernte auf der Erde ist reif!« ¹⁶Da schwang der, der auf der Wolke saß, seine Sichel über die Erde, und die Erde wurde abgeerntet.

¹⁷Danach kam ein anderer Engel aus dem Tempel im Himmel, und auch er hatte eine scharfe Sichel. ¹⁸Ein weiterer Engel, der die Macht über das Feuer hatte, kam aus dem Altar

hervor und rief dem Engel mit der scharfen Sichel zu: »Gebrauche jetzt deine Sichel, um die Trauben von dem Weinstock der Erde zu ernten, denn seine Beeren sind reif geworden!« [19]Da schwang der Engel seine Sichel über die Erde und erntete den Weinstock der Erde ab und warf die Trauben in die große Weinpresse des Zornes Gottes. [20]Und die Trauben wurden außerhalb der Stadt in der Weinpresse getreten und Blut floss aus der Weinpresse in einem Strom, der dreihundert Kilometer lang war und so hoch, dass er den Pferden bis an die Zügel reichte.

Das Lied von Mose und dem Lamm

15 [1]Dann sah ich am Himmel ein anderes Zeichen, das groß und wunderbar war. Sieben Engel hielten die sieben letzten Plagen, die Gottes Zorn vollendeten. [2]Ich sah vor mir etwas, das wie ein mit Feuer vermischtes Kristallmeer aussah. An seinem Ufer standen alle Menschen, die über das Tier und sein Standbild und die Zahl seines Namens gesiegt hatten. Alle hatten von Gott Harfen bekommen, [3]und sie sangen das Lied Moses, des Dieners Gottes, und das Lied des Lammes:

»Groß und wunderbar sind deine Taten,
Herr, Gott, Allmächtiger.
Gerecht und wahrhaftig sind deine Wege,
König der Völker.
[4]Wer sollte dich nicht fürchten, Herr,
und deinen Namen verherrlichen?
Denn du allein bist heilig.
Alle Völker werden kommen
und vor dir anbeten,
denn deine gerechten Taten sind offenbart worden.«

Die sieben Schalen mit den sieben Plagen

[5]Dann blickte ich auf und sah, dass der Tempel im Himmel – das Heiligtum im Zelt Gottes – weit geöffnet wurde! [6]Die sieben Engel, welche die Schalen der sieben Plagen trugen, kamen aus dem Tempel; sie waren in reines, weißes Leinen ge-

kleidet und hatten goldene Gürtel über der Brust. [7]Und eines der vier lebendigen Wesen reichte jedem der sieben Engel eine goldene Schale, gefüllt mit dem schrecklichen Zorn Gottes, der in alle Ewigkeit lebt. [8]Der Tempel war vom Rauch der Herrlichkeit und Macht Gottes erfüllt. Niemand konnte den Tempel betreten, bis die sieben Engel die sieben Plagen ausgegossen hatten.

16 [1]Dann hörte ich eine laute Stimme aus dem Tempel zu den sieben Engeln sagen: »Geht jetzt und gießt die sieben Schalen mit dem Zorn Gottes über die Erde aus!«

[2]Da verließ der erste Engel den Tempel und goss seine Schale über die Erde aus. Ein schlimmes, bösartiges Geschwür brach an allen Menschen aus, die das Zeichen des Tieres trugen und sein Standbild angebetet hatten.

[3]Danach goss der zweite Engel seine Schale über dem Meer aus, und das Wasser im Meer wurde wie das Blut eines Toten. Und alles, was im Meer lebte, starb.

[4]Und der dritte Engel goss seine Schale über den Flüssen und Quellen aus, und sie wurden zu Blut. [5]Ich hörte den Engel, der Macht über alle Wasser hatte, sagen: »Du bist gerecht, dieses Gericht zu schicken, du Heiliger, der ist und der immer war. [6]Denn dein heiliges Volk und deine Propheten wurden ermordet, und ihr Blut strömte auf die Erde. Deshalb hast du ihren Mördern zu Recht Blut zu trinken gegeben.« [7]Und ich hörte eine Stimme vom Altar sagen: »Ja, Herr, Gott, Allmächtiger, deine Gerichte sind wahr und gerecht.«

[8]Dann goss der vierte Engel seine Schale über die Sonne aus und brachte sie dazu, die Menschen mit ihrem Feuer zu verbrennen. [9]Und die Menschen wurden von großer Hitze verbrannt, aber dennoch verhöhnten sie den Namen Gottes, der Macht über all diese Plagen hatte. Aber sie kehrten nicht um und gaben ihm nicht die Ehre.

[10]Dann goss der fünfte Engel seine Schale auf den Thron des Tieres aus, und sein Reich wurde in Finsternis gestürzt. Und die Menschen zerbissen sich vor Schmerz ihre Zungen [11]und verfluchten den Gott des Himmels wegen ihrer Schmerzen

und Geschwüre nur noch mehr. Aber sie weigerten sich, von ihrem falschen Weg umzukehren.

¹²Dann goss der sechste Engel seine Schale über den großen Strom Euphrat aus, und er vertrocknete, sodass die Könige aus dem Osten mit ihren Heeren ungehindert nach Westen marschieren konnten. ¹³Und ich sah drei böse Geister, die wie Frösche aussahen, aus dem Mund des Drachen, des Tieres und des falschen Propheten springen. ¹⁴Weil diese Dämonen Zeichen und Wunder taten, veranlassten sie alle Herrscher der Erde, sich an jenem großen Tag Gottes zum Kampf gegen den Allmächtigen zu sammeln.

¹⁵Der Herr spricht: »Siehe, ich komme so unerwartet wie ein Dieb! Glücklich ist der, der wachsam auf mich wartet und seine Kleider anbehält, damit er nicht nackt gehen und sich schämen muss.«

¹⁶Und die bösen Geister versammelten alle Herrscher und ihre Heere an einem Ort, der auf Hebräisch Harmagedon genannt wird.

¹⁷Dann goss der siebte Engel seine Schale in die Luft aus. Und ein mächtiger Ruf kam vom Thron des Tempels im Himmel und sagte: »Es ist geschehen!« ¹⁸Dann krachte und grollte Donner, und Blitze leuchteten. Und es gab ein großes Erdbeben, das so gewaltig war wie kein anderes Erdbeben, seit es Menschen auf der Erde gibt. ¹⁹Die große Stadt Babylon wurde in drei Teile gespalten, und die Städte der Völker zerfielen zu Schutt. So erinnerte Gott sich an die Schuld Babylons und ließ sie den Kelch trinken, der mit dem Wein seines schrecklichen Zorns gefüllt war. ²⁰Und alle Inseln verschwanden und alle Berge wurden dem Erdboden gleichgemacht. ²¹Es gab einen furchtbaren Hagelsturm, und riesige Hagelkörner fielen vom Himmel auf die Menschen herab. Und doch verfluchten sie Gott für den Hagelsturm, der eine außerordentlich schreckliche Plage war.

Die große Hure

17 ¹Einer der sieben Engel, die die sieben Schalen ausgegossen hatten, kam zu mir und sprach mich an.

»Komm«, sagte er, »und ich werde dir das Gericht über die große Hure zeigen, die an vielen Wassern sitzt. [2]Die Herrscher der Erde haben Unzucht mit ihr getrieben, und die Menschen, die die Erde bewohnen, haben sich mit dem Wein ihrer Unzucht betrunken.«

[3]Da versetzte der Engel mich im Geist in die Wüste. Dort sah ich eine Frau auf einem scharlachroten Tier sitzen, das sieben Köpfe und zehn Hörner hatte, die über und über mit Lästerungen gegen Gott beschrieben waren. [4]Die Frau trug purpurne und scharlachrote Kleidung und Schmuck aus Gold und kostbaren Edelsteinen und Perlen. In ihrer Hand hielt sie einen goldenen Becher, der mit Abscheulichkeiten und dem Schmutz ihrer Unzucht gefüllt war. [5]Ein geheimnisvoller Name stand auf ihrer Stirn geschrieben: »Babylon, die Große, die Mutter aller Huren und aller Abscheulichkeiten auf der Erde.« [6]Ich konnte sehen, dass die Frau betrunken war vom Blut derer, die zu Gott gehören und sich zu Jesus bekannt hatten. Ich starrte sie voller Verwunderung an.

[7]»Warum bist du so erstaunt?«, fragte der Engel. »Ich will dir das Geheimnis dieser Frau und des Tieres mit den sieben Köpfen und zehn Hörnern, das sie trägt, enthüllen. [8]Das Tier, das du gesehen hast, war lebendig, ist es jetzt aber nicht. Aber bald wird es aus dem Abgrund heraufkommen und in die ewige Vernichtung gehen. Und die Menschen, die auf der Erde wohnen, deren Namen aber nicht seit Erschaffung der Welt im Buch des Lebens geschrieben stehen, werden über die Rückkehr dieses Tieres staunen, das gestorben war.

[9]Hier ist Weisheit nötig und Verstand: Die sieben Köpfe des Tieres stehen für die sieben Berge, auf denen die Frau sitzt, und sie stehen auch für sieben Könige. [10]Fünf Könige sind bereits gefallen, der sechste herrscht jetzt, und der siebte wird noch kommen, aber seine Herrschaft wird nur kurz sein. [11]Das scharlachrote Tier, das lebendig war und dann starb, ist der achte König. Er ist wie die anderen Könige, und auch er wird in sein Verderben rennen. [12]Seine zehn Hörner sind zehn Könige, die noch nicht an die Macht gekommen sind; sie werden für eine Stunde königliche Macht erhalten, um mit dem

Tier zu regieren. ¹³Sie werden sich einigen, ihm ihre Macht und Gewalt abzutreten. ¹⁴Gemeinsam werden sie gegen das Lamm Krieg führen, aber das Lamm wird sie besiegen, weil es Herr über alle Herren und König über alle Könige ist; und die, die zu ihm gehören, werden die Berufenen und die Auserwählten und die Treuen genannt.«

¹⁵Und der Engel sagte zu mir: »Die Wasser, an denen die Hure sitzt, sind Scharen von Menschen aus allen Völkern und Sprachen. ¹⁶Das scharlachrote Tier und seine zehn Hörner – welche für zehn Könige stehen, die mit ihm herrschen werden – hassen die Hure. Sie werden sie verwüsten, sie entkleiden, ihr Fleisch essen und ihre Reste im Feuer verbrennen. ¹⁷Denn Gott hat ihnen einen Plan eingegeben, der sie zu Werkzeugen seiner Absicht macht. Sie werden vereinbaren, ihre Vollmacht an das scharlachrote Tier abzutreten, bis sich Gottes Worte erfüllt haben. ¹⁸Und die Frau, die du gesehen hast, steht für die große Stadt, die über die Könige der Erde herrscht.«

Der Fall Babylons

18 ¹Nach alledem sah ich einen anderen Engel aus dem Himmel herabkommen, der große Vollmacht hatte, und die Erde wurde von seiner Herrlichkeit erleuchtet. ²Er rief mit lauter Stimme: »Babylon ist gefallen – die große Stadt ist gefallen! Sie ist zum Schlupfwinkel von Dämonen und unreinen Geistern geworden, zum Nest für unreine Vögel und zur Zuflucht für alle unreinen und verhassten Tiere. ³Denn alle Völker haben vom Wein ihres Zorns und ihrer Unzucht getrunken. Die Herrscher der Welt haben Unzucht mit ihr getrieben, und die Händler der Erde sind durch ihren Wohlstand reich geworden.«

⁴Dann hörte ich eine andere Stimme aus dem Himmel rufen: »Kommt fort von ihr, mein Volk. Beteiligt euch nicht an ihren Sünden, sonst werdet ihr mit ihr bestraft. ⁵Denn ihre Sünden türmen sich bis zum Himmel, und Gott wird sie bald für ihre ungerechten Taten bestrafen. ⁶Vergeltet ihr, was sie eurem Volk angetan hat. Straft sie doppelt für ihre bösen Taten!

Schenkt ihr in den Kelch, den sie eingeschenkt hat, das Doppelte ein. [7]Gebt ihr in dem Maß Qualen und Leid, wie sie zuvor in Wohlstand und Überfluss gelebt hat. Sie prahlt: ›Ich bin Königin auf meinem Thron. Ich bin keine hilflose Witwe; mir wird nichts geschehen.‹ [8]Deshalb werden die Nöte des Todes und der Trauer und des Hungers sie an einem einzigen Tag überfallen. Sie wird vom Feuer verbrannt werden, denn der Herr, Gott, der sie gerichtet hat, ist mächtig.«

[9]Und die Herrscher der Welt, die sich mit ihr eingelassen haben und mit ihr im Überfluss schwelgten, werden um sie trauern, wenn sie den Rauch sehen, der von ihren brennenden Trümmern aufsteigt. [10]Sie werden aus Furcht vor ihren großen Schmerzen in weitem Abstand stehen bleiben und rufen: »Wie schrecklich, wie schrecklich für Babylon, diese große und starke Stadt! In einer einzigen Stunde kam das Gericht über dich.«

[11]Die Händler der Erde werden um sie weinen und trauern, weil niemand mehr ihre Waren kauft. [12]Sie kaufte große Mengen Gold, Silber, Edelsteine, Perlen, feines Leinen, Purpur, Seide, scharlachroten Stoff, alle Arten von Duftholz, Gegenstände aus Elfenbein und Gegenstände aus kostbarem Holz, Erz, Eisen und Marmor. [13]Außerdem kaufte sie Zimt, Balsam, Räucherwerk, Myrrhe, Weihrauch, Wein, Olivenöl, feines Mehl, Weizen, Vieh, Schafe, Pferde, Wagen und Sklaven und handelte sogar mit Menschen. [14]»All diese Reichtümer, die du so liebtest, sind verschwunden«, rufen sie. »Das Kostbare und der Glanz, der dir so viel bedeutete, ging für immer verloren und wird niemals wiederkehren.«

[15]Die Händler, die reich wurden, weil sie ihr all diese Waren verkauften, werden aus Furcht vor ihren großen Schmerzen weit entfernt stehen bleiben. Sie werden weinen und rufen: [16]»Wie schrecklich, wie schrecklich für diese große Stadt! Sie war schön wie eine Frau, die in feinstes Leinen aus Purpur und Scharlach gekleidet und mit Gold und kostbaren Steinen und Perlen geschmückt ist! [17]Und in einer einzigen Stunde ist der gesamte Reichtum der Stadt verschwunden!«

Und jeder Steuermann und Kapitän der Handelsschiffe und

alle ihre Matrosen blieben weit entfernt stehen. ¹⁸Sie weinten, als sie den Rauch aufsteigen sahen, und sagten: »Welche Stadt auf der ganzen Welt war so großartig wie diese?« ¹⁹Und sie streuten Staub auf ihre Köpfe, um ihrer Trauer Ausdruck zu verleihen, und sagten: »Wie schrecklich, wie schrecklich für diese große Stadt! Durch ihren großen Reichtum hat sie uns alle, die wir Schiffe auf dem Meer haben, reich gemacht. Und nun ist alles in einer Stunde verwüstet worden!«

²⁰Aber du, Himmel, freue dich über ihr Schicksal! Und alle, die ihr zu Gott gehört, und ihr Apostel und ihr Propheten sollt euch freuen, denn Gott hat sie um euretwillen gerichtet!

²¹Dann hob ein mächtiger Engel einen Felsbrocken auf, der so groß war wie ein Mühlstein. Er warf ihn ins Meer und rief: »Babylon, die große Stadt, wird so gewaltsam wie dieser Felsbrocken hinabgestürzt werden und für immer verschwinden. ²²Nie wieder wird man in dir den Klang von Harfen, Liedern, Flöten oder Posaunen hören. Es wird kein Handwerk und keine Kunst mehr geben, und kein Mühlstein wird mehr mahlen. ²³Keine Lampe wird deine finsteren Nächte erhellen, und die fröhlichen Stimmen von Braut und Bräutigam wird man nicht mehr vernehmen. Das alles wird geschehen, weil deine Händler die Großen der Erde waren und weil die Völker durch deine Zauberei verführt wurden. ²⁴In den Straßen Babylons wurde das Blut der Propheten vergossen und das Blut derer, die zu Gott gehören. Sie war es, die überall in der Welt Gottes Volk umbrachte.

Das Siegeslied im Himmel

19 ¹Danach hörte ich eine große Menge im Himmel rufen: »Halleluja! Die Rettung kommt von unserem Gott. Ihm allein gehören Herrlichkeit und Macht. ²Seine Urteile sind wahr und gerecht. Er hat die große Hure bestraft, die die Erde mit ihrer Unzucht verdorben hat, und er hat das Blut seiner Diener an ihr gerächt.« ³Und wieder erklangen die Stimmen:

»Halleluja! Der Rauch dieser Stadt steigt in Ewigkeit auf!«

⁴Da fielen die vierundzwanzig Ältesten und die vier leben-

digen Wesen nieder und beteten Gott an, der auf dem Thron sitzt. Sie riefen aus:

»Amen. Halleluja!«

⁵Und vom Thron war eine Stimme zu hören, die sagte: »Lobt unseren Gott, alle seine Diener, die ihn fürchten, vom geringsten bis zum größten.«

⁶Dann hörte ich wieder etwas, das wie das Rufen einer riesigen Menschenmenge oder das Rauschen mächtiger Meereswellen oder das Krachen lauter Donnerschläge klang:

»Halleluja! Denn der Herr, unser Gott, der Allmächtige, herrscht. ⁷Lasst uns fröhlich sein und jubeln und ihn ehren. Denn die Zeit für das Hochzeitsmahl des Lammes ist gekommen, und seine Braut hat sich vorbereitet. ⁸Sie darf sich in strahlend weißes Leinen kleiden.«

Denn das strahlende Leinen steht für die guten Taten der Menschen, die zu Gott gehören.

⁹Und der Engel sagte: »Schreib auf: Glücklich sind diejenigen, die zum Hochzeitsmahl des Lammes eingeladen sind.« Und er fügte hinzu: »Das sind Gottes Worte, die wahr und zuverlässig sind.«

¹⁰Da fiel ich vor seinen Füßen nieder, um ihn anzubeten, aber er sagte: »Nein, bete nicht mich an! Denn ich bin ein Diener Gottes, genau wie du und alle anderen, die ihr an der Botschaft von Jesus festhaltet. Bete Gott an! Denn das Wesen der prophetischen Rede besteht in der Botschaft von Jesus.«

Der Reiter auf dem weißen Pferd

¹¹Dann sah ich den Himmel geöffnet, und es stand dort ein weißes Pferd. Und der, der auf dem Pferd saß, wird der Treue und Wahrhaftige genannt, weil er gerecht richtet und Krieg führt. ¹²Seine Augen waren wie Feuerflammen, und auf dem Kopf hatte er viele Kronen. Es stand ein Name auf seiner Stirn geschrieben, und nur er wusste, was dieser Name bedeutete. ¹³Er trug ein Gewand, das in Blut getaucht worden war, und sein Name ist »Das Wort Gottes«. ¹⁴Die in weißes, reines Leinen gekleideten Heerscharen des Himmels folgten ihm auf weißen Pferden. ¹⁵Aus seinem Mund kam ein scharfes

Schwert. Mit ihm wird er die Völker schlagen. Er wird sie mit eisernem Stab regieren; und er tritt die Weinpresse des schrecklichen Zorns des allmächtigen Gottes. ¹⁶Auf seinem Gewand und auf seinem Schenkel stand folgender Titel geschrieben: König der Könige und Herr der Herren.

¹⁷Dann sah ich einen Engel in der Sonne stehen, der den Vögeln, die hoch oben am Himmel flogen, zurief: »Kommt! Sammelt euch zum großen Mahl, das Gott vorbereitet hat. ¹⁸Kommt und fresst das Fleisch von Königen, Befehlshabern und starken Kriegern, von Pferden und ihren Reitern und von allen Menschen, ob Freie oder Sklaven, kleinen oder großen!«

¹⁹Dann sah ich, wie das Tier die Könige der Erde und ihre Heere versammelte, um gegen den Reiter auf dem Pferd und sein Heer zu kämpfen. ²⁰Und das Tier wurde gefangen und mit ihm der falsche Prophet, der in seinem Namen große Wunder getan und damit alle verführt hatte, die das Zeichen des Tieres angenommen und sein Standbild angebetet hatten. Sowohl das Tier als auch der falsche Prophet wurden lebendig in den Feuersee geworfen, der mit Schwefel brennt. ²¹Die übrigen wurden durch das Schwert getötet, das aus dem Mund dessen kam, der auf dem weißen Pferd saß. Und alle Vögel des Himmels wurden satt von ihrem Fleisch.

Die tausend Jahre

20 ¹Dann sah ich einen Engel aus dem Himmel herabkommen, der den Schlüssel zum Abgrund und eine schwere Kette in der Hand hatte. ²Er packte den Drachen – die alte Schlange, den Teufel, der Satan – und legte ihn für tausend Jahre in Ketten. ³Der Engel warf ihn in den Abgrund und verschloss und versiegelte ihn, sodass der Satan die Völker bis zum Ablauf der tausend Jahre nicht mehr verführen konnte. Danach muss er noch einmal für kurze Zeit losgelassen werden.

⁴Dann sah ich Throne, auf die sich Menschen setzten, die Vollmacht erhielten, Gericht zu halten. Und ich sah die Seelen derer, die getötet worden waren, weil sie Jesus bezeugt und das Wort Gottes verkündet hatten. Sie hatten das Tier und

sein Standbild nicht angebetet und sein Zeichen nicht auf ihrer Stirn und auf ihrer Hand getragen. Sie wurden wieder lebendig und herrschten tausend Jahre lang mit Christus. ⁵Die übrigen Toten wurden nicht wieder lebendig, bis die tausend Jahre vorüber waren. Das ist die erste Auferstehung. ⁶Glücklich und heilig sind die, die an der ersten Auferstehung teilhaben. Über sie hat der zweite Tod keine Macht, sondern sie werden Priester von Gott und Christus sein und tausend Jahre lang mit ihm herrschen.

Die endgültige Vernichtung des Satans

⁷Wenn die tausend Jahre vorüber sind, wird der Satan aus seinem Gefängnis freigelassen werden. ⁸Er wird umherziehen, um die Völker der ganzen Erde, die Gog und Magog genannt werden, zu verführen. Er wird sie zum Krieg sammeln – zu einem mächtigen Heer, so zahllos wie der Sand am Meer. ⁹Und ich sah sie, wie sie über die ganze Breite der Erde heraufzogen und Gottes Volk und die geliebte Stadt umzingelten. Doch vom Himmel fiel Feuer auf sie herab und vernichtete sie.

¹⁰Dann wurde der Teufel, der sie betrogen hatte, zu dem Tier und dem falschen Propheten in den Feuersee geworfen, der mit Schwefel brennt. Und sie werden in alle Ewigkeit gequält werden Tag und Nacht.

Das letzte Gericht

¹¹Und ich sah einen großen weißen Thron und den, der darauf sitzt. Die Erde und der Himmel flohen vor seiner Gegenwart, aber sie fanden keinen Ort, um sich zu verbergen. ¹²Ich sah die Toten, die großen und die kleinen, vor Gottes Thron stehen. Und es wurden Bücher aufgeschlagen, darunter auch das Buch des Lebens. Und die Toten wurden nach dem gerichtet, was in den Büchern über sie geschrieben stand, nach dem, was sie getan hatten. ¹³Das Meer gab die Toten her, die darin waren, und der Tod und das Totenreich gaben die Toten her, die in ihnen waren. Sie alle wurden nach ihren Taten gerichtet. ¹⁴Und der Tod und das Totenreich wurden in den Feuersee

geworfen. Das ist der zweite Tod – der Feuersee. ¹⁵Und alle, deren Namen nicht im Buch des Lebens geschrieben standen, wurden ebenfalls in den Feuersee geworfen.

Das neue Jerusalem

21 ¹Dann sah ich einen neuen Himmel und eine neue Erde, denn der alte Himmel und die alte Erde waren verschwunden. Und auch das Meer war nicht mehr da. ²Und ich sah die heilige Stadt, das neue Jerusalem, von Gott aus dem Himmel herabkommen wie eine schöne Braut, die sich für ihren Bräutigam geschmückt hat.

³Ich hörte eine laute Stimme vom Thron her rufen: »Siehe, die Wohnung Gottes ist nun bei den Menschen! Er wird bei ihnen wohnen und sie werden sein Volk sein und Gott selbst wird bei ihnen sein. ⁴Er wird alle ihre Tränen abwischen, und es wird keinen Tod und keine Trauer und kein Weinen und keinen Schmerz mehr geben. Denn die erste Welt mit ihrem ganzen Unheil ist für immer vergangen.«

⁵Und der, der auf dem Thron saß, sagte: »Ja, ich mache alles neu!« Und dann sagte er zu mir: »Schreib es auf, denn was ich dir sage, ist zuverlässig und wahr!« ⁶Und er sagte auch: »Es ist vollendet! Ich bin das Alpha und das Omega – der Anfang und das Ende. Jedem, der durstig ist, werde ich aus der Quelle, die das Wasser des Lebens enthält, umsonst zu trinken geben! ⁷Wer siegreich ist, wird dies alles empfangen; ich werde sein Gott sein, und er wird mein Sohn sein. ⁸Doch die Feigen und Treulosen und diejenigen, die abscheuliche Taten tun und die Mörder und Unzüchtigen und die, die Zauberei treiben, die Götzendiener und alle Lügner – sie erwartet der See, der mit Feuer und Schwefel brennt. Das ist der zweite Tod.«

⁹Dann kam einer der sieben Engel, welche die sieben Schalen mit den sieben Plagen getragen hatten, und sagte zu mir: »Komm mit mir! Ich will dir die Braut, die Frau des Lammes, zeigen.«

¹⁰Da nahm er mich im Geist auf einen großen, hohen Berg und zeigte mir die heilige Stadt, Jerusalem, die von Gott aus dem Himmel herabkam. ¹¹Sie war ganz von der Herrlichkeit

Gottes erfüllt und funkelte wie ein kostbarer Edelstein, kristallklar wie Jaspis. [12]Ihre Mauern waren breit und hoch und hatten zwölf Tore, die von zwölf Engeln bewacht wurden. Und auf den Toren standen die Namen der zwölf Stämme Israels geschrieben. [13]An jeder Seite – im Osten, Norden, Süden und Westen – befanden sich drei Tore. [14]Die Mauer der Stadt hatte zwölf Grundsteine, auf denen die Namen der zwölf Apostel des Lammes geschrieben standen.

[15]Der Engel, der mit mir gesprochen hatte, hielt eine goldene Messlatte in der Hand, um die Stadt, ihre Tore und ihre Mauer zu vermessen. [16]Als er sie maß, stellte sich heraus, dass sie viereckig und genauso lang wie breit war. Ihre Länge und Breite und Höhe betrugen je zweitausendzweihundertzwanzig Kilometer. [17]Dann maß er die Mauer, die fünfundsechzig Meter dick war. Dabei benutzte der Engel ein bei Menschen übliches Maß.

[18]Die Mauer bestand aus Jaspis, und die Stadt war reines Gold, so klar wie Glas. [19]Die Mauer der Stadt war auf zwölf Grundsteinen erbaut, die mit zwölf Edelsteinen geschmückt waren: Der erste war ein Jaspis, der zweite ein Saphir, der dritte ein Chalzedon, der vierte ein Smaragd, [20]der fünfte ein Sardonyx, der sechste ein Karneol, der siebte ein Chrysolith, der achte ein Beryll, der neunte ein Topas, der zehnte ein Chrysopras, der elfte ein Hyazinth, der zwölfte ein Amethyst. [21]Die zwölf Tore bestanden aus zwölf Perlen – jedes Tor aus einer einzigen Perle! Und die Hauptstraße war reines Gold, so klar wie Glas.

[22]Kein Tempel war in der Stadt zu sehen, denn der Herr, Gott, der Allmächtige, und das Lamm sind ihr Tempel. [23]Und die Stadt braucht keine Sonne und keinen Mond, damit es in ihr hell wird, denn die Herrlichkeit Gottes erleuchtet die Stadt, und das Lamm ist ihr Licht. [24]Die Völker der Erde werden in ihrem Licht leben, und die Könige der Welt werden kommen und ihre Herrlichkeit in die Stadt bringen. [25]Ihre Tore bleiben geöffnet, denn es gibt dort keine Nacht mehr. [26]Und alle Völker werden ihre Herrlichkeit und Ehre in die Stadt bringen. [27]Nichts Unreines wird hinein dürfen, auch

niemand, der Götzendienst treibt und Lügen verbreitet, sondern nur die, deren Namen im Lebensbuch des Lammes geschrieben stehen.

22 ¹Und der Engel zeigte mir einen reinen Fluss mit dem Wasser des Lebens, so klar wie Kristall, der vom Thron Gottes und des Lammes entspringt ²und in der Mitte der Hauptstraße hinabfließt. Auf beiden Seiten des Flusses ist je ein Baum des Lebens, der zwölf verschiedene Früchte trägt und jeden Monat eine neue Frucht hervorbringt. Die Blätter dienen zur Heilung der Völker.

³Nichts wird je wieder unter einem Fluch stehen. Denn der Thron Gottes und des Lammes wird dort sein, und seine Diener werden ihn anbeten. ⁴Und sie werden sein Gesicht sehen, und sein Name wird auf ihren Stirnen geschrieben stehen. ⁵Und es wird dort keine Nacht mehr geben – man wird weder Lampen noch das Licht der Sonne brauchen –, weil der Herr, Gott, über ihnen leuchten wird. Und sie werden für immer und ewig herrschen.

⁶Dann sagte der Engel zu mir: »Diese Worte sind zuverlässig und wahr: ›Der Herr, Gott, der seinen Propheten mitteilt, was in der Zukunft liegt, hat seinen Engel geschickt, um seinen Dienern zu sagen, was bald geschehen muss.‹«

Jesus kommt bald

⁷»Ja, ich komme bald! Glücklich ist, wer an der prophetischen Rede in dieser Schriftrolle festhält.«

⁸Ich, Johannes, bin derjenige, der all diese Dinge hörte und sah. Und als ich dies alles gehört und gesehen hatte, fiel ich nieder, um den Engel anzubeten, der es mir gezeigt hatte. ⁹Aber er sagte: »Nein, bete nicht mich an! Ich bin ein Diener Gottes, genau wie du und deine Brüder, die Propheten, und alle, die an dem festhalten, was in dieser Schriftrolle steht. Bete Gott an!«

¹⁰Dann wies er mich an: »Versiegle die prophetischen Worte dieses Buches nicht, die du niedergeschrieben hast, denn die Zeit ist nahe! ¹¹Wer unrecht tut, soll weiter unrecht tun; wer

unrein ist, soll sich weiter verunreinigen; wer gerecht ist, soll weiter gerecht handeln; und wer heilig ist, soll weiter heilig leben.«

¹²»Siehe, ich komme bald und mein Lohn mit mir, um allen zu vergelten, was sie getan haben. ¹³Ich bin das Alpha und das Omega, der Erste und der Letzte, der Anfang und das Ende.

¹⁴Glücklich sind diejenigen, die ihre Kleider waschen, damit sie durch die Tore der Stadt eintreten und das Recht haben, vom Baum des Lebens zu essen. ¹⁵Außerhalb der Stadt sind die Hunde – die Zauberer, die Unzüchtigen, die Mörder, die Götzendiener und alle, die es lieben, in Lüge zu leben.

¹⁶Ich, Jesus, habe meinen Engel geschickt, um euch diese Botschaft für die Gemeinden zu bezeugen. Ich bin der Ursprung Davids und zugleich sein Nachkomme. Ich bin der glänzende Morgenstern.«

¹⁷Der Geist und die Braut sagen: »Komm!« Und wer sie hört, soll sagen: »Komm!« Wer durstig ist, der komme. Wer will, soll kommen und umsonst vom Wasser des Lebens trinken! ¹⁸Und ich versichere jedem, der die prophetischen Worte dieses Buchs hört: »Wenn jemand dem, was hier geschrieben steht, irgendetwas hinzufügt, wird Gott ihm die Plagen zufügen, die in diesem Buch beschrieben werden. ¹⁹Und wenn jemand irgendetwas von den prophetischen Worten dieses Buchs wegnimmt, wird Gott ihm seinen Anteil am Baum des Lebens und an der Heiligen Stadt wegnehmen, die in diesem Buch beschrieben werden.«

²⁰Derjenige, der dies alles bezeugt, sagt: »Ja, ich komme bald!«

Amen! Komm, Herr Jesus!

²¹Die Gnade des Herrn Jesus soll euch begleiten!

Ausgewählte Psalmen

Echtes Glück

1 Glücklich ist der Mensch, der nicht auf den Rat der Gottlosen hört, der sich am Leben der Sünder kein Beispiel nimmt und sich nicht mit Spöttern abgibt.

²Voller Freude tut er den Willen des Herrn und denkt über sein Gesetz Tag und Nacht nach.

³Er ist wie ein Baum, der am Flussufer wurzelt und Jahr für Jahr reiche Frucht trägt. Seine Blätter welken nicht, und alles, was er tut, gelingt ihm.

⁴Ganz anders aber ergeht es den gottlosen Menschen! Sie sind wie Spreu, die der Wind verweht.

⁵Vor dem Gericht Gottes bestehen sie nicht und finden keinen Platz unter den Gottesfürchtigen.

⁶Über die Wege der Gottesfürchtigen wacht der Herr, die Wege der Gottlosen aber führen ins Verderben.

Ein unschuldiges Gebet

17 Ein Gebet Davids. Herr, höre meine Bitte um Gerechtigkeit. Achte auf meinen Hilfeschrei! Vernimm mein Gebet, denn es kommt aus aufrichtigem Herzen.

²Dein Urteil wird mich freisprechen, denn du weißt, dass ich aufrichtig bin.

³In der Nacht hast du meine Gedanken geprüft und mein Herz auf die Probe gestellt. Du hast mich angesehen und nichts Falsches an mir gefunden, denn ich habe mir vorgenommen, mit meinen Worten nicht zu sündigen.

⁴Ich habe mich an deine Gebote gehalten, und das hat mich davor bewahrt, auf bösen Wegen zu gehen.

⁵Ich habe mich an deinen Weg gehalten und bin nicht davon abgewichen.

⁶Ich bete zu dir, denn ich weiß, dass du mich erhören wirst. Neige dich zu mir herab und höre mein Gebet.

⁷Zeige mir auf wunderbare Weise deine Gnade. Du rettest mit deiner Kraft die Menschen, die bei dir Schutz vor den Feinden suchen.

⁸Behüte mich wie einen Augapfel und gib mir Zuflucht unter dem Schatten deiner Flügel.

⁹Beschütze mich vor den gottlosen Menschen, die mich vernichten wollen, und vor meinen Feinden, die mir von überall her nachstellen.

¹⁰Sie kennen kein Erbarmen und reden überheblich.

¹¹Sie verfolgen und umzingeln uns und wollen uns zu Boden werfen.

¹²Sie sind wie ein hungriger Löwe, der im Hinterhalt auf Beute lauert, um sie zu zerreißen; wie ein junger Löwe, der im Hinterhalt sitzt.

¹³Erhebe dich, Herr, tritt ihm entgegen und unterwirf ihn! Rette mich mit deinem Schwert vor dem Gottlosen!

¹⁴Herr, befreie mich mit deiner mächtigen Hand vor denen, die nur auf ihren Vorteil aus sind. Die gerechte Strafe soll sie mitsamt ihren Kindern und ihren Enkeln treffen.

¹⁵Ich aber habe getan, was recht ist, deshalb werde ich dich sehen. Wenn ich erwache, werde ich ganz zufrieden sein, denn dann werde ich dich von Angesicht zu Angesicht sehen.

Der Herr ist unser Hirte

23 Ein Psalm Davids. Der Herr ist mein Hirte, ich habe alles, was ich brauche.

²Er lässt mich in grünen Tälern ausruhen, er führt mich zum frischen Wasser.

³Er gibt mir Kraft. Er zeigt mir den richtigen Weg um seines Namens willen.

⁴Auch wenn ich durch das dunkle Tal des Todes gehe, fürchte

ich mich nicht, denn du bist an meiner Seite. Dein Stecken und Stab schützen und trösten mich.

[5]Du deckst mir einen Tisch vor den Augen meiner Feinde. Du nimmst mich als Gast auf und salbst mein Haupt mit Öl. Du überschüttest mich mit Segen.

[6]Deine Güte und Gnade begleiten mich alle Tage meines Lebens, und ich werde für immer im Hause des Herrn wohnen.

Ein Gebet um Wegweisung und Schutz

25 Ein Psalm Davids. Herr, nach dir habe ich Verlangen. [2]Ich vertraue auf dich, mein Gott! Lass mich nicht zugrunde gehen und lass nicht zu, dass meine Feinde sich an meiner Niederlage freuen.

[3]Alle, die dir vertrauen, werden nicht untergehen, doch die, die andere betrügen wollen, werden zu Fall kommen.

[4]Herr, zeige mir die Wege, die ich gehen soll, und weise mir die Pfade, denen ich folgen soll.

[5]Führe mich und lehre mich, nach deiner Wahrheit zu leben, denn du bist der Gott, der mich rettet. Auf dich hoffe ich zu jeder Zeit.

[6]Herr, denke an deine Gnade und an dein Erbarmen, die du von jeher gezeigt hast.

[7]Herr, vergib mir die Sünden meiner Jugend und sieh mich mit gnädigen Augen an, denn du bist gütig.

[8]Der Herr ist gut und gerecht; darum zeigt er den Sündern den richtigen Weg.

[9]Er zeigt den Demütigen, was richtig ist, und lehrt sie seinen Weg.

[10]Mit Gnade und Treue leitet der Herr alle, die seinen Bund halten und seinen Geboten gehorchen.

[11]Herr, vergib mir meine große Schuld, damit dein Name geehrt wird.

[12]Wie steht es mit dem Menschen, der den Herrn ernst nimmt?

Der Herr wird ihm den Weg zeigen, den er gehen soll.

¹³Es wird ihm gut gehen und seine Kinder werden das ganze Land besitzen.

¹⁴Die Freundschaft mit dem Herrn gebührt denen, die ihn ernst nehmen. Er lässt sie wissen, wozu sein Bund mit ihnen da ist.

¹⁵Ich richte meine Augen stets auf den Herrn, denn er wird mich aus den Fallen befreien, die meine Feinde mir stellen.

¹⁶Wende dich mir zu und hab Erbarmen mit mir, denn ich bin allein und in großer Not.

¹⁷Die Angst in meinem Herzen wird immer größer. Errette mich aus meinen Nöten!

¹⁸Sieh meinen Schmerz und meinen Kummer. Vergib mir alle meine Sünden!

¹⁹Sieh doch, wie viele Feinde ich habe, die mich zu Unrecht hassen!

²⁰Beschütze mich und rette mich vor ihnen! Lass mich nicht zugrunde gehen, denn ich vertraue auf dich.

²¹Hilf mir, aufrichtig und ehrlich zu leben, weil ich meine Hoffnung auf dich setze.

²²O Gott, erlöse Israel aus aller seiner Not!

Ein Lobgesang

27 Ein Psalm Davids. Der Herr ist mein Licht und mein Heil – vor wem sollte ich mich fürchten? Der Herr beschützt mich vor Gefahr – vor wem sollte ich erschrecken?

²Wenn böse Menschen kommen, um mich zu vernichten, wenn meine Feinde und Verfolger mich angreifen, dann werden sie stolpern und stürzen.

³Ein mächtiges Heer umzingelt mich, dennoch fürchte ich mich nicht. Auch wenn sie mich angreifen, bleibe ich voller Zuversicht.

⁴Eine einzige Bitte habe ich an den Herrn: Ich sehne mich

danach, solange ich lebe, im Haus des Herrn zu sein, um seine Freundlichkeit zu sehen und in seinem Tempel still zu werden.

[5]Denn er wird mich aufnehmen, wenn schlechte Zeiten kommen, und mir in seinem Heiligtum Schutz geben. Er wird mich auf einen hohen Berg stellen, wo mich niemand erreichen kann.

[6]Dann werde ich über meine Feinde, die mich umzingeln, triumphieren. Jubelnd will ich ihm Opfer darbringen und den Herrn loben und ihm singen.

[7]Hör meine Bitten, Herr. Sei barmherzig und erhöre mich!

[8]Ich erinnere mich, dass du gesagt hast: »Suchet meine Nähe.« Und ich habe geantwortet: »Herr, dich suche ich.«

[9]Verbirg dich nicht vor mir und verstoße deinen Knecht nicht im Zorn! Du hast mir immer geholfen, darum verlass mich jetzt nicht. Gott, mein Retter, lass mich nicht im Stich!

[10]Wenn selbst Vater und Mutter mich verlassen, wird doch der Herr mich aufnehmen.

[11]Herr, zeige mir, wie ich leben soll, und führe mich den Weg, der richtig ist, denn meine Feinde warten nur darauf, dass ich falle.

[12]Gib mich nicht in ihre Hände, denn sie beschuldigen mich vieler Dinge, die ich nicht getan habe, und werden mir Grausames antun.

[13]Doch ich vertraue fest darauf, dass ich noch sehen werde, wie gut Gott ist, solange ich lebe.

[14]Vertraue auf den Herrn! Sei mutig und tapfer und hoffe geduldig auf den Herrn!

Vertrauen in Gott

31 Für den Chorleiter: Ein Psalm Davids. [2]Herr, bei dir suche ich Schutz, lass mich nicht zugrunde gehen. Hilf mir durch deine Gerechtigkeit!

[3]Wende dich zu mir und höre mich. Rette mich schnell! Sei

für mich ein schützender Fels, eine Festung, in der meine Feinde mich nicht erreichen können.

⁴Du bist mein schützender Fels und meine Festung. Führe und leite mich um der Ehre deines Namens willen.

⁵Zieh mich aus der Falle heraus, die meine Feinde mir gestellt haben, denn bei dir allein finde ich Schutz.

⁶Ich lege meinen Geist in deine Hände. Du hast mich gerettet, Herr, du treuer Gott.

⁷Ich verachte die, die nutzlose Götzen anbeten. Doch ich vertraue auf den Herrn.

⁸Ich freue mich über deine Gnade, denn du hast mein Elend gesehen, und meine Angst ist dir nicht gleichgültig.

⁹Du hast mich meinen Feinden nicht ausgeliefert, sondern mich an einen sicheren Ort gebracht.

¹⁰Sei mir gnädig, Herr, denn ich bin verzweifelt! Mein Blick ist getrübt vor Tränen. Mein Leib ist kraftlos, meine Seele ist leer.

¹¹Ich sterbe vor Kummer, und Sorge verkürzt mein Leben. Das Elend raubt mir die Kraft und meine Glieder sind wie leblos.

¹²Meine Feinde verspotten mich, und meine Nachbarn lachen mich aus – selbst meine Freunde meiden mich. Wenn sie mich auf der Straße sehen, gehen sie mir aus dem Weg.

¹³Vergessen hat man mich, als ob ich bereits tot wäre. Ich komme mir vor wie ein zerbrochenes Gefäß.

¹⁴Ich habe viele Gerüchte über mich gehört und bin von allen Seiten bedroht! Meine Feinde verschwören sich gegen mich und wollen mir mein Leben nehmen.

¹⁵Doch ich vertraue auf dich, Herr, und sage: »Du bist mein Gott!«

¹⁶Meine Zukunft liegt in deinen Händen. Rette mich vor meinen Feinden, die mich verfolgen.

¹⁷Sieh deinen Diener liebevoll an und hilf mir durch deine Gnade.

¹⁸Herr, lass mich nicht zugrunde gehen, denn ich rufe zu

dir um Hilfe. Die Bösen sollen umkommen, damit sie endlich begraben werden und schweigen.

¹⁹Die Lügner sollen verstummen, die stolz und verächtlich den Gottesfürchtigen verklagen.

²⁰Wie groß ist deine Güte, die du denen bereithältst, die dich ehren, und vor den Menschen denen zeigst, die dich um Schutz bitten.

²¹Du birgst sie im Schatten deiner Gegenwart, sicher vor denen, die sich gegen sie verschwören. Du schenkst ihnen Zuflucht bei dir, vor denen, die sie anklagen.

²²Lobt den Herrn, denn er hat mir seine Gnade bewiesen. Als meine Stadt angegriffen wurde, hat er mich sicher bewahrt.

²³Von Furcht überwältigt, dachte ich: »Ich bin vom Herrn verstoßen!« Doch du hast mich gehört, als ich um Hilfe schrie.

²⁴Liebt den Herrn, die ihr zu ihm gehört! Der Herr beschützt die, die ihm treu sind, aber die Stolzen bestraft er.

²⁵Deshalb seid stark und mutig, alle, die ihr eure Hoffnung auf den Herrn setzt!

Bekenntnis und Vergebung

32 Ein Psalm Davids. Glücklich ist der, dessen Sünde vergeben ist und dessen Schuld zugedeckt ist.

²Glücklich ist der, dem der Herr die Sünden nicht anrechnet und der ein vorbildliches Leben führt!

³Als ich mich weigerte, meine Schuld zu bekennen, war ich schwach und elend, dass ich den ganzen Tag nur noch stöhnte und jammerte.

⁴Tag und Nacht bedrückte mich dein Zorn, meine Kraft vertrocknete wie Wasser in der Sommerhitze. Musik

⁵Doch endlich gestand ich dir meine Sünde und gab es auf, sie zu verbergen. Ich sagte: »Ich will dem Herrn meine Auflehnung bekennen.« Und du hast mir vergeben und meine Schuld weggenommen! Musik

⁶Deshalb sollen die, die dich lieben, dir ihre Verfehlungen bekennen, solange noch Zeit ist, damit sie nicht in den Fluten des Gerichts ertrinken.

⁷Denn du bist mein Schutz und bewahrst mich vor Angst und Sorgen. Du lässt mich über meine Rettung jubeln. Musik

⁸»Ich will dir Verständnis geben und den Weg weisen, den du gehen sollst. Ich will dich beraten – mein Auge ruht auf dir.«

⁹Sei nicht wie ein unvernünftiges Pferd oder ein Maultier, das Gebiss und Zaumzeug braucht, damit es folgt.

¹⁰Die Gottlosen haben viele Sorgen, aber die auf den Herrn vertrauen, sind von Gottes Güte umgeben.

¹¹Deshalb freut euch im Herrn und seid froh, die ihr ihm gehorsam seid! Jubelt alle vor Freude, deren Herzen aufrichtig sind!

Vertraue auf den Herrn

37 ¹Ein Psalm Davids. Ärgere dich nicht über die schlechten Menschen. Beneide die nicht, die Unrecht tun.

²Denn sie werden wie Gras verdorren und wie Blumen verwelken.

³Vertraue auf den Herrn und tue Gutes, dann wirst du im Lande sicher leben, und es wird dir gut gehen.

⁴Freu dich am Herrn, und er wird dir geben, was dein Herz wünscht.

⁵Überlass dem Herrn die Führung deines Lebens und vertraue auf ihn, er wird es richtig machen.

⁶Deine Unschuld wird er sichtbar machen so hell wie das Licht des Tages, und die Rechtmäßigkeit deiner Sache wird leuchten wie die Mittagssonne.

⁷Sei ruhig in der Gegenwart des Herrn und warte, bis er eingreift. Ärgere dich nicht über die Bösen, denen es gut geht, und fürchte dich nicht vor ihren bösen Plänen.

⁸Lass dich nicht zu Zorn und Wut hinreißen! Ärgere dich

nicht, damit du nichts Unrechtes tust!

⁹Denn die Bösen werden vernichtet werden, aber die Menschen, die auf den Herrn vertrauen, werden das Land besitzen.

¹⁰Es dauert nicht mehr lange und der Gottlose wird verschwinden. Du wirst ihn suchen, doch er wird nicht mehr da sein.

¹¹Den Armen wird dann das Land gehören, und es wird ihnen gut gehen und sie werden in Frieden leben.

¹²Der Gottlose plant Böses gegen den, der Gott gehorcht. Er verspottet und verhöhnt ihn.

¹³Doch der Herr lacht nur darüber, denn er weiß, dass der Tag des Gerichtes kommt.

¹⁴Die Gottlosen ziehen ihre Schwerter und spannen die Bögen, um die Armen und Unterdrückten zu töten, um die, die aufrichtig sind, zu ermorden.

¹⁵Doch am Ende wird man ihnen ihre eigenen Schwerter ins Herz stoßen, und ihre Bogen werden zerbrochen werden.

¹⁶Es ist besser, Gott zu lieben und wenig Besitz zu haben, als Gott zu verachten und viel zu besitzen.

¹⁷Denn der Herr zerbricht die Macht der Gottlosen, aber um die, die ihn lieben, kümmert er sich.

¹⁸Der Herr sorgt täglich für die, die recht tun, und was er ihnen gibt, gehört ihnen für immer.

¹⁹Sie werden in schweren Zeiten nicht umkommen und selbst in Hungersnöten werden sie mehr als genug haben.

²⁰Die Bösen dagegen werden zugrunde gehen. Die Feinde des Herrn verwelken wie die Blumen auf dem Feld – wie Rauch, der sich auflöst, vergehen sie.

²¹Die Bösen borgen und zahlen nicht zurück, aber die auf Gott vertrauen, geben großzügig.

²²Die Menschen, die der Herr segnet, werden das Land besitzen, aber die Menschen, die er verflucht, werden sterben.

²³Der Herr freut sich an einem aufrichtigen Menschen und führt ihn sicher.

²⁴Auch wenn er stolpert, wird er nicht fallen, denn der Herr hält ihn fest an der Hand.

²⁵Ich habe ein langes Leben hinter mir, doch nie habe ich erlebt, dass die, die auf Gott vertrauen, vergessen wurden, oder dass ihre Kinder um Brot betteln mussten.

²⁶Vielmehr geben sie großzügig, und ihre Kinder sind für andere ein Segen.

²⁷Wende dich vom Bösen ab und tu Gutes, dann wirst du für immer im Lande wohnen.

²⁸Denn der Herr liebt Gerechtigkeit und wird die, die ihm treu sind, niemals verlassen. Er wird sie für alle Zeiten bewahren, aber die Kinder der Bösen werden vernichtet.

²⁹Die Gottesfürchtigen werden das Land besitzen und für immer darin leben.

³⁰Ein Mensch, der zu Gott gehört, redet weise und gerecht.

³¹Das Gesetz seines Gottes trägt er in seinem Herzen, darum weicht er nicht vom richtigen Weg ab.

³²Die Gottlosen warten auf eine Gelegenheit, die Gottesfürchtigen zu töten.

³³Doch der Herr wird ihre Pläne durchkreuzen und nicht zulassen, dass die, die auf ihn vertrauen, verurteilt werden, wenn sie vor dem Richter stehen.

³⁴Hoffe auf den Herrn und befolge seine Gebote, dann wird er dich ehren und dir das Land schenken und du wirst sehen, wie er seine Feinde vernichtet.

³⁵Ich habe einen gottlosen Menschen gesehen, voller Gewalt, der war mächtig wie ein üppiger Baum.

³⁶Doch als ich wieder hinsah, war er fort und ich konnte ihn nicht finden!

³⁷Schau auf die, die ehrlich und gut sind, denn vor denen, die den Frieden lieben, liegt eine wunderbare Zukunft.

³⁸Die Gottlosen aber werden vernichtet werden, sie haben keine Zukunft.

³⁹Der Herr hilft denen, die ihm vertrauen, er ist ihre Zuflucht in Zeiten der Not.

⁴⁰Der Herr hilft ihnen und rettet sie vor gottlosen Menschen. Er rettet sie, weil sie bei ihm Schutz suchen.

Gott mit uns

46 Für den Chorleiter: Ein Psalm der Nachkommen Korachs, nach der Melodie »Jungfrauen« zu singen. Ein Lied.

²Gott ist unsre Zuflucht und unsre Stärke, er hat sich als Hilfe in der Not bewährt.

³Deshalb fürchten wir uns nicht, auch wenn die Erde bebt und die Berge ins Meer stürzen,

⁴wenn die Ozeane wüten und schäumen und durch ihre Wucht die Berge erzittern! Musik

⁵Ein Fluss erfrischt die Stadt unseres Gottes, die heilige Wohnung des Höchsten.

⁶Gott selbst wohnt in dieser Stadt, deshalb ist sie uneinnehmbar. Gott wird sie jeden einzelnen Tag aufs Neue beschützen.

⁷Die Völker sind in Aufruhr und Königreiche fallen, denn Gott lässt seine Stimme erschallen, und die Erde vergeht!

⁸Der allmächtige Herr ist bei uns; der Gott Israels ist unser Schutz. Musik

⁹Kommt und seht die mächtigen Taten des Herrn, der Zerstörung über die Welt bringt

¹⁰und den Kriegen überall ein Ende setzt. Er zerbricht die Bögen und spaltet die Speere; er verbrennt die Streitwagen im Feuer.

¹¹»Hört auf und erkennt, dass ich Gott bin! Ich will von allen Völkern verehrt werden, verehrt werden auf der ganzen Welt!«

¹²Der allmächtige Herr ist bei uns; der Gott Israels ist unser Schutz.

Es ist Dummheit, sich auf Reichtum zu verlassen

49 Für den Chorleiter: Ein Psalm der Nachkommen Korachs.
²Hört zu, ihr Völker! Horcht auf, ihr Menschen!

³Vornehme oder einfache Menschen, Reiche oder Arme, hört alle zu!

⁴Denn meine Worte sind weise und meine Gedanken sind verständlich.

⁵Aufmerksam lausche ich vielen Sprüchen und löse Rätsel bei Harfenklang.

⁶Warum sollte ich mich fürchten, wenn schlimme Zeiten kommen und Feinde mich umzingeln?

⁷Sie vertrauen auf ihren großen Besitz und geben mit ihrem Reichtum an.

⁸Doch vom Tod können sie sich nicht freikaufen, sie können Gott kein Lösegeld zahlen.

⁹Der Kaufpreis für ein Leben ist zu hoch, niemand kann so viel zahlen,

¹⁰um ewig leben zu können.

¹¹Weise Menschen müssen ebenso sterben wie unvernünftige Narren; alle müssen ihren Besitz für andere zurücklassen.

¹²Das Grab ist ihre ewige Heimat, darin liegen sie für immer, auch wenn auf Erden viel Land nach ihnen benannt wurde.

¹³Denn der Mensch bleibt trotz seines Reichtums nicht am Leben, sondern muss sterben wie die Tiere.

¹⁴Das ist das Schicksal derer, die auf sich selbst vertrauen und sich in ihrem überheblichen Gerede gefallen. Musik

¹⁵Wie Schafe werden sie in das Totenreich geführt, wo der Tod sie hüten wird. Aber schon bald werden gottesfürchtige Menschen über sie herrschen, und ihre Körper werden im Grab verwesen, denn dort ist ihre Wohnung.

¹⁶Mein Leben aber wird Gott freikaufen. Er wird mich der Macht des Todes entreißen. Musik

¹⁷Deshalb fürchte dich nicht, wenn jemand reicher wird und

sein Haus immer prachtvoller.

[18]Denn wenn er stirbt, nimmt er nichts davon mit, sein Reichtum folgt ihm nicht ins Grab.

[19]Wenn er sich auch in diesem Leben für glücklich hält und die Welt ihn bewundert,

[20]muss er doch wie alle andern sterben, die das Licht des Tages nicht mehr sehen.

[21]Der Mensch, stolz auf seinen großen Reichtum, erkennt nicht, dass er sterben muss wie die Tiere.

Sündenbekenntnis und Gebet

51 Für den Chorleiter: Ein Psalm Davids aus der Zeit, [2]als der Prophet Nathan zu ihm kam, nachdem David mit Batseba Ehebruch begangen hatte.

[3]Gott, sei mir gnädig um deiner Gnade willen und vergib mir meine Sünden nach deiner großen Barmherzigkeit.

[4]Wasche mich rein von meiner Schuld und reinige mich von meiner Sünde.

[5]Denn ich bekenne meine Sünde, die mich Tag und Nacht verfolgt.

[6]Gegen dich allein habe ich gesündigt und getan, was in deinen Augen böse ist. Darum wirst du recht behalten mit dem, was du sagst, und dein Urteil über mich ist gerecht.

[7]Denn ich war ein Sünder von dem Augenblick an, da meine Mutter mich empfing.

[8]Dir gefällt ein Herz, das wahrhaftig ist; und im Verborgenen lehrst du mich deine Weisheit.

[9]Wasche von mir ab meine Sünden, und ich werde ganz rein werden; wasche mich, und ich werde weißer sein als Schnee.

[10]Gib mir meine Freude zurück und lass mich wieder fröhlich werden, denn du hast mich zerbrochen.

[11]Sieh meine Sünde nicht mehr an und vergib mir meine Schuld.

¹²Gott, erschaffe in mir ein reines Herz und gib mir einen neuen, aufrichtigen Geist.

¹³Verstoße mich nicht aus deiner Gegenwart und nimm deinen Heiligen Geist nicht von mir.

¹⁴Lass mich durch deine Hilfe wieder Freude erfahren und mach mich bereit, dir zu gehorchen.

¹⁵Dann will ich die Gottlosen deine Wege lehren, damit die Sünder zu dir zurückkehren.

¹⁶Vergib mir, dass ich Blut vergossen habe, Gott, mein Retter, dann werde ich singen und jubeln über deine Vergebung.

¹⁷Herr, öffne meine Lippen, damit ich dich lobe.

¹⁸Mit Schlachtopfern bist du nicht zufrieden, sonst hätte ich sie dir gebracht und auch Brandopfer würdest du nicht annehmen.

¹⁹Das Opfer, das dir gefällt, ist ein zerbrochener Geist. Ein zerknirschtes, reumütiges Herz wirst du, Gott, nicht ablehnen.

²⁰Hilf und erbarme dich über Zion, baue die Mauern Jerusalems wieder auf.

²¹Dann wirst du an unseren Opfern wieder Gefallen finden und mit unseren Brandopfern zufrieden sein. Dann werden wir wieder Stiere auf deinem Altar opfern.

Gottes Größe

65 Für den Chorleiter: Ein Psalm Davids.
²Gott, Lob und Preis gebühren dir in Zion und wir werden halten, was wir dir versprochen haben.

³Du erhörst unsere Gebete, deshalb kommen die Menschen zu dir.

⁴Unsere Herzen sind voll Sünde, doch du vergibst alle Schuld.

⁵Wie werden sich die freuen, die zu dir kommen und in deinen heiligen Vorhöfen wohnen dürfen! Große Freude erwartet uns in deinem heiligen Tempel.

⁶Gott, unser Retter, du erhörst treu unsere Gebete und antwortest uns mit wunderbaren Taten. Du bist die Hoffnung

aller Menschen auf Erden und auf den Meeren.

⁷Du hast die Berge durch deine Macht gebildet und dich mit großer Kraft umgeben.

⁸Du hast die Ozeane mit ihren tosenden Wellen besänftigt und die Völker zum Verstummen gebracht.

⁹Die am Ende der Erde leben, stehen in Ehrfurcht vor deinen Wundern. Vom Sonnenaufgang bis zum Sonnenuntergang gibst du den Menschen Grund zur Freude.

¹⁰Du sorgst für die Erde und bewässerst sie, machst sie üppig und fruchtbar. Gottes Fluss führt Wasser im Überfluss. Du schenkst ihnen Getreide in Hülle und Fülle, denn so hast du es angeordnet.

¹¹Du tränkst die Ackerfurchen mit Regen und weichst den Erdboden auf. Du schenkst der Erde fruchtbringenden Regen und segnest, was auf ihr wächst.

¹²Du krönst das Jahr mit reicher Ernte, die steinigen Wege fließen über vor Fülle.

¹³Die Wüste wird zur blühenden Wiese, und von den Bergen hört man Jubel.

¹⁴Die Täler sind voller Schafherden, und die Felder sind üppig mit Korn bedeckt. Deshalb freuen sich alle und singen vor Glück!

Gottes Schutz ist gut

91 Wer im Schutz des Höchsten lebt, der findet Ruhe im Schatten des Allmächtigen.

²Der spricht zu dem Herrn: Du bist meine Zuflucht und meine Burg, mein Gott, dem ich vertraue.

³Denn er wird dich vor allen Gefahren bewahren und dich in Todesnot beschützen.

⁴Er wird dich mit seinen Flügeln bedecken, und du findest bei ihm Zuflucht. Seine Treue schützt dich wie ein großer Schild.

⁵Fürchte dich nicht vor den Angriffen in der Nacht und habe keine Angst vor den Gefahren des Tages,

[6]vor der Pest, die im Dunkeln lauert, vor der Seuche, die dich am hellen Tag trifft.

[7]Wenn neben dir auch Tausende sterben, wenn um dich herum Zehntausende fallen, kann dir doch nichts geschehen.

[8]Du wirst es mit eigenen Augen sehen, du wirst sehen, wie Gott die Gottlosen bestraft.

[9]Wenn der Herr deine Zuflucht ist, wenn du beim Höchsten Schutz suchst,

[10]dann wird das Böse dir nichts anhaben können, und kein Unglück wird dein Haus erreichen.

[11]Denn er befiehlt seinen Engeln, dich zu beschützen, wo immer du gehst.

[12]Auf Händen tragen sie dich, damit du deinen Fuß nicht an einen Stein stößt.

[13]Löwen und giftige Schlangen wirst du zertreten, wilde Löwen und Schlangen wirst du mit deinen Füßen niedertreten!

[14]Der Herr spricht: »Ich will den erretten, der mich liebt. Ich will den beschützen, der auf meinen Namen vertraut.

[15]Wenn er zu mir ruft, will ich antworten. Ich will ihm in der Not beistehen und ihn retten und zu Ehren bringen.

[16]Ich will ihm ein langes Leben schenken und ihn meine Hilfe erfahren lassen.«

Gottes Liebe

103 [1]Ein Psalm Davids. Lobe den Herrn, meine Seele, und alles, was mich ausmacht, seinen heiligen Namen.

[2]Lobe den Herrn, meine Seele, und vergiss all das Gute nicht, das er für dich tut.

[3]Er vergibt dir alle deine Sünden und heilt alle deine Krankheiten.

[4]Er kauft dich vom Tode frei und umgibt dich mit Liebe und Güte.

[5]Er macht dein Leben reich und erneuert täglich deine Kraft,

dass du wieder jung wie ein Adler wirst.

⁶Der Herr schafft Gerechtigkeit und Recht allen, die Unrecht erfahren.

⁷Er hat Mose seine Wege wissen lassen und Israel seine Taten gezeigt.

⁸Barmherzig und gnädig ist der Herr, geduldig und voll großer Gnade.

⁹Er wird uns nicht für immer Vorwürfe machen und nicht ewig zornig sein.

¹⁰Er bestraft uns nicht für unsere Sünden und behandelt uns nicht, wie wir es verdienen.

¹¹Denn so hoch der Himmel über der Erde ist, so groß ist seine Gnade gegenüber denen, die ihn fürchten.

¹²So fern der Osten vom Westen ist, hat er unsere Verfehlungen von uns entfernt.

¹³Wie sich ein Vater über seine Kinder zärtlich erbarmt, so erbarmt sich der Herr über alle, die ihn fürchten.

¹⁴Denn er weiß, dass wir vergänglich sind, er denkt daran, dass wir nur Staub sind.

¹⁵Die Tage des Menschen sind wie Gras, wie eine Blume auf dem Feld, so blüht der Mensch.

¹⁶Wenn der Wind weht, ist sie spurlos verschwunden, als sei sie niemals da gewesen.

¹⁷Die Gnade des Herrn aber gilt bis in alle Ewigkeit allen, die ihm gehorsam sind. Seine Gerechtigkeit reicht bis zu den Kindern seiner Kinder,

¹⁸die seinem Bund treu sind und seinen Geboten gehorchen!

¹⁹Der Herr hat den Himmel zu seinem Thron gemacht, von dort herrscht er über alles.

²⁰Lobt den Herrn, ihr seine Engel, ihr mächtigen Wesen, die ihr seine Befehle ausführt und auf seine Worte hört.

²¹Lobt den Herrn, ihr Engelscharen, die ihr ihm dient und seinen Willen tut!

²²Lobt den Herrn, ihr Geschöpfe, an jedem Ort seines Reichs. Lobe den Herrn, meine Seele!

Freude eines gerechten Menschen

112 Halleluja! Glücklich ist der Mensch, der Ehrfurcht hat vor dem Herrn. Ja, glücklich ist, der sich über seine Gebote freut.

²Seine Nachkommen werden zu Macht und Ansehen gelangen, die Kinder der Gottesfürchtigen werden gesegnet werden.

³Sie werden reich werden, und ihre gerechten Taten werden unvergessen bleiben.

⁴Selbst in der Finsternis wird es für den Gottesfürchtigen hell. Er ist gnädig, barmherzig und gerecht.

⁵Gut hat es, wer großzügig ist und gerne leiht und in allen seinen Geschäften ehrlich ist.

⁶Auf ewig wird er niemals taumeln, an einen so gerechten Menschen wird man sich immer erinnern.

⁷Er fürchtet sich nicht vor schlechter Nachricht, sondern vertraut fest darauf, dass der Herr für ihn sorgt.

⁸Zuversichtlich ist er und furchtlos, denn er wird über seine Gegner triumphieren.

⁹Großzügig gibt er dem, der in Not ist. Seine gerechten Taten bleiben unvergessen. Er wird zu großem Ansehen kommen.

¹⁰Der Gottlose wird es sehen und sich ärgern, knirschen wird er mit seinen Zähnen vor Zorn. Denn was die Gottlosen hoffen, das vergeht.

Der Herr ist mein Schutz

121 Ein Lied für die Pilgerfahrt nach Jerusalem. Ich schaue hinauf zu den Bergen – woher wird meine Hilfe kommen?

²Meine Hilfe kommt vom Herrn, der Himmel und Erde gemacht hat.

³Er wird nicht zulassen, dass du stolperst und fällst; der dich behütet, schläft nicht.

⁴Siehe, der Israel behütet, wird nicht müde und schläft nicht.

⁵Der Herr selbst behütet dich! Der Herr ist dein schützender Schatten über deiner rechten Hand.

⁶Die Sonne wird dir am Tag nichts anhaben noch der Mond bei Nacht.

⁷Der Herr behütet dich vor allem Unheil und bewahrt dein Leben.

⁸Der Herr behütet dich, wenn du kommst und wenn du wieder gehst, von nun an bis in Ewigkeit.

Gottes Herrlichkeit

145¹Ein Loblied Davids. Ich will dich loben, mein Gott und König, und deinen Namen preisen für immer und ewig.

²Ich will dir täglich aufs Neue danken, will dich loben zu aller Zeit.

³Groß ist der Herr und sehr zu loben! Seine Größe ist unerforschlich!

⁴Jede Generation soll ihren Kindern von deinen Werken erzählen,

⁵von den mächtigen Taten werden sie verkünden und von den wunderbaren Zeichen, die du vollbracht hast.

⁶Deine gewaltigen Taten werden in aller Munde sein, und ich will deine Größe verkünden.

⁷Alle werden die Nachricht von deiner wunderbaren Güte hören und werden jubeln vor Freude über deine Gerechtigkeit.

⁸Der Herr ist gnädig und barmherzig, geduldig und voller Gnade.

⁹Der Herr ist gut zu allen Menschen und barmherzig zu seiner ganzen Schöpfung.

¹⁰Alle deine Geschöpfe werden dir danken, Herr, und alle, die

dir treu sind, werden dich loben.

¹¹Sie werden von der Herrlichkeit deines Königreiches sprechen, sie werden von deiner Macht erzählen.

¹²Sie werden deine mächtigen Taten und die Größe und Herrlichkeit deines Reiches verkünden.

¹³Denn dein Reich bleibt ewig und deine Herrschaft besteht von Generation zu Generation. Der Herr ist treu in allem, was er sagt, er ist gnädig in allem, was er tut.

¹⁴Der Herr hält die fest, die hinfallen, und hilft denen auf, die zusammengebrochen sind.

¹⁵Aller Augen sehen auf dich und warten auf Hilfe; du gibst ihnen Nahrung, wenn es nötig ist.

¹⁶Wenn du deine Hand öffnest, stillst du den Hunger und Durst aller Geschöpfe.

¹⁷Der Herr ist gerecht in allem, was er tut, ein Gott, auf den man sich verlassen kann.

¹⁸Der Herr ist allen nahe, die ihn anrufen, allen, die ihn aufrichtig anrufen.

¹⁹Er erfüllt die Wünsche derer, die ihn achten, er hört ihre Hilfeschreie und rettet sie.

²⁰Der Herr beschützt alle, die ihn lieben, die Gottlosen aber vernichtet er.

²¹Ich will den Herrn loben, und alle Menschen werden seinen heiligen Namen preisen, jetzt und für alle Zeit.